불설아미타경 소초

자세히 풀이한 석가불이 아미타를 설한 경

불설아미타경 소초

자세히 풀이한 석가불이 아미타를 설한 경

佛說阿彌陀經 疏鈔

운서주굉 지음
연관 옮김

불광출판사

○

해제
(解題)

『불설아미타경 소초-자세히 풀이한 석가불이 아미타를 설한 경』은
연지 대사(1535~1615)의 또 다른 저술인『불설아미타경 소초(佛說阿彌陀
經 疏鈔)』전4권의 우리말 이름이다. '자세히 풀이한'은 소초를 푼 말이
고, '석가불이 아미타를 설한 경'은『불설아미타경』을 우리말로 푼 이
름이다. 경 이름에서 보듯이 '불'은 석가모니불을 뜻하니, 석가모니불
이 아미타 부처님은 어떤 분인가를 소개하면서 극락의 의보와 정보
를 보이며 이곳에 왕생하기 위해 신(信)·원(願)·행(行)을 권한 것이
이 경의 내용이다.

　이 책은 전체 큰 문단을 셋으로 나누었다. 첫째는 대의(大意)를 종
합적으로 밝히고, 둘째는 문단을 나누어 문장을 해석하고, 셋째는 주
(呪)의 뜻을 결론지어 해석하였다.
　먼저 전체 대의(大意)를 다섯 단락으로 종합적으로 밝혔다.
　첫째는 성(性)을 밝혔다. 부처님 일대교설이 모두 자성을 밝히는
데 지나지 않으니 이『아미타경』도 예외가 아니다. 그러므로 여기 첫

머리에 먼저 자성을 밝히고 있다.

둘째는 이 경을 찬탄하였다. 수많은 수다라 중에 부처님의 진의가 분명하면서 간단히 기술된 것은 이 경밖에 없기 때문이다. 『화엄경』이나 『법화경』이 성(性)에 맞게 말씀하시고 바르고 곧게 설하여 원돈의 가르침이 아닌 것은 아니지만, 혼탁한 것을 맑게 하고 등진 것을 돌이키는 방편이 완전히 드러나지는 못하였다. 그 밖에 법문들은 넓고 커서 가지기가 어렵고 어떤 것은 아득하고 깊어서 어떤 것을 취해야 할지 막막하기만 하다. 그러나 이 『아미타경』은 큰 근기나 작은 근기를 막론하고 부처님 명호를 부르는 지명염불만으로도 곧 일심에 들어가고, 일심의 깊고 얕은 차이에 따라 왕생의 깊고 얕은 차이가 있긴 하지만 누구나 왕생하여 불퇴를 얻고, 왕생을 얻기만 하면 바로 성불할 수 있어서, 방편에 의지하여 원돈법을 이루는 신비한 공덕과 수승한 힘이 이 경에 귀착하기 때문이다. 그러므로 이 경을 설하여 정토 공덕을 말하지 않을 수 없다.

정토의 요체는 부처님 명호를 부르는 지명(持名)에 있다. 미타는 일심 자체이고 그 마음에 여러 가지 덕을 포함하여 상·락·아·정과, 본각·시각과, 진여·불성과, 보리·열반 등 수많은 이름을 부처님 명호 여섯 자(나무아미타불)가 모두 섭수하여 남음이 없다. 그러므로 중생이 부처를 배우는 데 수많은 수행법이 있지만 지금 단지 부처님 명호를 부르는 한 가지 방법만으로도 충분히 저것들을 갖출 수가 있다.

왜냐하면 부처님 명호를 부르는 것은 이 일심을 지키는 것이요 일심에 온갖 수행법을 갖추어서 4제 6바라밀과, 내지 팔만사천 갠지스 강 모래 수만큼의 일체 수행문을 섭수하여 다하지 않음이 없기 때문이다. 그리하여 이로 인하여 온갖 생각이 쉬어지고 최종에 일심불란(一心不亂)에 이르는 이익을 얻게 되고, 결국 염불하는 마음으로 무생법인에 들어가는 과득을 얻게 되는 것이다.

셋째는 현실을 안타까워하였다. 그러나 어찌하랴! 부처님의 자비가 지혜 있는 이나 어리석은 이를 두루 이익되게 하시건만 중생이 부처님의 뜻을 깨닫지 못하여, 어리석은 자는 사(事)에 집착하여 이(理)는 들은 척도 하지 않고, 지혜가 작은 무리는 이(理)에만 집착하여 사(事)는 결국 버리고 마는 이 현실을!

넷째는 자신이 이 글을 쓰게 된 까닭을 밝혔다. 주굉은 말법의 어리석은 범부로서 아직 현묘한 이치를 통달하지 못하여 자신의 수행에만 힘쓰고, 평소 공허한 말만 하는 것을 천하게 여겼다. 그러나 자리(自利)를 이루지 못했으나 이타(利他)를 행하는 것이 보살 발심이라, 차마 자신만을 이익되게 할 수 없어서 겸리(兼利)를 생각하지 않을 수 없었다. 그래서 예전의 소(疏)를 보니 완전한 것을 보기 어렵고, 몇 편의 주해가 겨우 세상에 전하고 있으나 그마저도 문장은 간절하나 지나치게 간단하고, 이치는 그런대로 드러났으나 분명치가 않았다. 그래서 모두 다섯 경본(經本)의 부류를 모으고 다시 현지(玄旨: 十玄妙旨)로 돌아갔다. 이것은 『화엄경』의 뜻을 담고 있으니, 여러 수행문을 관통하고 여러 전적의 것을 널리 종합하기 때문이다.

다섯째는 가피를 청하였다. 지금 함부로 예토의 소견으로 여래의 청정심을 헤아리나니, 삼가 삼보의 위신력에 힘입어 어리석은 저에게 가피하사 훌륭한 지혜를 이루어 제가 하는 일마다 부처님의 뜻에 맞아 가까이나 멀리까지 전해져 중생을 이익되게 할 수 있는 가피를 청한 것이다.

다음에는 큰 문단에 두 번째, 과장(科章)을 나누어 문장을 해석하였다. 여기에 열 가지 단락이 있으니, 이것은 징관(澄觀)의『화엄경소연의초』에서 열 가지 문으로 나눈 것을 따른 것이다. 또한 이것은 천태의『오중현의』와 대동소이하다. 나누면 열 가지고 모으면 다섯 가지여서 자세하고 생략한 차이다. 이 열 가지 문에서 앞의 여덟 가지는 경문의 뜻을 개괄적으로 다룬 내용[義門]이고, 뒤의 두 가지는 바로 경문을 해석한 문이다.

첫째는 교를 설한 목적을 밝혔다. 여래께서는 오직 하나의 큰 목적[一大事因緣]을 위하여 세상에 출현하셨으니, 중생에게 부처님의 지견을 열고, 보이고, 깨닫고, 들어가게 하려 하신 것이다. 이것은 일반적인 경우를 말한 것이다. 이『불설아미타경』의 경우를 말하면 여기에 열 가지 뜻이 있다. 첫째는 말법 중생을 매우 불쌍히 여기고 측은히 여겨 다리가 되어 주기 위해서요, 둘째는 한없는 법문 가운데서 특히 훌륭한 방편을 보여 주기 위해서요, 셋째는 생사에 유랑하는 범부를 격동 분발시켜 좋아하고 싫어하는 마음을 내게 하기 위해서요, 넷째는 공(空)에 집착하여 정토를 닦지 않는 이승을 교화 인도하기 위해서요, 다섯째는 처음으로 마음을 낸 초심보살을 격려하여 여래를 직접 만나게 하려 하였기 때문이요, 여섯째는 영리하거나 둔한 여러 가지 근기를 모두 섭수하여 제도하기 위해서요, 일곱째는 업장이 두터운 수행인을 감싸서 타락하지 않게 하기 위해서요, 여덟째는 유념(有念)의 마음으로도 무념(無念)에 들어 갈 수 있다는 것을 분명히 가르쳐 주기 위해서요, 아홉째는 왕생함으로 인하여 무생을 실제로 깨달을 수 있다는 것을 잘 보여 주기 위해서요, 열째는 쉬 질러가는 수행이며 손쉬운 가운데 더욱 손쉽게 질러가는 수행법임을 다시 밝히기 위해서다. 이를테면 부처님이 이 경을 설하여 중생에게 염불을 가르치고, 중생에게 지명염불을 가르치며, 중생에게 지명염불을 가르쳐 부처님의 지견에 들어가서 이 일심의 큰일을 깨닫게 한 것이니, 이것을 합한 것이 바로 이 경의 교를 설하게 된 목적이다.

둘째는 장(藏)과 교(敎)에 속함을 밝혔다. 장은 삼장(三藏)이나 이장(二藏)을 말하고, 교는 현수 스님의 교판에 의한 소승교, 대승시교, 대승종교, 돈교, 원교 등 오교(五敎)를 말한다. 먼저 장을 밝힌다. 삼장은 수다라장(經藏), 비나야장(律藏), 아비달마장(論藏)이다. 이 경은 수다라장에 속한다. 이장은 보살장(菩薩藏), 성문장(聲聞藏)이다. 그 가운데 이 경은 보살장에 속한다. 오교 가운데 이 경은 돈교에 속하니, 이 문제는 뒤의 '의리의 깊고 넓음'에서 깊이 설명한다. 그리고 앞의 종교에도 통하고 뒤의 부분적인 원교에도 통하니, 이 문제도 뒤의 '의리의 깊고 넓음'에서 자세히 설명한다.

셋째는 의리의 깊고 넓음을 밝혔다. 이 장은 이 경에 갖추어져 있는 의리(義理: 문장에 담긴 사상이나 내용)를 밝히고 있다. 오교 중에 돈교에 속한다는 것은, 부처님 명호를 부르면 즉시 왕생하여 빨리 육도를 초월하고 속히 깨달음을 얻어서 얽히고 구부러짐이 없기 때문이니, 바르게는 돈교의 뜻에 속한다고 할 수 있다. 부분적인 원교에 속한다는 것은, 사법계(四法界) 가운데 앞의 세 가지는 여러 가지 교에 통하고 마지막 한 가지(사사무애법계)만은 원교가 차지하였다. 지금 이 경은 부분적으로 원교를 섭수하니 그 이유를 열 가지로 설명할 수 있다. 첫째,『화엄경』에서는 기세간(器世界)의 한 티끌 먼지나 한 올 터럭 등 형체가 있는 것이나 형체가 없는 것들이 모두 다 묘법의 언어를 연출하지만,『아미타경』에서는 물이나 새나 숲이나 나무들이 모두 오근(五根)·오력(五力)·칠보리분(七菩提分)·팔정도(八正道) 등 여러 가지 법문을 설하였다. 둘째,『화엄경』에서는 하나의 가는 티끌 속에 시방법계를 구족하여 한없이 장엄하지만, 이에 비해『대본』에서는 "보배나무 중에서 마치 거울에 비친 형상과 같이 시방의 부처님세계를 본다." 하였다. 셋째,『화엄경』에서는 적멸도량을 옮기지 않고 법계에 두루하니, 그러므로 "체(體)와 상(相)이 근본이 같아 차별이 없어서 무등세계와 무량세계가 모두 법계에 두루하다." 하였다. 여기에 비해 이 경에서는『대본』에서 "아미타불은 항상 서방에 계시지만 또한 시방에 두루하다." 하였다. 넷째,『화엄경』에서는 "비유하자면, 약왕수를 보는 자는 눈이 청정함을 얻고, 내지 귀나 코나 육근이 청정하지 아니함이 없는 것과 같이, 부처님을 보는 중생도 그러하여 원각불을 보거나 보문법을 들으면 신력이 곧 그러하다." 하였으나, 이 경에서는 아미타불 도량의 보배나무는 보는 자나 듣는 자가 모두 육근이 청정하다. 다섯째,『화엄경』에서는 팔난(八難) 중생이 십지(十地)의 지위를 뛰어넘지만, 여기서는 지옥이나 아귀나 축생이라도 염불하는 자는 누구라도 왕생한다. 여섯째, 『화엄경』은 하나가 곧 일체인지라 여래가 능히 한 몸에서 불가설 불찰미진수의 머리를 나타내고, 낱낱 머리마다 그만한 혀를 나타내며, 낱낱의 혀마다 그만한 음성을 내며, 그 밖에 문자와 구게(句偈)가 법계에 충만하다. 반면 이 경에서는 『대본』에서 "저 나라의 한량없는 보배 꽃은 낱낱 꽃에서 36억 나유타 백천 광명을 놓고, 낱낱의 광명에서 36억 나유타 백천 부처님이 나와서 널리 시방을 위해 일체 법을 설한다." 하였다. 일곱째, 『화엄경』에서는 노사나와 석가 두 부처님이 두 몸을 쌍으로 나타내시지만, 여기서는 『관경』에서 "아미타불이 60만억 나유타 항하사 유순의 몸을 나타내시고, 또한 못 위에서 장육(丈六)의 몸을 나타내신다." 하였다. 여덟째, 『화엄경』에서는 노사나불로 교주를 삼지만, 여기서는 청량 화상이 "아미타불이 곧 본사인 노사나다." 하였다. 아홉째, 『화엄경』은 '큰 불가사의'라 부르고, 『정명경』 등 여러 가지 경은 '작은 불가사의'라 하거니와, 이 경은 '불가사의 공덕'이라 한다. 열째, 『화엄경』의 교리는 범부의 마음에 의해 제불의 부동지(不動智)를 이루지만, 여기서는 부처님 명호를 부르자마자 부처님이 앞에 나타나신다.

이것을 보아 이 경은 원교의 부분적인 뜻을 섭수하였다. 그러므로 '일부분 원교'라 하는 것이다.

다음은 서로 통하는 경전에 대해 밝힌다. 여러 대승경전 중에서 어떤 경전이 이 경과 뜻이 통하는지를 밝히는 것이 이 장에서 다룬 문제다. 먼저 『십육관경』의 관문(觀門)과 이 경의 일심이 서로 부합함을 밝힌다. 그 밖에 여러 대승경과도 뜻이 통하니 『정명경』이나 『법화경』 등이다. 그 근거로 이 경에서 "일심으로 부처님 명호를 부르면 저 국토에 왕생할 수 있다." 하고, 『정명경』에서 "그 마음이 청정한 데 따라 불토가 청정하다." 하며, 이 경에서 "일심으로 부처님 명호를 부르라." 하고, 『법화경』에서 "깊은 마음으로 염불하며, 홀로 세속에 들어가서 벗이 없이 걸식하더라도 일심으로 염불하라. 한번 '나무불' 하고 부르면 모두 이미 불도를 이루었다." 하였다. '등'은 『문수소문경』, 『대품반야경』, 『원각경』, 『관불삼매경』, 『열반경』 등이 이 경과 뜻이 통한다. 그 밖에 『화엄경』과 원교의 뜻이 통한다는 것은 위에서 말하였다. 이 밖에 염불에 대해 밝힌 경전은 이루 그 수를 다 들 수 없다.

넷째는 이익을 입는 품위를 밝힌다. 먼저 이익을 입지 못하는 이를 가리면, 믿지 않는 자나 원하지 않는 자나 행하지 않는 자다. 다음에 이익을 얻는 이를 말하면, 믿거나 의심하거나 찬탄하거나 험담하거나, 성인이거나 범부라도 부처님 명호를 부르기만 하면 다겁다생에 누구라도 모두 해탈을 얻는다.

다섯째는 능전(能詮) 체성(體性)을 밝힌다. 경전의 내용이나 뜻[所詮]을 설하는 것[能詮]은 체성이 무엇인가를 밝히는 것이 이 장에서 다룬 문제다. 여기에 네 가지가 있다. 첫째는 능전의 문장[聲·名·句·文]과 소전의 뜻이 서로 따르는 것으로 체성을 삼는다. 둘째는 유식(唯識)이다. 이 문장과 뜻이 모두 식이 변한 것이기 때문이다. 셋째는 성(性)으로 돌아간다. 앞에서 유식은 소변(所變)인 일체 경계가 능변(能變) 제8식으로 돌아가지만, 여기서는 소현(所現) 8식이 능현(能現)인 일심(一心)

으로 돌아가기 때문이다. 넷째는 서로 무애한 것으로 체성을 삼는다. 마음과 경계, 이(理)와 사(事)가 모두 서로 통하기 때문이다.

여섯째는 이 경의 종취(宗趣)를 밝힌다. 이 경의 핵심[教義의 眞諦]은 무엇인지를 밝히는 것이 이 장에서 다룬 문제다. 언어가 숭상하는 내용을 종(宗)이라 하고, 종이 이르는 곳을 취(趣)라고 한다. 부처님의 가르침 전체를 논하면 '인연'으로 종을 삼고, 고인의 열 가지 문에 의하여 유(有)·공(空)·법상(法相)·법성(法性)·원융(圓融)의 다섯 가지로 묶을 수 있다. 이 경의 경우에는 법성을 종지로 삼고, 정토의 의보와 정보가 청정함과 믿음과 발원과 왕생으로 종취를 삼는다.

일곱째는 부류(部類)의 차별을 밝힌다. 이 경의 부와 유에는 어떤 것이 있는가를 밝힌다. 부는 전체적으로 같은 종류의 것을 말하고, 유는 같은 무리를 말한다. 부에는 두 가지가 있으니 하나는 대본(大本: 『무량수경』)이요, 하나는 이 경(『불설아미타경』)이다. 대본과 이 경은 전체적으로 보면 같은 부이지만 자세하고 간단한 차이가 있다. 대본에는 여섯 가지가 있다. 첫째는 『무량평등청정각경(無量平等清淨覺經)』이니, 후한(後漢)의 지루가참이 번역하였다. 둘째는 『무량수경』이니, 조위(曹魏)의 강승개(康僧鎧)가 번역하였다. 셋째는 『아미타경』이라 부르니, 지금 이 경과 이름이 같다. 오나라 지겸(支謙)이 번역하였다. 넷째는 『무량수장엄경』이니, 송의 법현(法賢)이 번역하였다. 다섯째는 『보적경』 제5회 제18권에서 나온 것으로 「무량수여래회」라 한다. 원위(元魏)의 보리유지가 번역하였다. 여섯째는 『불설대아미타경』이다. 송나라 용서(龍舒) 거사 왕일휴(王日休)가 앞의 네 가지 번역을 모두 취하여 섞어 모은 것인데,

『보적경』은 제외하였다. 그것이 아직 보급되지 않았기 때문이다. 다음은 이 경의 유(類)다. 여기에 세 가지가 있으니 『관무량수불경』과 『고음왕경』과 『후출아미타게경』이다. 부도 아니고 유도 아니지만 정토를 밝힌 것으로 『화엄경』, 『법화경』, 『기신론』, 『관불삼매경』과 『십주단결경(十住斷結經)』 등이 있고, 부나 유가 아니면서 오로지 부처님 명호만을 부를 것을 설한 것은 『문수반야경』 같은 것이다.

여덟째는 이 경의 번역과 주석, 지송에 대해 밝힌다. 이 경의 번역에 두 가지가 있으니 하나는 『불설아미타경』으로 지금 현재 대본으로 쓰는 이 경이다. 번역한 이는 요진(姚秦) 삼장법사 구마라집(Kumārajīva 344~413, 일설에는 350~409)이다. 또 하나는 『칭찬정토불섭수경』이니 당 삼장법사 현장(602~664, 일설에는 600년에 태어났다고도 한다)이 번역하였다. 이 경 주석은, 논에는 천친보살의 『무량수경론』이 있고, 주해로는 자은 법사의 『통찬(通贊)』과 『해동소(海東疏)』, 『고산소(孤山疏)』와 대우 화상의 『약해(略解)』 등이 있다. 그 밖에 부처님의 뜻을 멀리 잇고 비밀스런 종지를 널리 전하여, 논(論)을 짓고 문(文)을 썼으며, 집(集)을 하고 록(錄)을 했으며, 전(傳)을 쓰고 게(偈)를 지었으며, 부(賦)를 쓰고 시(詩)를 써서, 서로 찬탄하고 찬양한 것은 그 수를 헤아릴 수 없다. 이 경을 지송하고 염불하여 왕생한 고금의 수많은 사례가 여러 가지 정토전에 보인다. 스님의 다른 저술인 『왕생집』도 그 중 하나다.

아홉째는 제목을 해석하였다. 경 제목 『불설아미타경』은 '능설(能說)인 석가불이 소설(所說)인 아미타를 설한 경'이라는 뜻이다. 곧, 이 국토의 석가모니불이 저 국토의 아미타불의 의보와 정보 장엄과,

신·원·왕생을 설한 경이다. 또한 '설'을 열(悅, 기쁘다)의 뜻으로 보기도 한다. 곧, '석가불이 아미타를 기쁘게 한 경'이라는 뜻이다. 지금 석가불의 설법에 의해 아미타의 의보와 정보 장엄과, 신·원·왕생을 소개하니 아미타가 얼마나 기쁘겠는가? '아미타'는 범어다. '아'는 무(無)의 뜻이요, '미타'는 양(量)이다. 부처님 공덕이 다함없기 때문에 무량(無量)이라 하였다. 우선 무량수(無量壽)·무량광(無量光) 두 가지를 들었으나 이 부처님 공덕은 두 가지에만 그치지 않는다. 이에 대해서는 뒤에서 자세히 설명한다. '경'은 범어로 수다라(sūtra)라고 한다. 우리말로는 계경(契經)이다. 부처님 진리에 맞고[契理], 중생의 근기에 맞기[契機] 때문이다. '경'은 여러 가지 뜻이 있으나 꿰다[貫]·섭수하다[攝]·변하지 않다[常]·법(法), 이렇게 네 가지 뜻에서 벗어나지 않는다. 번역한 이는 위에서 대강 밝혔다.

열째는 경의 문장과 뜻을 밝힌다. 서분·정종분·유통분이 있다.

먼저 서분이다. 서에는 두 가지가 있으니 하나는 증신서(證信序)요 다른 하나는 발기서(發起序)다. 이 경은 증신뿐이다. 증신서는 소위 6성취다. 그러나 여기서는 앞의 5구절(信·開·時·處·主)의 증신과, 나열한 대중(衆)의 증신으로 나누어 6성취를 밝혔다.

"이와 같이 나는 들었습니다."부터, "부처님께서 사위국 기수급고독원"까지는 5구의 증신서요, "훌륭한 비구스님 1,250명과 함께 계셨으니"부터, "석제환인 등 수많은 하늘과 대중들이 함께 하였습니다."까지는 당시 이 법회에 모인 대중을 열거하였다. 법회에 모인 대중에는 성문 대중 · 보살 대중 · 인천 대중이 있고, 대중의 종류와 숫자 · 위덕 · 대중 이름을 밝혔다.

"그때 부처님께서 장로 수보리에게" 한 아래는 정종분이다. 여기에 4과(科)가 있다. 처음은 의보와 정보를 자세히 밝혀 믿고 기뻐하는 마음을 내게 하고, 두 번째는 원(願)과 행(行)을 바로 보여 수증(修證)을 알게 하였으며, 세 번째는 여러 부처님 말씀을 교차해 인용하여 의혹을 끊어 주었으며, 네 번째는 어려운 일임을 서로 밝혀 마음이 감동하게 하였다. 이 정종분 4과는 정토 3자량(資糧)에서 벗어나지 않는다. 처음은 신자(信資)요, 둘째는 원(願)과 행(行) 두 자(資)에 속하며, 셋째는 믿음을 견고하게 하였으며, 넷째는 피차 서로 찬탄하여 행원을 발휘하게 하였다. 이것이 이 경이 밝히고자 하는 바른 뜻이다.

첫째, 의보와 정보를 자세히 밝혀, 믿고 기뻐하는 마음을 내게 하였다. 여기에 2과(科)가 있으니 처음은 근기를 밝혔다. "장로 사리불"이 이 경을 들을 수 있는 근기다. 유독 사리불에게만 말씀한 것은 이 경은 오직 지혜 있는 이만이 믿을 것이기 때문이며, 지혜가 믿음의 주체가 되기 때문이며, 불과를 성취하는 것은 지혜로 말미암기 때문이다.

다음은 법을 보였다. 여기에 2과(科)니 처음은 의보와 정보를 전체적으로 표하였다. 경문에 "이 사바세계에서 서쪽으로 십만억 불토를 지나 한 세계가 있으니 이름을 극락이라 하느니라." 한 것은, 국토를 표시하여 의보를 밝히고, "그 국토에 부처님이 계시니 명호를 아미타라 하니, 지금 현재 법을 설하고 계시느니라." 한 것은, 주인을 표하여 정보를 밝혔다.

　다음은 의보와 정보를 구체적으로 밝혔다. 처음은 의보다. 경문에 "사리불이여, 저 국토를 무슨 까닭으로 극락이라 하는가? 그 국토 중생은 아무 괴로움이 없고 오직 여러 가지 즐거움만 누리나니, 그러므로 극락이라 하느니라." 한 것은 전체적으로 '극락'이라 함을 밝히고, "또한 사리불이여!" 한 아래는, 구체적으로 극락의 장엄을 보였다. 여기에 4과(科)니 "또한 사리불이여, 극락국토에는 일곱 겹의 난간, 일곱 겹의 그물, 일곱 겹의 줄지어 선 나무가 모두 네 가지 보배로 두루 에워싸 장식하였으니" 한 것은, 첫째, 극락의 장엄인 난간과 그물과 줄지어 선 나무를 밝혔다. "그러므로 저 나라를 극락이라 하느니라." 한 것은 위에 문장을 총 결론지었다.

　다음은 극락의 장엄인 못과 누각과 연꽃을 밝혔다. 경문에 "또한 사리불이여, 극락국토에는 칠보 연못이 있는데, 여덟 가지 공덕 물이 그 가운데 가득하고, 연못 바닥에는 순전히 금모래가 깔려있으며" 한 것은 연못과 연못의 물을 밝히고, "사방의 계단은 금·은·유리·파려가 합하여 만들어졌고, 그 계단 위의 누각도 또한 금·은·유리·파려·자거·적주·마노로 장엄하게 꾸며져 있느니라." 한 것은 계단과 누각을 밝혔다.

　"연못 가운데 연꽃은 생김새가 수레바퀴같이 생겼는데, 푸른 꽃에서는 푸른 광명이, 노란 꽃에서는 노란 광명이, 붉은 꽃에서는 붉은 광명이, 흰 꽃에서는 흰 광명이 나는데 정미하고[微] 오묘하고[妙] 향기롭고[香] 정결하니라[潔]." 한 것은 연꽃을 밝혔다. "사리불이여, 극락국토는 이와 같은 공덕을 성취하여 장엄하였느니라." 한 것은 위의 문장을 총 결론지었다. 이와 같은 난간과 그물과 줄지어 선 나무와, 연못과 누각과 연꽃 등 갖가지 장엄은 모두 아미타불이 인행 중에 발한 대원과, 발원한 후에 닦은 대행의 한없는 공덕으로 성취한 것임을 말하였다.

다음은 극락의 의보 가운데 세 번째, 하늘 음악이 연주되고 꽃비가 내림을 밝혔다. "또한 사리불이여, 저 불국토에는 항상 하늘 음악이 연주되고" 한 것은 하늘 음악이 연주됨을 말하였고, "황금으로 땅이 되니" 한 것은 황금의 땅을 밝혔다. 극락세계는 위에는 하늘 음악이 연주되고 아래는 황금으로 그 땅을 장엄하였으니, 이 황금 땅 위에 살면 귀로 하늘 음악을 들을 뿐만 아니라 눈으로 하늘 꽃도 본다.

"밤낮으로 끊임없이 하늘 만다라꽃이 내리느니라." 한 아래는 꽃비가 내림을 밝혔다. 그 중에 처음은 하늘에서 미묘한 꽃비가 내림을 밝히고, 다음에 "그 국토의 중생들은 언제나 이른 새벽마다 각기 바구니에 여러 가지 미묘한 꽃을 담아 다른 세계의 십만억 부처님께 공양하고, 밥 때가 되면 본국으로 돌아와" 한 것은, 이것으로 부처님께 공양함을 밝히고, "밥을 먹고는 경행하느니라." 한 것은, 공양하고 나서는 유유자적함을 밝혔다. "사리불이여, 극락국토는 이와 같은 공덕을 성취하여 장엄하였느니라." 한 것은, 위의 하늘 음악과 하늘 꽃 등 갖가지 장엄이 모두 본불의 원과 행의 공덕으로 성취하였음을 결론지었다.

다음은 극락의 의보 가운데 네 번째, 변화한 새와 나무에 부는 바람을 밝혔다. 처음은 변화한 새가 법을 설함을 밝혔다. "또한 사리불이여, 저 나라에는 기묘한 여러 가지 색깔의 공작·앵무·사리·가릉빈가·공명조 등 갖가지 새가 항상 있어서 밤낮으로 평화롭고 청아한 음성을 내나니, 그 소리는 오근(五根)·오력(五力)·칠보리분(七菩提分)·팔성도분(八聖道分) 등의 법을 연창하고" 한 것은, 바로 법음을 보이되 음성으로 법을 연설함을 밝혔고, "그 국토 중생들은 이 소리를 듣고 모두 불을 생각하고 법을 생각하고 승가를 생각하느니라." 한 것은, 이익을 얻음을 밝혔다.

다음은 악도가 없음을 해석하였다. "사리불이여, 그대는 이 새들이 실로 죄의 과보로 태어난 것이라 말하지 말지니, 왜냐하면 저 불국토에는 삼악도가 없기 때문이니라. 사리불이여, 그 불국토에는 악도라는 이름도 없는데 더욱이 실체가 있겠느냐? 이 여러 가지 새들은 모두 아미타불이 법음을 널리 유포하고자 변화하여 만든 것이니라." 하였다.

다음은 나무 사이에 부는 바람이 법을 연설함을 밝혔다. "사리불이여, 저 불국토에 여러 가지 줄지어 선 보배 나무와 보배 그물에 미풍이 불면, 마치 백천 가지 음악이 동시에 모두 울리는 것과 같이 미묘한 소리가 나는데, 이 소리를 듣는 자는 자연히 모두 부처님을 생각하고 법을 생각하고 승가를 생각하는 마음을 내느니라." 하였다.

다음에 "사리불이여, 그 불국토는 이와 같은 공덕을 성취하여 장엄하였느니라." 한 것은, 위의 변화한 새와 나무에 부는 바람, 두 가지 장엄이 모두 저 부처님의 인지(因地)의 원과 행의 공덕으로 성취한 것임을 결론지었다.

위에서는 의보의 수승함을 밝혔고, 다음은 정보를 밝혔다. 의보는 정보로부터 나오기 때문이다. 처음은 교화의 주인을 들되 먼저 명호를 물었으니, "사리불이여, 그대 생각은 어떠한가? 저 부처님을 무슨 까닭에 '아미타'라 하는가?" 하였다.

다음은 교화의 주인인 아미타 부처님의 덕을 밝혔다. 부처님의 이름에 여러 가지 뜻을 포함하니, 처음은 광명이 무량함을 말한다. "사리불이여, 저 부처님은 광명이 무량하여 시방 국토를 비추되 아무 장애가 없으니, 그러므로 '아미타'라 하니라." 하였다. 광명의 올바른 뜻은 상광(常光)에 있으나 방광(放光)과 신광(身光)과 지광(智光)도 겸하였다.

다음은 수명이 무량함을 말하였다. "또한 사리불이여, 저 부처님과 그곳 인민들의 수명이 무량무변 아승지겁이니, 그러므로 '아미타'라 하니라." 한 것이다. 부처님의 수명에 세 가지가 있으니 법신수명과 보신수명과 응신수명이다. 법신은 진여로 수명을 삼고, 보신은 지혜로 수명을 삼고, 응신은 인연으로 수명을 삼는다. 저 부처님의 덕을 광명과 수명 두 가지만 밝혔으나 『화엄경』에서는, "몸이 무량하시고, 지혜가 무량하시며, 방편이 무량하시고, 광명이 무량하시며, 청정한 음성이 무량하시며…" 한 것과 같이, 두 가지 만을 든 것은 적은 것으로 많은 것을 섭수하였다.

다음은 "사리불이여, 아미타불이 성불한 지 지금까지 10겁이 되었느니라." 하고, 구원겁에 성불하였음을 밝혔다. 비록 '10겁'이라 하였으나 자성이 본래 성불하였다는 것이 10겁의 뜻이다.

다음은 극락의 정보 중 교화하는 벗을 밝혔다. 처음은 현재의 교화하는 대중을 밝히고, 다음은 왕생한 대중을 밝혔다. 현재 교화하는 대중에는 성문과 보살이 있다. "또한 사리불이여, 저 부처님에게 무량무변의 성문 제자가 있어서 모두 아라한이니, 수를 헤아려 알 수 있는 이들이 아니며" 한 것은 성문 대중이며, "여러 보살 대중들도 또한 이와 같나니" 한 것은 보살 대중이다. "사리불이여, 저 부처님의 국토는 이와 같은 공덕을 성취하여 장엄하였느니라." 한 것은 위의 성문과 보살 제자들의 장엄이 모두 저 부처님의 원·행 공덕으로 성취한 것임을 결론지었다.

다음은 왕생 대중이다. 여기에 두 단락이 있으니 처음은 일반 대중이요, 다음은 상수(上首) 대중이다. "또한 사리불이여, 극락국토에 중생으로 태어난 자는 모두 아비발치니" 한 것은 왕생 대중 가운데 일반 대중이니, 성인이나 범부를 막론하고 왕생하기만 하면 퇴전치 않는다는 뜻을 밝혔다. "그 가운데는 일생보처 보살들이 많으니, 그 수가 매우 많아 숫자를 헤아려 능히 알 수 없어서 다만 '무량무변 아승지'라 할 수밖에 없느니라." 한 것은, 위를 이어서, "저 국토에 왕생하는 자는 어찌 오직 불퇴하는 일반 대중뿐이랴. 이루 다 말할 수 없는 보처보살도 있느니라." 하며, 왕생을 구할 것을 간절히 권하였다.

다음은 정종분 두 번째 단락, 원과 행을 바로 보여 수행과 깨달음을 알게 하였다. 처음은 원을 발할 것을 보였다. 여기에 2과(科)가 있으니, "사리불이여, 이 말을 들은 중생은 응당 발원하여 저 국토에 왕생하기를 원할지니" 한 것은, 처음에 원심(願心)을 발할 것을 권하였다. 이 경에서는 반복하여 듣기를 권하고, 믿기를 권하고, 원하기를 권한 것이 대략 네 번 있는데, 지금은 제일 처음에 해당된다. 이것은 의·정 장엄의 수승하고 미묘한 공덕에 대해 설한 것을 듣고 발원하는 것이다. 두 번째는 '이 설을 듣는 자[聞是說者]는…' 하고 말한 것이니, 일심으로 부처님의 명호를 부르면 틀림없이 왕생한다고 설한 말씀을 듣고 원을 발하는 것이다. 세 번째는 '이 경을 듣는 자[聞是經者]는…' 하고 말한 것이니, 부처님의 명호를 부르면 부처님이 보호하여 보리에 불퇴한다고 설한 말씀을 듣고 믿는 것이니, '원'을 말하지 않은 것은 믿으면 곧 원하기 때문이다. 네 번째는 '만약 믿음이 있는 자[若有信者]면…' 하고 말한 것이니, 듣고 나서 깊이 믿을 것을 총 결론 지었으니, 믿고 원함이 있는 자는 한 사람도 왕생하지 않는 자가 없다고 설한 말씀을 듣고 원을 내는 것이다. "왜냐하면, 이와 같은 여러 상선인들과 함께 한 곳에서 만날 수 있기 때문이니라." 한 것은, 두 번째 그 까닭을 밝혔다.

다음은 행을 일으킬 것을 보였다. "사리불이여, 작은 선근이나 작은 복덕 인연으로는 저 국토에 왕생할 수 없나니" 한 것은, 첫째 중요하지 않은 행과 구별하였다. '선근'이란 보리심을 발하는 것이니, 범부의 마음을 내는 것은 '선근이 없다' 하고, 성문의 마음을 내고 보리의 마음을 내지 않는 것은 '작은 선근'이라 한다. '복덕'은『관경』인 경우는 부모에게 효도하고 봉양하는 등을 말하고,『대본』에서는 여러 가지 공덕을 닦는 것 등을 말하였다. 이것에 의하면 보시나 지계 등과, 혹은 절을 짓고 불상을 조성하며, 선정을 닦고 경을 외고 고행하는 일체 복업을 버리고 짓지 않는 것을 '복덕이 없다' 하고, 이 복만을 지어 인간이나 천상의 작은 과보를 바래 유루의 인(因)을 심는 것을 '작은 복덕'이라 한다. '인연'에 두 가지 뜻이 있다. 첫째는 선근이 인이요 복이 연이며, 둘째는 선과 복에 각기 인과 연이 있다. 이 밖에 '작은 선'과 '작은 복'에 대해 여러 가지 해석이 있다.

"사리불이여, 선남자 선여인이 아미타불에 대해 설한 말씀을 듣고 그 부처님의 명호를 집지(꼭 잡아 놓지 않음)하되, 하루나 이틀이나 사흘이나 나흘이나 닷새나 엿새나 이레 동안 일심불란하면" 한 것은 둘째, 바른 행을 보였다. 이 문장에 세 단락이 있다. '미타 명호'는 염불할 대상을 표시하였다. 저 부처님은 만덕을 성취하여 정토를 장엄하여 중생을 교화하시니, 그러므로 '아미타불'이란 넉 자의 큰 이름으로 염불할 대상을 삼은 것이다. '집지'와 '일심불란'은 염불하는 방법을 밝혔다. '집'이란 이것을 듣고 받아 가지되 용맹스럽고 과단성이 있어 흔들리거나 빼앗기지 않는 것이요, '지'란 이것을 받아 잘 지키되 항상 단단히 하여 잃어버리지 않는 것이다. '일심불란'은 마음을 부처님 명호에 두어 일심에 이른 집지의 극치니, 이것은 이 경 전체의 요지이다. 이 일심이 달마의 직지선이라 하여 틀린 말이 아니다. '하루나 이레'는 염불할 기한을 정한 것이다. 하루부터 7일까지가 번뇌의 적을 쳐서 난리를 평정하는 데 약정한 기한이다. 그러나 『대본』에는 10일, 『성왕경』에는 10일, 『대집경』에는 49일, 『반주삼매경』에는 90일 등이요, 적을 경우에는 『대본』에는 하루, 『관경』에는 10념 등을 들기도 하였다.

"그 사람이 수명이 다하려 할 때, 아미타불이 여러 성중들과 함께 그의 앞에 나타나시고" 한 아래는 세 번째, 과덕을 얻음을 밝혔다. '그 사람'이란, 부처님 명호를 집지하는 자다. 위를 이어 능히 일심불란할 수만 있으면 목숨이 다할 때 반드시 부처님이 앞에 나타나신다. 이것이 일심불란으로 인해 얻은 첫 번째 과덕이다. "이 사람이 목숨이 다할 때, 마음이 전도되지 않아 금방 아미타불의 극락국토에 왕생하느니라." 한 것은, 또한 일심불란하기 때문에 마음이 전도되지 않고 속히 아미타불의 극락정토에 왕생한다. 이것이 일심불란으로 인해 얻은 두 번째 과덕이다.

"사리불이여, 나는 이러한 이익을 보았기 때문에 이런 말을 하는 것이니, 이 설법을 듣는 중생은 응당 저 국토에 왕생할 원을 세울지니라." 한 것은 네 번째, 결론을 맺고 두 번째로 거듭 권하였다. '이러한 이익'이란, 위에서 말한 부처님을 뵙고 왕생한 것을 가리키고, '이런 말'이란, 이러한 큰 이익을 보았기 때문에 이 일심으로 부처님 명호를 부르라고 한 말이다.

다음은 정종분 세 번째 단락, 여러 부처님 말씀을 교차해 인용하여 의혹을 끊게 하였다. 여기에 2과(科)니 첫째는 부처님이 똑같이 찬탄함을 밝혔다. 위를 이어서, '유독 나만이 이런 이익을 보고 이런 말을 했을 뿐만 아니라, 시방의 여러 부처님들도 똑같이 이러한 이익을 보고 이런 말씀을 하셨다' 한 것이다. 그 중에 "사리불이여, 내가 지금 아미타불의 불가사의한 공덕 이익을 찬탄한 것과 같이" 한 것은 본불이 찬탄하심을 밝혔고, "동방에는 아촉비불과 수미상불과 대수미불과 수미광불과 묘음불 등 갠지스 강 모래 수만큼의 수많은 부처님이 계시어" 한 아래는 타방불이 찬탄하심을 밝혔다. 여기에 모두 6방이 있다. "동방에는" 한 아래는 동방이요, "사리불이여, 남방세계에" 한 아래는 남방이며, "사리불이여, 서방세계에" 한 아래는 서방이며, "사리불이여, 북방세계에" 한 아래는 북방이고, "사리불이여, 하방세계에" 한 아래는 하방이요, "사리불이여, 상방세계에" 한 아래는 상방이다. 여기에 각기 처음은 이름을 열거하여 넓음을 밝혔고, 다음은 모습을 나타내어 진실함을 표현하였으며, 다음은 말을 하여 믿을 것을 권하였다.

둘째는 경을 응당 찬탄해야 하는 뜻을 해석하였다. 그 가운데 "사리불이여, 그대 생각은 어떠한가? 무엇 때문에 『일체제불소호념경』이라 하였는가?" 한 것은 이름을 물었다. "어찌하여 부처님이 보호[護]해 주시며 생각[念]해 주시기에, 앞에서 '반드시 이 경을 믿을지니라' 하고 가르치셨는가?" 하고 그 뜻을 물은 것이다. 『일체제불소호념경』은 이 경의 본래 이름이다.

"사리불이여, 만약 선남자 선여인이 이 경을 듣고 마음속에 받아들여 잊어버리지 않는 자나, 제불의 이름을 듣고 마음속에 받아들여 잊어버리지 않는 자이면" 한 아래는 그 뜻을 해석하였다. 처음은 문지(聞持:듣고 가지다)이다. '이 경을 듣는다'는 것은, 위의 의보와 정보, 믿음과 발원, 부처님 명호를 부르는 것과, 왕생하는 법문 등을 듣는 것을 말하고, 듣는 것[聞]과 받아 가지는 것[受持]은 앞의 삼혜(三慧)와 삼자량(三資糧)을 말한다. "이 선남자 선여인은 모두 일체 제불의 호념하심을 입어, 모두 아눗다라삼먁삼보리에서 퇴보하지 않기 때문이니라." 한 것은 다음에 이익을 밝혔다. 위에서 "어찌하여 '일체 제불이 호념하시는 경'이라 하였는가?" 하고 물었으므로 여기서 그 까닭을 밝힌 것이다. 이를테면 이 경과 부처님의 명호를 가지는 자는 제불이 보호하고 생각하여 퇴보하지 않게 하기 때문이다.

"그러므로 사리불이여, 너희들은 모두 내 말과 여러 부처님이 설하신 말씀을 반드시 믿고 잊어버리지 말지니라." 한 아래는 믿을 것을 권하였다. '그러므로'라는 것은, 위 문장을 이어서 '내 말이나 여러 부처님의 말씀을 들으면 이런 이익이 있기 때문에' 한 것이다. "사리불이여, 만약 어떤 사람이 전에 발원했거나 지금 발원하거나 미래에 발원하여 아미타불 국토에 태어나고자 하는 자가 있다면, 이런 사람들은 모두 아눗다라삼먁삼보리에 퇴전치 않아서 저 국토에 전에 태어났거나 지금 태어나거나 미래에 태어날 것이니라." 한 것은, 위에서는 믿고 받아들여 잊어버리지 말 것을 말하였고, 여기서는 믿은 후에 왕생을 발원할 것을 말하였다. '전에 발원했고 지금 발원하고 미래에도 발원한다'고 한 것은 과거, 현재, 미래 세 때를 말하였다. 세 때를 든 것은, 발원하는 자는 한 사람도 왕생하지 않는 이가 없다는 것을 밝힌 것이다. "그러므로 사리불이여, 만약 믿음이 있는 선남자 선여인이면 응당 저 국토에 왕생하기를 발원할지니라." 한 것은 믿음과 발원을 총 결론지었다.

다음은 정종분 네 번째 단락, 어려운 일임을 서로 밝혀 마음이 감동하게 하였다. 여기에 3과가 있다. "사리불이여, 내가 지금 제불의 불가사의 공덕을 칭찬한 것과 같이" 한 것은 첫째, 자신이 제불을 찬탄하였다. "저 제불도 또한 나의 불가사의 공덕을 칭찬하여 이런 말씀을 하시나니, '석가모니불은 매우 어렵고 희유한 일을 잘 하시니, 겁이 흐리고 견해가 흐리고 번뇌가 흐리고 중생이 흐리고 수명이 흐린 사바 국토의 오탁악세 중에서 능히 아뇩다라삼먁삼보리를 얻으시고" 한 것은 둘째, 제불이 자신을 찬탄하면서 처음은 도 얻기 어려움을 찬탄하였다. 염불하여 정토에 왕생하기를 구하는 이 법문은 설사 한 부처님만이 홀로 찬탄했을지라도 반드시 믿고 받아들여 의심치 말아야 하는데, 지금은 기원정사에서 석가가 찬탄하였을 뿐만 아니라 제불이 육방에서 찬탄하였으며, 또한 이 부처님과 저 부처님이 서로서로 찬탄하였으니, 어찌 생사를 초월하는 가장 중요한 법문이 아니겠는가? "여러 중생들을 위하여 일체 세간이 믿기 어려운 법을 설하시느니라' 하니라." 한 것은 법 설하기 어려움을 찬탄하였다. "사리불이여, 내가 오탁악세에서 이 어려운 일을 수행하여 아뇩다라삼먁삼보리를 얻고서, 모든 세상을 위하여 이 믿기 어려운 일을 설하는 것이 참으로 어려운 일이라는 것을 반드시 알지니라." 한 것은 어려운 일임을 총 결론지었다.

다음은 이 경의 전체 대과(大科) 가운데 마지막 유통분이다. 여기에 두 단락이 있다. "부처님이 이 경을 설하시고 나니, 사리불과 여러 비구들과 일체 세간의 천상이나 인간이나 아수라 등이" 한 것은 처음에 법을 들은 대중을 거듭 들었다. 유독 '사리불'만을 든 것은 이 경을 듣기에 알맞은 근기이기 때문이다. 보살을 말하지 않은 것은 '비구' 가운데 포함되기 때문이다. '일체 세간' 가운데 많은 중생이 포함되는데, 유독 천상과 인간과 아수라만을 든 것은 여타 도에 비해 도를 닦기 유리하기 때문이다. "부처님이 설하신 말씀을 듣고는, 기뻐하고 믿어 잊어버리지 않으며 예를 드리고 물러갔습니다." 한 것은 두 번째, 모두 받들어 행하였음을 밝혔다. '기뻐하였다'는 것은 들은 말씀을 경하하기 때문이요, '믿고 잊어버리지 않았다'는 것은 들은 말씀을 받아들였기 때문이며, '예를 드렸다'는 것은 들은 말씀을 소중히 여겼기 때문이다. '물러갔다'는 것은, 듣고 나서 물러가 수행하고 도를 지키는 것이다.

다음에는 전체 큰 문단을 셋으로 나눈 가운데 세 번째, 주(呪)의 뜻을 결론지어 해석하였다. 유송(劉宋) 구나발타라가 번역한 『일체 업장 근본을 없애고 정토에 왕생하는 다라니[拔一切業障根本得生淨土陁羅尼]』를 붙여 사람들에게 송지(誦持)하기를 권한 것이다.

이상으로 이 책 전체 짜임을 살펴보았다. 다소 글이 길어져서 지루한 느낌이 들기는 하지만 본서가 광범위하다 보니 이렇게나마 내용을 살펴보지 않을 수 없었다. 720여 쪽에 달하는 이 책의 요지는 칭명염불(稱名念佛), 일심불란(一心不亂), 왕생정토(往生淨土)이다. 칭명은 왕생의 인(因)이요 왕생은 일심의 과(果)며 일심은 앞과 뒤를 아우르는 이 경 전체의 골자다.

방행(放行)이면 마음이요 비로자나요 아미타며, 파정(把定)이면 마음도 아니요 비로자나도 아니요 아미타도 아니다. 방행이 옳은가, 파정이 옳은가? 옳고 그르고는 잠시 그만두고, 연관은 정진 틈틈이 2년여 만에 이 일을 회향한다.

비구 정묵과 비구니 원민, 청신녀 무상심의 손길을 한번 거치고서 비로소 원고다운 느낌이 난다. 감사드린다.

불기 2559(2015)년

하안거를 앞두고 지리산 주릉을 바라보며

연관 씀

29

일러두기

1. 『불설아미타경 소초–자세히 풀이한 석가불이 아미타를 설한 경』은 연지 대사 주굉 스님의 다른 저술인 『불설아미타경 소초』 전4권을 번역한 것이다. 그 중에 '석가불이 아미타를 설한 경'은 『불설아미타경』을 우리말로 푼 이름이고, '자세히 풀이한'이라 한 것은 주굉 스님의 소초와 고덕(古德) 화상의 연의(演義)를 지칭한 말이다.

2. 주석 가운데 '역자 주'만이 역자 주고, 그 외는 모두 고향 운서사 고덕(古德) 화상의 연의를 간추려 번역한 것이다. 고덕 화상은 『운서법휘』 '제자성씨(弟子姓氏)'에는 대현(大賢)이라는 이름으로 나온다. 서계(西谿: 절강) 천축(天竺)에 살았고, 『미타경 소초연의』 4권을 지어 주굉 스님의 『아미타경 소초』를 해석하였다. 명나라 3대 고승 중 한 명이라 일컫는 우익 대사 지욱의 『영봉우익대사종론』 제4 「지욱전」에는 "그 해(天啓 2년, 서기 1622. 스님 나이 24살) 가을에 연지 대사가 계신 운서사에 갔으나 애석하게도 연지 대사는 7년 전에 이미 돌아가셨다. 그래서 연지 대사 문인인 고덕 법사 회하에서 『유식론』 강의를 들었다." 하였다. 이를 보면 고덕 법사는 강경에 매우 깊은 조예가 있던 분임을 알 수 있다.

3. 경과 소초는 운서법휘(光緒 丁酉 開雕, 金陵刻經處版) 중 『불설아미타경 소초(佛說阿彌陀經疏鈔)』를 의지하였고, 연의는 대만 화장연사(華藏蓮社)의 정공회본(淨空會本)을 밑본으로 하였다.

4. 경과 소는 번역문 아래 원문을 붙였고, 초는 번역만 하였다.

목차

Ⅱ
문단을 나누고 문장을 해석하다 ◦ 87

Ⅲ
주(呪)의 뜻을 결론지어 해석하다 ○ 705

불설아미타경 소초

佛說阿彌陀經 疏鈔

자세히 풀이한 석가불이 아미타를 설한 경

이 경 소초의 큰 문단을 셋으로 나눈다. 첫째는 대의(大意)를 종합적으로 서(序)하고, 둘째는 과장(科章)을 나누어 문장을 해석하며, 셋째는 주(呪)의 뜻을 결론지어 해석한다. 여러 가지 경에서 서(序), 정종(正宗), 유통(流通) 세 부분으로 나눈 것에 따랐고, 또한 정업의 신(信), 원(願), 행(行)에 따랐기 때문이기도 하다.

此經疏鈔 大文分三 初通序大意 二開章釋文 三結釋呪意 爲順諸經序正流通三分 亦順淨業信行願故

I

대의를 종합적으로 서(序)하다

1
성(性)을 밝히다

疏 신령하고 밝아 환히 꿰뚫었고 맑고 고요해 영원히 변하지 아니하여, 더럽지도 않고 깨끗하지도 않으며 등짐도 없고 향함도 없으니, 크도다. 진체(眞體)여! 참으로 사의(思議)할 수 없는 것은 오직 자성(自性) 뿐이다.

靈明洞徹 湛寂常恒 非濁非淸 無背無向 大哉眞體 不可得而思議者 其唯自性歟

鈔 경의 뜻을 종합적으로 서(序)함에 문장을 다섯으로 나눈다. 처음에는 성(性)을 밝히고, 그 밖에 다섯 번째는 부처님의 가호를 청하였다. 지금은 처음에 성(性)을 밝힌다. 이 경은 전부 자성을 밝히고 있고, 또 여러 가지 경전이 모두 자성을 여의지 않았기 때문에 여기 첫머리에서 성(性)을 표시하였다.

'신령하다'는 것은 신령스럽게 안다[靈覺]는 뜻이고, '밝다'는 것은 밝게 드러난다[明顯]는 뜻이다. 해와 달이 비록 밝지만 신령스럽다고는 말하지 못하는데, 이것[자성]은 지극히 밝으면서도 짐작할 수 없을 만큼 신령스럽게 알고, 무엇과도 비교하지 못할 만큼 밝으므로 '신령하고 밝다'고 하였다.

'꿰뚫었다'는 것은 통한다는 의미이고, '환히'라고 한 것은 꿰뚫은 것이 지극한 것을 말한다. 해와 달이 비록 두루하여도 그릇 밑은 비치지 못하니 이것은 꿰뚫되 꿰뚫지 못한 것이다. 지금 이 '신령하고 밝은 것'은 하늘과 땅을 비치고 쇠와 돌을 꿰뚫어 네 간방과 위아래에 일찍이 장애된 적이 없다. 진정으로 꿰뚫어 관통한 것은 관통하지 않음이 없으니, 막힌 것의 상대인 관통을 말한 것이 아니다. 이것을 '환히 꿰뚫었다'라고 한다.

'맑다'는 것은 더러움에 물들지 않는다는 뜻이고, '고요하다'는 것은 흔들리지 않는다는 뜻이다. 대지가 비록 고요하나 맑다고는 말하지 못하거니와, 이것은 지극히 고요한 가운데 맑고 깨끗하여 무엇에도 물들지 않아서, 고요한 것만으로 표현을 다하지 못하기 때문에 '맑고 고요하다'라고 하였다.

'영구히'라 한 것은 장구하다는 뜻이요, '변하지 않는다'는 것은 영구한 것이 지극한 것을 말한다. 대지가 비록 단단하지만 괴겁(壞劫)을 피하지는 못하니 이것은 변하지 않으면서도 변하지 않는 것이 아니요, 지금 이 '맑고 고요한 것'은 밀어도 시작이 없고 끌어당겨도 끝이 없어서 예로부터 지금까지 일찍이 변하고 바뀐 적이 없었다. 진정으로 변하지 않는 것은 변하는 것도 변하지 않는 것도 없어서 '잠깐'의 상대적 의미로 변하지 않는 것을 말한 것이 아니다. 이것을 '영구히 변하지 않는다'고 하였다.

'더럽지 않다'는 것은 유(有)를 말하지만 한 오라기의 먼지도 수용하지 않고, '깨끗하지도 않다'는 것은 무(無)를 말하지만 한 법도 버리지 않음을 말한 것이다.

'등짐도 없다'는 것은 놓아 주더라도 간 곳이 없고, '향함이 없다'는 것은 맞이하더라도 온 곳이 없음을 말했으니, 이 '신령하고 밝고, 맑고 고요하다'는 것은 깨끗하거나 더럽거나 향하거나 등지는 것으로 구할 수 없다는 것을 말한 것이다.

'깨끗하고 더럽고, 향하고 등짐'을 든 것은, 의미상 선과 악, 범부와 성인, 유와 무, 태어나는 것과 소멸하는 것, 더하는 것과 감하는 것, 하나와 다른 것 등을 포함하였다.

'크도다[大哉]!' 한 두 구절은 찬탄하는 말이다. '대'란 그 자체에서 이름을 붙였다. 두루하다[徧]는 것과 변하지 않는[常] 두 가지 뜻을 갖추었으니, 공간적으로는 시방(十方)에 가득하고 시간적으로는 삼제(三際)에 뻗어 있어서 어떤 법으로도 비교할 수 없으니, 작다는 것의 상대 개념인 '크다'가 아닌 '대'인 것이다.

'진(眞)'이란 허망하지 않다는 뜻이다. 삼계가 허망하고 거짓되지만 오직 이것만이 진실하니, 『원각경』에서 "환(幻)이 아닌 것은 없어지지 않아서 파괴할 수 없다."고 한 것이다. '체(體)'란 온 만법이 일심 본체에서 벗어나지 않으니, 이 체(體)에 상(相)과 용(用)을 포함하였다. 이것을 종합하여 '진체(眞體)'라고 부른다.

'불가사의'란, 위에서 '밝으면서 고요하고 고요하면서 밝아서, 깨끗함과 더러움이 드러나지 않고 향하고 등지는 것을 얻을 수 없다' 하고 말한 것과 같으니, 곧 마음과 언어의 길이 끊어져서 생각과 언어로 설명하는 것을 용납하지 않는다.

'생각할 수 없다[不可思]'는 것은, 이른바 '법은 생각할 수 없으니 생각하면 혼란이 생긴다' 한 것이니, 경에 "그대가 잠시 마음을 일으키면 번뇌가 먼저 일어난다." 한 것이다. 또한 '법은 생각할 수 없으니 생각하는 것도 헛수고다' 한 것이니, 경에 "이 법은 생각으로 헤아리거나 분별로 능히 미칠 수 있는 것이 아니다." 한 것이 이것이다. 그러므로 "마음으로 반연하고자 하지만 생각에 뜻이 존재하지 않는다." 하였다.

'말할 수 없다[不可議]'는 것은 이른바 '이치는 원만하고 언어는 치우치니, 말을 하면 이치가 손상된다' 하는 뜻이니, 경에 "무릇 언설이 있는 것은 모두 희론이 되고 만다." 한 것이다. 또한 '이치는 원만하고 언어는 치우치니 언어로는 능히 다할 수 없다' 한 뜻이니, 경에 "낱낱 몸에 한량없는 입을 갖추었고 낱낱 입에 한량없는 소리를 갖추어서 마치 천선녀(天善女)[1]와 같이 겁이 다하도록 설하더라도 마침내 다하지 못한다." 한 것이 이것이다. 그러므로 "입으로 말을 하고자 하지만 말이 상한다." 하였다.

또한 이 경(『佛說阿彌陀經』)의 원래 이름[2]이 '불가사의'이니, 그러므로 이 넉 자를 사용하여 앞의 문장을 모두 찬탄하였다. 이것은 지극한

· · · · · · · · · · ·

1 『화엄경』에 "자재천왕에게 천채녀(天采女)가 있었으니 이름은 선구(善口)였다. 그녀의 입에서 하나의 음성이 나오면 백천 가지 악기와 견줄 만하였다." 하였다.

2 『불설아미타경』의 원래 이름은 『칭찬불가사의공덕일체제불소호념경(稱讚不可思議功德一切諸佛所護念經)』이다. 아래 경문에 보인다.

이치의 극단적인 이름인 것이다.

끝 구절은 결론지어 귀결하였다. '이와 같이 불가사의한 것은 결국 어떤 물건인가? 오직 자성만이 그럴 수 있다'는 뜻으로 말한 것이다.

'성(性)'이라 한 데는 두 가지가 있다. 무정을 겸해서 말할 때는 법성(法性)이라 하고, 유정만을 말할 때는 불성(佛性)이라 한다. 지금 자성이라 할 때는 우선 불성을 지칭한 것이다. 성(性)은 성이로되 '자(自)'라고 한 것은 본래부터 그러하여 지어서 된 것이 아니기 때문이요, 나 자신이고 다른 것에 속한 것이 아니기 때문이다.

이 '자성'에는 대체로 여러 가지 이름이 있다. 본심(本心)이라고도 하고, 본각(本覺), 진지(眞知), 진식(眞識), 진여(眞如) 등 갖가지 이름이 있지만, 결론적으로 말하면 신령스럽게 알고 신령스럽게 깨닫는 본래부터 갖추어져 있는 우리의 일심(一心)을 가리킨 것이다. 여기서는 '불가사의' 한 것은 오직 이 마음일 뿐, 어떤 다른 물건에 이 불가사의한 본체가 있어서 이 마음과 똑 같은 것이 없다는 것을 밝힌 것이다.

이 경전과 맞추어 보면, 첫 구절은 '무량광(無量光)'이니 환하게 꿰뚫어 장애가 없기 때문이요, 둘째 구절은 '무량수(無量壽)'니 영구히 변하지 않기 때문이며, 셋째와 넷째 구절은 신령한 마음은 상대가 끊어졌음을 말했으니 빛과 수명이 서로 원융하여 일체 공덕이 모두 무량하기 때문이다. 다섯째 구절은 종합적으로 찬탄했으니, 곧 경에 "내가 아미타불의 불가사의한 공덕을 칭찬한 것과 같이…"라고 한 대목과 같다. 마지막 구절은 결론지어 귀결하니, 아미타불의 본체가 곧 우리들의 자성임을 말한 것이다.

또한 처음 구절은 밝아서 비추지 아니함이 없음을 말했으니 곧 용대(用大)요, 둘째 구절은 고요하여 포용하지 않음이 없음을 말했으니 곧 상대(相大)며, 셋째와 넷째 구절은 두 가지가 멀리 끊어졌음을 말했으니 곧 체대(體大)다. 다섯째 구절은 종합적으로 찬탄하였다. 이른바 '셋이 곧 하나임[卽三卽一]'과, '두 가지가 없어지고 두 가지가 존재함[雙泯雙存]'과, '말이 없다[辭喪]' 한 것과, '생각이 존재하지 않는다[慮亡]' 한 것과, '불가사의'이다. 끝 구절은 자성에 결론지어 귀결하였다.

또한 첫 구절은 비춤[照]을 말했으니 곧 해탈덕(解脫德)이요, 둘째 구절은 고요함[寂]을 말했으니 반야덕(般若德)이며, 셋째와 넷째 구절은 고요함과 비춤이 둘이 아님을 말했으니 곧 법신덕(法身德)이다. 다섯째 구절은 전체적으로 찬탄하였고, 마지막 구절은 귀결하여 매듭지었다. 위와 견주어 보면 잘 알 수 있을 것이다.

또한 사법계(四法界)[3]를 가지고 회통해 보면 '깨끗하고 더럽고, 향하고 등짐'은 사법계(事法界)요, '신령하고 밝다'고 한 것과 '맑고 고요하다' 한 것은 이법계(理法界)며, 신령하게 밝고, 맑고 고요하면서 변하지 않고 인연을 따르며, 깨끗하고 더럽고 향하고 등지면서도 인연을

. . . .

3　화엄종의 우주관. 사법계(事法界)의 '계'는 분(分)의 뜻이니 중생의 색·심 등 법이 낱낱이 차별하여 각기 분제(分齊)가 있기 때문이요, 이법계(理法界)의 '계'는 성(性)의 뜻이니 중생의 색·심 등 법이 비록 차별이 있으나 동일한 체성이기 때문이다. 이사무애법계(理事無礙法界)는, 이(理)는 사(事)로 말미암아 나타나고 사는 이를 얻어 이루어지니, 이와 사가 서로 융통하여 성(性)과 분(分)이 서로 관통하기 때문이다. 사사무애법계(事事無礙法界)는, 일체 분제의 사법이 성에 맞고 융통하여 일(一)과 다(多)가 상즉(相卽)하고 대(大)와 소(小)가 호융(互融)하며 겹겹으로 걸림이 없기[重重無礙] 때문이다.

따르고 변하지 않는 것은 이사무애법계(理事無礙法界)며, '불가사의'는 사사무애법계(事事無礙法界)다.

이 경이 일부분 원교(圓敎)를 포함하였고 또한 다소의 사사무애를 얻었기 때문에 끝 부분에서 자성을 말하였고, 또한 결론적으로 사법계에 소속시키고 일심에 귀착시킨 것이다.

2
경을 찬탄하다

가. 전체적으로 찬탄함

疏 흐린 것을 맑혀 깨끗이 하고 등진 것을 돌이켜 향하게 하니, 한 생각에 삼지겁[無數劫]을 뛰어 넘고 간단한 말씀으로 성인의 지위에 다다르네. 지극하구나 묘용(妙用)이여! 능히 사의할 수 없는 것은 오직『불설아미타경』뿐이다.

澄濁而淸 返背而向 越三祇於一念 齊諸聖於片言 至哉妙用 亦不可得而思議者 其惟佛說阿彌陀經歟

鈔 위에서는 신령스럽게 밝고 맑고 고요한 본체는 본래부터 깨끗하거나 흐리거나 향하거나 등짐이 없어서 결국에는 평등하여 오직 일심(一心) 뿐임을 말하였고, 지금 여기서는 생멸문(生滅門)을 잡아서 말하였다.

진여법(眞如法)이 하나임을 여실히 알지 못하였기 때문에 불각심(不覺心)이 일어나 그러한 생각이 있으니, 곧 무명에 덮여 근본을 잃고 지말로 흘러가 진체(眞體)가 흐리고 어지러워지는 것을 '흐리다'고 하고, 마치 흙탕물을 맑혀 다시 깨끗하게 하는 것을 '깨끗하다'고 하는데, 이

51

것은 오탁(五濁)을 돌이켜 조용하고 평안해지는 것을 가리킨 것이다.

그리고 무명에 이끌려 깨달음을 버리고 번뇌를 쫓으며 진체를 어기고 멀리하는 것을 '등진다'라고 하고, 가는 길을 되돌려 다시 돌아오는 것을 '향한다'라고 하는데, 이것은 사바세계를 등지고 극락세계로 향하는 것을 가리킨 것이다.

그러나 이것은 우선 중생이 일생에 미혹으로부터 깨달음을 얻는 것에 의해 말했으니, 맑히고 돌이키는 자취가 있는 것 같지만 자성에는 실로 얻거나 잃음이 없고 또한 더하거나 감소함도 없다. 그러므로 흐릴 때도 있고 맑을 때도 있지만 실로 물은 변하는 성질이 아니며, 등지기도 하고 향하기도 하지만 사람에게는 두 가지 몸이 없다. 이른바 '닦고 증득하는 것이 없지는 않지만 더럽고 물듦은 있을 수가 없다'[4] 한 것이다.

'삼지겁'이란 삼아승지겁을 말한다. '승지'의 해석은 아래 문장을 보라. 삼(三)이라 한 것은, 석가모니 부처님이 성도한 때를 기준으로 하여 옛 석가로부터 시기불까지 7만5천 부처님을 지났고, 시기불로부터 연등불까지 7만6천 부처님을 지났으며, 연등불로부터 비바시불까지 7만7천 부처님을 지났으므로 '삼지'라 한다.

이처럼 까마득한 다겁을 지나 멀고도 멀지만 지금 한 생각을 지나

. . . .

4 남악회양 선사가 육조를 뵈니, 육조가 "어디서 왔는가?" 하고 물었다. "숭산에서 왔습니다." "어떤 놈이 이렇게 왔는가?" "설사 '어떤 놈'이라 해도 맞지 않습니다." "다시 수행하고 증득하는가?" "수행하고 증득하기야 하겠지만 더러워지지는 않습니다." 하였다.

지 않고 금방 생사를 뛰어 넘는다. '한 생각'이란 능념(能念)인 아미타불을 부르는 한 생각을 말한다.

'성인'이란 부처님과 보살을 말한다. 범부에서 성인을 바라보면 까마득히 막혀있지만, 지금 간단한 한 말씀을 벗어나지 않고 바로 퇴전치 않는 지위에 오를 수 있는 것이다. '간단한 말씀'이란 소념(所念)인 아미타불의 간단한 말씀을 말한다.

'지극하구나[至哉]!' 한 두 구절은 찬탄하는 말이다. '지(至)'는 지극하다는 뜻으로, 지극하여 이보다 더한 것이 없다는 뜻이다. '묘(妙)'란 위의 네 구절이 전체적으로 미묘의 뜻을 밝히고 있고, '용(用)'은 작용의 뜻이다.

때가 낀 마음은 황하와 같이 혼탁하여 깨끗이 하기 어렵고, 번뇌망상은 달리는 말과 같이 날뛰어 거두어들이기 어렵다. 그러므로 갠지스 강 모래 수와 같이 헤아릴 수 없는 겁을 지나더라도 빙빙 돌아쉴 때가 없고, 삼장·십이부[5]의 문장을 익히더라도 깨달음의 길은 더욱 멀기만 하다. 그러나 혼탁한 것을 맑게 하고 등진 것을 바로 향하게 하면 한 생각에 단박 뛰어넘고 간단한 한 말씀에서 금방 깨달을 수 있으니, 작용의 미묘함은 어찌 생각하고 짐작할 수 있겠는가? 용(用)은 체(體)와 상(相)으로부터 나오기 때문에 단지 '묘용(妙用)'이라고

· · · · · · · · · ·

5 '삼장'은 경·율·론을 말한다. 또 불장(佛藏)·보살장(菩薩藏)·성문장(聲聞藏)을 말하기도 한다. '십이부'는 수다라(修多羅)·중송(重頌)·수기(授記)·고기(孤起)·무문자설(無問自說)·인연(因緣)·비유(比喩)·본사(本事)·본생(本生)·방광(方廣)·미증유(未曾有)·논의(論議)이다.

53

만 하였다.

마지막 구절은 결론지어 귀결하였다. '이와 같은 묘용은 어떤 경에 해당되는가? 오직 『불설아미타경』만이 족히 여기에 해당될 수 있다' 하고 말한 것이다.

문: 소승은 그만두고 여러 대승경전만 하더라도 마치 산더미처럼 광대합니다. 어떻게 이 경만을 '묘용'이라 찬탄할 수 있습니까?

답: 수다라 가운데 이러한 뜻이 갖추어져 있기는 하지만, 이 경과 같이 분명하면서 간단한 것은 없다. 그러므로 성(性)에 맞게 말씀하시고 바르고 곧게 설하여 원돈(圓頓)의 가르침이 아닌 것이 아니지만, 혼탁한 것을 맑게 하고 등진 것을 돌이키는 방편이 완전하게 드러나지는 못하였다.[6] 그 밖에 법문들은 어떤 것은 넓고 커서 가지기가 어렵고, 어떤 것은 아득하고 깊어서 어떤 것을 취해야 좋을지 모른다.

그러나 이 『아미타경』은 간단히 부처님 명호만 불러도 곧 일심(一心)에 들어가고 이미 왕생하고 나면 바로 성불에 이르니, 방편에 의지하여 원돈을 이루는 이 신비한 공덕과 수승한 힘이 이 경에 귀착하지

· · · · · · · · · ·

6 '성에 맞게 말씀하시고' 한 것은 『화엄경』을 가리키고, '바르고 곧게 설하여' 한 것은 『법화경』을 가리킨다. '방편이 완전하게 드러나지 못하였다'는 것은 『화엄경』이니 이 경은 오직 성해(性海)가 원융함과 연기가 무애함과 상즉상입함과 제망(帝網)이 중중(重重)함과 육상십현(六相十玄)과 네 가지 법계 등만을 설하니, 이승 현성도 오히려 귀먹고 눈먼 것 같은데 말세 중생이 어떻게 능히 닦고 깨달음을 얻을 수 있겠는가? 그러므로 방편이 드러나지 않았다 한 것이다. 『법화경』은 바르고 곧기는 하지만 방편을 버리고 오직 무상도만을 설하여, 방편을 열어 진실상을 보이고 권교(權敎)를 열어 진실교(眞實敎)를 드러내며 삼승을 모아 일승에 돌아가게 하여 모두 진수방편(眞修方便)을 명시치 않았다. 그러므로 이것도 역시 방편을 아직 드러내지 않은 것이다.

않으면 어떤 것에 귀착하겠는가? ⁷

또한 앞에 것은 성덕(性德)이요 지금은 수덕(修德)이며, 앞에 것은 자성청정(自性淸淨)이요 지금 것은 이구청정(離垢淸淨)이며, 내지 성정(性淨)과 장진(障盡)⁸ 등이 서로 원융하여 두 가지가 아니다. 교(敎)중에서 말씀한 것과 같다.

나. 따로 찬탄함

1) 경을 설한 까닭

疏 그러므로 우리 세존께서 잠시 삼승을 설하시고⁹ 끝에 가서 일실법(一實法)으로 돌아가¹⁰ 똑같이 나누어 주고 소중하게 베풀어 주시고는, 다시 큰 은혜를 베풀어 주셨으니¹¹

· · · · · · · · · ·

7 '넓고 커서 가지기가 어렵다' 한 것은 널리 만행을 닦는 등과 같고, '아득하고 깊어서 어떤 것을 취해야 할지 모른다' 한 것은 일심을 바로 깨닫는 등과 같으며, '방편에 의지하여 원돈을 이룬다' 한 것은 저 부처님 명호를 부르는 방편법을 말한다.

8 '성덕'과 '수덕'은 천태교의 뜻이요, '자성청정'과 '이구청정'은 『기신론』의 뜻이며, '성정'과 '장진'은 『원각경』에서 한 말씀이다.

9 '잠시 삼승을 설하였다'는 것은 『화엄경』을 설한 후 『법화경』 이전까지 40년 동안 설한 법을 말한다.

10 '끝에 가서 일실법으로 돌아가…'라는 것은, 『법화경』을 지적한 것이다. 마치 아들들이 집을 나감에 똑같이 큰 수레를 나누어 주니, 그 수레는 높고 넓고 여러 가지 보배로 꾸며진 것이다.

11 '큰 은혜를 베풀어 주셨다' 한 것은, 이 『아미타경』을 설하신 것을 말하니, 위에서 말한바와 같은 지극하고 미묘한 작용이 있기 때문에 일대시교에서 다시 이 경을 설하신 것이다.

故我世尊 乍說三乘 終歸一實 等頒珍賜 更錫殊恩

鈔 위 대목에 이어서, 이 경에 이와 같은 불가사의한 공덕을 갖추었으니, 부처님께서 이 경을 설하신 것은 참으로 그럴만한 까닭이 있었던 것이다. '사(乍)'는 잠깐이란 뜻으로, '잠시 설하였다' 한 것은 완전무결한 구경법이 아니라는 뜻이다.

'삼승'이란, 교승에는 본래 세 가지가 없으나 방편으로 설하여 세 가지가 있으니 이를테면 성문, 연각, 보살이다.

'끝에 가서' 한 것은 '잠시'라는 말에 상대하여 말한 것이요, '실(實)'은 권(權)에 상대하여 말한 것이다. 말하자면 세존이 처음 정각을 이루시고『대화엄경』을 설하셨으나 큰 가르침은 투합하기 어려운지라 중생의 근기에 맞게 삼승법을 설하시고, 나중에 권교(權敎)를 모아 실교(實敎)로 돌아가 누구에게나 큰 수레를 나누어 주었으므로 '똑같이 나누어 주고 소중하게 베풀어 주었다' 하였다. 이것은 여래 일대시교의 큰 뜻이다.

그런 중에 다시 염불이란 한 법문을 설하시니, 큰 근기나 작은 근기를 막론하고 염불만 하는 자는 누구나 왕생하여 근기가 익어지기를 기다리지 않으니, 이야말로 삼승을 모아 실교(實敎)로 돌아간 것이 되고, 왕생을 얻기만 하면 곧 불퇴를 얻으니 비유하면 순서에 의해 발탁되지 않고 조상의 공로에 따라 벼슬을 내리는 것과 같이, 일반적인 관례에 따르지 않고 특별히 은혜를 베푸는 것을 '큰 은혜'라 한 것이다.

또 '큰 은혜'에는 두 가지 뜻이 포함되어 있다. 첫째, 염불은 은혜

56

가운데 큰 것이요, 둘째, 부처님 명호를 부르는 염불법은 큰 은혜 가운데 더욱 큰 은혜인 것이다.

2) 정토 공덕을 통틀어 논함

疏 마흔여덟 가지 원문(願門)을 가리키시고 열여섯 가지 관법(觀法)을 여시니, 원문마다 널리 제도하는 것으로 돌아가고[12] 관법마다 미묘한 마음으로 종지를 삼았다.
指四十八之願門 開一十六之觀法 願願歸乎普度 觀觀宗乎妙心

鈔 위에서는 정토법문의 수승함을 찬탄하였고, 여기서는 정토법문에 대하여 먼저 다른 경을 밝히고 그런 후에 이 경이 더욱 더 수승하다는 것을 비교하였다.
'원문'과 '관법'의 구체적인 뜻은 두 경(『무량수경』 『관무량수경』)에 있다. 말하자면 처음 원으로부터 마지막 원에 이르기까지 중생을 거두어서 모두 정토에 왕생하게 하지 않음이 없고, 처음 관법으로부터 마지막 관법에 이르기까지 모두 다 공(空), 가(假), 중도(中道)로 일심을

----

12 '널리 제도하는 것으로 돌아간다'고 한 것은, 4교(四敎)에 중생무변서원도·번뇌무진서원단·법문무량서원학·불도무상서원성 등 각기 4종이 있으나, 지금은 순전히 중생무변서원도 하나만을 말한 것이다. '널리'란 시간적으로 끝이 없고 공간적으로 두루함을 말한 것이다. '돌아간다'고 한 것은 비록 48종이 있지만 결국 중생을 널리 제도하는 것이 최종 귀착점이 되기 때문이다.

원만하게 하니,[13] 이 일심으로 말미암아 큰 원을 내어 정각을 이룬다. 다시 말하면 본원으로 중생을 제도하지만 일심의 정토법문으로 돌아가는 것이다. 두 가지 경을 대충 비교하면 그 뜻은 대체로 이와 같다.

3) 지명(持名)이 요체가 됨을 보이다
가) 중요한 점을 비교하여 논하다

疏 그러나 원문(願門)이 넓고 크더라도 중요한 것은 먼저 해야 할 일을 아는 데 있고, 관법(觀法)이 깊고 현묘하더라도 특히 지키는 것이 간단해야 한다. 먼저 해야 할 일을 알면 저 국토에 태어나기를 힘쓸 것이요, 지키는 것이 간단하면 오직 부처님 명호 부르기만을 일삼을 것이다.

· · · · · · · · · ·

13 '모두 다 공·가·중도로 일심을 원만하게 하였다'는 것은, 관법에는 두 가지가 있으니 사관(事觀)과 이관(理觀)이다. 사관이란 예를 들면, 일관(日觀)인 경우에는 수행인이 서쪽을 향해 똑바로 앉아 지는 해가 공중에 북이 매달려 있는 것과 같음을 관하여 눈을 감거나 뜨거나 해가 분명히 눈앞에 있는 것을 말한다. 이관에도 두 가지가 있다. 차제삼관(次第三觀)과 일심삼관(一心三觀)이다. 차제삼관은, 먼저 이 해가 상(想)으로 말미암아 만들어져서 전체의 성(性)이 공하여 자성이 없음을 관하는 것이 공관이요, 다시 상의 인연으로 이 해의 모양이 이루어졌으니 그렇다면 가상(假相)은 부정할 수 없는 줄 관하는 것이 가관이요, 이 두 가지 관으로 방편을 삼아 다음에는 가처(假處)가 완전히 공하고 공처(空處)가 완전히 가여서 공도 아니고 가도 아님을 관하는 것이 중관이다. 이것은 공을 먼저 하고 가를 그 다음에 하며 중을 나중에 하는 것이니, 이를 차제삼관이라 한다. 일심삼관은, 소관(所觀)의 경(境)이 바로 진이고 바로 속이며 바로 중이고, 능관(能觀)의 관(觀)이 바로 공이고 가이고 중이어서 일심삼관으로 삼제일경(三諦一境)을 관함에, 경 밖에 관이 없고 관 밖에 경이 없어서 경과 관이 둘 다 없어져서 오직 하나의 묘심(妙心)뿐이다. 이것은 해에 의한 마음으로 마음에 의한 해를 관하여 본성의 해로 하여금 그 앞에 나타나게 하는 것이니, 이것이 일심원묘(一心圓妙)의 관법이다.

그 이름을 듦이여! 한량없는 덕을 겸하여 구비하였고, 염불법만을 지님이여! 온갖 수행을 한 곳으로 모아 남김이 없다.

又以願門廣大 貴在知先 觀法深玄 尤應守約 知先則務生彼國 守約則惟事持名 舉其名兮 兼衆德而俱備 專乎持也 統百行以無遺

鈔 이 경과 앞의『대본』과『관경』을 비교하여 논하니, 부처님 명호를 부르는 염불법이 더욱 더 중요한 일인 줄 알 수 있다.

'넓고 크다'는 것은, 48원은 어둡거나[三惡道] 밝은 곳[人天]을 감싸 안고, 성인[三乘]이나 범부[六道]를 한 곳으로 모으니, 광대하고 크며 넓고 까마득하여 그 끝이 없다. 그러나 여기에 들어가는 데는 반드시 점차가 있기 때문에 중요한 것은 먼저 해야 할 일을 알아야 하는 것이다.『좌전』에 "먼저 하고 나중에 할 일을 알면 도에 가깝다." 하였다.

'깊고 현묘하다' 한 것은, 문(門)을 16가지로 나눔으로써 행해야 할 일이 한두 가지가 아닌데, 더욱이 묘관(妙觀)이 정미하여 처음 수행하는 이는 미치기가 쉽지 않다. 그래서 이를 붙잡아야 반드시 그 요처를 얻을 수 있다. 그러므로 반드시 지키는 것이 간단해야 하는 것이다.『맹자』에 "자신이 지키는 것은 간단하면서도 남에게 베푸는 것은 풍부한 것이 훌륭한 도다[守約而施博者善道]." 하였다.

어떤 것이 먼저 해야 할 일을 아는 것인가? 저 국토에 태어남으로 말미암아 가까이서 여래를 섬기는 것이다. 이와 같은 대원이 거의 이루어져서 미타 여래를 뵐 수만 있다면 어찌 깨닫지 못할까를 근심하겠는가? 그러므로 왕생하기를 바라는 것이 먼저 힘써야 할 급선무인 것이다.

지키는 것이 간단하다는 것은 무엇인가? 관법이 비록 16가지이지만 '불(佛)'을 말하는 것만으로 충분하고, 부처님이 비록 지극하시지만 마음이 바로 이것이다. 지금 부처님 명호를 듣고 일심으로 꼭 잡고 지키는 것은 지극히 간단하고 지극히 손쉬운 일이라 할 수 있으니, 만법이 오직 일심일 뿐이라 번거롭게 힘 들이지 않고도 마음이 청정하면 무슨 일인들 이루지 못하겠는가?

생각을 내는 순간에 의보와 정보가 분명하고 마음을 내어 태어나고자 하면 금방 저 국토에 오를 것이니, 이것이 이루기 어려운 관법을 익히지 않고도 성취하는 길인 것이다. 그러므로 부처님의 명호를 부르는 염불법이 지킬 것 중에 더욱 중요하고 간단한 수행법이 되는 것이다.

천여(天如) 스님[14]이 말하기를 "성인께서 불쌍히 여기시어 오로지 부처님 명호 부르기만을 권하시었다." 한 것이 이것이다.

'이름을 듦이여!'라고 한 것은, 부처님에게는 한없는 덕이 있으니 지금 단지 넉 자[아미타불] 명호만으로도 충분히 저것을 갖출 수 있다. 왜냐하면 미타는 곧 일심 자체이고 그 마음에 여러 가지 덕을 포함하여 상·락·아·정과, 본각·시각과, 진여·불성과, 보리·열반[15] 등 한

· · · · · · · · · ·

14 원나라 스님. 이름은 유칙(惟則). 중봉(中峰) 선사의 법을 이어 고소(姑蘇) 사자림(師子林)에 주하였다.

15 '아미타불' 넉 자가 바로 일심 그 자체다. 이 일심은 삼제(三際: 과거·현재·미래)에 변화하지 않으니 이

없는 이름을 모두 이 하나의 이름이 섭수하지 않음이 없기 때문이다.

'염불법만을 지님이여!' 한 것은, 중생이 부처를 배우는 데 수많은 수행법이 있지만 지금 단지 부처님 명호를 부르는 한 방법만으로도 충분히 저를 갖출 수가 있다. 왜냐하면 부처님 명호를 부르는 것은 이 일심을 지키는 것이요, 일심이 온갖 수행법을 갖추어서 4제,[16] 6바라밀과 내지 팔만사천 갠지스 강 모래 수만큼의 일체 수행문을 섭수하여 다하지 아니함이 없기 때문이다. 그러므로 '지키는 것이 간단해야 한다' 한 것이다.

나) 이익을 밝히다

(1) 인(因)이 이루어지다

疏 이로부터 온갖 생각이 모두 쉬고, 최종에 일심불란(一心不亂)[17]

. . . .

것이 '상'이요, 이사(二死)에 핍박당하지 않으니 이것이 '락'이며, 팔자재아(八自在我)를 구족했으니 이것이 '아'요, 오주(五住)의 더러움을 여의었으니 이것이 '정'이다. 또 일심은 본래 묘명(妙明)하니 이것이 '본각'이요, 처음으로 번뇌에서 벗어났으니 이것이 '시각'이며, 불망(不妄)·불변(不變)을 '진여'라 하고, 허물을 여의고 잘못이 없는 것을 '불성'이라 하며, 제불이 얻은 지혜를 '보리'라 하고, 제불이 깨달은 진리를 '열반'이라 한다.

16 4제는 고·집·멸·도이다. '고'는 핍박하는 모양이요, '집'은 고가 초래하여 감각하는 모양이니 이것은 세간 인과다. '도'는 닦을 만한 모양이요, '멸'은 증득할 만한 모양이니 이것은 출세인과다. 이 사제는 대·소승에 통하니, 생멸과 무생과 무량과 무작이 있는데, 4교(四敎)가 같지 않다. 그러나 4제는 경계이지 수행이 아니다. 지금 수행이라 한 것은 소관(所觀)의 경계를 들어 능관(能觀)의 수행을 밝힌 것이다.

17 염불수행 할 때 지극한 믿음으로 미타의 명호를 지송하여 마음이 산란하지 않고 일심에 이르는

에 이르게 되나니

　從玆而萬慮咸休 究極乎一心不亂

　鈔 염불하기 전에는 모든 생각이 번뇌에 싸여, 이른바 '1찰나에 9
백 생멸'이라고 한 것과 같이, 태어나고[生] 머무르고[住] 달라지고[異]
없어지는[滅] 한계가 끝이 없어서 천안(天眼)으로도 헤아릴 수 없으니,
이것을 '온갖 생각'이라 한다.

　이 온갖 생각은 이것이 없어지고 나면 저것이 생기고 금방 갔다
가 금방 또 돌아와서 온갖 꾀를 써서 없애려고 해도 결국 그럴 수가
없다. 그러나 지금 부처님 명호를 부르는 힘으로 올바른 생각을 들면
마치 사자가 굴에서 나오면 뭇 짐승이 자취를 감추고, 솟는 해가 서
리에 비치면[18] 온 숲이 흰 빛을 잃어버리는 것과 같이 잡된 생각이 저
절로 없어지니, 이것을 '모두 쉬어진다'라고 한 것이다.

　그러므로 영명 선사가 말하기를 "어떤 이가 수식관을 하였으나 번
뇌를 쉬지 못하더니, 염불하고 부처님 명호를 부름으로 해서 곧 모든
망상을 타파하였다."고 하였으니 이것이 그 영험이요, 쉬고 또 쉬어
서 그 근원까지 다한 것을 '최종에 이르렀다'고 한 것이다. 그리하여
일심불란한 데까지 이르면 이것이 염불삼매를 성취한 것이다.

....

것을 말한다. 곧 아체(我體)를 버리고 '나무아미타불'의 칭념과 합일되는 경지를 말한다. 본 소초에서
는 염불수행의 극치를 '일심불란'으로 보고 많은 지면을 할애하여 이에 대해 다방면으로 설명하고 있
음을 볼 수 있다. ―역자 주

18 '사자'와 '돋는 해'는 정념(正念)에 비유하였고 '뭇 짐승'과 '서리'는 온갖 잡념에 비유하였다.

(2) 과덕을 증득하다

疏 그제야 반걸음도 옮기지 않고 보배 못에는 네 가지 색깔의 꽃
이 피고, 뜰을 나가지 않고 금색 땅에는 일곱 겹의 나무가 빙 둘러있
으며, 곳곳에서 미타가 법을 설하고 언제나 연꽃이 화생하며, 진기한
짐승과 평범한 새가 함께 노래하고 옥으로 장식한 궁전과 띠로 인 집
이 모두 빛나는 것을 안다.

乃知匪離跬步 寶池涌四色之華 不出戶庭 金地遶七重之樹 處處彌
陀說法 時時蓮蕊化生 珍禽與庶鳥偕音 瓊院共茆堂並彩

鈔 이미 일심불란을 얻은지라, 갖가지로 꾸며진 연꽃과 줄지어
선 나무들이 결코 마음 밖에 것이 아닌 줄 비로소 알았으니, 어찌 반
드시 귀로 부처님 말씀을 들어야만 비로소 미타의 설법일 것이며, 사
바의 인(印)이 없어지고서야 비로소 정토의 문(文)이 이루어진다고[19] 할
것인가!

그렇다면 진기한 짐승이나 평범한 새, 옥으로 지은 궁전이나 띠로
얽은 집이 어떤 것이 못하고 나으며, 어떤 곳이 정토이고 어떤 곳이
예토이겠는가? 그래서 서방이 눈앞에 있다고 말하는 것이다.

....

19 '인(印)이 없어지고 문(文)이 이루어진다는 것은, 『열반경』 27에 "마치 납인(蠟印)으로 진흙 위에 도
장을 찍을 적에 인과 진흙이 합하여 인이 없어지고 문이 이루어지는 것과 같다." 하였는데, 이것은 범
부가 현재의 음이 없어지면 중유(中有)의 음이 생긴다는 것에 비유하였다. 지금 이 문장을 빌려 쓴 것
은, 왕생행인이 이 사바세계의 오음이 없어지고서 저 국토의 오음이 생긴다는 것을 비유한 것이다.

(3) 총결

疏 대개 생각이 공한 진념(眞念)으로 말미암아 태어나더라도 태어남이 없는 데 들어가니, 부처를 생각함이 곧 마음을 생각하는 것이라 저곳에 태어남이 이곳에 태어나는 것을 여의지 않는다. 그러므로 마음과 부처와 중생이 하나의 체여서 가운데나 양쪽에 있지 않다. 그러므로 '자성미타, 유심정토'라 하는 것이다.

蓋緣念空眞念 生入無生 念佛即是念心 生彼不離生此 心佛衆生一體 中流兩岸不居 故謂自性彌陀 唯心淨土

鈔 위의 '수승한 인연과 미묘한 과덕'을 이어서, 염불하여 일심에 이르게 됨으로 말미암아 생각이 다하고 공하여 생각 없는 생각이 되는데 이것을 '진념'이라 하고, 또 생각의 본체가 본래 공하여 생각이 실제로는 생각이라 할 것이 없는 것을 '진념'이라 부른다.

'태어나되 태어남이 없다'고 한 것은, 태어나는 본체가 존재하지 않음을 깨닫게 되면 태어나되 태어나지 않고 태어나지 않으면서도 태어나니, 이것을 '염불하는 마음으로 무생인에 들어간다'라고 부른다. 뒤의 '교를 설하게 된 인연[敎起因緣]'에서 말한 것과 같다.

그러므로 종일 부처를 생각하지만 종일 마음을 생각하고, 분명히 왕생하지만 고요히 왕생함이 없음을 알 수 있다.

'마음과 부처와 중생'이란, 경에 "마음과 부처와 중생 이 세 가지가 차별이 없다." 하였으니, 마음이 곧 부처요 부처가 곧 중생이어서 부처의 마음속 중생이 중생의 마음속 부처를 생각하는 것이다. 그러므로 '하나의 체'라 하였다.

'가운데나 양쪽'이란, 사바세계는 '이곳'으로 비유하였고 극락세계는 '저곳'으로 비유하였으니, 처음에는 고통을 싫어하고 즐거움을 좋아하다가 이윽고 고통과 즐거움이 둘 다 없어졌으며, 결국에는 고통이 아니고 즐거움이 아닌 것에도 머무르지 않는다. 이것이 이른바 '두 가지에 집착하지 않고 중도에도 안주하지 않는다' 하는 것이다.

'자성미타, 유심정토'도 뜻은 대체로 이와 같다. 그렇다면 선종과 정토가 길은 다르나 결국 하나로 돌아간다. 왜냐하면 자심(自心)을 여의지 않고 곧 불(佛)이며 곧 선(禪)이기 때문이다.

그러므로 어떤 이가 선에 집착하여 정토를 비방한다면, 이것은 자신의 본심을 비방하는 것이요 부처를 비방하는 것이며 스스로 선을 비방하는 것이건만, 안타깝게도 그런 줄을 모른다.

4) 지명으로 교화할 중생

疏 이것은 이일심(理一心)이어서 완전히 상지(上智)로 돌아가지만, 또한 사상(事相)에도 통하여[20] 두루 둔한 근기를 위하기도 하건만

....

20 '이일심'이란, 일심염불에 사가 있고 이가 있는데, 위의 문장에서 지적한 것은 이일심이다. '완전히 상지로 돌아간다'는 것은, 이일심은 방소(方所)가 없고 형상(形相)이 없어서 숙세에 반야영근(般若靈根)

此則理之一心 全歸上智 亦復通乎事相 曲爲鈍根

鈔 이일심(理一心)과 사일심(事一心)에 대한 자세한 설명은 뒤 문장을 보면 된다. 지금 자성이니 유심이니 하고 말한 것은 바로 경 가운데 이(理) 일심불란을 말했을 뿐이다. 이것을 큰 지혜를 가진 상지(上智)는 능히 깨달을 수가 있지만 둔한 근기는 능히 감당하지 못한다. 그러므로 이(理) 일심은 이(理)만을 주장하지 않고 사(事)에도 통한다. 그래서 사 일심은 누구라도 행할 수 있는 것이다. 이른바 '부부가 어리석고 덕이 없더라도 서로 사정을 알아주고 함께 일할 수 있다' 한 경우니, 마치 하늘은 널리 덮어 주고 땅은 널리 떠받쳐 주는 것과 같이, 조물주는 한 중생도 버림이 없기 때문이다.

· · · · · · · · · ·

을 갖춘 이가 아니면 깨닫기 쉽지 않다. '사상에 통한다'는 것은, 자성미타, 유심정토를 깨닫지 못하고 다만 망념염불로 이것을 버리고 저기에 태어나기를 바라는 것이니, 이것은 중생과 부처가 뚜렷하고 깨끗하고 더러움이 분명하여, 나라는 중생으로 저 부처를 구하며 이 오탁을 싫어하고 저 낙방(樂邦)을 좋아하여 저 이성(理性)과 전혀 교섭하지 못한다. 이것은 둔근(鈍根)이 행하는 것이다.

3
현실을 안타까워하다

가. 전체적으로 안타까워함

疏 아! 어찌하랴, 어리석음을 지키는 무리는 사(事)에만 집착하여 이(理)는 들은 척도 하지 않고, 작은 지혜를 가진 무리는 이(理)에만 집착하여 사(事)는 결국 내버리고 마는 것을!

사에만 집착하고 이에 미혹하는 것은 마치 어린아이가 옛 성인의 책을 읽는 것과 같고, 이에만 집착하고 사를 잃어버리는 것은 가난한 선비가 부자의 채권을 얻은 것과 같다.

奈何守愚之輩 著事而理無聞 小慧之流 執理而事遂廢 著事而迷理 類蒙童讀古聖之書 執理而遺事 比貧士獲豪家之券

鈔 위에서는 부처님의 자비가 지혜 있는 이나 어리석은 이를 모두 이익되게 하신다는 것을 말하였고, 여기서는 중생이 부처님의 뜻을 깨닫지 못함을 말했으니, 훌륭한 가르침이 있으나 훌륭한 배움이 없기 때문에 안타까워 한 것이다.

'어리석음을 지킨다'는 것은 어리석으면서 어리석은 것을 달갑게 여기는 것이요, '작은 지혜'란 지혜가 있으나 실제로는 지혜롭지 못한 것을 말하였다.

진실로 사(事)는 이(理)에 의해 일어나고 이는 사를 얻음으로 빛나, 사와 이가 서로 의지하므로 한쪽을 버릴 수 없다. 그러므로 이것만을 집착하거나 저것만을 집착하는 것이 모두 폐단이기는 마찬가지다.

'어린아이'란 매우 어리석은 자에 비유하였으니, 어리석고 미혹하여 겨우 글을 읽을 줄만 알고 뜻은 이해하지 못하는 것을 말한 것이다. 이른바 '종일 염불하면서도 염불하는 자를 알지 못한다' 한 경우이다.

'가난한 선비'는 조그마한 지혜에 비유하였다. 예전에 가난한 사람이 있었는데, 길에서 누가 잃어버린 채권을 주웠다. 거기에 적혀 있는 논밭이랑 집이랑 비단이나 곡식 등 갖가지 목록을 보고는 매우 기뻐하며 "큰 부자로구나!" 하였다. 그러나 남의 보물을 헤아리는 것이 결국 자신에게는 아무 이익도 없다는 것을 알지 못했다. 이른바 '비록 부처가 바로 마음인 줄 알고 있지만 분명히 현실적으로는 마음이 부처가 아니다' 한 것이다.

그러므로 이(理) 입장에서 보면 염불할 것이 없지만, 사(事) 입장에서 보면 염불할 것이 없는 가운데 우리는 분명히 염불해야 하는 것이다. 왜냐하면 염불하는 것이 곧 염불함이 없는 것이기 때문이다.

그러므로 이와 사를 함께 닦고 근본 지혜[本智]에 의하여 부처의 지혜[佛智]를 구한 후에야 비로소 큰 지혜라고 할 수 있는 것이다.

나. 따로 안타까워함

疏 그러나 사(事)에 집착하면서도 염불이 능히 상속할 수 있으면 품위에 드는 공덕이 헛되지 않지만, 이(理)에 집착하여 마음이 실로 밝지 못하면 도리어 공(空)에 떨어지는 재앙을 받아서

然着事而念能相繼 不虛入品之功 執理而心實未明 反受落空之禍

鈔 위 문장에서는 두 가지 병통을 쌍으로 들었고, 여기서는 두 가지 병통에 대해 따로 그 허물을 들었다. 이를테면 사(事)에 집착하면서 믿음이 간절하지 못하면 참으로 논의할 가치조차 없는 일이지만, 만일 일념으로 부처님 명호를 부르며 생각마다 상속하여 끊어짐이 없으면, 비록 진리를 밝게 깨닫지는 못하더라도 이미 청정한 몸을 성취하였고, 품위가 낮더라도 왕생은 의심할 여지가 없다. 이른바 '선비가 방목 끄트머리에 붙어 과거에 오르더라도 또한 언짢아 할 일은 아니다. 다만 방목에 이름이 없을까 두려울 뿐이다' 한 것과 같이, 어찌 어리석음을 지키는 것을 병통으로만 여기랴.

그리고 이(理)에 집착하면서 마음이 정말로 분명하고 밝으면 굳이 논할 필요도 없겠지만, 가령 산란한 지혜로 내달리기만 하고 완고하고 공허한 것에 집착하여 자신의 본심을 전혀 깨닫지 못하고서 정토를 우습게 말하고 왕생을 멸시한다면 그 피해는 결코 작지 않으니, 이른바 '텅 비었다 하며 인과를 부정하면, 망망(莽莽: 막연한 모양)하고 탕탕(蕩蕩: 아무것도 없는 모양)하여 재앙을 초래하리라' 한 경우다.

문: 무엇 때문에 근기가 둔한 사람은 허물하지 않고 도리어 근기가 예리한 자를 억누릅니까?

답: 근기가 예리한 자는 자기 재주를 믿고 기고만장하여, 늘 "어리석은 자는 차라리 멀리하는 것이 더 낫다." 하고 말한다. 지금은 이렇게 말하는 자들을 위하여, 호랑이 그림을 그리다가 제대로 되지 않으면 도리어 아무것도 되지 못한다[21]는 것을 알게 하여, 저것만을 바라는 것은 큰 잘못인 줄을 알고 마음을 돌려 염불하게 한 것이니, 억제한 것이 아니라 실로 저들을 안타깝게 여겼을 뿐이다.

다. 안타까움을 결론짓다

疏 결국에는 (부처님은) 한갓 부지런히 손을 내밀고 문에 기대 부질없이 바라보기만 하시고, (중생은) 위로는 부처님의 교화를 저버리고 아래로는 자신의 영성(靈性)을 등져서, 금생부터 세세생생토록 한번 그릇됨에 끊임없이 그릇되어 마음에 고취(苦趣: 악업을 지어서 죽은 뒤에 가는 지옥·아귀·축생 등 육취)를 달게 여기고 죽음의 문에 속수무책하

----

21 마원(馬援)이 자식에게 "용백고(龍伯高)는 심성이 후덕하고 신중하였으며, 두계량(杜季良)은 호협하고 의리를 좋아하였다. 그런데 백고를 본받다가 되지 못하면 오히려 삼가고 경계하는 소인배가 되고 마니, 소위 '고니를 새기다가 이루지 못하면 오리 비슷한 것이나 된다' 한 것이요, 계량을 본받다가 되지 못하면 천하에 경박한 자가 되고 마니, 이른바 '호랑이 그림을 그리다 이루지 못하면 도리어 개 비슷한 것이 되고 만다'" 하고 경계하였다.

여 구해 주는 이도 돌아갈 곳도 없게 되니, 참으로 슬프고 애통한 일이다.

　　逐使垂手徒勤 倚門空望 上孤佛化 下負己靈 今生以及多生 一誤而成百誤 甘心苦趣 束手死門 無救無歸 可悲可痛

　鈔 '손을 내밀었다' 한 것은, 옛말에 "형수가 물에 빠지면 손을 내밀어 구한다." 한 것이다. '문에 기댄다' 한 것은, 왕손가(王孫賈)[22]의 어머니가 말하기를 "네가 아침에 외출했다가 돌아오지 않으면 나는 진종일 문에 기대 바라본다." 하였다.

　여기서는 중생이 고취에 빠지면 부처님이 마치 깊은 못에 손을 내밀듯이 이들을 구원하시고, 중생이 깨달음을 등지고 번뇌에 빠지면 부처님이 마치 문에 기대어 자식을 바라보는 것과 같이 이들을 생각하는 것을 말했으니, 비록 이들을 구원하는 정이 깊고 염려하는 마음이 간절하더라도 물속 깊이 잠겨 일어나려 하지 않고 더욱 멀리 달아나 돌아오려 하지 않으면 이것이 부처님의 교화를 저버리는 것이다.

　'아래로 자신의 영성을 등진다' 한 것은, 무릇 마음이 있는 자는 누구라도 반드시 부처가 될 수 있다. 그러므로 부처님이 명호를 부르는 염불법을 가르쳐서 사람들에게 나의 자심(自心)을 생각하여 나의 자불(自佛)을 이루게 하였건만, 무턱대고 믿으려하지 않으니 어찌 자기의

---

22 전국시대 제나라 사람. 15세부터 민왕(閔王)을 섬겼고, 뒤에 어머니의 훈계를 듣고 동지를 모아 민왕을 살해한 요치(淖齒)를 죽였다. ―역자 주

영성을 등진 것이 아니겠는가?

'금생'과 '다생'은 세세생생에 타락하여 끝날 때가 없음을 말하였다.

'한번 잘못됨에 끊임없이 잘못된다' 한 것은, 금생에 잘못되면 다 겁에 만나기 어렵다는 것을 말하였다. 고취에 들어가는 것은 마치 구더기가 변소에 사는 것과 같고, 죽음의 문에 나아가는 것은 마치 소나 양이 도살장으로 끌려가는 것과 같아서 아무도 구원해 주는 이가 없고 어디에도 돌아갈 곳이 없으니, 어찌 애통하지 않겠는가?

4

이 글을 쓴 까닭

가. 자신의 부덕함을 부끄럽게 여기다

疏 주굉은 말법의 어리석은 범부로 궁벽한 시골의 만학으로서, 아직 현묘한 이치를 통달하지 못하여 평소 공허한 말만 하는 것을 천하게 여겼으니, 그림 속의 떡이 어찌 주린 창자를 배부르게 할 것이며 연석(燕石)으로는 결코 장사치의 눈을 속이기 어렵다.

袾宏 末法下凡 窮陬晚學 罔通玄理 素鄙空談 畫餠何益饑腸 燕石難逃賈目

鈔 위에서는 염불하면 이와 같은 이익을 얻고 염불하지 않으면 이와 같은 손해를 초래한다는 것을 밝혔다. 그러므로 여기서 자신의 뜻은 오직 염불만을 숭상한다는 것을 술회하였다. 지금은 먼저 둔근(鈍根) 입장에서 스스로 살펴보았다.

'말법'이란 제때에 태어나지 못한 것을 말하였고, '어리석은 범부'란 과보가 뛰어나지 못한 것을 말하였다.

'궁벽한 시골'은 견해가 넓지 못한 것이요, '만학'은 지혜가 깊지 못한 것을 말했으니, 사(事)도 능숙하지 못하거늘 더욱이 이(理)를 아는

73

것이랴. 이것은 자신의 말이 족히 남에게 믿음을 줄만한 것이 되지 못한다는 것을 밝힌 것이다.

'평소에 천하게 여겼다' 한 것은, 스스로 천박하고 부족한 줄을 알아 공허한 이야기를 부끄럽고 천하게 여겼다는 것이니, 이른바 '그 말은 부끄럽고 그 행동은 지나치다' 하는 뜻이다. '그림 속의 떡'의 뜻은 잘 알 수 있을 것이다. 부질없는 이야기에 비유하였다.

'연석'은 옥 비슷하면서 옥이 아닌 돌을 말한다. '장사치의 눈'이란 서역의 장사치는 보석을 잘 구별할 줄 안다. 예전에 연석 하나를 얻은 자가 진귀한 옥이라 말하고는 어리석은 눈을 가진 자를 현혹하여 큰 값을 받을 것을 기대하고는 이것을 서역 장사치에게 보였다. 서역인이 "이건 돌이오." 하니 매우 부끄러워하며 돌아갔다 한다. 이것은 어렴풋이 도를 보아서는 비슷하기만 할 뿐 옳은 것이 아니라서 눈 밝은 사람 앞에선 웃음거리가 되고 만다는 것을 비유하였다.

나. 자신이 숭상하는 것을 밝히다

疏 (그래서) 공경히 옛 성인의 가르침을 받아 독실하게 이 경을 받들어, 극락국을 바라서 고향을 삼았고 부처님을 우러러 부모님과 같이 여겼다.

祇承先勅 篤奉斯經 望樂國爲家鄉 仰慈尊如怙恃

鈔 이미 둔근이라고 생각했다면 반드시 옛 성인을 스승삼아야 하는 것이다.

'기(祇)'는 공경의 뜻이다. 임금의 옥음(玉音)이나 부처님의 금구(金口)를 모두 '칙(勅)'이라고 부른다. '독실하게 받든다'는 것은 지극한 마음으로 받드는 것이다.

'극락국을 고향으로 삼는다'고 한 것은, 적멸정토가 우리들의 안심입명처(몸과 마음이 편안히 의지할 곳)인데도 고향을 버리고 타향에서 유랑하며 나그네로 혼자 떠돌아다녔으므로, 오직 일념으로 돌아갈 것만을 생각하는 것이다.

부처님을 '부모님[怙恃]'이라 한 것은, 아버지를 오호(吾怙)라 하고 어머니를 오시(吾恃)라 하는데, 부처님께서 대자대비로 중생을 이끌어 주신 것은 성스러운 태로 나를 품어 주시고 법의 젖으로 나를 길러 주셔서 지금 안팎의 몸과 마음이 그의 은혜와 힘을 입어 이루어지지 않은 것이 없으니, 애쓰시고 수고하신 은혜는 하늘과 같이 끝이 없으시다. 그런데도 본가를 배반하여 버리고 남의 성으로 양자를 갔으니, 응당 종신토록 마음속에 그리워하고 좌우에서 어김없이 받들며 아침 저녁으로 보살펴드려야 하는 것이다.

다. 자신이 경을 해석하는 점에 대해 살펴보다

疏 그리하여 마음에 겸리(兼利: 위로 보리를 구하고 아래로 중생을 제도함)를 생각했으니, 도는 널리 전하는 것이 중요하기 때문이다. 그러나 예전의 소(疏)들은 완전한 것을 보기 어렵고 오직 몇 편의 주해가 겨우 현재 세상에 유행하고 있으나, (그마저도) 문장은 비록 간절하나 지나치게 간단하고, 이치는 그런대로 드러났으나 분명치가 못하여, 충분히 그 큰 공을 논할 수가 없는 것이 안타까웠다.

그리하여 내가 참다운 믿음을 일으켜 견해가 천박한 줄도 잊어버리고 온 생각을 다 기울여 모두 다섯 경본(經本)의 부류[23]를 모으고 직접 『문수반야경(文殊般若經)』에 의거하고서, 다시 현지(玄旨: 十玄妙旨)에 돌아간즉 부분적으로 『잡화경』(『화엄경』)의 뜻을 담고 있고, 여러 가지 수행문을 관통한즉[24] 여러 전적의 것을 널리 종합하여 하나도 자기에게 귀착하지 아니함이 없었다.

원컨대 모두 보리에 회향하기를 바라노니, 이 정성을 다 바쳐서

....

23 이 경은 『대미타경』과 동부(同部)가 되고, 『십육관경』과 『고음왕경』과 후에 나온 『미타계경』이 동류(同類)가 된다. '부'는 부서(部書)의 뜻으로 문장은 같지 않으나 동일한 행문(行門)인 것은 하나의 부서인 것이다. '류'는 유류(流類)의 뜻으로 행은 비록 같지 않으나 똑같이 정토로 돌아가는 것은 하나의 유류이다.

24 '현지에 돌아간다'는 것은, 정토의 이 한 법문은 『화엄경』의 십현묘지(十玄妙旨)로 돌아가니, 뒤에 '분원(分圓)' 가운데서 밝힌 것과 같다. '여러 가지 수행문을 꿰었다'는 것은, 염불이란 하나의 법문은 일대시교의 모든 수행문을 꿰었으니, 뒤에 '일심불란(一心不亂)'을 해석한 곳에서 밝힌 것과 같다.

가피를 구하나이다.

仍以心懷兼利 道貴弘通 慨古疏鈔見其全 惟數解僅行於世 窗雖切
而太簡 理微露而不彰 不極論其宏功 儻發起乎眞信 頓忘膚見 旣竭心
思 總收部類五經 直據文殊一行 而復會歸玄旨 則分入雜華 貫穿諸門
則博綜群典 無一不消歸自己 有願皆回向菩提 展此精誠 乞求加被

鈔 아직 자리(自利)를 이루지 못했으나 먼저 이타(利他)를 행하는
것이 보살의 발심이다. 그러므로 차마 자신만을 이익되게 할 수 없기
때문에 마음속에 겸리(兼利)를 생각한 것이다.

겸리의 도는 법을 널리 전하는 것이 우선이다. 그러나 이 경의 주
소들이 지금은 거의 없어져 예전의 것을 상고해 볼 여지가 없고, 비
록 한두 가지 겨우 남아 있긴[25] 하지만 간략히 큰 줄거리만 들어 석연
히 그 뜻을 밝히지 못하였다.

'큰 공'이란 곧 불가사의한 공덕을 말한다. 이 경에 이렇게 큰 공덕
이 갖추어 있는 줄 알지 못하면 의심하여 믿지 않게 되고, 믿는다 하
더라도 진실하지 못하니, 내가 소초를 지은 것은 어쩔 수 없는 일이
었다.

'부견(膚見)'이란, 피부는 겉에 있어서 들어간 곳이 깊지 못하므로
천박한 견해에 비유하였다. 이와 같은 천박한 견해로 어떻게 부처님

· · · · · · · · · ·

25 '한두 가지 겨우 남아 있다'는 것은, 오직 해동소(신라 『원효소』)와 월계해(越溪解)와 대우(大佑)의 약
해(略解)만이 겨우 남아 있다는 뜻이다.

의 깊은 뜻을 헤아릴 수 있을까만, 세상을 구원하고자 하는 마음이 간절하기 때문에 문득 그런 '천박한 생각'을 잊어버린 것이다.

'심사(心思)'란, 『맹자』에 "마음[心]의 기능을 생각[思]이라 하니, 요순 같은 성인도 오히려 심사(心思)를 다했는데 나는 어떤 사람이기에 감히 소홀할 수 있겠는가!" 하였다.

'부류'란, 오로지 극락세계에 대해서만 말한 『대본(大本)』 등 다섯 가지 경을 말한다. '문수'란 『문수반야경』이다. 구체적인 이름은 『문수반야일행삼매경(文殊般若一行三昧經)』이다. '잡화'는 화엄 성해(性海)로 종지를 삼았으니,[26] 가르침이 얕고 속되지 않다는 것을 밝혔다. '여러 전적'이란 여러 가지 경과 논을 인용하여 증명하였으니, 개인의 견해가 아님을 말하였다. 자세한 것은 '의리의 깊고 넓음[義理深廣]'과 '부류의 차별' 두 문과, 뒤의 경문에서 설명한 것과 같다.

'자기에게 귀착하였다'고 한 것은, 오로지 사상(事相)에만 전념하지 않았음을 밝혔다. 그 귀착점을 살펴보면 모두 녹이고 합하여 나의 본성으로 돌려보냈으니, 그것은 세간이나 출세간이 한 법도 마음 밖에서 벗어난 것이 없고, 정토의 의보나 정보가 낱낱이 본각의 미묘한 작용이기 때문이다. 이는 마치 병이나 가락지나 비녀, 팔찌 등의 용기들이 오직 금일뿐이며, 석간수나 산골짜기나 강이나 하천 등이 모

----

26 '성해로 종지를 삼는다'는 것은, 화엄의 사분(四分)·오주(五周)·육상(六相)·십현(十玄)·사종법계(四種法界)·이십중화장(二十重華藏), 그리고 무량한 향수해가 모두 일심에서 나왔기 때문에 성해로 종지를 삼는 것이다.

두 흐르고 흘러 결국에는 바다로 들어가는 것과 같으니, 이 법계로부터 흐르지 아니함이 없고 이 법계로 돌아오지 아니함이 없다.

'보리에 회향한다'고 한 것은, 모든 수행은 모두 왕생하기를 바라니, 이것을 회향이라고 한다. 그런데 다른 곳을 향하는 것이 아니라 서방에 회향하는 것은 곧 자성에 회향하는 것이다.

마지막 두 구절은 앞의 말을 뒤밟아 뒤의 글을 일으킨 것이다. 훌륭한 일을 하고자 하면 반드시 부처님의 가피에 의지해야 한다. 보살도 그러해야 하는데 더욱이 나 같은 범부겠는가?

'정(精)'은 두 가지 생각이 없다는 뜻이고, '성(誠)'은 헛되지 않다는 뜻이다. 고인이 말하기를 "정성이 극치에 이르면 귀신과 통한다." 하였다. 더욱이 삼보의 큰 자비는 어린 자식과 같이 중생을 불쌍히 여김이랴. 오직 중생의 이익을 위해서만 정성을 다해 구한다면 어찌 부처님이 가피하시지 않겠는가?

5
가피를 청하다

疏 사바의 설법주와

서방으로 이끌어 주시는 대자존과

『불가사의불호경(不可思議佛護經)』과

사리 · 문수 등 여러 성인들께 귀명하옵나니,

이토(二土)와 육방(六方)의 먼지같이 많은 세계의

과거 · 현재 · 미래의

한량없는 삼보께서 모두 증명하사

원컨대 자비로 저를 거두어 보호해 주소서.

제가 지금 함부로 예토의 소견으로

여래의 청정심을 헤아리나니

삼가 삼보의 큰 위신력에 힘입어

어리석은 저에게 가피하사 훌륭한 지혜를 이루어

제가 하는 말마다 부처님의 뜻에 맞아

가까이나 멀리까지 전해져 중생을 이익되게 하며

보고 듣는 이, 따라 기뻐하며 모두 왕생하여

함께 적광토의 위없는 과덕을 증득하게 하소서.[27]

　歸命娑婆說法主 西方接引大慈尊

　不可思議佛護經 舍利文殊諸聖者

　二土六方徧塵刹 過去見在及當來

　無盡三寶咸證知 惟願慈悲攝受我

　我今妄以穢土見 蠡測如來淸淨心

　仰承三寶大威神 加被凡愚成勝智

　使我言言符佛意 流通遐邇益含靈

　見聞隨喜悉往生 同證寂光無上果

　鈔 '귀명'은 바라밀의 예와 같이 어법이 거꾸로 된 것이다. '귀'에
는 두 가지 뜻이 있다. 첫째는 귀투(歸投: 몸을 의탁함)[28]의 뜻이다. 세상
사람이 매우 소중히 여기는 것은 목숨인데 목숨을 들어서 귀의한다는
것은 정성과 공경이 지극하여 다른 마음이 없다는 것을 말한 것이다.

　둘째는 귀원(歸元: 목이 베인 사람의 머리를 원래의 곳으로 되돌려 놓음)의

· · · · · · · · · ·

27　게송 중에 처음 여덟 구절은 먼저 귀명(歸命)하였고, 다음 여덟 구절은 부처님의 가피를 청하였다.
처음 여덟 구절에 처음 네 구절은 본 경의 삼보에 귀명하였고, 뒤에 네 구절은 수많은 삼보에 귀명하였
다. 다음 여덟 구절에 처음 두 구절은 먼저 가피를 청하는 까닭을 밝혔고, 가운데 세 구절은 정말로 가
피를 구하였으며, 마지막 세 구절은 보리에 회향하였다.

28　'귀투'는, 예를 들면 새가 숲속에 투(들어가다, 참가하다, 찾아가다)하고, 손이 여관에 투하며, 가난한
사람이 부잣집에 투하는 것과 같다.

뜻이다. 목숨을 들어서 귀의한 것은 곧 육근(六根) 전체를 거두어 일심(一心)으로 돌아간 것이다.

'사바'는 석가를 말하고, '서방'은 미타를 말한다. 처음에 석가는 이 가르침을 처음으로 설하신 분이다. 미천한 사람이 제후에 봉해졌더라도 근본을 등지지 못하는 법인데, 범부가 성인의 지위에 들었는데 어찌 은혜를 저버릴 수 있겠는가? 고래로 임종에 다다라 향을 피우고 먼저 석가모니 부처님께 공양하는 것은 바로 이런 뜻이다.

'설법주'란, 법을 설하여 중생을 제도하는 분은 하나의 국토에 다른 부처님이 계시지 않기 때문이다. '접인'이란, 중생이 부처님을 생각하면 부처님이 이끌어 주시니, 마치 길을 갈 적에 힘이 약한 자에게는 가까이하여[接] 부축해 주고, 길을 잃어버린 자에게는 이끌어[引] 인도하는 것과 같다. 여기에도 또한 두 가지 뜻이 있다. 현생에 접인해 주실 때는 그에게 도심(道心)을 주시고, 임종에 접인해 주실 때는 그의 신식(神識)을 거두어 주신다.

'대자존'이란, 어머니가 자식을 생각하듯이 하는 것을 자(慈)라 하고, 더 이상 자애스러울 수가 없는 것을 대(大)라고 한다. 존(尊)은 주인의 뜻이다.

서로 엇갈려 말해 보면, 석가는 이 국토의 부처님이시고, 미타는 저 국토의 주인이시다. 두 분 여래를 겸했으니 이것은 불보(佛寶)다. 『불가사의불호념경』이란 이 경의 원래 이름이다. 이것은 법보(法寶)다. '사리·문수 등'은 이 경을 들은 대중이다. 이것은 승보(僧寶)다.

이것을 보배라고 한 데는 대략 여섯 가지 뜻이 있다. 첫째는 드물다[希有]는 뜻이고, 둘째는 더러움이 없다[離垢]는 뜻이며, 셋째는 권세가 있다[勢力]는 뜻이며, 넷째는 아름답게 꾸몄다[莊嚴]는 뜻이며, 다섯째는 가장 훌륭하다[最勝]는 뜻이며, 여섯째는 변하지 않는다[不改]는 뜻이다.[29] 구체적인 것은『요집(要集)』에서 말한 것과 같다.

자세히 추구해 보면, 극락과 사바 두 국토와, 사방과 네 간방과 상하인 시방으로부터, 미진수와 같은 부처님세계에 이르기까지는 공간적으로 온 장소에 두루함을 말하였고, 과거 · 현재 · 미래는 시간적으로 온갖 시기에 두루함을 말하였다. 그 가운데 삼보가 시간적으로나 공간적으로 두루하여 다하지 아니함이 없다.

또한 삼보가 사(事)와 이(理)로 구분되고 같은 점도 있고 다른 점도 있으니,[30] 뒤 문장에서 설명한 것과 같다. 여기서는 안팎과 자타의 부

· · · · · · · · · ·

29 '희유'는, 수(隋)의 구슬인 변박(卞璞)이 세상에 희유한 것과 같이, 불은 우담화가 어느 때 한번 피는 것과 같고, 법은 여래가 인지(因地)에 몸을 버려 반게(半偈)를 구했으며, 승은 천제도 오히려 말법 비구가 되기를 발원했으니, 어찌 희유가 아니겠는가? '이구(離垢)'는, 아름다운 옥은 흠이 없고 순금이 광물에서 나오는 것과 같이, 불은 오주(五住)의 더러운 것을 파하고, 법은 이욕(離欲)이라 부르며, 승은 세상의 더러움을 여의었기 때문이다. '세력(勢力)'은, 돈은 귀신에게도 통하여 능히 죽은 자로 하여금 명이 이어지게 하고 죽은 자로 하여금 다시 살아나게 하니 세력이다. 지금 삼보도 능히 마군을 항복받고 외도를 제복하니 이는 세력이 아니고 무엇인가? '장엄'이란, 마치 영락으로 몸을 장엄하고 칠보로 국토를 장엄하는 것과 같이, 지금 삼보도 미묘한 몸을 나타내고 미묘한 국토를 이루며 미묘한 법을 설하고 미묘한 대중을 교화하니 이것이 장엄이다. '최승(最勝)'이란, 세상에 승묘한 것은 칠보보다 나은 것이 없지만, 지금 불은 양족존이라 부르고, 법은 이욕존이라 하며, 승은 중중존이라 부르니 이것이 최승이다. '불개(不改)'란, 순금은 수없이 단련해야 더욱 새롭고 더욱 미묘하지만, 지금 불은 법신이 항상 주하여 변하거나 달라짐이 없고, 법은 불이 능히 태우지 못하고 물이 능히 빠뜨리지 못하며, 승은 마군을 만나도 물러서지 않고 어려움을 만나면 더욱 단단해지니, 이것이 불개이다.

30 '삼보가 사와 이로 구분되고, 같은 점도 있고 다른 점도 있다'는 것은, 주지삼보(住持三寶)는 사이

83

처님에게 모두 귀명하는 것이다.

고인이 말하기를 "부처님이 멸도하신 후에 여러 제자들의 저술에서 언제나 삼보에 귀명한 것은, 성인의 경계는 높고 깊고 부처님의 말씀은 미묘하여 범부의 털끝만한 지혜로 스스로 헤아리는 것은 마치 표주박으로 바닷물을 재고 붓 뚜껑으로 하늘을 살펴보는 것과 같이 한갓 피로하기만 할 뿐, 얻은 바가 얼마나 되겠는가? 그러므로 반드시 삼보에 귀명하여 더욱 가피를 바라야 한다." 하였다.

'위신력'이란, 경에 "부처님의 힘은 불가사의하고 법의 힘도 불가사의하며 성현의 힘도 불가사의하다." 하고 말한 것과 같이, 삼보의 힘에 의지하면 능히 어리석은 자가 문득 수승한 지혜를 이룰 수 있어서, 말할 때나 저술할 때마다 가만히 성인의 마음에 통하게 된다.

'가깝거나 멀다' 한 것은 장소와 시간을 겸하여 말한 것이다. 장소로 말하면 한 구석에서부터 두루 시방에 이르기까지, 시간적으로 말하면 찰나로부터 미래가 다할 때까지를 모두 '가까이서부터 멀리까지'라 한 것이다.

'중생[含靈]'이란 목석과 구별하였으니, 일체 유정을 말한다. '보고 듣는 이, 따라 기뻐하며[見聞隨喜]' 한 것은, 이 경을 눈으로 보고 귀로 듣고서 잠시 동안이라도 따라서 환희심을 내는 자는 모두 다 선근을

....

고 일체삼보(一體三寶)는 이며, 불은 법 등이 아닌 것은 다른 점이고, 또 불에는 3신(三身)·4교(四敎)가 있고, 법에는 교·행·리·과가 있으며, 승에는 10성(十聖)·3현(三賢)이 있고 4과(四果)·4향(四向)이 있는 것은 모두 다른 점이다. 동체삼보(同體三寶)는 같은 점이다. '안'은 이(理)를 가지고 한 말이고, '밖'은 사(事)를 가지고 한 말이다.

심고 똑같이 저 국토에 태어난다.

'적광'이란 여래의 진실한 정토를 말한다. 저 국토에 태어나고 나면 부처님을 뵙고 법을 듣고 무생법인[31]을 깨달아 자신의 본심을 얻을 것이니, 고요함[寂]과 비춤[照]이 다르지 않은 것을 '상적광(常寂光)'이라 부른다.

'위없는 과덕[無上果]'이란, 부처님이 깨달으신 원만한 큰 깨달음은 이승이나 보살을 초월하여 이 과덕 위에 더 이상 가는 것이 없음을 말한다. 이것은 부처님이 깨달은 일체종지(一切種智: 一種의 지혜로 일체 道法을 覺知한 부처님만이 능히 얻은 지혜)를 말한 것이다. 경에 "모두 아뇩다라삼먁삼보리에 물러가지 않고…."라고 하였으니, 왕생하기만 하면 마침내 성불하리라는 것을 알 수 있다. 그러므로 '똑같이 적광의 위없는 과덕을 깨달아지이다' 한 것이다. 가피를 구한 뜻은 대체로 이와 같다.

이상으로 경 전체의 대의를 통틀어 서(序)함은 마친다.

· · · · · · · · · ·

31 무생법인의 '무생'은 법성을 가리켰으니, 어떤 법도 생함이 없고 어떤 법도 멸함이 없기 때문에 무생이라 하였다. '인'은 시각지(始覺智)를 말한 것이다. 시각지로써 법성리(法性理)에 계합하여, 마음속이 분명하지만 이것을 토로하여 내놓을 수가 없으니, 마치 일을 참는 사람이 마음속에 품고 있을 수도 없고 그렇다고 내놓을 수도 없는 것과 같기 때문에 무생인(無生忍)이라 부른다.

II

문단을 나누고 문장을 해석하다

1
대략 표시하다

疏 이 경을 해석하려면 전체적으로 열 가지 문으로 나눈다. 첫째 는 교를 설하게 된 인연이요, 둘째는 장(藏)·교(敎)에 속하는 범위요, 셋째는 이치의 깊이와 넓이요, 넷째는 이익을 입는 등급이요, 다섯째 는 능전(能詮)의 체성(體性)이요, 여섯째는 종취의 지귀(旨歸)요, 일곱째 는 여러 가지 부류의 차이요, 여덟째는 번역하고 해석하며 외우고 지 님이요, 아홉째는 경의 제목을 종합적으로 해석하고, 열째는 경의 문 장과 뜻을 하나하나 해석한다.

將釋此經 總啓十門 一敎起所因 二藏敎等攝 三義理深廣 四所被階 品 五能詮體性 六宗趣旨歸 七部類差別 八譯釋誦持 九總釋名題 十別 解文義

鈔 이것은 『화엄소(華嚴疏)』에서 대략 열 가지 문으로 나눈 것을 따랐으니, 앞의 여덟 가지는 의문(義門: 경문의 뜻을 개괄적으로 다룬 내용) 이고, 뒤의 두 가지는 곧바로 경문을 해석한 것이다. 또한 이것은 천 태(天台)의 오중현의(五重玄義)[1]와 대동소이하니, 나누면 열 가지가 되고

....

1 '오중현의'란, 경의뜻을 해석하는 다섯 가지 방법을 말한다. 첫째는 석명(釋名)이니, 경 제목을 해석

묶으면 다섯 가지가 되어² 다소 자세하거나 생략한 차이가 있다.

· · · · · · · · · ·

하는 것이다. 둘째는 변체(辨體)니 경이 설한 체성을 설명하는 것이다. 예컨대 『법화경』은 중도실상(中道實相)으로 경 전체가 설한 묘체인 것과 같다. 셋째는 명종(明宗)이니 경의 종취를 밝히는 것이다. 넷째는 논용(論用)이니 경의 공용을 논한 것이다. 다섯째는 판교(判敎), 혹은 판교상(判敎相)이라 한다. 경의 교상을 판단하여 경의 평가를 정하는 것이다. −역자 주

2 천태의 '석명'은 현수의 총석명제(總釋名題)요, 천태의 '변체'는 현수의 능전체성(能詮體性)이며, 천태의 '명종'은 현수의 종취지귀(宗趣旨歸)요, 천태의 '논용'은 현수의 소피계품(所被階品)이며, 천태의 '판교'는 현수의 나머지 다섯 가지다.

2
자세히 해석하다

가. 교를 설하게 된 인연

1) 총(總)

疏 먼저 종합적으로 밝힌다면, 여래께서는 오직 하나의 큰 목적 [一大事因緣]을 위하여 세상에 출현하셨다. 곧 부처님의 일생 가르침[一代時敎]은 그 대의를 종합해 보면 오직 중생에게 부처님의 지견을 열고, 보이고, 깨닫고, 들어가게 하려 하신 것이다.

지금 이 경은 중생에게 염불하는 마음으로 부처님의 지견에 들어갈 것을 바로 가리켰다.

先明總者 謂如來唯爲一大事因緣出現於世 則一代時敎 總其大意 唯欲衆生開示悟入佛之知見 今此經者 直指衆生以念佛心 入佛知見故

鈔 '하나의 큰 목적[一大事因緣]'은 『법화경』의 문장을 인용하였다. 저 경에 "여래가 세상에 나오신 것은 본래 일체중생을 제도하여 모두 성불하게 하고자 하신 것이었는데, 부득이 방편으로 삼승을 설하셨다가 나중에 근기가 익어짐에 다다라 세 가지[三乘]를 모아서 한 가지 [一乘]로 돌아가서야 비로소 본래의 뜻을 이루었다." 하였다.

그러므로『화엄경』이후와『법화경』이전에 비록 갖가지 법문이 있고 또 얕고 깊은 차이는 다르나, 이것으로 유일한 큰 목적으로 삼지 않음이 없으니, 이 하나의 큰 일 밖에 더 이상 다른 일이 없다.

지금은 일심으로 부처님 명호를 부르기만 하면 곧 물러가지 않는 자리를 얻게 되니, 이것이 범부의 자심(自心)으로 최종의 성불에 이르게 됨을 바로 가리킨 것이다.

만약 확실히 믿기만 하면 어찌 삼승을 두루 거치며 다겁을 지날 필요가 있겠는가? 한순간을 지나지 않고 금방 보리를 깨달으니, 어찌 큰 일이 아니겠는가?

2) 별(別)

疏 구체적으로 밝힌다면, 이 경만을 가지고 말하면 또한 열 가지 뜻이 있다. 첫째는 말법 중생을 매우 불쌍히 여기고 측은히 여겨 다리가 되어 주기 위해서요, 둘째는 한없는 법문 가운데서 특히 훌륭한 방편을 보여 주기 위해서며, 셋째는 생사에 유랑하는 범부를 격동 분발시켜 좋아하고 싫어하는 마음을 내게 하기 위해서요, 넷째는 공(空)에 집착하여 정토를 닦지 않는 이승을 교화 인도하기 위해서며, 다섯째는 처음으로 마음을 낸 초심보살을 격려하여 여래를 직접 만나게 하려 하였기 때문이요, 여섯째는 영리하거나 둔한 여러 가지 근기를 모두 섭수하여 제도하기 위해서며, 일곱째는 업장이 두터운 수행인을

감싸서 타락하지 않게 하기 위해서요, 여덟째는 유념(有念)의 마음으로도 무념(無念)에 들어 갈 수 있다는 것을 분명히 가르쳐 주기 위해서며, 아홉째는 왕생함으로 인하여 무생을 실제로 깨달을 수 있다는 것을 잘 보여 주기 위해서요, 열째는 쉬 질러가는 수행이며 손쉬운 가운데 더욱 손쉽게 질러가는 수행법임을 다시 밝히기 위해서다.

別則專就此經 復有十義 一大悲憫念末法 爲作津梁故 二特於無量法門 出勝方便故 三激揚生死凡夫 令起欣厭故 四化導二乘執空 不修淨土故 五勉進初心菩薩 親近如來故 六盡攝利鈍諸根 悉皆度脫故 七護持多障行人 不遭墮落故 八的指卽有念心 得入無念故 九巧示因於往生 實悟無生故 十復明徑路修行 徑中之徑故

鈔 해석은 아래 문장을 보면 되겠지만, 생겨난 것이 차례가 있으니 마치 맞물린 쇠고리와 같다.

첫째는 길을 잃고 물에 빠진 중생을 건지기 위해 나루가 되고 다리가 되기 위해서다. 둘째는 나루가 되고 다리가 될 수 있는 까닭은 가장 훌륭한 방편이 있기 때문이다. 셋째는 무엇 때문에 가장 훌륭한 방편이라 하는가? 능히 범부를 바로 제도할 수 있기 때문이다. 넷째는 어찌 범부일 뿐이랴. 또한 이승(二乘)의 성인도 제도하기 때문이다. 다섯째는 어찌 이승일 뿐이랴. 또한 보살도 제도하기 위해서다. 여섯째는 어찌 인간일 뿐이랴. 또한 일체중생을 널리 제도하기 위해서다. 일곱째는 어찌 평탄한 곳에서 중생을 제도할 뿐이겠는가? 업장이 두터워 괴로움을 당하는 이들을 두루 제도하기 위해서다. 여덟째는 비록 '중생을 제도함이 이렇게 광대하다' 하고 말했으나, 실제로는 중생의 한 생각을 여의지 않고 무념에 들어 갈 수 있기 때문이다. 아홉째는 이미 유념(有念)에 의해 무념(無念)을 얻었다면 또한 생(生)에 의해 무생(無生)을 얻을 수도 있기 때문이다. 열째는 앞의 아홉 가지를 통틀었으니, 이 부처님 명호를 부르는 염불법이 지름길 가운데 지름길임을 알게 하기 위해서다.

또한 지름길 가운데 지름길이기 때문에 능히 말법의 나루요 다리가 될 수 있으니, 그렇게 보면 뒤에서부터 차례가 되어 서로 순환하기도 하므로 '서로 맞물린 쇠고리'라 하였다.

疏 '처음은 말법 중생을 매우 불쌍히 여기고 측은히 여겨 나루가 되고 다리가 되기 위해서다' 한 것은, 부처님이 성도했을 때도 이미 오탁악세에 해당되었는데, 더욱이 지금은 말법이어서 바로 투쟁이 견고한 시기에 돌입하여 점차 쇠퇴해지고 있음이라. 후세와 그보다 더한 후생에도 모두 이 경전의 신비한 힘에 의해 나머지 중생들을 구원하니, 어찌 지극한 자비심으로 미리 제도를 보인 것이 아니겠는가?

初大悲憫念末法 爲作津梁者 佛成道時 已當濁世 况今末法 正入鬪爭 轉展陵夷 後之又後 皆賴此經神力 救拔餘生 豈非至極悲心 預垂濟度

鈔 '이미 오탁악세에 해당된다' 한 것은, 사람의 나이 2만 세가 될 때 겁탁에 들어가는데, 석가모니 부처님이 세상에 나왔을 때는 사람

의 나이 백 살이어서 탁세를 지난 지도 이미 오래되었으므로 측은히 여기지 않을 수 없는 것이다.

'바로 투쟁이 견고한 시기에 들어간다' 한 것은, 처음 5백 년은 해탈이 견고한 시기인데, 점차 500년의 선정(禪定)과 다문(多聞)과 탑사(塔寺)의 시기를 지나 지금은 투쟁이 견고한 시기에 해당되니, 참으로 측은하지 않을 수 없다.

'후세와 그보다 더한 후생'이란, 그리고는 불법이 멸망하려 하는 때에 이르니, 몇 갑절이나 더욱 더 측은하지 않겠는가? 그러므로 부처님이 이 경을 설하여 미리 방침을 세우고 계획하신 것이다.

'매우 불쌍히 여겼다'고 한 것에 세 가지 뜻이 있다. 부처님이 세상에 살아계실 때 이 오탁악세를 불쌍히 여겨 믿기 어려운 법을 설하셨으니, 이것이 첫 번째 큰 자비로 중생을 불쌍히 여기신 것이다. 부처님이 돌아가신 후에 복과 지혜가 날이 갈수록 천박하고 죄업장이 더욱 더 깊어지므로 이 경을 설하여 미래 중생으로 하여금 비록 부처님을 뵙지 못하고 부처님은 계시지 않지만 법은 남아 있어서 믿기만 하면 속히 생사를 벗어나게 하셨으니, 이것이 두 번째 큰 자비로 중생을 불쌍히 여기신 것이다. 『대본』에 "부처님이 돌아가신 지 까마득히 먼 미래에 모든 경전이 모두 없어졌더라도 유독 이 경전만이 이 세상에 남아 중생을 제도하다가 최후에야 비로소 없어진다."고 하였으니, 이 경전은 큰물이 하늘에까지 넘칠 때도 오히려 자비의 배가 되고, 세상이 완전히 파멸될 때도 법의 횃불이 된다는 것을 알 수 있다. 이것이 세 번째 큰 자비로 중생을 불쌍히 여기신 것이다.

비유하자면 자애한 아버지가 후손을 염려하는 마음이 끝이 없기 때문에 생계를 마련하여 먼 자손들에게 집안이 망하고 신세가 처량해지는 것에 대비하여 미리 재산을 남겨두는 것과 같다 할 것이다. 그러므로 '지극한 자비심으로 미리 제도를 보였다'고 한 것이다.

疏 '둘째는 한없는 법문 가운데서 특히 훌륭한 방편을 보여 주었다'고 한 것은, 도에 들어가는 데는 여러 가지 문이 있어서 본래 선택할 것이 없지만, 험난하고 평탄하고 굽고 곧은, 어렵고 쉬운 두 가지 길로 나누어지니, 한없는 수행문 중에서 '염불'이란 하나의 문이 가장 훌륭한 방편이 되는 것이다.

이 방편을 대략 설명하면 네 가지가 있다. 첫째는 부처님 세상을 만나지 못하더라도 항상 부처님을 뵐 수 있는 방편이요, 둘째는 혹업(惑業)을 끊지 않고도 윤회를 벗어날 수 있는 방편이요, 셋째는 여타의 수행을 닦지 않더라도 바라밀을 얻을 수 있는 방편이요, 넷째는 다겁을 거치지 않고도 금방 해탈을 얻을 수 있는 방편이다.

二特於無量法門 出勝方便者 入道多門 本無揀擇 險夷曲直 難易攸分 則無量門中 念佛一門 最爲方便 略陳有四 一不値佛世 得常見佛方便 二不斷惑業 得出輪廻方便 三不修餘行 得波羅密方便 四不經多劫 得疾解脫方便

鈔 '법문'이란, 도의 본체는 깊고 아득하여 문에 의지해야만 비로소 들어갈 수 있지만, 문이 같지 않기 때문에 '한없는[無量]'이라 하

였다. 수단을 써서 잘 끌어들여 문에 들어가게 하는 것을 '방편'이라 한다. 그런데 '훌륭하다'고 한 것은 방편 중에 방편이 된다는 뜻이니, 『관경』에서 말한 "특이하다" 한 것이 이것이다.

'여러 가지 문'이란, 어떤 이가 말하기를, "어떤 문으로든지 도에 들어갈 수 있는데 굳이 염불 왕생만을 말할 필요가 있을까요?" 하였으나, 쉬운 것이 있고 어려운 것이 있으므로 본래 선택할 것이 없는 가운데서 선택을 말하지 않을 수 없다.

'험난하다'는 것은 길이 험하여 걷기가 어려운 것을 말하고, '굽었다'는 것은 멀리 빙 돌아가서 도착하기 어려운 것을 말한다. 염불 이외의 수행문에 비유하였다.

'평탄하다'는 것은 행하기 쉬운 것을 말하니, 염불법은 누구라도 수행할 수 있는 손쉬운 수행법임을 비유하였다. '곧다'는 것은 지름길로 쉽게 다다를 수 있는 것을 말했으니, 염불법이 속히 생사에서 벗어날 수 있는 길임을 비유하였다. 예컨대 위제희 부인이 시방세계를 두루 살펴보고 오직 극락세계에 태어나기만을 바랐던 것과 같다.

'항상 부처님을 뵐 수 있다'는 것은, 『기신론』에서 이미 진여삼매(眞如三昧)와 이문지관(二門止觀)[3]을 보이고 나서 다시, "이 법[4]을 처음으로

· · · · · · · · · ·

3 '진여삼매'에는 정관(正觀)이 있고 방편정관(方便正觀)이 있는데, 정관은 법계가 하나의 모습이라 일체 제법이 평등하여 둘이 없음을 관하는 것이요, 방편이란 오음인 색과 심을 추구하여도 결국에는 아무것도 얻을 수 없음을 관하는 것이니, 만약 잘 관찰하여 심이 무념임을 알면 곧 수순하여 진여문에 들어갈 수 있기 때문이다.

'이문지관'이란, '지'는 일체 경계상(境界相)을 멈추는 것을 말하니, 경계를 여의고[離境] 마음을 제하

96

배워 그 마음이 겁약(怯弱)한 자는 사바세계에서 항상 부처님을 뵙지 못하는 것을 두려워하여 '신심을 이루기 어렵다' 하고 말한다. 여래는 이런 자들을 위해 훌륭한 방편을 써서 신심을 북돋아 주시니, 이를테면 일심으로 염불법문을 닦아 부처님 국토에 태어나 항상 부처님을 뵙는 것이니, 수다라에서 '일심으로 서방극락세계의 아미타불을 생각하면 곧 왕생하여 영원히 물러나지 않는다'고 한 것과 같다." 하였다. 이 경인 경우는 "이레 동안 일심불란하면 부처님이 앞에 나타나신다."고 한 것이 이것이다.

그러므로 석가불의 영산회상은 이미 지나갔고 미륵불의 용화회상은 아직 오지 않았거니와, 부처님이 계시지 않는 세상에서 부처님을 뵐 수 있으니 이것을 '가장 훌륭한 첫 번째 방편'이라 부른다.

'윤회에서 벗어날 수 있다'고 한 것은, 번뇌로 인하여 업을 일으키고 업으로 인하여 과보를 받아서 육도에 왕래하며 끝없이 윤회하니, 다른 수행법에 의해 수행하여 번뇌가 다하여 비로소 윤회를 벗어났더라도 몸이 이 세상에 의탁한 이상 오르고 내림을 보장할 수는 없다. 오직 이 염불법문만이 번뇌를 가진 채로 왕생하여 자신의 염불의 힘과 부처님이 중생을 거두어 보호해 주시는 크나큰 신력으로 인

· · · · · · · · · ·

는[除心] 두 가지 법이 있다. '관'은 인연 생멸상을 분별함을 말하니 법상(法相)과 대비(大悲)와 대원(大願)과 정진(精進) 네 가지 행이 있다.

4 '이 법'이란 다섯 가지 문을 수행함을 말하니, 첫째는 보시요 둘째는 지계요 셋째는 인욕이요 넷째는 정진이요 다섯째는 지관이다. '처음으로 배우는 자'는 부정취중생(不定聚衆生)을 가리키니 신심이 충분치 못한 자다.

하여, 한번 저 국토에 태어나면 곧 삼계를 초월하여 윤회를 받지 않는다. 경에 "중생으로서 저 국토에 태어난 자는 모두 아비발치[不退轉]다." 한 것이 이것이니, 이것이 가장 훌륭한 두 번째 방편이다.

'바라밀을 얻는다'고 한 것은, 여러 보살들이 갠지스 강 모래 수만 한 시간 동안 육도만행을 닦았더라도 능히 만족하지 못했으나, 지금 일심으로 염불하여 온갖 인연이 저절로 버려지면 이것이 보시바라밀이요, 일심으로 염불하여 여러 가지 죄악이 저절로 그치면 이것이 지계바라밀이며, 일심으로 염불하여 마음이 저절로 부드러우면 이것이 인욕바라밀이요, 일심으로 염불하여 영원히 물러나지 않으면 이것이 정진바라밀이며, 일심으로 염불하여 다른 생각이 일어나지 않으면 이것이 선정바라밀이요, 일심으로 염불하여 정념(正念)이 분명하면 이것이 반야바라밀이다. 더 깊이 따져보면, 한 마음을 벗어나지 않고 만행이 구족하니, 『대본』에 법장 비구가 '설령 내가 성불하더라도 이 나라 안에 어느 중생이라도 신통 자재한 바라밀다를 얻지 못했으면 정각을 이루지 않으리라' 하고 발원한 것과 같다. 이것이 가장 훌륭한 세 번째 방편이다.

'단박 해탈을 얻을 수 있다' 한 것은, 『지도론』에 "어떤 보살이 '대반야를 비방하여 악도 중에 떨어지면 무량겁을 지나도록 다른 수행법을 닦더라도 능히 죄를 없애지 못한다' 하고 생각하더니, 나중에 선지식을 만나 아미타불을 생각하라는 가르침을 받고서 곧 업장이 소멸되고 단박에 정토에 태어났다." 하였으며, 또 『십주단결경(十住斷結經)』에는 이렇게 말하였다.

"그때 무리 중에 4억 대중이, 이곳에서 죽어 저곳에 태어나 끊임 없이 왕래하는 것은 애욕이 그 근원이 되는 줄을 알고서, 애욕이 없 는 국토에 태어나고자 하였다. 그때 부처님이 말씀하시기를 '여기서 서쪽으로 무수한 국토를 지나면 한 부처님이 계시니 이름은 무량수 이시다. 그 국토는 깨끗하여 음욕과 성냄과 어리석음이 없고 연꽃 속 에서 태어나므로 부모를 의지하지 않는다. 너희는 반드시 저 국토에 태어나라' 하였다."

그러므로 『대본』에 "보살이 중생으로 하여금 신속히 위없는 보리 에 안주하게 하려면 반드시 정진력을 일으켜 이 법문을 들어라!" 하 였다. 이로써 개미가 높은 산에 오르는 것과 순풍에 돛을 다는 것같 이 빠르고 더딘 차이는 천지만큼이나 까마득한 줄 알 수 있다.[5] 고인 이 말하기를 "일생에 이 일을 해결하려면 곧 이 법에 마음을 써라." 하였으니, 이것이 가장 훌륭한 네 번째 방편이다.

疏 '셋째는 생사에 유랑하는 범부를 격동하고 분발시켜 좋아하고 싫어하는 마음을 내게 한다' 한 것은, 일체중생이 자성을 미혹하여 윤 회를 달갑게 받아들이며 먼 예전부터 오늘에 이르도록 살피고 애쓴 적이 없었다. 그러므로 고통과 즐거운 두 가지 국토를 보이고 절복(折 伏: 악한 사람을 꺾어 굴복시킴)하고 섭수(攝受: 착한 사람을 받아들임)하는 두

· · · · · · · · · · ·
5 『연종보감』에 "여타 문으로 도를 배우는 것은 마치 개미가 높은 산을 오르는 것과 같고, 염불하여 저 국토에 태어나는 것은 순한 물에 돛을 다는 것과 같다." 하였다.

가지 문을 열어 격동하고 분발하고 기뻐하고 싫어하게 하였으니, 훌륭한 마음을 이미 내었으면 정토의 업이 바로 이루어지는 것이다.[6]

三激揚生死凡夫 令起欣厭者 以諸衆生沈迷自性 甘受輪廻 曠劫至今 曾無省勵 故示苦樂兩土 爰開折攝二門 激之揚之 俾欣俾厭 勝心旣發 淨業斯成

鈔 평등법문에 의하면 더러움도 깨끗함도 없어서 싫어하고 기뻐할 여지가 없으니, 절복하고 섭수하는 마음을 베푸는 것이 무슨 필요가 있겠는가? 다만 지금 생사에 유랑하는 범부는 마음을 미혹하고 경계를 쫓아 수없이 윤회를 겪어 태어났다 죽으면서도 마음에 이를 달게 여기고 일찍이 한 생각도 깨닫고 분발하여 여기에서 벗어나기를 바란 적이 없었다. 그런데 그 기뻐하고 싫어하는 마음을 차단하고 바로 자심을 깨닫게 하려면, 이는 마치 논에 사는 개구리와 우물 속의 붕어에게 물속에서 살지 말고 하늘을 뚫고 오르라고 채근하는 것과 같으니, 더욱 그르치기만 할 뿐 무슨 소용이 있겠는가?[7]

....

6 '훌륭한 마음'이란 용맹심과 정진심을 말하였다. 정업을 성취하지 못하는 까닭은 모두 한가하게 세월을 보내며 마음이 맹리하지 못하기 때문이다. 만약 날마다 힘을 써서 큰 용맹심을 내고 큰 정진심을 낸다면 공부를 성취하지 못할 리가 없다. 그러므로 '훌륭한 마음을 이미 내었으면 정업이 이루어진다' 하였다.

7 만약 바람을 치고 구만 리를 날고 물을 차고 삼천 리를 나는 대붕이나 금시조 같은 것이면 하늘을 뚫고 오르라고 채근할 수 있겠지만, 밭에 사는 개구리나 우물 속 붕어에게 하늘을 뚫고 오르라 한들 무슨 소용이 있겠는가? 만약 마음이 세상 밖에 노닐고 발로 크고 넓은 곳을 밟는 상근이지(上根利智)라면 자심을 바로 깨달으라고 가르칠 수 있겠지만, 생사범부에게 이를 가르친들 무슨 소용이 있겠는가?

그러므로 고통과 즐거움이 없는 가운데서 고통을 보이고 즐거움을 보여서, 고통으로써 절복하고 즐거움으로써 섭수하였으니, 절복하면 미혹함을 격동하여 싫어하는 마음을 내게 되고, 섭수하면 게으른 마음을 분발하여 즐거워하는 마음을 내게 되는 것이다.

그런 후에는 오랫동안 진창길에 빠져 있다 이제 처음으로 더러운 것을 싫어하고, 지금 잠깐 청정하고 미묘한 법문을 듣고는 찾고 원하는 마음이 절실하여, 이곳은 큰 불덩이요 저곳은 시원한 연못인지라 더위에 지친 중생들이 이곳을 피하여 저곳으로 나아가지 않을 수 없는 것이다.

방편으로 중생을 제도하려면 으레 이렇게 하는 방법밖에 없다. 그래서 저 국토에 태어난 후에 부처님을 뵙고 부처님 법을 듣고서, 무생법인을 얻어 이 마음이 본래 평등한 줄을 비로소 깨닫게 되는 것이다.

疏 '넷째는 공에 집착하여 정토를 닦지 않는 이승을 교화하고 인도한'고 한 것은, 잠깐 아공(我空)을 얻고서는 곧 거기에 깊이 빠져, 청정한 부처님 국토에서 중생을 교화한다고 설하신 말씀을 듣고도 마음에 기뻐하지 않는다. 그러므로 소승을 돌이켜 대승으로 향하여 왕생하는 마음을 내게 하신 것이다.

四化導二乘執空不修淨土者 良以乍得我空 卽生耽滯 聞說淨佛國土 敎化衆生 心不喜樂 故令回小向大 發意往生

鈔 '잠깐 아공을 얻었다'고 한 것은, 소승은 단지 오온 가운데 아

(我)가 없는 줄만 깨달았을 뿐 오온마저도 공한 줄을 알지 못하여, 경계에 집착하여 유(有)라고 여기고는 오직 경계를 피하여 고요한 것에만 나아가려고 한다.

그러므로 정토에서 중생을 교화한다는 말을 들으면 마음에 좋아하지 않는다. 예를 들면 『화엄경』에서 여러 성문들이 노사나불의 신력을 보지 못하고 보살의 큰 회상에 참석하지 않는 것은 본래 시방 불찰의 청정 공덕을 찬탄하고 설하지 않았기 때문인 것과 같다.

고인이 말하기를 "소승에게는 타방 부처님이란 설이 없지만 대승의 가르침에는 찰해(刹海: 刹은 범어로 kṣetra니 국토를 말하고, 海는 大海를 말한다. 刹土와 大海니 十方世界를 말함)라는 말씀이 있다. 이들을 독선의 무리라고 부르며 또한 아둔한 아라한이라고 한다." 하였다. 그러므로 단멸(斷滅: 인과는 상속하는 이치가 없다고 물리치는 견해)한 마음을 돌이켜 정토행을 닦도록 가르친 것이다.

이것을 보면 제불보살의 자비와 지혜와 수행과 발원이 이와 같이 광대하고 이와 같이 다함이 없으며, 마음이 경계에 장애되지 않고 경계가 마음에 장애되지도 않으며,[8] 일체 제법의 본성이 본래 공하여 종일 중생을 제도하되 제도함이 없으니, 단지 선정만을 닦고 왕생을 발원하지 않는 것은 매우 큰 잘못임을 알 수 있다.

. . . .

8 '제불보살'은, 세 가지 인연[衆生緣, 法緣, 無緣]의 자비와, 네 가지 지혜[大圓鏡智, 平等性智, 妙觀察智, 成所作智]와 열반의 오행[聖行, 梵行, 天行, 嬰兒行, 病行]과 무작의 사제[미·오와 같은 대립모순 상태 그대로가 모순이 아니라고 관하는 사제관(四諦觀)]를 갖추었기 때문에 '광대하고, 다함이 없다' 하였다. 마음이 곧 경계이기 때문에 경계에 장애되지 않고, 경계가 곧 마음이기 때문에 마음에 장애되지 않는다.

疏 '다섯째는 처음으로 마음을 낸 보살[9]을 격려하여 여래를 가까이 하게 하려 한다'고 한 것은, 처음으로 마음을 낸 보살은 큰마음[10]은 비록 세웠으나 무생법인은 아직 이루지 못했으니, 이른바 '어린 새는 오직 나뭇가지에 붙어 있을 뿐이요, 어린아이는 엄마 곁을 떠나서는 안 된다' 하듯이, 정정취(正定聚)[11]에 들어가서 저 세존을 가까이 해야만 비로소 무생을 깨달아 마침내 불과를 이루어 대원의 뗏목을 타고 고해에서 중생을 제도할 수 있으니, 『지도론』에서 설한 것과 같다.

더군다나 육심(六心; 육도)에 떨어진 이나 진겁(塵劫)의 성문이나 물고기 알이나 암라(菴羅)[12]의 일로써 충분히 밝은 거울을 삼을 수 있다.[13]

그러므로 염불이 보살의 어버이여서 법신을 낳고 기르며, 내지 십지(十地)의 처음과 최종까지도 염불을 여의지 않음을 알 수 있으니, 어찌 초심에 스스로 만족하고 왕생하기를 바라지 않겠는가?

....

9 '처음으로 마음을 낸 보살'은 4교(四敎)가 같지 않다. 장교와 통교 두 교는 삼현보살을 말하고, 별교는 초지 이전을 말하며, 원교는 초주 이전을 말한다.

10 '큰 마음'이란, 위로 불과를 구하고 아래로는 중생을 교화하는 보살심을 말한다.

11 '정정취'는 극락세계를 지칭한 것이다. 왜냐하면 저 국토인은 모두 정력(定力)이 있어서 퇴전하지 않기 때문이다. 저 국토에서 보면 오직 상품상생만이 정정취라 할 수 있다.

12 암몰라(菴沒羅: 梵語 āmra, amra, amlaphala, amarapuṣpa, amarapuṣpaka, 巴利語 amba)수를 말한다. 통칭 Mango라고 한다. 그것의 열매를 암라과(菴羅果)라고 한다. 이 나무는 꽃은 많으나 열매는 매우 작으므로 불완전한 초심보살에 흔히 비유한다. ─역자 주

13 '충분히 밝은 거울을 삼을 수 있다'는 말은, 이 네 가지는 인(因)은 많으나 과(果)는 적으니, 이것을 통해 초발심보살도 오히려 여래를 가까이 의지하고 귀의처를 삼아야 한다는 것을 알 수 있다는 뜻이다. ─역자 주

五勉進初心菩薩 親近如來者 初發心菩薩 大心雖建 勝忍未成 所謂
弱羽止可纏枝 嬰兒猶應傍母 入正定聚 親彼世尊 方得忍證無生 終成
佛果 乘大願筏 苦海度生 如智論中說 且夫六心墮落 塵劫聲聞 魚子菴
羅 足爲明鏡 故知念佛 菩薩之父 生育法身 乃至十地始終 不離念佛 何
得初心自足 不願往生

鈔 『지도론』[14]에서 말하기를, "구박범부(具縛凡夫: 見·修 두 가지 미혹
을 갖춘 범부. 縛은 번뇌의 다른 이름)가 대비심이 있어서 탁악(濁惡)한 세상에
태어나 고통 받는 중생을 건지고자 한다면 이것은 있을 수 없는 일이
다. 왜냐하면 번뇌가 강성하기 때문에 아직 법인(法印)의 힘을 얻지 못
하여 마음이 경계에 따라 굴러가서 소리와 색깔에 얽매여 자신도 삼
도에 떨어지게 되는데, 어떻게 능히 저들을 구할 수 있겠는가? 설사
인도(人道)에 태어나더라도 성도를 얻기 어렵고, 보시하고 지계한 복력
으로 임금이나 신하가 되기도 하고 부귀가 자재하기도 하지만, 선지
식을 만나도 기꺼이 믿고 따르려 하지 않고 거칠고 게을러 수많은 죄
업장을 짓고 이로 말미암아 타락하게 되는 것이다." 하였다.

또, "비유하자면 어떤 사람이 물에 빠진 자를 구하려 바로 물에 뛰
어든다면 피차 모두 물에 빠지고 말지만, 방편이 있는 자는 얼른 가

· · · · · · · · · ·

14 『지도론』의 문장을 세 번 인용하였다. 처음은 오(五) 소문(疏文) 전체를 종합적으로 인증하였고,
두 번째는 소문(疏文) 중 '대원의 뗏목을 타고' 한 구절을 따로 인증하였으며, 세 번째는 소문(疏文)의 '어
린 새는 나뭇가지에 붙을 뿐이요' 한 두 구절을 따로 인증한 것이다.

서 배나 뗏목을 가져와서 이를 타고 구원하여 모두 환란을 면할 수 있는 것과 같이, 초발심 보살도 반드시 부처님을 가까이 뵙고 무생법인을 얻고 나서야 비로소 능히 고해에서 중생을 건질 수가 있으니, 이것은 배나 뗏목을 얻은 것과 같다." 하였다.

또, "비유컨대 어린아이가 어머니 곁을 떠나면 구덩이에 떨어지기도 하고 또는 젖을 먹지 못해 굶어 죽고 마는 것과 같으며, 또 어린 새는 나무에 의지하거나 가지에 붙어 있을 뿐이요 날개가 생겨야 비로소 공중을 아무 거리낌 없이 나는 것과 같으니, 힘이 없는 범부는 오직 '아미타불'만을 전념하여 삼매가 이루어져야만 임종의 정념으로 틀림없이 왕생하여 부처님을 뵙고 무생법인을 얻어서 삼계에 다시 돌아와 중생을 제도할 수 있는 것이다." 하였다.

'정정취'란 사정취(邪定聚)나 부정취(不定聚)와 구별한 것이다. 범부는 사정취나 외도가 이미 결정되었고, 초심보살은 진퇴가 아직 확정되지 않았으니, 지금 안양에 태어나면 누구를 막론하고 모두 퇴전(退轉)하지 않기 때문이다.

'취(聚)'는 모임[會]의 뜻으로, 문장에서는 '여러 상선인(上善人)의 모임'을 말하였지만 지금 여기서는 이 무리[聚] 중에 들어가면 부처님을 뵙고 법을 듣는다는 뜻을 말하였다.

'육심(六心)에 떨어진 이'란, 수보리가 보리심을 내어 이미[15] 별교(別

15　별교에서는 7주(住)부터 불퇴위로 본다. 6주(住)면 아직 퇴보하는 인연이 있다.

敎)의 육주(六住)를 증득했으나 어떤 이가 눈을 구걸하자 결국 큰마음을 타락하여 오도(五道)에 떨어진 일을 말한 것이다.[16]

'진겁(塵劫)의 성문'이란, 대통불(大通佛) 세상에서부터 발심한 어떤 사람도 모두 큰마음을 잃어버림으로써 진묵겁(塵墨劫) 이래로 성문의 지위에 떨어져 있었음을 말한 것이다. 그러므로 경에 "물고기 알과 암라수 꽃과 처음 마음을 낸 보살, 이 세 가지는 처음[因]은 많으나 그 결과는 적다[魚子菴羅華 菩薩初發心 三事因中多 及其結果少]." 하였으니, 이 것은 초발심보살도 오히려 여래를 가까이 의지하고 귀의처를 얻어야만 마침내 퇴보하여 전락하지 않는다는 것을 인용하여 밝힌 것이다.

'보살의 어버이'란, 『화엄경』11품에 위광동자가 여래의 모습을 뵙고 열 가지 이익을 얻었으니, 처음에 "염불삼매를 얻었으니 이름을 무변해장문(無邊海藏門)이라 한다." 하고, 소에서 "염불삼매가 보살의 아버지이기 때문에 맨 처음에 밝혔다. 보살은 방편으로 어버이를 삼으니, 염불은 진(眞)에 의거하여 사(事)에 이르기 때문에 방편이요, 또 염불과 성불이 친종(親種: 친척)이기 때문이다."[17] 하였다.

. . . .

16 수보리가 과거에 수행할 때 대승의 마음을 내었는데, 천제가 그를 시험하기 위해 바라문으로 모습을 변하여 그에게 눈을 구걸하였다. 수보리가 바라문에게 눈을 뽑아 주었으나 바라문이 이를 받아 땅에 던져버리고 발로 밟아버렸다. 그래서 이 일로 말미암아 큰마음을 잃어버린 일을 말한다.

17 염불로 아버지를 삼는 뜻을 설명하였다. 여기에 두 가지 뜻이 있다. 첫째는 염불이 방편이라는 뜻이요, 둘째는 염불이 친척이라는 뜻이다. 방편이란 『정명경』에 "반야바라밀은 보살의 어머니요 방편은 아버지다." 하였다. 그런데 지금은 묘심(妙心)으로 부처님 명호를 부르니 바로 이것이 가장 훌륭한 방편이다. 그러므로 아버지인 것이다. '친종'이란, 진종[本性]을 친전한다는 뜻이다. 그런데 지금은 저 부처님을 염하여 나의 자불(自佛)을 이루니, 곧 본불(本佛)을 염하여 지금의 시불(始佛)을 이루는 것이

'십지의 처음부터 마지막까지도…'라고 한 것은, 십지 문장 가운데 처음부터 마지막까지 매 지(地)마다 "모든 하는 일이 염불을 여의지 않았다."고 하고, 또 "원행지보살(遠行地菩薩)은 모든 국토가 마치 허공과 같은 줄 알고 있으나, 능히 청정한 묘행으로 불토를 장엄한다." 했으며, 『여래부사의경계경』에 "보살은 제불과 일체 법이 모두 오직 자심(自心)의 현량(現量) 뿐임을 알아서 수순인(隨順忍)[18]을 얻고, 혹은 초지(初地)에 들어가서 몸을 버리고 묘희세계인 청정한 극락불토 중에 신속히 태어난다." 하였다.

그러므로 용수보살은 초지로써 왕생하였고, 마차말(摩差末)은 법인(法忍)을 얻어 왕생하였으며,[19] 그 밖에 문수나 보현 등 여러 큰 보살들도 왕생하기를 발원했으니 이들을 이루 다 헤아릴 수 없다. 더욱이 처음으로 마음을 낸 이들이랴.

영명 화상이 말하기를 "연꽃 속에 몸을 의탁하여 영원히 태장(胎藏)을 버리고, 극락 등 여러 불국토에 태어나 신통 유희하고자 하는 자는, 모두 자신의 마음을 깨달아 왕생하지 않음이 없다." 했으며, 천여 화상은 "너희들이 만약 마음을 깨달으면 정토에 왕생하는 것은 수많

....

다. 바로 이것이 진종을 직접 전한 것이니, 그러므로 아버지가 된다. 진(眞)에 의거하여 사(事)에 이른다는 것은, 염체(念體)가 본래 공한 것이 진에 의거한 것이요, 염불하는 데 방애되지 않는 것이 사에 이르는 것이다.

18 유심(唯心)의 미묘한 이치를 수순인가(隨順忍可)하니 이것은 삼현위(三賢位)다.

19 『보살생지경(菩薩生地經)』에 "그때 마차말은 불기법인(不起法忍)을 얻고 오백 명의 청신사 청신녀는 모두 불퇴전지(不退轉地)를 얻어 목숨이 다하고는 모두 다 무량수불국에 태어났다." 하였다

은 소떼가 제지하여도 어찌지 못하리라." 하였다. 그렇다면 초심보살이 비록 '분명히 깨달았다' 하고 말하지만 부처님과의 거리가 까마득히 머니, 바로 지금부터 왕생을 찾을 일이지 다음으로 미룰 일이 아니다.

疏 '여섯째는 날카롭거나 둔한 여러 근기를 모두 섭수하여 그들을 모두 제도한다'고 한 것은, 여타 법문은 너무 높은 경우에는 하열한 근기는 뜻이 좌절되고, 너무 낮은 경우에는 상근들은 이익을 입지 못한다. 그러므로 화장회상의 대중이 눈먼 자와 같았고, 반딧불로는 미혹만 더할 뿐이다.

오직 이 한 가지 염불법문만이 위와 아래를 모두 거두니, 실로 '온갖 병이 아가타로 인하여 낫고, 여러 가지 그릇이 큰 대장간에서 만들어진다' 하고 말할 수 있으리니, 어찌 자비의 문이 광대하여 널리 일체중생을 제도하여 남김이 없는 것이 아니겠는가?

六盡攝利鈍諸根 悉皆度脫者 諸餘法門 高之則下機絶分 卑之則不被上根 是以華藏如盲 螢光增結 唯此一法 上下兼收 可謂萬病愈於阿伽 千器成於巨冶 豈不慈門廣大 普度無遺

鈔 '눈먼 자와 같다' 한 것은, 여래가 서다림에서 『대화엄경』을 설하실 때, 덕 높은 성문인 사리불과 목련 등이 눈멀고 귀먹은 것과 같이 보지도 듣지도 못했으며, 그 밖에 다생에 수행을 쌓은 보살도 오히려 용문에 오르지 못한 물고기가 뜨거운 햇볕에 아가미를 쪼인 꼴이 되고 말았으니, 이것은 지나치게 높으면 도는 크나 근기가 거기에

108

미치지 못한다는 것을 밝힌 것이다.

'미혹만 더한다'고 한 것은, 『정명경』에 "두 비구가 근본계[婬·殺]를 범하고는 죄상을 밝히고 참회를 구하되 우바리 존자는 계율에 의해 죄를 결정하니 의심이 풀어지지 않았다. 그러자 정명이 '그대는 일반적인 계법으로 그들의 마음을 어지럽히지 마라. 두 비구의 죄만 더욱 더할 뿐이다' 하였다."고 하였다. 영가 대사의 『증도가』에는 반딧불에 빗대었는데, 미혹의 어둠을 거두지 못하고 오히려 더할 뿐이라는 것을 말하였으니, 너무 낮으면 근기는 높은데 교리는 얕다는 것을 밝힌 것이다.

그것은 풀무질을 한 이에게 엉뚱하게 부정관을 닦게 하거나, 수식관은 무덤지기에게 이롭지 않은 것과 같으니,[20] 이처럼 피차의 수행문도 각기 달라서 얕거나 깊거나 크거나 작으니, 그 형세를 모두 갖출 수는 없는 것이다.

오직 이 염불법문만은 삼배(三輩)와 구품(九品)을 모두 다 제도하니, 위를 꿰뚫고 있는 점에서는 삼심(三心)[21]을 원만하게 내어 곧바로 무생에 들어가고, 아래를 꿰뚫고 있는 점에서는 십념(十念)[22]만으로도 공덕을 이

....

20 사리불이 제자에게, 한 사람에게는 부정관을 닦게 하고 한 사람에게는 수식관을 닦게 하였는데, 오랫동안 수행하여도 관력(觀力)을 성취하지 못했다. 그리하여 그들이 다른 도를 배우고자 세존을 찾아뵙고 자신들의 생각을 말씀드렸다. 세존이 두 사람에게 "세속에서 무슨 직업을 가졌던가?" 하고 물으니, 수식관을 닦는 자가 "묘지기를 하였습니다." 하고, 부정관을 닦는 자는 "쇠를 다루어 그릇을 만들었습니다." 하였다. 그러자 세존이 두 사람에게 자신이 관하기 쉬운 것을 수행하게 하니, 얼마 지나지 않아 모두 도과(道果)를 증득하였다.

21 『관경』에서 말한 지성심(至誠心), 심심(深心), 회향발원심(回向發願心)이다.

22 '십념'에 두 가지 해석이 있다. 하나는 지극한 마음으로 염불 열 번을 부르는 것을 '십념'이라 하고,

루어 또한 저 국토에 태어날 수 있다. 소위 '한 법을 가지고 교묘하게 여러 근기에게 이익을 입히는 법'이니, 호걸에게는 억누르는 부끄러움이 없고, 어리석은 자에게는 위를 우러르는 이익이 있다. 실로 어느 근기든 거두지 아니함이 없이 중생을 모두 섭수하는 수행법인 것이다.

'아가타(agada)'는 인도의 약 이름이다. 한 가지 약으로 능히 수많은 병을 치료할 수 있으니, 부처님 명호를 부르기만 하면 오욕·삼독과 한없는 번뇌와 내지 소승과 외도의 일체 지견 병이 모두 끊어져 제거된다는 것을 비유하였다.

'큰 대장간'이란, 한 번 담금질하는 가운데 수많은 그릇을 빚어서 각기 쓸 만한 그릇을 만들어내니, 부처님의 명호를 부르기만 하면 저들의 근기나 수행 정도에 따라 구품에 왕생하여 모두 다 퇴보하지 않는다는 것을 비유하였다.

'광대(廣大)'란, 『주역』에서 건(乾: 하늘)을 "크게 낸다[大生]"고 하고, 곤(坤: 땅)을 "널리 낸다[廣生]"고 하였으나, 여기서는 제도하지 아니함이 없다는 뜻이다. 하늘은 덮어 주고 땅은 실어 주어서 두 가지가 합하여 기르고 용납하듯이, 지극한 자비는 선택함이 없으니 이것을 '넓은 문[普門]'이라 하는 것이다.

疏 '일곱째는 업장이 두터운 수행인을 감싸고 지켜서 타락하지 않게 한다'고 한 것은, 말세 수행은 여러 가지 장애와 액난이 많아서 잠

··········
하나는 염불 수는 상관없이 한 호흡이 다할 때까지를 일념으로 쳐서 열 번의 호흡이 다할 때까지 염불하는 것을 '십념'이라고도 한다. 또한 임종에야 비로소 십념을 한 자가 있었으니 장선화(張善和) 같은 자요, 일생 동안 십념을 한 이도 있었으니 지선(智仙) 법사 같은 분이다.

시라도 올바른 견해를 잃어버리면 금방 갖가지 삿된 길에 떨어진다.

저 부처님은 원력과 위신력으로 수행인에게 가피를 내려서 큰 광명 속에서 마군의 일을 겪지 않도록 감싸고 지켜주며 바로 도량에 이르도록 하신다.

그러므로 백택(白澤) 그림이 요괴를 물리치고 보배 거울이 요사한 귀신을 도망가게 하니,[23] 정념이 분명하면 능히 희학질 할 자가 없는 줄 알 수 있는 것이다.

七護持多障行人 不遭墜落者 末世修行 多諸障難 一虧正見 卽陷群邪 彼佛願力威神 加被行人 大光明中 不遭魔事 能爲護念 直至道場 故知澤圖辟怪 寶鏡遁妖 正念分明 無能嬈者

鈔 '장애와 액난이 많다' 한 것은, 수행인이 선관(禪觀) 중에 음마(陰魔)[24]와 마주치니, 『능엄경』에서 50종의 음마를 나누고서 그때마다 "성스러운 마음[聖心]을 내지 않으면 이것을 '훌륭한 경계'라 한다. 만약 성스러운 견해[聖解]를 내면 곧 여러 가지 삿된 길에 떨어진다." 한 것과 같다.

· · · · · · · · · ·

23 왕도(王度)의 일을 말한 것이다. 왕도가 보배 거울을 나무에 매다니 나무에 벼락이 내려쳐 큰 뱀이 나무 아래에 죽었다. 또 거울로 한 여자를 비추니, 이 여자가 술에 취해 침상 위에 누워있는데 한 마리 여우가 죽어 있었다.

24 선관의 '선'은 선정이요, '관'은 관상이니, 모든 삼매의 전체적인 이름이다. 음마의 '음'은 오온을 말하고, '마'는 마라라 하니 우리말로 살자(殺者)라고 한다. 수행인의 법신혜명을 죽일 수 있기 때문이다. 이 음마는 천마(天魔)·심마(心魔)·견마(見魔)의 세 가지에서 벗어나지 않는다.

그러므로 올바른 견해[正見]를 잠시라도 잃어버리면 사마(邪魔)가 치성하여 결국 아무런 이익이 없을 뿐만 아니라 더욱이 손해를 입어서 오르려고 하다가 도리어 침몰하여 이로 말미암아 근기가 얕은 자는 도를 두려워하여 배우지 않게 됨을 알 수 있다.

그러나 지금 염불하는 자는 부처님께서 큰 원력으로 섭수하시고 큰 힘으로 바르게 지켜 주신다. 그러니 그 위신력은 감히 대적하는 이가 없고 그 신비로움은 능히 헤아릴 수가 없으니, 비록 마(魔)의 일이 있더라도 그 행위가 저절로 소멸된다.

또한 경에 "염불하는 사람에게는 40리 광명이 몸을 비추어 마군이 능히 침범하지 못한다. 왜냐하면 아미타불과 시방 부처님이 늘 호념하시기 때문이다." 했으니, 지금부터 발심하여 바로 도량에 이르면 처음부터 마지막까지 상서로운 일을 예측할 수 없다.

이것은 정념이 분명하면 설사 마군이 오더라도 쉽게 알고 쉽게 물리칠 수 있기 때문이니, 고요한 것에 탐닉하고 공에 집착하면 그 가운데는 전혀 책임지고 맡아서 처리할 이가 없어서 마군을 만나더라도 깨닫지 못하여 결국 마음속까지 파고들고 마는 것과는 비교가 되지 않는다.

'백택 그림'과 '보배 거울'이란 두 가지 비유는, 비단 부처님 힘일 뿐만 아니라 자신의 염불하는 힘이기도 한 것을 밝혔다. 백택이라는 신비한 짐승이 있는데, 능히 사람의 말을 할 줄 알고 만물의 뜻을 알기 때문에 모든 마군이 그림자만 보고도 피해 달아난다. 그러므로 "집안에 백택을 그린 그림이 걸려 있으면 반드시 요괴가 사라진다."고 하였다.

또 산의 정령과 들의 도깨비가 능히 갖가지 몸을 변화하여 사람을 홀리지만 거울 속의 형체로는 변화하지 못한다. 이것은 염불하는 자에게 정념이 앞에 나타나면 지혜로 비춤이 밝고 맑아서 일체 천마(天魔)나 심마(心魔)가 그 틈을 엿보지 못한다는 것을 비유하였다.

疏 '여덟째는 유념심(有念心)에 의해 무념(無念)에 들어갈 수 있다는 것을 분명히 가르쳐 주었다'고 한 것은, 마음[眞心]은 본래 망념이 없으니 생각을 내면 곧 어긋난다. 그러나 중생은 아주 먼 과거부터 망상에 젖어 있어 쉽사리 버려지지 않는다.

지금 부처를 생각[念佛]하도록 가르치는 것은 곧 (염불의) 독으로 (망상의) 독을 치며 군사를 써서 군사를 물리치는 것이니, 병이 낫고 도적이 화평해지면 병든 몸을 버리고 자신마저도 없을 것이니, 곧 도적이 원래 나의 아들인 것이다.

八的指卽有念心 得入無念者 心本無念 念起卽乖 而衆生無始以來 妄想慣習 未易卒遣 今教念佛 是乃以毒攻毒 用兵止兵 病愈寇平 則捨 病體更無自身 卽寇盜原吾赤子

鈔 『기신론』에 "마음의 본체는 망념을 여의었다." 하니, 생각을 일으켜 부처를 생각하는 것이 어찌 도로 그 마음을 어지럽히는 것이 아니며, 『불장경』에 "각(覺)이 없고 관(觀)이 없는 것[25]을 염불이라 하고,

....

25 신역에서는 심사(尋伺)라고 한다. 각(覺)은 심구추탁(尋求推度)의 뜻이니, 곧 사와 이에 대한 정밀하지 못한 사고요, 관(觀)은 제법의 명의(名義)를 세심하게 사유하는 정신작용이다. —역자 주

생각함도 말함도 없는 것을 염불이라 한다." 하였으니, 생각을 일으켜 부처를 생각하는 것이 어찌 도리어 부처를 등지는 것이 아니겠는가?

지금 여기서 '여러 가지 각관을 없애는 것이 실상염불이다' 하고 말하는 것이 이치상 옳기는 하지만, 마음은 비록 생각을 여의었지만 무명의 더러운 마음은 순간순간 끊이지 않아서, 마치 7년 동안이나 병을 앓고 오랫동안 전쟁을 치른 백성들과 같다. 그러므로 '젖어 있다'고 하였다.

더욱이 억지로 힘을 써서 억눌러서 금방 공적하게 하고자 하지만, 움직이는 것을 그쳐서 그친 데로 돌아가면[止動歸止] 그친 것이 다시 더욱 움직여지니[止更彌動], 설사 거친 생각[麤念]이 잠시 쉬었더라도 미세한 생각[細念]이 아직 남아 있는데, 흔히 이것을 상응(相應: 평등하게 화합함)이라 부르지만 잘못이 적지 않다. 여전히 범부의 지위에 머물러 있으면서 아직 생각을 끊고 반연을 없애지 못했으면, 어찌 반연과 생각에 의지하여 정진하고 수행하지 않을 수 있겠는가?

그러므로 생각으로써 도로 생각을 공격하니, 한 부처님의 이름을 생각함으로써 저 백천만억의 잡념을 전환시킬 수 있는 것이다. 파도가 물을 좇아 생기듯이 망(妄)이 진(眞)으로부터 일어나서, 생각 그대로가 공이라 분명한 본체여서 생각 밖에 달리 보리를 얻을 것이 없다.

그러므로 "만법은 진실하지 못하여 오직 일심뿐이니, 자심을 깨달으면 눈에 보이는 것마다 보리다." 하였던 것이니, 마치 병든 몸이 나으면 이를 건강한 몸이라 하며, 난민이 안정된 후에는 곧 이들이 양민인 것과 같다.

그러니 생각을 버리고 마음을 구하는 것은, 의사가 반드시 몸을 죽이고서 병을 치료하고 장수가 나라를 망하게 하고서 백성을 편안하게 하는 것과 같으니, 어찌 옳은 이치겠는가?

疏 '아홉째는 왕생함으로 인하여 실제로 무생을 깨닫는다는 것을 잘 보여 주었다' 한 것은, 칠지(七地)를 겨우 현상(現相)[26]이라고 부르고 팔지(八地)여야만 비로소 무생을 얻건만, 태어남을 버리고 무생을 성급하게 구하고자 하니 구할수록 더욱 멀어질 뿐이다.

지금은 정토에 태어나기만 하면 곧 무생을 깨달으니, 이것은 유(有)에 들어가서 공(空)을 얻고 범부에 의지하여 성인을 이루는 것이라, 참으로 사물의 깊은 도리를 깨닫는 비결이요, 범골(凡骨)을 선골(仙骨)로 변화시키는 신비한 단약(丹藥)이라 할 것이다.

九巧示因於往生 實悟無生者 七地僅名現相 八地乃得無生 而亟欲滅生以求無生 彌求彌遠 今以求生淨土 乃悟無生 入有得空 即凡成聖 可謂通玄秘訣 換骨神丹

鈔 '겨우 현상이라 부른다'는 것은, 『화엄경』에서는 매 지(地)마다 모두 '무생'이라 하였으나 올바로 얻는 것은 팔지(八地)에 들어간 이후

----

26 '현상'이란, 예를 들면 닭이 울고 나서 동쪽 하늘을 쳐다보면 이미 뿌연 빛이 보이는 것과 같이, 이 지(地)는 무상관을 이미 성취하고 분별지를 이미 여의었으나 현식(現識)을 아직 버리지 못하여 일체 색에 아직 큰 자재를 얻지 못했기 때문에 겨우 현상을 얻었을 뿐이다.

이다. 칠지(七地)에서 "한없는 몸과 입과 마음을 깨끗이 하여 무생법인의 광명을 얻는다." 하였는데, 소에서 "무생법인은 8지에서 얻어지고 지금 7지에서는 저 법인의 밝은 모습만 앞에 나타날 뿐이니, 참으로 얻은 것이 아니다." 하니, 『관경』소에서 "무생법인은 초주(初住)에 속한다." 한 것과 같다.

뜻은 대략 이와 같으나 8지에 이르러서야 모든 심(心)·의(意)·식(識)의 분별을 버리고[27] 비로소 진정한 무생법인을 얻었다고 할 수 있다. 그러므로 무생은 성인도 얻기 어려운 줄 알 수 있으니, 더욱이 범부이겠는가?

'더욱 멀어진다'고 한 것은, 태어남을 싫어하는 것이 큰 걱정거리니, 태어남을 없애고 무(無)로 돌아가고자 하지만 없앰은 진정한 없앰이 아니라 수고만 더할 뿐 결국 윤회를 면치 못한다. 마치 소가 수레를 부숴버리는 것과 같으니,[28] 예전에 이런 좋은 비유가 있었다.

지금 일심으로 염불하여 왕생하기를 발원하여 저 국토에 태어난 후에 꽃이 피어 부처님을 뵈면, 자신의 본심이 본래 태어나지 아니함

. . . .

27 요별(了別)을 식(識)이라 하니 6식을 말하고, 주량(籌量)을 의(意)라 하니 제7을 말하고, 집기(集起)를 심(心)이라 하니 제8을 가리킨 것이다. 그러나 제8 중에 업(業)·전(轉)·현(現)의 세 가지 상이 있는데, 지금 여기서 '버렸다'는 것은 현상이니 『능엄경』에서 말한 '현식(現識)'이다. '분별'이란, 이 6·7·8이 비록 거칠고 가는 것은 같지 않으나 모두 다 갖가지 분별이 있고, 지금 제8에 이르러서 모든 것을 버린다.

28 소는 수레를 끄는 것이 고통이라 그 수레를 부숴버리지만 주인이 다시 수레를 만들듯이, 사람이 몸을 고통스럽게 여겨 그 몸을 속히 없애지만, 이 몸은 비록 없어지지만 다시 다른 몸을 받는 줄 알지 못한다.

116

을 깨달을 것이니 태어난들 무슨 장애될 것이 있으랴.

이른바 '열심히 태어남을 찾더라도 태어남이 없는 이치에 어긋남이 없고, 종일 태어나더라도 일찍이 태어난 적이 없다' 한 것이 참으로 무생이니, 태어남이 있더라도 태어남이 없는 줄 깨달았으므로 '유(有)에 들어가 공(空)을 얻는다' 하였고, 태어나는 것은 범부에 속하지만 태어남으로 인하여 태어남이 없으므로 '범부에 의해 성인을 이룬다' 하였다.

길을 떠나 집으로 돌아갈 적에 아무도 모르게 뛰어넘고 비밀리에 건너는 것은 생각하기도 말하기도 어려운 일이므로 '사물의 깊은 도리를 깨닫는다' 하고, 눈 깜짝할 사이에 처지가 바뀌어 평지에서 신선이 된다든지 백성이 귀인이 되는 것과 같으므로 '범골이 선골로 변화한다' 하니, 비결을 버리고 부질없는 말을 일삼고, 신비한 단약을 버리고 미치광이가 되는 약을 먹는다는 것은 어찌 매우 안타까운 일이 아니겠는가!

疏 '열째는 손쉽게 질러가는 수행이며 손쉬운 가운데 더욱 손쉬운 수행법임을 다시 보여 주었다' 한 것은, 여기에 두 가지 뜻이 있다. 첫째는, 여타의 문으로 도를 배우는 것은 만 리나 아득히 멀고, 염불왕생은 예로부터 지름길이라 하였다.

그런데 염불이란 한 법에 또한 여러 가지 문이 있으니, 지금 이 부처님 명호를 부르는 염불법은 지름길 가운데 더욱더 손쉬운 방법이다. 이 법은 학이 하늘로 날아오르고 붕새가 높이 나르며, 준마가 달리고 용이 날듯이, 빨리 하지 않아도 신속하고 행하지 않아도 이르러서 지름길 가운데 더욱 손쉬운 길이다.

十復明徑路修行 徑中之徑者 此有二義 一者 餘門學道 萬里迢遙
念佛往生 古稱徑路 而念佛一法 復有多門 今此持名 是爲徑路之中 徑
而又徑 鶴沖鵬擧 驥驟龍飛 不疾不行 而速而至 徑中徑矣

鈔 '두 가지 뜻'이란, 첫째는 여러 가지 정업과 비교하였고, 둘째
는 이 『아미타경』과 『대본』과 구별하였다.[29] 그러므로 '지름길 중의 지
름길'이라 하였다.

'지름길'이란 길은 작지만 이르기 쉬운 길을 말하니, 작다는 것은
염불이 힘들이는 것이 간단하고 쉽다는 것에 비유하였고, 이르기 쉽
다는 것은 염불이 공덕을 이루는 것이 신속하다는 것에 비유하였다.

선도(善導) 대사 게에 "여기 손쉬운 수행법이 있네. 단지 '나무아미
타불'을 염할 뿐"이라 한 것이 이것이다.

그러므로 "다른 문으로 도를 배우는 것은 세로로 삼계를 벗어나는
것이요, 염불로 왕생하는 것은 가로로 삼계를 벗어나는 것이니, 예컨
대 벌레가 대를 갉아 먹을 때 세로로 하면 마디마디에 통하지 못하지
만 가로로 하면 한꺼번에 쪼개지는 것과 같다." 하니, 다른 문과 염불

· · · · · · · · · ·

29 '여러 가지 정업'이란, 『관무량수경』에서 말한 수행이나 관법, 혹은 『고음경』에서 말한 주(呪)를 외
는 등과 같다. 여기서는 이것들과 부처님 명호를 부르는 염불법[지명염불]과 비교하였으니, 저것은 지름
길이고 지명은 지름길 중에 지름길인 것이다. 『아미타경』과 『대본』이란, 대본에서 광범위하게 의·정을
말하고 자세하게 수지(修持)를 말한 등과, 『아미타경』에서 지명염불법을 말한 것과 구별하였으니, 저것
은 지름길이고 지명은 지름길 가운데 지름길이다.

을 비교하여 염불이 신속하다는 것을 말한 것이다.

'염불에도 또한 여러 가지 문이 있다'는 것은, 뒤 문장에서 나눈 실상염불(實相念佛) 등 네 종류와, 그 밖에 만행회향(萬行回向) 등과 같은 것이니, 실상불은 비록 '본래부터 갖추어 있다' 하고 말하나, 중생의 업장이 두터워 깨닫는 자가 드물다.

아래의 이 여러 가지 문은, 형상을 관하는 염불[觀像念]은 형상이 사라지면 도로 없어져서 연속하는 것이 중간에 끊어지고, 생각을 관하는 염불[觀想念]은 마음은 거친데 경계만 미세하여 미묘한 관을 이루기 어려우며, 만행은 하는 일이 번다하여 무거운 곳으로만 떨어지게 마련이다.

그러나 오직 부처님 명호를 부르는 이 염불법만은 간단하면서도 단순하여 능히 생각을 이어갈 수만 있으면 곧 왕생을 이룰 수 있다. 고인이 "이미 미타를 뵈었으면 어찌 깨닫지 못할까를 걱정하랴." 하였으니, 이 말은 실상(實相)을 기대하지 않았으면서 실상에 계합한다는 뜻이다.

그러므로 염불법이 여러 가지 수행문 가운데 지름길이요, 부처님 명호를 부르는 이 염불법은 염불중에서도 더욱 손쉬운 수행법임을 알 수 있다. 학이 뭇 새들보다야 높이 날지만 어찌 붕새가 나는 것만 하겠으며, 천리마가 여느 말들보다야 빨리 뛰겠지만 어찌 용이 나는 것에 미치겠는가? 모두 위의 것은 염불에 비유하였고 아래 것은 부처님 명호를 부르는 염불법에 비유하였다.

'빨리 하지 않아도 신속하고 행하지 않더라도 이른다'는 것은, 『주

『역』괘사(卦辭)에 "역(易)은 생각함이 없고 함이 없어서 고요하여 동하지 않다가 감응함에 마침내 천하의 일에 통한다. 천하의 지극한 귀신이 아니면 그 누가 이와 함께하랴."라고 하였다. 오직 귀신만이 빨리 하지 않아도 빠르고 가지 않아도 이르니, 이 뜻은 '빨리 달린 후에 빠르고 걸어간 후에 이르게 되는 것은 사물의 일반적인 관례인데, 시괘(蓍卦: 점괘)의 본체는 고요하여 생각함도 없고 함도 없으나 감응이 있으면 곧 통하니, 이것이 빨리하지 않아도 빠르고 가지 않아도 이르는 만물의 불가사의한 법이니, 이것을 귀신이라 부른다'는 것을 말하였다.

이것을 인용한 것은, 여러 가지 염불법이 똑같이 왕생을 말하고 있지만 힘쓰기가 조금 어렵고 다소 오랜 시간을 요하니, 이것은 반드시 걸어가야만 이르고 빨리해야만 빠르다.

그러나 이 부처님 명호를 부르는 염불법은 세월을 헤아리지 않고 무한정 일을 빌리지 않고서도 7일 동안만 일심으로 염불하면 곧 저 국토에 태어나니, 어찌 신묘한 것이 이와 같을 수 있겠는가?

그러므로 「보현행원품」 초에 "대장경 중 수백여 가지 책 가운데 경이나 논에서 모두 보현의 원행 닦을 것을 말씀하였다."고 하였다. 그러나 모두 부지런히 쌓아야만 왕생할 수 있지만, 지금은 부처님 명호를 부르기만 해도 곧 불퇴전의 지위에 오를 수 있으니, 어찌 지름길 중에서도 더욱 손쉬운 지름길이 아니겠는가!

疏 다음에 『무량수경』에서는 의보와 정보를 자세히 말하면서 수행에 대하여 죄다 신고 있으나, 지금 이 경에서는 간단한 것을 숭상

120

하고 번거로운 것을 버렸으며 간단한 것을 들면서 자세한 것을 갖추어, 더 이상 다른 말씀이 없으시고 단지 부처님 명호를 부르는 염불법만을 가리키시며, 일심을 얻기만 하면 곧 저 국토에 태어난다 하셨으니, 가히 '간단한 중에 더욱 더 간략하고 미묘한 중에 더욱 더 깊어서 지름길 중에서도 지름길이다'라고 말할 수 있으리라.

二者 無量壽經 廣陳依正 備載修持 今此經者 崇簡去繁 擧約該博 更無他說 單指持名 但得一心 便生彼國 可謂愈簡愈約 愈妙愈玄 徑中徑矣

鈔 『무량수경』은 부류와 석경(釋經) 두 장에서 구체적으로 밝힌다. 이 경(『무량수경』)은 세칭 『대본(大本)』이라고도 부르는데, 부류는 같지만 자세하고 간단한 차이가 있다.

저것은 자세한 것을 좋아하는 자를 위하여 설하였고, 이것(『불설아미타경』)은 간략한 것을 좋아하는 자를 위하여 설한 것이다. 그러나 말씀은 간략하지만 이치는 더욱더 분명하고 내용은 간단하지만 공덕은 배나 더 수승하다.

예를 들면 『대본』에서는 여러 가지 복을 자세히 말하였으나, 이 경에서는 단지 '부처님 명호를 부르기만 하면 복이 한량없고 좋은 일이 한량없다' 하였고, 『대본』에서는 오히려 삼배(三輩)를 나누었으나 이 경에서는 '저 국토에 태어나기만 하면 모두 다 보리에서 물러나지 않게 된다' 하였다. 그러므로 이것은 갖가지 염불문 중에서 요체가 될 뿐만 아니라 또한 본부(本部) 중에서도 더욱더 요체가 되니, 미묘한 가운데 미묘하고 깊은 가운데 깊어서 참으로 지름길이면서도 더욱더 지름길이라고 말할 수 있으리라.

疏 이상 별(別)의 열 가지 뜻에서 앞의 아홉 가지는 전체적인 뜻
이고 뒤의 한 가지는 차별적인 뜻이며, 앞에서 말한 총(總)의 뜻과 겸
하여 이 경의 교를 설하게 된 인연이 된다.

如上別中十義 復以前九爲通 後一爲別 兼前總義 爲此經敎起之所因故

鈔 '전체적인 뜻'이란, 정토의 여러 가지 경전이 모두 똑같이 이
인연을 통틀어 밝혔기 때문이요, '차별적인 뜻'이란, 이 경이 유독 부
처님 명호 부르는 염불법만을 중히 여겨, 부처님 명호 부르는 염불법
이 인연이 된다는 것을 따로 밝혔기 때문이다.

'총(總)'이란, 앞에서 모든 경전이 모두 하나의 큰 목적[一大事]으로
인연을 삼았음을 종합적으로 밝힌 것을 말한다. 이를테면 부처님이
이 경을 설하여 중생에게 염불을 가르치시고, 중생에게 지명염불을
가르치시며, 중생에게 지명염불을 가르쳐 부처님의 지견에 들어가서
이 일심의 큰 일을 깨닫게 한 것이니, 이것을 합한 것이 바로 이 경의
교를 설하시게 된 목적이 되는 것이다.

나. 장(藏)과 교(敎) 등에 속하다

1) 장에 속하다

疏 부처님이 이 경을 설하신 데는 이와 같은 인연이 있었다는 것은 이미 알았으나, 이 경이 장(藏)과 교(敎)와 분(分)중에 각기 어디에 속하는지는 알 수 없다. [30]

장에는 두 가지가 있으니, 하나는 삼장(三藏)이요 둘째는 이장(二藏)이다. 처음에 삼장이란, 첫째는 수다라장이요 둘째는 비나야장이요 셋째는 아비달마장이다. 지금 이 경은 수다라에 속한다. 여러 가지 경이 서로 겸한 것도 있으나 이 경은 저것들이 아니기 때문이다.

已知佛說此經 有如是因 未知此經藏敎分中 各何攝屬 言藏有二 一三藏 二二藏 且初三藏者 一修多羅藏 二毘奈耶藏 三阿毘達磨藏 今此經者 是修多羅攝 諸經亦有互相攝者 今非彼故

鈔 범어 수다라(梵語 sūtra, 巴利語 sutta)는 우리말로 계경(契經)[31]이라

. . . .

30 '장·교·분' 중이란, '장'은 함섭(含攝)의 뜻이니 이를테면 우리가 꼭 알아야 할 모든 뜻을 함섭하기 때문이다. '교'는 개시(開示)의 뜻이니 중생에게 개시하여 정견을 얻게 하기 때문이다. '분'은 분제(分齊: 한계, 차별)의 뜻이니 각기 부분적인 차별이 같지 않기 때문이다. '각기 어디에 속하는가?' 한 것은 장·교·분 세 가지가 각기 같지 않으니 지금은 장 중에서는 어떤 장에 속하며, 교 중에서는 어떤 교에 속하며, 분 중에서는 어떤 분에 속하는가? 하는 것이다.

31 위로 부처님의 교리에 계합하고 아래로는 여러 중생의 근기에 계합하니, 만약 이치에만 계합하고 근기에는 계합하지 않으면 법이 근기에 맞지 않으니 이것은 한낱 언어에 불과할 뿐 경이 아니요, 근기에만 계합하고 이치에는 계합하지 않으면 나무꾼이나 목동의 노랫가락처럼 세상을 다스리는 언어에 불

하는데, 경장을 말한다. 자세한 해석은 뒤에 있다. 비나야(Vinaya)는 조복(調伏)[32]이란 뜻이다. 율장을 말한다. 아비달마(梵語 abhidharma, 巴利語 abhidhamma)는 대법(對法)[33]이라 번역된다. 논장을 말한다.

위의 두 가지에 모두 여러 가지 뜻이 있으나, 중요하지 않아 인용하지 않는다.

'수다라에 속한다'는 것은, 이 경이 경·율·논 삼장 중에 경장에 속하기 때문이다.

'서로 겸한다'는 것은, 예컨대 『화엄경』은 경에 속하지만 율과 논도 겸했으니, 「십장품(十藏品)」 등은 계율을 밝혔고, 「문명품(問明品)」 등은 논의를 밝혔기 때문이다. 또한 『범망경』은 율에 속하지만 경을 겸하였으니, 「심지품(心地品)」 상(上)에서는 자세히 보살의 계위에 대해 설하고 있기 때문이다. 그 외는 이에 준하여 이해하면 된다.

이 경은 계와 율을 겸하지 않았고 또한 논장도 없이 처음부터 끝까지 염불하여 정토에 태어나기만을 설했으므로, '이 경은 저것들이 아니다' 하였다.

· · · · · · · · · ·

과할 뿐 미묘한 이치라고 말할 수 없고 또한 경도 아니다.

32 조복이란, 삼업을 조련하고 과실을 제복하여 몸과 입과 마음을 모두 청정하게 하는 것이다.

33 '법'에는 두 가지가 있다. 첫째는 승의법(勝義法)이니, 열반이 선(善)이며 상(常)이기 때문에 '승'이라 한다. 둘째는 법상법(法相法)이니 사성제상(四聖諦相)에 통하니 곧 체성상상(體性相狀)이다. '대(對)'에도 두 가지가 있다. 첫째는 대향(對向)의 뜻이니 앞의 열반을 향함을 말하고, 둘째는 대관(對觀)의 뜻이니 앞의 사제를 관하는 것이다. 그 능대자(能對者)는 무루정혜(無漏定慧)와 상응심소(相應心所)다.

疏 '이장'이란, 첫째는 보살장(菩薩藏)이요 둘째는 성문장(聲聞藏)이다.[34] 지금 이 경은 보살장에 속한다. 또한 서로 겸하기도 하지만, 지금 이 경은 저것이 아니기 때문이다.

二藏者 一菩薩藏 二聲聞藏 今此經者 菩薩藏攝 亦有互攝 今非彼故

鈔 '보살'과 '성문'은 뒤에 경문을 해석한 가운데 자세한 설명이 있다. 장(藏)을 두 가지로 나눈 것은, 경에는 소승과 대승이 있기 때문에 이장으로 소속된 것을 나누었다. 사람에게 삼승(三乘)이 있다는 입장에서 보면 세 가지로 나누어야 옳겠지만, 연각인은 흔히 교(敎)에 의지하지 않기 때문에[35] 성문에 소속시켰다. 그러므로 단지 이장뿐이다.

'지금 이 경은 보살장에 속한다' 한 것은, 이 경은 대승을 설했으니, 예컨대 의보와 정보의 장엄과, 신(信)·원(願)·왕생 등이 모두 자신을 이롭게 하고 남을 이롭게 하며, 부처님 국토를 청정히 하여 중생을 교화하는 가르침이기 때문이다.

'서로 겸한다'는 것은, 예를 들면 『화엄경』은 보살장에 속하지만 또

. . . .

34 보살장은 대승법이니 『화엄경』이나 『법화경』에서 설한 것 등이요, 성문장은 소승법이니 사아함에서 설한 등과 같다.

35 '연각인은 교에 의지하지 않는다'는 것은, 연각에 두 가지가 있으니 첫째 연각은 부처님이 계시는 세상에 태어나 여래의 십이인연법을 배워 깨달음을 얻고, 둘째 연각은 부처님이 계시지 않는 세상에 태어나서 고봉(孤峰)에 혼자 지내면서 인연을 관하고 도를 깨달으니, 소위 사물의 변화를 관찰하여 무상을 깨닫고 가을의 낙엽을 보고 진실한 도에 들어간다. 여기서 말한 것은 곧 두 번째 독각이다.

한 성문장에도 통하니, 수많은 교승(敎乘)을 포함하였기 때문이다. 지금 이 경은 이승(二乘) 종류는 이곳에 태어나지 않으므로 '저것이 아니다' 하였다.

문: 그렇다면 어찌하여 경문에는 '저 부처님에게는 성문 제자도 있다' 하였습니까?

답: 이것은 잠시 이런 경우가 있었지만 결국에는 없다. 아래 경문을 해석한 대목에 가서 설명하겠다.

문: 고통을 싫어하고 즐거움으로 나아가는 것은 자리(自利)만 탐하는 것 같습니다. 어찌 보살이라 할 수 있겠습니까?

답: 정토에 태어나기를 원하는 것은 바로 부처님을 뵙고 법을 듣고서 무생법인을 얻고 나서 다시 이 세상으로 돌아와 고통 받는 중생을 구원하고자 하는 것이다. 이것은 보살행이지 성문의 도가 아니다. 천태의 『십의론(十疑論)』 중에서 설한 것과 같다.

2) 교에 속하다

疏 교(敎)는 현수 스님의 교판에 의해 다섯 가지로 나눈다. 이를테면 소승교(小乘敎)·대승시교(大乘始敎)·대승종교(大乘終敎)·돈교(頓敎)·원교(圓敎)다. 지금 이 경은 돈교에 속하며, 또한 앞뒤 두 교에도 통한다.

敎者 依賢首判敎分五 謂小始終頓圓 今此經者 頓敎所攝 亦復兼通

前後二教

鈔 오교(五教)란, 첫째는 소승교다. 설한 내용이 오직 인공(人空)뿐이고 다소 법공(法空)을 설하기는 했으나 분명하지가 않다. 육식(六識)과 삼독(三毒)에 의해 염(染)과 정(淨)의 근본을 세웠으나 아직 법의 근원을 다하지 못하였기 때문이다.[36]

둘째는 대승시교다. 제2시(時)이기 때문에 단지 공(空)만을 밝히고, 제3시(時)에서 확정적으로 삼승을 설하였으나 정성천제(定性闡提: 천제가 될 결정적인 종자를 갖춘 중생. 천제는 一闡提의 준말. 斷善根, 信不具足이라 번역한다)의 성불을 인정하지 않아서 아직 대승의 지극한 교설을 다하지 못했으므로 '시교'라 부르고, 성불하는 이도 있고 성불하지 못하는 이도 있기 때문에 '분교(分教)'라고도 부른다. 설한 내용은 법상(法相)에 대해 자세히 이야기하고 법성(法性)에 대한 언급은 적다. 거기서 말한 성(性)이란 것도 상수(相數: 형상적인 존재)니, 생멸팔식(生滅八識)에 의해 생사와 열반인(涅槃因)인 여러 가지 뜻을 세웠기 때문이다.[37]

· · · · · · · · · ·

36 '인공'은 오온 가운데 아(我)가 없는 것이요, '법공'은 오온도 역시 공함을 말한다. '육식과 삼독 등'은, 소승은 8식이 있음을 믿지 않고 오직 육식만 있으니, 삼독은 능훈(能熏)이요 6식은 소훈(所熏)이다. 삼독은 6식을 훈습하여 생사를 유전하니 염(染)의 근본이요, 삼독이 6식을 훈습하지 않고 계·정·혜로 6식을 훈습하니 곧 열반을 증득하는 것이 정(淨)의 근본이 된다. '아직 법의 근원을 다하지 못했다'는 것은, 오히려 7식도 다하지 못했거든 더욱이 8식 진여랴.

37 현수 스님은 이(二)·삼(三)을 합하여 시교라고 한 것이다. 제이시는 공(空)만을 밝혔으니 공은 대승의 처음 문이요, 제삼시는 삼승을 확정적으로 설했으나 하나의 극점은 숨어 있으므로 모두 지극설이 아니기는 마찬가지다. 그러므로 모두 시교가 된다. '법상을 널리 설했다'는 것은, 이를테면 색법

셋째는 대승종교다. 중도적인 묘유(妙有: 非有의 有)를 밝힘으로써 정성천제가 반드시 부처가 되는 대승의 지극한 교설을 비로소 다하였기 때문에 '종(終)'이라 하고, 또한 실리(實理)에 맞기 때문에 '실교(實教)'라고도 한다. 설한 내용은 다분히 법성에 대해 설하고 법상은 조금 언급하였다. 거기서 말한 상이란 것도 성으로 회귀하였으니, 여래장과 팔식에 의해 인연에 따라 여러 가지 뜻이 성립하기 때문이다.

넷째는 돈교다. 법상에 대해서는 전혀 설하지 않고 오직 진성만을 설하였다. 한 생각이 일어나지 않으면 곧 이것이 부처이지 달리 점차가 없기 때문이다.

다섯째는 원교다. 앞의 네 가지를 모두 갖추어서 원만히 구족하였다. 설한 내용은 오직 무진법계(無盡法界) 뿐이다. 성의 바다가 원융하고 연기가 걸림 없으며, 상즉(相卽)·상입(相入)하고, 제석의 거물처럼 겹겹이고, 주인과 손이 서로 뒤섞여 무궁무진하기 때문이다.

이상에서 설명한 것은 『화엄경』「현담(玄談)」에 자세히 설명되어 있다. 번거로울까 하여 더 이상 적지 않는다.

'돈교에 속한다'는 것은, 뒤에 '의리(義理)의 깊고 넓음' 중에서 설한 것과 같다.

'또한 앞과 뒤에도 통한다'고 한 것은, 앞의 종교에도 통하니 염불

. . . .

11, 심법8, 심소법51, 불상응24, 무위6 이렇게 백법이 된다. '거기서 말한 성이란 것도 역시 상수란, 6무위(六無爲)로 성을 삼아 이미 여섯 가지가 있다면 이것도 또한 상수인 것이다. '생멸팔식에 의하였다'는 것은, 법상종에서는 진여는 응연 부동하여 인연을 따르지 않고, 생멸팔식에 의해 제법이 건립한다고 본다.

하면 누구라도 반드시 부처를 이룰 수 있으니, 이것은 정성천제가 모두 부처가 되기 때문이다. 뒤의 원교에도 통하니 이것도 '의리의 깊고 넓음' 중에서 설명한다.

3) 분(分)에 속하다

疏 분은 십이분교(十二分敎)를 말하니, 수다라(修多羅)·기야(祇夜) 등과 같은 것이다. 지금 이 경은 수다라와 우타나(優陀那) 두 분에 속한다.

分者 十二分敎 如修多羅祇夜等 今此經者 修多羅優陀那二分攝故

鈔 '분'이란 분한, 한계의 뜻이다. 부처님의 일대시교가 그 분한을 달리하여 각기 소속된 것이 있기 때문이다.

'기야(祇夜: 梵語 geya, 巴利語 geyya)'는 중송(重頌)으로 번역된다. '우타나(udāna)'는 무문자설(無問自說)이란 뜻이다. '십이부'는 번거로울까 하여 자세히 적지 않는다.

'두 분에 속한다'는 것은, 첫째는 수다라에 속하니 이 경이 계경(契經)이기 때문이요, 둘째는 우타나에 속하니 부처님이 질문할 때까지 기다리지 않고 스스로 사리불에게 말씀하셨기 때문이다.

다. 의리의 깊고 넓음

1) 돈교에 속하다

疏 이 경이 돈교에 속하고 일부분 원교에 속하는 줄은 이미 알았으나, 이 경에 갖추어져 있는 의리(義理: 문장에 담긴 사상이나 내용)는 무엇인가? 먼저 이 경이 돈교에 속함을 밝힌다면, 부처님 명호를 부르면 즉시 왕생하여 빨리 육도를 뛰어넘고 속히 깨달음을 얻어서 얽히고 구부러짐이 없기 때문에, 바르게는 돈교의 뜻에 속한다고 말한 것이다.

已知此經攝於頓教 少分屬圓 未知所具義理 當復云何 先明此經攝於頓者 蓋謂持名卽生 疾超速證 無迂曲故 正屬於頓

鈔 '바르게는 돈교의 뜻에 속한다'고 한 것은, 박지범부가 성인의 지위에 오르려면 그 일이 매우 어렵고 그 길이 매우 아득하지만, 지금은 부처님 명호를 부르기만 하여도 즉시 왕생을 얻게 되고, 이미 왕생하고 나서는 물러나지 않는 지위[不退地]를 얻으니, 참으로 손가락을 튕기는 사이에 조금도 모자람 없이 이루고 일생에 충분히 일을 마쳤다고 말할 수 있다. 마치 임금의 지위를 바로 어리석은 백성에게 주어서 계급을 거치지 않는 것과 같으니, 점교(漸敎)의 우회하여 꼬불꼬불한 것과는 비교가 되지 않는다. 그러므로 돈교의 뜻에 속하는 것이다.

疏 어떤 이가 물었다.

"돈교에서는 한 생각이 일어나지 않으면 곧 이를 부처라고 부르니, 오법(五法)과 삼자성(三自性)이 모두 공하고 팔식(八識)과 이무아(二無我)를 모두 버립니다. 그런데 지금 부처님 명호를 부르는 염불법은 유념(有念)인데 어떻게 돈이라 할 수 있습니까?"

답: 한 가지 일에만 마음을 써서 흩어지지 않으면[一心不亂] 바로 이를 무념이라 하니, 유념이면 일심이라 하지 못한다. 일심을 얻기만 하면 어떤 법인들 고요하지 못하겠는가.

或難 頓敎一念不生 卽名爲佛 五法三自性皆空 八識二無我俱遣 今持名念佛 是爲有念 云何名頓 答 以一心不亂 正謂無念 若有念者 不名一心 但得一心 何法不寂

鈔 '오법'이란, 첫째는 명(名), 둘째는 상(相), 셋째는 망상(妄想), 넷째는 정지(正智), 다섯째는 여여(如如)를 말한다.[38]

'삼자성'이란, 명과 상은 망계성(妄計性)이요 망상은 연기성(緣起性)이요 정지와 여여는 원성성(圓成性)이다.[39]

....

38 명, 상과 망상은 세간법을 모두 섭수하고, 정지와 여여는 출세간법을 모두 섭수하였다.

39 '명과 상은 망계성'이란, 6, 7식은 변계성이니 이름을 붙이고 상에 집착하는 것은 일정한 체식이 없어서 허망하게 계탁하기 때문에 '망계'라고 한다. '망상은 연기성'이란, 망상은 8식 자체를 가리키니, 이 8식이 인과 연에 의탁하여 나기 때문에 '연기'라고 한다. 교에 "안식은 9연(緣)에 의해 일어나고, 이식은 8연(緣)에 의하며, 비·설·신 세 식은 각기 7연(緣)에 의하고, 의식은 5연(緣)에 의하고, 7과 제8은 모두 4연(緣)에 의해 일어난다." 하였다. '정지와 여여는 원성성(圓成性)이다' 한 것은, 정지는 무분별지

'팔식'이란, 아뢰야와 말라[40]와 안(眼) 등 여섯 가지를 합하여 여덟 가지가 된다.

'이무아'란, 인무아(人無我)와 법무아(法無我)를 말한다.

이상의 것도 모두 오법 중에 들어간다.[41] 자세한 것은 『입능가경』 등의 경에서 설하였다.

'다 공하고 다 버렸다'는 것은, 이른바 '불신(佛身)은 무위(無爲)여서 제수(諸數: 여러 가지 차별)에 떨어지지 않는다' 한 것을 말하니, '한 생각도 내지 않으면 곧 이를 부처라 한다' 한 것이 돈교의 뜻이다.

지금 염불을 말한다면, 부르는 부처님 명호는 명(名)에 속하고, 대하는 부처님 몸은 상(相)에 속하며, 저 부처님을 생각하는 것은 망상에 속하고, 정념(淨念)이 상속하여 삼마지(三摩地)에 들어가면 또한 정지와 여여에 속한다. 그런데 부처라고 분별하면 식정(識情)에 속하고, 능념(能念)과 소념(所念)은 인·법에 속하여 오히려 유아(有我)도 버리지 못했거든 더욱이 무아(無我)를 버리겠는가? 저 교에서는 공하고 버리

요 여여는 무분별리니 이와 지가 두 가지가 아니어서 곧 원만성취한 성이기 때문에 '원성'이라 부른다.

40 '뢰야'는 우리말로 함장(含藏)이라 하니, 근(根)·신(身)·기계(器界)의 여러 가지 종자를 함장하기 때문이다. '말라'는 우리말로 전송(傳送)이라 한다. 이 식이 안으로는 제8에 의지해 아체(我體)를 삼고 밖으로는 제6에 의지해 아용(我用)을 삼아 자신은 체용이 없기 때문에 전송식(傳送識)이라 한다.

41 '이상의 것도 모두 오법에 들어간다'는 것은, 8식이 오법에 들어가는 것은, 이를테면 8식자체(八識自體)는 망상에 들어가고, 6식소계(六識所計)는 명, 상에 속하고, 전식성지(轉識成智)는 정지에 속하고, 소증(所證)은 여여에 속한다. 이무아(二無我)가 오법에 들어가는 것은, 인집(人執)과 법집(法執)은 명, 상과 망상에 속하고, 이무아리(二無我理)는 여여에 속하고, 이무아(二無我)를 깨달은 지혜는 정지에 속하는 것을 말한다.

는 것이 여기서는 모두 그대로 있어서 유념이기 때문에 돈교가 아니라고 힐난한 것이다.

'바로 무념이라 한다'는 것은, 한 마음이 흩어지지 않음[一心不亂]으로 인하여 심념(心念)이 있지도 않고, 심념이 없지도 않으며, 심념이 있기도 하고 또한 없기도 하지 않고, 심념이 있는 것도 아니요 없는 것도 아니지 않으니, 이러한 사구(四句)를 여의었다면 다시 무슨 생각이 있겠는가?

비록 염불이라 부르지만 생각함이 없이 생각하고 생각하면서도 생각함이 없으니, 이것을 '한 마음[一心]'이라 부른다. 이와 같은 마음은 마음에 그 마음이 없어서 굳이 하나라고 하더라도 오히려 하나의 모양이 없거든, 어찌 이른바 다섯이니 셋이니 여덟이니 두 가지니 하는 것을 찾겠는가? 그렇다면 한 마음이 혼란하지 않으면[一心不亂] 한 생각도 나지 않는 것[一念不生]과 다르지 않으니, 어찌 돈교가 아니겠는가!

2) 부분적인 원교

疏 '부분적으로 원교에 속한다'는 것은, 원의 뜻은 사법계(四法界) 가운데 앞의 세 가지는 여러 가지 교에 통하고, 마지막 한 가지만은 원교가 차지하였다.

지금 이 경은, 원교는 전적으로 이 경을 섭수하고 이 경은 부분적으로 원교를 섭수하니, 원교의 일부분을 얻어서 부분적으로 원교에 속하기 때문이다.

分屬圓敎者 圓之爲義 謂四法界中 前三通於諸敎 後一獨擅乎圓 今
此經者 圓全攝此 此分攝圓 得圓少分 分屬圓故

　鈔 '사법계'란, 첫째는 사법계(事法界)요, 둘째는 이법계(理法界)요,
셋째는 이사무애법계(理事無礙法界)니 이 세 가지는 다른 교에서도 말
씀하고 있다. 넷째는 사사무애법계(事事無礙法界)니 이는 오직 『화엄경』
에만 있다. 이를 별교일승(別敎一乘)이라 하는데, 이사무애는 돈교와
종교와 같으나 사사무애는 저 두 가지와 같지 않으므로 동교일승(同
敎一乘)과 구별된다. 그러므로 '별'이라고 한다. 이것은 장(藏)·통(通)·
별(別)·원(圓)의 별을 말하는 것은 아니다.

　여기서 '일부분 원교에 속한다'고 한 것은, 『화엄경』은 전적으로 원
교지만 이 경은 일부분만 얻었으니, 여기에 대해 대략 다음과 같은
열 가지로 설명할 수 있다.[42]

　첫째, 『화엄경』에서는 기세간(器世界)의 한 티끌 먼지나 한 올 터럭
등 형체가 있는 것이나 형체가 없는 것들이 모두 다 묘법의 언어를
연출하지만, 이 『아미타경』에서는 물이나 새나 숲이나 나무들이 모두

....

42　이 경이 『화엄경』과 같은 점을 말하면, 첫째는 무정이 법을 설하는 것이 같고, 둘째는 하나가 무량
을 함유하는 것이 같고, 셋째는 움직이지 않고 두루한 것이 같고, 넷째는 보고 듣는 이는 이익을 얻는
것이 같고, 다섯째는 팔난을 한꺼번에 초월하는 것이 같고, 여섯째는 출생이 무진한 것이 같고, 일곱째
는 쌍으로 두 몸을 드리운 것이 같고, 여덟째는 교주가 법신인 것이 같고, 아홉째는 불가사의한 것이 같
고, 열째는 부처님의 경계와 몰록 같은 것이 같다. 아래 소문에서 밝힌 것이 이것이다.

오근(五根)·오력(五力)·칠보리분(七菩提分)·팔정도(八正道) 등 여러 가지 법문을 설하였다.

둘째, 『화엄경』에서는 하나의 가는 티끌 속에 시방 법계를 구족하여 한없이 장엄하지만, 이에 비해 『대본』에서는 "보배나무 중에서 마치 거울에 비친 형상과 같이 시방의 부처님 세계를 본다." 한 것과 같다.

셋째, 『화엄경』에서는 적멸도량을 옮기지 않고 법계에 두루하니, 그러므로 "체(體)와 상(相)이 근본이 같아 차별이 없어서 무등세계와 무량세계가 모두 법계에 두루하다." 하였다. 여기에 비해 이 경에서는 『대본』에서 "아미타불은 항상 서방에 계시지만 또한 시방에 두루하다." 한 것과 같다.

넷째, 『화엄경』에서는 "약왕수를 보는 자는 눈이 청정해지고, 귀나 코나 육근이 청정하지 아니함이 없는 것과 같이, 부처님을 보는 중생도 그러하여 원각불을 보거나 보문법을 들으면 신력이 그러하니라." 하였으나, 이 경에서는 아미타불 도량의 보배나무는 보는 자나 듣는 자가 모두 육근이 청정하다.

다섯째, 『화엄경』에서는 팔난(八難)[43] 중생이 십지(十地)의 지위를 뛰

· · · · · · · · · · ·

43 '팔난에 두 가지가 있다. 한 가지는 범부의 주사팔난(住事八難)이니 지옥·아귀·축생·맹농음아(盲聾瘖瘂)·세지변총(世智辨聰)·불전불후(佛前佛後)·북구로주(北拘盧洲)·무상천(無想天)이니, 이 과보를 받으면 성인의 교화를 얻지 못하므로 난(難)이라 부른다. 또한 이승의 주리팔난(住理八難)이니, 유여(有餘) 중에 삼십심이 있는 것과[三惡道], 무아법에 주하는 것과[北洲], 지전(地前)의 법애[長壽天]와, 초지의 열 가지 육상이 아직 없는 것과[諸根不具], 지전(地前)의 지천(智淺)과[世智辨聰], 중도의 이치를 다하지 않은 것[佛前佛後] 등이다.

어넘지만, 여기서는 지옥이나 아귀나 축생이라도 염불하는 자는 누구라도 왕생한다.

여섯째, 『화엄경』은 하나가 곧 일체인지라 여래가 능히 한 가지 몸에서 불가설 불찰미진수의 머리를 나타내고, 낱낱 머리마다 그만한 혀를 나타내며, 낱낱 혀마다 그만한 음성을 내며, 그 밖에 문자와 구게(句偈)가 법계에 충만하다. 반면 이 경에서는 『대본』에서 "저 나라의 한량없는 보배 꽃은 낱낱 꽃에서 36억 나유타 백천 광명을 놓고, 낱낱 광명에서 36억 나유타 백천 부처님이 나와서 널리 시방을 위해 일체 법을 설한다." 하였다.

일곱째, 『화엄경』에서는 노사나와 석가모니 두 부처님이 두 몸을 쌍으로 나타내시지만, 여기서는 『관경』에서 "아미타불이 60만억 나유타 항하사 유순의 몸을 나타내시고, 또한 못 위에서 장육(丈六)의 몸을 나타내신다." 한 것과 같다.

여덟째, 『화엄경』에서는 노사나불로 교주를 삼고, 여기서는 청량화상이 "아미타불이 곧 본사인 노사나다." 하였다.

아홉째, 『화엄경』은 '큰 불가사의'라 부르고, 『정명경』 등 여러 가지 경은 '작은 불가사의'라 하거니와, 이 경은 '불가사의 공덕'이라 한다.

열째, 『화엄경』의 교리는 범부의 마음에 의해 제불의 부동지(不動智)[44]를 이루지만, 여기서는 부처님의 명호를 부르자마자 부처님이 앞

....

44 '부동지'는 나지도 않고 멸하지도 않는 마음을 말하니, 곧 일법계(一法界) 대총상법문체(大總相法門體)이다.

에 나타나신다.

이것을 보아 『정명경』의 뜻과는 똑같고 『화엄경』의 부류와는 같아서, 원교는 이 경을 완전히 섭수하였고 이 경은 원교를 부분적으로 섭수하였다. 이렇게 작은 부분의 뜻을 갖추고 있기 때문에 '일부분 원교'라 하는 것이다.

3) 곁으로 서로 통하는 경전
가) 관경

疏 처음은 『관경』에 통함을 밝히겠다. 어떤 이는 "16가지 관문(觀門)은 안정된 선[定善]이라 하고, 부처님 명호를 부르는 것은 산란한 선[散善]이라 한다." 하였다. 지금 이 점에 대해 의문을 풀어 주겠다. 여기에 두 가지가 있다. 먼저 종합적으로 설명하고 다음은 따로 자세히 설명하겠다.

먼저 종합적으로 설명한다면, 저 경의 미묘한 관(觀)은 일심으로 종지를 삼으니, 이 경의 일심이 바로 저 경의 뜻과 부합된다. 일심으로 관을 짓고 일심으로 부처님 명호를 불러서 똑같이 일심으로 돌아갔거든, 어찌 저것은 찬양하고 이것은 억누를 수 있겠는가? 자세한 것은 정각(淨覺)[45] 스님의 『아미타경소』에서 설한 것과 같다.

....

45 정각(992~1064)은 북송 천태학 스님이다. 이름은 인악(仁岳), 자는 적정(寂靜), 사호(賜號)는 정각

先明通觀經者 有言十六觀門 名爲定善 執持名號 名爲散善 今爲通
之 於中有二 一總 二別 先明總者 彼經妙觀 宗乎一心 此經一心 正符彼
意 一心作觀 一心稱名 何得同歸一心 揚彼抑此 詳如淨覺疏中說

鈔 '곁으로 통한다[旁通]'는 것은, 돈교와 원교를 구별하지 않고 여
러 대승경 중에서 이 경(불설아미타경)과 뜻이 통하는 것을 뽑은 것이
다. 그 중에서 『십육관경』은 정토만을 설한 경전이므로 먼저 들었다.

'안정되다[定]'는 것과 '산란하다[散]'는 것은, 고산(孤山)[46] 스님은 십
육관(十六觀)은 '안정된 선(善)'이라 하고 이 경에서 설한 부처님 명호를
부르는 염불법은 '산란한 선(善)'이라 하였지만, 지금 일심불란에는 사
(事)가 있고 이(理)가 있는데 사일심(事一心)만 해도 이미 완전한 산란이
아닌데 더욱이 이일심(理一心)이랴.

'저 경의 뜻과 바로 부합된다'는 것은, 저 경의 삼관(三觀)은 공(空)

· · · · · · · · · · ·

이다. 처음에는 10여 년 동안 사명지례에게 배우고, 나중에는 준식 문하에 나아가 오로지 정업에만 힘
썼다. 저서에 『미타경소』, 『미타경소지남』 등 무려 55권이나 있다. ―역자 주

46 고산은 지원(智圓: 976~1022)을 말한다. 송대 스님. 천태종 산외파 스님으로 천태교의를 가지고
산가파 대표인 사명지례와 대론을 벌렸으나 일반적으로 지례의 학설을 천태종의 정통으로 친다. 『한거
편』 60권과 『경소』 10종 등 수많은 저술이 있다. ―역자 주

이면서 가(假)요 중(中)이어서 [47] 차례를 초월하였으니 [48] 이것이 곧 일심이요, 이 경에서는 부처님 명호를 불러서 한 마음이 산란하지 않게 되면 능지(能持)와 소지(所持)를 결국 얻을 수가 없으니 이것을 공관(空觀)이라 하고, 바로 공일 때 능과 소가 분명하니 이것을 가관(假觀)이라 하며, 가도 아니고 공도 아니며 늘 공이기도 하고 늘 가이기도 하여 불가사의하니 이것을 중관(中觀)이라 부른다. 그러니 부처님 명호만을 들고 바로 일심이 되면 무슨 차례가 있겠는가? 이것이 바로 삼관을 조금도 부족함이 없이 닦는 뜻이다.

그렇다면 저 경에서는 마음을 관하는[觀] 것으로 종지를 삼고, 이 경에서는 마음을 생각하는[念] 것으로 종지를 삼아서, 관이 곧 생각이요 생각이 관이라, 두 경에서 설하신 내용이 이미 일심인 것이 같다면 어찌 유독 이 경만을 억눌러 '산란한 선'이라 하겠는가?

그러므로 이 법문을 염불삼매라 하고 또한 일행삼매라 하며, 제불현전삼매, 반야삼매, 보등삼매라 하였으니, '삼매'란 위에서 말한 '안정'

· · · · · · · · · ·

47 천태지자 대사가 세운 세 가지 관법. 일체 존재에 대한 세 가지 관법. 공관의 '공'은 성과 상을 여의었다는 뜻이니 일념의 마음이 안에도 있지 않고 밖에도 있지 않고 중간에도 있지 않다고 관하는 것을 말한다. 가관의 '가'는 어떤 법이고 갖추지 않은 것이 없음을 뜻하니, 일념의 마음은 일체 제법을 구족하다고 관하는 것을 말한다. 중관의 '중'은 중정(中正)하여 이변의 상대가 끊겨졌다는 뜻이다. 곧 일념의 마음은 공도 아니고 가도 아니라고 관하는 것을 말한다.

48 차제삼관(次第三觀)을 초월하였음을 말한다. '차제삼관'이란, 먼저 가로부터 공에 들어가는 관을 닦고, 다음에는 공으로부터 가에 들어가는 관을 닦은 후에 쌍차쌍조(雙遮雙照)하여 살바야의 바다(薩婆若: 살바야는 일체지(一切智)라고 번역한다)에 들어가니, 이것은 별교의 행상이다. 지금은 원관이기 때문에 한꺼번에 초월하였다.

을 말하고, 이미 여러 가지 삼매에 통하는데 어찌 산란하다 하겠는가?

다시 말하면, 관상이 일심이 아니면 관(觀)도 산란이 되고, 지명이 일심을 얻으면 지(持)도 곧 안정을 이루니, 관상을 하는지 지명을 하는지가 중요한 것이 아니라, 일심을 얻었는지 일심을 얻지 않았는지가 중요한 것이다.

'정각 스님의 『아미타경소』와 같다'는 것은, 소에 "지자 대사는 『관경』의 세 가지 정업이 산(散)에 속한다 하고 열여섯 가지 묘관이 정(定)에 속한다 하였다."[49] 하였지, "지명을 산이라 한다."고 한 말을 듣지 못했다.

고산 스님은 이 경을 '산란한 선'이라 판단하였으나, 나는 저 말을 옳게 여기지 않는다. 우선 『보문품소』에서 "일심으로 명호를 부르는데 사(事)가 있고 이(理)가 있으니, 일심으로 관세음보살을 생각하면 이것을 사일심이라 하고, 이 마음을 통달하여 사성(四性)이 일어나지 않아

· · · · · · · · · ·

49 지자 대사가 『관경』에서 산(散)과 정(定)으로 나눈 것은, 관경에 위제희가 계청하기를 "원하옵나니 세존이시여, 저에게 사유케 하시고 저에게 정수(正受)케 하소서." 하니, 세존께서 세 가지 정업으로 사유에 답하시고 16묘관으로 정수에 답하신대, 『천태소』에서 "세 가지 정업은 산심(散心)으로 사량함이니 이를 '사유'라 하고, 16은 정관이니 이를 정수라 한다. 이것이 산(散)에 속하고 정(定)에 속하는 것이다." 하였다. 세 가지 정업이란, 첫째는 부모를 효양하고 스승이나 어른께 봉사하며 자비한 마음으로 생명을 죽이지 않고 십선업을 닦는 것이요, 둘째는 삼귀를 수지하고 중계를 구족하며 위의를 범하지 않는 것이요, 셋째는 보리심을 내어 인과를 깊이 믿으며 대승경을 독송하고 행자를 권진하는 것이다. 만약 세 가지 복을 닦으면 세 가지 혹념이 되어 정업이라 부르지 못하고, 16경에 삼제를 비추지 않으면 묘관이라 부르지 못한다.

140

서[50] 공혜(空慧: 大般若智)와 상응하면 이를 이일심이라 부른다." 하였다.

「보문품」에는 '불란(不亂)'이라는 두 자가 없는데도 지자 대사는 오히려 '공혜'라는 뜻으로 이를 해석하였는데, 지금 이 경에서는 '일심불란'이라 하였는데 어떻게 '산란한 선'이라고 깎아내릴 수 있는가?

내가 생각하기에, 지자 대사는 돌아가실 때 삼보의 이름을 불렀고, 장안(章安)[51] 대사는 임종에 아미타불과 두 보살의 명호를 불렀다 하니, 저 스승과 제자의 행리가 이와 같으니 반드시 부처님 명호를 부르는 것을 '산(散)'이라고 판단하지 않았다는 것을 더욱 더 믿을 수가 있는 것이다.

疏 다음에는 따로 자세히 밝히겠다.

어떤 이는 "이 경은 단지 부처님 명호를 듣기만 한다." 하였고, 어떤 이는 "이 경의 부처님은 열응신(劣應身: 丈六身)이다." 하며, 어떤 이는 "이 경은 꽃이 수레바퀴만큼만 하다." 하고, 어떤 이는 "이 경에서는 오역(五逆)[52]을 저지른 자는 왕생하지 못한다." 하였다 하고, 어떤

· · · · · · · · · ·

50 '사성이 일어나지 않는다'는 것은, 이 마음을 통달하면 자(自)·타(他)·공(共)·불인(不因)을 얻을 수 없어서 무심하고 무념해진다는 것을 말하였다.

51 장안(561-632)은 수대 스님이니, 자는 법운(法雲) 이름은 관정(灌頂)이니, 세칭 장안 대사(章安大師) 혹은 장안 존자라 하였다. 나중에 천태 대사 지의를 만나 천태교관을 배웠다. 후세에 동토천태종 제5조라고 칭하며 존경한다. 천태교의를 발양한 수많은 저술이 있다. —역자 주

52 오역죄라고도 하니 곧 오중죄다. 대승오역과 소승오역의 구별이 있다. 소승오역은 어머니를 해하는 것[殺母], 아버지를 해하는 것[殺父], 아라한을 해하는 것[殺阿羅漢], 악심으로 부처님 몸에 피를 내

이는 "이 경은 단지 하품(下品)에 속할 뿐이다." 하고 말하였다.

그러나 이것은 두 경이 실로 하나의 뜻임을 알지 못했기 때문이며, 이 경이 더욱더 요체가 되는 줄 알지 못했기 때문이다.

次明別者 或謂此經但聞佛名 或謂此經佛是劣應 或謂此經華局車輪 或謂此經五逆不生 或謂此經止屬下品 不知二經實一義故 不知此經尤獨要故

鈔 '단지 부처님 명호를 듣기만 한다' 한 것은, 어떤 이가 『관경』에서는 저 부처님의 상호를 생각하게 하였으나, 이 경에서는 단지 넉자[아미타불]의 공허한 이름만을 부르게 하였는데, 그러면 부처님 몸을 보지 못하므로 '산란한 선'이라 한다." 하였다. 그러나 경에 "아미타불이 여러 성중과 함께 그의 앞에 나타나신다." 하였으니, 이미 부처님이 앞에 나타나신다면 어찌 상호가 없겠는가? 더욱이 성중과 함께 했다면 주인과 손이 함께 나타나신 것이 아니겠는가? 대개 저기서는 관법으로써 부처님을 보고 여기서는 지명으로써 부처님을 보아서, 원인은 다르나 부처님을 보는 결과는 마찬가지인 것이다.

'열응신'이란, 어떤 이가 『관경』에서는 '부처님 몸의 크기는 60만억 나유타 항하사 유순'이라 하였으나, 이 경에서는 전혀 설하지 않았

는 것[出佛身血], 화합승을 파하는 것 등 다섯 가지요, 대승오역은 첫째는 탑사를 파괴하고 경상을 헐며 삼보의 물건을 훔치는 것, 둘째는 성문·연각과 대승법을 훼손하는 것, 셋째는 출가인의 수행을 훼방하고 출가인을 살해하는 것, 넷째는 소승오역죄 중 한 가지라도 범하는 것, 다섯째는 업보가 없다고 주장하며 십불선을 행하는 것이다. —역자주

142

다. 이를 봐서 아마도 열응신일 것이다. 그러므로 '산란한 선'이라 하는 것이다." 하였다.

그러나 『대본』에 "그때 아미타불이 큰 광명을 놓아 널리 온 세계를 비추셨다. 아난이 부처님의 몸을 보니 용모가 당당하기가 마치 황금산이 온 세계 위에 우뚝 솟아 있는 것과 같았다." 하였다. 그렇다면 『관경』에서는 '한 세계'라 하였는데 여기서는 오히려 '일체 세계'라 하여 더욱 높고 큰데 어찌 저열하다 하겠는가?

또한 『대본』에 "아미타불 도량의 보배나무는 순전히 갖가지 보배로 저절로 혼합하여 이루어졌다." 하였다. 그렇다면 나무로 된 보리수 아래의 몸[53]이 아니니 어찌 저열하다고 말하겠는가? 또한 『관경』에 "저 부처님은 어떤 때는 1장 6척이나 8척의 몸을 나투시며, 어떤 때는 크나큰 몸을 나투어 허공 가운데 가득하다." 하였다. 그렇다면 중생이 본 바에 따라 크고 작기가 일정하지 않다. 그러므로 고인이 "저열한 것이 곧 수승한 것이어서 생신과 법신이 둘이 아니다." 하였다. 더욱이 이 경에서는 크고 작은 것을 말하지 않았는데 어떻게 꼭 저열하다고 지적하겠는가?

'꽃이 수레바퀴만큼만 하다'고 한 것은, 어떤 이가 『관경』에서는 꽃의 크기가 12유순이라 하였는데, 이 경에서는 수레바퀴만하다 하여 꽃의 크기가 조그마한 것에 국한되었다. 그러므로 '산란한 선'이라

....

53 '나무로 된 보리수 아래의 몸'이란 하열한 응신이니 나무 보리수 아래에서 성도하여 길상초로 자리를 삼았고, 보신은 칠보 나무 아래서 성도하니 천의(天衣)로 자리를 삼았다.

한다.” 하였으나, ‘수레바퀴’라는 뜻이 크고 작은 크기가 꼭 일정한 것은 아닌 줄 알지 못하였다. 『대본』에는 “수레바퀴가 큰 것은 백천 유순에 이른다.” 하였으니, 어찌 12유순에만 그치랴. 자세한 것은 뒤 문장에서 설명하겠다.

‘오역죄를 저지른 자는 왕생하지 못한다’는 것은, 어떤 이가 “『관경』에는 ‘오역죄로도 왕생할 수 있다’ 하였는데, 『대본』에서는 ‘오역죄를 저지른 자만은 제외된다’ 하였다. 그렇다면 제도하는 공이 좁다. 그러므로 ‘산란한 선’이라 한다.” 하였다.

그러나 ‘오역죄를 저지른 자만은 제외된다’ 한 아래에 ‘정법을 비방한 자’라는 글자가 더 있음을 알지 못하였다. 오역을 저지르고 겸하여 부처님 법을 비방한 자는 제외된다는 뜻이지, 부처님 법을 비방하지 않은 자라도 오역죄를 저지른 자는 반드시 왕생하지 못한다는 것은 아니다. 비방하는 자는 믿지 않고, 믿지 않으면 왕생하지 못하기 때문이다. 그러므로 이른바 ‘의심하면 꽃이 피지 않는다’ 한 것이 이것이다. 『관경』에서 ‘정법을 비방하는 자’를 말하지 않은 것은, 비방을 겸한 자도 역시 왕생하지 못하는 것이 같다는 뜻이다.

또한 『관경』의 하하품(下下品) 오역 문장 가운데 “그 사람이 열 번 부처님 명호를 부르면 마침내 왕생할 수 있다.” 하였다. 그리고 보면 관상이 아직 이루어지지 않았더라도 오직 십념의 도움만으로 오역죄를 저지른 중생도 바로 부처님 명호를 부름으로써 왕생할 수 있는 것이다.

더욱이 『대본』에 “지옥이나 아귀나 축생도 또한 나의 국토에 왕생한다.”고 하였으니, 지옥에 떨어진 자는 오역죄를 저지른 자가 아니면 무엇인가?

'단지 하품에만 속하므로 산선이라 한다'는 것은, 어떤 이가 『관경』에서는 아래 삼품(三品)에서, 처음[下品上生]에는 '지혜로운 자는 합장 차수하고 나무아미타불을 부르도록 가르쳐라' 하였고, 세 번째[下品下生]는 '좋은 벗이 가르치기를 네가 만약 저 부처님을 염하지 못하겠거든 반드시 부처님 명호를 불러라' 하고 말하게 하였다. 그런 것을 보면 부처님 명호를 불러 왕생하는 것은 오직 하품뿐인 것 같다." 하였다.

그러나 지니는[持] 것에는 사(事)와 이(理)가 있고 이에는 다시 얕고 깊은 것이 있는 줄 알지 못하였다. 지금 하생이란 것은 겨우 사선(事善)일 뿐이요 만약 이관(理觀)을 성취하면 저 경에서 말한 삼관을 원만히 닦아서 깊이 불이(不二)의 도리에 계합하리니, 어찌 품위가 높지 않은 것을 염려하겠는가?

더욱이 하품 문장 가운데는 악인과 어리석은 사람을 가리켰지, 선량한 사람과 지혜로운 사람의 지명도 역시 하품에 머문다고 말한 것이 아니다. 그러므로 두 경이 그 뜻은 다르지 않다는 것을 알 수 있는 것이다.

'더욱더 요체가 된다'는 것은 대략 세 가지 뜻[54]이 있다. 첫째는 『관

. . . .

54 요체가 되는 세 가지 뜻이란, 첫째는 불신은 제수(諸數)에 속하지 않음을 말했으니, 나유타나 항하사라도 숫자가 없지 않다. 이것이 이 경이 요체가 되는 첫째 이유다. 이것은 앞의 '부처님이 열응신이다' 하는 하나의 의심에 대한 것이다. 둘째는 용심이 차례를 넘지 못함을 말했으니, 처음은 해, 다음은 물, 땅, 나무 등 이렇게 용심이 너무 번장하다. 이것이 이 경이 요체가 되는 두 번째 이유다. 이것은 앞의 '단지 부처님의 명호를 들을 뿐'이라는 하나의 의심에 대하였다. 셋째는 유력에 고하를 나누지 않

145

경』에서 밝힌 불신은 비록 "보신이면서 곧 법신이다." 하고 말하기는 했으나 나유타나 항하사가 수량으로 헤아리지 못할 것이 없으니, 생신불(生身佛: 부모가 낳아 준 32상이 구족한 불신. 법신과 상대. 응화의 화신)이 거룩하다고는 하지만 오히려 의문에 변명함을 기다려야 한다. [55]

이 경에서는 다만 '광명이 무량하고 수명이 무량하다'라고만 말했으니, 이것은 수량에 속하지 않고 바로 법신을 가리킨 것이다. 이것이 요체가 되는 첫 번째 뜻이다.

둘째는 16가지 미묘한 문을 비록 "관(觀)이 곧 심(心)이다."라고 말하기는 했으나, 처음은 해, 다음은 물, 땅, 나무, 자리, 이렇게 차례대로 관해야만 비로소 불관(佛觀)에 들어간다. 그렇다면 차례가 없지 않아서 오히려 생각이 번잡하다.

이 경에서는 다른 업은 닦지 않고 오직 부처님 명호를 부르는 염불법만으로 일심에 이르면 곧 부처님이 앞에 나타나신다. 이것이 요체가 되는 두 번째 뜻이다.

셋째는 위의 3품(上品上, 上品中, 上品下)에 태어나야만 비로소 시방을 두루 거쳐 여러 부처님을 받들어 섬길 수가 있다 하고, 중·하 2품

. . . .

을 말하였으니, 상배(上輩) 삼품만이 시방에 두루하다. 이것이 이 경이 요체가 되는 세 번째 이유다. 이것은 앞의 '단지 하품에만 속한다' 하는 하나의 의심에 대하였다.

55 '생신불이 거룩하다고는 하지만 오히려 변의(辨疑)를 기다려야 한다'는 것은, 어떤 이는 "60만억 나유타의 몸이 곧 생신이다." 하니, 대개 정토의 몸은 예토보다 수승하므로 예토의 생신이 장육이니 정토의 생신이 그만큼 높고 크다. 사명 존자가 열세 가지 문답으로 이것이 확실히 존특신임을 가린 적이 있다.

에서는 아무데도 이런 문장이 없다.

이 경에서는 부처님 명호를 불러 왕생하면 시방의 부처님께 공양하고 공양 때가 되면 제 나라에 돌아온다 하였으니, 이것이 요체가 되는 세 번째 뜻이다.

한 가지 뜻을 설한 것만 듣고도 오히려 놀라며 의아해 할 것인데, 다시 '이것만이 유독 요체가 된다' 한 말을 듣고는 반드시 깊이 놀랄 것이다. 그러므로 '믿기 어려운 법'이라 하였고, 또한 『불가사의공덕경』이라 하였던 것이다.

나) 여러 가지 경전

疏 또한 여러 가지 경전에 통하는 것을 밝힌다면 여러 대승경과 뜻이 서로 통하니, 『정명경』이나 『법화경』 등과 같이 곁으로 이와 같이 통한다.

이로써 이 경의 뜻이 갖추고 있는 것이 깊고 넓음을 알 수 있으니, 천하고 속된 것과 동일하게 보아 스스로 허물을 취하지 마라.

復明通諸經者 與諸大乘經 意義相通 如淨名法華等 旁通如是 乃知此經 義理所該 深邃廣遠 不應視同淺近 自取愆尤

鈔 『정명경』이나 『법화경』 등'이란, 이 경에서 "일심으로 부처님 명호를 부르면 곧 저 국토에 왕생할 수 있다." 한 것은, 곧 "그 마음이

청정함에 따라 곧 불토가 청정하다." 한 것이니, 이것은 『정명경』의 뜻이다.

또, 이 경에서 "일심으로 부처님 명호를 부르라." 한 것은, 곧 "깊은 마음으로 염불하며, 홀로 세속에 들어가 벗이 없이 걸식하더라도 일심으로 염불하라. 한번 '나무불' 하고 부르면 모두 이미 불토를 이루었다." 한 것이니, 이것은 『법화경』의 뜻이다.

'등'은 대략 다른 경전을 든 것이다. 예를 들면 『문수소문경』에서 말한 일행삼매나, 『대품반야』에서 말한 "어떤 사람이 산란한 마음으로 염불하더라도… 고통이 다하여 그 복이 다함이 없다." 한 것은 『반야경』의 뜻이다. "스무하루 동안 시방 제불의 명호에 머리 숙여 절하라." 한 것은 『원각경』의 뜻이며, "오백 장자가 칠불의 명호를 부르고서 마침내 금색의 몸을 보고 아라한도를 얻었다." 한 것은 『관불삼매경』의 뜻이며, "보살의 여섯 가지 생각[56] 중 부처님을 생각하는 것이 제일이다." 하고, 또 "생각하고 사유한 인연의 힘으로 번뇌를 끊는다." 한 것은 『열반경』의 뜻이요, "부처님이 부왕에게 말씀하시기를, '거사께서는 지금부터 서방극락세계 아미타불을 생각하십시오. 이렇게 항상 부지런히 정진하면 반드시 불도를 얻을 것입니다' 하였다."

· · · · · · · · · ·

56 '보살의 여섯 가지 생각'이란 불(佛)·법(法)·승(僧)·시(施)·계(戒)·천(天)의 여섯 가지니, 안심부동하는 것을 '생각'이라 부른다. 『열반소』에 "앞의 세 가지는 다른 것을 생각하는 것이요, 뒤에 세 가지는 자신을 생각하는 것이다. 시·계는 자인(自因)이요 생천(生天)은 자과(自果)며 계는 지악(止惡)이요 시는 행선(行善)이다. 천에 근과(近果)와 원과(遠果)가 있으니 근은 28천(天)이요, 원은 제일의천(第一義天)이다. 그러나 보살의 여섯 가지 생각이면 동체삼보(同體三寶)와 일심계(一心戒)·보시와 제일의천을 생각하는 것이다." 하였다.

하고, 또 "십심(十心)으로 향해 가면[57] 목숨을 마칠 때 반드시 저 부처님의 국토에 태어날 것입니다." 한 것은 『보적경』의 뜻이다.

그 밖에 『화엄경』 원교의 뜻과 서로 통하니 이미 앞의 문장에서 보인 것과 같거니와, 이 밖에 염불에 대한 뜻은 그 수를 다 들 수 없다.

위에서는 우선 이 경의 큰 뜻[58]에 의해 말했으나, 경의 뜻을 개괄적으로 논한다면, 유마 거사의 장실에는 팔만사천의 사자좌를 수용하였으나,[59] 지금 이 정토에는 시방 중생이 왕생하더라도 마치 빗방울과 같아서 모두 칠보 연못 속에 태어나더라도 일찍이 좁은 적이 없었으니, 이것은 『정명경』의 뜻이다. 「여래신력품」에는 석가가 시방 제불과 함께 똑같이 넓고 긴 혀를 내었고, 내지 범천이 넓고 긴 혀를 낸 것은 『법화경』을 찬탄하기 위해서였으니, 지금 이 경에서 육방 부처님이 찬탄한 것도 이와 같다. 이것은 『법화경』의 뜻이다.

. . . .

57 '십심으로 향해 간다'는 것은, 첫째는 중생에게 자비심을 내어 손해를 끼치지 않는 마음이요, 둘째는 중생에게 대비심을 내어 괴로움을 끼치지 않는 마음이요, 셋째는 불법에 신명을 아끼지 않고 수호하기를 즐겨하는 마음이요, 넷째는 일체법에 수승한 선인을 내어 집착이 없는 마음이요, 다섯째는 이양(利養)과 경중(敬重)을 탐하지 않고 의락(意樂)을 청정히 하는 마음이요, 여섯째는 불종지를 구하여 일체시에 망실함이 없는 마음이요, 일곱째는 중생을 존중공경하여 하열하게 보지 않는 마음이요, 여덟째는 세론을 탐하지 않고 보리분에 결정을 내는 마음이요, 아홉째는 여러 가지 선근을 심어 잡념이 없는 청정한 마음이요, 열째는 제불에게 제상을 버리고 수념(隨念)을 내는 마음이다.

58 '이 경의 큰 뜻'이란, 염불왕생을 말한 것이다.

59 '유마 거사의 장실에 팔만사천 사자좌를 수용하였다'는 것은, 유마힐이 수미등왕불 처소에서 3만 2천 사자좌를 빌리니 모두 높이는 팔만사천 유순이다. 이를 장실에 두었으나 조금도 좁지 않았고 비야리성과 사천하를 넣어도 역시 좁지 않아 모두 그대로인 것과 같다.

이렇게 대략 몇 가지를 들어 대승경과 통하게 하였으나, 그 외는 번거로울까하여 적지 않는다.

또한 『기신론』 「인연분」 소에, 신위(信位)의 초심(初心: 十信 가운데 처음 초심)에 4종의 근기가 있음을 밝혔으니, 예배하고 참회하여 죄업장을 소멸하게 한 것은 처음 근기를 이익되게 한 것이요, 지관을 닦게 한 것은 중간 근기를 이익되게 한 것이며, 정토에 왕생하기를 구하게 한 것은 상근기를 이익되게 한 것이다. 여기서 말한 '처음 근기'라는 것은 업장중생을 말한 것이요, '중간 근기'는 범부와 이승을 말했으니, 그렇다면 '정토'는 대승보살이 닦을 바인 것을 알 수 있다.

'뜻이 갖추고 있는 바[義理所該]'라 한 아래는 위의 문장을 총 결론지었다.

'허물'이란, 이 경을 멸시하고 훼손하면 대승을 멸시하고 훼손하는 것과 마찬가지여서 한없는 죄를 받기 때문이다.

라. 이익을 입히는 품위(品位)

1) 이익을 입지 못하는 이를 가리다

疏 이 경이 문장은 간략하나 뜻은 풍부하고 말씀은 쉬우나 뜻은 깊은 줄은 이미 알았으나, 어떤 근기를 이익되게 하고 어떤 차등이 있는지는 알 수 없다.

먼저 이익을 입지 못하는 이를 가린다면, 앞의 세 가지는 근기가 아니니, 이를테면 믿지 않는 자나, 원하지 않는 자나, 행하지 않는 자다. 그렇지 않은 자는 모두 이익을 입을 근기다.

已知此經 文略義豊 言近旨遠 未委被何根器 有何階等 先明料簡
前三非器 謂無信者 無願者 無行者 反是皆器

鈔 처음에는 근기에는 옳고 옳지 못한 근기가 있음을 밝히고 다음에는 차등에는 수승하고 하열한 차등이 있음을 구별하여, 옳지 못한 것은 버리고 옳은 것은 따르며 하열한 것은 버리고 수승한 것은 취하게 하려는 것이다.

'믿음'이란, 중생과 부처가 둘이 아님을 믿는 것을 말하니, 중생이 부처를 생각하면 틀림없이 왕생하여 결국에는 성불할 수 있기 때문이다. 경에서 말한 "너희들은 모두 반드시 나의 말을 믿어라." 한 것이다.

'원(願)'이란, 믿되 한갓 믿기만 하는 것이 아님을 말하니, 마치 자식이 어머니를 생각하며 바라보고 의지하며 향하고 그리워하는 것과 같으니, 반드시 왕생하려고 하기 때문이다. 경에서 말한 "저 국토에 태어날 것을 응당 발원하라." 한 것이다.

'행(行)'이란, 원하되 그저 원하기만 하지 않는 것을 말하니, 항상 부지런히 정진하고 수행하여 한순간도 끊어짐이 없기 때문이다. 그러므로 경에서 "부처님의 명호를 생각하여 일심불란하게 하라." 한 것이다.

이 세 가지를 자량(資糧: 양식)이라 부른다. 자량이 충분하지 않으면 능히 앞으로 나아가지 못하기 때문이다.

또한 이 세 가지는 솥의 세 발과 같아서, 전혀 아무것도 없거나, 하나만 있고 두 가지는 없거나, 두 가지는 있으나 하나가 없더라도 아무 짝에도 쓰지 못한다.

또한 오곡에 비유하여 설명할 수도 있다. 믿음이 없는 것은 종자가 바로 곡식이라 이 종자를 심어 가꾸면 반드시 곡식을 얻을 수 있음을 믿지 않는 것이요, 믿으면서도 발원이 없는 것은 비록 좋은 종자인 줄은 알고 있으나 곡식을 구할 마음이 없는 것이요, 원하면서도 행하지 않는 것은 비록 곡식 얻기를 바라지만 밭 갈고 김매 주지 않는 것이다.

전혀 아무것도 없거나 있기도 하고 없기도 하는 것은 위의 글에 준하여 쉽게 알 수 있을 것이다.

이 세 가지는 약하고 깨져 물이 새는 그릇과 같아서 감로의 법미를 능히 받아 담아두지 못한다. 그러므로 '근기가 아니다' 한 것이다.

또한 세상 사람들이 비록 여러 가지 선행을 하더라도 저 불토에 대한 믿음이 없고 발원함이 없고 행함이 없으면 이것도 근기가 아니며, 비록 여러 가지 잘못을 저질렀더라도 저 불토에 대한 믿음이 있고 발원이 있고 행함이 있으면 또한 이를 근기라 부른다.

'그렇지 않은 자는 모두 이익을 입을 근기다' 한 것은 아래에서 설명하는 바와 같다.

疏 이러한 근기 중에서 무리를 나누고 품위를 정하면 세 가지가

되고 아홉 가지가 되며, 아홉 가지에는 다시 아홉 가지가 있고 세 가지에 다시 세 가지가 있다. 또 이를 자세히 나누면 또한 수를 헤아릴 수 없으니, 이부(二部) 중에서 설한 것과 같다.

於是器中 輩之品之 成三成九 九之又九 三之又三 又細分之 復應無量 如二部中說

鈔 다음에는 차등을 나눈다. '무리'란 『대품』의 삼배(三輩)를 말한다. '품위'란 『관경』에서 말한 구품(九品)이다. 그러므로 '세 가지가 되고 아홉 가지가 된다' 하였다. 삼배 중에 다시 삼배가 있으면 9가 되고, 구품 중에 다시 구품이 있으면 81품이 되어, 무리를 나누는 것이 다함없고 품위를 정하는 것이 끝이 없어서 백천만억의 무리와 품위가 되므로, '수를 헤아릴 수 없다' 하였다.

왜 그런가 하면, 염불을 하여 왕생하는 것은 똑같지만, 수행에는 사(事)와 이(理)가 있고 공에는 부지런하고 게으름이 있으므로 원인에 따라 과보를 받는 지위가 다를 수밖에 없기 때문이다.

그러므로 『열반경』에 "12인연에 일찍이 두 가지 법이 없었으나 낮은 지혜로 관찰하는 자는 성문보리를 얻고, 중간 지혜로 관찰하는 자는 연각보리를 얻으며, 높은 지혜로 관찰하는 자는 보살보리를 얻고, 더없이 높은 지혜로 관찰하는 자는 불보리를 얻는다."[60] 하였다.

··········

60 12인연이 일법인 것은 같으나 지혜가 같지 않고 관찰도 같지 않기 때문에 소득도 각각 같지 않으니, 원인에 따라 결과를 이루는 것이다. 곧, 하지(下智)는 단지 편공(偏空)을 알 뿐이어서, 근기가 대체

그렇다면 여러 하늘이 모두 공양 그릇이 있으나 음식에 부드럽고 껄끄러운 것이 있고,[61] 세 짐승이 똑같은 강물에 있지만 물을 건너는 데는 얕고 깊은 것으로 나누어지니,[62] 어찌 속이는 말이겠는가!

만약 예리한 근기를 자부하면서 염불에 대해 말하는 것을 듣고는 명예를 더럽힌 것처럼 여긴다면, 무리와 품위가 하늘과 땅만큼이나 까마득한 줄 어찌 알겠는가? 그 사람에게 달렸을 따름이지 결코 염불이 그대를 어리석게 하는 것은 아니다.

신기한 것을 좋아하고 이기는 것을 자부하는 자는 마음을 편안히 하고 이 점을 깊이 생각해 보기 바란다.

· · · · · · · · · ·

로 둔한 자니 저들은 사의생멸십이인연(思議生滅十二因緣)을 관하니 저로부터 소리를 듣고 이해하기 때문에 성문보리를 이룬다. 중지(中智)도 역시 단지 편공을 알 뿐이나 근기가 매우 날카로운 자니, 그들은 사의불생멸인연(思議不生滅因緣)을 관하여 깊고 깊은 인연법을 깨달아 연각보리를 이룬다. 상지(上智)는 단중리(但中理)를 이해하는 자니, 그는 부사의생멸인연(不思議生滅因緣)을 관하여 마음이 넓어 무량하기 때문에 보살의 광대행을 이루기 때문에 보살보리를 얻는다. 상상지(上上智)는 부단중리(不但中理)를 아는 자니 그들은 부사의불생멸인연(不思議不生滅因緣)을 관하여 일체종이 청정하기 때문에 일체불법을 모두 성취하여 불보리를 얻는다.

61 『정명경』에 "비유컨대 제천이 똑같이 보배 그릇에 밥을 먹더라도 그 복덕에 따라 밥의 색깔에 차이가 있는 것과 같다." 하였다.

62 『영가집』에 "비유컨대 코끼리와 말과 토끼가 강물을 건너는 것과 같다." 하니, 장단이 있고 심천이 나누어짐을 말한 것이다.

2) 누구나 이익을 얻다

疏 종합적으로 끝맺는다면, 부처님 명호를 부르기만 하면 반드시 저 국토에 태어난다. 그러므로 높거나 낮거나, 성인이거나 범부거나, 내지 믿거나 의심하거나, 찬탄하거나 험담을 하더라도, 저 부처님이 계신 줄 알면 곧 선근을 이루어 다겁다생에 누구라도 모두 해탈을 얻는다.

總收者 但持佛名 必生彼國 則或高或下 或聖或凡 乃至或信或疑 或讚或毁 知有彼佛 便成善根 多劫多生 俱蒙解脫

鈔 '높거나 낮다'는 것은, 상품이면 저쪽 언덕에 오르고 하품이라도 천궁보다는 나으니,[63] 품위는 다르더라도 모두 물러나지 않는 지위를 얻는다.

'성인이나 범부'란, 구박범부라도 왕생을 얻기만 하면 여러 대보살들과 함께 한 곳에 모여 결국에는 반드시 성인을 이룬다. 이것은 순수한 경우만을 들었다. 아래에는 믿거나 의심하거나 찬탄하거나 험담하는 것을 말했으니, 어기거나 따르더라도 모두 이익을 얻지 못함이 없다는 것을 말하였다.

문: 믿거나 찬탄하는 것은 으레 그렇겠지만, 그렇게 의심하거나

. . . .

63 '육욕제천은 모두 다섯 가지 소멸함이 있고, 삼선천도 오히려 풍재가 있다. 설령 수행하여 비비상(非非想)에 이르더라도 서방에 돌아감만 못하다' 한 것과 같다.

험담하는 경우도 또한 선근이라 할 수 있겠습니까?

답: 상불경보살이 사람들에게 "반드시 모두 부처가 되리라." 하고 수기하니, 사람들이 의심하고 믿지 않을뿐더러 심지어 때리고 욕설을 퍼부어 이로 인하여 지옥에 떨어졌다가 지옥에서 나와서는 마침내 도를 얻으니, 때리고 욕설하는 것은 의심으로부터 일어나는 것이 아니겠는가? 의심은 아는 것으로부터 생겨나고 아는 것은 듣는 것으로부터 생겨서, 부처가 있는 줄 듣고 안 후에 의심을 낸 것이니, 조금도 듣고 알지 못했으면 의심이 어디서 일어나겠는가? 듣고 알았음으로 인하여 부처라는 한 글자가 마음밭에 숨어 있다가 흙속에 씨앗을 뿌리고 홀연히 비와 이슬이 내리면 마침내 싹틀 날이 있을 것이니, 저 부처님을 험담하는 자도 이와 같다.

그러므로 "부처님이 계신 줄 알기만 하면 모두 선근을 이루어 필경에 해탈한다." 하였으니, 듣지 못하고 알지 못하면 곧 종자를 이루지 못하는 것이다.

마. 능전(能詮)의 체성(體性)

1) 상(相)에 따르다[64]

疏 이 경이 두루 중생을 이익되게 한다는 것은 이미 알았으나, 능전(能詮)은 무엇으로 체성(體性)을 삼는가? 고인의 점차적인 열 가지 문(門)[65]에 의해 근본을 추구해 보면 대략 네 가지가 된다.

처음은 상(相)을 따름을 밝히겠다. 그 중에 다시 두 가지니, 첫째는 성(聲)·명(名)·구(句)·문(文)을 말하고, 둘째는 소전(所詮)의 의(義)다.[66] 문장(文)과 뜻(義)이 모두 상(相)에 속하기 때문이다.

已知此經被機普徧 未知能詮 何爲體性 依古展轉十門推本 約之成四 先明隨相 於中復二 一謂聲名句文 二謂所詮義 以文與義 皆屬相故

鈔 '열 가지 문'은 『화엄경』「현담」에 자세히 설명되어 있는데, 규

. . . .

64 상(相)은 문(文)·의(義)의 상이다. '따르다' 한 것에 두 가지 뜻이 있다. 첫째는 문이 의를 따르고 의가 문을 따르니 문과 의 두 상이 서로 수순하여 교체를 삼기 때문이다. 둘째는 아직 일심(一心)에 회귀하지 못했으니 먼저 문·의의 외상(外相)에 따라 능전체(能詮體)를 말하기 때문이다.

65 첫째는 음성언음이요, 둘째는 명·구·문신이요, 셋째는 네 법을 통틀어 취하였고, 넷째는 제법의 현의요, 다섯째는 경계를 섭수하는 유심이요, 여섯째는 연을 모아 공에 들어감이요, 일곱째는 이사무애요, 여덟째는 소전을 통섭함이요, 아홉째는 사사무애요, 열째는 해인병현이다.

66 '둘째는 소전의를 말한다'는 것은, 누가 묻기를 "여기서는 능전의 체성을 밝히고 있는데 무엇 때문에 소전의가 또한 능전이 되는가?" 하였다. 의(義)로 명(名)·구(句)·문(文)을 대하면 의(義)가 소전(所詮)이 되지만, 만약 의(義)로 이(理)를 대하면 의(義)가 능전(能詮)이 되고 이(理)가 소전(所詮)이 되는 줄 반드시 알아야 한다.

봉 스님이 다시 그 가운데서 이를 요약해 묶어서 결국 네 가지 문이 되었다.

처음에 '성(聲)·명(名)·구(句)·문(文)'이란, 대승이나 소승교에 의하면 어떤 데서는 성으로 교체를 삼고, 어떤 데서는 명·구·문신(文身)으로 교체를 삼기도 하였으나, 여기서는 청량 국사에 의해 네 가지를 통틀어 한데 모아 성(聲)으로 가르침의 주체를 삼았다.

명은 차례대로 늘어놓아 법의 자성을 설명하는 것이요, 구는 차례대로 펼쳐서 법의 차별을 설명하며, 문은 차례대로 연합하여 위에 두 가지의 소의(所依)가 된다. 이 명·구·문 세 가지는 굴곡으로 성 위에서 뜻을 표현하지만, 성만으로는 능히 뜻을 표현하지 못하고 명·구·문만으로는 자체가 없다. 이 네 가지를 겸해야만 이를 교체라 하니, 가(假)와 실(實), 체(體)와 용(用)[67] 두 가지를 겸하여 가지기 때문이다.

둘째 '소전 의'란, 이 성·명·구·문이 만약 소전 의가 없으면 일개 사전이나 음운에 불과하여 자못 뜻과 내용이 없을 것이요, 한갓 뜻만 있고 문자가 없으면 미묘한 이치를 무엇에 의해 표현하겠는가? 참으로 문장이 뜻을 따르고 뜻이 문장을 따라서 문장과 뜻이 서로 의지해야만 비로소 교체가 이루어진다.

그러므로 이 경에서 '이와 같이 나는 들었다[如是我聞]' 한 것으로부터, '예를 드리고 물러갔다[作禮而退]' 한 데까지는 성·명·구·문의

· · · · · · · · · ·

67 명·구·문은 가(假)니 24불상응행을 섭수하기 때문이요, 성은 실(實)이니 11색법에 섭수되기 때문이요, 성은 체(體)요, 명·구·문은 용(用)이다.

체이지만, 거기서 설한 의보와 정보 두 과보와, 믿고 발원하고 왕생하는 등은 소전의 뜻인 것이다. 이 두 가지가 서로 따르기 때문에 교체가 되는 것이다.

疏 만약 법이 밝힌 뜻에 의거한다면 불사(佛事) 아닌 것이 없으니, 향으로 지은 밥이나 광명 등과 같은 것이다. 그러므로 어떤 법이든 모두 교체가 되는 줄 알아야 한다.

又若據法所顯義 則無非佛事 如香飯光明等 當知法法皆爲敎體

鈔 법이 능히 뜻을 밝힐 수 있으면[68] 어떤 법이든지 뜻이 저절로 드러나서 문자를 기다리지 않는다. 예컨대 『화엄경』에서 말한 '구름 돈대[雲臺]'나 '보배 그물[寶網]'이나 '털구멍[毛孔]'이나 '광명' 등이 모두 법을 설하고 있고, 『정명경』에서 "어떤 부처님 세계에서는 향으로 지은 밥으로 불사를 짓고, 어떤 부처님 세계에서는 광명으로 불사를 지으며, 더 나가서 한 가지 물질이나 한 가지 향이나 한 가지를 들거나 한 가지를 움직이는 것이 한 법도 불사 아님이 없다.…"고 하였던 것이다.

지금 이 경에서는 물이나 새나 나무나 수풀이 모두 묘법을 연설하였으니, 그리고 보면 어떤 법을 들든지 모두 교체가 되는 것이다.

. . . .

68 법이 능히 뜻을 밝힌다면 색·성·향·미·촉·법이 모두 교체가 되고, 안·이·비·설·신·의가 모두 원통에 들어가니, 소위 푸른 대, 붉은 꽃이 반야 아님이 없고, 흰 구름, 흐르는 물이 모두 진여니, 송풍이 어젯밤에 치열하게 법을 설하였건만 귀머거리가 스스로 알아듣지 못하는 것이다.

2) 유식

疏 유식이란, 이 문장과 이 뜻이 모두 식(識)이 변한 것이니, 근본과 그림자 사구(四句)가 있다.

唯識者 此文此義 皆識所變 而有本影四句

鈔 '사구'란, 첫째는 근본(거울 밖의 실제 물건) 뿐이고 그림자(거울 속에 나타난 영상)는 없으니[唯本無影], 곧 소승교다.[69] 교법이 모두 유식이 나타난 것인 줄 모르고 "여래는 실제로 법을 설한 것이 있다."고 말하기 때문이다.

둘째는 근본이기도 하고 그림자이기도 하니[亦本亦影], 곧 시교(始教)다. 부처님이 설하신 문장이나 뜻이 모두 묘관찰지(妙觀察智)의 정식(淨識)에서 나타난 것이니 이를 본질교(本質教)라 하고, 듣는 자의 식에서 변한 문장과 뜻은 영상교(影像教)라 한다.[70] 제불과 중생이 서로

....

69 그림자를 본질이라고 오인하는 것이다. 소승인은 삼계가 유심임을 알지 못하고 마음 밖에 경계가 있다고 생각하니, 마치 어린아이가 거울 속 그림자가 실물이라고 집착하며 거울이 나타낸 그림자임을 알지 못하는 것과 같다.

70 '묘관찰지'란, 『유식론』에 "팔식상응심소(八識相應心所)를 전(轉)하여 대원경지를 이루고, 칠식상응심소(七識相應心所)를 전하여 평등성지를 이루며, 전오상응심소(前五相應心所)를 전(轉)하여 성소작지를 이루고, 육식상응심소(六識相應心所)를 전하여 묘관찰지를 이룬다." 하니, 오(五)·칠(七)·팔(八)의 삼지(三智)가 능히 갖가지 몸을 나타내지만 오직 묘관찰지만이 능히 대중 중에서 큰 법의 비를 내린다. '정식'은 곧 제육식 심왕이니, 육식상응심소가 이미 묘지를 전성(轉成)했다면 심왕이 어찌 정식이 아니겠는가? 순수한 무루이기 때문이다. '듣는 자의 식이 변한 것'이란, 저 부처님이 설하신 문장이나

160

증상연(增上緣: 다른 법을 일으키는 데 강한 힘이 됨)이 되기 때문이다.[71]

셋째는 그림자뿐이고 근본이 없으니[唯影無本], 곧 종교(終敎)다. 중생의 마음을 버리고 또다시 부처가 없으니[72] 오직 큰 지혜와 큰 자비로 증상연을 삼아서 근기가 성숙한 중생들로 하여금 마음속에 부처님이 법을 설함을 나타나게 한다. 그러므로 부처님의 가르침은 완전히 중생 마음속의 그림자인 것이다.

넷째는 근본도 아니고 그림자도 아니니[非本非影], 곧 돈교(頓敎)다. 마음 밖에 부처가 없을 뿐만 아니라 중생심 중의 그림자 또한 공하였으니, 성(性)에는 본래 언어가 끊어져서 가르치지 않는 가르침[73]인 것이다. 이것은 이른바 '존자는 설함이 없으시고 나는 들음이 없다'고[74]

....

뜻인 본질이 듣는 자의 식 위에서 문장과 뜻을 변기(變起)하여 반연하니, 마치 거울이 형상을 대하여 스스로 그림자를 변화하는 것과 같기 때문이다.

71 '서로 증상이 된다'는 것은, 부처님은 중생이 없으면 부처님이 법을 설하지 않으니 이것이 중생이 부처님에게 증상연이 되고, 중생은 부처님의 설법이 없으면 중생도 능히 스스로 문(文)·의(義)를 변화하여 반연하지 못하니 이것이 부처님이 중생에게 증상연이 된다. 이것은 마치 달은 물이 없으면 능히 그림자를 나타내지 못하고, 물은 달이 없으면 역시 그림자를 나타내지 못하는 것과 같다. 이것이 서로 증상이 된다는 뜻이다.

72 '중생의 마음을 버리고 또다시 부처가 없다'고 한 것은, 부처님은 본래 없으나 마음이 청정하기 때문에 있으니 마음이 청정하기 때문에 제불이 나타나신다. 만약 중생의 마음을 여읜다면 다시 부처님도 없다.

73 '가르치지 않는 가르침'이란, 유마힐이 묵묵히 아무 말이 없으니 문수가 찬탄하기를 "이것은 진정한 불이법(不二法)이다." 하고, 세존이 발을 씻고 나서 자리를 펴고 앉으니 수보리가 찬탄하기를 "희유하옵니다. 세존이시여." 하며, 경에 "법성은 본래 공적하여 취함도 없고 또한 봄도 없으니 성공(性空)이 곧 불(佛)이라 가히 사량할 수 없다." 한 것이다.

74 공생(空生)이 석실 속에 조용히 앉아 있는데 공중에서 제석이 꽃을 흩어 공양하였다. 공생이 "꽃

했듯이, 설하는 자도 없고 듣는 자도 없어서 오직 식일 뿐이니, 그러므로 식으로 교체를 삼는다.

지금 이 경은, 우선 종(終)과 돈(頓) 두 교를 잡아 말한다면 중생이 마음의 고통에서 벗어나기를 좋아하여 마음속에서 부처님이 극락의 의보와 정보, 믿음과 발원과 왕생을 설하시는 것을 보지만, 실제로는 설함도 없고 들음도 없으므로 식으로 교체를 삼는 것이다.[75]

3) 성으로 돌아가다

疏 성으로 돌아간다는 것은, 앞에서는 소변(所變)인 일체 경계가 능변(能變)인 팔식으로 돌아가지만, 지금은 소현(所現)인 팔식이 다시 능현(能現)인 일심으로 돌아가니, 그러므로 성으로 교체를 삼는다.

歸性者 前以所變之萬境 攝歸能變之八識 今以所現之八識 復攝歸能現之一心 則性爲敎體

을 흩는 자는 누구인가?" 하니, 제석이 "저는 천제석입니다." 하였다. "어찌하여 꽃을 흩는가?" "존자께서 반야를 잘 설하셨기 때문입니다." "나는 본래 설함이 없노라." "존자께서는 설함이 없고 저는 들음이 없으니, 이야말로 진정으로 반야를 설하는 것입니다." 하였다.

75 '마음속에서 벗어나기를 좋아한다'고 한 5구(句)는 유영본무(唯影無本)요, '실로 설함이 없고 들음이 없다'한 것은 비본비영(非本非影)이니, 이미 이 2구(句)를 벗어나지 않아서 이 문장과 이 뜻이 식이 변한 것이 아니고 무엇이겠는가? 그러므로 식으로 교체를 삼는 것이다.

鈔 '일심'이란 곧 진여 자체니, 이 진여로부터 교법이 유출되었으므로[76] 상(相)을 모아 성(性)으로 돌아가는 것이다. 그러므로 이른바 중송(重頌)도 진여요 수기(授記)도 진여라, 십이분교(十二分敎) 일체가 모두 진여인 것이다.[77]

이상의 말을 거듭 살펴보면, 진실한 이치는 결국 궁극적으로 여기에 이르니, 비유컨대 사물은 꿈을 여의지 않고 꿈은 사람을 여의지 않는 것과 같다.[78]

『원각소』에 "태어나는 법[79]이 본래 없어서 일체가 오직 식일 뿐이요, 식은 환몽과 같아 다만 일심일 뿐이다." 하였으니, 그러므로 자심으로 교체를 삼는 것이다.

이 경의 경우는 의보와 정보, 믿음과 발원 등 법과, 문장과 뜻이 결국에는 모두 일심진여로 돌아간다. 그러므로 고덕이 "여러 대승경전은

----

76 '진여로부터 교법이 유출되었다'고 한 것은, 구체적으로 말한다면 진여로부터 근본지를 유출하고 근본지로부터 후득지를 유출하며 후득지로부터 대비심을 유출하고 대비심으로부터 십이분교를 유출하니, 여기서는 다만 근원에 의해 설했으므로 '진여로부터 유출한다' 한 것이다.

77 『인왕경』에, "바사익왕이 부처님께 말씀드리기를 '어찌하여 시방제불과 일체보살이 문자를 여의지 않고 모든 법상(法相)을 행하나이까?' 하니, 부처님이 '법륜(法輪)이란 중송도 진여요 수기도 진여며 십이분교 일체가 모두 진여니라.…'" 하였다.

78 이 비유에서 보면, 사물은 상을 따르는 것에 비유하고, 꿈은 유식에 비유하였고, 사람은 성으로 돌아가는 것에 비유하였다.

79 '태어난 법'은 인연으로 생긴 법이니, 태어난 법이 본래 없어서 일체가 식일 따름이라면 곧 사물이 꿈을 여의지 않았고 식이 몽환과 같으니, 다만 일심이라 곧 꿈이 사람을 여의지 않은 것이다.

모두 하나의 실상인(實相印)⁸⁰으로 경의 교체를 삼는다." 하였다. 이 경에서 말한 '일심불란'이 곧 실상이요 진여이니, 곧 앞의 두 가지(能詮인 文과 所詮인 義와, 唯識)와 일심으로 돌아가는 것을 합하여 교체를 삼는다.

4) 무애

疏 무애란, 마음과 경계, 이(理)와 사(事)가 본래 서로 통하니, 경계와 사는 상을 따르고, 마음은 유식이요, 이는 성으로 돌아가니, 이것들이 모두 서로 통하기 때문이다.

無礙者 心境理事 本自交徹 境及事者 是名隨相 心者唯識 理者歸性 俱交徹故

鈔 '서로 통한다'고 한 것은, 일심에 원래 진여와 생멸 두 가지 문이 있으나, 진여가 곧 생멸이기 때문에 이(理)가 사(事)와 경계와 마음에 장애되지 않고, 생멸이 곧 진여이기 때문에 사(事)와 경계와 마음이 이(理)에 장애되지 않는다.

지금 이 경인 경우는, 마음이 곧 국토인지라 전혀 지어 만든 적이 없지만 못과 누각과 새와 나무가 분명히 펼쳐지고 빽빽이 나열하는

---

80 인(印)에 두 가지가 있으니 첫째는 삼법인이요, 둘째는 실상인이다. 경전이 공과 무상과 무원삼법을 설한 것은 소승경이요, 하나의 실상을 설한 것은 대승경이다.

데 방해되지 않아 중생이 믿고 즐거워하여 원하는 바에 따라 왕생하고, 국토가 곧 마음인지라 칠보로 장엄하더라도 전체가 공적하여 한 티끌도 세우지 않는데 아무 장애가 되지 않아서 실로 저 국토에 태어나는 중생이 없다. 그러므로 마음과 경계, 이와 사가 서로 녹아 섭수하는 것으로 교체를 삼는다.[81]

바. 종(宗) · 취(趣)가 돌아가는 곳

1) 전체적으로 밝히다

疏 이 경의 능전의 본체가 이와 같이 포괄한 줄은 이미 알았으나, 그 핵심[宗]은 반드시 어느 곳에 있는지 아직 분명치 않다.

대저 언어가 숭상하는 것을 종(宗)이라 하고, 종이 이르는 곳을 취(趣)라 한다. 그러나 전체적이고 차별적인 것이 있다. 부처님의 가르침 전체를 논하면 인연으로 종을 삼고, 차별적으로는 고인의 열 가지 문에 의하면, '아(我)와 법(法)이 모두 있는 종[我法俱有宗]'부터 '원융하여 덕을 갖춘 종[圓融具德宗]'까지니, 뒤로 갈수록 앞에 것보다 차례대로 깊고 얕다. 그러므로 여러 경전에 각기 종 · 취가 있다.

· · · · · · · · · ·

81 '마음이 곧 국토'라고 한 아래는 곧 이(理)로써 사(事)를 이루는 문(門)이니, 이(理)가 사(事)를 따라 변하여 일(一) · 다(多) 연기가 무변함이요, '국토가 곧 마음'이라 한 아래는 사(事) 전체가 오롯이 이(理)로 돌아가는 문(門)이니, 사가 이를 얻어 융섭하여 천차만별이 서로 관련되어 걸림이 없다.

165

已知此經能詮之體 如是該羅 未審所宗 當在何者 夫語之所尙曰宗
宗之所歸曰趣 而有通別 通論佛敎 因緣爲宗 別則依古十門 自我法俱有
至圓融具德 後後前前 次第深淺 是故諸經 各有宗趣

鈔 '상(尙)'이란 숭상한다는 뜻이니, 부처님이 교를 세우신 어떤
한 경전에서 언어가 숭상하는 내용은 무엇인가? 이처럼 숭상할 핵심
적인 내용을 종이라 한다.

'귀(歸)'는 이른다는 뜻이다. 이것을 세워 종을 삼은 것은 어떤 일을
구하기 위해서인가? 이렇게 그 취지를 궁구하는 것을 취라고 한다.

'인연'이란 무인(無因)과 사인(邪因)[82]과는 구별되니, 부처님의 일대
시교는 인연에서 벗어나지 않는다. 예를 들면 이른바 인연이기 때문
에 나고 죽으며, 인연이기 때문에 공(空)이며, 인연이기 때문에 가(假)
이고, 인연이기 때문에 중(中)이어서, 불교의 핵심은 '인연'이란 말로
모두 섭수할 수 있다. 그러므로 '전체적[通]'이라 하였다.

'열 가지 문'이란, 첫째 아법구유종(我法俱有宗: 我와 法이 모두 있는 종)
은, 안으로 유아(有我)에 집착하고 밖으로 유법(有法)에 집착하므로 이
것을 '불법에 의탁한 외도'라고 한다. 둘째 법유아무종(法有我無宗: 법은
있으나 아는 없는 종)은, 외도와는 다르다.

· · · · · · · · · ·

82 만법이 허공으로부터 생겼다거나 혹은 자연으로부터 생겼다고 생각하는 것이 무인(無因)이요, 혹
은 명제(冥帝)로부터 생겼다거나 혹은 자재천으로부터 생겼으며 혹은 태극으로부터 생겼다고 하는 등
이 모두 사인(邪因)이다.

앞에서부터 마지막까지, 얕은 데서부터 깊은 데까지, 열 번째 원융구덕종(圓融具德宗: 원융하여 덕을 갖춘 종)까지의 열 가지는 『화엄경』「현담」에서 구체적으로 설명하고 있다. 이것을 요약하면 유(有), 공(空), 법상(法相), 법성(法性), 원융(圓融)[83] 다섯 가지에서 벗어나지 않는다.

지금 이 경의 경우는 법성을 종지로 삼는다. 왜냐하면 정토의 의보와 정보와 믿음과 발원 등이 모두 일심으로 돌아가서, 일심불란이 곧 법성이기 때문이다.

2) 이 경만을 따로 밝히다

疏 지금 이 경에 대해 밝힌다면, 고래로 여러 가지 견해가 있다. 어떤 이는 믿음과 발원으로 종을 삼는다 하고, 어떤 이는 삼계를 초월한 두 가지 청정으로 종을 삼고, 중생으로 하여금 불퇴전을 얻게 하는 것으로 취를 삼는다 하였다.

今明此經 古有多解 有謂信願爲宗 有謂超過三界二種淸淨爲宗 令諸衆生 得不退轉爲趣

· · · · · · · · · ·

83 제일 아법구유종은 오직 유(有)뿐이요, 제이 법유아무종과 제삼 법무거래종과 제사 현통가실종 이 세 가지는 유(有)·공(空) 두 법에 통하고, 제오 속망진실종과 제육 제법단명종 두 가지는 오직 공(空)뿐이요, 제칠 삼성공유종은 법상(法相)이요, 제팔 진공절상종도 공(空)이요, 제구 공유무애종은 법성(法性)이요, 제십 원융구덕종은 원융(圓融)이다.

鈔 '믿음과 발원으로 종을 삼는다'고 한 것은 여러 가지 견해가 대체로 같다. 경에서 누차 "만약 믿는 이가 있다면 응당 저 국토에 왕생하기를 발원하라." 하였기 때문이다.

'두 가지 청정'이란, 논에 "극락세계의 의·정 두 과보는 청정하게 장엄하여 삼계가 미칠 바가 못 된다." 하였으니, 그러므로 종을 삼은 것이다.

그것의 귀결처를 요약하면, 중생으로 하여금 저 청정한 극락국토에 태어나게 하고, 저 국토에 태어나고 나면 곧 퇴전하지 않게 되므로, 이것으로 취를 삼는다.

3) 올바른 뜻
가) 종합적으로 밝히다

疏 이 경은 법성으로 종을 삼는다. 법성 가운데서 다시 종합적인 것과 차별적인 것으로 나눈다. 종합적으로 이를 합한다면 의보와 정보가 청정함과 믿음과 발원과 왕생으로 종취를 삼는다.

此經宗乎法性 於法性中 復分總別 總而合之 謂是依正淸淨 信願往生 以爲宗趣

鈔 앞의 두 가지 설을 취하여 이것을 종합하여 종취를 삼은 것이다. 처음 설은 의보와 정보를 갖추지 않았고, 다음 설은 믿음과 발원

이 아직 자세하지 않다. 그러므로 반드시 이를 합해야만 비로소 모자람이 없기 때문이다.

참으로 의보와 정보, 믿음과 발원이 갖추어지고 서로 도와주어서 저 국토에 왕생하게 되는데, 이것들이 모두 자심에서 벗어나지 않기 때문에 법성으로 종을 삼는다고 하였다.

이것들을 종합하여 종취를 삼는다는 것은, 『화엄경』의 예와 같이 저 경에서도 역시 여러 가지 설을 겸하였는데, 인과(因果), 연기(緣起), 이실(理實), 법계(法界)를 모두 합하여 종취를 삼았기 때문이다.[84] 만약 이것을 나누려고 하면 위의 구절은 종이요 아래 구절은 취니,[85] 뜻이 스스로 드러나 있다.

만약 이것에 덧붙이려 한다면, 저 경에서는 '부사의'란 말을 더하였고, 지금 이 경에서도 또한 그러하다.

....

84 『화엄경』을, 어떤 이는 무애한 깊고 깊은 법계로 종을 삼는다 하고, 어떤 이는 연기로 종을 삼으니 법계와 연기가 상즉상입하기 때문이라 하며, 어떤 이는 인과로 종을 삼으니 이 경이 보살행위의 인과 과를 이룬 것을 널리 밝혔기 때문이라 하며, 어떤 이는 해인삼매의 이실(理實)로 종을 삼는다 하며, 어떤 이는 인과(因果)와 이실(理實)을 합하여 종을 삼으니 인과는 행위요 이실은 법계이기 때문이라고 한다. 이상은 각기 서로 부족하고 모자란다. 지금은 현수(賢首) 스님이 여러 가지 설을 종합하여 종취를 삼은 것을 따른 것이다.

85 저 경은 인과(因果)·연기(緣起)로 종을 삼고, 이실(理實)·법계(法界)로 취를 삼았고, 이 경은 의보와 정보가 청정한 것으로 종을 삼고, 신(信)·원(願)·왕생(往生)으로 취를 삼는다.

나) 따로 밝히다

疏 또한 따로 밝힌다면[86] 곧 다섯 가지로 서로 마주 대하였다. 첫째는 교(敎)와 의(義)요, 둘째는 사(事)와 이(理)요, 셋째는 경(境)과 행(行)이요, 넷째는 행(行)과 적(寂)이요, 다섯째는 적(寂)과 용(用)이니, 이것으로 종과 취를 삼는다.

又別明之 則成五對 一敎義 二事理 三境行 四行寂 五寂用 以爲宗趣

鈔 첫째 교(敎)와 의(義)[87] 일대(一對)는, 교로써 종을 삼고 의를 통달하게 하는 것으로 취를 삼는다. 이 염불 왕생의 가르침을 숭상할 것을 말한 뜻은 무엇인가? 경에서 설한 아미타불의 의보와 정보의 청정장엄을 알아 이것을 믿고 원하면 곧 저 국토에 왕생한다는 것을 알게 하려고 한 것이니, 교 중에 이러한 뜻이 있으니 이것이 취이지 한갓 언어나 문자만을 일삼은 것은 아니다.

· · · · · · · · · ·

86 '따로 밝힌다는 것은, 세인들이 흔히 이 경의 문장과 뜻이 보잘것없겠다고 의심하므로 교(敎)·의(義) 일대(一對)로 족히 이를 파할 수 있고, 어리석은 자는 사에 집착하여 이를 미혹하는 자가 많고, 미친 자는 이에 집착해 사를 버리는 자가 많으므로 사(事)·리(理) 일대(一對)와, 경(境)·행(行) 일대(一對)로 충분히 이를 파할 수 있으며, 혹은 염불은 유위에 빠진 것이 아닌가 하고 의심하므로 행(行)·적(寂) 일대(一對)로 족히 파할 수 있고, 혹은 염불은 자신을 구제하지도 못한다고 의심하므로 적(寂)·용(用) 일대(一對)로 파한 것이다.

87 교(敎)·의(義)란, 교는 언교를 말하고 의는 의리를 말한다. 지혜로운 자는 한 글자 중에서도 능히 무량한 뜻을 이해하지만 어리석은 자는 온갖 경을 다 읽더라도 글줄을 찾고 먹을 헤아릴 따름이니, 그러므로 교(敎)·의(義) 일대(一對)를 밝히지 않을 수 없는 것이다.

둘째 사(事)와 이(理)[88] 일대는, 사(事)로써 종을 삼고 이(理)를 밝히게 하는 것으로 취를 삼으니, 위에서 말한 한 경전의 언교(言敎)를 이어받아 설명한 뜻[所詮義]을 모두 든 것이다. 그런데 뜻[義]에는 사와 이가 있는데 이 의보와 정보, 믿음과 발원 등의 사를 숭상할 것을 말한 뜻은 무엇인가? 사 중에 갖추어진 지극한 이치를 밝히고자 함이니, 이것이 곧 취이지 한갓 사연(事緣)의 자취만을 일삼은 것은 아니다.

셋째 경(境)과 행(行)[89] 일대는, 경으로써 종을 삼고 행을 일으키게 하는 것으로 취를 삼는다. 경은 관찰할 이[所觀理]로써 관찰하는 지혜[能觀智]를 마주 대한 것이니, 그러므로 경(境)이라고 부른다. 이 이를 숭상할 것을 말한 뜻은 무엇인가? 미타의 자성과 정토는 오직 마음뿐임을 이미 알았으면 이것으로 진경(眞境)을 삼아 관행(觀行)을 일으켜 부처님 명호를 부르고 일심불란케 하고자 하였으니, 이것이 그 취이지 한갓 이(理)를 잘 알게 하는 것만은 아니다.

넷째 행(行)과 적(寂)[90] 일대는, 행으로 종을 삼고 적에 이르게 하는 것으로 취를 삼는다. 이 염불관행(念佛觀行)을 숭상할 것을 말한 뜻

· · · · · · · · · ·

88 사(事)·이(理)란, 사는 신(信)·원(願)·의(依)·정(正) 등의 사요, 이(理)는 낱낱이 자성으로 돌아가니, 사에 집착해 이를 미혹한 것은 바로 지취를 알지 못하기 때문이다.

89 경(境)·행(行)이란, 경은 법계경이니 곧 아미타불이요, 행은 법계심이니 일심으로 부처님 명호를 부르는 것을 말한다. 이것은 소위 법계에 마음을 두어 오로지 부처님 명호만을 부르는 것이니, 일행삼매이다.

90 행(行)·적(寂)이란, 행은 일행의 행이요 적은 적광의 적이니, 일행삼매를 닦아서 적광의 무상과를 깨닫고자 하는 것이다.

171

은 무엇인가? 정말로 마음은 본래 고요하나 다겁생의 습기에 물들어 경계에 부딪치면 마음이 일어나니, 만약 관행을 닦지 않으면 설사 억지로 망심을 내리누르더라도 결코 정(定)과 혜(慧)가 평등한 것이 아니다. 지금은 정관(正觀)에 의해 부처님 명호를 불러 일심에 이르면 다시 공적한 본체로 돌아가게 되니, 이것이 취이지 한갓 터무니없는 생각을 하는 것만은 아니다.

다섯째 적(寂)과 용(用)[91] 일대는, 적으로 종을 삼고 작용을 발휘하게 하는 것으로 취를 삼는다. 이 적을 숭상할 것을 말한 뜻은 무엇인가? 정말로 망상과 집착으로는 해탈을 얻을 기약이 없으니 망상이 다하고 마음이 하나가 되면 깨끗함이 극진하여 광명이 통하게 되니, 비유하면 먼지가 다하면 거울이 밝아져서 어떤 물상이든 나타나지 않음이 없는 것과 같기 때문이다. 이른바 이미 본국에 태어나면 무생법인을 얻은 후에 다시 생사에 들어가 무수한 방편으로 크게 불사를 지어 중생을 제도하니, 이 갠지스 강 모래와 같은 묘용이 그 취이지 한갓 공(空)에 떨어지고 적(寂)에 막혀있을[92] 뿐인 것은 아니다.

이와 같은 열 가지 문이 점차 일어나서 종·취가 된다.

· · · · · · · · · ·

91 적(寂)·용(用)이란, 적은상적 본체요 용은 항사 묘용이니 이 본체를 깨달아 묘용을 일으켜 다시 중생을 제도하는 것이 바로 대승의 미묘한 뜻이다.

92 '공(空)에 떨어지고 적(寂)에 막혀있다'는 것은, 공적의 체에 떨어져 중생을 이롭게 하는 작용을 일으키지 않는 것을 말한다.

사. 부류(部類)의 차별

1) 부를 밝힘

疏 이 경의 종취가 매우 깊다는 것은 이미 알았으나, 이 부의 등류(等類: 같은 무리)에는 몇 종류가 있을까? 처음에는 먼저 부에 대해 밝히겠다. 부에는 두 가지가 있으니 첫째는 『대본』이요, 둘째는 이 경이다.

已知此經 宗趣沖深 未審當部等類 爲有幾種 初先明部者 部有二種 一謂大本 二謂此經

鈔 '부'란, 전체적으로는 하나의 부류로 돌아가지만 자세한 것도 있고 간단한 것도 있으니, 자세한 것은 『대본』이요 간단한 것은 이 경이다.

『대본』에는 여섯 가지가 있다. 첫째는 『무량평등청정각경(無量平等淸淨覺經)』[93]이니, 후한(後漢) 지루가참이 번역하였다. 둘째는 『무량수경』이니, 조위(曹魏)의 강승개(康僧愷)[94]가 번역하였다. 셋째는 『아미타경』이라 부르니, 지금 이 경과 이름이 같다. 오나라 지겸(支謙)[95]이 번

----

93 '평등'은 수명이요 '청정'은 광명이요 '각'은 불이다. '지루가참' 등은 다섯 분의 번역인이다. 지루가참은 한나라 명제 때 사람이다. 광무가 중흥했기 때문에 후한이라 한다. 명제는 광무의 아들이다.

94 '강승개'는 위나라 사람이니, 조비가 한나라를 찬탈하여 위라 하였다.

95 '지겸'은 오나라 사람이다. 손권이 황제를 자처하고 나라 이름을 오라 하였다.

역하였다. 넷째는 『무량수장엄경』이니, 송의 법현(法賢)[96]이 번역하였다. 다섯째는 『보적경』 제5회 제18권에서 나온 것으로 「무량수여래회」라 한다. 원위(元魏)의 보리유지[97]가 번역하였다. 여섯째는 『불설대아미타경』이다. 송나라 용서(龍舒) 거사 왕일휴(王日休)가 앞의 네 가지 번역을 모두 취하여 섞어 모은 것인데, 『보적경』의 것만은 제외하였다. 그것이 아직 보급되지 않았기 때문이다.

그러나 위의 다섯 가지 역본이 서로 차이가 있다. 한·오 두 번역은 사십팔원 중에 단지 반만을 남겨 스물네 가지로 하였고, 그 외의 경문은 대동소이하다.

왕 거사가 모은 것을 다섯 가지 역본과 비교해 보면 간단하고 쉽고 분명하여, 지금까지 유통하여 큰 이익을 끼치고 있다. 다만 범본을 의지하지 않고 오직 중국 것만 참작하여, 번역하는 방법에 따르지 않았다. 만약 범본으로 번역하여 여섯 번째 번역이 이루어졌다면 얼마나 좋을까 하는 생각이 든다. 그러므로 저것을 '번역'이라 하지 않고 '교정'이라 한다.

또한 그 가운데 예전의 문장을 버리고 취한 부분에서도 역시 미진한 점이 있다. 예를 들면 삼배(三輩)가 왕생하는 문제에 있어서 위역에서는 모두 "보리심을 낸다." 하였으나, 왕 거사는 오직 중배(中輩)만이

· · · · · · · · · ·

96 '법현'은 조송(趙宋) 때 사람이다. 조광윤이 천자가 되어 국호를 송이라 하였다.

97 이 경은 조위 강승개의 역본과 유사한 곳이 매우 많다. '보리유지'는 남북조 위나라 사람이다. 위주의 본성은 탁발(拓跋)인데 성을 고쳐 원(元)이라 하고 국호는 위(魏)라 하였다.

보리심을 내고 하배(下輩)는 내지 못한다고 하였으며 상배(上輩)에 대해서는 아무 말도 하지 않았다. 이것은 높고 낮은 것이 차례를 잃은 것이다. 경문에는 대부분 '선근은 전적으로 보리심을 내는 데 있으나 삼배가 같지 않고, 발심은 진정 왕생하는 것이 그 요지인 점이 동일하다' 하였는데, 도리어 이것을 생략하였다. 그러므로 미진하다 한 것이다.

그러나 지금 이 소초에서 인용한 것은, 뜻으로는 다섯 역본의 것을 전체적으로 취하였고, 말은 왕 거사의 문장을 많이 따랐다. 왕 거사 본이 세상에 흔하게 전해져서 많은 사람들이 익히고 보기 때문이다.

그 밖에 다섯 가지는 간간히 취하고 그것을 뭉뚱그려 『대본』이라고 표시하였다. 그러므로 위의 여섯 가지는 모두 『대본』이라 하고 지금 이 경은 『소본』이라 하는데, 문장에는 번거롭고 간단한 것이 있으나 뜻에는 낮고 못함이 없이 모두 같은 부에 속한다.

2) 유를 밝힘

疏 다음에는 유(類)에 대해 밝힌다. 거기에는 세 종류가 있으니, 첫째는 『관경』이요, 둘째는 『고음왕경』이요, 셋째는 『후출아미타게경』이다.

二明類者 自有三種 一觀經 二鼓音王經 三後出阿彌陀偈經

鈔 '유'는 부와는 같지 않으나 그 종류는 같다. 예컨대 사촌형제는

175

아버지는 다르나 할아버지는 같으니, 이들도 '어깨를 나란히 한다'라고 하며 서로 피붙이로 여기는 것과 같다. 그러므로 동류라고 부른다.

『관경』은『관무량수불경』을 말하는데 열여섯 가지 미묘한 문과 일심삼관(一心三觀)[98]을 자세히 말씀하였다. 구체적인 것은 소초를 보라.

『고음왕경』은 부처님이 첨파(Campā) 대성(중인도 페사리 남방)의 가가영지(伽伽靈池)에서 비구 백 명에게 설하신 것이다. 그 가운데 "만약 사중이 아미타불의 명호를 부르면 목숨이 다하려 할 때 부처님이 여러 보살들과 함께 맞이하여 왕생하게 한다.…."고 하였다.

『후출게경』은 처음부터 끝까지 오직 게송뿐이므로 가타(gāthā, 孤起頌) 부이다. 그 가운데 "발원은 부처님과 같이 스물네 가지를 서원하였네." 하며, 서원이 겨우 반에만 그치니 한 · 오 두 역본과 같다. 그러나 사십팔원은 예전부터 지금까지 전해온 지 이미 오래되었는데, 스물네 가지뿐인 것은 혹시 범본이 누락되었던 건 아닌지 알 수 없는 일이다.

문:『고음경』에서도 부처님 명호를 부를 것을 말씀하였는데, 어떻게 지금 이 경과 같은 부가 되지 못할까요?

답: 주문(呪文)이 있기 때문이다. 저 경에서도 부처님 명호 부를 것을 설하긴 했지만 주문을 가지는 것을 중요하게 생각했기 때문이다.

. . . .

98 천태종의 관법. 천태종의 기본 교의 가운데 하나. 원융삼관, 혹은 불가사의삼관, 혹은 불차제삼관이라고 한다. 일심은 능관지심(能觀之心)이요 삼관은 공(空) · 가(假) · 중(中) 삼제니, 일념의 심(心)은 얻을 수도 설할 수도 없음을 알고 일심 가운데서 공(空) · 가(假) · 중(中) 삼제를 원만히 닦는 것을 일심삼관이라 한다. −역자주

3) 부도 아니고 유도 아닌 것

疏 셋째는 부나 유가 아닌 것을 밝힌다면, 정토를 겸하여 설한 것으로는 『화엄경』『법화경』『기신론』 등이다. 또한 부나 유가 아니면서도 그 가운데 오로지 부처님 명호를 부를 것만을 설한 것은 『문수반야경』 같은 것이다.

三明非部類者 帶說淨土 如華嚴法華 及起信等 又非部類 而中說專持名號 如文殊般若

鈔 '겸하여 설하였다' 한 것은, 같은 부나 유 외에 여러 가지 경전이 있어서, 비록 정토를 전적으로 말씀하지는 않았으나 그 가운데서 정토를 언급하며 왕생하기를 권하고 찬탄한 것을 말한다.

『화엄경』은 「행원품」에서 이미 십대원왕(十大願王)을 밝히고 나서, 마지막에 "이 열 가지 원이 극락으로 돌아가는 길을 인도한다." 하고 말한 것이다. 『법화경』은 "이 경을 독송하는 자는 목숨을 마치면 반드시 아미타불의 극락세계에 태어나리라." 하였다. 『기신론』은 앞의 '교가 일어난 인연'에서 밝힌 것과 같다.

'등'이란, 『관불삼매경』과 『십주단결경(十住斷結經)』 등이 정토를 겸하여 설했으니, 이런 것들은 한두 가지가 아니다. 자세한 것은 뒤의 경문을 해석한 가운데서 인용한 것과 같다.

『문수반야경』은 뒤의 부처님 명호를 부르는 문장 중에서 구체적으로 설명하였다.

아. 번역과 주석과 송지(誦持)

1) 번역

疏 이 경의 부와 유가 자세하기도 하고 생략되기도 하며, 같은 것이기도 하고 다른 것이기도 한[99] 줄은 이미 알았으나, 번역은 어느 때 이루어졌고, 무릇 몇 가지의 번역이 있으며, 주석을 내어 천양하고 독송하고 수지하면 어떤 영험이 있는지는 아직 밝히지 않았다.

처음에는 번역한 분을 밝히겠다. 여기에 두 분이 있으니, 하나는 『불설아미타경』이니 지금 이 경으로, 요진(姚秦) 삼장법사 구마라집이 번역하였다.

已知此經 爲部爲類 詳略同別 未委譯自何時 凡有幾譯 以至註釋闡揚 讀誦受持 有何靈驗 初明譯者有二 一名佛說阿彌陀經 卽今經 姚秦三藏法師鳩摩羅什譯

鈔 '요진'은, 주나라 때는 영진(嬴秦)이 있었고 남북조 때는 부진(苻秦)과 요진(姚秦)이 있었다.[100] 지금 요(姚)라 한 것은 다른 진나라와

. . . .

99 '자세하고 생략되고 같고 다른 것'이란, 자세한 것은 『대본』을 말하고, 생략된 것은 이 경을, 같은 것은 동류를, 다른 것은 부(部)도 아니고 류(類)도 아닌 것을 말한다.

100 '영진'이란, 주나라 때 비자(非子)란 자가 있었는데 백익(伯益)의 후예였다. 그는 말을 잘 키우니 주(周) 효왕이 사랑하여 섬(陝)에 봉하니 국호를 진(秦)이라 하였다. 나중에 열국을 병탄하여 천하를 차지하니, 그의 성이 영(嬴)이기 때문에 영진이라 하였다. '부진'이란 동진 때 씨종(氏種)이다. 부견이 강성하여 관중에 웅거하여 나라를 또한 진이라 하니 이것이 부진이다. '요진'은 강종(羌種)이다. 요장(姚萇)

구별한 것이다.

'삼장'이란, 경·율·론에 통달하고 중국어와 범어에 능통하기 때문이다. '법사'란, 불법[法]을 중생에게 널리 펴고 가르쳐서 사람들의 사표[師]가 되기 때문이다.

'구마라집'은 범어로서, 구체적으로 말하면 구마라기파집이라 하는데, 앞의 다섯 자는 우리말로 동수(童壽)라 하고, '집'은 우리나라 문자 집물(什物)에 매우 능통하다는 뜻으로, 중국어와 범어를 함께 들어서 '라집'이라 하였다.

'역'은 바꾼다는 뜻으로, 범어를 중국어로 바꾼다는 의미. 주례(周禮)에 사방의 언어를 맡아 주관하는[101] 관리가 각기 있었는데 북방을 역이라 하였다. 지금 이 경은 서쪽에서 전해 왔는데도 역이라 한 것은, 한나라 때 북쪽을 관리하는 관리가 서방의 말까지 매우 능통하여, 마등(摩騰)이 처음 중국에 왔을 때 비로소 역이라 불렀다. 지금도 이것을 그대로 따르고 있다.

본전(本傳)에 의하면 스님은 중천축국 사람으로, 아버지의 이름은

은 부견의 장수였는데 나중에 견이 진병(晉兵)에게 패하자 장이 관중에 웅거하여 아들 흥(興)에게 전하니 이것이 요진이다.

101 '주례에 사방의 언어를 맡아 주관하였다'는 것은, 동쪽을 기(寄)라 하고, 남을 상(象)이라 하며, 서를 적단(狄鞮)이라 하고, 북을 역(譯)이라 하니 모두 관명이다. 기는 여기와 다른 풍속에 잘 기우(寄寓)함을 말하였고, 상은 여기와 다른 풍속에 잘 방상(倣像)함을 말하며, 적단(狄鞮)은 복식의 차이를 구별하고자 함이요, 역은 언어의 차이를 가리고자 한 것이다. 주나라 관리의 통역은 상서(象胥)라 하고, 세속의 통역은 역이라 한다. 또한 역석(譯釋)이니, 등(騰)이라 말한 것과 같다. 피차의 언어로 서로 등석(騰釋)하여 통해 주기 때문이다.

179

구마라염(Kumārāyaṇa)인데 집안 대대로 재상을 지냈던 분이다. 그가 영화를 버리고 떠나려 하자 구자국 왕이 누이동생으로 처를 삼게 하여 스님을 낳았다.

스님은 태어나면서부터 매우 영특하였다. 일곱 살 때 어머니를 따라 절에 갔다가 철발(鐵鉢)을 보고 시험삼아 머리에 얹고는 "이 발우가 매우 무거운데 나는 어떻게 능히 들 수 있었을까?" 하고 잠시 생각하자 금방 무게를 이길 수가 없었다. 그리하여 마침내 만법이 오직 마음뿐임을 깨달았다.

학문을 널리 배우고 많이 기억하여 아무도 미치는 이가 없었으며, 나이는 어리지만 덕이 높았기 때문에 동수(童壽)라 하였다. 삼장을 통달한 후에 동쪽으로 구자국에 여행하니, 왕이 금사자 자리를 베풀어 이곳에 거처하게 하였다.

부견이 진에 웅거하며 서쪽을 치려 하는데, 그때 마침 태사가 아뢰기를 "기이한 별이 서역 분야(分野)[102]에 나타났으니 반드시 덕이 높고 지혜로운 분이 조정에 들어와 중국을 보필할 것입니다." 하였다. 견이 "짐이 들으니, 구자국에 라집이라는 스님이 있다던데 바로 이분일까?" 하고는, 장수 여광(呂光)을 파견하며,[103] 출발할 때 "짐은 땅

----

102 전국시대에 천문가가 중국 전토를 하늘의 이십팔수에 배당하여 나눈 칭호를 말한다. -역자주

103 진나라 부견 건원 13년에 여광을 시켜 구자국을 쳐서 파하고는 대중을 옹호해 양주로 돌아오니, 이로 인하여 광(光)을 양왕(涼王)이라 하였다. 광이 죽자 그의 조카 여융(呂隆)이 진에 항복하고 스님을 맞이하여 관중에 들어가 소요원(逍遙園)에 머물게 하였다.

을 탐해 군사를 일으키는 것이 아니다. 들건대 라집 스님은 깊이 법상(法相)을 깨달아 나중에 학종(學宗)이 될 것이라 하니, 구자국을 쳐서 이기면 급히 역마를 달려 스님을 모셔오도록 하라." 하였다.

그리하여 구자를 파하고 스님을 모시고 돌아오다 중도에 부견이 이미 요장(姚萇)에게 죽임을 당했다는 소식을 듣고는, 여광이 결국 군대를 머물고 돌아오지 않자 스님이 그로 인하여 진에 들어오지 못했다.

나중에 요장도 스님의 명성을 듣고 스님을 모시기를 청하였으나 광은 허락하지 않았다. 장이 죽자 그의 아들인 흥(興)이 다시 청하였으나 이번에도 허락하지 않자 흥은 군사를 일으켜 광을 치니, 광의 조카가 진에 항복하여 마침내 스님을 맞이해 서울로 들어가 국사로 받들었다.

스님은 예전의 경전들이 뜻에 많은 오류가 있고 범본과 서로 맞지 않은 것을 보고는, 승조(僧肇)·승예(僧叡) 등 8백여 스님들을 모아 경론 390여 권을 새로 번역하여 매우 고상하고 심오한 불법의 이치를 두루 펴고 널리 발휘하였다.

스님은 돌아가시기 며칠 전에 대중을 모으고 "지금까지 내가 번역한 경론들이 후세에까지 전해져서 모두 유통되기를 바라노라. 지금 여러 대중 앞에서 진정한 서원을 세우노니, 지금까지 번역한 경론들이 아무 오류가 없었다면 내가 죽어 몸이 불탄 후에도 혀는 전혀 타지 않으리라." 하였다. 그리하여 홍시(弘始) 11년(409) 8월 20일, 장안에서 죽었다. 화장에 부치니 몸은 불탔으나 혀만은 전혀 손상되지 않았다.

지금 이 경은 라집 스님이 번역하였으나 혀가 전혀 상하지 않았고, 육방 제불이 넓고 긴 혀를 내시어 이 경을 찬탄하였으니, 이 두 가지 사실로 미루어 부처님 말씀이 헛되지 않다는 것을 더욱 믿을 수 있는 것이다.

疏 또 하나는 『칭찬정토불섭수경』이라 하니, 당 삼장법사 현장이 번역하였다. 이 두 경을 비교하면 다소 차이가 있으나 대체로 같다. 당시에는 모든 사람들이 진본(秦本)을 널리 숭상하였다.

二名稱讚淨土佛攝受經 唐三藏法師玄奘譯 二經聯比 小異大同 時所宗尙 皆弘秦本

鈔 '현장 법사(602?-664. 일설에는 600년에 태어났다고도 한다)'는 당나라 낙주(洛州) 구씨현(緱氏縣: 하남성 언사현 진하촌 부근) 사람으로 성은 진씨(陳氏)였다. 어려서 병약하여 형인 장건(長捷) 법사를 따라 정토사에 출가하였다. 11살에 『유마경』과 『법화경』을 외웠으며 견해가 특출하여 당시 사람들의 견해를 따르지 않았다. 21세 때 『심론(心論)』을 강의할 적에는 문자를 보지 않고 물이 샘솟듯 막힘없으니, 당시 사람들이 '신인(神人)'이라 불렀다.

정관 3년(629. 28세. 일설에는 정관 원년이라고도 한다)에 경을 가지러 서역으로 갔다. 갖은 험난한 일을 겪으며 150여 국을 거쳐 마침내 사위국에 이르러, 600여 부의 경전을 가지고 정관 19년(645. 44세)에 서울로 돌아왔다. 이를 옥화대(玉華臺) 등에서 번역하니 19년에 걸쳐 모두 75부, 1,335권이었다.

병이 들어 누워서 큰 백련화(白蓮花)와 부처님 모습을 뵙고는 오른쪽으로 발을 포개고 누워 죽었다. 두 달 동안 얼굴이 살아있는 것과 같았다.

전에 서역으로 떠나던 날, 영암사(靈巖寺: 스님이 출가하기 전 옛집을 절로 만들고 영암사라 하였다)의 소나무를 어루만지며 서원하기를 "내가 서쪽으로 가면 너는 서쪽으로 자라고 내가 동쪽으로 돌아오면 너도 동쪽으로 향하여라." 하였다. 스님이 가시자 소나무는 서쪽으로 몇 길이나 자라더니, 하루는 문득 동쪽으로 기울어지자 제자들이 기뻐하며 "스님이 돌아오시려나 보다." 하였다. 이 일이 사실로 확인되자 그때 사람들이 '머리를 어루만진 소나무[摩頂松]'라 하였다.

스님이 맹세하신 말이 이렇게 어김없고 진실한 말씀이었으며, 또한 라집 스님의 혀가 타지 않은 것은 부처님의 혀가 넓고 긴 의미니, 그런 분이 번역한 이 경을 어찌 믿지 않겠는가?

'비교한다'는 것은 전후의 번역을 말하고, '다소 다르고 많은 부분이 같다' 한 것은 범음에 다소의 차이가 있고 말에 번거롭고 간단한 것이 있는 것을 말한다. 예를 들면 항하(恒河)와 긍가(殑伽), 육방(六方)과 시방(十方) 따위로서, 대의는 전혀 어긋나지 않는다. '널리 전하였다' 한 것은, 『법화경』의 세 가지 번역 중에 진본이 성행하듯이, 이 경의 두 가지 번역도 역시 그러하였다.

2) 주석

疏 다음에 이 경의 주석에 대해 밝힌다면, 논으로는 천친보살의 『무량수경론』이 있고, 주해로는 자은 법사의 『통찬(通贊)』과 『해동소(海東疏)』, 『고산소(孤山疏)』와 내지 대우 화상의 『약해(略解)』 등이 있다.

次明釋此經者 論則有天親菩薩無量壽經論 解則有慈恩通贊 海東疏 孤山疏 乃至大佑略解等

鈔 '천친보살'은 일광정(日光定)에 들어 도솔천 내원궁에 올라가서 직접 미륵보살을 뵙고 『무량수경우파제사(無量壽經優婆提舍)』를 지었다. 우파제사(upadeś)는 우리말로 '뜻을 분별함'이라 번역한다.

'자은 법사(632~682)'의 이름은 규기(窺基), 성은 위지(尉遲)씨로서 경덕왕(敬德王)의 조카였다. 현장 스님이 제도하여 출가하게 하니 대소 학문에 통하여 100여 권의 소를 지었다. 『미륵하생경』을 주석할 때는 붓 끝에서 사리 27과를 얻었다. 또한 서방의 깊은 뜻을 보여 『미타경통찬』 1권을 지었다.

'해동 법사'는 한국의 원효 스님(617~686)을 말한다. 이 경에 주석을 내었으나 대체로 천친보살의 논으로 중요한 뜻을 삼았다.

· · · · · · · · · ·

104 첫째는 『문수반야경』이요, 둘째는 『유교경』이요, 셋째는 『반야심경』이요, 넷째는 『서응경』이요, 다섯째는 『사십이장경』이요, 여섯째는 『부사의법문경』이요, 일곱째는 『무량의경』이요, 여덟째는 『보현관경』이요, 아홉째는 『아미타경』이요, 열째는 『능엄경』이니, 세칭 십경소주(十經疏主)라고 한다.

'고산원(孤山圓) 법사(976~1022)'는 열 가지 소[104]가 세상에 전해지고 있으나, 그 중에서 이 소를 제일로 친다.

의연(義淵)·정각(淨覺)·월계(越溪) 등 역대 여러 스님들이 갖가지로 해석했으나 대개는 없어지고 원나라 때 대우 스님(1334~1407)의 『약해』가 있으니, 지금은 오직 해동·월계·대우 스님의 주해만 겨우 남아 있다.

세대는 오래되고 사람은 이미 죽었으며 경은 없어지고 교는 쇠퇴하여, 이렇게 광대하고 심원한 법문이 사람에게서 주목을 받지 못하고 있으니, 얼마나 슬픈 일인가!

疏 그 밖에 부처님의 뜻을 멀리 잇고 비밀스런 종지를 널리 전하여, 논(論)을 짓고 문(文)을 썼으며, 집(集)을 하고 녹(錄)을 했으며, 전(傳)을 쓰고 게(偈)를 지었으며, 부(賦)를 쓰고 시(詩)를 써서, 서로 찬탄하고 찬양한 것은 그 수를 이루 헤아릴 수 없다. 그것들은 정성을 다해 간절히 고하고 마음 속 깊이 슬퍼하고 노래하여 미혹한 중생들에게 널리 권하여 함께 깨달음의 길로 돌아가게 하지 아니한 것이 없으니, 한번 눈에 스치면 마음에 아로새기지 않을 수 있겠는가?

若夫遠承佛旨 弘闡秘宗 爲論爲文 爲集爲錄 爲傳爲偈 爲賦爲詩
交讚互揚 其麗不億 莫不叮嚀懇告 感慨悲歌 普勸迷流 同歸覺路 一曾
過目 可弗銘心

鈔 위에서는 이 경을 주석한 것만을 가리켰으나, 여기서는 그 밖

에 정토를 찬탄하고 노래한 글은 이루 그 수를 다 헤아릴 수 없을 정도로 많다는 것을 말하였다.

'논'으로는 『십의론(十疑論)』『보왕론(寶王論)』 등이 있고, '문'에는 용서(龍舒) 거사나 무진(無盡) 거사 같은 이들의 작품이 있다. '집'에는 『결의집(決疑集)』『지귀집(指歸集)』 등이 있으며, '녹'은 『정토자신록(淨土自信錄)』 등과 같은 것이다. '전'은 『정토약전(淨土略傳)』 등이요, '게'는 '손쉬운 수행법' 같은 것이다. '부'는 '안양에 마음을 두다'는 등이요, '시'로는 '여러 사람들이 정토를 그리워하다'는 등의 시다.[105]

'고하되 간절하다'고 한 것은 진정 성실한 말이니, 그것을 믿고 잊어버리지 말며 받들어 행하기를 바라는 것이요, '슬퍼하고 노래하였다'고 한 것은 처절하고 아픈 글이라 어떤 이는 감격하여 흐느끼기도 하였다.

'려(麗)'는 헤아린다는 뜻이요, '불억(不億)'이란 억으로도 다하지 못한다는 뜻이니, 많다는 것을 말하였다.

· · · · · · · · · ·

105 초당비석(草堂飛錫) 법사는 『염불삼매보왕론』을 지었고, 천태지자 대사는 『석십의론』을 지었으며, 용서 거사 왕일휴는 『정토문』을 지었고, 무진 거사 장상영은 『구생정토문』을 지었다. 시랑 왕고(王古)는 『직지정토결의집』을 지었고, 오군사문(吳郡沙門) 대우(大佑)는 『정토지귀집』을 지었다. 무공 거사 왕전(王闐)은 『정토자신록』을 지었으며, 자운참주(慈雲懺主) 준식(遵式)은 『정토약전』을 지었다. 선도화상이 게를 지었으니 게에 "점점 닭 같은 피부 학 같은 머리카락, 갈수록 걸음걸이는 뒤뚱뒤뚱, 비록 금옥이 방에 가득한들, 어찌 늙고 병듦 면하랴. 그대 갖가지 쾌락 마음대로 누리겠지만, 무상은 끝내 찾아오고 말리. 여기 손쉬운 수행법이 있네. 단지 나무아미타불"이라 하고, 영명연수 선사는 '마음을 정토에 깃드는 부(賦)'와 '여러 사람들이 정토를 그리워하는 시'를 지었으니, 중봉과 서재초석(西齋楚石) 등 여러 스님들의 시가 있다.

이것들은 모두 정토 성현들이 갖가지 문장으로 번거로움을 마다하지 않고 생사의 바다에서 중생을 모두 피안으로 건진 후에 그만두려 한 것이니, 우리들은 응당 그들의 은덕을 받들고 보답하여 몸과 마음에 아로새겨 널리 전하고 서로 권하고 인도하여야 할 것인데, 한쪽에 밀쳐두고 보지 않거나 보고서도 믿지 않으며, '어리석은 자를 위한 가르침이다' 하고 말하지 않으면 '방편으로 설한 말이다' 하니, 아! 어떻게 하면 좋을까?

3) 독송

疏 다음에 이 경을 독송한 것에 대해 밝힌다면, 혀가 불타지 않은 것이나, 하늘 음악이 서쪽에서 맞이한 일이나, 비로소 원결이 풀리고 왕생한 일이나, 책이 채 끝나기 전에 앉은 채 죽은 일이나, 정에 든 것과 같이 돌아간 것이나, 종국에 흰 연꽃을 본 일이나, 은대가 금대로 바뀐 일이나, 거친 음악이 가고 미세한 음악이 온 것과 같다.

次明誦此經者 如舌根不壞 天樂西迎 方解寃而往生 未終卷而坐脫歸如入定 終覩白蓮 銀臺而易金臺 麤樂而來細樂

鈔 '혀가 불타지 않았다'고 한 것은, 『대지도론』에 『미타경』을 독송하는 어떤 비구가 목숨이 다하려 할 때, 그의 제자에게 '아미타불과 여러 대중이 함께 와서 나를 맞이한다' 하더니, 나중에 화장에 부치니

187

혀만은 불에 타지 않고 빛깔도 변하지 않았다." 하였다.

'하늘 음악이 서쪽에서 맞이하였다' 한 것은, 송나라 당세량은 『미타경』 10만 번을 독송했는데, 하루는 가족에게 "부처님이 오셔서 나를 맞이한다." 하고는, 말을 마치자 예를 드리고 앉아서 죽었다. 그날 밤 이(利) 스님이 도미산 위에서 서쪽에 기이한 광명이 빛나고 깃발이 어지러우며 음악이 멀리까지 울려 퍼지는 가운데 공중에서 "당세량이 이미 정토에 태어났다." 하는 말이 들려오는 꿈을 꾸었다.

'원결이 풀리고 왕생했다'는 것은, 송나라 상우 백성인 풍민이 젊어서 사냥을 나갔다가 큰 뱀을 보고는 창을 들어 막 찌르려는데, 때마침 뱀이 바위 아래서 송아지를 삼키려고 하기에 바위를 밀어 뱀을 압사시켰다. 뱀이 죽을 때 수없이 민을 저주하였다. 민은 여러 해 동안 참회하고 염불하니 뱀이 해를 끼치지 못했다. 하루는 이웃 스님을 모셔다 『미타경』을 읽고는 합장한 채 죽었다.

'책 끝나기 전에 앉아서 죽었다'는 것은, 진나라 지선 법사는 호를 진교(眞教)라 하였다. 백련사에 머물며 13년 동안 서쪽을 향하여 염불하며 온종일 잠시도 폐하지 않았다. 어느 날 저녁 가벼운 병을 보이고는 관당(觀堂) 스님에게 『미타경』을 읽게 하고는, 책이 끝나기 전에 편안히 앉은 채 죽었다.

'정에 든 듯이 돌아갔다'는 것은, 송나라 석처겸은 정성을 다해 정토를 닦더니, 어느 날 저녁 『미타경』을 다 읽고 정토를 찬탄하고서 대중에게 "나는 태어남이 없이 정토에 태어난다." 하고는, 마치 선정에 든 듯이 죽었다.

'종국에 백련을 보았다'는 것은, 송나라 가화군 종 노파는 매일『미타경』열 번을 독송하며 염불을 끊이지 않고 부르더니, 하루는 아들에게 "흰 연꽃이 무수하고 수많은 성인이 나를 맞이하는 것을 보았다." 하고는, 마침내 단정히 앉아 몸을 솟구치고 죽었다.

'은대가 금대로 바뀌었다'는 것은, 회옥 선사는 태주 사람인데, 거친 베옷을 입고 하루 한 끼만 먹으며 장좌불와하고 염불하며『미타경』30만 번을 독송하였다. 하루는 갠지스 강 모래 수와 같이 수많은 서방의 성인들이 함께 은대를 들고 창을 통하여 들어오는 것을 보고는, "내가 한평생 정진한 것은 금대를 가지기 위해서인데, 어찌 이를 수 있습니까?" 하니, 마침내 은대가 물러갔다. 옥 스님은 감격하여 더욱 정진하여 21일 후에 부처님이 공중에 가득한 것을 보고, 제자들을 불러 "금대가 와서 나를 맞이한다. 나는 정토에 왕생할 것이다." 하고는 게송을 설하고 웃음을 머금고는 죽었다. 군수인 단공(段公)이 이 일을 기이하게 여겨 '오직 문 앞에 늙은 회나무, 금대에 걸릴까 가지를 낮추었네'[106] 하는 시를 지어 찬미하였다.

'거친 음악이 가고 세밀한 음악이 왔다'는 것은, 원나라 자화(子華) 선사가 대력 9년에 윤주 관음사에서『미타경』을 여섯 달 동안 독송하더니 문득 병이 들었는데, 밤중에 향기가 풍겨오고 음악이 어지러운 가운데 공중에서 "거친 음악이 지나가고 미세한 음악이 연이어 들려

· · · · · · · · · ·

106 시에 "우리 스님 일념에 초지에 오르니, 불국 생가(笙歌) 두 번 울려왔네. 오직 문 앞에 늙은 회나무, 금대에 걸릴까 가지를 낮추었네." 하였다.

오면 그대는 반드시 왕생하리라." 하는 말을 듣고, 얼마 후에 염불하
며 죽었다. 기이한 향기가 며칠 동안 흩어지지 않았다.

疏 또한 책을 베껴 쓸 때는 교화가 창생에게 이익을 입혔고, 강
연할 때는 상서가 백학에게까지 미쳤다.
又若書寫則化被蒼生 講演則祥符白鶴

鈔 '베껴 썼다'는 것은, 당나라 선도 선사는 시줏돈을 모두 『미타
경』 10만 권을 베끼는 데 사용하고 사람들이 이를 지녀주기를 권하
니, 독송이 10만 번이나 50만 번에 이른 분도 있었고, 승속이 귀의하
고 우러러보아 몸을 태우고 공양하며 염불삼매를 얻은 자는 이루 다
적을 수 없을 정도로 많았다.

'강연하였다'는 것은, 송나라 심삼랑은 늦게야 마음을 돌려 염불
했던 이다. 어느 날 병이 들어 스님을 청하여 『미타경』을 강의하게 하
고는 옷을 바꾸어 입고 죽었다가 무릎을 구부려 일어나려 하였다. 두
아들이 아버지의 가르침대로 감실(龕室: 스님의 관)을 바꾸려 하였으나
잘되지 않자 정강이를 끌어 바르게 하여 널에 넣으려 하는데, 갑자기
머리를 들어 이불 밖으로 나오더니 사방을 두리번거리다가 앉았다.
온 식구가 매우 놀라 두 아들이 급히 앞으로 나가 부축하니 아버지
가 팔꿈치로 때렸다. 그러자 아들이 "아버지의 좌탈(坐脫)을 도우려고
요!" 하니, 마침내 앉아서 죽었다. 다비에 부치니 백학 스물아홉 마리
가 날아와 구름 위에서 울더니, 얼마 후에 서쪽으로 날아갔다.

疏 살아생전에 감응을 얻은 것으로는 보배 땅을 멀리서 보았고, 능히 왕생을 얻을 수 있었던 것은 『열반경』에 비할 것이 아니었다. 이와 같은 감응은 고금에 수없이 보인다.

現前感應 則寶地遙觀 尅取往生 則涅槃非比 如斯感應 屢見古今

鈔 '보배 땅을 멀리서 보았다'는 것은, 당나라 대행 선사는 처음에는 보현참(普賢懺)을 닦다가 나중에 대장각에 들어가 손에 잡히는 대로 책을 뽑아 읽다가 『미타경』을 얻어 밤낮으로 독송하더니, 21일 만에 유리로 된 땅에 부처님과 두 보살이 나타나시는 것을 보았다. 희종(僖宗)이 그 사실을 듣고 궁전으로 불러 '상정진보살(常精進菩薩)'이라는 이름을 내렸다. 나중에 유리로 된 땅을 다시 보고 그날 죽었다. 보름여 동안 기이한 향기가 흩어지지 않았고 육신이 썩지 않았다.

'『열반경』에 비할 바 아니다' 한 것은, 양나라 도진 법사는 『열반경』을 강의하다 천감(天監: 양무제 연호. 502~519) 중에 여산에 머무르며 혜원 법사의 정업을 사모하였다. 좌선하는 가운데, 바닷가에 수백 명이나 되는 사람들이 보배로 꾸며진 배를 타고 앞으로 향해 가는 것을 보고, 스님이 "어디로 가시는 길입니까?" 하고 물으니, "극락국으로 갑니다." 하고 대답하였다. 스님이 함께 타려고 하니 "법사께서 『열반경』을 훌륭히 강의하시니 참으로 불가사의한 일이기는 합니다만, 아직 『미타경』을 독송하지 못했으니 어떻게 함께 탈 수 있겠습니까?" 하고 거절하였다. 스님은 강의를 버리고 염불하며 『미타경』 2만 번을 독송하였다. 돌아가시기 달포쯤 전 밤에, 서방의 은대가 와서 이르고 허공이 대낮처럼 밝은데 "법사는 이 대를 타고 왕생하라!" 하는 말이 들려왔다. 그때 대중들이 모두 하늘 음악과 기이한 향기가 며칠 동안이나 흩어지지 않는 것을 보았다. 그날 밤 봉정사 어느 스님이 골짜기에 수십 개의 횃불이 밤새도록 환히 밝은 것을 멀리서 보고 다음날 스님이 돌아가신 것을 알았다.

이상에서 적은 것은 모두 인(因: 信·願)을 닦아 과(果: 정토)를 증득한 것으로, 예전부터 지금까지 여기저기서 감응하고 보고 들은 일은 일일이 다 적지 못한다.

4) 수지

疏 만약 부처님 명호 부른 일을 말한다면, 어떤 때는 한번 염불하는데 하나의 광명이 날았고, 한 소리에 한 부처님이 출현하기도 했으며, 혹은 메아리가 숲속에 가득하기도 하고, 소리가 궁궐까지 울려 퍼지기도 했으며, 종일 염불함에 의보와 정보가 허공에 가득하고, 혹은 열 자를 마음에 새김에 성현이 회상에 들었으니, 오늘까지 속속 이름난 이들이 끊이지 않는다.

若持名者 或一念而飛一光 或一聲而出一佛 或響彌林谷 或音徹宮闈 或六時繫念 而依正盈空 或十字標心 而聖賢入會 洎乎昭代 續有名流

鈔 여기서는 부처님 명호를 부른 이들을 밝혔다. 정업을 닦은 성현은 번거롭게 일일이 다 싣지 못하고 우선 세인들의 이목에 분명한 한 두어 분을 들어 믿고 수지하기를 간절히 권하는 바이다.

'광명이 날았다'는 것은, 당나라 선도 선사에게 누가 "염불하여 정토에 태어날 수 있습니까?" 하고 물으니, "그대가 생각한 대로 그대의 원을 이룰 것이다." 하고 대답하였다. 스님은 아미타불을 한 번 염불할 때마다 하나의 광명이 그의 입에서 흘러나와서, 열 번이나 백 번, 소리를 낼 때마다 광명이 방안에 가득하였다. 임금이 그 사실을 듣고 스님이 계신 곳을 '광명사'라 하였다. 나중에 버드나무에 올라가 단정히 앉아 죽었다.

'부처님이 출현했다'는 것은, 소강 법사는 오룡산에 정토도량을 만들어 사람들에게 염불을 권하였는데, 대중이 보니, 스님이 염불을 한 번 부를 때마다 입에서 한 부처님이 나오고, 열 번 부를 때는 열 분의 부처님이 차례대로 출현하여 마치 염주를 꿴 듯하였다. 임종하는 날, 입에서 기이한 광명이 흘러나와 선회하는 가운데 조용히 앉아 죽었다.

'메아리가 가득하였다'는 것은, 당나라 도작 선사는 평소 대중을 위해 『무량수경』을 강의하여 무려 2백 번에 이르렀고, 사람들은 각기 염주를 헤아리며 입으로 부처님 명호를 불렀다. 어느 날은 법석을 흩었는데도 소리가 숲속에 가득하였다.

'음성이 궁궐까지 넘쳤다'고 한 것은, 당나라 법조 대사는 병주에서 5회에 걸쳐 염불법회를 열었던 분인데, 대종 황제의 궁중에까지 염불하는 소리가 들려 사람을 보내 소리가 나는 곳을 찾아보게 하여,

스님이 열고 있는 성대한 법회를 알게 되었다. 그리하여 조칙을 내려 궁중에 들어오게 하니, 그로 인하여 궁인들도 염불을 하게 되었다. 이것도 역시 다섯 번이었다. 그래서 '오회법사(五會法師)'라고 부른다.

'온종일'이라 한 것은, 진나라 혜원 법사는 여산에 살면서 연화루(蓮花漏: 연꽃이 피고 지는 것으로 만든 시계)를 만들어 온종일 염불하며 마음을 깨끗이 하여 생각을 모았다. 19년 후 7월 그믐날 저녁, 반야대(般若臺)에서 막 정에서 일어나다가, 아미타불의 몸이 허공에 가득한데 원광 속에 수많은 화불과 보살 대중의 광명이 물이 흘러가듯이 묘법을 연설하고, 부처님이 "나는 본원력으로 이렇게 와서 그대를 안위하노라. 그대는 7일 후에 반드시 나의 국토에 태어나리라." 하는 것을 보았다. 그때가 되어 단정히 앉아서 갔다.

'열 자'란, 송나라 장로종색(長蘆宗賾)[107] 선사는 선의 이치를 깊이 깨닫고 종통과 설통을 겸했던 분이었으나, 멀리 혜원 법사의 여산의 법석을 본받아 연화승회(蓮華勝會)를 세웠다. 그 법은 날마다 '아미타불'을 염하되 천 번이거나 만 번이거나 간에 각기 매일 열 자(천친보살의 『왕생정

· · · · · · · · · ·

107 종색자각(宗賾慈覺) 선사는 어려서 아버지를 여의고 어머니를 극진히 모시며 유업에 힘써 세전에 박통하더니, 29세에 진주(眞州) 장로사(長蘆寺) 원통법수(圓通法秀)에게서 스님이 되고 구족계를 받았다. 나중에 광조응부(廣照應夫)에게 의지하여 선지를 묻고, 하루는 계단을 올라가다 홀연히 깨닫고 마침내 응부의 인가를 얻었다. 원우(元祐) 연간에 장로사에 살며 어머니를 방장 동실에 모시고, 어머니를 권유하여 머리를 깎고 출가하게 하였다. 아미타불을 부른 지 7년 만에 어머니가 돌아가시자 '효도하기를 권한 글[勸孝文]' 120편을 지어 세간 출세간의 효도를 천양하였다. 원우(元祐) 4년(1089)에 여산 백련사를 본받아 연화승회를 세우고 도속에게 염불할 것을 널리 권하였다. 저술로는 『선원청규』 10권, 『위강집(葦江集)』, 『좌선잠』, 『염불참선구종지설』, 『연화승회녹문』, 『염불회향발원문』, 『관무량수불경서』, 『권염불송』, 『서방정토송』 등이 있다. ―역자 주

토론』에 나오는 '歸命盡十方 無礙光如來'라는 열 자)를 기억하게 하는 것이었다.

하루 저녁은 꿈에 검은 갓을 쓰고 하얀 옷을 입은 풍모가 청수한 어떤 남자가 스님에게 말하기를, "스님의 미타회에 들고자 하니 이름을 적어 주십시오." 하였다. 스님이 "그대의 이름은 누구십니까?" 하고 물으니, "보혜(普慧)입니다." 하고, "가형인 보현도 함께 이름을 올려 주십시오." 하고는, 말을 마치자 문득 보이지 않았다.

스님이 잠에서 깨어 여러 존숙들에게 이 일을 이야기했더니, 대중이 『화엄경』「이세간품」에 두 보살의 이름이 있습니다." 하였다. 그리하여 성현께서 가만히 찬탄해 주시는 것을 알고 두 보살을 방함록의 첫 머리에 올렸다.

'소대(昭代)'란 금대(今代)란 뜻이다. 서재(西齋), 공곡(空谷), 천기(天奇), 독봉(毒峯)[108]과 같은 이들은 모두 근세의 고승으로서 독실하게 정토를 믿고 닦았던 분들이다. 그 외에도 수많은 정토 행자들이 예로부터 끊이지 않았다. 『왕생집』[109]에 대강 그들을 소개하여 열거하였으나, 이들도 천만 명 중 겨우 한두 명만 적었을 뿐이다.

疏 감응과 보호를 입은 것을 말하면 숙세의 원혼이 천도되고 악

. . . .

108 명나라 초석기(楚石琦) 선사에게 '서재정토시(西齋淨土詩)'가 있고, 공곡융(空谷隆) 선사는 『공곡집』이 있으며, 천기(天奇) 선사는 경절노인(梵絶老人)이라 부르니 『경절집』이 있으며, 독봉선(毒峯善) 선사도 어록이 세상에 전한다.

109 이 책의 저자인 연지 대사의 또 다른 저서. 모두 3권. 이미 번역 출간되었다. −역자 주

귀가 침범하지 못했으며, 신령스런 감응을 말하면 눈먼 이가 다시 눈을 뜨고 포로가 죽임에서 놓여났다.

至於感護則宿冤得度 惡鬼不侵 靈應則瞽目重明 俘囚脫難

鈔 '숙세의 원혼이 천도되었다'는 것은, 당나라 소표는 진강 사람이었다. 제생(諸生: 지방학교 학생)으로 있을 때, 꿈에 한 공부(公府)에 이르니 주인이 묻기를, "네가 급제하지 못하는 까닭을 아느냐?" 하기에, 표가 모른다고 대답했더니, 주인은 사람을 시켜 표를 인도하여 어느 곳으로 데려가게 하였다. 거기에는 큰 가마솥에 조개들이 우글대며 사람의 말로 표의 이름을 부르고 있었다. 표가 두려워서 급히 '아미타불'을 불렀더니 조개들이 참새로 변하여 날아가는 것을 보았다. 표는 나중에 급제하여 벼슬이 안무사(安撫使)에 이르렀다.

'악귀가 침범하지 못했다'는 것은, 부처님 당시에 나찰에 이웃하여 한 나라가 있었는데, 나찰이 아무렇게나 사람을 잡아먹으므로 왕이 "오늘부터는 한 집에서 한 사람씩 차례대로 보내 줄 테니 함부로 사람을 해치지 말라." 하고 약속하였다. 부처님을 모시는 어떤 집에 자식이 한 명만 있었는데, 이 집에서도 역시 차례대로 약속을 지키지 않을 수 없었다. 부모는 슬피 울며 지극한 정성으로 부처님을 생각하게 하여, 부처님의 위신력으로 귀신이 접근하지 못하였다. 다음 날 새벽에 가서 보니 자식이 살아있어서 아들을 데리고 돌아왔다. 이후로는 나찰의 재앙이 마침내 없어졌다.

'눈을 떴다'는 것은, 송나라 숭(崇)씨 딸은 두 눈이 모두 멀었으나,

3년 동안 조금도 게으르지 않고 염불하여 마침내 두 눈이 다시 예전처럼 밝아졌다.

'죽임에서 놓여났다'는 것은, 원말(元末)의 장사성이 호주를 공격하여 강절 승상과 싸워 40명을 사로잡아 우리에 가두어 호송하다 밤에 서호 조과사(鳥窠寺)에 묵게 되었다. 대유 모(大猷 謨) 선사가 천천히 낭하를 거니노라니, 죄수들은 스님이 거룩하고 단아한 모습으로 끊이지 않고 염불하는 것을 보고 구해 주시기를 간절히 청하였다. 스님은 마음속으로 간절히 '나무구고구난아미타불'을 염하도록 일러주었다. 그 중에 세 사람만이 그 말을 듣고 입으로 염불을 끊이지 않았다. 날이 새자 죄수가 길을 떠나려 할 때 수갑과 족쇄를 바꾸어 채웠는데, 이 세 사람에 이르러 형구가 부족하여 포승으로 결박할 수밖에 없었다. 그 후에 심문하여 양민이 포로로 잡혀온 사실을 알고는 마침내 풀려났다.

疏 또한 악인의 경우는 선화가 염불 열 번을 부르자 지옥이 나타났다가 화불(化佛: 중생을 교화하기 위하여 나타난 부처님)이 공중에서 맞이했으며, 축생의 경우에는 구관조가 부처님 명호를 부르더니 몸이 죽어서는 땅에서 연꽃이 피어났다.

더욱이 몸에 큰 죄악이 없어서 과보가 더없이 신령스러운 인간으로 태어났으니, 믿고 발원하고 닦는다면 어찌 헛된 버림을 받겠는가!

又復惡人則善和十念 地獄現而化佛空迎 畜生則鴝鵒稱名 形骸掩而蓮花地發 何況身無重慝 報在最靈 信願熏修 寧成虛棄

197

鈔 '악인'이란, 당나라 장선화는 소 잡는 백정으로 생업을 삼던 자다. 임종에 소떼들이 목숨을 물어내라고 아우성치는 것을 보고, 매우 두려워서 처를 불러 "속히 스님을 모셔 나를 위해 염불하게 해 주오." 하였다. 스님이 와서 "경에서 말씀하시기를 '임종에 흉악한 모양이 나타나는 자라도 지극한 마음으로 염불하면 즉시 왕생할 수 있다' 하였습니다." 하고 일러주었다. 얼마 후 선화가 "지옥이 나타났소. 빨리 향로를 가져다 주오." 하더니, 오른손으로 불을 켜고 왼손으로 향을 들고서 서쪽을 향하여 간절히 염불하여 열 번을 부르기도 전에 "부처님이 오셔서 나를 맞이하신다." 하고는 문득 죽었다.

'축생'이란, 송나라 황암 정등사(正等寺) 관 스님이 구관조를 길렀는데 항상 끊이지 않고 염불을 하였다. 하루는 조롱 속에서 서서 죽었기에 스님이 이를 화장하여 땅에 묻었더니 흙더미 속에서 붉은 연꽃 한 송이가 피어났는데, 흙을 헤치고 보니 연꽃은 죽은 구관조 혀끝에서 돋아났다. 영지 조(靈芝 照) 율사가 이 사실을 찬탄하여 이런 시를 썼다.

서서 죽어 조롱이 닫히니
그저 대단치 않은 일인 줄로만 여겼더니
붉은 연꽃으로 변화하니
너무 기이한 일이네.

이상 광명이 날리고 부처님이 출현한 일부터 지금 여기까지는 천만 가지 사례 중 한두 가지 염불에 관한 영험을 들었다.

'특(慝)'이란 마음속으로 흉악한 일을 숨기고 있는 것을 말한다. '최령(最靈)'이란 사람이 만물의 영장임을 말한 것이다. 마지막에 '악인이 염불하더라도 오히려 왕생할 수 있는데 더욱이 선화 같은 악을 저지르지 않은 자랴. 축생이 염불하더라도 오히려 왕생할 수 있는데 더욱이 신령스러운 인간으로 태어난 자들이랴' 하고 다시 결론을 지은 것이다.

이렇게 비교해 볼 때 반드시 왕생한다는 것을 알 수 있으니, 믿고 발원하고 수행하고서 자신이 한 일이 터무니없이 버려진다는 것은 있을 수 없는 일이다.

5) 결론지어 권하다

疏 그러므로 석가가 한 가지 음성으로 맨 먼저 앞장서서 주장하심에 천불이 똑같이 이어 찬탄하시고, 삼학 고승이나 구류 명덕들, 저승이나 이승이나 성인이거나 범부들이, 마치 여러 가지 물이 동해로 모이지 아니함이 없고 수많은 별이 모두 북극을 향하는 것과 같이 했으니, 지름길에 비유하고 '넓은 문'이라 한 것이 어찌 헛된 말이겠는가?

지향하는 뜻을 결정하여 왕생을 구할 뿐, 이리저리 헤아리는 것은 용납할 수 없는 일이다.

是以一音始唱 千佛同賡 三學高僧 九流明德 若幽若顯 若聖若凡
如萬水無不朝東 似群星悉皆拱北 方之捷徑 號曰普門 豈虛語哉 決志求
生 無容擬議者矣

鈔 여기서는 정토법문은 일체중생이 귀의할 곳이라는 것을 총
결론지었다.

'창(唱)'은 인도한다는 뜻이요, '갱(賡)'은 잇는다는 뜻이다. '시창(始
唱)'이란, 석가가 서방법문을 열어 보이심에 중생이 처음으로 정업을
알았으니, 이것은 이끌어서 인도하였다는 뜻이다. '동갱(同賡)'이란,
육방이 찬탄한 것을 말한다. 자세한 것은 경문에서 설한 것과 같다.
이것은 이어서 화답하였다는 뜻이다.

'삼학'이란 선·교·율 삼종을 말한다. 선으로는, 영명[110] 화상은
종문의 기둥이었으면서 상상품에 태어났으며, 원조[111] 선사는 홀로 선
을 전해 받았으면서도 연경(蓮境)에 이름이 적혀있었던 것과 같다. 교

. . . .

110 영명 수 선사는 선종의 뜻을 겸하여 『종경록』과 『만선동귀집』 등을 지었다. 그가 죽은 후에 어떤
스님이 몇 년 동안 그의 탑을 돌고 있었다. 누가 그 까닭을 물으니, "내가 병이 들어 명부에 들어갔었는
데, 명부전 왼쪽에 한 스님의 상을 모시고 왕이 공경히 예를 드리고 있는 것을 보았소. 그가 누군가 가
만히 물어보니 항주의 수 선사라 하였소. 보통 사람은 죽으면 모두 명부를 거치게 마련인데 이 스님은
이미 서방의 상품상생에 들어간 것이오." 하였다.

111 송나라 때 원조 본 선사는 처음에는 천의(天衣)에게 참예하여 깨달음이 있었더니, 나중에는 한결
같이 염불하며 정자사에 살았다. 뇌봉 재 법사라는 이가 신통으로 정토를 여행하였는데, 꽃 한 송이가
매우 수려한 것을 보았다. 이것을 물으니 "정자사 본 선사를 기다리노라." 하였다.

200

로는, 승예[112] 화상은 라집 법사의 법을 널리 도왔으면서 연꽃이 책상 위에 피었고, 사명 화상은 천태교를 중흥했으면서도 서쪽을 향해 앉아서 죽었다. 율로는, 영지 율사는 살아서는 비니(毘尼)를 널리 전하고 죽어서는 안양에 태어났으며, 청조[113] 율사는 율학을 널리 폈으면서 게를 설하고 서방으로 돌아간 것과 같다.

이 밖에 자세히 설한다면 이루 그 수를 다 적지 못한다. '구류'란 유(儒)·도(道)·노(老)·농(農)·공(工)·의(醫)·복(卜) 등을 말한다. 유로는, 문로공(文潞公)[114]은 덕업이 조정에 가득하였으나 십만 인이 함께 왕생하는 인연을 맺었고, 소장공(蘇長公)[115]은 문장과 덕행이 세상에 비할 자가 없었으나, '이것은 나의 서방 증명서다' 하는 말을 남겼다. 도로는, 갈제지(葛濟之)[116]는 선학(仙學)을 버리고 마음을 정업에 돌이켰으

· · · · · · · · · ·

112 승예는 라집 법사에게서 경의 뜻을 전해 받았으나, 나중에는 혜원 법사의 연사(蓮社)에 참예하였다. 송 원가 16년에 홀연히 대중에게 고하기를 "나는 가련다." 하고는, 서쪽을 향하여 합장하고 죽었다. 대중이 보니 승예의 자리 앞에 금련화 한 송이가 피었다.

113 청조 율사는 16년 동안 오로지 염불을 닦더니 임종에 염불하며 이렇게 게를 지었다. "입으로는 미타를 부르고 마음속으로는 백호를 생각하라. 이렇게 하여 퇴타하지 않으면 반드시 안양에 왕생하리라."

114 문로공은 이름은 언박(彥博)이다. 송나라 재상을 지냈고, 노국공(潞國公)에 봉해졌다. 사람들에게 염불하여 연록(蓮錄)에 서명할 것을 권하여 10만 인을 채웠다.

115 소장공의 이름은 식(軾)이다. 한림학사를 지냈고 자호는 동파 거사라 하였다. 장공이 남북으로 오갈 때마다 언제나 서방변상도 한 축을 지녔다. 누가 물으니 "이것은 내가 서방에 왕생하는 증명서다." 하였다.

116 송나라 갈제지는 구용(句容) 사람이다. 그는 오랫동안 선학(仙學)을 배웠으나 처 기(紀) 씨만은 홀

며, 난(鸞) 법사[117]는 선경(仙經)을 불태우고 『관경』만을 닦았던 것과 같다. 그리고 자장(子章)[118]은 의술을 행하면서도 염불하였고, 장전(張銓)[119]은 농사를 지으면서 부처님 명호를 불렀다.

'저승'은 염라대왕이 예경하고 나찰이 마음을 돌린 것과 같으며, '성인'은 문수보살이 왕생을 구했고 보현보살이 왕생하기를 발원했던 것과 같다. 그러니 이승이나 범부는 더 이상 논할 필요가 없다.

'동해에 모였다'는 것은 궁극적인 자리에 모인다는 뜻이요, '북극을 향했다'는 것은 근본으로 향한다는 뜻이다. 정토는 진리로 나아가는 곳이므로 으레 가서 태어나는 것이지, 억지로 그렇게 하는 것은 아니라는 것을 비유하였다.

'지름길'과 '넓은 문'은 앞의 해석을 보라.

. . . .

로 정성스럽게 염불을 하였다. 원가 3년, 막 베틀에 앉는데 홀연히 공중이 환하게 밝아지는 것을 느끼고 사방을 바라보니, 서방에서 부처님이 몸을 나타내고 운개(雲蓋)와 번당(幡幢)이 하늘에 가득한 것을 보았다. 그는 기뻐하며 "경에 무량수불이라 하시더니 바로 이 분이신가?" 하고 마침내 온몸을 던져 예경하니, 제지가 놀라고 기이하게 여겼다. 기 씨가 부처님 계신 곳을 가리키니 제지도 부처님의 반신을 보았고, 다섯 가지 채색의 상서로운 구름은 이웃 사람들이 모두 보았다. 제지는 이로 인하여 마음을 돌려 염불하였다.

117 후위의 담란(曇鸞)은 성품이 장생을 좋아하여 도은거(陶隱居)에게서 선권(仙卷) 10권을 받았다. 나중에 보리유지를 만나 "불교에도 장생불사술이 있습니까?" 하고 물으니, 웃으며 "장생불사가 우리 불도입니다." 하며, 『십육관경』을 주었다. 그리고는 "이것을 배우면 삼계에 다시 태어나지 않고 육도에도 다시는 가지 않으니, 그 수명은 항사겁석(恒沙劫石)과도 비교할 수 없습니다. 이것이 우리 부처님의 장생입니다." 하였다. 담이 매우 기뻐하며, 마침내 선경(仙經)을 불태우고 정토를 닦았다.

118 원나라 오자장(吳子章)은 의사였다. 일생 염불하며 아무 병 없이 염불하며 죽었다.

119 진나라 장전은 은둔하며 학문을 좋아하여 농사짓는 여가에도 책을 놓지 않았다. 나중에 여산의 연사에 들어가 염불하더니, 송나라 경평 원년(423)에 아무 병 없이 서쪽을 향해 염불하며 죽었다.

거듭 결론지어 말한 것은 헛되지 않다는 것을 밝힌 것이다. '지향하는 뜻을 결정한다'는 것은, 『대본』에 "설사 큰 불이 삼천대천에 가득하더라도 반드시 이곳을 지나 저 국토에 태어난다면 그 뜻을 결정하여 물러가거나 겁내지 않아야 한다." 하였다.

'이리저리 헤아린다'는 것은 『주역』에 "헤아린 다음에 말하고 논의한 다음에 움직인다." 하였으나, 여기서는 헤아리거나 논의해서는 안 된다는 뜻으로 말한 것이다. 옛사람이 "점을 치는 것은 의심스러운 것을 풀기 위해서인데 의심하지 않는다면 무엇하러 점을 치겠는가?"[120] 하였다. 염불하여 왕생한다는 것은 단지 간절히 믿고 의심하지 않을 뿐인데, 다시 무엇을 헤아리거나 논의하겠는가?

자. 제목을 종합적으로 해석하다

1) 제목의 뜻

疏 이상 여덟 가지 문으로 뜻을 말했으니 이 경의 큰 뜻은 이미 알았을 것이다. 지금은 경문을 해석하려 하면서 먼저 전체적인 제목을 밝혀서 강령(綱領: 근본이 되는 큰 줄거리)이 있게 하였다. 그러므로 다

. . . .

120 당 태종이 진왕(秦王)이었을 때 태자 건성(建成)과 서로 미워하여 군사를 일으키려 하니 대중이 혹 시나 이기지 못할까 의심하여 점을 쳐볼 것을 명하였다. 그러자 장공근(張公瑾)이 점통을 땅에 내던지며, "점을 치는 것은 의심을 풀려는 것인데, 의심스럽지 않다면 뭐 하러 점을 치겠습니까!" 하였다.

음에 제목을 전체적으로 해석한다.

如上八門敍義 已知一經大旨 今欲釋文 先明總題 使有綱領 故次之
以總釋名題

【經】 석가불이 아미타를 설한 경
　佛說阿彌陀經

疏 제목의 뜻에 네 가지가 있다. 첫째는 능설(能說) '불'이요, 둘째는 '설'을 바로 밝혔고, 셋째는 소설(所說) '불'이요, 넷째는 이름을 결론지어 설하였다. 말하자면 '이 국토의 석가모니불이 저 국토의 아미타불의 의보와 정보 장엄과, 신·원·왕생을 설한 경'이라는 뜻이다.
　대의를 총괄했으니 다음에는 낱낱이 따로 해석한다.

題義有四 初能說佛 二正明說 三所說佛 四結說名 言此土釋迦牟尼
佛 說彼土阿彌陀佛依正莊嚴信願往生之經也 統括大意 次乃離釋

鈔 '총괄'이란초, 먼저 우선 전체 문장을 대략 밝혀 혈맥이 관통하고 뜻이 갖추어지게 하고, 다음에 낱낱이 따로 해석한다는 뜻이다.
　제목은 부처님 이름일 뿐인데 '의보와 정보' 등을 말한 것은, 『관경』에서는 '불(佛)'만 말해도 충분하지만,[121] 여기서는 부처님 명호에 이

. . . .

[121] 『관경』에서는 불(佛)만 말해도 충분하였다'는 것은, 불(佛)은 소관의 승경이니 정보를 들어 의과를 거두었으니, 곧 해·얼음·못·나무 등 육관이요, 화주(化主)를 말하여 도중(徒衆)을 포함했으니 곧 관

것들을 섭수하여 다하지 아니함이 없음을 든 것이다.

疏 다음은 낱낱이 따로 해석한다.

'불'은 범어니 구체적으로 말하면 불타(buddha)라고 하고, 우리말로는 '깨달은 사람'이라 한다. 세 가지 깨달음[三覺]을 갖추었기 때문이다. 또한 '지혜로운 사람'이라고도 하니 알지 못하는 것이 없기 때문이다. 또한 '불'이란 부처님의 열 가지 이름 중 하나이기도 하다.

또한 『불지론』에서는 십의불(十義佛)을 밝혔고, 천태는 육즉불(六卽佛), 『화엄경』에서는 십신불(十身佛)을 밝혔다. 그러므로 '불'이란 하늘 중에 하늘, 성인 중에 성인이다. 단순히 '불'이라 할 때는 본사 석가모니불[122]을 말한다.

次離釋也 佛者 梵語具云佛陀 此云覺者 備三覺故 又云智者 無不知故 又佛者 十號之一 又佛地明十義佛 天台明六卽佛 華嚴明十身佛 故佛者 天中天 聖中聖 凡單言佛者 卽本師釋迦牟尼也

鈔 '범(梵)'이란 청정하다는 뜻인데, 중국에 상대하여 범이라 하

. . . .

음과 세지와 삼배 등 구관(九觀)을 섭수하였다. 그래서 이 관은 비록 16가지지만 불(佛)만 말해도 충분하기 때문에 제목을 『불설관무량수불경(佛說觀無量壽佛經)』이라 하였다.

122 범어 석가는 우리말로 능인(能人)이라 하니 성(姓)이다. 범어 모니(牟尼)는 우리말로 적묵(寂黙)이라 하니 이름이다. 곧 실달태자가 출가하여 이룬 불(佛)이다. 사바세계의 교주이므로 '본사(本師)'라고 한다.

니, 화려함과 질박함을 말한 것이다.[123] '구(具)'는 구족의 뜻이다. 범어로는 반드시 '불타'라고 해야 하는데 '타'를 말하지 않은 것은 글이 생략된 것이다. 우리말로 번역하면 '깨달은 사람'이라 하니, 어리석은 자에 상대하여 붙인 이름이다.

'세 가지 깨달음'이란, 자각(自覺: 자신이 깨달음)은 범부와 다르고, 각타(覺他: 다른 이를 깨닫게 함)는 이승과 다르며, 각만(覺滿: 자신의 깨달음과 다른 이를 깨닫게 함이 원만함)은 보살과 다르다.[124] 세 가지 깨달음이 모두 원만하기 때문에 '자각과 각타가 원만한 사람[自他覺滿]'이라 한다. 또한 식심(識心)을 여의었으므로 자각이라 하고, 색(色)을 여의었으므로 각타라 하며, 모두 여의었으므로 각만이라 하니,[125] 또한 세 가지 깨달음의 뜻이다.

'또한 지혜로운 사람이라 한다' 한 것에서 지혜는 '깨달음'의 뜻이요,

··········

123 범본은 모두 서역말이라 질박하기만 하고 화려함은 없지만, 이것을 우리말로 번역하면 육경(六經)과 노자, 장자의 문장을 써서 문장이 화려하기 짝이 없다.

124 '자각은 범부와 다르고' 한 세 구절은, 범부는 오주(五住)의 구름에 덮여 있고 삼유(三有)의 바다에 빠져 전혀 자각치 못하지만, 불(佛)은 크게 깨달아 범부와 다르다. 이승(二乘)은 스스로 출세를 구하고 남을 이익되게 하는 마음이 없어 능히 다른 이를 깨우쳐 주지 못하지만, 불(佛)은 대비로 널리 제도하니 이승과 다르다. 보살은 무명을 다하지 못하고 법성이 원만하지 못하여 능히 각만(覺滿)치 못하지만, 불(佛)은 도(道)는 묘각을 다하고 지위는 우다(于茶)를 다했으므로 보살과 다르다.

125 '또한 심(心)을 여의었으므로 자각(自覺)이라 하고' 한 세 구절에서, 심(心)이란 식심(識心)이요 색(色)이란 심소변(心所變)이니 심으로써 색을 바라보면 심은 친(親)하고 색은 소(疎)하니 심이 친한 것은 자(自)라 하고 색이 소한 것은 타(他)라고 한다. 공이 식심을 능변(能變)한 것을 자각이라 하고 다시 공의 소변(所變)인 망색(妄色)은 각타라 하며, 심과 색 모두 공함에 이르러 공도 또한 공한 것을 각만(覺滿)이라 한다.

'알지 못하는 것이 없다'는 것은,『대지론』에 "일체중생의 수(數)와 비수(非數), 상(常)과 비상(非常) 등을 아니, 이 지혜는 알지 못하는 것이 없다." [126] 하였다. 이른바 일체종지를 얻었다고 한 것이 곧 각만의 뜻이다.

'열 가지 이름'[127]이란, 만덕을 갖추신 세존의 이름을 어찌 다 들 수 있겠는가? 그래서 간단히 말하여 '여래'부터 '불'까지 모두 열 가지 이름이 있다. 열 가지 이름 중에 불이 그중 한 가지이고, 열 가지 덕을 갖추어서 세간이나 출세간에 종주가 되기 때문에 세존이라 부른다.

'십의(十義)'란, 이지(二智)를 갖추고, 이장(二障)을 끊었으며, 이제(二諦)를 깨닫고, 자 · 타 이리(二利)를 얻었으며, 큰 꿈을 깨었고[夢覺] 꽃이 핀[開花] 두 가지 비유를 합하여 십의라 한다.[128]

....

126 『광명경』소에 "수(數)란 육범(六凡) 이승(二乘)이 유(有)에 떨어지고 무(無)에 떨어져 모두 수에 떨어지고, 비수(非數)란 대승보살은 법신을 직접 깨달았으니 법신은 제수(諸數)에 떨어지지 않는다. 상(常)이란 원돈일승(圓頓一乘)이요 비상(非常)은 육범삼교(六凡三敎)다. 불(佛)은 알지 못하는 것이 없으니 이를 일체종지라고 부른다." 하였다. 또한 수와 비상은 속제경(俗諦境)이니 이것을 아는 것을 도종지(道種智)라고 부르고, 비수와 상은 진제경(眞諦境)이니 이것을 아는 것을 일체지(一切智)라 부른다. 수가 곧 비수요 상이 곧 비상은 중제경(中諦境)이니 이를 아는 것을 일체종지(一切種智)라 부른다.

127 허망이 없으므로 여래(如來)라 하고, 좋은 복전을 응공(應供)이라 하며, 법계를 아는 것을 정변지(正徧智)라 하고, 삼명을 갖추었으므로 명행족(明行足)이라 하고, 돌아오지 않으므로 선서(善逝)라 하며, 중생의 국토를 알므로 세간해(世間解)라 하고, 같은 이가 없으므로 무상사(無上士)라 하며, 남의 마음을 조련하기 때문에 조어장부(調御丈夫)라 하고, 중생의 안목이 되기 때문에 천인사(天人師)라 하고, 삼취를 알기 때문에 불(佛)이라 한다. '열 가지 덕을 갖추어서 세간이나 출세간에 종주가 된다'는 것은, 명(名)이란 실(實)의 빈(賓)이니 세존의 십호는 세존의 십덕(十德)이다. 이 십덕을 갖추어서 구법계(九法界)의 종상(宗尙)이 되니 그러므로 세존이라 한다. 이 십호는 별(別)이요 세존 두 자는 총(總)이다.

128 '이지'는 근본(根本)과 후득(後得)이요, '이장'은 번뇌(煩惱)와 소지(所知)요, '이제'는 진(眞)과 속(俗)이요, '몽교'는 큰 꿈을 깬 것과 같고, '화개'는 연꽃이 핀 것과 같다. 만약 나누어 배대한다면, 근본지는

'육즉(六卽)'이란, 처음에 이즉(理卽)으로부터 마지막 구경(究竟)까지다.[129] 처음은 완전히 깨닫고 완전히 미혹하며, 중간은 깨달았으나 다하지 못하였고, 마지막은 깨닫지 못함이 없다. 지금 '불'이라 일컬은 것은 구경을 지칭한 것이다.

'십신'이란, 첫째 정각불(正覺佛)부터 열째 수락불(隨樂佛)까지다.[130] 자세한 것은 「이세간품」에 있다. 이 십신불은 오직 『화엄경』에만 있다. 그러나 그 대요를 보면 각만(覺滿)의 뜻에서 벗어나지 않는다. 그러므로 "십신이 처음 원만해지면 정각이 비로소 이루어지나니, 이를

....

번뇌장을 끊고 진제리를 깨달으며 자리의 이익을 얻고 큰 꿈을 깬 것과 같으며, 후득지는 소지장을 끊고 속제리를 깨달으며 이타의 이익을 얻으며 연화가 피는 것과 같다.

129 '이즉'이란, 중생이 본래부터 갖춘 불성의 이(理)니 여래와 다르지도 않고 차이도 없다. 그러므로 『열반경』에 "일체중생이 모두 불(佛)이다." 한 것이 이즉불(理卽佛)이다. 명자즉(名字卽)은 어떤 이는 선지식에게서 듣고 혹은 경권 가운데서 얻어서 통달요해(通達了解)하니 일체불법이 불법 아닌 것이 없다 한 것이 명자즉(名字卽)이다. 관행즉(觀行卽)이란 일체가 모두 불법인줄 알았으나 반드시 심관(心觀)이 분명하고 이혜(理慧)가 상응하여 행하는 것이 말과 같고 말하는 것이 행과 같은 것이 관행즉불(觀行卽佛)이다. 이것은 오품위(五品位)다. 상사즉(相似卽)이란 관행에서 관할수록 더욱 밝아지고 그칠수록 더욱 고요하여 비록 그 이(理)를 진증(眞證)치는 못했으나 부족하나마 이를 보고 비슷하나마 진을 보니 이것이 상사즉불(相似卽佛)이다. 이것은 십신위다. 분증즉(分證卽)이란 무명혹(無明惑)에 사십이품이 있으니, 여기에 이르러 일품 무명을 파하고 일분 법신을 증득하니 이것이 분증법신(分證法身)이다. 이것은 초주로부터 등각위에 이르기까지다. 구경즉(究竟卽)이란 오주와 이사가 남김없이 모두 깨끗하여 한없이 깊고 깊어 영원히 사의가 끊어졌으니 이것이 구경즉불(究竟卽佛)이다.

130 첫째는 정각불이니 정각을 시성(示成)하였기 때문이요, 둘째는 원불이니 원에 따라 몸을 나타내기 때문이요, 셋째는 업보불이니 만행으로 얻었기 때문이요, 넷째는 주지불이니 자신의 사리가 늘 머물기 때문이요, 다섯째는 열반불이니 적멸을 시현하기 때문이요, 여섯째는 법신불이니 법계일상이기 때문이요, 일곱째는 심불이니 대자심을 갖추었기 때문이요, 여덟째는 삼매불이니 항상 정에 있기 때문이요, 아홉째는 본성불이니 지혜로 본성을 알기 때문이요, 열째는 수락불이니 즐거움에 따라 시현하기 때문이다.

원만불(圓滿佛)이라 한다." 하였다.

'하늘 가운데 하늘'이란, '하늘'에 네 가지가 있다. 첫째는 세간천 (世間天)이니 국가의 왕이요, 둘째는 생천(生天)이니 욕계 · 색계와 무색계의 여러 하늘이요, 셋째는 정천(淨天)이니 사과지(四果支)의 불이요, 넷째는 의천(義天)이니 십주보살이다.[131] 부처님은 이런 것들을 초월하시니 이것이 하늘 가운데 또 하늘인 것이다.

'성인 가운데 성인'이란, 성문 · 연각 · 보살은 성인의 영역에 들어갔으나 우수하지는 않고, 오직 부처님만이 극과에 계시니 이것이 성인 가운데 성인인 것이다.

'곧 석가'란, 과거와 미래에 반드시 어느 부처님인가를 표시해야하니, 석가가 현재 도량에 계시어 하나의 국토 중에 두 부처님이 없기 때문이다. 비유컨대 전대 왕조의 천자는 반드시 국호로 부르고 지금 천자는 바로 '지존'이라 말하니, 역시 하나의 나라에 두 주인이 없는 것과 같다. 이로써 단지 '불'이라고만 말한 것은 곧 실달다가 성취한 현겁(賢劫)의 네 번째 불임을 알 수 있다.

. . . .

131 첫째, 세간천은 국왕이 세간에 있으나 금의옥식(錦衣玉食)과 경궁요대(瓊宮瑤臺)로 수용하는 것이 하늘과 같으므로 세간천(世間天)이라 한다. 둘째, 생천이란 십선을 정밀히 닦고 겸하여 미도지정(未到地定)에 앉으면 육욕천에 태어나고, 근본사선정(根本四禪定)을 닦으면 색계천에 태어나고, 사공정을 진수하면 무색계천에 태어나니, 이 삼계천은 생멸을 여의지 않아서 복이 다하면 도로 타락하기 때문에 생천(生天)이라 한다. 셋째, 정천이란 나한과 벽지는 사주혹(四住惑)을 끊고 진제리를 깨달아 번뇌가 깨끗이 다하였기 때문에 정천(淨天)이라 한다. 넷째, 사의천(四義天)이란 십주보살은 계외(界外) 견사혹을 끊고 제일의제를 깨달았기 때문에 의천(義天)이라 한다.

疏 '열(說)'이란 기쁘다는 뜻이니, [아미타 부처님의] 소회(所懷: 마음속의 생각)가 기쁘기 때문이다.[132] 네 가지 변재로 설하였기 때문이니, 십이부 등으로부터 사실단(四悉檀)에 이르기까지가 모두 설의 뜻이다.

說者 悅也 悅所懷故 四辯宣演故 十二部等 至四悉檀 皆是說義

鈔 '마음속의 생각이 기쁘다'는 것은, 본원은 중생을 제도하는 것인데 지금 근기를 얻어 설하니 아미타 부처님의 마음이 매우 기쁘다. 예컨대 『대본』에 세존이 이 경을 설하려 할 적에 먼저 여러 몸의 기관이 기뻐하고 얼굴빛이 빛났으니, 더욱이 지금 근기를 얻어 부처님 명호를 부르는 염불법을 설하게 되니 기쁘지 않을 수 없는 것이다.

'네 가지 변재[133]'란, 의(義)와 법(法)과 사(詞)와 요설(樂說)이니, 이 네 가지가 모두 무애한 것을 '설(說)'이라 한다.[134]

『중론』에 "제불이 이제(二諦)[135]에 의해 중생을 위해 법을 설하시니,

· · · · · · · · · ·

132 '열(說)'을 기쁘다는 뜻으로 보면 '석가불이 아미타를 기쁘게 하는 경'이 되겠다. ─역자주

133 첫째는 의무애변(義無礙辯)이니 일체 제법의 의리를 깨달아 통달해 걸림이 없는 것이요, 둘째는 법무애변(法無礙辯)이니 일체 제법의 명자를 통달하여 분별이 걸림이 없는 것이요, 셋째는 사무애변(詞無礙辯)이니 제법의 명자와 의리에 대해 일체중생의 각기 다른 나라나 각기 다른 언어에 수순하여 그들을 위해 연설하여 능히 나름대로 이해하게 하는 변설이 걸림 없는 것이요, 넷째는 요설무애변(樂說無礙辯)이니 법을 듣기 좋아하는 일체중생의 근기에 수순하여 이를 설하되 원융하고 걸림 없는 것이다.

134 설(說)과 열(悅)을 동일선상에서 말할 수 있는 이유는, 네 가지 변재 중 하나라도 걸림이 있으면 마음이 즐겁지 않고 마음이 즐겁지 않으면 설법이 아니다. 그러므로 설(說)이 곧 열(悅)의 뜻이다.

135 '이제'는 진(眞)과 속(俗) 이제이니, 어떤 때는 모든 것을 쓸어버리고 티끌 하나도 세우지 않으니 이것은 진제(眞諦)에 의해 설하는 것이요, 어떤 때는 모든 것을 건립하여 한 법도 버리지 않으니 이것은 속

사무애지(詞無礙智)는 세지(世智)로 차별적으로 설하는 것이요, 요설무애지(樂說無礙智)는 제일의지(第一義智)로 교묘하게 설하는 것이다." 하였다. 의와 법을 말하지 않은 것은 뒤로 갈수록 앞에 것을 겸했으니, 사와 요설이 의와 법을 포함하였기 때문이다.

'십이부 등'은 소설(所說)인 법(法)을 지적하였다.

'실단'이란 범어와 중국어를 합했으니 '두루 베푼다[徧施]'고 한다. 세계(世界)·위인(爲人)·대치(對治)·제일의(第一義), 네 가지 문이니, 기뻐하고[歡喜], 선을 내며[生善], 악을 멸하고[滅惡], 도에 들어가는[入道] 네 가지 이익이 있다.[136]

십이부경의 일체 제법이 중생의 근기에 맞게 설한 한없는 방편이어서 '세계' 등 네 가지를 설하여 사람들로 하여금 '환희' 등 네 가지 이익을 얻게 할 뿐이다. 근기를 살펴 법을 주는 것은 문장이 번거롭고 넓어 이렇게 대략 들고 다 적지 않는다.

. . . .

제(俗諦)에 의해 설하는 것이다.

136 '세계실단'이란, 세(世)는 격별의 뜻이요 계(界)는 계분이다. 중생 근기의 천박함으로 말미암아 부처님이 그들이 듣기에 좋아하는 바에 따라 이를 차례대로 분별해 설하여 중생들로 하여금 환희를 내어 환희의 이익을 얻게 하였다. '위인실단'이란, 부처님이 법을 설하고자 함에 반드시 중생 근기의 대소와 숙세에 심은 천심(淺深)을 살펴보고 나서 그들의 근기에 맞게 설하여 중생들로 하여금 정신(正信)을 내어 생선(生善)의 이익을 얻게 하였다. '대치실단'이란, 예를 들면 탐욕이 많은 중생에게는 부정을 관하게 하고 진에가 많은 중생에게는 자비심을 닦게 하여 이런 여러 가지 병에 대하여 이런 법약(法藥)을 설하여 두루 중생에게 시설하여 악을 없애는 이익을 얻게 하였다. '제일의실단'은, 제일의(第一義)는 곧 이(理)니 부처님이 중생의 선근이 이미 익은 것을 보고는 곧 법을 설하여 그들로 하여금 깨달음을 얻어 도에 들어가는 이익을 얻게 하였다.

疏 '불설'이란, 설한 이는 다섯 사람과 구별되기 때문이다.

佛說者 說揀五人故

鈔 '다섯 사람'이란, 첫째는 불이요 둘째는 보살이요 셋째는 천(天)이요 넷째는 선(仙)이요 다섯째는 화인(化人)[137]이니, 이 다섯 분은 모두 능히 경을 설할 수 있으나, 여기서는 이 경은 지성(至聖)이 말씀하시고 금구(金口)로 직접 설하심을 밝혔으니, 보살은 인위(因位)에 있고 천은 범부의 무리에 속하고 선은 외도에 섞이고 화인은 진(眞)이 아닌 것과는 다르다. 천자의 조칙은 백관이나 재상이나 제왕의 말과 다른 것과 같다.

疏 '아미타'는 저 부처님을 표현했으니, 범어 '아'는 우리말로 무(無)의 뜻이요, '미타'는 양(量)의 뜻이다. 이 부처님 공덕이 다함없기 때문에 무량(無量)이라 한 것이다.[138]

경의 '수명'과 '광명'은 무량 중에 우선 두 가지를 들어 나머지 공덕을 섭수하였다.[139]

· · · · · · · · · ·

137 중생을 교화하기 위해 신통력으로 변화한 여러 형태의 사람. ─역자 주

138 '공덕' 두 자에 삼신, 사지, 십안, 십통, 무량백천다라니 등을 포함하고, '다함이 없다'는 것은 십지라도 능히 그 근원을 다하지 못하고, 등각도 능히 그 정수리를 보지 못하기 때문이다.

139 화엄의 팔지는 무량신(身)과 무량음성과 무량지혜와 무량수생(受生)과 무량정국(淨國)을 얻어, 무량중생을 교화하고, 무량법문에 들어가며, 무량신통을 갖추고, 무량중회도량차별이 있고, 무량신어의업에 주하거니와, 여기 수명과 광명은 우선 두 가지 일을 들었을 뿐이다.

阿彌陀者 是標顯彼佛 梵語阿 此云無 梵語彌陀 此云量 言佛功德
不可窮盡 故云無量 如經壽命光明 是無量中姑擧二事 攝餘功德也

鈔 '무량'에 두 가지 뜻이 있으니, 하나는 수효가 매우 많아서 수
량이 없다는 뜻이요, 둘째는 넓고 커서 한정이 없다는 뜻이다. 또한
두 가지 뜻이 있으니 하나는 열 가지 대수(大數)[140]의 무량이요, 둘째는
다시 한계가 다함이 없는 무량이다.

'우선 두 가지 일을 들었다' 한 것은, 무량이 수명과 광명에만 그치
지 않는다는 것을 말하였다. 자세한 것은 뒤 문장에서 밝히는 바와 같
다.

疏 '경'이란, 범어 수다라(梵語 sūtra, 巴利語 sutta)는 우리말로 계경
(契經)이라 하니, 여기에 전체적[通]인 것과 차별적[別]인 두 가지 뜻이
있다. 계에 다시 두 가지 뜻이 있고 경에는 여러 가지 뜻이 있다.

경에 비록 여러 가지 뜻이 있으나 꿰다[貫], 섭수하다[攝], 변하지
않다[常], 법(法)의 네 가지 뜻에서 벗어나지 않는다.

經者 梵語修多羅 此云契經 有通別二義 契復二義 經復多義 經雖
多義 不出貫攝常法四義

· · · · · · · · · ·

140 일아승기를 단위로 하여 점차 배수로 하여 불가설불가설 등 열 가지 대수(大數)에 이른 것. 곧 아
승기·무량·무변·무등·불가수·불가칭·불가사·불가량·불가설·불가설불가설이다. 아승기는 극
대의 수를 표시하였다.

鈔 '전체적[通]인 것과 차별적[別]인 두 가지 뜻'이란, 부처님이 설하신 교법을 전체적으로 수다라라고 부르니 이것을 '전체적'이라 하고, 이를 따로따로 나누어 말하면 경은 수다라라 하고, 율은 비나야라 하며, 논은 아비담이라 하니, 이것을 '차별적'이라 부른다.

'계에 다시 두 가지 뜻이 있다'는 것은, 첫째는 이치에 계합하니 곧 도에 합하는 말이요, 둘째는 근기에 계합하니 곧 근기에 맞는 가르침이다. 지금 '계' 자를 생략하고 '경'이라고만 한 것은 문장이 생략된 것이다.

'경에 여러 가지 뜻이 있다'는 것은, 『화엄소』에서 『잡심론』의 다섯 가지 뜻을 인용했으니, 이를테면 첫째는 출생(出生: 출생하다)이요, 둘째는 현시(顯示: 드러내 보이다)요, 셋째는 용천(涌泉: 물이 솟아나는 샘)이요, 넷째는 승묵(繩墨: 먹줄)이요, 다섯째는 결만(結鬘: 꽃다발)이다.[141]

『불지론』에는 두 가지 뜻을 말했으니, 이를테면 첫째는 관천(貫穿: 관통함)이요, 둘째는 섭지(攝持: 보호하여 유지함)이다. 우리나라는 네 가지 뜻이니, 첫째는 상(常: 변하지 않다), 둘째는 법(法: 법칙), 셋째는 경(逕: 길), 넷째는 전(典: 법식)이다. 그러므로 '여러 가지 뜻이 있다'고 하였다.[142]

'네 가지 뜻에서 벗어나지 않는다'는 것은 관(貫)·섭(攝)·상(常)·

· · · · · · · · · ·

141 '출생'은 제의(諸義)와 성과(聖果)를 출생하기 때문이요, '현시'는 법상을 드러내 보이기 때문이요, '용천'은 무궁한 의미(義味)가 끝없이 솟아나기 때문이요, '승묵'은 사(邪)와 정(正)을 정하기 때문이요, '결만'이란 제법(諸法)을 묶기 때문이다.

142 만세(萬世)에 변하지 않는 것을 '상'이라 하고, 십계(十界)의 법칙을 '법'이라 하며, 성지(聖智)가 내왕하는 길을 '경'이라 하고, 고금의 공통적인 근본을 '전'이라 한다.

법(法) 넉 자를 가리킨 것이다.

'경' 자를 서역말로 바르게 번역하면 선(線)이라 하는데, 선에는 꿴다[貫]는 것과 유지한다[持]는 뜻이 있다. 꿴다는 것은 소설(所說)의 이(理)를 관통한다[貫穿]는 뜻이요, 가진다는 것은 소화(所化)의 중생을 보호하여 유지한다[攝持]는 뜻이니, 이 두 가지만으로 충분히 '출생' 등 다섯 가지 뜻을 포함할 수 있다.

그런데 우리나라는 경전을 '경'이라고 하는데, 경은 선의 뜻이지만 우리나라에서는 '선'을 귀하게 여기지 않기 때문에 '경' 자를 바로 취하고 '계' 자를 덧붙여, 고래로 이것을 가장 옳은 번역으로 여겼다.

또한 '상'이란 고금에 변하지 않는다는 뜻이요, '법'이란 원근이 모두 존중한다는 뜻인데, 고금에 변하지 않는다면 오랫동안 행하여 누구나 따른다는 뜻이 있으므로 곧 '길[道]'이라 하고, 누구나 존중한다면 법칙이 되어 올바르게 하니 누구나 반드시 의지해야 한다는 뜻이 있으므로 '법식[典]'이라 부른다.

또한 두 가지만으로 충분히 네 가지를 포함할 수 있으니, 곧 저곳의 꿴다[貫]는 것과 유지한다[攝]는 것은 이곳의 변하지 않다[常]는 것과 법칙[法]이니, 이것을 합하여 이 넉 자 가운데서 '경'의 뜻을 다하였다.

疏 또한 경에 다시 전체적[通]인 것과 차별적[別]인 두 가지 뜻이 있으니, '경'이라고 한 한 글자는 전체적인 이름[通名]이요, '불설아미타' 다섯 글자는 차별적인 이름[別名]이다. 교(敎)·행(行)·리(理)의 통과 별도 역시 그러하다. 이 세 가지가 곧 세 가지 덕에 배대되어 원융

하고 구족하니, 천태종에서 말한 것과 같다.

머리의 경 제목만 들어도 공덕이 무량하니, 만약 삼대(三大)에 배대하면 '불'은 체대(體大)요 '무량수'는 상대(相大)요 '무량광'은 용대(用大)니 교에서 설한 것과 같다.[143]

又經復有通別二義 經之一字 是爲通名 佛說阿彌陀五字 是爲別名 如敎行理通別亦爾 此三卽配三德 圓融具足 如天台所稱 聞首題名 功德 無量 若配三大 則佛是體大 無量壽是相大 無量光是用大 如敎中說

鈔 '교·행·리'란, 이(理)에 기초하여 교를 세우고 교에 의해 행을 닦으며 행에 따라 이를 밝히니, 모든 경이 모두 교·행·리 이 세 가지를 갖추었기 때문에 통(通)이라 한다.

전적으로 이 경만을 가리킨다면 '불설'은 교요, 부처님 명호를 부르는 것은 행이요, '아미타'는 이니, 이것에만 국한되고 다른 것은 제외하기 때문에 별(別)이라 한다.

'세 가지 덕에 배대한다'는 것은, 이는 법신덕이요 교는 반야덕이며 행은 해탈덕이다. 또한 이는 행과 교에 통하니 법신은 반야와 해탈이요, 그 밖에 행은 이와 교에 통하고, 교는 이와 행에 통하니 하나를 들면 셋이다. 위에서 말한 것에 준하면 잘 알 수 있을 것이다.

· · · · · · · · · ·

143 『기신론』에 "첫째는 체대(體大)니 이를테면 일체법이 진여평등하여 증감치 않기 때문이요, 둘째는 상대(相大)니 여래장이 무량한 성공덕을 구족하기 때문이요, 셋째는 용대(用大)니 일체 세출세간의 선인과(善因果)를 능히 내기 때문이다." 하였다.

'체·상·용'이란, 체란 총체의 뜻이니 '불'만 말하면 두루 미치므로 '불'이 체가 된다. 상이란 체 가운데 갖추어진 덕상[相]이니 체가 무진하면 상도 역시 무진하다. 그러므로 '무량수'가 상이 된다. 용이란 체 가운데서 발휘하는 작용이니, 체가 비추지 않음이 없으면 용도 또한 비추지 않음이 없다. 그러므로 '무량광'이 용이 된다. 통과 별 등도 위에서 예를 든 것과 같다.

疏 모든 경에서 이름을 세울 적에 모두 사람[人]과 법(法)과 비유[喩]로써 하니, 어떤 것은 하나뿐인 것도 있고 어떤 것은 겹친 것도 있다.

이 경의 경우는 단지 사람[人]뿐이지만 사람에 다시 두 가지가 있으니, 두 국토의 과인(果人)이기 때문이지만 사실은 세 가지가 모두 융통하기 때문이다.

諸經立名 皆以人法喩 或單或複 此經單人 人復有二 兩土果人故 實則三皆融通故

鈔 '하나뿐인 것도 있고 겹친 것도 있다'는 것은, 『대방광불화엄경』은 인·법·유 세 가지를 갖추었고, 『대방편불보은경』은 인과 법이고 유는 없으며, 『묘법연화경』은 법과 유이고 인은 없으며, 『보살영락경』은 인과 유이고 법은 없으며, 『대반야경』은 법뿐이고 인과 유는 없으며, 『범망경』은 유뿐이고 인과 법은 없다.

지금 이 경은 인뿐이고 법과 유는 없으니, 다른 것도 이것에 따르면 된다.

'두 국토의 과인'이란, 보살은 인(因)에 있고 여래는 과(果)에 있기 때문에 부처님을 과인이라 하니, 지금 이곳의 부처님이 저곳의 부처님을 설하였기 때문이다.

'모두 융통한다'는 것은 하나를 들면 곧 셋이기 때문이니, 지금 이 경이 비록 인(人)뿐이기는 하지만 법(法)은 인으로부터 설하고 유(喩)는 인이 들었으니, 말은 치우치나 뜻은 원만하여 막힘없이 서로 통하니, 이치에 참으로 타당하다.

疏 이 경의 본래 이름은 '불가사의 공덕을 칭찬하시고 일체 제불이 호념하신 경[稱讚不可思議功德 一切諸佛所護念經]'인데, 지금 이름[『불설아미타경』]은 구마라집 스님이 개정한 것이다. 그렇게 한 데는 두 가지 뜻이 있다. 하나는 '불'에 무진한 뜻을 섭취하기 때문이요, 둘째는 저 부처님을 사람들이 듣기 좋아하기 때문이다.

此經本名稱讚不可思議功德 一切諸佛所護念經 今名是什師改定 自有二義 一者佛攝無盡義故 二者彼佛人所樂聞故

鈔 '무진한 뜻을 섭취하였다'는 것은, 앞에서 "'불'만 말하여도 충분하다." 한 것과 같다. 다시 말하면 일체 공덕이 모두 '불'로부터 나오니 불이 곧 '부사의'이기 때문이다. 또한 아미타 부처님의 만덕을 갖추신 큰 이름은 시방삼세 일체중생이 좋아하는 이름이니, 위로는 제불이 칭양찬탄하시고 아래로 귀신이나 축생에 이르기까지 귀의하니, '부사의 공덕'을 바로 말하였기 때문이다.

疏 '소초(疏鈔)'라고 한 것은, 소는 경을 해석하고 초는 소를 해석하니, 쉽게 이해하기를 바란 것이다.

云疏鈔者 疏以釋經 鈔以釋疏 冀易曉也

鈔 '소'란, 고인이 "조목조목 펼치는 것이며, 또한 기록하여 주석하는 것이다." 하니, 이것은 경의 뜻이 이것을 얻으므로 해서 조목조목 펼쳐 숨기지 못하고, 기록하고 주석하여 잃어버리지 않게 한다는 것을 말하였다.

'초'란, 고인이 "간단히 취하고, 또한 베끼고 기록하는 것이다." 하니, '간단히 취한다'는 것은 조목조목 펼친 것 가운데 절실하고 중요한 것을 취하는 것이요, '베끼고 기록한다'는 것은 기록하고 주석한 것이 환히 드러난다는 뜻이다.

'기(冀)'는 바란다는 뜻이니, 경에서 밝히기 어려운 것은 소로써 통해 주고, 소에서 밝히기 어려운 것은 초를 내어 사람들이 경의 뜻을 잘 알도록 바란 것이다.

疏 이치에 맞게 말한다면, 자성의 각(覺)은 '불'의 뜻이요, 자성의 각이 무량한 것은 '아미타'의 뜻이며, 자성의 본·시 이각(二覺)은 두 국토의 과인의 뜻이요, 자성의 각체가 두루 비추는 것은 '설'과 '경'의 뜻이다. 뒤에서는 모두 이것에 준하라.

稱理 則自性覺 是佛義 自性覺無量 是阿彌陀義 自性本始二覺 是兩土果人義 自性覺體徧照 是說經義 後皆例此

219

鈔 '이치에 맞게 말한다'는 것은, 사(事) 그대로가 곧 이(理)니 소위 만유를 모두 거두면 곧 일심이다. 그렇다면 의보와 정보가 어찌 자성이 아니겠는가?

또한 '곧 이(理)다'는 것은, 사는 이에 의해 이루어지니, 『정명경』에 "그 마음이 청정함에 따라 불토가 청정하다." 한 것과 같다.

이 경에서 '일심불란'이라 말한 것은 곧 '자성미타 유심정토'니, 한 경의 큰 뜻을 이치에 맞게 설한 것을 '이치에 맞게 말한다' 한 것이다.

'각'은 전체적인 뜻이요, 각체 가운데는 넓고 큰 것이 모두 갖추어서 무궁무진하니 이것은 차별적인 뜻이다.

본각과 시각에 두 가지가 있다. 선후를 가지고 말하면, 미타는 옛 부처요 석가는 새로 이루었으니 저 미타는 본각이요 이 석가는 시각이다. 다시 말하면 자성이 본래 불인 것은 본각이요, 무명에 덮였다가 지금 비로소 미혹을 타파하고 지혜를 깨달은 것은 시각이다.

인과를 가지고 말한다면, 이 석가모니불이 왕생하여 아미타불을 뵙도록 가르쳤으니, 그렇게 보면 이 석가모니불이 본각이요 저 아미타불은 시각이다. 다시 말하면 자성에 본래 성불의 지혜가 있는 것은 본각이요, 근본 지혜에 의해 불지를 구해 성불을 얻은 것은 시각이니, 본각과 시각이 서로 원융하고 항상 깨달아 어둡지 않아서 천지를 비추고 고금에 빛나니, 항상 이와 같은 백천만억 가지 경을 설하셨다.

문: 이 경을 소·초한 것은 바로 부처님 명호를 부르는 염불 공덕을 밝혀서 여러 사람들에게 저 국토에 왕생할 것을 널리 권한 것인데, 어찌하여 낱낱이 자성으로 돌아가서 오히려 극칙의 말씀으로 변

경되었습니까? 전과 다름없이 정토가 바로 마음이라면 어찌 굳이 이 것을 버리고 저것을 원할 필요가 있겠습니까?

답: 이것은 두 가지 근기를 모두 다 이익되게 하고, 두 가지 미혹을 모두 타파하기 위해서니, 앞의 서(序)에서 밝힌 것과 같다.

참으로 사상(事相)을 지키면서 스스로 만족하는, 근기가 둔한 자는 이것을 보고서 사는 이가 있는 곳에 있음을 알아 사에 빠져 이를 미혹하지 말게 하며, 이성을 숭상하고 공에 집착하는, 근기가 날카로운 자는 이것을 보고서 이가 사 중에 있음을 알아 사를 초월하여 이를 구하지 말게 한 것이다.

또한 이 경은 본래 저 부처님의 명호에 의탁해서 나의 자심(自心)을 밝히니,[144] 이것은 『십육관경』과 뜻이 같다.[145] 그렇다면 마음을 깨닫고자 하는 자는 반드시 염불하여 왕생을 구해야 한다.

또한 보살도 오히려 반드시 부처님을 가까이 했으니, 앞에 '교를 설하게 된 인연' 중에서 말한 것과 같다. 그렇다면 이미 마음을 깨달은 자라도 또한 반드시 염불하여 왕생을 구해야 하니, 무엇을 더 의심하겠는가?

....

144 '또한 이 경은…' 한 아래는 혹시 누가 묻기를 "이미 정토법이 모두 이성(理性)에 회귀한 것이라면 수행자가 자심의 이(理)를 깨달으면 그만이지 하필 염불하여 왕생을 구할 필요가 있는가?" 할까봐, "이 경은 본래 저 부처님의 명호에 의탁해 나의 자심을 밝히는 것이다." 한 것이다.

145 『십육관경』과 뜻이 같다'는 것은, 관경 소초에 "수행자는 응당 알지라. 심성에 의거하여 저 의정(依正)을 관하면 의정(依正)을 드러낼 수 있고, 저 의정에 의탁하여 심성을 관하면 심성이 쉽게 발휘된다." 하거니와, 지금 이 경은 저 부처님의 명호에 의탁해 나의 자심을 밝히니, 정확히 저와 뜻이 같다.

또한『유마경』에 "모든 불국토와 중생이 공한 줄 알았으나 항상 정
토를 닦아 중생을 교화해야 한다." 하니,[146] 그러므로 자심을 깨닫지
못한 것을 걱정할 뿐, 마음을 깨달았다면 한 법도 마음 밖에서 벗어
난 것이 없어서 마음이 곧 경계요 경계가 곧 마음이니, 정토에 왕생
하여 미타 보기를 원하는 것이 유심에 장애되지 않으니 어찌 자성을
장애하겠는가?

또 물었다.

"옛사람이 말하기를, 『화엄경』은 극진한 가르침인지라 모두 관행
(觀行: 마음으로 진리를 행하며 진리와 같이 몸소 실행함. 또는 자기 마음의 본 성품
을 밝게 관조하는 방법)을 잡아서 여러 가지 법문을 밝힐 수 있지만, 『방
등경』이하도 어찌 관행을 잡을 수 있겠는가?' 하였습니다."

이것에 대해 고덕이 답하기를, "모든 요의교(了義教: 불법 도리[義]가 현
료[了]하게 다 서술되어 있는 교)와 불요의교(不了義教: 중생의 이해 정도에 맞추기
위해 현료[了]한 뜻[義]을 직접 설하지 않고[不] 점차 진실한 교로 유인하는 방편교)가
모두 요의(了義)니, 오직 일심뿐이기 때문이다." 하였다. 이 말에 의하
면 원돈의 근기가 교를 대하면 어떤 교인들 원돈이 아니며, 이의 마음
으로 사에 거닐면 어떤 사인들 이가 아니겠는가.

· · · · · · · · · ·

146 '보살도 오히려' 한 아래는, 또 혹시 어떤 분이 "아직 마음을 깨닫지 못한 자는 응당 염불하여 왕
생을 구한다지만 이미 마음을 깨달았다면 꼭 그럴 필요가 없을 것 같다." 할까봐, "보살도 오히려 부
처님을 가까이 하였다." 한 것이다. '유마경' 아래는 이미 깨닫고서 왕생을 구할 것을 인용한 것이다.

2) 번역한 사람

【經】 요진 삼장법사 구마라집 역

　姚秦三藏法師鳩摩羅什譯

疏 '요진'은 왕조를 표했고, '삼장'은 덕을 밝혔다. '라집'은 이름을 밝혔고, '역'이라 한 한 글자는 번역한 사람을 결론지었다.

　姚秦標代 三藏顯德 羅什出名 譯之一字 結成能翻人也

鈔 출처의 시말은 앞에서 밝혔으므로 여기서는 거듭 적지 않는다.

　예로부터 라집 스님을 '7불 이후의 역경사다' 하고 불렀는데, 이것도 오히려 대강 들어 우선 칠불을 말했을 뿐이다. 비바시불(梵名 Vipaśyin, 巴利名 Vipassin)부터 석가에 이르기까지는 앞뒤가 단지 2겁을 지났을 뿐이고, 미타가 성불한 10겁은 장엄겁(莊嚴劫)[147] 이전에 다시 9겁을 더 올라가서 이미 몇 만의 부처님을 지냈고, 이미 육방의 여러 부처님이 이 경을 칭찬하지 않은 이가 없었으니, 그렇다면 만 불 이후에도 역시 모두 이 경을 설하시고 또한 반드시 역경자가 있었으

· · · · · · · · · ·

147 '장엄겁'은 삼겁 가운데 하나다. 과거·현재·미래 등 삼세의 삼대겁 중에 과거의 대겁을 장엄겁이라 하니, 현재 현겁 전에 일대겁에 의해 이루어졌다. 일대겁 중에 모두 성·주·괴·공의 80증감(八十增減) 소겁이 있고, 그 주겁 가운데 화광불부터 시작하여 비사부불까지 모두 천불이 세상에 나와 그 겁을 장엄하였다. 그러므로 '장엄겁'이라 부른다. ─역자 주

며, 경에서 마야부인이 "세세생생 부처님이 태어날 때마다 내가 그의 어머니였다." 하고, 자불(子佛: 라후라)이 "세세생생 부처님이 출생할 때마다 나는 그의 아들이었다." 했으니,[148] 이 말에 따르면 라집 스님이 역경한 것이 어찌 칠불일 뿐이겠는가. 이 경이 유통된 지 매우 오래되었다는 것을 이에 더욱 믿을 수 있겠다.

疏 이치에 맞게 설한다면, 자성은 숨고 드러난 것이 융통하니, 이것이 범어를 중국어로 번역한 뜻이다.

稱理 則自性融通隱顯 是華梵翻譯義

鈔 범어에 의해 중국어를 이룰 수 있으면 곧 드러난 것이 은밀한 것 밖에 것이 아니요, 중국어가 범어 아님이 없으면 곧 숨은 것이 드러난 것에 있어서, 어둠 가운데 밝음이 있고 밝음 가운데 어둠이 있다. 그래서 서로 가리고 비추어 겹겹이 받아들이고, 묘체가 융통하여 하나도 아니고 다르지도 않다.

차. 경의 문장과 뜻을 따로 밝히다

· · · · · · · · · ·

148 마야부인이 여환법문(如幻法門)으로 제불을 환생하니, 그러므로 세존이 강생하기 전에 시방제불이 하루에 세 번씩 마야부인 배 안에서 수생법문을 설하여 열 달이 차서 오른쪽 옆구리로 강생하니, "어찌 오직 석가만이 내가 그의 어머니겠는가? 장래 현겁 천불도 내가 그들의 어머니가 되니 세세생생 불이 태어나면 내가 그의 어머니가 된다." 하였다. '자불(子佛)'이란 곧 라후라니 "어찌 오직 석가만이 내가 그의 아들이겠는가? 현겁 천불도 또한 내가 그의 장자였다." 하였다.

서序
분分

1
다섯 구절[五句]의 증신서(證信序)

【經】 이와 같이 나는 들었습니다. 한때 부처님께서 사위국 기수 급고독원에서

如是我聞 一時 佛在舍衛國 祇樹給孤獨園

疏 문장과 뜻을 따로 밝힌다는 것은, 제목의 전체적인 뜻은 이미 알았으나, 경 가운데 처음부터 끝까지 어떤 문장을 썼으며 어떤 뜻을 밝히고 있는지 자세하지 않다. 그래서 지금 과장(科章)을 나누고 글귀를 해석하여 문자반야(文字般若)로써 실상을 통달하게 하며, 다함이 있는 말을 가지고 다함이 없는 뜻을 대략 밝혔기 때문이다.

그 가운데 세 가지로 나누니, 지금은 서분에 속한다. 서란 '펼친다 [敍]'는 뜻이요 또한 '실마리[緒]'의 뜻이다. 본문에 들어가기 전에 먼저 이 경의 실마리를 펴 나열한 것이다.

증신(證信)과 발기(發起) 두 가지 서가 있는데, 여기서는 오직 증신 뿐이다. 일반적으로 증신이라 하면 모두 '여섯 가지 완벽함[六種成就]'을 말하지만, 지금은 문장의 편의에 따라 번거롭고 간단한 것을 균등히 하여 우선 두 가지로 나눈다.

먼저 다섯 구절[五句]¹을 밝히고 다음에는 나열한 대중을 밝히니 이것을 합하면 여섯이 된다. 이것도 앞에서와 같이 전체적으로 대의를 밝히고, 다음은 따로따로 해석한다.

'이와 같은 법을 내가 부처님으로부터 들었습니다. 한때 석가모니 부처님이 사위국 기원정사에 계시사⋯' 하고 말한 것은, 부처님이 아난에게 그렇게 하도록 설하셨기 때문이다.

'나는 이렇게 들었다' 한 것에 세 가지 뜻이 있으니, 첫째는 의심을 끊어 주었기 때문이요, 둘째는 쟁론을 그치게 하였기 때문이며, 셋째는 사교(邪教)와 구별하였기 때문이다.

別解文義者 已知一題總意 未審經中 自始至終 爲何等文 闡何等義 今乃章分句解 俾文字般若達乎實相 以有盡之言 略彰無盡故

於中分三 今屬序分 序者敍也 又緒也 未入正文 先敍列此經之端緒也 有證信發起二序 今唯證信 凡證信者 皆以六種成就 今順文便 均其繁簡 且分爲二 先明五句 後明列衆 合之成六 玆復例前統括大意 次乃離釋 言如是之法 我從佛聞 彼一時釋迦牟尼佛 在舍衛國之祇園也 蓋是佛示阿難故 如是我聞有三義 一斷疑故 二息諍故 三揀邪故

鈔 '문자반야란, 이를테면 반야란 말이 없지만 말에 의해 드러나니, 그러므로 부처님이 문자로 경을 설하시고 지금 또한 문자로 해석

⋯⋯⋯⋯⋯

1 육성취(六成就) 중 신(信)·문(聞)·시(時)·처(處)·주(主)를 말한다.

하였다. 그러나 문자의 자성이 공하니, 곧 실상이다. 그러므로 세 가지 반야가 서로 융통하여 문자와 장애되지 않는다.

'대략 밝혔다'는 것은 뜻이 다함이 없다는 것을 말했으니, 그러므로 '대략'이라 하였다.

'여섯 가지 완벽함'을 이과(二科)로 나누고 합한 것은, 예컨대 오온과 육근은 색을 합하고 심을 나누고, 혹은 심을 합하고 색을 나눈 것과 같으니, 필요에 따라 그렇게 한 것이라 일정한 규칙이 없다.[2]

'부처님께서 말씀하셨다' 한 것은, 『지도론』에서 말하기를, "부처님이 열반에 드실 때 아난에게 말씀하시기를 '모든 경전 첫머리에 나는 이와 같이 들었습니다. 한때 부처님이 어느 나라 어느 곳에 계시사 하고 말하라' 하셨다." 하니, 이것은 부처님의 유칙(遺勅)을 존중했기 때문이다.

'의심을 끊어 주었다'는 것은, 아난이 결집할 때 대중이 세 가지 의심을 내었으니, 첫째는 부처님이 다시 일어나 법을 설하시는 것이 아닐까? 둘째는 아난이 성불하여 법을 설하는 것은 아닐까? 셋째는 타방불(他方佛)이 오셔서 법을 설하시는 것이 아닐까? 한 것이다. 지금 '나는 이와 같이 들었다'라고 말함으로써 세 가지 의심이 한꺼번에 풀리게 된다.

· · · · · · · · · · ·

2 세간의 제법이 색(色)과 심(心)에서 벗어나지 않는다. 여래가 심(心)을 미혹했으나 색(色)은 미혹하지 않은 중생을 위해 색을 합하고 심은 나누어 오온(五蘊)을 설하고, 색을 미혹하고 심은 미혹하지 않은 중생을 위해 심은 합하고 색은 나누어 육입(六入)을 설했으며, 심과 색을 모두 미혹한 중생을 위해 심과 색을 모두 나누어 십팔계(十八界)를 설했으니, 이것이 편리에 따라 설한 것이다.

228

'쟁론을 그치게 하였다'는 것은, '나는 들었다'라고 말하면 자기의 억견으로 자작한 것이 아니기 때문이다.

'사교와 구별하였다'는 것은, '이와 같이'라고 말하면 외도의 아우(阿憂)[3]와 다르기 때문이다. 『불지론』에 "'이와 같은 법을 내가 예전에 일찍이 들었다' 한 것은 그 의도가 더하거나 덜거나, 다르거나 나누는 잘못을 피하려 한 것이다."[4]라고 한 것도 역시 쟁론을 그치게 한 뜻이다.

疏 '이와 같이[如是]'란 신성취(信成就)니, 『지도론』에서 설한 것과 같다. 또한 두 글자에 또 두 가지 뜻이 있으니, 여기에 여러 가지 해석이 있다. 만약 종(宗)에 의해 가려 정하여 이 정토종을 잡아 말한다면, 일심불란을 '같이[如]'라 하고, 오직 이것뿐이고 잘못이 없는 것을 '이와[是]'라고 한다.

如是者 信成就也 如智論中說 又二字復爲二義 有多種解 若以宗揀定 約當宗 則一心不亂曰如 唯此無非曰是

鈔 『지도론』에 "불법의 큰 바다는 믿음으로써만이 능히 들어갈

· · · · · · · · · ·

3 외도는 경전 첫머리에 모두 '아우(阿憂)'란 두 글자를 붙이니 '아(阿)'란 무(無)의 뜻이요, '우(憂)'는 유(有)의 뜻이다. 외도가 설한 내용은 유무에서 벗어나지 않기 때문이다. 또한 '아우'란 길다는 뜻이니, 경의 첫머리에 길(吉) 자를 붙이면 처음부터 끝까지 길하여 유익하지 않음이 없기 때문이다.

4 아난이 결집한, 부처님이 40년 동안 설하신 법장은, 마치 한 그릇의 물을 한 그릇에 전하여 한 방울 물도 더하지 않고 한 방울 물도 덜하지 않아 증감하거나 구별하는 잘못이 없으니, 그러므로 '불법 대해의 물이 아난의 마음에 흘러들어갔다' 하였다.

수 있나니, 믿는 것은 '이 일이 이와 같다'라고 말하고, 믿지 않는 것은 '이 일이 이와 같지 않다'라고 말한다." 하였다.

승조(僧肇) 법사의 『유마경』소에 "'이와 같다' 한 것은 믿고 순종한다는 말이다. 그러므로 세상 사람이 당연하고 옳은 것을 '이와 같다'하고 말한다." 하였다.

'또한 두 가지 뜻'이란, '여'와 '시' 두 글자를 각각 따로 떼어 해석하는 것이다.

'여러 가지 해석이 있다'는 것은, 어떤 이는 "부처님의 설법은 단지 여(如)만을 밝히시니, '여(如)만이 시(是)다'" 하니, 이것은 유규(劉虯)의 설이다.[5]

또 어떤 이는 "'여'란 이치에 옳음을 말하고 '시'는 잘못이 없음을 말한다." 하니, 이것은 도생(道生) 스님의 설이다.[6]

또 어떤 이는 "여래는 중생의 근기에 따라 응(應)하시니 이것을 '여'라 하고, 중생은 감(感)하지 않는 이가 없으니 이것을 '시'라고 한다." 한 것은 도융(道融) 스님의 설이다.[7]

· · · · · · · · · ·

5 이 설은 제법 실상을 제하고는 모두 마사(魔事)라는 이론이니, 이것은 소전(所詮) 이(理)를 잡아 해석한 것이다.

6 이 설은 능전(能詮) 문(文)을 잡아 해석한 것이다.

7 '근기에 따라 응한다'는 것은, 경에서 "성문인에 응하여 사제법을 설하고 연각인에 응하여 십이인연법을 설하시며…" 한 것과 같다. '감하지 않는 이가 없다'는 것은, 중생의 근기가 청정하지 않으면 능히 부처님을 감하지 못하니, 마치 맑은 못에 비로소 달이 나타나고 탁한 물에는 나타나지 않는 것과 같다. 이 설은 감(感)·응(應)을 잡아 해석한 것이다.

또 어떤 이는 "실상의 이(理)가 시종 다르지 않은 것을 '여'라 하고, 이(理)와 같이 설하는 것을 '시'라 한다." 한 것은 천태의 설이다.[8]

또 어떤 이는 "'여'로써 진공(眞空)을 삼고 '시'로써 묘유(妙有)를 삼아 외도의 단(斷)·상(常) 이견(二見)을 상대하여 파하였다." 한 것은 청량(淸凉)이 제가의 설을 절충한 것이다.[9]

그 외의 설도 많으나 번거로울까 하여 인용치 않는다.

이상 여러 가지 해석이 조금 차이가 있으나 대체로 같아서 결코 서로 장애되지 않는다.

'종에 의해 가려 정한다'는 것은, '여'와 '시'의 두 뜻을 종에 따라 정하면, 지금 이 경은 일심으로 종을 삼는다. 왜냐하면 부처님 명호를 부르는 것이 일심불란이기 때문이다. 일심은 태어나는 것도 아니고 죽는 것도 아니며 옴도 없고 감도 없어서 고요히 항상 머무르기 때문에 '여'라 하고, 또한 일심은 네 가지 허물을 여의고 백 가지 잘못[10]이 끊어졌

· · · · · · · · · ·

8 '시종 다르지 않다'는 것은, 실상(實相) 이(理)는 미혹할 때 감하지 않고 깨달았을 때 증하지 않으며, 미혹할 때 더러워지지 않고 깨달았을 때 깨끗해지지 않아 여여부동하기 때문에 '여(如)'라 한다. '이(理)와 같이 설한다'는 것은, 실상리(實相理)와 같이 사람들에게 설하고 다른 설이 없었으니 이것을 '시(是)'라고 한다. 이것은 쌍으로 능전(能詮)과 소전(所詮)을 잡아 해석한 것이다.

9 '여(如)는 진공(眞空)이요 시(是)는 묘유(妙有)다' 한 것은, 유에 의한 공이 진공이니 이것은 허무의 단견(斷見)을 파한 것이요, 공에 의한 유가 묘유니 이것은 실유(實有)의 상견(常見)을 파한 것이다. 이 설은 파사(破邪)를 잡아 해석한 것이다.

10 유(有)·무(無)·쌍역(雙亦)·쌍비(雙非)가 네 가지 허물이요, 4구(句) 중에 1구(句)를 드는 데 따라 다시 4구(句)를 갖추니 16구(句)가 되고, 과거·미래에 통하면 48구(句)가 된다. 또한 이기(已起)·미기(未起)를 잡으면 합하여 96구(句)가 되고 근본 4구(句)와 연결하면 모두 백 가지 잘못이 된다.

기 때문에 '시'라 하니, 이와 다르게 밝힌 것은 '시'라고 하지 못한다.

疏 '나는 들었다[我聞]'고 한 것은 문성취(聞成就)다. '아(我)'란 자아(自我)요 '문(聞)'이란 직접 들은 것이니, '내가 직접 들었다'는 것은 사숙(私淑: 존경하고 사모하는 사람에게 직접 배우지 못하고 단지 그 사람을 본받아서 도나 학문을 닦음)이 아니기 때문이요, 독고(讀古: 직접 도를 얻지 못하고 한갓 고인이 쓴 글이나 읽음)가 아니기 때문이다.

我聞者 聞成就也 我者自我 聞者親聞 自我親聞 非私淑故 非讀古故

鈔 '내가 직접 들었다'는 것의 '나'는 남과 구별하였고, '직접'이란 대면하지 않은 것과 구별했으니, 자신이 얼굴을 마주보고 직접 들었다는 것을 말한 것이다.

'사숙'이란, 『맹자』에 "나는 공자의 제자가 아니다. 나는 그 분에게서 사숙하였다." 하였는데, 이것은 맹자는 공자를 직접 뵙지 못하고 공자의 후인에게서 수업하여 그의 도를 마음속으로 사모하여 자신을 다스렸다는 뜻이다.

'독고'란, 제나라 환공이 방안에서 독서하고 있노라니 수레바퀴 만드는 장인이 "독서란 고인의 술지게미를 먹는 것에 불과합니다." 하니, 이것은 환공은 고인을 대면하지 못했고 고인은 이미 갔으니 한갓 그가 남긴 글을 읽었을 뿐이라고 하는 뜻이다.

지금 여기서 아난이 부처님을 직접 만났으니 사숙이 아니라 위의 '자아'에 합하였고, 아난이 귀로 부처님의 가르침을 직접 들었으니 독고가 아니라 위의 '직접 들었다'고 한 것에 부합된다.

이렇게 자신이 직접 들은 것을 지금 대중에게 고하였으니, 응당 믿고 마음에 받아들여야 할 뿐 다시 무얼 의심하겠는가?

疏 성인은 '나[我]'가 없으신데 지금 어찌하여 '나'라고 하였는가? 『지도론』에는 그 이유를 세 가지로 말하였다. 첫째는 세간을 따랐기 때문이요, 둘째는 사견을 파하였기 때문이요, 셋째는 무아에 집착하지 않았기 때문이라 하였다. 이 세 가지 이유로 '나'라고 말하여도 장애가 되지 않는다. 또한 법신 진아도 '나'라고 부를 수 있다.

聖人無我 今何稱我 智論有三 一隨世間故 二破邪見故 三不著無我故 以是三者 不礙說我 又法身眞我 亦得稱我

鈔 이 아래는 다시 '나[我]'와 '들었다[聞]' 한 것을 둘로 나누어 따로 해석했으니 앞에서와 같다.

'첫째, 세간에 따랐다'는 것은, 세상 법에서 '나'를 설하지 제일의(第一義)에서는 '나'를 설하지 않는다. 세간에 따라 설한지라 실체가 없으니, 곧 제일의에 어긋나지 않는다.

'둘째, 사견을 파하였다'는 것은, 사아(邪我)와 만아(慢我)와 명자아(名字我) 중에서 세속인은 앞의 두 가지 '아'를 갖추고, 도를 배우는 사람은 뒤의 두 가지 '아'를 갖추며, 성인은 오직 최후의 '아'뿐이니,[11] 세

· · · · · · · · · · ·

11 '사아'란, 색이 바로 아[卽色是我]라고 하거나, 색을 여읜 것이 아[離色是我]라거나, 아는 크고 색은

233

속에 따라 '아'라고 하나 단지 명자뿐이고 사실은 '사'와 '만'이 없다. 그러므로 허물이 없다.

'셋째, 무아에 집착하지 않았다'는 것은, 모든 성인은 일체 법이 공하였음과 실상에 '아'가 없음을 알아서 공에 집착하지 않고 무아에도 집착하지 않는다.

또 『유가론』에 네 가지 뜻이 있는데 대체로 이것과 같고, 세 번째 뜻에 "만약 진정으로 '나'가 없다면 누가 익히고 배우겠는가? 하고 사람들이 두려워한다. 그러므로 무아에 집착하지 않는 것이다." 하였다.[12]

또한 『관경소』에 "'나'가 없다면 듣는 이도 없을 것이요 듣는 이가

··········

작아서 색은 아 중에 있다거나, 색은 크고 아는 작아서 아는 색 중에 있다는 등, 이런 것이 삿된 스승의 가르침으로 인해 망계(妄計)하여 아를 분별하는 것이다. '만아'는 삿된 스승의 가르침으로 인해 생긴 것이 아니고, 태어나면서 있는 구생아(俱生我)이다. '명자아'는, 아를 보지도 않고 만아(慢我)도 없지만 세상에 따라 아를 말하니, 곧 명자만 있고 실체가 없는 것이다. '세속인은 앞의 2아(二我)를 갖추었다'는 것은, 아가 공하여 명자(名字)가 없음을 깨닫지 못하기 때문이다. '도를 배우는 사람은 뒤의 2아(二我)를 갖추었다'는 것은, 도를 본 학인은 비록 사아(邪我)의 분별은 끊었으나 만아(慢我)는 아직 남아 있으니, 사실대로 말한다면 아직 팔지(八地)에 이르지 못하여 구생아집(俱生我執)이 오히려 현행하기 때문이다. '성인은 오직 최후의 아뿐이다' 한 것은, 성인은 2장(二障)을 다 끊고 2무아리(二無我理)를 깨달았기 때문이다.

12 『유가론』의 네 가지 뜻이란, 『유가론』 제6에, "대략 네 가지 뜻으로 말미암아 '아문(我聞)'이라 하였다. 첫째는 세간을 위해 편리하게 말했기 때문이요, 둘째는 세간에 수순하기 때문이요, 셋째는 두려움을 끊게 하기 위해서니, 만약 진정으로 무아라고 하면 누가 수학할까 하고 사람들이 두려움을 낼까 봐서요, 넷째는 자(自)·타(他), 득(得)·실(失)을 연설하여 확실한 신해심(信解心)을 내게 하기 위해서다." 하였다. 『유가론』과 『관경』 두 가지를 인용한 것은, 세 번째 무아에 집착하지 않는 까닭을 증명한 것이다. 『유가론』에 "무아라면 아무도 수학할 사람이 없을 것이다." 하고, 『관경』에 "무아라면 아무도 다른 사람에게 전할 사람이 없을 것이다." 하여, 자리(自利)·이타(利他)를 두 가지 다 성취할 수 없으므로 무아에 집착하지 않는 것이다.

없다면 교화의 길이 끊어질 것이니, 전도와 교화가 끊어지지 않게 하기 위해 거짓 이름으로 '나'를 설하였다." 하였다.

'법신 진아'란, 근본적으로 말하면 아난 존자도 역시 법신아(法身我)를 깨달았으니, 무아법(無我法) 중에 진아(眞我)가 있으니 이것이 곧 법신아다. 이 진아는 『열반경』에서 말한 상·락·아·정의 '아'니, 어찌 무아에 장애되겠는가.

疏 '들었다[聞]'는 것은 이근(耳根)이 식(識)을 내니, 차별적인 것을 버리고 전체적인 것을 따랐기 때문에 '나는 들었다[我聞]'고 한 것이다.

대승 가운데는 세 가지니, 시교(始敎)는 들음이 없고, 종교(終敎)는 들으나 듣지 않으며, 돈교(頓敎)는 들음도 없고 듣지 않음도 없다.

이 정토종을 말한다면, 법을 전하는 성인[아난]께서 아(我)와 무아(無我)가 둘이 아닌 진아(眞我)와, 근(根)과 경(境)이 같지도 다르지도 않은 미묘한 귀로 사바와 극락이 장애 없는 법문을 들었다.

聞者耳根發識 廢別從總 故云我聞 大乘中三 始敎無聞 終敎聞而不聞 頓敎無聞不聞 約當宗 則傳法聖人 以我無我不二之眞我 根境非一異之妙耳 聞娑婆極樂無障礙之法門也

鈔 '차별적인 것을 버리고 전체적인 것을 따랐다'는 것은, '귀가 들었다[耳聞]' 하고 말하지 않고 '내가 들었다[我聞]'고 한 것은, '나'는 모든 근(根)과 식(識) 등을 종합적으로 거두어, 전체가 차별을 갖추었으므로 '나는 들었다' 하였다.

'시교' 등은, 만약 "'나'라는 것이 이미 '나'가 없으니 '듣는다' 한 것도 역시 들음이 없다." 한다면, 이것은 대승의 처음 문인 시교의 뜻이요, "인연을 따르기 때문에 공(空)이지만 가명(假名)은 파괴되지 않는다."고 한다면, 듣지 않으면서 듣고 들으면서 듣지 않으니, 종교의 뜻이며, "능·소가 둘 다 고요하여 들음도 없고 듣지 않음도 없다."고 한다면, 망념을 여의고 몰록 나타나니 돈교의 뜻이다.

'아와 무아'란, 태어나되 태어나지 않고 태어나지 않으면서 태어나니 곧 법신이기 때문이다.

'근과 경'이란, 아미타불에 대해 설하는 것을 듣는 능문(能聞: 根)과 소문(所聞: 境)이 하나도 아니고 다르지도 않기 때문이다.

'사바와 극락'이란, 소위 사바세계의 의보와 정보가 전적으로 극락의 자심에 의거하기 때문이요, 이 경이 일부분 원교에 속하여 응당 법성에 돌아가기 때문이다.

疏 어떤 이는 "부처님께서 성도하신 지 한참 후에야 아난 존자가 비로소 출가했는데, 어찌하여 매양 '나는 들었다'라고 말할 수 있는가?" 하고 의심하였다.

고인이 말하기를, "네 가지 뜻이 있기 때문에 듣는 데 거리낄 것이 없었고, 또한 아난이 세 분이 있어서 듣거나 듣지 않거나 간에 아무 거리낄 것이 없었기 때문이다." 하였다.

或疑佛成道久 阿難方始出家 何得俱言我聞 古謂有四義故 曰聞無
礙 又阿難有三 或聞不聞 亦無礙故

鈔 의심한 내용은 "부처님께서 성도하신 지 20년이나 지나서야 아난이 출가했고, 또한 10년 후에 비로소 시자가 될 것을 명하셨으니, 비록 직접 부처님을 모셨다 하더라도 30년 이전에 부처님이 설하신 경에도 어떻게 모두 '나는 들었다'고 말할 수 있는가?" 한 것이다.

고인이 답한 네 가지 뜻이란, 첫째는 차츰 전해 들었으니, 『보은경』에서 말하기를 "아난 존자가 듣지 못한 경은 여러 비구들에게서 전해 들었다."고 한 것과 같고, 혹은 여러 하늘이 설해 주었으니, 『열반경』에 "내가 열반한 후에 아난 비구가 미처 듣지 못한 것은 홍광(弘廣) 보살이 반드시 유포할 것이니라." 한 것과 같다.

둘째는 부처님이 거듭 설해 주셨으니, 『보은경』에 "아난은 부처님이 명하여 시자가 되자 곧 세 가지 소망[13]을 요구했으니, 그 세 번째가 아직 듣지 못한 경은 부처님께서 거듭 설해 주시기를 청하였다." 하였기 때문이다.

셋째는 아난이 스스로 통달했으니, 『금강화경』에 "아난이 법성을 얻어 자재삼매를 깨달아 아직 듣지 못한 경은 스스로 능히 기억할 수 있었다."고 하고, 『열반경』에서도 "법석에 있거나 있지 않았거나 간에 자연히 능히 이해할 수 있었다." 하였기 때문이다.

넷째는 청량 화상이 위의 세 가지를 절충했으니, 이를테면 아난은 대권보살(大權菩薩: 중생을 교화하기 위해 방편으로 몸을 나타내신 보살)로서,

....

13 첫째는 부처님의 헌옷을 받지 않겠다는 것이요, 둘째는 부처님이 별청(別請)을 받았을 때 따라가지 않겠다는 것이요, 셋째는 20년 전에 듣지 못한 경은 부처님께서 거듭 설해 주실 것을 원한 것이다.

그림자와 같이 몸을 나타내고 메아리와 같이 소리에 응하여 부처님의 법을 널리 전했으니, 『부사의경계경』에서 말한 것과 같다.

사리불과 목련과 그 밖에 아난 등은 모두 대권보살로서 성문의 몸을 나타내셨으니, 어찌 자취에만 집착하여 듣지 않았다고 말하랴.

'세 분 아난'이란, 첫째는 환희(歡喜)라 하니 성문장(聲聞藏)을 결집하였고, 둘째는 희현(喜賢)이라 하니 연각장(緣覺藏)을 결집했으며, 셋째는 희해(喜海)라 하니 보살장(菩薩藏)을 결집하였다. 그렇다면 아난이 큰 신통력으로 중생의 근기에 따라 교를 보였으니, 부처님의 일대시교를 이 아난이 듣지 못한 것은 저 아난이 들었음을 알 수 있다. 그러니 어찌 듣고 듣지 못한 것에 장애되랴.

疏 '한때[一時]'는 시성취(時成就)다. 스승과 제자가 서로 만나[14] 그 당시에 설하고 듣는 일이 완벽했으므로 곧 '한때'라고 한 것이다. 설하고 듣는 것이 정해진 것이 없기 때문이다.

어느 해, 어느 달, 아무 날을 말하지 않은 것은, 시방의 시간이 일정하지 않고 두 국토의 정삭(正朔: 정월 초하루. 역대 제왕의 역법)이 같지 않기 때문이다.

이 정토종인 경우에는 설하고 듣는 것이 다하였고, 마음과 경계가

· · · · · · · · · ·

14 고인이 '일시(一時)'를 해석하기를 "기(機)와 응(應)이 합일한 시(時)와, 제(諦)와 지(智)가 합일한 시(時)를 모두 일시라고 한다." 하였다. 여기서 '스승과 제자가 서로 합한다'고 한 아래는 기(機)와 응(應)이 합일한 때를 말하였고, '이 정토종인 경우에는' 한 아래는 제(諦)와 지(智)가 합일한 때를 말한 것이다.

없으며, 범부와 성인이 만나고, 의보와 정보가 융합하며, 하나와 많은 것이 평등하여, 이러한 여러 가지 두 법이 모두 하나가 된 때를 '한 때'라고 하였다.

一時者 時成就也 師資相合 當時說聽事畢 卽名一時 以說聽無定故 不言某年月日者 十方時分不一 兩土正朔不同故 若當宗 則卽說聽項 心境泯 凡聖會 依正融 一多等 此諸二法 皆一之時 名一時也

鈔 '설하고 듣는 것이 정해진 것이 없다'는 것은, 어떤 때는 법을 설하는 자가 다라니를 얻어 한 찰나 간에 한 글자[15] 가운데서 모든 법문을 설하기도 하고, 어떤 때는 법을 듣는 자가 청정한 귀를 얻어서 일 찰나에 한 글자를 들을 때 나머지 모든 것을 듣는 데 아무 장애가 없으며, 어떤 때는 법을 설하는 자의 시간이 짧기도 하고 법을 듣는 자의 시간이 길기도 하며, 혹은 설하는 자의 시간이 길기도 하고 듣는 자의 시기가 짧기도 하여, 설하는 자는 신통력이 길기도 하고 짧기도 하여 중생의 적절한 근기에 따르고, 법을 듣는 자는 근기가 예리하고 둔하기가 같지 않기 때문이다.

고인이 말하기를 "삼승의 범부와 성인이 본 불신의 보신과 화신은 연세가 짧기도 하고 길기도 하며, 성불한 지 오래되기도 하고 가깝기

. . . .

15 다라니에는 글자가 많은 것과, 글자가 하나인 것과, 글자가 없는 경우도 있다. 글자가 많은 것은 경의 밀주(密呪)를 말하고, 글자가 하나인 것은 '옴' 자 같은 것이며, 글자가 없는 것은 무상묘심(無相妙心)을 말한다. 여기서 '한 글자'는 글자가 없는 것을 말하였다.

239

도 하여 각각 같지 않기 때문이다." 하였다.

지금 여기서는 부처님과 제자, 스승과 제자의 기감이 서로 만난 때만을 취했으니, 설하시고 듣는 일이 다한 것을 곧 '한때'라고 한 것이다.

'시방의 시간'이라 한 '시방'은 시간과 공간에 두루하니, 시간적으로는 천상을 포함하니 사천하의 하루가 사람 수명으로는 50일이요, 공간적으로는 사주(四洲)에 두루하니 남섬부주의 삼경(三更: 밤 12시부터 새벽 2시 사이)이 북구로주에서는 한낮이라서 일정하지가 않다.

'두 국토의 정삭'이란, 새해 첫날을 정삭이라 하는데, 중국과 인도가 서로 같지 않다.[16] 예컨대 주(周)나라의 새해는 자(子)를 세웠고 하(夏)나라의 새해는 인(寅)을 세운 것과 같다. 그때 중국은 주나라에 속하거니와, 부처님이 사위성에 계실 때 사위는 인을 세웠으니 곧 하나라의 세수를 쓴 것이다. 곧 인도의 정월이 중국에는 3월이요, 인도의 2월이 중국에는 4월이라서 일정치가 않다. 그러므로 단지 '한때'라고만 했던 것이다.

'마음과 경계'란 일심불란하여 능념과 소념이 없기 때문이요, '범

<hr>

16 왕조가 바뀔 때마다 정삭(正朔)을 고쳤으니, 하(夏)·은(殷)·주(周)·진(秦) 및 한대(漢代) 초기의 정삭이 달랐다. 하정(夏正)은 건인(建寅)의 달[孟春]을 정월로 삼아 인통(人統)이라 하고, 은정(殷正)은 건축(建丑)의 달[季冬, 夏의 12월]을 정월로 삼아 지통(地統)이라 하였으며, 주정(周正)은 건자(建子)의 달[仲冬, 夏의 11월]을 정월로 삼아 천통(天統)이라 하고, 진(秦)은 건해(建亥)의 달[初冬]을 정월로 삼았으며, 한초(漢初)에도 이것을 따랐으나 무제(武帝) 때 이것을 고쳐 하정(夏正)을 사용하여 현재에 이르렀다. 하(夏)의 정월은 오늘날의 음력 정월.

부와 성인'이란 여러 훌륭한 선인(善人)과 한 곳에서 만나기 때문이다.

'의보와 정보'란, 부처님과 물과 새와 수풀이 똑같이 묘법을 설하기 때문이요, '하나와 많음'이란, 한 부처님이 경을 설하시고 육방의 부처님도 같이 찬탄하시기 때문이다.[17]

위와 같은 갖가지 두 법이 모두 한 가지를 이룬지라, 곧 이때를 '한때'라 한 것이다.

疏 '불(佛)'은 주성취(主成就)다. 불의 뜻과 해석은 앞의 문장을 보라. 한 시대의 중생들이 누구나 존경하는 분이기 때문에 '주(主)'라 하고, 또한 여섯 가지 성취 중에서 가장 주인이 되기 때문이기도 하다.

佛者 主成就也 佛義解見前文 以是一期衆生所共宗故 名之曰主 又六種成就中 最爲主故

鈔 '누구나 존경하는 분'이란, 부처님이 세상에 나오신 때를 '한 시대'라 하는데, 예컨대 온갖 백성들이 모두 한 사람에게 돌아가듯이,

. . . .

17 '마음과 경계'라 한 아래는 이 정토종을 들어 말했으니, 일심불란으로 종을 삼은 것이다. 일심불란은 안으로는 능념(能念)의 심(心)이 없고 밖으로는 소념(所念)의 경(境)이 없어서 능(能)·소(所)가 둘 다 소멸하여 아무 자취가 없기 때문이다. '여러 상선인이 같이 한 곳에서 만난다' 한 것에서 '한곳'이란 일심을 가리킨다. 성인이나 범부가 모두 일심으로 돌아가 높고 낮음이 없기 때문이다. '부처님과 물과 새가 같이 묘법을 설한다'는 것은, 일심 중에서 정과 무정이 똑같이 정각을 이루어 치열하게 설하여 틈이 없으니 일설이 일체설이기 때문이다. '일불(一佛)이 경을 설하시니 육방불(六方佛)이 모두 찬탄하였다'는 것은, 일심 중에서는 저 부처님과 이 부처님을 보지 않으니 일(一)이 곧 다(多)요 다(多)가 곧 일(一)이라 동일한 법성이기 때문이다.

한 시대의 육범(六凡)과 삼성(三聖)의 일체중생이 모두 부처님으로 종
주를 삼기 때문이다.

'육성취 중에 주인이 된다'는 것은, 앞을 바라보면 주인의 모임을
만나 시(時)가 이루어지고, 주인공의 말씀을 들어서 문(聞)이 이루어
지며, 주인공의 가르침을 받아서 신(信)이 이루어지고, 뒤를 바라보
면 주인이 거처하는 곳에서 처(處)가 이루어지고, 주인이 교화하는 자
들로 중(衆)이 이루어지니, 이렇게 여섯 가지가 이루어지는 것이 모두
부처님에게로 돌아간다. 그러므로 부처님을 '두루하다'는 뜻으로 말
하기도 한다.

疏 '사위국 기수급고독원에 계시사' 한 것은 처성취(處成就)이다.
'계시사[在]…'라고 한 것은, 천태가 "재(在)란 머문다는 뜻이다. 따로
말하면 네 곳에 머무시니 천(天)에 머무시고 범(梵)에 머무시며 성(聖)
에 머무시고 불(佛)에 머무시니, 적절한 곳에 따라 불에 머무시기도
하고 천에 머무시기도 하나, 사실은 불신은 있는 곳도 없고 있지 않
은 곳도 없다."[18] 하였다.

. . . .
18 천태가 따로 네 가지를 말한 것은 대략 두 가지 뜻이 있다. 하나는 능주(能住)의 심법(心法)을 밝히
고자 했으니, 말하자면 다른 사람은 오직 신주(身住)만을 말하고 능주(能住)의 심법(心法)을 밝히지 않
으니, 그렇게 되면 극성(極聖)을 억눌러 범부의 주(住)와 같게 된다. 더욱이 범부와 성인에 각각 능주(能
住)의 법이 있으니 이를 반드시 알아야 하기 때문이다. 둘째는 여래는 어떤 법에서든 주하지 않음이 없
음을 밝히고자 했으니, 이를테면 불주(佛住)가 이미 수승하다면 어떤 법에든 주하지 않는 법이 없으니,
중생을 이끌기 위한 까닭이다.

在舍衛國 祇樹給孤獨園者 處成就也 在者 天台謂在卽住意 別之
有四 曰天住 梵住 聖住 佛住 隨宜佛住 乃至天住 實則佛身無在無不在

鈔 '재는 머문다는 뜻이다'고 한 것은, 『대품론』에는 부처님이 어
느 곳에 계신지를 밝히고 나서, 잠깐 머무신 곳과 오래 머무신 곳을
말하여 종합적으로 '재'의 뜻을 밝혔다.

지금 여기서는 오래 계셨는지 잠깐 계셨는지를 막론하고 당시 경
전을 설하신 장소에만 나아가서 '재'라고 이름을 붙인 것이다. 예컨대
천자가 머무는 곳을 행재(行在)라고 부르는 것과 같다.

'네 곳에 머무신다[19]고 한 것은, 부처님이 중생을 제도하되 적절한
곳에 따라 머무신다. 어떤 때는 천에 주함을 보이시니 이를테면 육욕
천(六欲天)이요, 인(因)은 곧 보시 · 지계와 선심(善心)에 주하신다. 혹은
범(梵)에 주함을 보이시니 초선(初禪)부터 비상(非想)에 이르기까지요,
인은 곧 사무량심(四無量心)에 주하신다. 혹은 성(聖)에 주함을 보이시
니 삼승이요, 인은 곧 세 가지 삼매에 주하신다. 혹은 불에 주함을 보
이시니, 곧 수능엄삼매와 백팔삼매와 십력과 사무외와 십팔불공법에
주하신다. 그런데 위의 세 가지는 다른 이의 뜻에 따라 주하시고 뒤
에 한 가지는 자신의 뜻에 따라 주하시는 것이다.

· · · · · · · · · ·

19 네 곳에 머무시는 것을 밝히면서 인(因)·과(果)로 나누었다. 천(天)은 과(果)요 보시와 지계와 선
심(善心)에 주하는 것은 인(因)이며, 범(梵)은 과(果)요 사무량심은 인(因)이며, 성(聖)은 과(果)요 세 가
지 삼매(三昧)는 인(因)이며, 불(佛)은 과(果)요 수능엄삼매와 백팔삼매와 십력(十力)과 사무외(四無畏)
와 십팔불공법(十八不共法)은 인(因)이다.

문: 부처님이 어찌하여 천에 주하십니까?

답: 지극히 높은 것을 굽혀 지극히 낮은 곳에 주하시는 것은 중생을 제도하기 위해서다.

'있는 곳도 없고 있지 않는 곳도 없다'고 한 것은, 고요함을 깨달았기 때문에 있는 곳이 없고, 원통을 깨달았기 때문에 있지 않는 곳이 없다. 『화엄경』에 "불신은 이르는 곳이 없고 이르지 않는 곳도 없나니, 왜냐하면 허공은 몸이 없기 때문이다. 여래도 역시 그러하여, 모든 법에 두루하되 모든 중생의 국토에 두루하여 이르는 곳도 없고 이르지 않는 곳도 없다."고 한 것이 곧 이 뜻이다.

그렇다면 부처님이 사위성에 계신 것은 낮은 근기에 맞추었기 때문에 천(天)에 주한다 하였으나, 사실대로 말한다면 사위성에 계신 것을 범(梵)에 주하였다 하고 성(聖)에 주하였다 하며 불(佛)에 주하였다 하여도 어찌 틀린 말이겠는가?

疏 '사위'는 범어니 또한 실라벌실저(梵名 Śrāvastī, 巴利名 Sāvatthī)라고도 한다. 중국말로는 문물(聞物: 덕으로 명성이 나다)이라 하니 덕(德)으로 이름을 붙였기 때문이며, 한편으로는 문자(聞者: 사람으로 명성이 나다)라고도 하니 사람으로 이름을 붙였기 때문이다.

舍衛 梵語 亦云室羅筏悉底 華言聞物 以德名故 一云聞者 以人名故

鈔 '덕'이란, 이 나라에 네 가지 덕이 풍부하니, 첫째는 세속적인 덕[塵德]이니 오진(五塵: 오욕의 대상이 되는 색·성·향·미·촉)의 아름답고

화려한 것이 많기 때문이요, 둘째는 재덕(財德)이니 칠보의 진귀한 기물이 없는 것이 없기 때문이요, 셋째는 성덕(聖德)이니 삼장의 성스러운 법이 모두 구족하기 때문이며, 넷째는 해탈덕(解脫德)이니 해탈한 사람이 많아서 욕망에 물들지 않았기 때문이다. 이러한 명성이 인도를 진동하였으므로 '문물'이라 부른다.

'사람으로 이름 붙였다'는 것은, 어진 사람이 많기 때문이며 나라에서 사람을 중히 여기기 때문이다.

疏 '기수급고독원'이란, 범어 기타(Jeta)는 '서다'라고도 한다. '기'라 한 것은 글이 생략되었으니 우리말로는 전승(戰勝)이라 한다.

'급고'는 덕을 표현했으니 곧 수달다(Sudatta)를 말한다. '원'이란, 범어 승가람마(saṃghārāma)는 우리말로 중원(衆園)이라 하니 여러 스님들이 거처하기 때문이다. 아마도 기타 태자는 나무를 보시하고 급고장자는 원(동산)을 샀으므로 두 사람 이름을 합쳐 '기수급고독원'이라 한다.

祇樹給孤獨園者 梵語祇陀 亦云逝多 言祇者 省文也 此云戰勝 給孤 表德 卽須達多 園者 梵語僧伽藍摩 此云衆園 安衆僧故 蓋祇陀施樹 給孤買園 兼二爲名 故云祇樹給孤獨園也

鈔 '전승'이란, 파사익왕의 태자가 태어날 때 왕이 외국과 전쟁하여 승리하였으므로 이를 기뻐하여 이렇게 태자의 이름을 지었다. '수달다'는 범어니 우리말로는 '보시하기를 좋아하다'라고 한다. 승군왕(勝軍王: 파사익왕)의 대신이다. 보시하기를 좋아하여 마침내 이런 아름

다운 이름을 얻게 되었다.

'급고독'이란, 어려서 어버이가 없는 것을 '고'라 하고 늙어서 자식이 없는 것을 '독'이라 한다. 여기서는 의지할 데가 없고 봉양해 줄 이가 없는 것을 고독이라 하였다. 고독만을 말한 것은, 큰 은혜는 급박한 상황에 놓인 사람을 구하는 것이요, 뛰어난 정치는 외로운 이를 먼저 생각하는 것이다. 이것들이 넓은 자비가 아닌 것은 아니지만 그 중에도 완급이 있기 때문이다.

'여러 대중이 거처하는 곳을 동산이라 한다'는 것은, 숲이 그늘지고 아늑하여 도를 배우는 사람이 깃들일 만하기 때문이다. '나무를 보시하고 동산을 샀다'는 것은, 『열반경』에 "수달 장자는 본래 사위국 사람인데 처음에는 부처님을 알지 못하다가, 며느리를 맞이하기 위해 왕사성에 갔다가 산단나 비구를 통해 부처님을 뵙고 믿음을 내어 사위성에 돌아오시기를 청하였다. 부처님이 사리불에게 대중들이 거처할만한 곳을 선택케 하여 기타 태자 소유의 동산[園]을 발견하였다. 장자가 값을 물으니 태자가 '금으로 땅에 가득 펴시오' 하고 희롱하듯이 대답하였다. 반드시 이것을 살 생각에 장자가 금을 땅에 펴니 태자가 감탄하여 마침내 땅을 증여하고, 그 땅에 있는 나무마저 부처님께 보시하고는 정사를 세웠다." 하였다.

이렇게 장자와 태자가 서로 발심하는 아름다운 이야기가 있기 때문에 이 두 분으로 정사 이름을 표시하였다.

疏 만약 이 경의 교리를 비유한다면 각기 표현한 바가 있으니,

『법화경』이나 『화엄경』을 해석한 예와 같다.

若喩當經教理 各有所表 如法華華嚴釋例

鈔 '이 경의 교리를 비유한다'는 것은, 예컨대 사위국은 나라가 강대하니, 이 정토법문이 광대하고 장엄하여 법이 최상임을 표현한 것과 같다. 곧 자은 법사가 "왕사성은 다른 나라보다 강대하니, 『법화경』의 법이 다른 법보다 수승함을 표현하였다."고 하였다.

아래는 모두 이것을 예하면 된다. 즉, '기수'는 나무가 수승하니, 정토가 중생에게 그늘을 드리워 영원히 뜨거운 번뇌에서 벗어나게 한다는 것을 표현하였고, '급고원'은 동산이 수승하니, 정토가 중생을 편안하게 하여 항상 즐거움을 준다는 것을 표현하였다. '기타 태자'는 종족이 수승하니, 정토에 왕생하는 자는 마침내 성불하여 불종을 잇는다는 것을 표현하였고, '수달 장자'는 사람이 수승하니, 정토에 왕생하는 자는 정정취에 들어 훌륭한 선인들과 함께함을 표현하였다.

『화엄경』이 갖가지로 법을 표현하여 일심을 밝힌 것과 같으니, 모두 이 뜻이다.

疏 이치에 맞게 말한다면, 자성이 시방에 통철(洞徹: 막힘없이 탁 트임)하니 이것이 아난 존자가 부처님 말씀을 들은 뜻이요, 자성이 바로 이곳을 여의지 않았으니 이것이 부처님이 기원에 계신 뜻이다.[20]

. . . .

20 자성이 시방에 통철하다면 일대시교를 듣지 않음이 없으니 이것이 진문(眞聞)이요, 자성이 지금

稱理 則自性洞徹十方 是阿難聞佛義 自性不離當處 是佛在祇園義

   鈔 시방에 통철함을 마음으로 들었다면 이것이 아난이 지금 현재 결집한 것이요, 진불(眞佛)이 집안에 앉아 있다면 이것이 석가가 원래 서방에 계시지 않는 것이다. 스스로 듣는 것을 돌이켜 듣고 자신의 부처를 돌이켜 비추어보면, 기원의 한 회상이 분명히 흩어지지 않았음을 알 것이니, 어찌 영산뿐이겠는가?

· · · · · · · · · ·

이 자리를 여의지 않았다면 법성이 고요하여 변하지 않으니 이것이 진불(眞佛)이 있는 곳이다.

2
나열한 대중의 증신서(證信序)

가. 성문 대중

1) 종류와 수를 밝히다

【經】 훌륭한 비구스님 천이백오십 명과 함께 계셨으니
與大比丘僧 千二百五十人俱

疏 여기서부터 '여러 하늘과 대중과 함께 하시었다[諸天大衆俱]'까지는 중성취(衆成就)다.

'여(與)'란 '함께[共]'라는 뜻이다. '대(大)'는 소(小)와 구별하였다. 대(大)에 세 가지 뜻이 있으니 '크다[大]' '많다[多]' '훌륭하다[勝]'[21]이다. 다른 비구와 다르기 때문이다. 『불지론』에도 세 가지 뜻이 갖추어져 있음을 말하였다.

'비구(梵語 bhikṣu, 巴利語 bhikkhu)'는 범어니 우리말로 세 가지 뜻이 있다. 첫째는 '구걸하는 자[乞士]'요, 둘째는 '마가 두려워하는 이[怖魔]'

· · · · · · · · · ·

21 우리말 '대(大)'는 범어로 마하라고 한다. 여기에 세 가지 뜻이 있으니 대(大)와 다(多)와 승(勝)이다. 그러므로 반드시 근본 세 가지 뜻에 나아가 해석해야 한다.

요, 셋째는 '악을 파한 자[破惡]'이다.

'승'은 범어니 구체적으로는 승가(saṃgha)라고[22] 한다. '가'를 말하지 않은 것은 글을 생략한 것이다. 우리말로는 '화합대중[衆和合]'[23]이라 한다.

'천이백오십 명'이란, 세 가섭과 목련과 사리불과 이 다섯 사람의 제자들과 모두 합하여 이루어졌기 때문이다.

위에서는 대중의 종류가 성문에 속함을 밝혔고, 아래는 그 숫자가 얼마나 되는지를 밝혔다. '함께 계셨다[俱]' 한 것은 위의 '함께[共]'의 뜻에 부합된다.

自此而下 至諸天大衆俱 衆成就也 與者共義 大者揀小 具有三義 謂大多勝 異餘比丘故 佛地亦具三義 比丘 梵語 此云有三 一乞士 二怖魔 三破惡 僧者 梵語 具云僧伽 不言伽者 省文也 此云衆和合 千二百五十人者 三迦葉 目連 舍利 五人弟子 共合成故 上明類屬聲聞 下明數有若干也 俱者 合上共義

· · · · · · · · · ·

22 '승가에 네 가지가 있으니, 첫째는 부끄러움이 있는 승(僧)이니 계행을 지켜 어김이 없는 승(僧)이요, 둘째는 부끄러움이 없는 승(僧)이니 삼업이 깨끗하지 않고 여러 가지 악행을 저지르는 승(僧)이요, 셋째는 무지(無知)한 승이니 파계하지는 않으나 근기가 둔해 지혜가 없는 승이요, 넷째는 진실한 승이니 4과(四果)와 4향(四向)으로 무학을 배운 승이다.

23 '대중이 화합한다'는 것은 육화를 말한다. 곧 계가 화합하여 함께 닦고[戒和同修], 견해가 화합하여 함께 이해하며[見和同解], 몸이 화합하여 함께 주하고[身和同住], 입이 화합하여 다툼이 없고[口和無諍], 뜻이 화합하여 함께 기뻐하고[意和同悅], 이익이 화합하여 함께 나눈다[利和同均].

鈔 '함께라는 뜻'이란, 천태는 일곱 가지 하나[七一]로써 '함께'를 해석하였다. 이를테면 처소가 하나이고[處一], 때가 하나이고[時一], 마음이 하나이고[心一], 계율이 하나이고[戒一], 도가 하나이고[道一], 견해가 하나이고[見一], 해탈이 하나이니[解脫一], 이렇게 부처님과 대중이 함께 기원정사에 거주한 것이 경의 올바른 뜻이다. 자세한 것은 위와 같다.

'소와 구별한다'는 것은 초심비구가 아님을 밝혔으니, 곧 아래에서 말한 '장로' 등이다.

'크고, 많고, 훌륭하다'는 것은, 천왕과 대인(大人: 왕공, 귀족 등 신분이 높은 사람)이 모두 존경하고 우러러보아 덕이 작지 않으므로 '크다' 하고, 내전과 외적을 널리 통달하여 견해가 적지 않으므로 '많다' 하며, 96종 외도를 초월하여 근기가 하열하지 않으므로 '훌륭하다' 하였으니, 모두 소승의 극치다.

『불지론』의 세 가지 뜻'이란, 첫째는 근기가 가장 예리하여 바라밀다의 종성이므로 '대'라 하고, 둘째는 모두 무학(無學)의 과위를 얻었으므로 '대'라 하며, 셋째는 모두 소과(小果)를 얻고 나서 대보리에 나아가기 때문에 '대'라 한다. 그렇다면 대승에 통하는 말이다.[24]

'비구 세 가지 뜻'에, 첫째 '구걸하는 자[乞士]'는 음식을 구걸하고 법을 구걸함을 말하는데, 음식을 구걸하는 것은 네 가지 사명(邪命)을

. . . .

24 위의 대(大)·다(多)·승(勝)의 세 가지 뜻은 단지 소승에 나아가서 말했을 따름이요, 지금 『불지론』의 세 가지 뜻은 대승에 통하는 말이다.

버리고[25] 네 가지 정명(正命)에 합하여 경영을 일삼지 않고 축적에 힘쓰지 않으며 온갖 인연을 쉬고 한결같이 청정히 수행하니, 스님은 마땅히 이렇게 생활해야 하기 때문에 음식을 빌어 몸을 기른다고 한다. 법을 구걸하는 것은 스승을 찾고 벗에게 묻되 갖은 고통을 무릅쓰고 미묘한 법을 구해 성과(聖果) 이루기를 기약하므로 법을 빌어 마음을 기른다고 한다.

둘째 '마가 두려워하는 이[怖魔]'란, 어떤 이가 발심하여 출가하면 마왕이 이 소식을 듣고는 몹시 두려워한다. 왜냐하면 마는 생사를 좋아하지만 출가는 욕망을 버리고 무생에 나아가기 때문이다. 그러므로 마는 자기 의지처를 잃고 두려워하는 것이다.

셋째 '악을 파한 자[破惡]'란, 능히 구십팔사(九十八使)[26] 번뇌를 타파하고 모두 단절하였기 때문이다.

혹은 청정한 계율[淨戒], 청정한 생활[淨命]을 더하면 다섯 가지 뜻이 된다. 지금 세 가지 뜻은 걸식으로 정명을 포함하고 파악으로 정

· · · · · · · · · ·

25 '네 가지 사명(邪命)'이란, 약을 빚고 나무를 심으며 논밭을 가꾸는 것을 하구식(下口食)이라 하고, 별자리를 쳐다보는 것을 앙구식(仰口食)이라 하며, 사방으로 다니며 말을 교묘히 하는 것을 방구식(方口食)이라 하고, 주술과 복산(卜算)을 유구식(維口食)이라 한다. 비구는 이 네 가지를 하지 않으니 이를 청정걸사라 한다.

26 '구십팔사'는 견(見)·사(思)·혹(惑)이다. 견혹에 88사(使)가 있으니, 5둔(五鈍)과 5리(五利)가 고(苦) 등 사제(四諦)에 대하니 고(苦)는 완전히 갖추고 집(集)과 멸(滅)은 세 가지를 제하니 이를테면 신견(身見)·변견(邊見)·사견(邪見)이다. 도(道)에 두 가지를 제하니 신견과 변견이다. 상계(上界)는 진(瞋)을 행하지 않는다. 사혹에 10사(使)가 있으니 이를테면 욕계는 탐(貪)·진(瞋)·치(癡)·만(慢)이요 위이계(二界)에 각기 탐(貪)·진(瞋)·치(痴)가 있으니 모두 98이다.

계를 섭수하기 때문이다.

'화합대중'이란, 네 사람 이상부터 수많은 대중에 이르기까지 모두 똑같이 갈마(羯磨: 梵語 karman, 巴利語 kamma)하여 서로 어기거나 다투지 않는 것이 마치 물과 젖이 합한 것과 같으니, 이것을 '화합한 무리'라 한다.

'세 가섭'이란, 첫째는 우루빈나가섭(梵名 Uruvilvā-kāśyapa, 巴利名 Uruvela-kassapa)이니 화룡굴(火龍窟)에 500명의 제자가 있었고, 둘째 는 가야가섭(Gayā-kāśyapa)이니 상두산(象頭山)에 300명의 제자가 있었 으며, 셋째는 나제가섭(梵名 Nadī-kāśyapa, 巴利名 Nadī-kassapa)이니 희 련하(希連河)에 200명의 제자가 있었는데, 나중에 부처님께 귀의하였 으므로 1천 대중이 되었다.

'목련과 사리'는 두 분에게 모두 250명의 제자가 있었으며, 역시 부처님께 귀의하여 1,250명이 되었다.

일설에는 야사(耶舍: 梵名 Yaśa 혹은 Yaśoda) 등 50명과 진여(陳如: 梵 名 Kauṇḍinya, 巴利名 Koṇḍañña) 등 5명을 제도하여 모두 이러한 수가 된다고도 하였다.

疏 유독 천이백오십 명만 든 것은 이들이 늘 따라다니던 대중이 기 때문이다.

獨擧千二百五十人者 以常隨故

鈔 '늘 따라다니던 대중'이란, 부처님이 세상에 계실 때 제도하신

나한과 비구가 매우 많았는데, 유독 이들만을 든 것은 무엇 때문인가? 이들 1,250명은 가장 먼저 부처님께 귀의하고 또한 항상 부처님 곁을 떠나지 않으며 부처님이 돌아가실 때까지 늘 따라다녔으므로 이들만을 든 것이다.

그 밖에 대중은 사방에 흩어져 있어서, 비록 천리 밖에서 얼굴을 마주대하고 이야기하는 것 같더라도[27] 이것은 자취에 의해 겉모양을 이루는 것이라, 일반적인 관례대로 이렇게 1,250명만을 든 것이다. 예컨대 공자의 제자 중에 현달한 선비가 대체로 3천 명이나 되지만 유독 70명만 든 것은 오래 사수(泗水) 가에 있으며 진채(陳蔡: 공자가 천하를 주유하는 동안 양식이 떨어져 재액을 당한 곳. 陳과 蔡)에서도 서로 의지하여 항상 따라다녔기 때문이다.[28]

. . . .

27 당나라 이세민이 진왕(秦王)이었을 때 군중에서 방현령(房玄齡)을 시켜 조정에 들어가 주사(奏事)케 하니, 고조가 웃으며 "현령이 내 아들을 위해 주사(奏事)하니, 비록 천 리가 막혔으나 마치 얼굴을 마주대하고 이야기하는 것과 같도다." 하였다.

28 '사수 가'는 공자가 강학하던 곳이다. 행단(杏壇)이 여기에 있다. '오래 사수 가에 있었다'는 것은 평소에 함께 거처하며 함께 일을 한 것을 말하고, '진채에 서로 의지했다'는 것은 환란에서도 서로 떨어지지 않았음을 말한다.

2) 위덕을 밝히다

【經】 모두 위대한 아라한으로서, 대중들이 흠모하고 공경하는 이[29]들이었습니다.

皆是大阿羅漢 衆所知識

疏 위 구절은 지위를 표시하였고 아래 구절은 덕을 밝혔다.

'위대한[大]'이란, 여타의 작은 성문과 구별하였기 때문이다.

범어 '아라한(梵語 arhat, 巴利語 arahant)'에 세 가지 뜻이 있다. 첫째는 응당 공양을 받을 만한 자[應供]요, 둘째는 번뇌의 도둑을 죽인 자[殺賊]요, 셋째는 태어남이 없는 자[無生]니, 곧 앞의 걸사, 포마, 파악의 과덕이다.

'지식(知識)'이란, 이름을 듣고 덕을 사모하는 것을 '지'라 하고, 몸을 보고 공경하고 받드는 것을 '식'이라 한다. 어떤 이는 "몸을 보는 것을 '지'라 하고 마음으로 보는 것을 '식'이라 한다." 하며, 어떤 이는 "지가 곧 식이다." 하며, 또한 '대중 가운데 선지식'으로 볼 수도 있다. 대중을 인도하기 때문이다.

上句表位 下句表德 大者 揀餘小聲聞故 梵語阿羅漢 此有三義 一應

<hr />

[29] 주석에 의하면 '중소지식(衆所知識)'을 네 가지로 번역할 수 있다. 첫째는 대중이 흠모하고 공경하는 이, 둘째는 대중이 훌륭한 모습을 보고 정신적으로 사귀는 이, 셋째는 대중이 누구나 다 아는 이, 넷째는 대중의 선지식이다. 여기서는 '대중이 흠모하고 공경하는 이'로 번역하였다. ―역자주

供 二殺賊 三無生 卽前乞士怖魔破惡果也 知識者 聞名欽德曰知 覩形敬
奉曰識 一云見形爲知 見心爲識 一云知卽是識 亦可衆中知識 爲衆導故

鈔 '여타의 작은 성문과 구별하였다'는 것은, 초과(初果)로부터 사
과(四果)에 이르기까지는 모두 성문 지위인데, 지금 '대아라한'이라 한
것은 사과 성문임을 밝힌 것이다.

'응공'이란, 범부는 덕이 없고, 앞의 삼과(三果)는 덕이 있으나 크
지 못하여 응공이라 하지 못하며, 지금은 범행이 이미 이루어져서 삼
계에서 벗어나 응당 인간이나 천상의 공양을 받을 만하기 때문이다.
『구사론』에 "아라한에게 공양하면 현재 복보를 얻으니, 이것은 인간
이나 천상이 복을 심는 좋은 밭이기 때문이다. 그러므로 보시를 받아
도 부끄럽지 않다. 그러므로 응공이라 한다." 하였다. 처음에는 발우
를 들고 공양을 받으며 중생에게 복을 기약했으나, 지금은 이미 도를
깨달았으니 당연히 공양을 받을 만하다. 이것을 '걸사의 과(果)'라 한
다. 그런데 부처님도 역시 응공이라 하는데, 나한은 인간이나 천상에
국한되지만 부처님은 인간이나 천상이나 성문, 연각, 보살이 응당 공
양해야 할 분이다.

'살적'이란, 번뇌는 공덕의 재물을 빼앗고 지혜의 목숨을 상하게
하니, 앞의 삼과(三果)는 견혹(見惑)은 비록 끊었으나 사혹(思惑)은 아직
남아 있더니, 지금은 사혹 72품을 모두 끊었으니[30] 마치 반역의 무리

· · · · · · · · · · ·
30 '사혹 72품(品)을 모두 끊었다'는 것은, 사혹은 삼계(三界) 구지(九地)로 나누니 모두 81품이다. 초

들을 모조리 죽이고 천하가 태평한 것과 같다. 그러므로 '살적'이라 한다. 처음에는 악을 적으로 삼았으나 지금은 악이 이미 없어졌으니 이것을 '파악의 과(果)'라 한다.

'무생'이란, 범부는 한없는 생사를 겪으니, 초과(初果)에서는 생사를 일곱 번 반복하고, 이과(二果)에서는 욕계에 한번 태어나고, 삼과(三果)에서는 욕계에 오지 않으나 오히려 색계에 태어나지만, 지금은 태어나는 인연이 이미 다하여 후유(後有)를 받지 않으니, 그러므로 무생이라 한다. 처음에는 생사에서 벗어나기를 원하여 마(魔)로 하여금 두려움을 내게 하였으나 지금은 무생을 깨달았으니 이것을 '포마의 과(果)'라 한다.

'이름을 듣고 형상을 본다'는 것은 가깝고 먼 한 쌍이니, '지'란 귀로 들음이니 사모하여 뵙기를 원하는 것이요, '식'이란 눈으로 봄이니 받들고 섬겨서 어기지 않는 것이다.

'형상을 보고 마음으로 본다'는 것은 얕고 깊은 한 쌍이니, '지'란 훌륭한 모습을 직접 대하는 것이요, '식'이란 정신적으로 사귀는 것이다. 예컨대 두 스님이 부처님을 뵙고자 하다가 한 사람이 도중에 죽었으나 부처님이 죽은 자를 '먼저 나를 보았다' 한 것과 같으니, 곧 마

. . . .

과에서는 전혀 끊지 못하고, 제2향 중에서 욕계 전6품을 끊으니 곧 이과를 깨닫고, 제3향 중에서 욕계 후3품을 끊으니 곧 삼과를 깨닫는다. 그러나 아직 위의 8지 72품이 남아 있으니 다시 제4향 중에서 모두 끊어야만 비로소 4과 아라한이 된다.

음으로 본 것을 말한다.[31]

'지가 곧 식이다'는 것은 상지(相知), 상식(相識)과 같은 말이다. 덕이 높고 명망이 두터우며 명성이 천하에 가득하여 사람들이 누구나 그분을 '지' 하고, 사람들이 누구나 그분을 '식' 하기 때문에 '대중이 아는 분'이라 하였다.

일설에는 온 대중 가운데 이 분이 가장 많은 지식이 있어서 인간이나 천상의 안목이 되기 때문에 '대중의 인도자'라 하였다.

요즘 사람들이 선지식이라 한 말에도 역시 두 가지 뜻을 갖추었다. 첫째는 악에 상대하여 말했으니 내가 아는[知識] 것은 옳은 것[善]이 있고 옳지 못한 것[惡]이 있으나, 이 분이 아는 것은 옳은 지식이기 때문이요, 둘째는 이 분에게 분명한 '지'와 탁월한 '식'이 있어서 다른 사람이 미치지 못하니, 이것은 지식이 훌륭하기 때문이다.

疏 이치에 맞게 말한다면, 자성에 번뇌[漏]가 없으니 이것이 나한의 뜻이요, 자성에 미혹[迷]이 없으니 이것이 지식의 뜻이다.[32]

. . . .

31 예전에 두 스님이 부처님을 뵙기를 기약하다가, 마침 무더운 여름이어서 길을 가다 중도에 무덥고 목이 말라 죽을 지경에 다다라 함께 먹을 물을 찾았다. 마실만한 깨끗한 물을 발견하였으나 작은 벌레가 많았다. 한 스님은 벌레가 있기 때문에 마시지 않고 죽었고, 한 스님은 방편에 따라 물을 마시고는 곧 부처님을 뵙고는 앞의 일을 자세히 말씀드렸다. 그러자 부처님이 "중도에 죽은 자가 나를 먼저 보았으니, 나의 계율을 지켰기 때문이다." 하였다.

32 누(漏)에 세 가지가 있으니 욕루와 유루와 무명루다. 욕루는 색계의 탐이요, 유루는 위 이계의 탐이요, 무명루는 삼계 가운데 치(癡)다. 이것은 소승의 누(漏)거니와, 만약 대승의 누(漏)라면 삼계의 탐(貪)·치(癡)를 누(漏)라 할 뿐만 아니라, 무명혹은 중도에 있지 않고 이변에 누락하니 이것도 역시 누(漏)

258

稱理 則自性無漏 是羅漢義 自性無迷 是知識義

鈔 심원(心源: 만법의 근원인 心)이 본래 고요하니 여러 가지 번뇌가 완전히 공하였고, 심체(心體: 법계의 본체인 心)가 본래 밝으니 여러 가지 미혹이 어디에 있겠는가?『법화경』에 "진정한 아라한이다." 하고, 『기신론』에 "진실로 아는 것이다." 하니, 저 공에 빠진 것으로 고요함을 삼고, 생각을 지어 아는 자는 이름뿐인 아라한이요 허망한 지식이다.

그러므로 사견과 정견이 하나의 본체요 중묘(衆妙)와 중화(衆禍)가 같은 문이니, 마음을 쉬어 본원을 통달하면 거의 사문이라 할 수 있는 것이다.

3) 명호를 밝히다
가) 대중 이름

【經】 그들은 장로 사리불과 마하목건련과 마하가섭, 마하가전연, 마하구치라, 리바다, 주리반타가, 난타, 아난타, 라후라, 교범바제,

----

이다. 지금 자성은 본래부터 변이(變異)가 없어서 파괴할 수 없으니 무슨 누가 있겠는가? 논에 "지체(智體)가 부동하여 무루 성공덕을 구족하였다." 하니, 이것이다. 미(迷)에 두 가지가 있으니 근본불각과 지말불각이다. 일념무명이 망동함으로 해서 마침내 삼세(三細)·육추(六麤)의 갖가지 미치경계(迷痴境界)를 이룬다. 그러나 자성은 본래부터 일체 염법이 능히 물들이지 못하니 무슨 미(迷)가 있겠는가? 논에 "일체 염법과 상응하지 않으므로 여실공(如實空)이라 한다." 한 것이 이것이다.

빈두로파라타, 가루타이, 마하겁빈나, 박구라, 아누루타 등

長老舍利弗 摩訶目犍連 摩訶迦葉 摩訶迦㫋延 摩訶俱絺羅 離婆多
周利槃陀伽 難陀 阿難陀 羅睺羅 憍梵波提 賓頭盧頗羅墮 迦留陀夷 摩
訶劫賓那 薄拘羅 阿㝹樓馱

疏 '장로'란, 덕이 높고 승랍이 많은 이를 말한다. 또는 덕과 승랍
중에 한 가지라도 갖춘 이를 통틀어 장로라고도 한다. 이 '장로'라는
말은 아래 열여섯 분 존숙에까지 관통하였다.

長老者 德長臘老 又德臘具一 亦通稱長老 貫下十六尊宿

鈔 '승랍'이란, 출가한 지 1년이 되면 일랍(一臘)이라 하니, 1년 가
운데는 섣달이 오직 하나 뿐이기 때문이다. 또는 일하(一夏)라고도 하
니 뜻은 위와 같다.

'통틀어 말한다'는 것은, 위에서는 덕과 승랍이 모두 높은 것을 말
하였고, 여기서는 승랍은 어리더라도 덕이 대중 가운데서 가장 높거
나, 덕은 부족하더라도 승랍이 다른 사람보다 앞선 이를 또한 장로라
고 한다. 『비바사론』에서 '법성장로[法性上座: 德長老]'라 하거나 '생년상
좌(生年上座: 年長老)'라 하는 것이 이것을 말한다.

또한 당역(唐譯)에서는 '구수(具壽)'라 했는데, 이것은 덕과 승랍을
함께 말한 것이요, 위역(魏譯)에서는 '혜명(慧命)'이라고 했는데 이것은
덕의 입장에서만 말한 것이다.

비록 두 가지가 다 쓰이지만 반드시 덕을 더 중히 여겨야 한다. 지

금 이 경에서 나열한 것은 대체로 덕은 있고 승랍이 부족한 자는 있으나, 승랍은 있지만 덕이 없는 자는 없다.

'아래까지 관통하였다'는 것은, '장로'라는 명칭은 사리불만이 아니고 아누루타까지 모두 장로라고 해야 한다는 뜻이다. 모두 상수제자이기 때문이다.

疏 '사리불(梵名 Sāriputra, 巴利名 Sāriputta)'이란, 범어 '사리'는 우리말로 해오라기[鷺鷺]라 하고, '불'은 아들[子]의 뜻이다. 그러므로 추자(鶖子)라고 한다.

또한 신자(身子)라고도 하고 주자(珠子)라고도 한다. 그 밖에 여러가지 이름이 있지만 번거로울까 하여 인용하지 않는다. 여러 제자 중에서 지혜가 제일이다. '제일'이라고 한 것은 우선 한 가지 덕을 밝힌 것이다.

『논어』에 "군자는 한 가지 틀에 얽매이지 않는다." 하였는데, 더욱이 나한이겠는가?

舍利弗者 梵語舍利 此云鷺鷺 梵語弗 此云子 故云鶖子 亦云身子 亦云珠子 更有多號 恐繁不引 諸弟子中 智慧第一 稱第一者 姑顯一德 語云 君子不器 況復羅漢

鈔 '추자'란, 그의 어머니는 몸매가 단정하고 눈이 해오라기같이 깨끗하였으므로, 어머니와 연이어 이름을 붙여 '추로의 아들'이란 뜻으로 '추자'라 하였다.

'신자'란 몸이 단정하다는 뜻이요, '주자'는 눈이 깨끗하다는 뜻이다. 그 밖에 여러 가지 이름이 있지만 지금은 그다지 중요하지 않기 때문에 번거롭게 인용하지 않는다. 아래도 모두 이것에 견주어 이해하면 된다.

'지혜'란, 모태에 있을 때 이미 어머니 변재를 그의 외삼촌(마하구치라 존자)보다 훌륭하게 하더니, 나이 여덟 살에 법좌에 오르니 당시 열여섯 큰 나라에서 아무도 대론에 맞설 자가 없었고, 출가한 지 이레만에 불법을 두루 깨달았으므로 '지혜제일'이라 하였다.

'우선 한 가지 덕을 밝혔다'는 것은, 신자 밖에 다른 아라한도 모두 그보다 지혜가 못하지 않고, 또한 신자는 지혜만을 갖추고 다른 것은 겸하지 않았다는 것이 아니라는 것을 밝혔으니, 대체로 각기 하나의 덕을 들어서 법문이 무량함을 표현하였을 뿐이다.

또한 특별히 좋아하는 것을 인용했을 뿐이다. 예컨대 경에서 "사리불이 편안히 앉아있는데 목련 존자가 그를 정에서 일으키고자 온 신력을 다했지만 능히 그의 옷자락 하나도 움직일 수 없었다." 하니, 보통 목련을 신통제일이라 하지만 사리불의 신통이 이런 줄을 누가 알랴.

'군자는 한 가지 틀에 얽매이지 않는다'는 것은, 공자가 말하기를, "배는 육지로 가지 못하고 수레는 물로 가지 못하는 것과 같은 것은 한 가지 틀에 얽매인 것이다. 군자는 여러 가지 능력을 갖추어 하나의 틀에 막혀 있지 않으니, 어찌 안회나 민자건은 문(文)이 없다 하고, 자유나 자하는 행(行)이 부족하다 하겠는가?" 하였다. 군자도 그러한

데 더욱이 범부를 초월하고 성인에 들어가 삼명(三明)이 밝고 육통(六通)을 다하여[33] 이름을 '번뇌가 다한 아라한'이라 부르는 자랴. 그러므로 '우선 하나의 덕을 들었다' 한 것이다.

疏 맨 먼저 사리불을 든 것은, 이 경은 오직 지혜로써만이 이해할 수 있기 때문이다.

　首擧舍利弗 以此經惟智所解故

鈔 경에서 "부처님이 중생을 위하여 이 믿기 어려운 법을 설하셨다." 하니, '믿기 어렵다'는 것은 오직 지혜가 깊은 이만이 믿고 의심치 않는다는 뜻이다. 그러므로 맨 먼저 사리불의 이름을 든 것이다.

어떤 이는 『반야심경』에서는 사리불에게만 법을 설했으니, 그렇다면 사리불의 지혜는 공을 이해하는 데만 있고 정토에는 있지 않은 줄 알 수 있다." 하고 힐난한다.

· · · · · · · · · ·

33 '삼명'은 과거숙명명(過去宿命明)과 현재천안명(現在天眼明)과 미래누진명(未來漏盡明)이요, 천이(天耳)와 타심(他心)과 신족(神足)을 더하여 '육통'이라 한다. 앞의 세 가지는 쌍으로 통(通)과 명(明)을 갖추었고 뒤에 세 가지는 단지 통(通)이라고만 한다. 단지 숙세에 수생(受生)한 일만 아는 것을 숙명통이라 하고, 숙세 백천만생의 수많은 생명과 수많은 고락(苦樂) 등의 일을 받을 것을 모두 아는 것을 숙명명이라 하며, 여기에서 죽어 저기에 태어나는 것을 보기만 하는 것을 천안통이라 하고, 또한 나와 중생이 죽을 때와 태어날 때와 지은 선악의 행과 혹은 선도(善道)와 악도(惡道)에 태어나는 것을 모두 능히 볼 수 있는 것을 천안명이라 하며, 중생이 삼계 견(見)·사(思)의 혹(惑)으로 인하여 생사에 타락하기 때문에 누라고 하니 오직 나한만이 견(見)·사(思)를 모두 끊고 신통을 얻는 것을 누진통이라 하며, 또한 누가 다한 후에 다시 생사를 받지 않은 줄 아는 것을 누진명이라 한다. 뒤에 세 가지는 이러한 분별이 없기 때문에 통이라고만 부른다.

아! 색이 곧 공이요 공이 곧 색이라, 정토가 곧 공이요 공이 곧 정토라고 말할 수 있지 않겠는가? 만약 정토를 버린다면 진공(眞空)이 아니요 진공을 이해하지 못하면 곧 정지(正智)가 아니다. 사리불의 지혜는 반드시 이렇지는 않다.[34]

疏 '마하목건련'은, 마하(mahā)는 우리말로 대(大)라고 하고 목건련은 채숙씨(采菽氏: 콩을 거두는 종족)라고 한다. 혹은 래복(萊菔: 무 농사를 짓는 종족)이라고도 한다. 신통제일이다.

摩訶目犍連者 摩訶 此云大 目犍連 此云采菽氏 一云萊菔 神通第一

鈔 '목건련(梵名 Maudgalyāyana, 巴利名 Moggallāna)'은 성이요, 이름

. . . .

34 '색이 곧 공이다' 한 것에 색은 곧 11색법(色法)이니, 이 색을 범부는 실유한 것인 줄 알고 삼승은 허환한 것인 줄 알아, 전체가 묘색이라 묘색이 곧 공인 줄은 알지 못한다. 그러므로 색이 곧 공인 것이다. 경에 "상(相)이 원래 망(妄)인 줄 관찰하고 성(性)이 원래 진(眞)인 줄 관찰하는 것이 곧 보리의 묘정명체(妙淨明體)다." 하니, 이러한 뜻이다. '공이 곧 색이다' 한 것의 공은 곧 제일의공이니 이 공은 사(邪)·외(外)가 생각하는 단공(斷空)이거나 소승이 생각하는 편공(偏空)이 아니라 곧 진공이니, 진공은 곧 묘색인 것이다. 그러므로 '공즉시색'이라 하였다. 경에 "여래장 중에 성색(性色)이 진공이요 성공이 진색(眞色)이니 청정본연하여 법계에 두루하다." 한 것이 이것이다.
'정토가 곧 공'이란, 자성청정을 여실공이라 하나 여실공이 곧 여실불공이니, 일체상(一切相)을 여읜 곳이 원래 정법만족(淨法滿足)하니 공이 어찌 정토가 아니겠는가? 만약 정토를 버린다면 이는 완공(頑空)이요 편공(偏空)이니 색에 의한 진공이 아니다. 진공을 알지 못하면 이는 범부나 외도의 삿된 지혜요, 이승(二乘)의 소지(小智)는 대승(大乘)의 정지(正智)가 아니다. '신자(身子)의 지혜는 이와 같지 않다' 한 것은, 신자(身子)가 이미 대심을 내어 반야회상에서 반야를 충분히 이야기하여 집정(執情)을 도태시켰다면 이미 대승 정지(正智)를 갖추었으며, 이미 정지를 갖추었다면 반드시 진공을 알았을 것이니, 정토를 버리지 않고 정토의 법을 설한다면 신자(身子)에게 설하지 않고 누구에게 설하겠는가?

은 구율타(Kolita)라 하였다. 구율타는 나무 이름인데 이 나무 신에게 기도하여 낳았기 때문에 이렇게 불렀다. 그의 종족이 매우 번성했기 때문에 '대'라고 구별하였다.

'신통'이란, 부처님이 도리천에 올라가실 때, 독룡이 부처님을 방해하므로 여러 비구들이 용을 항복받기를 간청하였으나 부처님이 매번 허락하지 않았다. 목련이 크고 작은 몸을 변화하니 용이 두려워 마침내 항복하였다.[35] 또한 외도가 산을 옮기자 이를 말려 움직이지 않게 하였고,[36] 온 성의 석가 종족들을 범천으로 맡겼고,[37] 수레를 정지시켰으

· · · · · · · · · ·

35 난타·발난타 형제 용이 수미산 부근에 살았는데 부처님이 어느 날 공중을 날아 도리천에 올라가 어머니를 위해 법을 설하시려 하니, 용이 화를 내고 원망하며 먹구름과 어두운 안개를 토하여 해와 달을 가리며, 몸으로 수미산을 일곱 바퀴 돌고 꼬리로 바닷물을 치고 머리를 산정에 베개를 베니, 목련이 배나 많은 몸을 나타내어 수미산을 열네 바퀴 돌고 꼬리로 바다 밖을 치고 머리를 범궁에 베개를 베었다. 용이 더욱 화를 내어 금강 모래를 비 내리듯 퍼부으니 목련이 모래를 변화하여 보화(寶華)를 만드니 참으로 아름답기 짝이 없었으나 용은 오히려 화를 풀지 않았다. 목련은 조그만 몸으로 변화하여 용의 몸 속에 들어가 눈으로 들어갔다 귀로 나오고 귀로 들어갔다 코로 나오니 용은 고통을 견디지 못해 마음으로 항복하였다.

36 외도의 스승과 제자 5백이 주술을 써서 산을 옮기더니, 한 달 만에 산의 뿌리가 이미 움직였다. 그러자 목련이 생각하기를 "이 산이 만약 이동한다면 손해가 많을 것이다." 하고, 곧 산정에서 가부하고 앉으니, 산은 도로 움직이지 않았다. 외도들이 서로 "우리들 법은 산을 움직이는 데 며칠을 소요해야 이동하였는데, 어떻게 안정되고 견고하기가 처음과 같은가? 이는 반드시 사문이 그렇게 하였을 것이다." 하고, 스스로 힘이 부족함을 알고 마음으로 불법에 귀의하였다.

37 유리대왕이 석가 종족을 멸망하려 하자 목련이 이를 구하려 하니, 부처님이 "정업은 피하기 어렵다." 하고 그의 청을 들어 주지 않았다. 그러자 목련이 신통력으로 발우 속에 5백의 석가 종을 담아 범천에 맡기고, 석종이 멸망한 후에 발우를 열고 보니 오직 핏물뿐이었다. 그러므로 업력은 부처님도 구할 수 없는 줄 알 수 있다.

며,[38] 집을 불태우는 등과 같으니,[39] 그러므로 신통제일이라 하였다.

疏 '마하가섭(梵名 Mahā-kāśyapa, 巴利名 Mahā-kassapa)'은 우리말로 대구씨(大龜氏)라고 하고, 한편 음광(飮光)이라고도 한다. 두타제일이다.

摩訶迦葉者 此云大龜氏 一云飮光 頭陀第一

鈔 '대구'란, 조상이 도를 배울 때 신령한 거북이가 그림을 지고 출현했으므로 이것으로 성을 삼았다. 이름은 핍발라야나(Pippalāyāna)니 이것도 역시 나무다. '대'라고 한 것은 다른 형제들과 구별하였으니 세 분의 가섭이 있었다.

'음광'이란, 그는 전생에 야금사(冶金師)였는데, 한 여인과 함께 금으로 불상을 장엄하여 마침내 세세생생에 금색과 같은 몸을 얻었고, 금색이 휘황찬란하여 다른 색을 삼키므로 음광이라 하였다.

· · · · · · · · · ·

38 기파 선의(善醫)가 이미 도리천에 태어나니, 어느 비구가 병이 들었으므로 목련이 신통으로 그에게 가서 병을 낫게 할 방법을 물었다. 그때 마침 제천이 외출하므로 기파도 수레에 올라 내리지 않고 단지 합장할 뿐이었다. 그러자 목련이 신통력으로 그의 수레를 멈추게 하니, 기파가 비로소 수레에서 내려 안부를 여쭙고는 "무슨 일이 있으십니까?" 하였다. 그러자 목련이 그를 찾아온 내력을 자세히 말하니, 기파가 "단식하는 것이 제일 좋은 치료법입니다." 하는 진단을 내렸다. 목련이 그를 내려주고 비로소 비구에게로 급히 돌아왔다.

39 제석이 아름다운 집을 지었으니 화려하기 짝이 없었다. 목련이 가서 보니 천녀들이 모두 숨고 피하여 나오지 않았다. 목련이 제석이 즐거움에 빠져 도본(道本)을 닦지 않는 것을 알고는 곧 신통으로 그 아름다운 집을 불태워버리고는 제석을 위해 무상(無常) 등의 법을 설하였다. 제석이 기뻐하며 집으로 돌아오니 집이 전과 같아 불탄 흔적이 없었다.

'두타(dhūta)'는 범어니 우리말로 '떨쳐버리다[抖擻]', 혹은 '도태하다' 라고도 한다.[40] 열두 가지 행이 있으니 첫째는 아란야[고요한 곳]에 거처하는 것이요, 둘째는 항상 걸식하며, 내지 열두 번째는 단지 삼의(三衣)만 갖는 것이다. 이렇게 고행하여 번뇌를 씻어 몸과 마음을 깨끗이 한다.

가섭이 연로해서도 두타행을 버리지 않으니, 부처님이 그가 노쇠한 것을 측은히 여겨 이 행을 그만둘 것을 권했으나 가섭의 두타행은 전과 같았다. 부처님이 "두타행이 있으므로 해서 나의 법이 오래 남아 있으리라." 하고 그를 깊이 칭찬하셨다. 그러므로 '두타제일'이라 한다.

疏 '마하가전연(梵名 Mahākātyāyana, 巴利名 Mahākaccāyana, Mahākaccāna)'은 성이니 우리말로 문식(文飾)이라 한다. 한편으로는 부정(不定: 일정하지 않음)이라고 하고, 선승(扇繩: 부채 끈)이라고도 하며, '유무를 여의다' 등이라고도 한다. 남천축의 바라문 종족으로, 논의제일이다.

摩訶迦旃延 姓也 此云文飾 一云不定 一云扇繩 一云離有無等 南天竺婆羅門族也 論議第一

鈔 '문식'이란, '문채, 수식'의 뜻이다. 사람이 논의할 때 마음속으

. . . .

40 '두수(抖擻)'란, 번뇌를 떨쳐버린다는 뜻이니 곧 아래의 번뇌를 씻어버리는 것을 말한다. '도태'란 습기를 도태(깨끗이 씻어 흘려보냄)시킨다는 뜻이니, 곧 아래의 몸과 마음을 깨끗이 하는 것이다.

로는 이 이치를 환하게 이해하고 있더라도, 만약 명쾌하게 나타내어 문장으로 표현하지 못하고 아득하여 수식을 잘하지 못하면 말로 뜻을 전달하지 못하여 논의에 능숙한 자라 할 수 없다.

'부정'이란, 종횡으로 교묘하다는 뜻이니, 논의를 잘한다는 뜻이다.[41] '선승'이란 아들이 어머니를 붙들었기 때문이기도 하고,[42] 또한 파열(破熱: 열을 식힘)과 탄곡(彈曲: 부정행위를 규찰함)을 선승이라 한다.[43]

단견(斷見)과 상견(常見)에 떨어지지 않고 중도(中道)를 발휘하는 것을 '유무를 여의었다'고 한다. 예컨대 외도가 "사람이 죽고 나면 돌아오지 않으니 이것으로 다른 세상이 없는 줄 알 수 있습니다. 이를테면 사람이 죽어서 고통을 받는다면 응당 돌아와서 다시 돌아가지 않을 것입니다. 그러므로 다른 세상이 없습니다." 하고 물으니, "죄인이 감옥에 갇히면 어찌 돌아올 수 있겠는가?" 하고 답하였다. 또한 "하늘에서는 어찌하여 또한 돌아오지 않습니까?" 하고 물으니, "변소에 떨어졌다가 거기서 벗어나면 기꺼이 다시 들어가려 하겠는가?" 하고 대답하는 등 이렇게 여러 가지 뜻을 갖가지로 잘 설하였다.

『증일아함경』에 "부처님이 가르친 뜻을 잘 분별하여 연설한다." 하

....

41 이렇게도 말하고 저렇게도 말하며, 소탕하기도 하고 건립하기도 하는 등의 설을 말한다.

42 존자가 어려서 아버지를 잃으니 어머니가 다른 곳으로 개가하려 하므로, 아들이 어머니를 붙들었기 때문에 어머니가 마음먹은 대로 하지 못한 것이 마치 줄[繩]로 부채[扇]를 묶은 것과 같으므로 '선승'이라 하였다.

43 그의 논의가 능히 사견의 열을 식히고, 사견의 사악한 것을 탄핵하기 때문이다.

니, 그러므로 '논의제일'이라 하였다.

疏 '마하구치라(梵名 Mahākauṣṭhila, 巴利名 Mahākoṭṭhita)'는 우리말로 '다리가 길다'라고 하니 사리불의 외삼촌이다. 문답제일이다.

摩訶拘絺羅者 此云大膝 舍利弗舅 答問第一

鈔 '다리가 길다'는 것은 생김새에 따라 이름을 붙인 것이다. '외삼촌'이란 사리불의 어머니와 남매 사이이기 때문이다. 예전에 대론할 때는 누나를 이겼으나, 누나가 사리불을 잉태하고 있을 때는 변재가 신속하여 아우가 능히 미칠 수가 없었다. 아우는 분심을 내어 사방에 유학하여 손톱도 깎지 않으리라 맹세하고는 열여덟 가지 경을 읽었다.

'문답'이란, 부지런히 노력함으로 말미암아 네 가지 변재를 얻어 묻는 족족 능히 대답할 수 있었기 때문에 '문답제일'이라 하였다.

疏 '리파다(Revata)'는 우리말로 성수(星宿: 별)라 하고, 한편 실수(室宿)라고도 한다. 전도와 산란이 없음이 제일이다.

離婆多者 此云星宿 一云室宿 無倒亂第一

鈔 '성수'란, 별에게 자식을 빌어 낳았기 때문에 이렇게 이름을 지었다. '실수'의 실은 이십팔수 가운데 열세 번째 별이니, 이 별에게 기도하여 낳았기 때문이다.

'전도와 산란이 없다'는 것은, 마음이 바르기 때문에 전도하지 않고, 마음이 안정하기 때문에 산란하지 않는다. 그러므로 '전도와 산란이 없음이 제일이다' 하였다.

疏 '주리반타가(梵名 Cūḍapanthaka, 巴利名 Cullapanthaka)'는 우리말로 계도(繼道)라 하고, 한편 대로변(大路邊)이라고도 한다. 겨우 반게(半偈)만을 지니고도 깨달음을 얻어 과덕을 증득하였다.

周利槃陀伽者 此云繼道 一云大路邊 僅持半偈 得悟證果

鈔 '계도'란, 그의 어머니가 애기를 뱄을 때 집으로 돌아오는 도중에 태기를 느껴 돌아오는 내내 계속했기 때문에 이렇게 불렀다. '대로변'이란, 그의 어머니가 아들 둘을 모두 길가에서 낳았는데, '대'라고 한 것은 동생과 구별하였기 때문이다.

'반게'란, 비록 출가했으나 매우 어리석어서 오랫동안 아무 깨달음도 얻지 못했다. 그의 형이 먼저 출가했는데 그가 어리석은 것을 창피하게 여겨 심부름꾼을 시켜 세속으로 돌려보내니, 절 문에 기대어 탄식하며 슬피 울었다. 부처님이 그를 측은히 여겨 '먼지를 털고 때를 닦으라[拂塵除垢]' 하는 간단한 말을 가르쳐 주며 매일 여러 비구스님들의 신발을 닦으며 반복하여 외우도록 하였으나, 하나를 외우면 하나를 잊어버리더니, 오랫동안 그렇게 하여 홀연히 깨달아 더러운 것을 깨끗이 하고 미혹을 제거하고는 아라한과를 얻었다.

疏 '난타(Nanda)'는 우리말로 훌륭한 난타[善歡喜]라 한다. 소먹이
는 난타이다.

難陀者 此云善歡喜 放牛難陀也

鈔 '소먹이는 난타'란, 난타에 세 분이 있으니 아난타와 손타라난
타와 이 분을 합하여 셋이다. '소먹이는…'이라 하여 나머지 두 분과
구별하였다.

疏 '아난타(Ānanda)'는 우리말로 경희(慶喜)라고 하고, 또는 무염(無
染: 물들고 집착하는 마음이 없다)이라고도 하니, 부처님의 사촌동생이다.
다문제일이다.

이 경에 대하여 말하면, 아난과 대중이 함께 정토의 가르침을 들
었으나 그만이 여러 가지를 기억하는 힘[總持力]으로 잘 기억하고 잊
어버리지 않아 결집을 이루었다.

阿難陀者 此云慶喜 又云無染 佛之從弟 多聞第一 就當經 則阿難
與衆 同聞淨土之敎 而獨以總持力 憶念不忘 成結集也

鈔 '경희'란, 부처님이 성도한 날 그가 태어나니, 왕과 신하와 백
성들이 태자가 성불했다는 소문을 이미 들었는데 또 궁중에 아들이
탄생했다는 소식을 들으니, 두 가지 경사스런 일과 두 가지 어려운 일
을 한꺼번에 갖추어 온 나라가 기뻐하였으므로 이런 이름을 붙였다.

또한 그의 모양을 보는 자나 그의 음성을 듣는 자나 그의 행동거

지를 보는 자는 기뻐하지 않는 이가 없기 때문이기도 하다.

'무염'이란, 부처님을 따라 천궁이나 용궁에 들어갔으나 마음에 물들고 집착하는 마음이 없었다.

'부처님 사촌동생'이란, 부처님은 정반왕의 아들이요 아난은 백반왕의 아들이니, 두 왕이 형제이기 때문이다.

'다문'이란, 아난이 25년 동안 부처님을 시봉하며 부처님이 설하신 법을 한 글자도 잊어버리지 않았다. 『열반경』에는 아난을 '많은 것을 들은 자[多聞士]'라 하고, 또한 가섭은 '불법의 큰 바닷물이 아난의 마음에 흘러들어갔다'[44] 하고 찬탄하였다.

'같이 들었으나 그만이 유독 기억하였다'는 것은, 잘 기억하여 보통 사람들을 초월했다는 것을 표현했으니, 그러므로 '다문제일'이라 하였다.

疏 '라후라(Rāhula)'는 우리말로 '덮고 장애하다'라 하고, 혹은 '해를 붙잡다'라고 한다. 밀행제일이다.

羅睺羅者 此云覆障 或云執日 密行第一

鈔 '덮고 장애하다'는 것은, 본래는 아수라의 이름인데 능히 손으로 해와 달을 가려 장애할 수 있기 때문에 그렇게 말하였으니, 또는

----

44 부처님이 멸도하신 후에 아난이 자리에 오르니, 가섭과 대중이 찬탄하기를 "얼굴은 정만월(淨滿月)과 같고 눈은 청련화(靑蓮花)와 같으니 불법 대해수(大海水)가 아난의 마음에 유입하였네." 하였다.

272

'해를 붙잡다'라고도 불렀다.

'장애한다' 한 것에 두 가지 뜻이 있다. 첫째는 그가 6년 동안 뱃속에 있었으므로 부처님이 그의 장애를 입어 출가하지 못하였다. 자식이 없다고 하며 부왕이 출가를 허락하지 않았고, 나중에 임신한 것을 가리키고 마침내 본래 뜻을 이루었다. 그렇다면 부처님이 그의 장애를 입은 것이다. 둘째는 그가 6년 동안 뱃속에 있었던 것은 전생에 쥐구멍을 틀어막아 쥐를 엿새 동안 어둠 속에 가두어 놓았던 과보로 6년 동안 뱃속에 있었다. 그렇다면 자신이 장애를 입은 것이다.

'밀행'이란, 경에 "라후라의 밀행은 오직 나만이 능히 알 수 있다." 하였다. 지금 부처님만이 능히 알 수 있다고 한 것을 보면 보살과 성문은 아무도 알지 못했다는 것을 알 수 있으니, 더욱이 범부이겠는가? 다른 사람들이 알지 못하게 선행을 쌓았기 때문에 '밀행제일'이라 하였다.

疏 '교범파제(梵名 Gavāṃpati, 巴利名 Gavaṃpati)'는 우리말로 '소처럼 되새김질 하다'라고 한다. 하늘 공양을 받음이 제일이다.

憍梵波提者 此云牛呞 受天供養第一

鈔 '소처럼 되새김질 하다'라고 한 것은, 과거생에 사문을 놀려 금생에 소처럼 되새김질하는 과보를 받았다. 또한 오백 세 전에 소가 된 적이 있었기 때문이기도 하다. 소는 먹지 않더라도 항상 되새김질을 하니, 남아 있는 과보를 다하지 않았기 때문이다. 그래서 이런 이

름을 붙였다.

'하늘 공양'이란, 부처님이 제자들과 석 달 동안 비란야(毘蘭若: 梵名 Vairañjā, 巴利名 Verañjā) 읍에서 마맥(馬麥: 말먹이 보리)을 먹으며 숙세의 과보를 갚았는데, 저만이 천상의 시리사(尸利沙: 梵名 śirīṣā, 巴利名 sirīsa) 동산에서 공양을 받았다.

또한 범부는 형상만을 보고 덕을 볼 줄 몰라 그를 우습게 보는 자가 많았다. 그는 이런 사람들의 웃음거리가 되고 잘못을 당할까봐 항상 천상에 사니 여러 하늘이 공경하고 받들었다. 그러므로 '하늘 공양을 받음이 제일이다' 하였다.

疏 '빈두로파라타(Piṇḍola-bhāradvāja)'는, 위의 석 자는 우리말로 '눈동자가 움직이지 않다'라고 하니 이름이요, 아래 석 자는 '예리한 근기'라 하니 성이다.

賓頭盧頗羅墮 上三字 此云不動 名也 下三字 此云利根 姓也

鈔 이름을 먼저 쓰고 성을 나중에 쓴 것은, 그의 종족이 열여덟 가지나 되어 이름을 먼저 들어 그 나머지와 구별하였다. 『나야율』에 "수제 장자란 자가 전단 발우를 찰간 꼭대기에 매달아 놓고 대중에게 말하기를 '신통력으로 능히 이것을 취하는 자에게 주리라' 하니, 존자가 신통을 보여 발우를 취하였다. 부처님이 그를 꾸짖으며 '입멸치 말고 오랫동안 세상에 남아 말세 중생의 공양에 응하여 큰 복전이 되라' 하셨다." 하였다.

274

疏 '가유타이(梵名 Kālodāyain, 巴利名 Kāḷudāyin)'는 우리말로 '검은 빛'이라 한다.

迦留陀夷 此云黑光

鈔 '검은 빛'이란, 얼굴이 못나고 검기 때문이다. 또한 검은 색이 밝게 빛나 보통 검은 빛과 다르기 때문에 밤에 걸식을 나가면 사람들이 보고 놀랐다. 부처님이 야행을 금한 것은 이런 이유로 제정하셨다.

疏 '마하겁빈나(梵名 Mahākalpina, 巴利名 Mahākapphiṇa)'는 우리말로 방수(房宿)라 하니, 별을 아는 것이 제일이다.

摩訶劫賓那者 此云房宿 知星宿第一

鈔 '방수'란 이십팔수 중 네 번째 별이니, 부모가 이 별에 기도하여 낳았다. 혹은 처음 출가할 때 부처님께 가려고 하는데, 마침 비를 만나 옹기장이 집에 기숙하노라니 얼마 후에 한 비구가 와서 함께 머물게 되었다. 이 비구는 부처님의 화현이니 그의 설법을 듣고 도를 이루었다. 그렇다면 '방숙(房宿)'이라 한 것은 옹기장이의 방에서 여숙(旅宿)하였기 때문이다.

'별을 안다'는 것은, 기구를 빌리지 않고 천상을 잘 알았으므로 '별을 아는 것이 제일이다' 하였다.

疏 '박구라(梵名 Vakkula, 巴利名 Bakkula)'는 우리말로 선용(善容)이

라 하니, 수명제일이다.

薄拘羅者 此云善容 壽命第一

鈔 '선용'이란, 안색과 용모가 단정하기 때문이다.

'수명'이란 그의 나이가 백예순 살이었기 때문에 '수명제일'이라 하였다. 과거부터 91겁 동안 불살생계를 지켰으므로 늘 장수하고 요절할 때가 없었다. 또한 예전에 한 병든 스님에게 아리륵(사군자과의 교목) 과실을 주고 다섯 가지 죽지 않는 과보를 얻었다. 다섯 가지란, 처음 태어날 때 기이한 일을 보이기에 그의 어머니가 이상하게 여겨 뜨거운 소반 위에 얹어 놓았으나 죽지 않았고, 뜨거운 솥 안에 넣어 두었으나 죽지 않자 다시 물속에 넣으니 큰 고기가 삼켰고, 사람이 이를 잡아 칼로 배를 가르니 아기가 나타났으나 하나도 다친 데가 없었다. 이렇게 불이 능히 태우지 못하고 뜨거운 물이 능히 삶지 못하며 물이 능히 빠뜨리지 못하고 물고기가 능히 씹지 못하고 칼이 능히 해치지 못하니, 이것을 '다섯 가지 죽이지 못하는 과보'라 한다.

또한 마음이 고요하며 욕심이 없고 육근을 잘 섭수하여 죽은 후에 탑이 오히려 조개를 물리쳤다.[45] 그러므로 항상 한가하게 거처하기를 좋아하며 대중 가운데 처하지 않는 것도 제일이라 하였다.

. . . .

45 아육왕이 모든 나한의 탑에 예경하다가 차츰 박구라 존자 탑에 이르러 게를 설하기를 "비록 무명을 닦았으나 세상에는 아무런 이익이 없었네." 하고는 스무 개의 조개를 공양하니, 조개가 탑에서 날아와 왕의 발 앞에 떨어지니 여러 신하들이 매우 놀랐다. 존자는 평생 마음이 고요하고 욕심이 없었으므로 그 탑에게 오히려 이러한 힘이 있었던 것이다.

疏 '아누루타(梵名 Aniruddha, 巴利名 Anuruddha)'는 일명 아나율타라 하니 우리말로 무빈(無貧: 가난하지 않다), 무멸(無滅: 없어지지 않다), 여의(如意: 구하는 대로 이루어지다)라고도 한다. 천안제일이다.

阿㝹樓馱者 一名阿那律陀 此云無貧 亦云無滅 亦云如意 天眼第一

鈔 '무빈'이란, 예전에 몹시 흉년이 들었을 때 보리밥으로 벽지불에게 공양하고 91겁 동안 재물이 풍부하였고, 그 과보가 지금까지 없어지지 않았으며, 구하는 대로 이루어지지 않는 것이 없었으므로, '무빈' 등 세 가지 번역이 있다.

'천안제일'이란, 존자는 처음 출가하여 잠자는 것을 좋아하였다. 부처님이 법을 설하실 때 혼수에 빠져 깨어날 줄 모르니, 부처님이 '조개와 같다'[46] 하고 꾸짖으시니, 존자는 분심을 내어 정진하여 7주야가 지나도록 눈을 깜빡이지 않으니 그로 인하여 두 눈을 잃고 말았다. 그러자 부처님이 만법의 자성을 조명하는 금강삼매[樂見照明 金剛三昧][47]를 닦을 것을 일러주시니, 마침내 천안을 얻어 마치 손바닥 안에 과실을 보듯이 대천세계를 보았다. 그러므로 '천안제일'이라 하였다.

. . . .

46 존자가 법을 들을 때 거의 혼수에 빠져 있으므로 부처님이 꾸짖기를 "애닯다! 어찌 졸고 있느냐? 다슬기·민물조개·대합 따위는 한 번 잠들면 1천 년 동안이나 잠에 빠져 부처님 이름을 듣지 못한다." 하였다.

47 '낙견조명금강삼매(樂見照明金剛三昧)'란, 마음을 다해 만법의 자성을 조명하는 것을 '낙견조명(樂見照明)'이라 하고, 이 삼매는 능히 만법을 파괴하나 만법이 이 삼매를 파괴하지 못하기 때문에 '금강(金剛)'이라 부른다.

나) 모두 결론짓다

【經】 이와 같은 등 여러 훌륭한 제자들과
如是等諸大弟子

疏 '이와 같은[如是]'이란 위에 문장을 결론지었고, '등'이란 나머지를 전례(前例) 하였다. '대'란 앞의 대의 뜻을 섭수하였다.

'제자'란 학문이 스승 뒤에 있음을 '제'라 하고, 깨달음이 스승으로부터 나오는 것을 '자'라고 한다.

이같이 훌륭한 회상은 참으로 형이라 하기 어렵고 아우라 하기 어려우며,[48] 잘 창작하고 잘 전승한다 할 만하다.

如是者 結上 等者 例餘 大者 收前大義 弟子者 學在師後曰弟 解從師生曰子 如斯勝會 可謂難弟難兄 善作善述

鈔 '위를 결론짓고 나머지를 전례하였다'는 것은, 열여섯 분의 존자를 앞에서 결론짓고 1,200 사람도 뒤에서 앞의 관례에 따랐다[前例]는 뜻이다.

'앞의 대의 뜻을 섭수하였다'는 것은, 이 '대제자'는 곧 앞의 대비

----

48 동한(東漢)의 태구장(太丘長) 진식(陳寔)이 아들 둘을 두었으니 큰아들은 원방(元方)이라 하고 작은아들은 계방(季方)이라 하였는데 모두 준재였다. 두 아들의 자식들이 각기 제 아버지의 공덕을 논하여 할아버지에게 그들의 우열을 물으니, 식이 "원방은 형이라 하기 어렵고 계방은 아우라 하기 어렵다." 하였다.

구, 대아라한이니, 하나의 '대' 자로써 앞의 두 가지를 섭수하였다는 말이다.

'학문이 스승 뒤에 있다'는 것은, 먼저 깨닫고 나중에 깨닫는 것이 마치 형은 먼저요 아우는 뒤인 것과 같기 때문이다.

'깨달음이 스승으로부터 나온다'는 것은, 스승이 계발하고 육성하여 법기를 이루니, 이른바 '부처님 입에서 낳았으니 의당 불종을 이으리라' 한 것이니, 마치 부모가 자식을 낳는 것과 같기 때문이다.

'난형난제'란, 예전에 "원방(元方)은 형 되기 어렵고, 계방(季方)은 아우 되기 어렵다." 하였으니, 형은 호방하고 아우는 준걸하여 우열을 나눌 수 없음을 말한 것이다. 그러나 여기서는 저 뜻을 취하지 않았다. 부처님은 형이요 모든 아라한은 아우임을 비유하여 두 분 다 얻기 어려움을 말한 것이다.

'잘 창작하고 잘 전승한다'는 것은, 예전에 "문왕은 왕계(王季)로 아버지를 삼으니 아버지는 앞에서 창작하고, 무왕으로 아들을 삼으니 아들이 뒤를 전승하였다." 하였다. 여기서도 저 뜻을 취하지 않았다. 부처님은 아버지요 모든 아라한은 아들임을 비유했으니, 스승과 제자의 도가 맞기 때문이다.

疏 이치에 맞게 말한다면, 자성의 왕(王)·수(數)가 융통한 것이[49]

. . . .

49 '왕·수가 융통하다'는 것은, 왕 밖에 수가 없고 수 밖에 왕이 없으니, 일심융통하기 때문에 왕·수가 융통하다.

부처님과 제자가 함께 한 뜻이다.

稱理 則自性王數融通 是佛與弟子俱義

鈔 천태교에서 "심왕은 여래요 심수는 제자다." 하였는데, 여기서 '왕'은 팔식을 말하니 선과 악이 회전하는 것이 이 팔식이 주재하기 때문이다.[50] 마치 왕이 신하를 다스리고 스승이 제자를 거느리는 것과 같다.

'수'는 51 심소(心所)니, 이 51은 첫째는 항상 심에 의해 일어나고, 둘째는 심과 상응하며, 셋째는 심에 소속되니, 이것이 팔식에 대하여 마치 신하가 임금을 향하고 제자가 스승을 받드는 것과 같기 때문이다.[51]

또한 지각[영명연수] 선사가 말하기를 "부처님 제자 열 분 성문은 모두 자심(自心)의 열 가지 선법(善法) 숫자이다." 하였는데, 이 열 가지를 『비담게』에는 "욕(欲)과, 상(想)과, 갱락(更樂)과, 혜(慧)와, 염(念)과, 사(思)

. . . .

50 앞의 6식은 선(善)·악(惡)·무기(無記) 삼성(三性)에 통하니 능히 유루 삼업을 짓고 능히 고(苦)·락(樂) 이보(二報)를 초래하며, 7식은 유부무기성(有覆無記性)이니 항상 아치(我癡)·아견(我見)·아애(我愛)·아만(我慢)인 팔대와 상응하여 순간순간 제팔식의 견분에 집착하여 아라고 여기고, 오직 제팔식만이 무부무기성(無覆無記性)이라 선·악 등의 업을 짓지 않으니 곧 일생 총보(總報)의 주(主)이기 때문이다.

51 '51 심소란, 변행(徧行)에 5가 있고 별경(別境)에 5가 있으며 심(心)에 11, 근본번뇌에 6, 수번뇌에 20, 부정(不定)에 4가 있다. 아래 세 가지는 심소라고 하는 뜻을 해석하였다. '첫째 항상 심에 의해 일어난다는 것은, 심왕이 일어나지 않으면 심소도 일어나지 않는다. 둘째 심과 상응한다는 것은, 항상 심왕과 상응하여 이를 여의지 않는다. '셋째 심에 계속(係屬)한다는 것은, 심소가 심왕에 계속(係屬)하니 마치 8식에 5변행(徧行)이 있고 7식에 18이 있고 전오(前五)에 34, 6식에 51을 구족한 것과 같다.

와, 해탈(解脫)과, 경계에 작의(作意)함과, 삼마제(三摩提)와, 통(痛)이네."[52]
하였다.

이것을 보면, 대가섭은 심의 욕수(欲數)니, 뜻을 생사에서 벗어나는 요도(要道)에 두고 선욕(善欲)의 마음을 내어 세상의 악욕(惡欲)을 버리기 때문이다. 부루나는 심의 상수(想數)다. 상은 분별이니 변재가 무애하기 때문이다. 가전연은 갱락수(更樂數)다. 문답으로 가고 오고 서로서로 거두어들여 논의가 다함없기 때문이다. 내지 혜(慧)는 사리불이요, 염(念)은 우바리며, 사(思)는 라후라요, 해탈은 수보리며, 작의(作意)는 아나율이요, 삼마는 목련이요, 통(痛)은 아난 등임을 알 수 있다. 통은 수(受)니 받아들인다는 뜻이다.[53]

----

52 '욕'은 별경 가운데 욕이니 소락경(所樂境)에 희망하는 것으로 성을 삼고 근의(勤依)로 업을 삼는다. '상'은 변행(偏行) 중 상이니 경에서 상을 취하는 것으로 성을 삼고 갖가지 명언을 시설하는 것으로 업을 삼는다. '갱락'은 변행 중 촉(觸)이니 심과 심소로 하여금 경에 촉하게 하는 것으로 성을 삼고 수·상·사 등의 소의로 업을 삼는다. '혜'는 별경 중 혜니 소관경(所觀境)에 간택(揀擇)하는 것으로 성을 삼고 단의(斷疑)로 업을 삼는다. '념'은 별경 중 념이니 증습경(曾習境)에서 심으로 하여금 명기(明記)케 하는 것으로 성을 삼고 정의(定依)로 업을 삼는다. '사'는 변행(偏行) 중 사니 심으로 하여금 조작케 하는 것으로 성을 삼고 선품(善品) 등에 역심(役心)하는 것으로 업을 삼는다. '해탈'은 별경 중 해탈이니 결정경(決定境)에 인지(印持)하는 것으로 성을 삼고 인전(引轉)할 수 없는 것으로 업을 삼는다. '작의'는 변행(偏行) 중 작의니 능경심(能警心)으로 성을 삼고 소연경(所緣境)에 인심(引心)하는 것으로 업을 삼는다. '삼마제'는 별경 중 정(定)이니 소관경(所觀境)에 심으로 하여금 전주불산(專注不散)케 하는 것으로 성을 삼고 지의(智依)로 업을 삼는다. '통'은 변행(偏行) 중 수(受)니 위(違)·순(順)을 영납(領納)하되 다른 경상(境相)이 아닌 것으로 성을 삼고 욕을 일으키는 것으로 업을 삼는다.

53 '가섭은 심의 욕수'란, 가섭은 12두타행을 행하며 삼계 벗어나기를 좋아하고 열반 증득하기를 좋아하여 세간의 오욕을 버리기를 가래 버리듯이 하였기 때문이다. '부루나는 심의 상수'란, 부루나는 설법제일이니 고·공을 연설하고 실상을 깊이 말하는 데는 오직 상(想)이 가장 중요하니, 상으로 능히 근기를 살펴 사변으로 연설하기 때문이다. '가전연은 갱락수'란, 가전연은 논의제일이니 논의할 때 빈주

왕은 반드시 수를 갖추고 수는 반드시 왕으로 돌아가, 이 두 가지가 서로 부합하여 깨달음을 얻고,[54] 왕이나 수가 자심에서 벗어나지 않으니, 일심만 얻으면 왕과 수가 다한다.[55]

. . . .

가 문답하여 갖가지 묘의가 경에 촉하여 일어나니, 서로서로 섭입(涉入)하여 피차가 모두 법락을 얻기 때문이다. '혜는 사리불'이란, 사리불은 지혜제일이니 걸림 없는 해탈을 얻어 바로 단의에 합한 것으로 업을 삼기 때문이다. '염은 우바리'란, 우바리는 지계제일이니 항상 정념을 가져 명기불망함으로 말미암아 비로소 능히 몸과 마음을 검속하여 훼범(毀犯)이 없기 때문이다. '사는 라후라'란, 라후라는 밀행제일이니 비밀한 행은 바른 사유가 아니면 능히 성취하지 못하기 때문이다. '해탈은 수보리'란, 수보리는 해공제일이니 잘 인지(印持)할 줄 알면 끌어 넘어뜨릴 수 없어서 일체 유위를 해탈하기 때문이다. '작의는 아나율'이란, 아나율은 천안제일이니 소승 천안으로 의통(意通)을 작(作)하니 의(意)를 작(作)하여 대천(大千)을 본다. 만약 작의(作意)치 않으면 능히 바늘에 실을 꿰지 못하기 때문이다. '삼마는 목련이'란, 목련은 신통제일이니 신통은 정(定)으로 말미암아 일어나니 깨끗함이 극진하면 광명이 통하기 때문이다. '똥은 아난'이란, 아난은 다문제일이니 문자총지를 얻어 받아들여 잃어버리지 않기 때문이다.

54 수가 만약 왕이 아니면 누구로부터 일어나며 누구와 상응하며 누구와 결속하리오. 마치 신하가 임금을 잃고 제자가 스승이 없으면 소의(所依)가 없는 것과 같기 때문이니 무엇에 의지하여 개오(開悟)하리오. 이것이 반드시 왕이 수를 상부(相扶)해야 하는 것이다. 왕이 만약 수가 아니면 수 등 10선법수가 나지 않아 능히 심(心)을 이끌어 경(境)을 촉(觸)하거나 전경(前境)을 영납(領納)하지 못하고, 더 나아가 정념과 정혜(定慧)가 아무것도 없고 또한 능히 개오할 수 없으니, 이것이 반드시 수가 왕을 상부해야 하는 것이다.

55 '왕이나 수가…' 한 4구(句)는, 처음에 일념 무명으로 말미암아 자신의 심원(心源)을 미혹하여 8식을 이루고, 8식 심왕으로부터 심소(心所)를 인생(引生)하니 마치 허공에서 운무가 일어나고 바다에서 파도가 일어나는 것과 같으니, 지금 왕과 수가 상부하여 자심(自心)을 개오하면 깊은 구름과 얇은 안개가 모두 맑은 하늘을 이루고 큰 물결이나 작은 파도가 모두 지수(止水)를 이루어 온 법계가 오직 하나의 진심일 뿐이니, 다시 왕과 수를 얻을 수가 없다.

나. 보살 대중

1) 종류를 밝히다

[經] 아울러 여러 보살마하살인

并諸菩薩摩訶薩

疏 '병(并)'이란, 앞을 이어서 "부처님이 이 경을 설하실 때 비단 성문이 이 모임에 참예했을 뿐만 아니라, 보살들도 또한 함께 이 경을 들었다."는 것을 말하였다.

'보살'은 범어니 구체적으로는 '보리살타(梵名 bodhi-sattva, 巴利名 bodhi-satta)'라 한다. 여기서는 두 자만을 들었으니 글이 생략된 것이다. 우리말로는 '각유정(覺有情)'이라 하는데, 여기에 다시 세 가지 뜻이 있다. 또한 용맹하게 구한다는 뜻이기도 하다.

'마하살(梵名 mahāsattva, 巴利名 mahāsatta)'은 우리말로 '큰 도심을 가진 중생[大道心衆生]'이라 하니 네 가지 '대(大)'를 갖추었기 때문이다. 또한 『법화경』에는 여섯 가지 '대'를 말하였고 『불지론』에는 세 가지 '대'를 말하였으나, 네 가지에서 벗어나지 않는다.

'보살마하살'이란 보살 중 대보살을 말하였으니, 여러 소보살과 구별하였기 때문이다.

并者 承前言佛說此經 不但聲聞與會 大士亦所同聞也 菩薩者 梵語
具云菩提薩埵 今擧二字 省文也 此云覺有情 覺情復有三義 又勇猛求
義 摩訶薩者 此云大道心衆生 以具四種大故 又法華六大 佛地三大 不

出四故 菩薩摩訶薩 猶云菩薩中大菩薩也 揀非諸小菩薩故

鈔 '비단 성문뿐만 아니라…' 한 것은, 소승과 대승의 일체 현성이 모두 이 경을 들었음을 말한 것이지, 정토는 보살을 하찮게 여겨 마음에 두지 않는다는 뜻으로 한 말이 아니다.[56]

'각유정'이란, 부처님이 깨달은 것과 같음을 '각'이라 하고, 무명이 아직 다하지 않았음을 '정'이라 한다.

'다시 세 가지 뜻이 있다'[57] 한 것은, 첫째는 비지(悲智)와 소연(所緣)의 뜻이니, '각'은 닦아야 할 불도요 '유정'은 제도해야 할 중생이니, 위로 지혜를 구하고 아래로 자비로 중생을 제도함을 말한다. 둘째는 능(能) · 소(所)를 합하여 지목한 뜻이니, '각'은 구해야 할 증과(證果)요 '유정'은 이것을 구하는 사람이니, 자기의 마음으로 부처의 이(理)를 깨닫는 것을 말한다. 셋째는 중생을 이롭게 하는 것으로 급선무를 삼는다는 뜻이니, 일체 유정을 널리 깨닫게 함을 말한다. 이른바 '자신은 아직 깨닫지 못했으면서도 먼저 남을 제도한다'는 것이다.

'용맹하게 구한다'는 것은, 성문은 고요를 추구하여 스스로 즐거움에 빠지니 이것을 '게으르다'고 하고, 보살은 힘써 보리를 구하니 이

· · · · · · · · · · ·

56 이 대목은 경문 중 '병제보살마하살(并諸菩薩摩訶薩)'의 병(并) 자를 '함께'라는 뜻으로 보아야 하고, '물리친다(屛)'는 뜻으로 보아서는 안 된다는 것을 말한 것이다. ―역자 주

57 처음은 쌍으로 이리(二利)를 들어 설하였고, 다음은 자리(自利)만을 들어 설하였고, 셋째는 이타(利他)만을 잡아 설하였다. 곧, 보살(각유정)의 세 가지 뜻은, 첫째, '위로 깨달음을 구하고 아래로 중생을 구제하는 분'. 둘째 '깨달음을 구하는 자'. 셋째 '일체중생을 깨닫게 하는 자'이다. ―역자 주

른바 '힘찬 용맹정진'이다.

'대에 네 가지 뜻이 있다'는 것은, 『청량소』에 "첫째는 원이 크니 대보리를 구하기 때문이요, 둘째는 수행이 크니 두 가지 이익을 성취했기 때문이며, 셋째는 시간이 크니 3무수겁을 경과했기 때문이요, 넷째는 덕이 크니 일승의 모든 공덕을 구족했기 때문이다." 하였다.

『법화경』의 여섯 가지 대'란, 대법(大法)을 믿고, 대의(大義)를 이해하고, 대심(大心)을 발하고, 대과(大果)를 추구하고, 대행(大行)을 닦고, 대도(大道)를 증득하는 것이다. 그런데 믿고 이해하고 발하는 세 가지는 첫째 원대(願大) 중에 포함되고, 추구한다는 것은 세 번째 시대(時大) 중에 포함되며, 수행은 두 번째 행대(行大) 중에 포함되고, 증득은 네 번째 덕대(德大) 중에 포함된다.

『불지론』의 세 가지 대'란, 첫째는 수대(數大)요 둘째는 덕대(德大)요 셋째는 업대(業大)다. 덕대는 잘 알 수 있을 것이요, 수는 원(願)의 뜻이며 업은 행(行)의 뜻이다. 그러므로 네 가지 뜻에서 벗어나지 않는다.

'소보살과 구별하였다'는 것은 문수나 미륵 등과 같으니, 모두 등지위(等地位) 보살이라 초심(初心) 오품(五品)[58]과 신·주·행·향이 아니기 때문이다.

. . . .

58 '오품(五品)'은 천태의 오품관행위(五品觀行位)니, 첫째는 수희품(隨喜品)이니 초심으로 이(理)에 수순하여 자신을 경하하고 다른 이를 경하하는 것이요, 둘째는 독송품(讀誦品)이니 옛 가르침이 마음을 훈습하여 도의 싹이 증장하는 것이요, 셋째는 설법품(說法品)이니 더욱더 설법하여 여실히 연포(演布)하는 것이요, 넷째는 6바라밀을 겸행하는 품이니 정관(正觀)이 힘이 있고 6바라밀을 겸수하는 것이요, 다섯째는 6바라밀을 정행하는 품이니 관행과 6바라밀이 두 가지 상이 없는 것이다.

疏 이치에 맞게 설하면, 자성은 진·망이 융통하니 보살의 뜻이다.

稱理 則自性眞妄融 是菩薩義

鈔 진은 변하지 않으나 인연을 따르니 이것을 '각의 유정'이라 하고, 망이 사(事)를 이루나 본체가 공하니 이것을 '유정의 각'이라 한다.

진과 망이 존재하지 않아 오직 일심뿐이니, 이 대도심(大道心)을 성취하면 이것을 '마하살'이라 한다.

2) 이름을 나열하다

【經】 문수사리법왕자와 아일다보살, 건타아제보살, 상정진보살 등

文殊師利法王子 阿逸多菩薩 乾陀訶提菩薩 常精進菩薩

疏 '문수사리'는 우리말로 묘수, 묘길상이라 하며, 또한 묘덕이라고도 한다.

'법왕자'란, 부처님이 법왕이시고 보살은 법의 정위(正位)에 들어갔으므로 '법의 왕자'라 부른다.

또한 문수를 먼저 든 것은 앞의 사리불의 뜻을 따르라.

文殊師利者 此云妙首 亦云妙吉祥 亦云妙德 法王子者 佛爲法王 菩薩入法正位 名法王子 又首擧文殊者 例前舍利弗義

鈔 '문수사리'는 또한 만수실리(Mañjuśrī)라고도 한다.

'묘수' 등이라 말한 것은, 화엄종에 의하여 세 가지 법문을 표현했으니, 신(信) · 행(行) · 지(智)다.

'묘수'는 신(信)이니, 믿음이 만행과 만덕의 우두머리가 되기 때문이다.[59] '묘길상'은 행(行)이니, 『불지경』에 "모든 세상 사람들이 가까이 하고 공양하고 찬탄하는 것을 묘길상이라 한다(중생에게 감동을 주는 행)." 하고, 또한 진제가 말하기를 "원수진 이나 친한 이에게 평등하게 이익을 주고 손해를 입히거나 속상해하지 않는 것을 묘길상이라 한다(대비평등 행)." 하였다. 또한 태어날 때 열 가지 상서가 있었으니, 첫째는 광명이 방안에 가득하였고, 내지 열 마리 코끼리에 여섯 개의 어금니가 났으니 이것을 묘길상이라 한다(훌륭한 복과 상서로운 감응의 행). 이것은 해(解)에 의한 행이다.

'묘덕'은 지(智)니, 경에 "제불의 어머니요 석가의 스승이다." 하니, 어찌 묘덕이 아니랴. 이것은 행에 의한 해다.

'법의 정위에 들어갔다'는 것은, 여래는 중도 제일의에 의거하시고 보살은 이곳에 들어갔으니, 이것을 '불종을 이어 반드시 부처님의

----

59 '행(行)은 행문(行門)을 말하고, '덕(德)'은 실덕(實德)이니, '만행'은 보시·지계와 내지 보현보살의 만행(萬行) 등이요, '만덕'은 십력·무외와 십팔불공과 내지 무량백천다라니문 등과 같다. 불법의 큰 바다는 신(信)이 능입(能入)이 되니, 경에 "신(信)은 도(道)의 근원, 공덕의 어머니, 신(信)이 능히 모든 선근을 증장하며, 신으로 능히 여래지에 이르게 하네." 하니, 그러므로 신이 만행(萬行)·만덕(萬德)의 우두머리가 되는 것이다.

지위를 계승한다' 하고 말한다. 예컨대 천자인 체원거정(體元居正)[60]이 낳은 왕자가 지금은 동궁에 있으나 반드시 왕위를 잇는 것과 같으니, 이것을 법왕자라 한다. 또는 불자라고도 하니 그 뜻도 마찬가지다.

무릇 보살을 모두 법왕자라 하건만 유독 문수만을 법왕자라 한 것은, 형계(荊溪) 존자가 말하기를 "왕자 가운데 덕은 문수에게 미룬다." 하고, 또한 모든 경전에서 문수를 항상 일체 보살의 상수라 하였기 때문이다.

'사리불의 뜻을 따르라'는 것은, 사리불은 지혜제일이요 문수는 큰 지혜가 그만이 홀로 높으니, 앞에서 밝힌 바와 같이 이 경은 오직 지혜로만이 능히 믿고 의심하지 않기 때문이다.

또한 분별하여 논한다면, 사리불은 권지(權智)요 문수는 실지(實智)다.[61] 권지는 태어남이 있는 정토를 밝히고, 실지는 태어남이 없는 정토를 밝혔으니, 근기가 둔한 자는 권으로부터 실에 들어가고 근기가 예리한 자는 권과 실을 둘 다 융합한다.

만약 근본을 추구하여 논한다면, 『부사의경계경』에 "다시 백천만억 보살이 있으니 이들이 성문의 몸을 나타내어 또한 와서 자리에 있으니, 그들의 이름은 사리불…"이라 하였다. 그렇다면 문수와 사리불

----

60 '체원거정(體元居正)'은 건원(乾元)의 덕을 체달하고 95의 정위(正位)에 거(居)한다는 뜻이다. 동(東)은 진(震)이요 진(震)은 건(乾)의 장자이다. 또한 임금은 진에서 나왔으므로 동궁(東宮)이라 한다.

61 '권지'는 삼승 권화(權化)의 법을 아는 지혜를 말하고, '실지'는 일승 진실(眞實)의 법을 아는 지혜이다.

은 깊고 깊은 지혜가 동일하니, 이 경은 천박한 지혜로는 능히 믿을 수 없다는 것을 더욱 더 알겠다.

疏 '아일다'는 우리말로 '능히 이길 이가 없다'라 하니, 곧 미륵보살이다.

阿逸多者 此云無能勝 卽彌勒菩薩也

鈔 '미륵(梵名 Maitreya, 巴利名 Metteyya)'은 우리말로 자씨(慈氏)라고 하니 성이요, '아일다(Ajita)'는 이름이니 정확하게는 반드시 '아무도 능히 이길 이 없는 자비[慈無能勝]'62라 해야 한다.

모태 중에서 자비의 마음이 있었으므로 이렇게 종족의 이름이 되었고, 또한 과거생에 대자여래(大慈如來)를 만나 이 이름과 같기를 발원하고 자심삼매(慈心三昧)를 얻었다. 또한 예전에 바라문이었을 때 이름을 '일체지'라고 했는데 8천 세 동안 자비행을 닦았으며, 비사불(弗沙佛) 때 석가여래와 같이 보리심을 내어 항상 자비의 정을 닦았다. 또한 『사익경』에 "그를 보는 중생은 곧 자심삼매를 얻었다." 하고, 또

· · · · · · · · · ·

62 '아무도 능히 이길 수 없는 자비'란, 자(慈)에 세 가지가 있다. 첫째는 중생연자(衆生緣慈)니 일체중생에게 반연하는 마음이 없이 저 중생에게 자연히 이익을 입히니, 『열반경』에 "나는 실로 가지 않았으나 자선근력으로 능히 중생으로 하여금 이와 같은 일을 보게 한다." 하였다. 둘째는 법연자(法緣慈)니 무심히 법을 보아서 제법을 자연히 널리 비추니 마치 해가 사물을 비치는 것과 같이 분별이 없다. 셋째는 무연자(無緣慈)니 무심히 이(理)를 보아서 평등 제일의 중에서 자연 안주하여 무연자로써 모든 중생을 섭수하는 것이다. '아무도 능히 이길 수 없는 자비'란 이 세 가지 자비를 가리킨 것이다.

한 『비화경』에 "도병겁(刀兵劫)[63] 중에 중생을 옹호할 것을 발원하였다." 하니,[64] 그렇다면 자(慈)가 당시에 융성하고 비(悲)가 후래에까지 이르러, 지극한 자비가 범부나 소승보다 특출했기 때문에 '능히 이길 이가 없다'고 하였다.

疏 또한 미륵이 이미 이 경을 들었다면 용화회상에서 반드시 이 경을 설하실 것이니, 이 경의 유통이 다함없을 줄 반드시 알아야 한다.
又彌勒旣聞此經 龍華必說此經 當知此經流通無盡

鈔 문: 어떻게 꼭 그런 줄 알 수 있습니까?

답:『법화경』에서 "옛 부처님이 광명을 놓으시고 이 경을 설하시더니, 지금 부처님도 광명을 놓으시니 반드시 이 경을 설하시리라는 것을 알 수 있네."[65] 하고 칭찬하니, 곧 옛 부처님과 지금 부처님이『법

· · · · · · · · · ·

63 『유가사지론약찬』 권1에 9종 겁을 말했다. 1은 일월세수(日月歲數), 2는 증감겁(增減劫), 3은 범중천겁(梵衆天劫), 4는 대범천겁(大梵天劫)…이다. 증감겁은 중겁이라고도 하니 기(饑)·병(病)·도(刀) 소삼재겁이다.『입세아비담론』에서는 겁마다 차례대로 1재가 일어나니 제1겁은 질역겁(疾疫劫), 제2겁은 도병겁(刀兵劫), 제3겁은 기근겁(饑饉劫) … 이라 하였다.

64 여기 문장에서 인용한 것은 삼세의 2리(二利)가 같지 않다. 첫째는 모태 중에서 자심이 있었다는 것은 현재자(現在慈)며 또한 자리자(自利慈)다. 둘째는 과거생 중이요, 셋째는 또 예전에 바라문이 되었고, 넷째는 또 비사불(毗沙佛) 때니 모두 과거거며 과거자(過去慈)며 또한 모두 자리자(自利慈)다. 다섯째는『사익경』은 현재자(現在慈)며 이타자(利他慈)요, 여섯째는『비화경』은 미래자(未來慈)며 또한 이타자(利他慈)이다.

65 세존이 법화회상에서 미간에서 백호상광을 놓으사 동방으로 만팔천 국토를 비추시니, 광명 속

화경』을 설하셨고, 이 경은 중생을 제도하는 것이 가장 시급한 일이 므로 제불이 모두 찬탄하시니, 이미 제불이 모두 찬탄하셨다면 제불 이 설하신 법을 용화회상에서도 반드시 이 경을 설하시리라는 것을 어찌 의심하겠는가?

🔲 '건타아제(Gandha-hastin)'는 우리말로 '쉬지 않는다'고 한다.
乾陀訶提 此云不休息

🔲 '쉬지 않는다'고 한 것은, 모든 범행을 닦아 항사겁을 거친 후 에 수기를 받았으니, 이 수많은 시간을 지나도록 일찍이 쉰 적이 없 었기 때문이다.

🔲 '상정진'에 두 가지 뜻이 있다. 첫째는 천태가 말하기를 "법성 이 항상 주함을 보고 함이 없이[無作] 정근을 행하였다." 하였기 때문 이요, 둘째는『보적경』에 "이 보살이 한 중생을 위하여 무량겁이 지나 도록 그를 따라가서 저버리지 않았으며, 교화를 받아들이지 않더라 도 한순간도 버리는 마음이 없었다." 하니, 곧 정진이 지극한 것이다.
常精進者二義 一者天台云 見法性常住 行無作正勤故 二者寶積經 云 此菩薩爲一衆生 經無量劫 隨逐不捨 猶不受化 曾無一念棄捨之心

....
에서 법계(法界) 사상(事相)과 중생과 부처의 시종이 원만히 나타났다. 이때 미륵이 의혹을 내니 문수 가 거기에 답하였다. 그 답 중에 "과거 일월등명불이 이 광명을 놓고 나서 곧『묘법연화경』을 설하시더 니, 지금 부처님이 광명을 나타내시니 또한 응당 이 경을 설하시리라는 것을 알 수 있다.…" 하였다.

乃精進之至極也

鈔 '두 가지 뜻'이란, 첫째는 자리(自利)니, 아직 발생하지 않은 선은 증장시키고 이미 발생한 선은 보호하여 지키며, 아직 발생하지 않은 악은 미리 방지하고 이미 발생한 악은 신속히 없애니, 이것을 사정근(四正勤)이라 한다. 그런데 '법성을 보고 함이 없다' 했으니, 법성은 본래 선도 아니고 악도 아님을 알았으니, 비록 선을 닦는다 했으나 닦음 없이 닦고, 악을 제거한다 했으나 제거함이 없이 제거하니, 소위 한 생각도 내지 않는 것이 진정한 정진인 것이다.

둘째는 이타(利他)니, 많은 중생을 위하지만 오히려 어려움이 되지 않는다. 여기서 '한 중생을 위하여…' 한 것은 잠깐 동안 한 중생을 위하나 오히려 어려움이 되지 않고, '무량겁'이라 한 것은 수많은 겁이라도 참으로 교화하기 쉬워서 또한 어려움이 되지 않으며, '교화를 받아들이지 않아도 저버리는 마음이 없다' 한 것은 버리지 않는 것도 오히려 어려움이 되지 않으며, '한순간이라도 저버리는 마음이 없다' 한 것은, 이와 같이 정진하여 다시 퇴보가 없으니, 그러므로 '상(常)'이라 하였다.

또한 쉬지 않으면 반드시 항상 정진하게 되고, 항상 정진하면 반드시 쉬지 않나니, 이 두 보살(위의 건타아제보살과 지금 상정진보살)은 이름은 다르나 덕은 한 가지다.

3) 모두 결론짓다

【經】이 같은 여러 대보살들과

與如是等諸大菩薩

疏 위를 결론짓고 나머지를 예한 것은 앞에서와 같다.

이 경의 경우에는 신·행·원 세 가지를 표현했으니, 정토를 이루는 인(因)이기 때문이다.

結上例餘同前 就當經 則表信行願三 成淨土因故

鈔 '앞에서와 같다'는 것은 위의 문수와 미륵 등을 결론지었고, '나머지를 예하였다'는 것은 보현·관음 등 일체 보살이다.

'신·원·행'이란, 묘수보살은 신을 표현하니 정토에 왕생하기를 구하는 데는 믿음이 최선이 된다. 경에 "만약 믿는 자가 있다면…" 한 것이 이것이다.

상정진보살은 원과 행을 표현했으니, '정'이란 산란하지 않는 것이요 '진'이란 퇴보하지 않는 것이니, 산란하지 않는 것은 경에 "일심불란"이라 하였고, 퇴보하지 않는 것은 경에 "퇴전치 않는 보살"이라 한 것이 이것이다.

'쉬지 않는다'는 것은 곧 불퇴전의 뜻이다. 또한 미륵은 자행(慈行)이요 건타는 범행(梵行)이니, 『관경』에 "자비스런 마음으로 살생하지 않는 것에 여러 가지 계행을 갖추었다." 한 것이 이것이다.

'정토를 이루는 인'이란, 여러 보살을 열거한 것은 인이 없는 것[無因]이 아니기 때문이다.

疏 이치에 맞게 말한다면, 자성은 비추지 않음이 없으니 이것이 문수 지혜의 뜻이요, 자성은 용납하지 않음이 없으니 이것이 미륵 자비의 뜻이며, 자성은 끝이 없고 다함이 없으니 이것이 불휴식·상정진의 뜻이다. 그 외는 이에 견주어 알 수 있을 것이다.

稱理 則自性無不照 是文殊智義 自性無不容 是彌勒慈義 自性無窮無盡 是不休息常精進義 餘可類知

鈔 '견주어 안다'는 것은, 자성이 광대하니 이것이 보현보살의 뜻이요, 자성이 원통하니 이것이 관음의 뜻이다. 위에서 하나의 문을 드는 데 따라 이름을 표시한 것과 같다.

만약 각기 갖춘다면 이름이 서로 통하니,[66] 그러므로 '마음이 곧 이름이다'[67] 하고 말하였다. 이와 같이 이해하는 것이 곧 정관(正觀)의 마음속에서 일체 보살을 보는 것이니, 지금 범부는 보고 보살은 보

. . . .

66 만약 비추지 않음이 없다면 용납하지 않음이 없으니 이것은 문수가 미륵에 통하는 것이요, '광대'에 '원통'을 갖추었으니 이것은 보현이 관음에 통하는 것이다.

67 '마음이 곧 이름이다' 한 것은, 보살은 이름이 없으니 이름이란 사람마다의 자심(自心)이다. 그러니 자심(自心)을 버리고 따로 보살을 찾는다면 이것은 사도(邪道)를 행하는 것이라, 보살을 보지 못한다.

지 못하는 것은 정관을 잃었기 때문이다.[68] 그러므로 "보살의 청량한 달이 항상 필경의 허공에 노니나니, 중생의 마음 때가 깨끗하면 보리 그림자가 그 가운데 나타나리[菩薩淸凉月 常遊畢竟空 衆生心垢淨 菩提影現中]." 하였다.

다. 인천 대중

【經】 석제환인 등 수많은 여러 하늘과 한없는 대중들이 함께하였습니다.

及釋提桓因等 無量 諸天大衆[69]俱

疏 '급(及)'이란, 앞을 이어 '정토법문은 여러 성인들이 이 법회에 참석했을 뿐만 아니라, 일체 범중(凡衆)도 모두 같이 들었다' 하고 말한 것이다.

'석제환인'은 우리말로 능천주(能天主)라 한다.

. . . .

68 자심(自心)이 비추지 않음이 없음을 깨달으면 문수가 눈앞에 나타나고, 자성(自性)이 용납하지 않음이 없음을 깨달으면 미륵이 세상에 나오며, 자성(自性)이 광대함을 깨달으면 항상 보현을 보고, 자성(自性)이 원통함을 보면 때때로 관자재를 가까이 한다.

69 '제천대중(諸天大衆)'은 아래 소문(疏文)에 의하면 '제천과 대중'이라 해야 한다. '제천'은 32천을 말하고 '대중'은 천(天) 아래 인간과 수라등 일체중생을 말한다. 혹은 여기서 '대중'은 앞의 보살과 성문 대중을 모두 말한 것이라 하기도 하였다. ―역자주

'등'이라 하고서 또 '무량'이라 한 것은 일체 제천을 다하였기 때문이요, '대중'이라 한 것은 일체중생을 다하였기 때문이다.

'구(俱)'란 '아울러 여러 보살마하살[并諸菩薩]' 이하의 문장을 총 결론지었다.

及者 承前言淨土法門 不但諸聖與會 一切凡衆皆同聞故 釋是桓因 此云能天主 曰等 又曰無量者 盡一切諸天故 曰大衆者 盡一切衆生故 俱者 通結并諸菩薩以下文也

鈔 위의 '아울러 여러 보살인[并菩薩]'이라 한 것은 대(大)·소(小) 한 쌍이요, 지금 '여러 하늘과 대중[及諸天大衆]'이라 한 것은 성(聖)·범(凡) 한 쌍이니, 성인과 범부가 모두 이 경을 들었다. 그렇다면 정토는 범부가 능히 들을 수 없는 법문이라고 말하지 마라.

'석제환인'이란, 구체적으로는 석가제파인제(Śakkra Devānāmindra)라 하니, '석가'는 우리말로 능(能)이라 하고 '제파인제'는 천주(天主)라고 한다. 자세히는 다섯 가지 이름이 있으나 번거로울까 하여 밝히지 않는다. 가섭불이 돌아가실 때 한 여인이 발심하여 탑을 쌓으니 서른두 사람이 이것을 도왔다. 지금은 도리천 왕이 되어 사방 서른두 가지 하늘을 통치한다.

또 『아함경』에 "처음 사람이었을 때 많은 보시를 행하여 능히[能] 천주가 될 수 있었다. 그러므로 '능천주'라 한다." 하였다.

'등'이란, 서른두 가지 하늘과 그 밖에 것을 등취(等取)하였다. '무량'이란, 또 말을 더하여 극치에 다다랐으니, 곧 욕·색·무색 제천을 총괄하였다.

'천'에는 여러 가지 뜻이 있다. '낮'을 말하니 낮이 가장 뛰어나기 때문이요, 혹은 '근심과 괴로움이 없음'을 말하기도 하니 늘 기쁘기 때문이요, '밝은 등불'을 말하기도 하니 어둠이 없기 때문이다.

'대중'이란, '제천' 아래 인(人)과 수라 등 육도의 일체중생을 다 말하였다. 어떤 이는 "앞의 '보살'과 '성문'을 겸하여 함께 대중이라 한다." 하였다.

'종합적으로 결론지었다'는 것은, 위에서는 '대비구 대중과 함께하였다[與大比丘衆俱]' 하고, 지금 여기서 '구(俱)'라 한 것은 또한 '제보살'과 '제천'과 '대중'과 함께[俱]했음을 말한 것이다.

어떤 이가 "무색계는 귀가 없고 몸이 없으며, 아귀나 지옥은 매우 어둡고 지극한 고통을 받는 중생인데, 어떻게 이 모임에 참석하여 이 경을 들을 수 있습니까?" 하고 물었다.

그러나 무색이란 큰 색이 없다는 것이지 작은 색이 없는 것은 아니다. 부처님이 열반하실 때 무색천 사람이 마치 비 오듯이 눈물을 흘렸다 하니, 귀로 듣는 것이 무슨 장애가 되겠는가? 지옥과 아귀는 무거운 자는 막혀서 전혀 통하지 않겠지만 가벼운 자는 그와 같이 일률적으로 판단해서는 안 된다. 또한 부처님의 광명이 몸에 닿으니 지옥천자가 원돈법(圓頓法)을 깨달았으니, 그렇다면 부처님이 이 경을 설하실 때 광명이 시방을 비추었으니 어찌 아귀나 지옥이 듣지 못한다고 단정하겠는가?

疏 이치에 맞게 말한다면, 자성은 위에도 통하고 아래에도 통하니, 이것이 나한과 보살과 제천과 대중이 함께 한 뜻이다.

稱理 則自性徹上徹下 是羅漢菩薩諸天大衆俱義

鈔 이 법[法性]이 평등하여 고하가 없으니, 위로는 여러 성인에게 통하여 위도 또한 이 법회에 참예하여 함께 하였고, 아래로는 육범(六凡)에 통하여 아래도 이 법회에 참예하여 함께 했으니, 이것은 4제와 12인연과 4등(等: 자·비·희·사 四無量心)과 6바라밀과 5계(戒)와 10선(善)과 만행이 나누어지는 것과, 그 밖에 팔만사천 모든 번뇌 문이 오직 일심일 뿐이니, 진실 성(性) 중에는 차별이 없기 때문이다.[70]

그러므로 용과 뱀이 뒤섞이고 범부와 성인이 서로 뒤섞인 사이에 불법이 본래 이와 같이 머물러 있는 것이다.

----

70 사제(四諦)는 성문법(聲聞法)이요, 십이인연(十二因緣)은 연각법(緣覺法)이요, 사등(四等)과 육도(六度)는 보살법(菩薩法)이요, 오계(五戒)와 십선(十善)은 인천법(人天法)이다. 만행(萬行)이 나누어지는 것은 사성(四聖)을 모두 거두었고, 팔만사천 번뇌문은 육범(六凡)을 모두 거두었다. 비록 사성과 육범이 같지 않으나 오직 일심 뿐이니, 이것은 십법계행(十法界行)을 모아 일심으로 돌아간 것이다. 왜냐하면 일심의 진실성 중에는 십법계(十法界)의 차별이 없기 때문이니, 십법계의 차별이 없기 때문에 능히 십법계에 통할 수 있는 것이다.

정종분 正宗分 1

1 정종분 4과(四科)는 3자량(三資糧)에서 벗어나지 않는다. 처음에 의보와 정보를 자세히 보여 신락(信樂)을 내게 한 것은 신자(信資)에 속하고, 두 번째 행원(行願)을 바로 보여 수증을 알게 한 것은 원(願)과 행(行) 2자(二資)에 속하며, 세 번째 부처님 말씀을 엇갈려 인용하여 의혹을 끊게 한 것은 위에서 비록 신락(信樂)을 내게 하였으나 혹시 아직 의구심을 가지고 신력(信力)이 견고하지 않을까 하여 육방 제불이 모두 찬탄한 것을 인용하여 그 신(信)을 견고케 하였으며, 네 번째 어려운 일임을 서로 밝혀 간절히 감발(感發)하게 한 것은 위에서 비록 원행을 바로 보였으나 혹시 내키지 않아 머뭇거리며 능히 뜻을 내지 않을까봐 피차 서로 찬탄한 것을 들어 행원(行願)을 발휘하게 하였다.

1

의보와 정보를 자세히 밝혀,
믿고 기뻐하는 마음을 내게 하다

가. 근기를 밝히다

【經】 그때 부처님께서 장로 사리불에게 말씀하셨습니다.

爾時佛告長老舍利弗

疏 이 아래 문장은 정종분에 속한다. 앞에 것은 서인(序引: 引은 序보다 조금 간략하고 짧다)에 속하고, 뒤 문장은 유통분이니, 오직 이것만이 이 경의 근본인 올바른 뜻이다.

'그때[爾時]'란, 저 여섯 가지 성취 가운데 '시'에 해당된다.

'부처님이 … 말씀하셨다[佛告]'는 것은, 이 경에는 발기가 없고 부처님이 스스로 설하셨기 때문이니, 그것은 이 경은 세상을 구하는 것이 가장 시급했으므로 간청을 기다리지 않았기 때문이다.

此下文屬正宗 以前是序引 後是流通 唯此爲一經所宗之正義也 爾時者 當彼六種成就時也 佛告者 經無發起 佛自說故 良繇此經 救世最急 不俟請故

鈔 무릇 '그때'라고 할 때는 반드시 앞에 그럴 만한 까닭이 있어야 한다. 그래서 '여섯 가지 성취 중에 시(時)에 해당된다' 하였다.

'부처님이 스스로 설하였다'는 것은, 모든 경은 모두 통(通)·별(別) 두 서(序)가 있으니, 통은 증신서(證信序)요 별은 발기서(發起序)다. 『법화경』인 경우에는 백호에서 광명을 놓아 일승의 교를 열었고, 『유마경』에서는 비야리에서 병을 보여 불이(不二)의 말씀을 열었으며, 『원각경』과 『금강경』과 그리고 여러 경전에서는 흔히 먼저 질문이 있고서 그런 후에 부처님이 연설했지만, 지금 이 경은 그렇지 않으므로 발기가 없다.

'세상을 구하는 것이 가장 시급하다'는 것은, 말세 중생은 근기가 우둔하고 장애가 깊어 해탈과 선정을 매우 얻기 어려우니, 부처님이 큰 자비로 이 정토문을 열어 생사를 가로질러 절단하고 급히 중생을 구원하시니, 오직 힘이 미치지 못할까만 걱정한 까닭에 간청을 기다릴 여유가 없었던 것이다.

비유컨대 어떤 사람이 갑자기 나쁜 병에 걸려 목숨이 경각에 달렸는데, 이웃에 훌륭한 의사가 있어 그에게 의지하여 몸을 다스리며 시일을 연장하였으나 아직 약이 만들어지지 않아 목숨이 이미 다하였다. 그런데 여기 입에 넣으면 금방 되살아나는 약이 이미 만들어져 있다면 마음이 인자한 자는 당연히 속히 약을 줄 것이니, 어찌 예의를 다해 초빙해 정성을 다하기를 기다린 후에 투약하겠는가? 부처님이 중생을 구원하신 뜻도 이와 같다.

疏 문: 여러 경전들은 물론, 우리 정토교의 두 경전만 해도 모두 발기가 있는데, 어찌하여 유독 이 경만이 그렇지 않습니까?

답: 뜻이 더욱 간절하기 때문이요, 또한 발기하지 않은 발기이기 때문이다.

問 諸經無論 只如本教二經 皆有發起 今經何獨不然 答 意彌切故 亦是不發起之發起故

鈔 '우리 정토교의 두 경'이란, 『십육관경』과 이 경의『대본』은 모두 전문적으로 정토만을 설했기 때문에 '우리 정토교'라 한 것이다.

『관경』은 위제희 부인이 아들의 간악하고 패역한 행위에 마음이 상하여 혼탁한 세상을 싫어하고 깨끗한 세상을 구해 "저는 청정한 세계에 태어나기 원하옵고 이 염부제의 탁악한 세상을 좋아하지 않나이다." 하였으니, 그러므로 아사세왕의 모자가 발기가 된다.

『대본』인 경우는, 하루는 세존의 얼굴이 평소와 다르기에 아난이 묻기를 "제가 부처님을 시봉한 이후로 일찍이 오늘 같은 모습을 뵌 적이 없습니다. 혹시 과거 제불을 생각하셨거나 미래 제불을 생각하셔서 그런 것입니까?" 하니, 부처님이 "그러하다. 아난아! 제천이 너를 시켜 이를 묻게 하였느냐? 아니면 네가 스스로 물었느냐? 네가 물은 것은 한 사천하의 성문, 연각, 제천의 인민과 내지 벌레들에게 몇 겁을 지나도록 보시한 것보다 백천만 배나 더 훌륭하여 도저히 미칠 수가 없느니라. 왜냐하면 제천의 인민과 내지 벌레들은 모두 너의 질문으로 인하여 해탈할 것이기 때문이니라." 하니, 그러므로 여래의 얼굴이 발기가 된다.

여기서 질문한 것은, '여러 경전에 발기가 있는 것은 물론, 정토의 근본 가르침인 두 가지 경전에도 모두 발기가 있는데, 이 두 경전과 다르지 않은 이 경만 유독 발기가 없는 것은 무엇 때문인가?' 하였기 때문에 이렇게 의문을 풀어준 것이다.

이를테면 부처님이 이 두 가지 경을 설하신 것도 대비심이 간절하여 특별히 왕생을 보이시기는 하였다. 그러나 앞의 서(序)에서 설한 것과 같이 관법이 정밀하고 원문이 광대하기는 하지만, 부처님 명호를 부르기만 하면 금방 저 나라에 왕생하는, 요체가 되고 더욱 더 요체가 되는 이 경보다는 못하다. 그러므로 부처님이 여기에 뜻을 두어 간절하고 더욱 간절히 모든 중생을 위하여 불청우(不請友)[2]가 되었던 것이다.

'발기하지 않은 발기'란, 현재 중생은 생사에 집착하고 여기서 벗어나기를 구하지 않으므로, 부처님의 큰 자비로 이 경을 설할 것을 스스로 발기하였기 때문이다.

疏 유독 사리불에게만 말씀하신 것은, 앞에서와 같이 오직 지혜 있는 이만이 믿을 것이기 때문이다. 또한 한 사람에게 말하면 모든 사람에게 말하는 것이기도 하다.

....
2 청하지 않아도 스스로 찾아와서 가까이 하는 벗. 부처님과 보살이 중생을 제도하되 중생의 기청(祈請)에 인하지 않고도 대자비심으로 직접 가서 중생에게 선법을 주는 것을 말한다. —역자 주

또 정각 스님이 말하기를 "사실단(四悉檀)에 부합하기 때문이다."
하였다.

獨告舍利弗者 例前唯智所信故 又一告一切告故 又淨覺云 合四悉故

鈔 '앞에서와 같이…' 한 것은 맨 먼저 사리불을 든 뜻이니, 깊고
깊은 지혜로 깨끗하고 더러운 근기를 통찰하고 사(事)와 이(理)의 경계
를 융통해야만 비로소 능히 믿고 의심하지 않게 된다. 예컨대 반야회
상에서 맨 먼저 수보리를 든 것은, 『반야경』은 공을 말하니 수보리는
공을 이해하는 데 제일이기 때문이다.

'모든 사람에게 말한다'는 것은, 사리불 한 사람에게 말하면 현재
의 일체 성문과 보살, 인천 대중과, 미래 일체 모든 중생에게 말하는
것이 되기 때문이다.

'사실단'이란, 첫째, 사리불은 부처님 좌측에 서는 제자라, 경에서
매번 맨 앞자리에 있었으므로 그에게 법을 설하는 것은 매우 당연한
일이다. 이것은 세계실단(世界悉檀)이다. 둘째, 사리불은 지혜제일이라
온 대중이 존경하는 분이니, 사리불이 정토를 믿으면 대중도 또한 믿
을 것이기 때문이다. 이것은 위인실단(爲人悉檀)이다. 셋째, 정토를 믿
지 않는 자를 위하여 스스로 미치지 못한다고 자신을 낮추어 그들의
사집(邪執)을 변화하게 하였으니, 이것은 대치실단(對治悉檀)이다. 넷
째, 작은 법을 닦는 자로 하여금 큰 곳으로 나아가는 것을 본받아 정
토에 왕생하기를 구하여 구경에 성불하게 하니, 이것은 제일의실단

(第一義悉檀)이다.³

疏 또한 지혜가 믿음의 주체[能信]가 될 뿐만 아니라, 불과를 성취함은 모두 지혜로 말미암기 때문이다.

又不獨智爲能信 佛果成就 皆繇智故

鈔 『화엄경』22에 "일체 제불의 청정 장엄이 모두 일체지로 말미암지 않음이 없다." 하였으니, 그렇다면 아미타불도 역시 이 지혜로 정토의 공덕을 성취했음을 알 수 있다. 그러므로 정토를 닦는 모든 중생이 지혜로 믿음을 내면 올바른 믿음이 되고, 지혜로 원을 발하면 큰 원이 되며, 지혜로 행을 일으키면 미묘한 행이 되며, 내지 성불에 이르는 데는 반드시 지혜로 인하여 이루어진다. 이렇게 지혜는 원인에 통하고 결과에 사무치며 처음과 마지막을 이루는 중요한 길이니, 어찌 믿음[信]과 이해[解]의 문이 될 뿐이겠는가?

··········

3 여래가 법을 설하실 때 반드시 상수(上首)에게 고하는 것은 매우 당연한 일이다. '세계실단'의 세계는 차별의 뜻이니, 고하는 데는 반드시 방법이 있어서 중생으로 하여금 법문의 차별을 알게 하여 차근차근 조리 있고 문란하지 않아야 환희익(歡喜益)을 얻는다. '위인실단'이란, 신자(身子)의 지혜는 온 대중이 모두 존경하니 신자가 믿는다면 믿지 않는 대중이 없어서 각기 선심을 내어 생선익(生善益)을 얻는다. '대치실단'이란, 대중의 지혜는 신자(身子)만 못하니 신자가 마음을 돌이킨다면 대중은 마음을 돌이키지 않은 자가 없어서 사집(邪執)을 버려 멸악익(滅惡益)을 얻는다. '제일의실단'이란, 이미 소(小)를 돌이켜 대(大)로 향했다면 퇴전하지 않고 구경에 성불하여 제일의를 얻게 되니 입리익(入理益)을 얻는다.

疏 이치에 맞게 말하면, 자성은 자연지(自然智)니 이것이 부처님
이 스스로 사리불에게 설하신 뜻이다.

稱理 則自性自然智 是佛自告舍利弗義

鈔 반연함이 없이 비추고 생각함이 없이 알면, 미묘한 자성이 천
연하여 다른 것으로부터 얻지 않는다. 그러므로 판[4]을 치지 않았고 설
해 줄 것을 청하는 사람이 없어도 적극적으로 설하여 쉴 때가 없다.

나. 법을 보이다

1) 종합적으로 표하다

가) 국토를 표하여 의보를 밝히다

【經】 이 사바세계에서 서쪽으로 십만억 불토를 지나 한 세계가
있으니 이름을 극락이라 하느니라.

從是西方 過十萬億佛土 有世界名曰極樂

疏 '토(土)'는 소의(所依)니 의보라 하고, '불(佛)'은 능의(能依)니 정보
라 한다. 여기서는 먼저 의보를 들었다.

· · · · · · · · · ·

4 포살이나 송경이나 법회나 공양할 때 사용하는 법구. ―역자주

'이[是]'란 이 세계를 말했으니, 이 사바세계로부터 서쪽으로 향해 가는 것을 '지나[過]'…라고 한다.

'불토'란 하나의 대천세계를 하나의 불토라 하니, 이 같은 불토를 지나 십만억에 이르니, 이 세상에서 거리가 멀고도 먼 것을 말한 것이지 『육조단경』에서 말한 '십만팔천'의 국토가 아니다. 만약 사(事)에 의하고 이(理)에 의하여도 먼 곳이 되지 않는다.

'세'는 시간을 가지고 말하였고 '계'는 처소를 가지고 말하였다.

'극락'이란 범어로 수마제(Sukhāvatī)라 하니, 우리말로는 안락(安樂), 안양(安養), 청태(淸泰), 묘의(妙意)라고도 하니,[5] 이름은 조금 다르나 모두 극락의 뜻이다.

그러나 국토에는 여러 가지가 있으니 네 가지 국토 중에 지금 이 극락은 동거토며, 또한 앞의 세 가지 국토에 통하기도 한다. 또한 수용토, 법성토, 변화토도 이 뜻과 같고, 열 가지 국토도 역시 이 뜻과 같다.

또한 부처님에게는 비록 국토가 없지만 중생을 교화하기 위해 국토를 설하시는 것도 무방하다.

土是所依 名依報 佛是能依 名正報 今先擧依也 是者 指此界言 從此娑婆世界 向西而去 名過 佛土者 一大千界名一佛土 過如是佛土 至

....
5 '안락'이라 한 것은 생사의 괴로움을 여의었기 때문이요, '안양'이란 공양이 천연(天然)하여 사람의 힘을 빌리지 않기 때문이며, '청태'란 크고 작은 삼재(三災)가 미치지 않기 때문이며, '묘의'란 육진(六塵)의 묘경(妙境)이 마음을 따르지 않음이 없기 때문이다.

十萬億 言去此方遠之遠也 非壇經十萬八千之土也 若據事據理 亦未爲

遠 世以時言 界以處言 極樂者 梵語須摩提 此云安樂 亦云安養 亦云淸

泰 亦云妙意 名雖小殊 皆極樂義 然土有多種 四土之中 今此極樂是同居

土 而亦通前三土 又受用法性變化三土 亦同此意 又十種土 亦同此意 又

佛雖無土 爲化衆生 不妨說土

　鈔 '의보'란, 몸은 국토를 빌려 살기 때문에 '소의(所依)[6]'라 하고, 지은 업에 따라 의(依: 국토)에 낫고 못한 것이 있기 때문에 '보'라고 한다.

　'이 사바세계로부터' 한 것은, 사바세계와 극락은 화장세계 중에서 두 국토가 서로 마주 바라보는데, 지금 '지난다[過]' 하고 말한 것은 여기서부터 서쪽으로 길게 가로로 뻗어 지나가는 것을 말한다.

　'하나의 대천'이란 삼천대천세계니, 아래 '육방'에서 설명할 것이다.

　'십만억'이란, 여기서부터 서쪽으로 가는 거리를 억으로 계산하면 반드시 십만이 있으니, 이를테면 하나의 불토와 열 개의 불토를 지나 억 개의 불토에 이르고, 또한 1억 불토와 10억 불토로부터 10만억 불토에 이르기 때문에 '멀고도 또한 멀다'고 하였다. 그러나 억에는 네 가지 있으니 십만, 백만, 천만, 만만을 모두 억이라 하는데, 지금 여기서 가리킨 것은 어떤 것을 말하는지 알 수 없다.

　『단경』의 '십만팔천'이란 지금의 서역을 잘못 가리킨 것이다. 또한

· · · · · · · · · · ·

6　이 문장에서 보면, 소의(所依)는 국토요, 능의(能依)는 몸이다.

아래의 '육방' 가운데서 자세히 설명할 것이다.

'먼 곳이 되지 않는다' 한 것에 두 가지 뜻이 있다. 하나는 사(事)에 의거하여 말한다면, 『법화경』에서 동방세계가 많은 것을 밝히면서,[7] 흙을 가루내고 먼지를 점찍은 것으로 계산한다면 십만억은 지극히 작을 뿐이요, 『화엄경』의 한 세계종은 사바세계 밖에 13찰진세계를 에워싸니,[8] 지금 극락세계는 단지 10억토를 지날 뿐이니 어찌 먼 곳이 되겠는가?

둘째는 이(理)에 의거하여 말한다면, 이른바 10억이란 범부의 생사심의 양에 대하여 말했을 뿐이니, 정업이 이루어지면 임종에 정(定)에 있는 마음이 곧 정토에 태어나는 마음이라, 또한 '분명하여 눈앞에 있다' 한 것이 이것이다.[9] 그러니 어찌 먼 적이 있었으랴.

. . . .

7 『법화경』에 "'비유컨대 삼천대천세계에 있는 땅을 가령 어떤 사람이 갈아 먹을 만들어 동방 천국토(千國土)를 지나 한 점을 내려놓고, 또 천국토를 지나 다시 한 점을 내려놓아, 이와 같이 점차 땅의 먹이 다한다면 너의 뜻에 어떠하느냐? 이 많은 국토를 산사(算師)나 산사(算師)의 제자가 능히 그 수를 알 수 있겠느냐?' '못하옵니다. 세존이시여! 세계가 넓으니 어찌 사의할 수 있겠나이까.'" 하였다.

8 『화엄경』에 "화장장엄세계해를 수미산 미진수 만큼의 풍륜(風輪)이 받쳐 들고 있으니, 맨 위의 풍륜은 능히 보광마니향수해를 받쳐 들고 있다. 이 바다에 큰 연꽃이 있으니 그 이름은 종종광명예향당(種種光明蕊香幢)이라 하니 화장장엄세계해가 그 가운데 주한다. 이 세계해의 대륜위산(大輪圍山) 안에 있는 대지 중에 십불가설불찰미진수(十不可說佛刹微塵數)의 향수해(香水海)가 있고, 이 십불가설향수해 중에 십불가설불찰미진수세계가 있으니, 이 중 가장 중앙 향수해는 이름을 무변묘화광(無邊妙花光)이라 하는데, 여기에 큰 연꽃이 피니 세계종(世界種)이 그 위에 주하고, 불가설불찰미진수세계가 그 가운데 포열(布列)하니 그 가장 아래 세계는 이름을 최승광변조(最勝光徧照)라 한다. 이 제십삼세계(第十三世界)에 이르러 이름을 사바(娑婆)라 하니, 십삼불찰미진수세계(十三佛刹微塵數世界)가 에워싸고 있느니라." 하였다.

9 천태에 "임종에 정에 있는 마음은 곧 정토에 수생하는 마음이니, 염(念)을 들면 곧 정토에 왕생하는

'시간'은 과거 · 현재 · 미래를 말하고, '처소'는 동 · 서 · 남 · 북과 상 · 하를 말한다. 시간뿐이고 처소뿐이면 세계가 이루어지지 않으니, 시간과 처소를 합하여 '세계'라고 한다.

'극락'을 번역하면 여러 가지 이름이 있다. '극'이라고 한 것은, 지극한 즐거움은 인간이나 천상의 여러 가지 즐거움에 비할 것이 아님을 밝혔으니, 그러므로 특별히 '극'이라고 표현하였다.

'네 가지 국토'란, 첫째는 상적광토(常寂光土)다. 경에 "비로자나는 어느 곳에나 두루한다." 하니, 그 부처님이 거주하는 곳을 상적광토라 한다. 이것은 극과인(極果人)이 거주하는 곳이다.

둘째는 실보장엄토(實報莊嚴土)다. 진실한 법을 닦아 수승한 과보를 얻어서 칠보로 장엄[10]하고 깨끗하고 미묘한 오진(五塵: 五欲. 五妙欲이라고도 한다. 색 · 성 · 향 · 미 · 촉 등 五境에 물들어 일어난 다섯 가지 정욕)을 갖추었기 때문이다. 또한 무장애토(無障碍土)라고도 하니, 색과 심이 다르지 않고 모(毛)와 찰(刹)이 서로 용납하기 때문이다. 이것은 법신보살이 거처하는 곳이다.

· · · · · · · · · ·

때라 임종에 정에 있는 것과 정토에 수생한 것이 이 마음을 여의지 않으니, 마음에 피차가 없으면 어찌 일찍이 여기서부터 저기로 간 적이 있었겠는가? 그런데 왕생이라 말한 것은 하나의 염(念)을 들었을 뿐이니, 마치 꿈속에서 여기서부터 저기로 가지만 실제로는 몽심(夢心)을 여의지 않은 것과 같다. 그런데 여기서부터 저기로 간다고 말한 것은 다만 몽심(夢心)이 스스로 나타났을 뿐이다." 하였다.

10 『석론(釋論)』에 "보살의 승묘(勝妙)한 오욕이 능히 가섭 존자로 하여금 일어나 춤추게 하였다." 하고, 『화엄경』에는 "무량한 향운대(香雲臺)"라 하였으며, 『관경』에는 "낱낱 나무마다 그 위에 일곱 겹의 그물이 쳐 있고 낱낱 그물 사이마다 오백억의 미묘하고 화려한 궁전이 있다." 하니, 곧 국토가 정묘한 오진(五塵)이니 이것은 '장엄' 두 자를 해석한 것이다.

셋째는 방편유여토(方便有餘土)다. 사주혹(四住惑)을 끊었으니 방편도(方便道)에 속하고, 무명을 아직 다하지 못했으므로 '유여'라고 부른다.[11] 이것은 삼승 성인이 거주하는 곳이다.

넷째는 범성동거토(凡聖同居土)다. 이것은 사성과 육범이 함께 거주하는 곳이다.

이 네 가지 국토가 낫고 못한 것은 같지 않으나 각기 깨끗하고[淨] 더러운[穢] 것으로 나눌 수 있다. 지금 극락국토는 이미 '보살, 성문, 제천의 인민…'이라 했다면 사바세계와 똑같이 동거라고 하겠지만, 사바는 흙이나 돌이나 가시나무와 사취(四趣)가 어지러우니 동거예토요,[12] 저 나라에는 여덟 가지 공덕 물[八功德水]과 일곱 가지 보배[七珍]

....

11 '사주'는 곧 견(見)·사(思)니, 견(見)은 하나니 일체견주지혹(一切見住地惑: 三界의 一切見惑을 말한다. 五住地惑의 하나. 衆生이 我見으로 근본을 삼아 갖가지 견혹을 일으키는 것을 일체견주지혹이라 한다. 이것은 오주지번뇌의 근본이니 이 혹을 끊으면 쉽게 見道에 들어간다.)을 말하였고, 사혹(思惑)은 세 가지로 나누니 첫째는 욕애주지(欲愛住地)니 욕계구품사(欲界九品思)요, 둘째는 색애주지(色愛住地)니 색계사지(色界四地)에 각기 구품사(九品思)요, 셋째는 무색애주지(無色愛住地)니 무색계사지(無色界四地)에 각기 구품사(九品思)다. 이 사주(四住)는 장(藏)·통(通) 2교(二教)의 이승(二乘)과 별교(別教)의 보살은 모두 이미 단제했으나 다만 법신만은 아직 증득하지 못한지라 방편도에 속하니, 이것은 '방편'을 해석한 것이다. '무명을 아직 다하지 못한 것을 유여(有餘)라 한다' 한 것에 '무명'은 계외(界外) 견(見)·사(思)니 42품이 있고, 지금은 전혀 끊지 못했으므로 유여(有餘)라고 하니, 이것은 '유여(有餘)'를 해석한 것이다.

12 견(見)·사(思)의 경(輕)·중(重)으로 동거의 정(淨)·예(穢)를 나누니, 예컨대 범부가 견(見)·사(思)가 가벼우면 동거정(同居淨)을 얻고 무거우면 동거예(同居穢)를 얻는 것과 같다. 체(體)·석(析)과 교(巧)·졸(拙)로 방편의 정(淨)·예(穢)를 나누니, 통교 삼승은 색을 체달하여 공을 밝히므로 곧 교(巧)하니 방편정(方便淨)을 얻고, 장교 삼승은 색을 분석하여 공을 밝히므로 곧 졸(拙)하니 방편예(方便穢)를 얻는다. 차제일심(次第一心)에서 실보(實報)의 정예(淨穢)를 나누니 별교 보살은 차제삼관을 닦아 법신리(法身理)를 증득하여 실보예(實報穢)를 얻고, 원교 보살은 일심삼관을 닦아 법신리(法身理)를 증득하여 실보정(實報淨)을 얻는다. 분증(分證)과 구경(究竟)에서 적광(寂光)의 정(淨)·예(穢)를 나누니 별교 여래는

311

와 인간과 천상이 가득하니 동거정토다.[13]

'또한 앞의 세 국토에 통한다' 한 것은 근기의 차이에 따라 보는 것도 다르니, 어떤 근기는 동거에서 적광토를 보기도 하고 동거에서 실보토를 보기도 하며 동거에서 방편토를 보기도 하고 동거에서 단지 본토만을 보기도 한다. 『법화경』에서는 "나의 이 국토는 편안하여 천인이 항상 충만하다." 하고, 『상법결의경』에는 "오늘 좌중의 한없는 대중들이 어떤 이는 이곳의 산림과 흙과 자갈을 보기도 하고, 칠보를 보기도 하며, 제불이 수행하신 곳을 보기도 하고, 혹은 부사의한 제불의 경계를 보기도 한다." 한 것과 같이, 모두 근기의 차이에 따라 볼 뿐이다.

'세 국토는 위와 같다' 한 것은, 첫째는 법성토니 곧 적광이요, 둘째는 수용토니 다시 자·타로 나누어진다.[14] 이것은 실보와 같다. 셋째는 변화토니 앞의[15] 세 번째와 네 번째인 방편과 동거와 같다. 그렇다면 극락은 비록 변화에 해당하지만 또한 수용과 법성일 수도 있

· · · · · · · · · ·

십이품 무명을 끊고 삼덕(三德)을 분증(分證)하여 적광예(寂光穢)를 얻고, 원교 여래는 사십이품 무명을 끊고 구경(究竟)에 삼덕비장(三德秘藏)을 증득하여 적광정(寂光淨)을 얻는다.

13 사바세계의 돌이나 흙이나 가시나무는 의보(依報)요, 사취(四趣)가 어지러운 것은 정보(正報)며, 극락세계의 팔공덕수와 일곱 가지 보배는 의보요, 인간과 천상이 가득한 것은 정보다.

14 자수용토는 오직 부처님 한 분만이 스스로 수용하고 다른 사람과는 같이 하지 않으며, 타수용토는 십지보살과 함께 수용하기 때문이다. 이 두 가지가 비록 자·타로 나누어져 같지 않기는 하지만 모두 삼아승지겁 동안 진실행(眞實行)을 닦아 얻은 과보니, 그러므로 실보와 같다.

15 방편과 동거는 극과성인(極果聖人)의 무방대용(無方大用)이니 근기에 따라 변화하여 방편으로 중생을 이롭게 하는 국토이다.

다.[16]

'열 가지 국토'란 조백 대사(棗栢大士)가 나눈 열 가지 권(權)과 실(實)이니,[17] 비록 극락은 권이고 실은 아니지만 우선 권과 실에 의해 상대적으로 분별해 말했을 뿐, 만약 근기에 따라 논한다면 권과 실이 일정하지 않다. 왜냐하면 저기에서 말하기를 "미타 불토는 어느 정도 상(相)을 취하는 범부가 법공의 진실한 이치를 믿지 않고 오로지 염불만 하여 그 마음이 일부분 깨끗하여 정토에 태어나는 자를 위하였으니, 이것은 권이고 실이 아니다." 하였다. 그렇다면 상을 취한 자란 이(理)에 들어간 자가 아님을 알 수 있으니, 만약 이일심(理一心)이면 권이기도 하고 실이기도 하다. 그러므로 '일정하지 않다' 한 것이다.

또한 위의 네 국토는 법성리(法性理) 가운데 으레 구족하니, 적광토에만 집착해서는 안 된다. 만약 적광토를 증득한다면 아래 세 가지 국토가 마음에 따라 의지하는지라 스스로 부정하지 않겠지만, 적광토를 증득하지 못하고서 아래 세 국토를 부정한다면 다시 거주할 국토가 없으니, 잘못이 매우 심하다. 그러므로 다른 국토에 금색세계가

· · · · · · · · · ·

16 극락은 비록 동거이지만 앞의 제삼 변화를 대했으니, 만약 능히 현관(現觀)을 닦아 무명을 부분적으로 끊고, 더 나아가 무명을 완전히 다 끊으면 수용과 법성에 통한다.

17 '조백 대사'는 이통현(李通玄) 장자를 말한다. 그의 저술인 『화엄합론』에 "첫째는 아미타경 정토요, 둘째는 관무량수경 정토니 두 가지는 권(權)이고 실(實)이 아니며, 셋째는 유마경 정토요, 넷째는 범망경 정토니 모두 실(實)이나 넓지 못하고, 다섯째는 마헤수라천 정토요, 여섯째는 열반경 정토요, 일곱째는 법화경 정토니 모두 권(權)이고 실(實)이 아니며, 여덟째는 영산회상에서 가리킨 정토니 실(實)이고 권(權)이 아니며, 아홉째는 유심정토니 실정토(實淨土)며, 열 번째는 비로자나가 거주하는 정토니 실정토(實淨土)다." 하였다.

있음을 믿지 않으므로 『능엄경』에서 심하게 꾸짖은 것이다.[18]

'부처님은 국토가 없으나…' 한 것은, 14과(科) 『정토초』에 "팔지 이상은 영원히 색루(色累)에서 벗어나 비추는 본체가 독립하여 마음에 처소가 없으니 국토가 어디에 필요하겠는가?"[19] 하였는데, 더욱이 제불이랴.

부처님에게는 실로 국토가 없는데도 있음을 말한 것은, 중생의 이해가 미약하고 미혹이 깊기 때문에 우선 복락을 들어 이들을 인도하여 선을 행하게 했으니, 성인이 중생을 제접하는 절실한 자취이다. 그러므로 국토를 설하는 데 방해되지 않는다.

疏 유독 서방만을 가리킨 것은 반드시 지향해야 할 곳이기 때문이다. 서방에서 유독 극락만을 가리킨 것은 뒤 문장에 고통은 없고 즐거움만 있는 것과, 『수원왕생경』에서 설한 것과 같다.

偏指西方者 定趨向故 西方偏指極樂者 如後文無苦有樂 及往生經中說

----

18 『능엄경』에서 "현재가 바로 불국이지 정거(淨居)도 없고 금색상도 없다." 한 상음(想陰)을 파하였다.

19 팔지는 현상(現相)을 전하여 색자재(色自在)를 얻고, 구지는 전상(轉相)을 전하여 심자재(心自在)를 얻으며, 십지는 업상(業相)을 전하여 구경성불(究竟成佛)하니, 이 삼위 보살은 점점 업식을 비워 체(體)에서 벗어나 의지함이 없어서, 안으로 근(根)·신(身)이 없고 밖으로 세계가 없거늘 극과성인(極果聖人)이 국토가 있으랴.

鈔 어떤 이가 "시방세계는 어디에나 정토가 있는데 어찌 유독 서방만을 보여 저 국토에 태어나기를 가르치실까?" 하고 의문을 가질까봐, '대도는 많은 갈림길로 해서 양을 잃어버리고,[20] 활을 쏘는 데는 오로지 과녁에 집중해야 하니, 마음은 두 가지 작용이 없어야 하고 공덕은 어지럽게 베푸는 것을 경계한다' 한 것이다.

『상도의(上都儀)』에서 말하기를 "삼보에 귀명하여 방위(서방)를 가리키고 형상(극락)을 세우는 것은 마음을 집중하여 경계를 취하고자 함이니, 범부는 마음을 의지하는 것도 쉬운 일이 아닌데, 더욱이 모양을 여읠 수 있겠는가?" 하였다.

시방 제불에게 두루 공양하고 본국으로 돌아와도 오히려 밥 먹는 사이에 있었으나 이것은 서방에 왕생한 이후의 일이라,[21] 소위 알을 보고서 닭을 찾는 격이니 어찌 너무 성급한 생각이 아니겠는가?

문: 그렇다면 『화엄경』에서는 무엇 때문에 세상의 먼지 수만큼의

· · · · · · · · · ·

20 열자에 "양자(楊子)의 이웃 사람이 양을 잃어버려 그의 무리들을 거느리고서 가며 또 양자(楊子)의 아들을 청하여 함께 양을 추적하였다. 양자가 '양 한 마리를 잃어버렸는데 어찌 이렇게 많은 사람들이 추적하는가?' 하니, 이웃 사람이 '갈래 길이 많기 때문입니다' 하였다. 돌아와서 결국 양을 찾지 못하고 '갈림길에서 또 갈림길이 많아서 어디로 갔는지 알 수 없었습니다' 하였다. 그러므로 '대도는 많은 갈림길로 해서 양을 잃어버리고, 배우는 자는 여러 가지 방법으로 해서 학문을 잃어버린다'" 하였다.

21 어떤 사람이 "이미 방위를 가리키고 형상을 취하며 마음을 집중하고 경계를 얻었다면 무엇 때문에 경에서 또 '타방의 십만억불에게 두루 공양한다' 하였는가?" 할까봐, "이것은 서방에 왕생하고 나서 부처님을 뵙고 법을 듣고 무생법인을 얻고 난 이후의 일이라, 지금 서방에 왕생하지 못한 범부가 가능한 일이 아니다." 한 것이다.

여래에게 널리 예배하라 하였습니까?[22]

답[23]:『화엄경』은 하나가 곧 많은 것이요 많은 것이 곧 하나이니, 만약 이 뜻을 안다면 널리 예배하거나 이 부처님만 생각하더라도 늘 다르고 늘 같아서 전혀 의심할 것이 없다.

'고통은 없고 즐거움만 있다' 한 것은 뒤 문장을 자세히 보라.

또『수원왕생경』에 "불국토는 무량한데 오로지 극락만을 찾는 것은 무엇 때문인가? 첫째는 인(因)이 수승하니 열 번의 염불만으로도 충분히 원인이 되어 금방 왕생할 수 있기 때문이요, 둘째는 연(緣)이 수승하니 48원으로 중생을 널리 제도하기 때문이다." 하였다.

疏 문:『관경』에서는 "극락은 멀지 않다." 했는데, 여기서는 "십만 억 국토다." 하여, 한 경에서는 멀다고 하고 한 경에서는 가깝다고 하니, 두 경이 어찌 같지 않습니까?

답: 먼 것에 의해 가깝고, 가까운 것에 의해 멀기 때문이다.[24] 만약 『불지론』에 의하면, 정토의 멀고 가까운 것이 불가사의하다.

. . . .

22 여기서는 "『화엄경』에서는 '일신(一身)'이 다시 찰진신(刹塵身)을 나타내어 낱낱 몸이 두루 찰진불(刹塵佛)에게 예배한다 하였으니, 이것은 서방에 왕생한 이후의 일이 아니다. 어찌 마음을 집중하여 경계를 취하는 것이 아니겠는가?" 하고 물은 것이다.

23 답은 일다상즉(一多相卽)을 잡아 답했으니, 곧 십현문(十玄門) 중 일다상즉자재문(一多相卽自在門)이다.

24 '먼 것에 의하여 가깝다' 한 것은『관경』을 가리키고, '가까운 것에 의해 멀다' 한 것은 지금 이 경(『불설아미타경』)을 가리키니, 이것은 오히려 범부의 생각으로 생각한 것이다.

316

問 觀經云 極樂不遠 今言十萬億土 二經遠近 何以不同 答 以是卽
遠之近 卽近之遠故 若依佛地 則淨土遠近 不可思議

鈔 '여기서 거리가 멀지 않다' 한 것은, 『관경』에 "그때 부처님이 위제희에게 말씀하시기를 '그대는 알겠는가? 아미타불은 여기서 거리가 멀지 않느니라' 하셨다." 한 것을 말한다.

지금 '먼 것에 의해 가깝고, 가까운 것에 의해 멀다'고 한 것은, 여기서 멀지 않다 한 것은 십만억을 지나 있는 극락이 여기서 멀지 않다는 것을 밝혔고, 십만억을 지나 있다는 것은 여기서 멀지 않은 극락이 십만억을 지나 있음을 밝혔으니, 마음이 법계를 싸거늘 어찌 가깝기만 하고 멀지 않을 것이며, 법계가 오직 마음뿐이거늘 어찌 멀기만 하고 가깝지 않으랴.[25] 서로 엇갈려 말하면 참으로 걸림이 없다.

'불가사의'란, 『불지론』에 "**문:** 이러한 정토가 삼계가 행하는 곳을 초과했다면, 삼계와 동일한 곳인가? 아니면 각기 다른가?[26] **답:** 어떤

· · · · · · · · · ·

25 이 아래는 멀지도 않고 가깝지도 않은 까닭을 밝혔다. '마음'은 당처를 여의지 않으니 '근(近)'이요, '법계'는 넓어서 갓이 없으니 '원(遠)'이다. 지금 '마음이 법계를 싸니 어찌 가깝기만 하고 멀지 않으리오' 하니, 그러므로 "이 멀지 않은 극락이 실제로는 십만억토를 지났다." 하며, '법계가 오직 마음뿐이니 어찌 멀기만 하고 가깝지 않으랴' 하니, 그러므로 "십만억의 국토를 지났으나 실제로는 여기서 거리가 멀지 않다." 한 것이다.

26 이 삼계는 생사가 있는 곳이요, 두려움이 있는 곳이요, 험악한 곳이다. 지금 여기서 '초과'라 한 것은 삼계와 동일한 처소를 초과라고 한 것인가? 삼계와 각기 다른 처소를 초과라고 한 것인가? 만약 삼계를 여의었다면 염(染)·정(淨)이 다르고, 다르면 정(淨)하고 두루하지 않으며, 만약 삼계와 동일하다면 염(染)·정(淨)을 구분하지 못하며, 구분하지 못한다면 두루하고 깨끗하지 않다.

이는 정거천(淨居天)에 있다고 하고, 어떤 이는 서방에 있다는 등 여러 가지 설이 있다. 그러나 원만하고 끝이 없어 법계에 두루하다. 그러므로 삼계의 장소를 여의었다거나 삼계의 장소에 의지하였다고 할 수도 없다. 다만 보살이 나타나기 좋은 곳에 따라 정거에 있기도 하고 서방 등에 있기도 하다." 하였다.

그렇다면 극락정토는 일반적인 생각을 초월하여 장소가 아니고 장소가 아닌 것도 아니며, 어느 곳에 있는 것도 아니고 있지 않은 것도 아님을 알 수 있으니, 일반적인 동거토로써 정론을 삼아서는 안 된다.

疏 이치에 맞게 말한다면, 자성은 견고하고 청정하니 이것이 서방의 뜻이요, 자성은 번뇌를 여의고 잘못이 끊어졌으니 이것이 십만 억을 지난 뜻이며, 자성은 시간적이나 공간적인 것에 두루하니 이것이 세계의 뜻이다.

稱理 則自性堅固淸淨 是西方義 自性離障絕非 是過十萬義 自性橫該豎徹 是世界義

鈔 '견고'란, 서쪽은 금체(金體)에 속하니[27] 견고의 뜻이 있다. 곧 자성이 진실하고 변화하지 않아 만고에 여여하기 때문이다.

. . . .
27 '서쪽은 금체에 속한다'는 것은 서쪽을 오행(五行)에 배대한 것이요, '서쪽은 숙기에 해당한다'는 것은 서쪽을 사시(四時)에 배대한 것이며, '서쪽은 흰색에 속한다'는 것은 서쪽을 오색(五色)에 배대한 것이다.

'청정'에는 다시 두 가지 뜻이 있으니, 서쪽은 숙기(肅氣: 차갑고 살벌한 기운)에 해당하니 맑고 깨끗하다는 뜻이 있다. 곧 자성은 본래 여러 가지 허망한 것이 공하여 본체가 금풍(金風: 가을바람)에서 드러나기 때문이다.[28] 또 서쪽은 흰색에 해당하니 정결하고 청정한 뜻이 있다. 곧 자성에는 여러 가지 더러운 것이 나지 않아서 본래 한 가지 색이기 때문이다.

'번뇌를 여의고 잘못이 끊어졌다'는 것은, 자성에는 본래 번뇌가 없어서 십고(十苦)·십악(十惡)과, 십전(十纏)·십사(十使)[29] 등 모든 것을 초월하니, '멀리 지나갔다'는 뜻이 있다.

이로써 견고하고 청정한 것이 서쪽이요, 방위가 다한 것이 서쪽임을 알 수 있으니, 어찌 오로지 해가 지는 곳만을 표현했으리요. 허물을 멀리 끊으면 지나가지 않음이 없으니, 그렇게 되면 누가 능히 거

· · · · · · · · · ·

28 '본체가 금풍에서 드러난다'는 것은, 어떤 스님이 운문에게 묻기를 "나무가 마르고 잎이 떨어질 때 어떠합니까?" 하니, 운문이 "본체가 금풍에서 드러나느니라." 하였다.

29 '십고'는, 생(生)·노(老)·병(病)·사(死)·수(愁)·원(怨)·우(憂)·고수(苦受)·통뇌(痛腦)·생사(生死)에 유전하는 것이다. '십악'은, 심삼(心三)·구사(口四)·의삼(意三) 악업이다. '십전'은, 진(瞋)·부(覆)·수(睡)·면(眠)·희(戲)·도(掉)·간(慳)·질(嫉)·무참(無慚)·무괴(無愧)니, 주에 "분에(忿恚)를 진(瞋)이라 하고, 자신의 죄를 숨기는 것을 부(覆)라 하며, 의식이 혼미한 것을 수(睡)라 하고, 오정(五情)이 어두운 것을 면(眠)이라 하고, 희유(嬉遊)를 희(戲)라 하고, 삼업이 조동(躁動)한 것을 도(掉)라 하고, 재물과 법을 능히 보시하지 않는 것을 간(慳)이라 하고, 다른 이의 영광을 보고 마음속에 번뇌를 일으키는 것을 질(嫉)이라 하고, 아무도 보지 않는 곳에서 죄를 짓고도 스스로 부끄러워하지 않는 것을 무참(無慚)이라 하고, 드러난 곳에서 죄를 짓고 저것을 부끄러워하지 않는 것을 무괴(無愧)라 한다." 하였다. '십사'는 오리(五利)와 오둔(五鈍)이니, 오둔(五鈍)은 탐(貪)·진(瞋)·치(癡)·만(慢)·의(疑)요, 오리(五利)는 신견(身見)·변견(邊見)·사견(邪見)·견취견(見取見)·계취견(戒取見)이다.

리를 계산할 수 있겠는가?

공간적으로는 시방(十方)까지 뻗어 있고 시간적으로는 삼제(三際)를 다하며, 가까운 것도 아니고 먼 것도 아니며 가운데가 끊어지고 갓이 끊어졌으니, 그렇다면 여기서부터 불가설불가설 가는 티끌만큼의 불토를 지나면 극락이라 부르지 않을 세계가 없으니, 어찌 오직 어떤 세계만을 극락이라 하겠는가!

나) 주인을 표하여 정보를 밝히다

【經】 그 국토에 부처님이 계시니 명호를 아미타라 하니, 지금 현재 법을 설하고 계시느니라.

其土有佛 號阿彌陀 今現在說法

疏 '기(其)'란 위를 이었다. 국토에는 반드시 사람이 있으니 능의 (能依)의 사람을 가리켜 '불'이라 하고, 부처님에게는 반드시 명호가 있으니 본불의 명호를 밝혀 '아미타'라 하였다.

삼세에 모두 부처님이 계시니 과거와 미래의 부처님과 구별하여 '현재불'이라 하고, 부처님이 모두 중생을 제도하시니, 중생을 제도하는 방법을 가리켜 '설법'이라 하였다.

'현재 법을 설하신다'고 한 것은,[30] 『대본』과 『대운경』 중에서 설한 것과 같다.

其者 承上 土必有人 指能依之人曰佛 佛必有號 出本佛之號曰阿彌陀 三世皆有佛 揀過未之佛曰現在佛 佛皆度生 指度生之軌曰說法 現在 說法 如大本及大雲中說

鈔 『대본』에 "저 부처님은 과거가 아니고 현재도 아니며 미래가 아니다. 다만 그의 뜻과 원을 실행하기 위해 현재 서방에 있으니, 그 세계의 이름은 '극락'이라 하고 부처님 명호는 '아미타'라 하니라." 하였다.

'대운'이란, 『대방등대운경』에 "그때 세존이 조용히 미소하며 얼굴에서 한없는 광명을 내시니, 대운밀장보살이 그 까닭을 물었다. 부처님이 말씀하시기를 '서방세계에 국토가 있으니 안락이라 하고 부처님 명호는 무량수라 하는데, 현재 법을 설하고 계시느니라' 하시고는, 한 보살에게 '사바세계의 석가모니불이 지금 『대운경』을 설하고 있으니, 그대는 가서 들어라' 하고 설하시니라." 하였다.

지금 저 보살이 미래에 여기에 이르면 그때 마침 석가가 법을 설할 때에 해당되고, 미타도 역시 저기서 법을 설하고 계신다. 그러므로

. . . .

30 '현재'에 대해 해석한 문장에 세 가지 뜻이 있다. 처음에는 『대본』과 『대운경』을 인용하여 석가가 설법할 때를 '현재'라 하고, 다음에는 (疏文 '일반적으로 현재라고 한 아래) "석가와 미타를 모두 현재라 하지만 다소 같지 않다." 한 것은 '바로 지금'을 현재라 하였으며, 마지막은 (疏文 '또한 이 현재는 한 아래) 미래란 끝이 없음을 밝혔으니, 끝이 없는 미래를 '현재'라 한 것이다.

과거도 아니고 미래도 아니어서 현재 법을 설하고 계심을 알 수 있다.

疏 일반적으로 '현재'라고 말할 때는 다시 두 가지 뜻이 있으니, 석가와 미타를 똑같이 현재라고 부르나, 다소 차이가 있다.

凡言現在 復有二義 如釋迦彌陀 均名現在 而小不同

鈔 '다소 차이가 있다'는 것은, 석가는 현겁(賢劫)의 네 부처님 중 한 분이니 이것을 현재라고 한다. 이 석가불은 쌍림에서 죽음을 보이시어 모습을 친견하기 어렵고 한갓 아름다운 이름만 우러러 볼 뿐, 겨우 상법(像敎)만 남아 있다.

그러나 아미타불은 지금 이 순간 바로 저 국토에서 현재 법을 설하고 계시니, 석가는 현재의 과거요 미타는 현재의 현재이다.

고인이 "부처님이 세상에 계실 때 나는 육도에 헤맸더니, 지금 사람 몸 받았으나 부처님은 멸도하셨네. 아! 나의 많은 업장으로 여래의 금색신을 뵙지 못하는 것이 슬프네." 하였으니, 안타까워하고 사모함이 이렇게까지 하였다.

지금 석가불은 비록 돌아가셨으나 미타는 현재 계시니, 왕생하기만 하면 직접 가르침을 받을 수 있건만, 믿지 않고 원하지 않으면 한갓 무익한 슬픔만 될 뿐이니, 얼마나 어리석은 짓인가!

疏 또한 이 현재는 우선 석가 당시에 의해 말했으니, 사실은 앞뒤에 관통하고 또한 미래란 끝이 없으니, 이런 것들을 모두 '현재'라

고 한다.

又此現在 且據釋迦當時而言 實則徹於前後 亦復後後無盡 皆名現在

鈔 '앞뒤'란, 석가가 세상에 나오기 전에도 미타는 또한 현재 법을 설하고 있었고, 석가가 이미 멸도하신 후에도 미타는 또한 현재 법을 설하고 계시며, 내지 오늘도 오히려 현재라고 한 것이다.

'미래란 끝이 없다'는 것은, 석가의 설법은 겨우 49년에 그칠 뿐이고, 가섭 이상 미륵 이하는 햇수는 비록 많으나 또한 한정이 있거니와, 미타의 설법은 영원하여 제불이 미치지 못한다. 그러므로 오늘을 현재라고 말할 뿐만 아니라 끝이 없는 미래도 모두 '현재 법을 설한다' 할 수 있는 것이다.

문: 미타 이후에 다음에는 관음이 그 자리를 보충하니, 어찌 끝이 없다 할 수 있습니까?

답: 미타가 세상에 머문 지 몇 겁만에 관음이 그 자리를 보충하는지 그 숫자가 있느냐? 저 관음이 "무진수겁에 주하심도 무진수겁이며, 다시 헤아릴 수 없는 겁을 지나고 다시 헤아릴 수 없는 겁을 지나서야 대세지에게 준다." 하였으니, 그렇다면 미타를 가히 알 수 있으니, 어찌 '다함이 있는 무진[有盡之無盡]'이 아니겠는가?

더욱이 대세지가 관음에게서 그 자리를 보충하고서도 영원히 열반에 든 때가 없으니, 비록 대세지라 말하여도 실제로는 미타가 법을 설하신 것과 다름이 없다. 이것을 '미래가 끝이 없다' 하였으니, 어찌 옳지 않겠는가?

疏 또한 이 '현재'는 우선 석가에 의해 저에 상대하여 말했으니, 사실은 미타의 현재가 곧 석가의 현재이다.

又此現在 且據釋迦對彼而言 實則彌陀現在 卽釋迦現在

鈔 지각 스님이 말하기를 "총지교(總持敎)에서는 37불이[31] 모두 비로자나 한 부처님이 나타난 것이라고 설하니,[32] 이를테면 비로자나가 마음속에서 자수용지(自受用智)를 증득하여 오지(五智)를 이루니 중앙 법계 청정지에 해당하고, 다음은 사지(四智)로부터 사방·사여래를 유출하며, 그 묘관찰지가 서방 극락세계 무량수여래를 유출한다." 하니, 곧 한 부처님이 두 가지 국토를 쌍으로 나타낸다. 그러므로 청량 대사가 "비로자나가 곧 본사이시다." 하였다.

疏 그러나 제불 설법은 여러 가지로 같지 않다. 여기서는 의보와 정보가 모두 법을 설하니, 자세한 것은 이 경과 『대본』과 『관경』에서

· · · · · · · · · ·

31 오방여래에 각기 사대보살이 있어 이십오(二十五)와 사섭(四攝)과 팔공양(八供養)을 이루므로 37이 된다. 모두 다 '불(佛)'이라 하는 것은, 모두 일불에게서 나타나서 소(所)가 능(能)에서 나왔기 때문에 모두 불이라 한다. '사섭(四攝)'은 갈고리·쇠사슬·요령·동아줄이요, '팔공양(八供養)'은 소(燒)·산(散)·등(燈)·도(塗)·화(華)·만(鬘)·가(歌)·무(舞)이다.

32 『종경록』 24에 "총지교 중에서는 또한 37불이 모두 비로자나 일불이 나타난 것이라고 설하니, 이를테면 대원경지(大圓鏡智)로부터 동방 아촉불(阿閦佛)을 유출하고, 평등성지(平等性智)에서 남방 보생여래(寶生如來)를 유출하며, 묘관찰지(妙觀察智)에서 서방 무량수불을 유출하고, 성소작지(成所作智)에서 북방 불공성취여래(不空成就如來)를 유출하며, 법계청정지(法界淸淨智)는 곧 스스로 비로자나에 해당한다." 하였다.

설한 것과 같다.

然諸佛說法 多種不同 今是依正皆說 詳如此經 及大本觀經中說

鈔 '여러 가지'란, 말을 하기도 하고 쳐다보기도 하며 내지 향기로운 밥[香飯] 등과 같다.[33]

그러므로 극락세계에서는 입으로 법을 설할 뿐만 아니라, 의보와 정보가 모두 그렇게 하였다. 예컨대 『대본』에서 말하기를 "아미타불이 여러 보살·성문·모든 하늘과 세상 사람들을 위하여 널리 마음에 맞게 큰 가르침을 설하고 미묘한 법을 펴, 기쁘고 마음에 맞아 제각기 깨달음을 얻게 하였다." 하시고, 또 "동방의 항하사수 여러 부처님이 각기 한없는 보살·성문을 보내 아미타 부처님 처소에 이르러 미묘한 법을 설하시는 것을 듣게 하고, 사유·상하에서도 또한 그렇게 하였다." 한 것은 정보로 법을 설하신 것이다.

이 경인 경우에는 물과 새와 수풀이 묘법을 연창하고, 『대본』과 『관경』인 경우는 뒤 문장에서 자세히 인용하겠지만 이것은 의보로 법을 설하신 것이다.

또 『대본』에서 말하기를 "저 국토의 연꽃에서 한없는 광명이 흘러나오고 광명 속에서 한없는 부처님이 나오시더니, 낱낱 제불이 모두

· · · · · · · · · ·

33 『능가경』에 "대혜여, 모든 세계에 말이 있는 것은 아니다. 말이란 조작일 뿐, 어떤 불찰에서는 쳐다보는 것이 법을 설하는 것이요, 어떤 데서는 모양을 만들기도 하고, 혹은 눈동자를 굴리기도 하고, 혹은 미소를 짓고, 하품을 하며, 기침을 하고, 혹은 손을 흔들기도 한다." 하였다.

묘법을 설하시었다." 하니, 이것은 의보와 정보가 동시에 법을 설한 것이다.

疏 어떤 데서는 "법을 설하는 것은 응신과 보신이다." 하고, 어떤 데서는 "삼신이 모두 법을 설한다." 하니, 각기 근기에 따라 본 것이다.

有謂說法是應身報身 有謂三身齊說 各隨機見

鈔 '응신이 법을 설한다'는 것은, 어떤 이는 "법신은 반드시 법을 설하지 않고, 보신은 설하는 것과 설하지 않는 것을 갖추었으며, 응신은 반드시 설한다." 하니, 그렇다면 법을 설하신 저 부처님은 반드시 응신에 해당된다. 그러나 보신도 겸하였으니, 『대본』에는 '모든 세상의 몸을 높이 드러내었다' 하고, 『관경』에 '60만억 나유타 항하사 유순의 몸'이라 한 것과 같으니, 어찌 꼭 1장(丈) 6척[丈六]의 응신이기만 하겠는가?

그러나 경에 "보신과 화신은 진불이 아니요, 또한 법을 설하는 자도 아니다." 하니, 어찌 '법신은 법을 설하지 않는다'고 단정적으로 말하겠는가? 반드시 근기가 보는 바에 따라 다를 뿐이다.

疏 안타까운 점은, 선지식에게 참예하기 위해 만 리나 되는 먼 길이나 여러 성읍을 여행하고, 도량에 예배하느라고 산을 오르고 바다에 항해하면서, 어찌하여 만덕 여래께서 현재 법을 설하고 계신데 까마득히 돌아보지 않고 기꺼이 성동(城東)에 떨어지는가? 이야말로

'참으로 불쌍한 자'라 하는 것이다.

　　所惜者 萬里百城 爲參知識 梯山航海 云禮道場 豈可萬德如來 現在說法 漠然不顧 甘墮城東 是則名爲可憐愍者

　　鈔 '만 리'란, 어떤 스님이 대수법진 화상에게 물었다.[34]

"겁화(劫火)가 활활 타면 이것[性]이 없어집니까, 없어지지 않습니까?"

"없어지느니라."

"그렇다면 저것[겁화]을 따라 가는군요?"

"따라 가느니라."

그러나 이 스님은 의심을 풀지 못하여 만 리를 왕복하며 널리 선지식을 참예하고서 비로소 큰 깨달음을 얻었다.[35]

'여러 성읍'이란, 선재동자가 남쪽으로 110성을 여행하며 53선지식에게 참예하였으니, 이것을 인용하여 아미타불이 최상의 선지식임

· · · · · · · · · ·

34　대수법진이 자리에 올라 "이 성(性)은 본래 청정하여 만덕(萬德)을 구족하였다. 다만 염(染)과 정(淨) 두 가지 인연으로 인하여 차별이 있다. 여러 성인들은 이를 깨달아 항상 정(淨)을 사용하여 도를 깨달았으며, 범부는 이를 미혹하여 항상 염(染)을 사용하여 윤회에 떨어진다. 그러나 그 본체는 다르지 않다.…" 하였다. 어떤 스님이 묻기를… ―역자 주

35　이 스님이 남방에 가서 투자(投子) 화상을 뵈었다. 투자가 "대수 스님이 무슨 말씀을 하던가?" 하고 물으니, 스님이 앞의 일을 말씀 드렸다. 그러자 투자가 서쪽을 향해 예를 드리고는 "서천에 고불이 세상에 나셨구나!" 하고는, 이 스님에게 빨리 돌아가서 참회하게 하였다. 이 스님이 돌아오니 대수는 이미 죽은 후였다. 한 사람은 가고 한 사람은 돌아오니 그 길이 만 리나 되었던 것이다. 나중에 용아(龍牙) 선사를 참배하고 앞의 일을 물으니, 용아가 "대천(大千)과 같아야 비로소 깨달을 수 있다." 하였다.

을 비유로 설명하였다.

'산을 오르고 바다를 항해하였다'는 것은 아미산과 보타산 등과 같으니, 이것을 인용하여 서방 극락세계는 가장 훌륭한 도량임을 비유로 설명하였다.

그러나 예전에 산을 넘고 물을 건너 여러 곳을 돌아다닌 것은 대체로 성현에게 직접 법을 묻기 위해서요, 지금 이리저리 부질없이 돌아다니는 것은 다만 멀리서 그림자만 쳐다보고서 갖가지 험난한 길을 거치며 갖가지 괴로운 일을 마다하지 않을 뿐인데, 어찌 현재의 대자대비하신 세존을 버리고 가지 않는가! 성동의 노모[36]가 부처님과 같이 태어났으면서도 부처님을 뵙지 못하였으니 이런 무리가 아니겠는가? 과거와 미래의 부처님은 실로 만나기 어렵건만 현재 부처님을 헛되이 지나치니, 그러므로 '참으로 불쌍하기 이를 데 없다'고 한 것이다.

疏 이치에 맞게 말한다면, 자성은 본체가 스스로 신령하게 아니 이것이 그 국토에 부처님이 계시는 뜻이요, 자성이 지금 현재 나타나니 이것이 현재 법을 설하시는 뜻이다.

稱理 則自性體自靈知 是其土有佛義 自性卽今顯現 是見在說法義

· · · · · · · · · ·

36 성동(城東)의 노모가 부처님이 오시는 것을 보면 피하며 뵙지 않으려 하였으나, 동쪽으로 향하면 부처님은 동쪽에서 나타나고 서쪽이나 남쪽이나 북쪽을 향하면 부처님이 나타나시는 것도 역시 그러하고, 노모가 열 손가락으로 얼굴을 가리면 열 손가락마다 모두 부처님이 항상 앞에 나타나셨다.

鈔 온종일 부처님을 곁에서 모시면서 부처님 모습을 보지 못하고, 종일토록 법석에 앉아있으며 부처님의 깊은 법을 듣지 못한다. 마왕을 불전에 섞이게 하고 사법(邪法)을 진종(眞宗)과 혼란하게 하니, 심원을 반조하기만 하면 부처님과 부처님 법이 일시에 쌍으로 만족하리라.

2) 따로 해석하다

　가) 의보

　　(1) 전체적으로 극락이라 부르다

【經】 사리불이여, 저 국토를 무슨 까닭에 극락이라 하는가? 그 국토 중생은 아무 괴로움이 없고 오직 여러 가지 즐거움만 누리나니, 그러므로 극락이라 하느니라.

　　舍利弗 彼土何故名爲極樂 其國衆生 無有衆苦 但受諸樂 故名極樂

疏 먼저 의보를 해석한 것은 위의 문장에 따랐기 때문이며, 또한 중생으로 하여금 즐거운 마음을 내게 하였기 때문이다.

'고'란 괴로움을 받는다는 뜻이니, 사제(四諦) 가운데 맨 처음이다.

'여러 가지 고통'이란, 여러 경과 논에서 세 가지 고통, 여덟 가지 고통, 열 가지 고통, 백열 가지 고통으로 나누었다. 또한 두 가지 생사로 묶는다면 변역생사(變易生死)도 고통인데 더욱이 그 밖에 것이랴.

고통이 한 가지가 아니기 때문에 '여러 가지 고통'이라 하였다.

'여러 가지 즐거움'이란, 경에서 밝힌 두 가지 청정한 장엄과 같은 것이며, 또한 즐거운 일이 한 가지가 아니기 때문에 '여러 가지 즐거움'이라 하였다.

'극락'이란, 여러 국토의 고통과 즐거움에 네 가지가 있으니, 어떤 국토는 고통이 많고 즐거움은 적고, 어떤 국토는 고통과 즐거움이 상반이며, 어떤 국토는 고통은 적고 즐거움은 많고, 어떤 국토는 고통은 없고 순전히 즐거움뿐이다. 지금 극락은 네 번째에 해당한다.

先釋依者 順上文故 亦令衆生生忻樂故 苦者 逼惱之義 爲四諦首 衆苦者 諸經論開有三苦 八苦 十苦 百一十苦 又約二種生死 則變易亦 苦 況其餘者 以苦事非一 故曰衆苦也 諸樂者 如經所陳二種清淨莊嚴 亦以樂事非一 故曰諸樂也 極樂者 以諸國苦樂有其四種 有苦多樂少者 有苦樂相半者 有苦少樂多者 有無苦純樂者 今當第四故

鈔 '사제'는 고·집·멸·도니, 고가 맨 처음에 있는 것은 고를 알면 집을 끊고 도를 닦아 멸을 증득하기 때문이다.

'세 가지 고통'이란, 첫째는 고고(苦苦)니, 유루신(有漏身)을 받아 이미 고라 했는데, 다시 갖가지 괴로움을 받으니 고이고 또한 고임을 말한 것이다. 이것은 욕계의 고통이다. 둘째는 괴고(壞苦)니, 즐거움이 무너질 때 근심과 번민을 이기지 못함을 말한다. 이것은 색계의 고통이다. 셋째는 행고(行苦)니, 이 고가 중간에 처하여 고통도 없고 즐거움도 없으나 순간순간 변화함을 말한다. 이것은 무색계의 고통이다.

330

또한 욕계에는 세 가지를 갖추고, 색계에는 뒤에 두 가지를 겸하며, 무색계는 오직 행뿐이니 세 가지 고통이 된다.

그러나 저 극락세계는 욕을 여의고 청정하니 고고가 없고, 의보와 정보가 항상 그러하니 괴고가 없고, 삼계를 초월하니 행고가 없다.

'여덟 가지 고통'이란, 태어날 때 태의 감옥에 있는 고통, 늙어서 비척거리는 고통, 병들어 아픔을 받는 고통, 죽어 흩어짐을 슬퍼하는 고통, 사랑하는 자와는 합하고자 하나 반드시 헤어지는 고통, 원수와는 도망하고자 하나 반드시 만나는 고통, 구하는 것은 얻고자 하나 반드시 잃고 마는 고통, 내지 오음(五陰)이 치성하는 고통이니 이것은 위의 일곱 가지를 모두 이룬 것이다. 이것을 '여덟 가지 고통'이라 한다.

그러나 저 극락세계는 연꽃에서 화생하니 태어나는 고통이 없고, 춥고 더움이 변화하지 않으니 늙는 고통이 없으며, 몸이 분단(分段: 분단은 分限과 形段. 業因에 따라 용모·수명·정신·운명 등을 각기 다르게 타고 남을 말한다)을 여의었으니 병드는 고통이 없고, 수명이 무량하니 죽음의 고통이 없으며, 부모와 처자가 없으니 사랑하는 자와 이별하는 고통이 없고, 여러 상선인(上善人)과 함께 한 곳에 모이니 원수지고 싫어하는 자와 만나는 고통이 없으며, 하고자 하면 저절로 이르니 구해도 얻지 못하는 고통이 없고, 공적함을 관찰하고 비추니 오음이 치성하는 고통이 없다.

'열 가지 고통'이란, 『보살장경』에 "첫째는 태어나는 고통이요, 둘째는 늙는 고통이며, 내지 열 번째는 생사에 윤회하는 고통이다." 하였다.

'백열 가지 고통'이란, 『유가론』에, 첫째는 차별 없이 누구나 윤회하는 고통이요, 둘째는 욕망의 고통과 어리석은 고통이요, 내지 쉰다섯 가지 고통과, 아홉 가지 고통 중에서 또 차례대로 겹쳐 나누어 쉰다섯 가지가 되니, 이것을 합하여 백열 가지가 된다.

지금 저 나라에는 이런 것들이 아무것도 없다. 그러나 이를 요약하면 세 가지 고통과 여덟 가지 고통에서 벗어나지 않으니, 이것들이 갖가지 고통을 섭수한다.

'두 가지 생사'란, 분단(分段)과 변역(變易)을 말한다. 분단이란, 사대로 이루어진 것은 분제[分限]와 단락[形段]이 있으니 위의 '여덟 가지 고통'에서 말한 것과 같다. 변역은, 이승보살은 비록 분단을 여의었으나 사상(四相: 생·주·이·멸)이 변하는 것을 면하지 못하여, 인이 옮겨가고 과가 변화하므로 또한 고통이라고 한다.

저 극락국토는 연화에서 화생하는지라 일생 퇴보하지 않으니, 어찌 두 가지 고통을 염려하리오. 『대본』에 "저 국토는 고통이라는 이름도 없거든 어찌 실제 고통이 있겠는가?" 하였으니, 그러므로 '여러 가지 고통이 없다' 하였다.

'두 가지 청정'이란, 논에서 "첫째는 기세간(器世間: 중생이 거주하는 환경적인 세계)이 청정하고, 둘째는 중생세간(衆生世間: 중생 자체, 몸)이 청정하다." 하였으니, 곧 의보와 정보의 공덕장엄이다. 아래 문장과 『대본』과 『관경』에서 자세히 설명한 것과 같다.

문: 『정명경』에서 말하기를 "일체중생은 적멸한 모습이라, 다시 죽지 않는다." 하였습니다. 그렇다면 모든 국토가 곧 극락의 모습이니

어찌 다른 즐거움이 있겠는가? 지금 여기서 고통과 즐거움을 나누니, 저 경과 어긋나는 것 같습니다.

답: 현수 대사가 저 경의 뜻을 해석하면서 "미혹과 전도로 생사를 잘못 보는 것을 '이 언덕에 있다' 하고, 생사가 공적하여 본래 원적함을 깨달으면 '저 언덕'이라 할뿐이다." 하였다. 여기서는 또한 미혹과 전도로 오탁을 잘못 보는 것을 사바세계에 주한다 하고, 오탁이 공하여 본래 청정함을 깨달으면 극락이라 부른다. 이렇게 국토는 항상 청정하건만 중생이 스스로 미혹하고, 미혹한 이는 많고 깨달은 이는 적으므로 고통을 보이고 즐거움을 보이는 것은 어쩔 수 없는 일이다.

疏 고통과 즐거움을 상대한 것은 바로 피·차 두 국토로써 낫고 못함을 비교하여 기뻐하고 싫어하는 마음을 내게 하였으니, '어렵고 쉬운 열 가지' 등과 같다.

苦樂相對 正以彼此二土 較量勝劣 令生忻厭 如難易十種等

鈔 '상대'란, 이 지극한 고통으로 저 지극한 즐거움을 대조해 보면 하나는 수승하고 하나는 하열함이 하늘과 땅만큼이나 분명하여, 기뻐하고 싫어하는 마음이 저절로 나고 취하고 버리는 마음이 저절로 정해진다.

'열 가지'란, 자운참주가 이 국토와 저 국토의 어렵고 쉬운 점 열 가지를 나누었으니, 지금 고통과 즐거움을 대조해 보면 다음과 같다. 첫째, 이 국토에는 항상 부처님을 만나지 못하는 고통이 있으나 저 국토에는 없다. 다만 꽃이 피면 부처님을 뵙고 항상 직접 가까이 할 수 있는 즐거움이 있을 뿐이다. 둘째, 이 국토에는 설법을 듣지 못하는 괴로움이 있지만 저 국토에는 없다. 다만 물·새·숲이 모두 묘법을 연설하는 즐거움이 있을 뿐이다. 셋째, 저 국토에는 나쁜 벗이 끌어당기고 얽어매는 고통이 없고 여러 상선인(上善人)이 모두 한 곳에 모이는 즐거움이 있다. 넷째, 저 국토에는 여러 가지 마군이 어지럽게 하는 고통이 없고 여러 부처님이 보호하여 마군의 일을 멀리하는 즐거움이 있다. 다섯째, 저 국토에는 윤회가 쉬지 않는 고통이 없고 생사를 가로질러 끊어서 영원히 윤회에서 벗어나는 즐거움이 있다. 여섯째, 저 국토에는 삼도를 면하지 못하는 고통이 없고 악도에서 영원히 벗어나 이름도 듣지 못하는 즐거움이 있다. 일곱째, 저 국토에는 번거로운 인연이 도를 장애하는 고통이 없고 수용이 자연스러워 사업하기를 기다리지 않는 즐거움이 있다. 여덟째, 저 국토에는 수명이 짧은 고통이 없고 수명이 부처님과 같이 한정이 없는 즐거움이 있다. 아홉째, 수행이 퇴보하는 고통이 없고 정정취에 들어가서 영원히 퇴보하지 않는 즐거움이 있다. 열째, 티끌처럼 많은 겁에도 이루기 어려운 고통이 없고 일생에 수행이 만족하여 하는 일마다 성취하는 즐거움이 있다.

'등'이란, 『안국초(安國鈔)』에서 스물네 가지 즐거움을 나누고, 『군의론(群疑論)』에서는 널리 서른 가지 이익을 말한 것과 같으니, 모두 즐거움을 들어 고통을 밝히고 이익을 들어 손해를 밝혔다. 대의는 앞에서와 같으므로 여기서 번거롭게 설하지 않는다.

疏 네 국토의 고통과 즐거움은 대강 천태교에서 설한 것과 같다.

四土苦樂 略如天台敎中說

鈔 이른바 견혹과 사혹이 가볍고 무거운 것은 동거토의 고통과 즐거움이요, 깨닫고 분석함이 교묘하고 졸렬한 것은 방편토의 고통과 즐거움이요, 차제삼관(次第三觀)과 일심삼관(一心三觀)은 실보토의 고통과 즐거움이요, 일부분 증득한 것과 완벽하게 깨달은 것은 적광토의 고통과 즐거움이다. 문장이 번거로워 자세히 서술하지 않는다.

疏 문: 보살은 오욕을 버려 비록 전륜성왕이라도 즐거움이라 여기지 않고, 중생을 불쌍히 여겨 비록 지옥이라도 기꺼이 그 고통을 대신합니다. 어찌 고통 받는 중생을 버리고 스스로 즐거운 국토를 취할 수 있습니까?

답: 지자 대사의 『십의론』 중에서 자세히 밝혔고, 또한 취하고 버리는 데 대한 여러 가지 설이 있으니 밝히지 않을 수 없다.

問 菩薩捐棄五欲 雖輪王不以爲樂 憫念衆生 雖地獄肯代其苦 何得 捨苦衆生 自取樂土 答 智者十疑論中詳明 又更有取捨多說 不可不辯

鈔 논에 "보살이 무생법인을 얻지 못하면 능히 중생을 제도하지 못한다. 비유하면 부서진 배를 타고 물에 빠진 자를 건진다면 자신이나 다른 이가 모두 물에 빠지는 것과 같다. 정토에 왕생하여 무생법인을 얻고 나서 이 세상에 돌아와 고통 받는 중생을 구해야만 능히

중생을 구제할 수 있다. 그러므로 초심보살은 반드시 먼저 이 고통스런 곳을 버리고 저 즐거운 곳에 태어나야 한다." 하였다.

이 말에 따르면, 고통을 버리는 것은 바로 중생의 고통을 건지고자 한 것이고, 즐거움을 취하는 것은 바로 중생에게 즐거움을 주고자 한 것이니, 자신을 이롭게 하고 다른 이를 이롭게 하는 것이 보살도다. 그러니 어찌 이승(二乘)이 자기만 이롭게 하는 것과 비교하겠는가?

'취하고 버리는 데 대한 여러 가지 설'이란, 규봉 스님이 『원각경』을 해석하면서 "갖가지 취하고 버리는 것이 모두 윤회다. 이를테면 이 사바세계를 버리고 저 정토를 취하는 것과 같은 것이다." 하였다. 대매(大梅) 스님도 "더러운 것을 버리고 깨끗한 것을 취하는 것이 생사업이다." 하였다. 이 점에 대해 지금 밝히지 않을 수 없다.

이런 말씀은 매우 타당하여 옳지 않은 것이 없다. 다만 뜻을 얻으면 제호라 부르지만 뜻을 잃으면 독약이 되고 만다. 모두 수행하게 한 것인데 어찌 사바세계의 더러움을 버리고 극락의 깨끗함을 취하는 것만을 취하고 버리는 것이라 하는가?

설령 '나의 국토는 오직 마음뿐이다' 하여도 경계를 버리고 마음을 취한다면 이것도 취하고 버리는 것이요, '나는 취하고 버리는 것이 없다' 하고 말하더라도 이것을 버리고서 취하고 버림이 있고, 저것을 취하고서 취하고 버림이 없다면 이것도 역시 취하고 버리는 것이니, 이것도 생사에 윤회하는 업이다.

그러니 이(理)에는 구별이 없으나 사(事)에 차별이 있으니, 이가 사에 따라 변한즉 취하고 버림이 없는 곳에서 취하고 버림이 분명하고,

사는 이를 얻어 화합한즉 바로 취하고 버릴 때 마침내 취하거나 버림
이 없다는 것을 어찌 알았으랴. 그러므로 보살이 일체법이 평등하여
두 가지가 없는 줄 알지만, 고통과 즐거움의 경계를 보이고 취하거나
버리는 문을 열어 권과 실을 쌍으로 행하고 이와 사에 걸림이 없는
것이다.

이런 이론은 그만두고, 지금 그대 스스로 살펴보라! 정말로 술지
게미나 썩고 부패한 음식을 먹으며 고량진미와 다름없이 여길 수 있
는가? 변소나 깊은 구덩이를 잠자리로 삼으며 화려한 집과 다름없이
여길 수 있는가? 나무껍질이나 풀잎으로 의복을 삼으며 비단과 다름
없이 여길 수 있는가? 사나운 범이나 곰으로 친구를 삼으며 부모형
제와 다름없이 여길 수 있는가? 겨울에 얼음이나 눈 위에 앉아 있으
면서 비단이나 솜과 다름없이 여길 수 있는가? 여름에 폭염 아래 있
으면서 시원한 바람과 다름없이 여길 수 있는가? 더 나아가서 지옥
에서 꺾이고 태워지고 짓이겨지고 갈아지더라도 제삼선천(第三禪天)에
들어간 것과 다름없이 여길 수 있는가? 축생 가운데 태어나 마치 즐
겁게 놀며 장난하는 것과 다름없이 여길 수 있는가?

만약 그렇지 못하다면 이는 완전한 범부다. 어떻게 함부로 대성인
의 경계를 가지고 자기의 것으로 삼을 수 있겠는가?

잠시 쾌락은 얻을 수 있을지 모르지만 실제로 자신에게 무한한 해
를 끼치게 되니, 응당 이 말을 듣고는 큰 회한을 내고 큰 깨달음을 일
으켜 눈물을 흘리고 슬피 울며 정토에 왕생하기를 구하라!

그러므로 소수(荅水) 화상이『규봉소』를 이렇게 평가하였다.

"기뻐하고 싫어하고 취하고 버리는 것이 비록 진을 미혹하여 망을 일으키는 것이라 말하기는 하지만, 또한 이 가르침에 따라 공덕을 이룰 수도 있다. 완전한 수행이 바로 성(性)인 줄만 알면 기뻐하고 싫어함이 본래 공하였다. 더욱이 안양의 한 문은 제불께서 모두 찬탄하셨으니, 법계에 가고 오지만 오직 마음뿐임을 밝혔다. 저 수승한 인연에 의탁하면 속히 보각(寶覺)에 오르리니, 실로 중생이 귀의할 올바른 길이요, 성인이 중생을 제도할 기묘한 방편인 것이다."

疏 이치에 맞게 말한다면, 자성이 더러움이 없으니 이것이 '여러 가지 괴로움이 없다'고 한 뜻이요, 자성이 항상 깨끗하니 이것이 '단지 여러 가지 즐거움만 누린다'고 한 뜻이다.

稱理 則自性無染 是無有衆苦義 自性常淨 是但受諸樂義

鈔 '더러움'이란 고통의 뜻이요, '깨끗함'이란 즐거움의 뜻이다. 자성은 더러움이 없고 항상 깨끗하니, 이것이 '고통이 없고 항상 즐겁다'는 뜻이다.

『화엄경』에서 육지(六地)보살이 무명을 관찰하여 무명으로부터 육입(六入)에 이르기까지가 행고(行苦)요, 촉(觸)과 수(受)는 고고(苦苦)며, 나머지는 괴고(壞苦)이다. 나의 지금 이 마음이 무명이 없고 내지 노·사 등이 없는 것은 고통이 없다는 뜻이 되고, 이 12지가 없으면 진정한 해탈이니 즐거움을 받는다는 뜻이 된다.

경에 "위없는 보리는 법을 깨달은 즐거움이요, 위없는 열반은 적정의 즐거움이다." 하니, 모두 즐거움의 뜻이다.

위에서는 우선 경문에 따라 고통과 즐거움을 상대하여 말했거니와, 사실대로 말한다면 더러움도 이미 성립되지 않는데 깨끗함이 어찌 존재하겠는가? 깨끗함과 더러움이 둘 다 없고 고통과 즐거움이 평등하니, 이와 같은 즐거움이어야만 곧 극락이라 할 수 있다.

성인의 견해가 도리어 마의 경계가 되고 부처의 견해로는 이미 지옥에 떨어졌으니, 그러므로 나는 극락은 실로 즐거워할 만한 것이 없는 줄 보나니, 만약 즐거워할 만한 것이 있다면 고통과 무엇이 다르겠는가?

(2) 따로 장엄을 보이다
(가) 난간과 그물과 줄지어 선 나무

① 자세히 보이다

【經】 또한 사리불이여, 극락국토에는 일곱 겹의 난간, 일곱 겹의 그물, 일곱 겹의 줄지어 선 나무가 모두 네 가지 보배로 두루 에워싸 장식하였으니

又舍利弗 極樂國土 七重欄楯 七重羅網 七重行樹 皆是四寶 周帀圍繞

疏　여기서는 즐거운 일을 바로 밝혔다. 난순은 나무 밖을 에워싸고 그물이 나무 위를 덮었으니 그 사이가 겹겹인데 그 수가 일곱이다.

'네 가지 보배'는 칠보 중 앞의 네 가지다.

'주잡(周帀)'이란 두루 가득하다는 뜻이요, '위요(圍繞)'는 에워싸 보호한다는 뜻이니, 겹겹이 모두 네 가지 보배로 꾸며져 있음을 말하였다.

此正明樂事也 欄楯圍於樹外 羅網覆於樹上 重重相間 其數有七也 四寶者 七寶前四也 周帀者徧滿 圍繞者廻護 言重重皆四寶所嚴飾也

鈔　'난순[欄楯]'이란, 가로로 된 것을 난(欄)이라 하고, 세로로 된 것을 순(楯)이라 한다. 이 세상에는 꽃이나 나무로 난순을 만들기도 하는데, 하나는 짐승의 피해를 막고, 둘째는 미관을 돋보이게 하기 위해서다. 저 국토에는 소나 양을 기르지 않고 진기한 노리개에 마음이 없으나, 만행의 공덕으로 장엄한 것이어서 저절로 이루어졌다. '그물'의 뜻도 이것과 같다.

'줄지어 선 나무'란, 차례대로 줄지어 서서 혼란하지 않다는 뜻이다.

'일곱 겹'이란, 한 겹의 난간과 그물이 한 겹의 줄지어 선 나무를 에워싸고 덮었으니, 그러므로 그 사이가 겹겹이라 한 것이다. 세 가지(난순, 그물, 줄지어 선 나무)가 이 사바세계에도 있으나 그 바탕은 나무나 돌 뿐이지만, 저것들은 순전히 보배로 되었다.

'칠보 중 앞의 네 가지'란, 금·은·유리·파려다.

'두루 에워쌌다'는 것은, 『서상경』에[37] "한없는 보배 그물이 모두 금실과 진주와 백천 가지 잡보로 장엄되고 꾸며져서 사방에 빽빽하고, 보배 방울이 드리웠는데 광명과 색채가 휘황하고 그물이 수풀을 덮었다." 하고, 『대본』에 "그 그물이 부드러워 마치 도라면(梵語 tūla. 솜, 혹은 부드러운 솜이라 의역한다)과 같다." 하였으니, 그렇다면 세상의 보배는 반드시 조각하고 새기고 일부러 꾸며야 하지만, 이것은 그렇게 장엄하고 꾸며서 된 것이 아니다. 보배로 장식한 난순도 이것을 예하면 잘 알 수 있을 것이다.

『대본』에 "보배 언덕마다 무수한 전단향 나무와 길상의 과실나무가 고르게 서로 줄지어 있고, 줄기들이 서로 바라보고, 가지들이 서로 따르며, 잎들이 서로 향하고, 꽃들이 마주 바라보며, 과실들이 서로 마주보니, 이와 같이 줄지어 늘어서서 수백 수천 겹이다." 하니, 이것을 '줄지었다[行]' 한다.

또 말하기를 "칠보의 여러 가지 나무가 온 세계에 빽빽하니, 이른바 금 뿌리와 금 줄기와 가지와 잎과 꽃과 나무가 모두 금으로 되었다." 한 것은 곧 하나의 보배를 말하였고, "금 뿌리와 금 줄기와 가지,

----

37 『서상경』에 한 아래에 인용한 문장이 모두 아홉 겹이 있으니 모두 '주잡위요(周币圍繞)'의 뜻을 증명하였다. 첫째는 그물에 잡색의 보광(寶光)이 있음을 밝혔고, 둘째는 그물이 부드러워 새기고 깎음을 기다리지 않음을 밝혔으며, 셋째는 줄지어 선 나무가 수백 수천 겹이 있음을 밝혔으며, 넷째는 줄지어 선 나무에 칠보가 간간이 박혀 있음을 밝혔고, 다섯째는 줄지어 선 나무에 불국이 출현함이 있음을 밝혔으며, 여섯째는 줄지어 선 나무에 광색이 특이한 것이 있음을 밝혔으며, 일곱째는 나무 위에 그물이 생법(生法: 人法과 我法)을 구족함을 밝혔으며, 여덟째는 나무 위 그물에 대천세계가 영현(映現)함을 밝혔고, 아홉째는 줄지어 선 나무에 수백 수천 겹이 있음을 밝혔다.

잎, 열매도 금과 은으로 되었다." 한 것은 두 가지 보배를 말했으며, 이와 같이 세 가지 보배, 네 가지 보배와 그 보배들이 서로 섞여 점차 더욱 많아져서 심지어 칠보에까지 이르렀다.

또 말하기를 "제불의 청정한 국토는 훌륭하게 장엄되었으니, 마치 밝은 거울과 같이 보배 나무 가운데 모두 나타난다." 하였으며, 『관경』에 "칠보로 된 줄지어 선 나무는 낱낱 나무의 높이가 8천 유순이요, 낱낱 꽃이나 잎이 기이한 보배 색깔로 되어 있으니, 유리색 중에는 금색 광명이 나오고, 파려색 중에서는 홍색 광명이 나온다." 하였다.

또 "미묘한 진주 그물이 가득 나무 위를 덮었고, 낱낱 나무에 일곱 겹의 그물이 있고, 낱낱 그물 사이에 5백억의 미묘하고 화려한 궁전이 있는데, 범왕궁에 제천 동자가 자연히 그 가운데 있는 것과 같다." 하고, 또 "낱낱 나무 잎은 그 넓이가 25유순이나 되는데, 그 잎의 색깔은 천 가지나 되고 여러 가지 미묘한 꽃이 피었으니, 연부단금색은 마치 불 바퀴³⁸와 같이 잎 사이를 빙 두르고 여러 가지 열매가 달렸으니, 마치 제석의 병³⁹에 큰 광명이 있는데 깃발과 한없는 보배 일산으로 변화하더니 이 보배 일산 가운데 삼천대천세계를 비추고 일체 불사도 그 가운데서 나타나는 것과 같다." 하였다.

. . . .

38 불 바퀴와 같다'는 것은, 모양이 동그란데 거기서 광명이 빛나는 것을 말하였다.

39 '제석의 병과 같다'는 것은, 『석론(釋論)』 제15에 "어떤 사람이 일심으로 제석에게 공양하여 12년을 채우니 하늘이 하나의 그릇을 주니 그것의 이름은 덕병(德瓶)이었다. 제석이 그에게 말하기를 '네가 필요한 물건이 모두 이 병에서 나올 것이다' 하였다." 하니, 지금 기묘한 꽃에서 여러 가지 과실이 달리는 것이 마치 저 천병(天瓶)에서 갖가지 물건이 나오는 것과 같다.

또한 『대본』에 "부처님의 강당과 아라한의 집마다 각각 그 안에 칠보의 연못이 있고, 밖에는 칠보의 나무가 수천 수백 겹이다." 하였다.

이것에 의하면, 세 가지 경에서 자세하고 간단한 차이가 있다. 즉, 여기서는 단지 일곱 겹만을 말하였고 저기서는 수천 수백 겹을 말했으며, 여기서는 그물만을 말했으나 저기서는 그물 가운데 하늘 궁전이 출현함을 말했으며, 여기서는 단지 줄지어 선 나무만을 말했으나 저기서는 줄지어 선 나무 가운데 대천세계가 나타남을 말했다.

또한 여기서는 네 가지 보배를 말했으나 저기서는 일곱 가지 보배를 말했으니, 지금 이 경은 간단하게 보였고 저 경은 자세히 보였다. 그것은 간단한 것으로 번거로운 것을 포함한 생략된 문장을 취하였기 때문이다.

문장은 비록 생략되었으나 뜻은 실로 부족함이 없으니, 영지 화상이 말하기를 "일곱 겹의 난순은 무릇 불보살의 주처가 모두 그렇다는 것이지 한 나라에 단지 일곱 겹뿐임을 말한 것은 아니다." 한 것과 같다. 그렇다면 수백 수천 겹이란 여러 가지 일곱 겹이 쌓여 이루어져서 일곱과 일곱이 서로 중복하여 겹겹으로 끝이 없는 줄 알겠다. 나머지는 이것에 예하여 알 수 있을 것이다.

疏　또한 모두 일곱[七]을 말한 것은 칠각지(七覺支)와 칠성재(七聖財) 등을 표현한 것이다.

又皆言七者 表七覺支 七聖財等

鈔 칠각지는 뒤에 설명하겠다. 칠성재[40]란 첫째는 신(信)이요, 둘째는 계(戒)요, 셋째는 문(聞)이요, 넷째는 사(捨)요, 다섯째는 혜(慧)요, 여섯째는 참(慚)이요, 일곱째는 괴(愧)니, 앞의 다섯 가지는 보배와 같고 뒤의 두 가지는 사람과 같으니[41] 재물을 잘 지키기 때문이다.

疏 또한 『대본』에 "아미타불의 도량 나무는 높이가 16억 유순이나 되고, 사방으로 지엽이 퍼졌으니 8억 유순이며, 나무 밑동이 불룩하여 5천 유순이나 되는데 갖가지 보배가 저절로 섞여 이루어졌으며, 또한 갖가지 보배가 드리워 영락이 되었으며, 또한 보배 그물이 그 위를 덮었다." 하였다.

이것에 의하면 줄지어 선 나무 밖에 따로 부처님의 도량 나무가 있으니, 여기는 생략되었으나 '줄지어 선 나무'에 속한다.

··········

40 칠성재에 '신(信)'은, 실(實)·덕(德)·능(能)을 깊이 인식하여 이를 좋아하고자 하는 것을 말한다. '계(戒)'는 방비지악(防非止惡)하여 몸과 마음을 깨끗이 하는 것을 말한다. '문(聞)'은 많이 듣고 널리 통하는 것을 말한다. '사(捨)'란 모든 것을 버려 조그만 번뇌에도 물들지 않는 것을 말한다. '혜(慧)'란 경계를 아는 것을 말한다. '참괴(慚愧)'란 자신과 법의 힘에 의지하고 어질고 착한 이를 존경하며 세간의 힘에 의지하여 폭력과 악을 제거하는 것을 말한다. '신(信)'을 먼저 말한 것은, 신은 도의 근원이고 공덕의 어머니이기 때문이다. 신이 있고 계가 없으면 신도 역시 진(眞)이 아니니, 그러므로 다음에 계를 말하였다. 계가 있고 문(聞)이 없으면 실상을 알지 못하니, 그러므로 다음에 문(聞)을 말하였다. 문(聞)하고 사(捨)하지 않으면 법애(法愛)를 버리기 어려워 성과(聖果)를 이루지 못하니, 그러므로 다음에 사(捨)이며, 사(捨)가 있고 혜(慧)가 없으면 치선(癡禪)에 떨어져 진실한 해탈이 아니므로 다음에 혜(慧)이다.

41 '앞에 다섯 가지는 보배와 같고 뒤에 두 가지는 사람과 같다' 한 것은, 만약 참괴(慚愧)가 없으면 금수나 목석과 같아서 신(信)·계(戒)·문(聞)·사(捨)·혜(慧) 등 일체 법재(法財)를 모두 잃어버리기 때문이다.

또 세친보살의 『왕생정토론』 중의 공덕초(功德草)도 '나무' 가운데 속하고, 『대본』에 '그 나무에 향기가 있다' 한 것도 역시 '보배' 중에 속한다.

又大本言 阿彌陀佛道場樹 高十六億由旬 四布枝葉 八億由旬 樹本隆起 五千由旬 一切衆寶 自然合成 復垂衆寶 以爲瓔珞 復有寶網 羅覆其上 據此 則行樹之外 別有佛道場樹 今文省便 卽行樹中攝 又論中功德草 亦樹中攝 大本其樹有香 亦寶中攝

鈔 '도량 나무'란 곧 보리수니, 석가불이 그 아래에 앉아서 정각을 이룬 바로 그 나무다.

'16억 유순'이란, 왕씨 『대본』에는 '1천6백 유순'이라 하였는데, 줄지어 선 나무도 오히려 8천이나 되는데 부처님의 나무가 어찌 이보다 못하겠는가? 지금 여기서 인용한 것은 「보적본」이다.

'줄지어 선 나무에 속한다'는 것은, 도량 나무도 뿌리와 줄기와 가지와 잎과 꽃과 과실이 차례대로 줄지어 있기 때문이니, 그러므로 '줄지어 선 나무'가 충분히 이들을 포함할 수 있는 것이다.

'공덕초'란, 『왕생론』에 "보성(寶性)의 공덕초는 부드럽고 좌우로 선회하여 여기에 닿는 자는 큰 기쁨을 내니 가전연타(kācilindi)⁴²보다 낫

· · · · · · · · · ·
42 우리말로 세면의(細綿衣: 가는 솜옷)라고 하는데 이 풀은 매우 부드러우나 공덕초가 이 옷보다 낫다. 또는 가전연타 새를 말한다. 의역으로 실가애조(實可愛鳥)라고 하니 물새의 일종이다. 그 털로 부드러운 옷을 만든다.

345

다." 하였다. 여기서 이것을 말하지 않은 것은 나무로 풀을 포함하였기 때문이다.

'나무 향기'란, 『대본』법장 비구 원에 "내가 부처가 될 때, 나라 가운데 있는 꽃나무마다 한없는 잡보에 백천 가지 향기가 함께 섞여서, 그 향기가 시방세계에 널리 퍼지면, 그 향기를 맡은 중생은 모두 불행(佛行)을 닦아지이다." 하니, 여기서 이것을 말하지 않은 것은 기이한 보배에는 반드시 기이한 향기가 있으니, 보배로 향기를 포함하였기 때문이다.

② 총결

【經】 **그러므로 저 나라를 극락이라 하느니라.**
是故彼國 名爲極樂

疏 앞을 결론짓고 뒤를 예하였다.
結前例後

鈔 '앞을 결론지었다'는 것은, 이 난간과 그물과 줄지어 선 나무로 청정하게 장엄하기 때문이니, 그러므로 보배 땅은 진흙이나 모래로 된 땅과 다르고, 보배 나무는 가시나무나 대추나무와 다르니, 일체 고통이 없고 일체 즐거움이 있기 때문에 '극락'이라 한다.

'뒤를 예하였다' 한 것은, 뒤 '공덕장엄(功德莊嚴)' 문장 아래에 '명위 극락(名爲極樂)'이라는 구절이 없으나 뜻으로 보면 있고, 여기 '명위극 락' 문장 아래에 '공덕장엄'이란 구절이 없으나 뜻으로 보면 있어서, 문장이 번갈아 서로 나타나 있다.

疏 이치에 맞게 말한다면, 자성에 만덕이 가로 세로 얽혀있으니 이것이 '난순'의 뜻이요, 자성이 법계를 감싸니 이것이 '보배 그물'의 뜻이며, 자성이 여러 가지 선행을 키우니 이것이 '줄지어 선 나무'의 뜻이다.

稱理 則自性萬德縱橫 是欄楯義 自性包羅法界 是寶網義 自性長養 衆善 是行樹義

鈔 '가로 세로 얽혀있다'는 것은, 육도만행이 자성을 여의지 않으 니 예컨대 자성에 본래 간탐(慳貪: 아끼고 탐함)이 없으니 이것을 보시라 한다. 보시를 가로로 하여 보시하되 더러운 마음이 없으면 세로로 지 계바라밀이 이루어지고, 보시하되 거만한 마음이 없으면 세로로 인 욕바라밀이 이루어지며, 보시하되 게으른 마음이 없으면 세로로 정 진바라밀이 이루어지니, 선정과 지혜도 이와 같다. 나머지 다섯 가지 바라밀은 위의 것에 예하면 잘 알 수 있을 것이다.

여러 가지 미묘한 것이 모두 갖추어지면 이것이 아름다운 경관이 요, 여러 가지 허망한 것을 범하지 않으면 이것이 손해를 방비하는 것이다.

'감싼다'고 한 것은, 자성이 매우 청정하여 법계를 포함하기 때문이다.

'여러 가지 선행을 기른다'고 한 것은, 『화엄경』「이세간품」에 "보살의 묘법 나무는 직심(直心)의 땅에서 나서, 믿음은 종자, 자비는 뿌리, 지혜는 밑동이 되고, 방편은 가지가 되며, 5바라밀은 무성한 것이 되고, 정은 잎, 신통은 꽃, 일체지는 열매가 된다." 하고, 또 『정명경』「불도품」에 "무루법의 나무에 칠각지(七覺支)・사여의족(四如意足)은 정묘의 꽃이요 해탈과 지혜는 열매니, 모두 심지를 근본으로 하여 수많은 것을 발생한다." 한 것과 같다.

아, 어찌하랴![43] 난간이 훼손되어 도끼질을 당하고, 그물이 손상되어 그늘이 성글어도 그 뿌리와 가지가 마르고 병들거든, 하물며 꽃이 피고 열매를 맺을 수 있겠는가? 그러나 깨달음의 숲은 전과 같고 도의 종자는 멀리 있는 것이 아니니, 어찌 부지런히 물주고 북돋아주어 더욱 닦고 다스리지 않는가![44] 그리하여 마당 앞의 잣나무나 울 밖의

. . . .

43 이 아래는 결론지어 한탄하고 수행하기를 권하였다. '난간이 훼손되었다'는 것은, 이 종횡의 묘심을 방탕하여 조금도 구검(拘檢)이 없음을 말했으니, 이미 구검(拘檢)이 없다면 본성을 베는 도끼가 이른다. '그물이 손상되었다'는 것은, 이 광대 묘심을 미혹하여 어둡고 시끄러운 모습으로 심성을 삼음을 말했으니, 이미 어둡고 시끄럽다면 시원한 그늘이 성글다. '오히려 그 뿌리와 가지가 마르고 병든다'한 것은, 자비・방편의 인행(因行)이 없거든 더욱이 신통과 종지의 묘과를 얻겠는가? 한 것을 말하였다.

44 그러나 수지(修持)를 비록 폐했으나 법성은 오히려 남아 있으니, 기꺼이 공을 더하기만 하면 본진(本眞)이 없어지지 않는다. 고인이 "도가 멀리 있겠느냐? 하는 일마다 진리이다. 성인이 멀리 계시겠느냐? 깨달으면 곧 신비하다." 하니, 단지 회광(回光)하기만 하면 깨닫지 못할까 걱정할 것이 아니다.

작약 난간[45]을 보면 걸음마다 반야진여요 얼굴마다 보리불성이리라.

(나) 못과 누각과 연꽃

① 연못과 연못의 물

【經】 또한 사리불이여, 극락국토에는 칠보 연못이 있는데, 여덟 가지 공덕 물이 그 가운데 가득하고, 연못 바닥에는 순전히 금모래가 땅에 깔려있으며

又舍利弗 極樂國土 有七寶池 八功德水 充滿其中 池底純 以金沙 布地

疏 '또한'이란, 위를 이어서 육지 장엄에 난간, 그물, 줄지어 선 나무가 있을 뿐만 아니라, 연못과 물 장엄도 또한 수승하고 미묘하기 이루 말할 수 없다.

'칠보 연못'이란, [연못이] 칠보로 만들어졌고 연못 속의 물도 칠보 이기 때문이다.

· · · · · · · · · ·

45 어떤 스님이 조주 스님에게 묻기를 "조사가 서쪽에서 온 뜻은 무엇입니까?" 하니, 스님이 "마당 앞에 잣나무니라" 하였다. '울 밖에 작약 난간이니라' 한 것은, 어떤 스님이 운문 스님에게 묻기를 "청정 법신은 어떤 것입니까?" 하니, 스님이 "작약밭의 난간이니라." 하였다.

又者 承上 不但陸地莊嚴 有如是欄楯羅網行樹 池水莊嚴 亦復勝妙無比
也 七寶池者 七寶所成 池中之水 亦七寶故

鈔 '칠보로 만들어졌다'는 것은, 이 세상의 것이 흙과 돌로 만들어진 것과 구별하였다. 그러므로 『대본』에 "안과 밖, 좌우로 여러 가지 욕지가 있는데, 어떤 것은 10유순, 어떤 것은 20이나 30유순이며, 심지어 백천 유순이어서 마치 큰 바다만 하며, 하나의 보배나 두 개의 보배며 내지 칠보가 섞여서 만들어졌다." 하며, 또 "만약 저 부처님의 연못이면 사방이 이것보다 배나 되니 모두 칠보로 만들어졌다." 하였으나, 지금 이 경에서 부처님 연못을 말하지 않은 것은 '연못' 가운데 종합적으로 포함되었기 때문이다.

'물도 칠보다' 한 것은, 『관경』에 "낱낱 연못의 물이 칠보로 만들어졌는데 그 보배는 부드러워 여의주왕으로부터 나왔다. 이 물이 열네 갈래로 나누어지는데 칠보 묘색으로 이루어지고, 황금으로 도랑이 되었다." 하고, 또 "그 마니의 물은 꽃 사이에서 흘러나와 나무 위로 뻗어 올라갔다가 내려온다." 했는데, 지금은 단지 보배 연못만을 말하고, '물도 또한 보배로 이루어졌다' 한 것과, '꽃 사이에서 흘러나와 나무 위로 뻗어 올라갔다가 내려온다'는 것을 말하지 않은 것은, 모두 '물' 가운데 포함되기 때문이다. 물은 본래 아래로 흘러가는 법인데 아래로부터 위로 흐른다는 것은 이 세상에는 없다. 『하생경』에 "도솔타천에는 물이 대들보 사이에서 노닌다." 한 것이 그런 것이다.

疏 '여덟 가지 공덕 물'이란, 당역에 "첫째는 맑고 깨끗하며, 둘째
는 맑고 차며, 셋째는 달고 맛있으며, 넷째는 가볍고 부드러우며, 다
섯째는 윤이 나며, 여섯째는 편안하고 평화로우며, 일곱째는 기갈을
없애 주고, 여덟째는 제근(諸根)을 키워주니, 이런 여덟 가지 공덕을
갖추어 중생을 이익되게 한다." 하였다.

『관경소』에도 여덟 가지 공덕을 나누었으나 이와는 조금 다르다.

'연못 바닥이 금모래로 되었다'는 것은, 금모래로 밑바닥이 되어
진흙이나 찌꺼기가 없다.

八功德者 唐譯云 一澄淨 二淸冷 三甘美 四輕軟 五潤澤 六安和 七
除飢渴 八長養諸根 具八種功德 利益衆生也 觀經疏開八德 與此小異
池底金沙者 金沙爲底 無泥滓也

鈔 '첫째는 맑고 깨끗하다'는 것은 맑고 정지되고 청결하고 깨끗
함을 말했으니, 더럽고 탁함을 여의었기 때문이다. '둘째는 맑고 차
다'는 것은 맑고 시원함을 말했으니, 무더위가 없기 때문이다. '셋째
는 달고 맛있다'는 것은 맛이 달고 오묘함을 말했으니, 지극한 맛을
갖추었기 때문이다. '넷째는 가볍고 부드럽다'는 것은 가볍고 부드러
움을 말했으니, 올라가기도 하고 내려갈 수도 있기 때문이다. '다섯째
는 윤이 난다'는 것은 윤기가 나고 미끄러움을 말했으니, 메마르고 껄
끄럽지 않기 때문이다. '여섯째는 편안하고 평화스럽다'는 것은 안정
되고 따뜻함을 말했으니, 빠르고 들뜨지 않기 때문이다. '일곱째는 기
갈을 없애 준다'는 것은 물은 겨우 목마름을 그치게 할 뿐이지만 이것

은 배고픔까지 없애 주는 수승한 힘이 있기 때문이다. '여덟째는 제근을 키워준다'는 것은 안팎의 몸과 마음을 증장하고 기르기 때문이다.

『관경소』의 여덟 가지 덕'이란, 첫째는 가벼움, 둘째는 맑음, 셋째는 차가움, 넷째는 유연함, 다섯째는 아름다움, 여섯째는 냄새가 나지 않음, 일곱째는 마실 때 몸에 맞음, 여덟째는 마시고 나면 근심이 없어짐이다.

위의 것과는 전체적으로는 같지만 다소 다른 점이 있다. 즉, 여기서는 '가벼움'과 '부드러움'을 합하였고 저기서는 두 가지를 나누었으며, 여기에는 '냄새나지 않음'이 없고 저기에는 '윤택'과 '편안하고 평화로움'이 빠졌다. 그러나 뜻에서는 서로 드러나 있다. '깨끗하고 맑음'과 '맑고 차가움'은 반드시 더러운 냄새가 없고, 이미 가볍고 부드럽다면 어찌 편안하고 평화롭지 않겠는가? '윤택'은 생략되었기 때문에 조금 다르다 한 것이다.

또한 저기서는 육입(六入: 六根과 六境)에 배대했으니, 여기서 맑고 깨끗한 것은 색입(色入)이요, 달고 맛있는 것은 미입(味入)이요, 제근을 기른다는 것은 이·비·신·의가 모두 이것을 포함하였다.

또한 『대본』에 "큰 강 밑바닥에는 금모래가 땅에 깔려있으니, 세상에 어떤 것과도 비교할 수 없는 하늘 향기가 나는데, 물을 따라 향기가 흩어지고 물에 섞여 향기가 흘러간다." 하니, 모두 향입(香入)인 증거다. 아래 문장의 '설법'은 성입(聲入)이고 법입(法入)인 증거다.

문: 달고 맛있고 가볍고 부드러움과 배고픔을 없애는 것과 제근을 기르는 것은 이 세상에는 없는 것이니 참으로 그렇다고 하겠으나, 물

이란 모두 맑고 차며 모두 윤택한데 어찌 저 물의 몇 가지만 가지고 공덕이라 할 수 있습니까?

답: 이 세상의 물도 맑고 차기는 하지만 해가 비치면 뜨거워지고 불을 만나면 끓지만, 저 물은 겁화가 닥쳐도 여전히 맑고 차가워 뜨거워지거나 끓지 않기 때문이요, 이 세상의 물도 윤택하기는 하지만 해를 쪼이면 마르고 불이 닿으면 잦아지지만, 저것은 겁화가 닥쳐도 여전히 윤택하여 마르거나 잦아지지 않기 때문이다.

'금모래'란, 『관경』에 "진금으로 도랑이 되고 도랑 아래는 모두 잡색 금강으로 바닥의 모래가 되었다." 하고, 『대본』에는 "순수한 한 가지 보배 연못에는 바닥의 모래도 역시 한 가지 보배로 되었고, 황금 연못에는 백은 모래로 바닥이 되었으며, 수정 연못에는 유리 모래로 바닥이 되었고, 두 가지 보배로 된 연못에는 바닥의 모래도 역시 두 가지이며, 그 밖의 칠보로 된 연못도 또한 이와 같다." 하였다. 지금 금모래만 말한 것은 문장이 생략되었기 때문이다.

疏 또한 『대본』에는 보배 연못의 물을 서술하고 나서 다시 세 가지 수승한 묘용을 열었으니, 첫째는 물이 능히 마음먹은 대로 되고, 둘째는 물이 능히 법을 설하며, 셋째는 목욕하고 나서는 정업(淨業)에 힘쓴다는 것이다.

又大本敍寶池水畢 復開三種殊勝妙用 一水能適意 二水能說法 三浴畢進業

鈔 '마음먹은 대로 된다'는 것은, 『대본』에 "모든 상선인이 칠보 연못에 들어가서 몸을 씻으면서 물이 발에까지 잠기기를 원하면 물은 바로 발을 적시고, 물이 무릎까지 이르기를 원하면 물은 금방 무릎까지 적시며, 허리까지 적시기를 원하면 물은 바로 허리까지 이르고, 목까지 적시기를 원하면 물은 바로 목까지 차오르며, 온몸을 적시고자 하면 모두 그 생각과 같이 되고, 본래대로 되었으면 하고 생각하면 물은 바로 본래대로 되느니라. 그 물은 또한 차고 따뜻하기가 조절되어 몸에 맞지 않음이 없고, 정신이 깨고 몸이 상쾌하여 마음의 때가 말끔히 씻기며, 너무도 맑고 깨끗하여 몸이 없는 것같이 투명하니라." 하니, 이것은 물은 본래 무심하여 능히 사람들의 마음먹은 대로 되기 때문이다.

'법을 설한다'는 것은, 『대본』에 "잔잔한 물결은 빙 돌아 흐르며 감돌아 연못 속으로 흘러 들어가는데, 빠르지도 않고 더디지도 않고 그지없이 조용히 흘러가느니라. 물결은 한없는 자연의 미묘한 음성으로 소리하며 어떤 때는 부처님의 음성을 들려주고, 법의 음성, 스님의 음성, 적정의 음성, 공무아의 음성, 대자비의 음성, 바라밀의 음성, 십력·무외·불공법의 음성, 신통과 지혜의 음성, 조작 없는 음성, 일어나거나 없어지지 않는 음성, 무생법인의 음성과 그 밖에 감로관정의 여러 가지 미묘한 법의 음성으로 마음에 듣고자 하는 대로 들려주지 않는 것이 없으니, 이 소리를 듣고는 청정한 마음을 내어 제근을 성숙하여 영원히 무상보리에 퇴전하지 않게 되니라." 하니, 이것은 물은 본래 무정하여 모든 미묘한 법을 잘 설하기 때문이다.

'목욕을 마치고 나면 정업에 힘쓴다'는 것은, 『대본』에 "모두 목욕을 마치고 나서는 어떤 때는 각기 연꽃 위에 앉아 있기도 한다." 하고, 또한 "어떤 이는 땅에서 경을 강의하는 자도 있고, 경을 읽는 자도 있으며, 스스로 경을 설하는 자도 있고, 경을 받는 자도 있으며, 경을 듣는 자도 있고, 경을 생각하는 자도 있고, 도를 생각하는 자도 있으며, 일심으로 좌선하는 자도 있고, 경행하는 자도 있으며, 어떤 이는 허공 속에서 경을 강의하는 자도 있고, 그 밖에 좌선하거나 경행하는 자도 있으니, 각기 그 정도에 따라 얻은 바가 있느니라. 아직 사과(四果)를 얻지 못한 자는 그로 인하여 사과를 얻고, 불퇴전지를 얻지 못한 보살은 불퇴전을 얻느니라." 하니, 이 물은 목욕하는 것만으로도 공을 이룰 뿐만 아니라, 또한 이미 목욕한 뒤에도 이익되게 한다.

이상의 세 가지 수승한 것은 모두 보배 연못의 공덕수 중에 포함된다.

또한 뒤의 출경게(出經偈)에 "다만 강물이 흘러갈 뿐인데, 그 소리는 마치 경을 설하는 것과 같네." 한 것이다.

疏 이치에 맞게 설한다면, 자성이 왕양(汪洋)·충융(沖融)하니 이것이 '보배 연못'의 뜻이요, 자성에 일체 공덕을 모두 갖추었으니 이것이 '공덕수'의 뜻이다.

稱理 則自性汪洋沖融 是寶池義 自性悉備一切功德 是德水義

鈔 '왕양'의 '왕'은 깊은 모양이니 자성이 한없이 깊고 현묘한 것이 마치 못의 밑바닥과 같기 때문이요, '양'은 광대한 모양이니 자성이 끝없이 넓고 먼 것이 마치 연못의 크기와 같기 때문이다.

'충융'은 중화(中和: 어느 쪽으로도 치우치지 않고 바름)한 모양이니, 자성이 진도 아니고 속도 아니어서 순수하고 지선한 것이 마치 못이 순수한 보배로 이루어진 것과 같기 때문이다.

'모든 공덕을 갖추었다'는 것은, 자성이 물듦이 없음은 물의 맑고 깨끗한 덕이요, 자성이 번뇌가 없음은 물의 청량한 덕이며, 자성이 악이 없음은 물의 달고 맛있는 덕이요, 자성에 아(我)가 없음은 물의 가볍고 부드러운 덕이며, 자성에 다함이 없음은 물의 윤택한 덕이요, 자성에 포악이 없음은 물의 편안하고 평화스런 덕이며, 자성에 궁핍이 없음은 물의 기갈을 없애는 덕이며, 자성이 일체 만덕을 출생하는 것은 물의 기르는 덕이다.

또한 자성이 만물을 수순하되 무정하니, 위로 행하면 성인의 무리에 들어가지만 성인이라 하여 더하는 것이 없고, 아래로 행하면 범부의 무리에 들어가지만 범부라 하여 감소하는 것이 없어서, 변화하지 않으면서 인연에 따라 법계에 두루하니, 이른바 '꽃 사이로 흘러 대들보에 이른다' 한 것이다.

영명 화상이 "물에는 열 가지 공덕이 있으니 진성과 같기 때문이다. 이 뜻은 바로 이와 같다. 즉, 정(定)의 물이 맑고 충만하니 여기에 목욕하면 더러운 사람이 없네. 그러나 더러움도 없고 깨끗함도 없으니, 이를 팔공덕이라 하네[定水湛然滿 浴此無垢人 無垢亦無淨 是名八功德].”[46]
하였다.

② 계단과 누각

【經】 사방의 계단은 금·은·유리·파려가 합하여 만들어졌고,
그 계단 위의 누각도 또한 금·은·유리·파려·자거·적주·마노
로 장엄하게 꾸며져 있느니라.

　　四邊階道 金銀琉璃玻瓈合成 上有樓閣 亦以金銀琉璃 玻瓈硨磲
赤珠瑪瑙 而嚴飾之

　　疏 '사방'이란, 가운데는 못이요 주위 사방은 계단이다.

　　'금'은 범어로 소벌라(suvarṇa)라 하고, '은'은 아로파(arūpya), '유리
(vaiḍūrya)'는 우리말로 청색보(靑色寶)라 한다. '파려(sphaṭika)'는 수옥(水
玉), '자거(musāragalva)'는 대패(大貝)라고 한다. '적주'는 범어로 발마라
가(pravāḍa)라 하고, '마노'는 발마라가예라 하니, 이러한 칠보로 장엄
하게 꾸미고 치장하였다.

· · · · · · · · · ·

46 『정명경』에 "팔해탈의 연못에는 정(定)의 물이 맑고 충만한데 칠정(七淨: 戒淨부터 涅槃淨까지)의 꽃
이 피어 있으니, 여기에 목욕하면 더러운 사람이 없다." 하였는데, 여기서는 이 뜻을 취하여 "성정(性定)
의 물, 여기에 목욕하면 아무도 더러운 사람도 없다. 그러나 더러움이 없다 하더라도 오히려 청정에 떨
어지니 진정한 공덕이 아니다. 더러움과 깨끗함이 둘 다 없어야만 이것이 진정한 공덕이다." 한 것이다.

四邊者 中爲池水 周圍四邊爲階道也 金者 梵語蘇伐羅 銀者 梵語
阿路巴 琉璃者 此云靑色寶 玻瓈者 此云水玉 硨磲者 此云大貝 赤珠者
梵語鉢摩羅伽 瑪瑙者 梵語鉢摩羅伽隷 以斯七寶莊嚴較飾也

鈔 '계단[階道]'이란, 땅에서 떨어진 것을 '계'라 하고, 길과 평평한
것을 '도'라 한다.

'누각'[47]이란, 중층 집을 '누'라 하고, 높은 누를 '각'이라 한다. 『관
경』에[48] "황금 땅 위 낱낱 보배 중에서 흘러나온 5백색의 광명은 그 광
명이 꽃과 같고 광명의 대(臺: 흙으로 높이 쌓아 사방을 바라볼 수 있게 만든
곳. 여기서는 그러한 형상을 말함)를 이룬다. 누각은 천만 개나 되는데 백
가지 보배로 합하여 지어졌다." 하고, 『대본』에 "아미타불의 강당이
나 정사, 궁전이나 누각은 모두 칠보로서, 이 세계의 여섯 번째 천상
의 천제가 거처하는 곳보다 백천만 배나 훌륭하고, 보살이 거처하는
곳도 역시 그러하며, 제천과 사람의 궁전과 누각은 그 모양과 색깔과
높이와 크기에 맞게, 어떤 것은 한 가지 보배나 두 가지 보배부터 무
량한 보배에 이른 것도 있다." 한 것과 같다.

또한 『불지론』에 "우선 칠보를 말했으나 사실은 정토는 수많은 기

· · · · · · · · · ·

47 누각의 '루'는 중층의 집을 말하고, '각'은 기둥으로 받쳐 공중에 뜨게 설치한 집을 말한다. −역
자주

48 『관경』에' 아래서부터 '…음성을 연설한다'까지는 일곱 겹의 경(經)과 논(論)을 인용하여 자세히
'계단과 누각'을 설명하고, '이를 미루어 보면' 한 아래는 이를 해석하였다.

358

묘한 보배로 이루어졌다." 하였다. 그러므로 네 가지 보배를 말한 것은 문장이 생략된 것이다.

또한 『화엄경』 「입법계품」에 "높은 누각이 아득한데 각도(閣道: 복도. 누각에 상하 이중으로 된 길)가 그것에 인접하여 나왔고 동우(棟宇: 棟은 집의 마룻대, 宇는 집의 네 처마)가 서로 연이었으며, 창문이 서로 비치고 섬돌과 난간이 갖가지로 갖추어졌으니, 모두 기묘한 보배로 장엄하였다." 하였으니, 이러한 뜻이다.

또한 『대본』에 "이 모든 누각이 마음에 따라 높기도 하고 크기도 하되 공중에 떠서 구름과 같은 것도 있고, 마음에 따라 높거나 크지 못하고 단지 땅 위에만 있는 것도 있으니, 도를 구할 때 덕이 두텁고 얇음으로 인하여 이루어졌다." 하고, 또 "누관의 난간에 영락이 그 위를 덮었는데 모두 다섯 가지 소리가 난다." 하였다.

또한 『관경』에 "누각의 양쪽에는 각기 화당(華幢: 꽃으로 아름답게 장식한 깃발)이 있는데 수많은 악기로 장엄되고 여덟 가지 청풍이 이 악기를 연주하여 고·공·무상·무아의 음성을 연설한다." 하였다.

이것을 미루어, 여기서는 단지 누각만을 말하고 부처님과 보살과 천·인을 나누지 않았고, 공중에 있거나 땅에 있는 것을 나누지 않았으며, 악기의 소리가 법을 연설함을 말하지 않았으니 모두 문장이 생략된 것을 알 수 있다.

'금'에는 네 가지 성질이 있으니 첫째는 색이 변하지 않고, 둘째는 본체에 때가 없으며, 셋째는 모양이 변하면 아(我)가 없고, 넷째는 능

히 사람을 부유하게 한다.[49]

'은'의 네 가지 성질도 같지만 공덕이 다소 떨어진다.

'유리'는 청색이니 이것이 올바른 번역이다. 또한 불원(不遠)이라고
도 하는데 불원은 산 이름이다. 이 산에서 이 보배가 나오는데, 바라
나성과 가깝다.

'수옥'은 지금의 수정이다.

'자거는 대패라고 한다' 한 것의 '패'는 바다의 개충(介蟲: 갑각을 가
진 벌레)이니, 큰 것을 보(寶)라고 한다. 어떤 이는 "자거는 범어가 아니
다. 수레의 거[車渠]란 뜻이니, 거는 수레바퀴 테다." 하였다.

'적주'는 『불지론』에 "적충(赤蟲: 인체에 기생하는 벌레)에서 나오는데
하늘의 적주를 인다라라고 한다. 세상에 있는 것이 아니다." 하고,
『대론』에 "진주는 어떤 것은 물고기 배에서 나오는 것도 있고, 혹은
뱀의 머리에서 나오기도 하며, 조개의 태나, 대[竹]에서 나는 것도 있
다." 하였으니, 그렇다면 색깔이 꼭 붉은 것만은 아니다. 그러므로 앞
의 번역이 맞다.

'마노'는 '단구(丹丘: 신선이 사는 곳)의 벌판'이라고도 하는데, 귀신의
피에서 변화한 것이다. 어떤 이는 "말의 뇌[馬腦]와 같기 때문이다."
하였다.

'장엄'이란 가지런하다는 뜻이 있고, '교식'이란 문채의 뜻이니, 이

----

49 '색이 변하지 않는다' 한 것은 상(常)의 뜻이요, '본체에 때가 없다' 한 것은 정(淨)의 뜻이며, '모양이
바뀌면 아(我)가 없다' 한 것은 아(我)의 뜻이며, '능히 사람을 부유하게 한다' 한 것은 락(樂)의 뜻이다.

런 것으로 장엄하고 장식하였다. 앞에서 말한 '어떤 것은 한 가지 보배나 두 가지 보배부터 어떤 것은 칠보의 종류에 이른다' 한 것이 이것이다.

또한 이 칠보는 우선 이 세상의 것과 같은 이름을 따랐지만 사실은 같지 않다. 예컨대 하늘 금이나 하늘 은도 인간 세상에 있는 것이 아닌데, 더욱이 저 극락국토의 것이겠는가?

疏 또한 칠보는 보통 귀중한 것을 가졌다는 뜻을 비유하니, 『범망경』의 설과 같다.

又七寶者 常喩取貴重義 如梵網中說

鈔 '귀중'이란, 『범망경』「보살심지품」에 "대승의 경과 율을 버리고 배우지 않고, 외도나 이승의 사견 등을 배우는 자는 마치 칠보를 버리고 도리어 기와 조각이나 자갈을 가지는 것과 같다." 했으니, 기와 조각이나 자갈을 상대하여 말한 것이다. 그러므로 '보배'란 귀중한 것을 가졌다는 뜻으로, 두 국토의 깨끗하고 더러움이 같지 않다는 것을 바로 밝혀 기뻐하고 싫어하는 마음을 내게 하였음을 알 수 있다.

문: 요 임금은 띠로 지붕을 인 집에 살았고, 기자는 상옥(象玉)을 간하였으니, 세상의 임금이나 신하도 소박한 것을 숭상했는데, 정토 보살이 어찌 보배로 장엄한 것을 귀중히 여깁니까?[50]

----

50 기자는 주(紂)가 상아 수저로 음식을 먹는 것을 보고는 탄식하기를 "주가 상아 수저로 음식을 먹으

답: 여기에 두 가지 뜻[51]이 있다.

하나는 지혜가 높은 보살은 마음이 깨끗하면 국토도 저절로 깨끗하고 정보가 훌륭하면 의보도 반드시 성대하지만, 이치에 당연히 그런 줄 알아 마음에 실로 집착이 없다. 예컨대 순 임금은 밭에서 몸소 김매고 밭 갈았으나 한번 요 임금의 선양을 잇고 나서는 경필면유(警蹕冕旒: 밖에 나가면 警을 늘어놓고, 들어오면 蹕을 늘어놓는 천자의 의장. 旒은 관이니 천자는 12가닥의 旒가 있었다)하여 기대하지 않아도 저절로 갖추어졌으나 순이 어찌 즐거워했으랴. 그러므로 '천하를 소유했어도 좋아하지 않았다' 한 것이다.

둘째는 일부러 둔근 범부를 위하여 고통과 즐거움을 보여 기뻐하고 싫어하는 마음을 내게 하여, 먼저 욕망의 끈으로 이끌어 나중에 부처님의 지혜에 들어가게 한 것이다. 비유하면 배고프고 추운 나라의 불행을 겪다가 배부르고 따뜻한 나라라는 말을 듣거나, 어두운 벼랑에 떨어졌다가 문득 광명의 경계를 본다면 어찌 몸과 마음이 뛸 듯이 기뻐 옛것을 버리고 새것을 따르지 않겠는가? 왕생하기만 하면 마침내 해탈을 이룰 수 있으므로, 당연히 방편으로 접인하기 위해 이

....

니 반드시 옥으로 된 술잔으로 술을 마실 것이다. 그러면 먼 곳에서 진귀한 물건들을 바치는 자가 이를 것이다." 하고는 마침내 궁에 들어가 간하였다.

51 '두 가지 뜻'이란, 첫째는 상지(上智)는 집착함이 없다는 뜻이니, 상지(上智)의 선비는 경계가 오직 마음뿐이어서 마음으로 마음을 보지 못하고 모양을 얻을 수가 없으니 모든 보배로 장엄한 것이 모두 환(幻)과 같은 줄 깨달았기 때문이다. 둘째는 굽혀서 둔근(鈍根)을 위한 뜻이니, 어리석고 둔한 범부는 마음을 미혹하고 경계에 집착하므로 저 보배로 장엄한 것을 찬탄하여 기뻐하고 사모하는 마음을 내게 한 것이다.

렇게 했을 뿐이다.

疏 이치에 맞게 말한다면, 자성이 평평하고 곧으니 이것이 '계단'의 뜻이요, 자성이 높고 깊으니 이것이 '누각'의 뜻이며, 자성에 공덕 법재(法財)가 구족하니 이것이 '칠보'의 뜻이다.

稱理 則自性平直 是階道義 自性高邃 是樓閣義 自性具足功德法財 是七寶義

鈔 '평평하고 곧다'는 것은, 자성이 해탈자재하여 모든 더러움에서 벗어나고[階], 광활평탄하여 치우침이 없으니[道], 이것을 계단이라고 한다.

'높고 넓다'는 것은, 자성이 육진 경계를 멀리 초월하여 관조함에 모자람이 없고(누각의 높음), 허공을 묶어 광박함이 끝이 없으니(누각의 넓음) 이것을 누각이라 한다.

'공덕 법재'란, 자성이 항상[常]하여 변함이 없고, 깨끗[淨]하여 더러움이 없으며, 자아[我]지만 인연을 따름이 걸림 없고, 즐거워서[樂] 조금도 모자람이 없이 부유하니 이것을 '금·은'이라 하고, 자성이 안팎이 투명하여 아무 장애가 없으니 이것을 '유리'라 하며, 자성이 본체가 깨끗하여 허물을 여의고 잘못이 끊어졌으니 이것을 '자거'라 하며, 자성이 환하게 빛나니 이것을 '적주'라고 하고, 자성이 견실하여 변화하지 않으니 이것을 '마노'라 하며, 여러 가지 아름다운 것이 모두 갖추어서 법신을 이루니 이것을 '장엄하게 꾸몄다[嚴飾]'라고 한다.

또한 선재동자는 여러 성을 두루 돌며 여러 선지식들을 널리 참배하고 최후에 미륵의 누각에 한순간에 올랐으나, 지금은 단지 부처님의 명호만을 부르면 우회하는 길을 거치지 않고 금방 미묘한 경지에 오를 수 있건만, 마치 종일 보배 계단을 걸으면서 자칭 길을 잃은 자라 하는 것과 같으니, 참으로 문 앞에 서서 문을 튕기면서 자신이 옥루(玉樓) 가운데 있는 줄 모르는 자라고 말할 수 있으리니, 애석한 일이다.

③ 연꽃

[經] 연못 가운데 연꽃은 생김새가 수레바퀴같이 생겼는데, 푸른 꽃에서는 푸른 광명이, 노란 꽃에서는 노란 광명이, 붉은 꽃에서는 붉은 광명이, 흰 꽃에서는 흰 광명이 나는데 정미[微]하고 오묘[妙]하고 향기[香]롭고 정결[潔]하니라.

池中蓮華 大如車輪 靑色靑光 黃色黃光 赤色赤光 白色白光 微妙香潔

疏 위에서는 연못 밖에 것을 말하였고, 지금은 연못 가운데를 표현하였다.

'연화'는 범어로 분다리라 하며, 우발라 · 발특마 · 구물두라 한다.

上言池外 今表池中 蓮華 梵語芬陀利 亦云優鉢羅 亦云鉢特摩 亦云拘勿頭

364

鈔 범어 '분다리(puṇḍarīk)'는 우리말로 백련화라 하는데, 아직 피기 전의 것을 굴마라라 하고, 떨어지려고 하는 것을 가마라라 하며, 갓 피려고 하는 것을 분다리라 한다. '우발라(梵語 utpala, 巴利語 uppala)'는 청련화요, '발특마(padma)'는 홍련화며, '구물두(kumuda)'는 황련화다.

疏 '수레바퀴'는 그것의 모양을 말했으니 크기는 일정하지 않다. 『파사론』 등에서는 제각기 근기가 보는 데 따라 갖가지로 같지 않다고 하였다.

車輪者 言其形也 大小無定 婆沙等說 種種不同 各隨機見

鈔 '수레바퀴'와 '크기'는, 『파사론』에는 "전륜성왕의 천 개의 바퀴살로 된 금수레는 둘레가 15리나 된다." 하고, 『화엄경』 초(鈔)에는 "금수레의 크기는 1유순이나 된다." 했으며, 『관경』에서는 "낱낱 연못 가운데는 60억 송이의 칠보 연꽃이 피어 있는데, 둘레가 12유순이나 된다." 하고, 『대본』에서는 "연못 가운데 연꽃은 어떤 것은 1유순이나 되고 100유순이나 천 유순이 되는 것도 있다." 하였다. 세상의 수레바퀴는 크기가 한 길을 넘는 것이 없으니 이것으로 기준을 삼아서는 안 된다.

또한 "여러 가지 보배로 된 연꽃은 둘레가 세계에 두루한데, 낱낱 보배 꽃에는 무량 백천억의 잎이 있다." 하였는데, 경을 살펴보니 열 장의 잎, 백 장의 잎, 천 장의 잎으로 낫고 못한 세 가지 연꽃이 나누어져 있다. 지금 '무량 백천억 잎'이라 하였으니, 잎이 무량하다면 꽃의 크기도 역시 무량하다.

또한 『여래장경』에 "그때 세존이 전단의 중각 도량에서 정좌한 채 신통을 보이시니, 천 잎의 연꽃은 크기가 수레바퀴만 한데 꽃 가운데 화불이 각기 무수한 백천의 광명을 놓는다." 하니, 수레바퀴가 불가사의하다는 것을 알 수 있다.[52] 그러므로 인간 세상에서 항상 타는 수레로 국한지어서는 안 된다.

'근기에 따른다'고 한 것은, 크기도 하고 작기도 한 것은 인지(因地: 수행하는 과정에 있는 지위)에 염불한 공덕에 우열이 있음으로써 부처님의 감응이 저절로 이른 것일 뿐인데, '연꽃이 수레바퀴와 같다' 한 것으로 이 경을 억눌러 쓸모없는 선[散善]이라 하니, 이것은 '수레바퀴'의 뜻을 깊이 생각해 보지 않은 탓이다.

疏 '모양이 수레바퀴와 같다' 한 것은 우선 형체를 비유하였으니, 수레로 덕을 비유한 것에도 여러 가지 뜻이 있다.

大如車輪 且喩形體 以輪喩德 亦有多義

鈔 '형체'란, 수레의 본체가 둥글어서 연꽃 모양이다.

. . . .

52 『파사론』에서는 단지 15리를 말하였고, 『화엄경』 초(鈔)에서는 1유순을 말했으며, 『관경』에서는 12유순, 『대본』에서는 백 유순, 천 유순을 말하고 다시 꽃잎이 무량함을 말했으며, 『여래장경』에서는 또 꽃 속 화불(化佛)의 광명이 무수함을 말했으니, 그렇다면 '수레바퀴'를 어찌 사의(思議)할 수 있겠는가?

'여러 가지 뜻이 있다'는 것은 수레바퀴에는 회전[轉]의 뜻이 있다. 이 연꽃이 중생을 품어 범부를 고쳐 성인을 이루게 하니, 곧 회전의 뜻이다.

또한 수레바퀴에는 연자방아[輾]의 뜻이 있다. 연꽃은 더러운 것에 물들지 않고 번뇌를 타파하니, 곧 연자방아가 탈곡하는 뜻이다.

또한 수레바퀴에는 비행의 뜻이 있다. 전륜왕의 금수레는 하루에 사천하를 돌거니와, 이 연꽃은 시방에 두루 이르러 저 염불 중생을 접인하여 극락으로 돌아가게 하니, 곧 비행의 뜻이다. 나머지는 번거로워 더 열거하지 않는다.

疏 '청·황·적·백'은 그것의 색깔을 말하였다. 색깔을 들었을 뿐만 아니라 광명도 말한 것은, 이 세상의 연꽃은 색이 있으나 광명은 없기 때문이다. 단지 네 가지 색깔만을 든 것은 문장이 생략된 것이다.

靑黃赤白 言其色也 不唯擧色 而言光者 此土蓮華 有色無光故 但擧四色者 省文也

鈔 '네 가지 색깔'에 대한 해석은 앞의 소를 보라. '광명'이란 색에서 발휘하니, 예를 들면 구슬이 맑고 빛나서 능히 광채를 발휘하는 것과 같다. 저 국토의 연꽃은 지극히 청정하기 때문에 광명이 있다.

『대본』에는 "푸른색에는 푸른 광명이, 흰색에는 흰 광명이, 검고, 노랗고, 붉고, 자주 색깔에는 그 광명도 역시 그러하여 그 찬란함은 해와 달보다 더 빛나고 밝으며, 낱낱 꽃 속에는 36백 천억의 광명이 나오고, 낱낱 광명 속에서는 또한 36백 천억의 부처님이 출현하는데, 낱낱 제불이 또한 백천 광명을 놓아 널리 시방 중생을 위하여 미묘한 법을 설하시니라." 하니, 이것에 의하면 푸르고, 희고, 검고, 노랗고, 붉고, 자주색이라 하여 이미 여섯 가지 색깔이 되는데, 『불지론』에는 다시 칠보를 말했으므로 네 가지 색깔은 문장이 생략된 것임을 알 수 있다.

그러나 사실은 연꽃에는 한없는 색깔이 있고 한없는 광명을 갖추었다. '설법'을 말하지 않은 것도 문장이 생략된 것이다.

疏 '정미하고 미묘하고 향기롭고 깨끗하다'는 것은 그것의 덕을 말하였다. 네 가지 덕을 든 것도 문장이 생략된 것이다.

微妙香潔 言其德也 舉四德者 亦文省故

鈔 '네 가지 덕'이란, '더러움을 여의었다'는 것이 연꽃의 올바른 뜻이지만, 그 뜻을 넓게 추구해 보면 대략 네 가지로 말할 수 있다. 먼저 '미'를 말한 것에 다시 네 가지 뜻이 있으니, 두 가지는 같고 두 가지는 다르다. 첫째는 뿌리가 못 밑에 잠겨 잘 볼 수가 없으니 이것은 유미(幽微: 미약함)이다. 둘째는 고원육지에서 자라지 않으나 화려한 꽃과 아름다움을 다투니 이것은 은미(隱微: 희미하고 미세함)이다. 셋째는 『관경』에 "낱낱 이파리 위에 팔만사천의 맥이 있어서 마치 하늘 그림 같다." 하니, 이것은 세미(細微: 매우 가늘고 작음)이다. 넷째는 칠보로

이루어져서 진기하고 아름다우니 이것은 정미(精微: 깊고 오묘함)다. 앞의 두 가지는 이 세상의 것과 통하고 뒤의 두 가지는 저 나라에만 있다. 그러므로 '두 가지는 같고 두 가지는 다르다' 하였다.

두 번째 '묘'를 말한 것에 다시 열두 가지 뜻이 있으니, 네 가지는 같고 여덟 가지는 다르다. 첫째는 꽃이 피자마자 열매를 맺어 꽃이 떨어지기를 기다리지 않으니, 이것은 인과 과가 동시의 묘[因果同時妙]다. 둘째는 더러운 곳에 살지만 더럽지 않고 더럽지 않으나 더러운 곳에 사니, 이것은 더럽지도 않고 깨끗하지도 않은 묘[垢淨雙非妙]다. 셋째는 하나의 꽃이 두루 씨방을 둘러싸고 수많은 씨앗이 꽃 속에 나열하니, 이것은 전체와 차별이 함께 드러나는 묘[總別齊彰妙]다. 넷째는 낮에는 피고 밤에는 다무니, 이것은 숨고 나타나는 것이 편의에 따르는 묘[隱現隨宜妙]다. 다섯째는 큰 연꽃 속에 백천만억의 연꽃이 권속이 되니, 이것은 주인과 손이 서로 참예하는 묘[主伴相參妙]다. 여섯째는 상·중·하품에 각기 세 가지니 아홉이 되고 아홉과 아홉이 무량하여 숙세의 수행에 따라 서로 어긋나지 않으니, 이것은 낫고 못한 것이 분명한 묘[勝劣分明妙]다. 일곱째는 크기는 1유순부터 백천만억 유순에 이르는 것도 있으니, 이것은 작고 큰 것이 일정하지 않은 묘[小大無定妙]다. 여덟째는 봄에 나지 않고 가을에도 지지 않아 예로부터 늘 새로우니, 이것은 추위나 더위에 변하지 않는 묘[寒暑不遷妙]다. 아홉째는 붉은색, 자주색, 검은색, 노란색도 있고, 혹은 순백이기도 하며, 잡색에 잡광인 것도 또한 그러하니, 이것은 채색과 흰 것이 서로 빛나는 묘[彩素交輝妙]다. 열째는 저 국토에 왕생할 적에 능히 공중으로부터 이 세상에 내려와 이들을 맞이해 반드시 왕생케 하니, 이것은 움직이는 것과 고요한 것이 하나의 근원인 묘[動靜一源妙]다. 열한째는 제불보살이 그 가운데 결가부좌하고 염불중생이 그 속에 몸을 맡기니, 이것은 범부와 성인이 함께 이룬 묘[凡聖兼成妙]다. 열두째는 이 세상에서 염불하면 꽃에 이름을 표시하되 부지런하고 게으른 정도에 따라 꽃이 피고 마르는 것이 확연히 다르니, 이것은 명부에 감응하는 묘[感應冥符妙]다.

앞의 네 가지는 같고 뒤의 여덟 가지는 다름은 잘 알 수 있을 것이다.

세 번째 '향'을 말한 것은, 이 세상과 저 국토를 서로 비교하면 낮고 못한 것에 또한 두 가지 뜻이 있다. 첫째는 이 세상의 것은 더러운 진흙 속에서 나왔으니 더러운 것이 당연한데도 맑은 향기가 나니, 이것은 더러운 가운데 향기로운 것이다. 둘째는 저 국토는 『대본』에서 말한 것처럼, 광명과 색깔이 이미 기이하고 향기도 역시 기이하여 그 향기로움은 이루 말할 수가 없다. 그러므로 푸른 연꽃의 향기나 흰 연꽃의 향기는, 이 게를 외우는 자도 오히려 입에서 연꽃 향기가 나와서 어떤 향도 비교할 수 없이 일체 향기를 초월하니, 이것은 향기 가운데 향기이다. 그렇다면 이 세상의 연꽃 향기가 이미 다른 꽃보다 훌륭하지만, 저 나라의 연꽃 향기는 훌륭하고 또 훌륭한 줄 알 수 있다.

네 번째 '결'을 말한 것은, 이것과 저것이 낮고 못한 데 또한 두 가지 뜻이 있다. 첫째는 이 세상의 것은 더러운 진흙 속에서 나왔으니 더러운 것이 당연한데도 맑고 깨끗하니 이것은 더러운 가운데 청결한 것이요, 둘째는 저 나라의 것은 뿌리가 본래 금빛 모래에 묻혀있어서 더러운 흙과는 다르고, 공덕의 물에서 자라서 보통 물과는 다르며, 바탕이 미묘한 보배로 이루어져서 보통 꽃과는 다르므로 모든 청결한 것을 초월하여 어떤 청결한 것과도 비교할 수 없으니, 이것은 청결한 가운데 청결하고 수승하면서 또 수승하니, 위의 예로 잘 알 수 있을 것이다.

이상으로 가까운 것부터 대강 네 가지 덕을 표현했거니와, 만약 자세히 말한다면 당연히 한량없다.

문: 어떤 이가 하품하생은 철련화(鐵蓮華)에 태어난다고 했는데, 그것이 옳은 말일까요?

답: 부처님 말씀 가운데서 이런 말을 듣지 못했다. 위에서 밝힌 바와 같이 색깔은 네 가지 뿐이 아니고 일곱 가지 보배 꽃이 있다. 곧, 금련화는 황색에 속하고, 파리와 자거와 은연화는 백색에 속하며, 적주와 마노는 홍색에 속하고, 유리도 황색에 속한다. 이를 더 확대하여 살펴보면 제청련화(帝靑蓮華)는 청색에 속하고, 진주 등도 백색에 속한다. 이것을 종합하면 응당 철련화는 없는 것이 맞다. 철은 다섯 가지 금속 가운데 가장 못하기 때문이요, 철은 칠보에 속하지 않기 때문이다. 구품하생이라도 오히려 천궁보다 나은데, 천궁은 모두 보배로 이루어져서 철이 있다는 말을 듣지 못했다. 더욱이 서방에 어찌 이런 것이 있겠는가?

疏 또한 연꽃은 저 국토에 왕생할 때 몸을 의탁하는 장소니, 염불하는 사람은 이 점을 특히 잘 알아야 한다.

又蓮華者 往生彼國托質之所 念佛之人 特宜知此

鈔 '몸을 의탁한다'는 것은, 무생을 아직 깨닫지 못했으면 태어나면 반드시 의탁할 곳이 있게 마련이다. 육취중생은 중음의 몸이라 스스로 부모를 구하고, 왕생한 자는 잠깐 사이에 연꽃에 화생하니, 아래 문장에서 말한 '일심불란' 한 자가 곧 아미타불의 극락국토에 왕생하면 곧 이 연꽃 가운데 태어난다.

이 연꽃은 범부의 껍질을 벗어버리는 아늑한 궁전이며, 지혜의 목숨을 두는 신비한 집이니, 가서 태어나는 나라를 '연꽃 나라[蓮邦]'라 하고, 함께 닦는 벗을 '연꽃 모임[蓮社]'이라 하며, 염불하고 수행하는 기간을 '연꽃 시간[蓮漏]'이라 하고, 지향하는 종극을 '연꽃 종[蓮宗]'이라 하니, 그 일을 중요하게 여긴 것이다.

정토를 닦는 자는, 부처님께 예경할 때는 반드시 자신의 몸이 연꽃 가운데서 예를 올리고 있고 부처님이 연꽃 가운데서 나의 예경을 받고 있다고 생각하며, 염불할 때는 자신의 몸이 연꽃 가운데서 결가부좌하고 있고 부처님이 연꽃 속에서 나를 접인하신다고 생각한 후에 일심으로 부처님 명호를 부르라.

예전에 두 스님이 '연꽃이 피고 지는 생각[蓮華開合想]'을 하고도 마침내 왕생을 얻었는데, 더욱이 일심으로 부처님 명호를 부르고서 왕생하지 않은 자가 있으랴!

문: 이 경에서는 관상념(觀想念)을 겸하지 않았는데 지금 어찌하여 그런 말씀을 하신 것입니까?

답: 오로지 이것만을 중시하기 때문에 겸하여도 아무 상관없다. 예컨대 보살이 육바라밀을 행할 때 보시를 위주로 수행한다 하여 나머지는 닦지 않는 것이 아니고, 자신의 능력에 따르고 직분에 따를 뿐인 것과 같이, 지금 염불도 마찬가지다. 오로지 관상만을 닦는 자는 지명에 다소 힘을 덜 쓰고, 지명만을 닦는 자는 관상에 다소 소홀하여, 자신의 능력에 따르고 분수에 따른다는 뜻이다. 이른바 관상념을 겸하지 않는다는 것은, 혹시나 일심으로 부처님 명호만을 부르거나 또는 일심으로 관상념만 하면서, 마음에 두 가지 작용이 없을 뿐만 아니라 두 가지 일을 모두 행하며 가벼이 여기고 중히 여길 일을 구분하지 않아 모두 성취하지 못할까 두려워한 것일 뿐이다.

만약 근본과 보조의 뜻을 밝힌다면, 일심으로 부처님 명호를 부르는 것으로 근본을 삼고, 다소 힘을 덜 쓰는 것으로 보조를 삼으면 보조도 또한 근본으로 돌아가리니, 예컨대 불에 섶을 더하는 것과 같으니 무슨 문제가 있겠는가!

疏 이치에 맞게 말한다면, 자성의 청정 광명이 '연꽃'의 뜻이다.
稱理 則自性淸淨光明 是蓮華義

鈔 '청정'은 색깔을 표현했으니 자성에 조그만 더러움도 없기 때문이요, '광명'은 광명을 표현했으니 자성에 만법이 환하게 비치기 때문이다.

『불지론』에 "이와 같은 가색(假色)과 실색(實色)이 모두 부처님의 깨끗한 마음을 여의지 않는다." 했으니, 곧 이 청정한 마음이 능히 가·실의 색을 낼 수 있다.[53] 그러므로 경에 "푸른색 꽃에는 푸른 광명이요 노란색에는 노란 광명이며…"[54] 한 것은, 광명과 색이 둘이 아니요 고요함과 비춤이 서로 원융함을 말하였다.

또한 자성의 고요함[寂]은 꽃이 오므리는 뜻이요 자성의 비춤[照]은 꽃이 피는 뜻이니, 자성에 일체 선법을 구족한 것이 미·묘·향·결의 뜻이다.

그렇다면 육진 경계를 버리지 않고 보배 못에 목욕하지 않고도 항상 연꽃 속에서 경행하고 앉고 눕는다.

· · · · · · · · · ·

53 장(長)·단(短)·방(方)·원(圓)과 내지 빛과 그림자 등이 '가색'이니, 단(短)을 상대하여 장(長)이 되고 장(長)을 상대하여 단(短)이 되어 일정한 실체가 없기 때문이요, 청(青)·황(黃)·적(赤)·백(白) 등이 '실색'이니 청(青) 등을 쪼개어 극미(極微)에 이르더라도 색은 없어지지 않기 때문이다. 또한 '실색'은 안식(眼識)의 소연(所緣)이요, '가색'은 의식(意識)의 소연(所緣)이니, 물속에 비친 달이나 거울 속의 꽃 등과 같다. '모두 부처님의 정심(淨心)을 여의지 않는다' 한 것은, 부처님의 정심(淨心)은 가(假)도 아니고 실(實)도 아니어서 가(假)·실(實)의 색이 이 마음을 여의지 않기 때문이다. '곧 정심이 능히 가·실의 색을 드러 낸다' 한 것은, 이 마음이 가이고 실이면 능히 가·실의 색을 드러내지 못하기 때문이다.

54 '그러므로 경에' 한 아래는 이 경으로 귀결시켰다. '푸른색 꽃에는 푸른 광명이요…' 한 것에서 '푸른색' 등은 '실색'이요 '푸른 광명' 등은 '가색'이니, 이미 가·실의 색이 모두 부처님의 정심을 여의지 않는다면, 이 경에서 말한 광명과 색이 둘이 아니라는 것은 곧 '자성의 적(寂)·조(照) 쌍융(雙融)'이다.

④ 총결

[經] 사리불이여, 극락국토는 이와 같은 공덕을 성취하여 장엄하였느니라.

舍利弗 極樂國土 成就如是功德莊嚴

疏 위와 같은 난간과 그물과 줄지어 선 나무와, 연못과 누각과 연꽃 등 갖가지 장엄은 모두 아미타불이 인행 중에 발한 대원과, 발원한 후에 닦은 대행의 한없는 공덕으로 성취한 것이다.

『화엄경』의 원과 행도 또한 이 뜻과 같다.

如上欄網行樹 池閣蓮華 種種莊嚴 皆是阿彌陀佛因中所發大願 及願後所修大行 無量功德之所成就也 如華嚴中願行 亦同此意

鈔 원으로 행을 일으키고 행으로 원을 실천하니, 보살의 인지는 그렇게 하지 않은 적이 없다.

행이 충만하여 원이 이루어진 것을 '성취'라고 한다.

'인행 중'이란 법장 비구였을 때를 말하고, '원'이라 한 것은 그때 발원한 48원을 말한다. 어떤 원에는 "내가 부처가 되었을 때 나의 국토에 태어나는 자는 모두 칠보 연못의 연꽃에 화생하여지이다." 하고, 또 어떤 원에는 "내가 부처가 되었을 때, 나의 국토에는 땅에서부터 위로 허공에 이르기까지 모든 궁전이나 누각이나 연못이나 흐르는 물이나 꽃이나 나무가 모두 헤아릴 수 없는 보배와 백천 가지의 향이 결합하여 이루어지이다." 하며, 또한 "내가 만약 부처가 된다면 이 나라에 온갖 장엄구가 두루하되, 이것으로 법을 설해야 할 중생이 아무도 없어지이다." 하니, 이것이 대원이다.

'행'이라 한 것은, 『대본』에 "법장 비구가 세자재왕 부처님 처소에서 21억 불찰의 청정한 수행을 모아 저와 같이 수행하였다." 하고, 또 "법장 비구가 48원을 발하고 나서는 진실한 지혜에 의해 용맹정진하여 아승지겁토록 보살행을 수행하여 몸과 입과 마음을 단속하고 육바라밀을 수행하여 공·무상·무작을 깨달아 교화를 행하여, 한없는 중생에게 보리심을 발하도록 하였다." 하니, 이것이 '대행'을 말한 것이다.

'공덕'이란 이 행과 원을 공덕이라 하였다. 『대본』에 "이와 같이 공을 쌓고 덕을 늘려서 무량 천만억겁이 지나도록 수행하여 공덕이 원만히 구비하여, 비로소 이 원을 성취하고 부처님의 지위에 들어갔다." 하였다.

'화엄경의 원과 행'이란, 『화엄경』「화장세계품」에 "이 화장장엄세계해는 비로자나가 과거에 미진수 부처님 처소에서 미진수 대원을 닦아 청정히 장엄한 것이다[願]." 하고, 또한 아래에서 "보현보살의 지지(智地)의 행을 모두 성취하니, 모든 장엄이 모두 여기서부터 나왔느니라[行]." 하니, 법장 비구의 원과 행을 예하여도 또한 이와 같다.

疏 또한 '공덕'이란 무루 성공덕이다. 여기에 수승하고 열등한 것이 있는데 지금 이것은 수승한 공덕이기 때문이다.

又功德者 無漏性功德也 復有勝劣 今是勝功德故

鈔 '무루 공덕'이란, 초조가 "세상의 복을 짓고 닦는 것은 유루의 인이니 공덕이라 하지 못합니다." 하고, 또한 "공덕은 법신 중에 있습니다." 하였다. 여기서 말한 대행과 대원은 모두 자성의 무루 공덕이지 사변적인 인천 소과의 유루 인이 아니다.[55]

'수승하고 열등하다'는 것은, 성문과 보살부터 더 나아가서 불에 이르기까지 모두 공덕이 있으나 크고 작은 차이가 현격하다. 지금은 저 부처님이 인지에 한없는 원과 행을 닦아 성취한 것이라, 큰 공과 지극한 덕이 불가사의하니, 그러므로 수승하다고 하였다.

疏 문: 『금강반야경』에 "불토를 장엄한다는 것은 실로 장엄이 아니니, 이를 장엄이라 한다." 하였습니다. 그런데 지금은 의보와 정보를 널리 밝히고 있으니, 어찌하여 두 경의 뜻이 서로 어긋납니까?

답: 성(性)과 상(相)이 다르지 않으나, 종지를 삼는 바가 다르기 때문이다.

問 金剛般若 謂莊嚴佛土者 實非莊嚴 是名莊嚴 今乃廣陳依正 云何

....

55 초조가 처음에 양무제를 만나니, 무제가 묻기를 "과인은 수없이 절을 짓고 경을 썼으며 스님을 출가시켰습니다. 어떤 공덕이 있겠습니까?" 하니, 조(祖)가 "실로 아무 공덕도 없습니다. 이것은 단지 인천(人天) 소과(小果)요 유루인(有漏因)이니, 마치 그림자가 형체를 따르듯이 비록 있기는 하지만 진실이 아닙니다." 하였다. 무제가 "그렇다면 진실한 공덕이란 어떤 것입니까?" 하니, "청정한 지혜는 미묘·원만하고 본체는 공적(空寂)하니, 이와 같은 공덕은 세속의 것으로는 구할 수 없습니다." 하였다.

二經意義相背 答 性相不殊 所宗異故

鈔 '성과 상이 다르지 않다'는 것은, 성 전체로 상을 일으키고 상 전체가 성으로 돌아가니, 성과 상이 본래 두 가지 물건이 아니다. 그런데 경전마다 각기 종지가 있다. 저 경[『금강경』]은 무상으로 종지를 삼으므로 오직 제일의상(第一義相)만을 밝히고 형상을 취하지 않지만, 사실은 청정심 중에는 몸[정보]과 국토[의보]가 저절로 나타나니, 예컨대 거울을 닦아 먼지가 다하면 형상이 저절로 나타나는 것과 같다. 거기서 오로지 성만을 말한 것은 대개 상에 의해 성을 말한 것이지 상을 버리고 성을 취한 것이 아니다.

이 경[『아미타경』]에서는 정토에 왕생하는 것으로 종지를 삼았으므로 극락의 의보와 정보의 갖가지 장엄을 반복하여 밝혀서 기뻐하고 사모하는 마음을 일으키게 하였으나, 사실은 상이 본래 공하여 오직 마음[唯心]뿐이고, 오직 식[唯識]뿐이다. 이 경에서 널리 상을 밝힌 것은 대개 성에 의한 상이지 성을 여의고 상을 말한 것이 아니니, 문(門)은 각기 다르나 궁극적 경지는 같다. 그러므로 두 경의 뜻이 서로 어긋나지 않음을 알 수 있다.

疏 문: 하늘의 궁전과 정원도 보배로 장엄하였다고 하는데, 이 정토의 것과 어떻게 다릅니까?

답: 거칠고 미묘한 차이가 있다.

問 諸天宮殿園苑 亦以寶嚴 與此何別 答 麤妙異故

鈔 '거칠고 미묘하다'는 것은, 예컨대 세상의 주옥도 똑같이 보배라고는 하지만 질이 거칠고 미묘한 것이 있고 가치가 높고 낮은 것이 있다. 그러므로 하늘이 아래서부터 위로 올라갈수록 의보와 정보의 장엄이 거친 것으로부터 점차 미묘하여 수승하고 열등한 것이 까마득히 다르다. 더욱이 극락세계는 삼계를 초월했으니 어찌 보배로 장엄한 것 중에서 가장 수승하지 않겠는가?

경에 "전륜성왕에게도 32상이 있으나, 부처님에게는 미치지 못한다."한 것이 이 뜻이다.

疏 또한 이 공덕은 비록 부처님의 힘으로 성취한 것이기는 하지만, 또한 겸하여 중생으로 인하여 이루어진 것이기도 하다. 마음이 청정하면 국토가 청정하기 때문이다.

又此功德 雖佛力成就 亦兼繇衆生 以心淨土淨故

鈔 '또한 겸하여 중생으로 인하여 이루어졌다'는 것은, 『유마경』에 "직심(直心)이 보살의 정토니 보살이 성불할 때 사악하지 않은 중생이 그 국토에 와서 태어나며, 심심(深心)이 보살의 정토니 보살이 성불할 때 공덕을 갖춘 중생이 그 나라에 와서 태어나며, 그 밖에 만행도 모두 이와 같다."하니, 그러므로 이 세상에서 염불하면 저 국토에 연꽃이 피는 것이다.

그렇다면 극락의 갖가지 청정 장엄이 비록 저 부처님이 보살이었을 때 성취한 것이기는 하지만, 부지런히 정업을 닦은 중생과 함께 성취한 것이라 하여도 틀린 말은 아니다. 그러므로 "그 마음이 청정함에 따라 불토도 청정하다." 한 것이다.

疏 이치에 맞게 말한다면, 자성이 능히 만법을 내니 이것이 '장엄'의 뜻이다.

稱理 則自性能生萬法 是莊嚴義

鈔 육조 대사가 말하기를 "자성이 능히 만법을 내는 줄 어찌 상상이나 했으랴." 하고, 『화엄경』에 "일체법이 환과 같은 줄 아는 마음에서 일체 보배 방울과 그물이 나고, 집착 없는 선근과 남이 없는 선근에서 일체 보배 누각이 나며, 그 밖에 옷·일산·깃발·자리 등도 모두 그렇지 않음이 없다." 하고, 또 "이 화장장엄세계해 가운데 산이나 강이나 나무·수풀·먼지·털 등의 처소가 모두 진여법계와 합하여 한없는 덕을 갖추었다." 하니, 그러므로 정토는 오직 마음[唯心]뿐이라, 다시 바깥 경계가 없는 줄 알 수 있다.

(다) 하늘 음악이 연주되고 꽃비가 내리다

① 하늘 음악

【經】또한 사리불이여, 저 불국토에는 항상 하늘 음악이 연주되고

又舍利弗 彼佛國土 常作天樂

疏 위에서는 보배 연못을 말하였고, 여기서는 금으로 된 땅 위에 꽃과 음악[56]이 섞여 빛남을 말하였다.

'하늘 음악'이란 세상의 음악과 다르기 때문이요, '항상 연주된다'는 것은 쉼이 없기 때문이다.

上敍寶池 此談金地之上 華樂交輝也 天樂者 異世樂故 常作者 無間歇故

鈔 '세상 음악과 다르다'는 것은, 『대본』에 "제일 사천왕천과 여러 하늘 사람은 백천 가지 향기로운 꽃과 백천 가지 음악으로 부처님과 여러 보살과 성문 대중에게 공양하였다. 그때 제이 도리천왕과 욕계의 여러 하늘과 그 밖에 제칠 범천의 여러 하늘들이 향기로운 꽃과 음악으로 앞에서보다 배나 많이 공양하였다." 하고, 또 "또한 자연의 온갖 기악은 법음 아닌 것이 없으니, 맑고 화락하고 영롱하고 투명하며 미묘하고 오묘하고 밝고 우아하여 어떤 음성이든 능히 미치지 못하는 것들이었다." 하고, 『관경』에는 "수많은 하늘은 하늘 음악을 연주하니, 어떤 악기는 하늘 보배 깃발같이 허공에 매달려 두드리지 않아도 저절로 울리니, 이 하늘 사람들이 연주하는 음악은 인간에 있는 것이 아니다." 하니, 그러므로 '세상의 음악과 다르다' 하였다.[57]

....

56 여기서 '꽃'이란 하늘 꽃과 식물의 꽃이요, '음악'이란 하늘이 연주하는 것과 저절로 연주하는 것이다.

57 처음 『대본(大本)』은 여러 하늘이 연주하는 것을 인용하고, 다음은 허공이 스스로 연주함을 인용

81

'쉼이 없다'는 것은, 세상 음악은 사람이 필요하여 연주할 때가 있고 그칠 때가 있지만 하늘 음악은 저절로 울리니, 그러므로 '항상 연주된다' 하였다.

요즘 염불하는 사람이 임종하는 날 하늘 음악이 공중에서 맞이하는 것은 바로 정토에서 항상 하늘 음악을 연주하기 때문이다.

疏 이치에 맞게 말한다면, 자성에 온갖 덕이 화융[58]하니 이것이 '하늘 음악'의 뜻이다.

稱理 則自性萬德和融 是天樂義

鈔 자성의 여실공(如實空)은 한 티끌도 세우지 않고, 여실불공(如實不空)[59]은 온갖 덕이 뒤섞여 펼쳐지니, 골고루 섞여 잘 화합해 어그러지지 않고, 녹아 합하여 한 맛이어서 어그러짐이 없다.

인욕과 정진이 서로 낮고 높으니 피리는 울고 저는 연주하듯 하

하였으며, 세 번째는 『관경』을 인용하니 하늘이 연주하는 것과 저절로 연주하는 것을 둘 다 갖추었음을 말하고, '이 하늘 사람이' 한 아래는 세상 음악과 다르다는 것으로 결론지었다.

58 음악은 사람의 성정을 키워 주어, 사특하고 더러운 마음을 씻어 주고 그 찌꺼기를 없애니 이것이 화융(和融)의 뜻이다.

59 '여실공'과 '여실불공'은 『기신론』 진여문의 공여래장(空如來藏)과 불공여래장(不空如來藏)이다. 여(如)는 진여요 실(實)은 실상을 말하니, 여실공은 이 진여실상 가운데는 망염(妄染)이 공무(空無)함을 말하였지 여실이 스스로 공(空: 如實自空)함을 말한 것이 아니니, 이것은 여실의 공(空: 如實之空)이다. 불공에 두 가지 뜻이 있다. 첫째는 망(妄)이 자체가 없는 것과 다르기 때문이요, 둘째는 무루성(無漏性)의 공덕을 구족하였기 때문이다.

고, 지(止)와 관(觀)이 함께 정(定)과 혜(慧)를 이루니[60] 옥 경쇠소리와 금 종소리와 같으며, 자·비는 슬퍼할 뿐 마음 상하지 않고, 희·사는 즐거워할 뿐 넘치지 않으니,[61] 이와 같은 하늘 음악은 연주하지 않을 뿐만 아니라 또한 소리도 없어서, 우(羽) 소리가 고요하고 궁(宮) 소리 가 잠겼으나 하늘을 메아리치고 땅을 진동한다.

② 황금의 땅

【經】 황금으로 땅이 되니
黃金爲地

疏 이것은 앞을 뒤쫓아 뒤를 일으켰으니, 이를테면 극락세계는 위에는 하늘에서 음악이 연주되고 아래는 황금으로 그 땅을 장엄하 였으니, 이 황금 땅 위에 살면 귀로 하늘 음악을 들을 뿐만 아니라, 또한 눈으로 하늘 꽃도 본다.

. . . .

60 '지'와 '관'은 인(因)이요 '정'과 '혜'는 과(果)다. '지'는 흩어진 것을 그치는 것이니 그침이 오래되면 '정'을 이루고, '관'은 그 어두운 것을 관하는 것이니, '관'함이 오래되면 '혜'를 이룬다.

61 '자·비·희·사'는 중생에게 베푸는 네 가지 한없는 마음이다. '자'는 중생에게 즐거움을 주는 것이 요, '비'는 중생의 고통을 뽑아주는 것이요, '희'는 중생의 이고득락을 기뻐하는 것이요, '사'는 한 법도 집착하지 않고 온갖 인연을 모두 버리는 것이다. 지금 이 자비는 무연(無緣) 자비이지 애견(愛見)의 자 비가 아니요, 희사는 성덕(性德)의 희사이지 정식(情識)의 희사가 아니니, 어찌 마음 상하고 넘칠 것이 있겠는가!

'황금'이란, 유리 땅 위에 사이사이 황금으로 장엄하였음을 말하였다. 그러나 또한 여러 가지 보배가 일정하지 않다.

此躡前起後 謂極樂世界 上則樂作於天 下則金嚴其地 而居此黃金地上 不獨耳聞天樂 亦且眼見天華也 黃金者 謂瑠璃地上 間以黃金 然亦衆寶無定

鈔 '사이사이 황금으로 장엄했다'는 것은, 『관경』에 "유리 땅을 보니 안팎이 환히 비치어 아래는 금강과 칠보의 금당(金幢: 불전에 장식으로 매달아 둔 기)이 유리 땅을 떠받쳤다. 그 금당은 여덟 모가 났는데 낱낱 모마다 백 가지 보배로 이루어졌으며, 낱낱 보배 구슬은 천 개의 광명을 놓고, 낱낱 광명에는 팔만사천의 색깔이 있어서 유리 땅을 비치니 이것은 마치 억천 개의 해와 같다. 유리 땅 위에는 황금의 줄로 얼기설기 칸을 지어 칠보 경계가 분명히 구분되어 있다." 하니, 이에 의하면 땅은 본래 유리인데 땅 위의 장엄이 황금으로 되어 있다는 것이다.[62]

『대본』에 "저 국토는 자연의 칠보로 이루어져서 체성이 온유한데, 띄엄띄엄 간격을 두어 순수하게 하나의 보배로 땅이 된 것도 있다. 그 광명과 색깔이 황홀하여 시방을 초월하고 넓고 광활하여 끝이 없다. 땅은 모두 평탄하여 수미산이나 여러 산이나 바다나 구덩이나 못

· · · · · · · · · ·

62 '아래는 금강과…' 한 것은 땅 아래의 장엄을 밝혔고, '유리의 땅 위에는…' 한 것은 땅 위의 장엄을 밝혔다.

이나 골짜기 같은 어두운 곳이 없다." 하니, 이에 의하면 전적으로 황금으로 땅이 되기도 하였다. 그것은 저 국토가 광대하여 한쪽 구석에만 그치는 것이 아니기 때문이다.

'황금'이나 '유리'는 우선 한 가지나 두 가지 보배를 들어 말한 것이니, 여러 가지 보배로 만들어진 것도 끝이 없음이 당연하다.

疏 이치에 맞게 말한다면, 자성이 진여 평등하니 이것이 '황금 땅'의 뜻이다.

稱理 則自性眞如平等 是金地義

鈔 '진여'는 섞임도 없고 더러움도 없으며 변함도 없고 옮김도 없어서 만겁을 지나도 항상 새롭고, '평등'은 더함도 없고 감함도 없으며 높지도 않고 낮지도 않아서 모든 성인이 함께 밟는 곳이다.

비사여래가 "마음의 땅이 평평하면 반드시 세계가 평평하리라."[63] 하고, 사리불은 "마음에 높고 낮음이 있어서 구릉이나 구덩이를 본다."[64] 한 것이 이것이다.

. . . .

63 『능엄경』에 "지지보살은 보광불 때는 비구가 되어 도로를 평평하게 고쳤는데, 비사여래 때는 국왕이 되어 재를 열어 부처님을 모셨다. 그때 보살이 땅을 평평하게 고쳐 부처님을 모시니, 부처님이 그의 머리를 어루만지며 '마음의 땅을 평평하게 하면 반드시 세계의 땅이 모두 평평하리라.'" 하였다.

64 『유마경』에 "사리불이 말하기를 '나는 흙과 돌로 된 산을 모두 더러운 것이 가득한 것으로 보노라' 하니, 나계범왕이 '인자여! 마음에 높고 낮은 것이 있고 부처님의 지혜에 의지하지 않기 때문에 이 국토가 깨끗하지 않음을 볼 뿐입니다' 하고 말하였다. 그때 부처님이 발가락으로 땅을 누르니 금방 대천세

그러므로 사람이 걸어가는 곳마다 황금이니, 어찌 여래가 발가락으로 땅을 누르기를 기다리겠는가?

③ 꽃비가 내리다
㉮ 하늘에서 미묘한 꽃비가 내리다

【經】밤낮으로 끊임없이 하늘 만다라꽃이 내리느니라.

晝夜六時 雨天曼陀羅華

疏 이 황금 땅 위에 항상 하늘 꽃이 내린다는 것을 말하였다.

저기에는 수미산이나 해와 달이 없는데 밤낮을 말한 것은, 꽃이 피고 지고 새가 울고 깃들이는 것으로 시간을 정하였다. 여산의 연꽃시계[蓮漏]는 아마 이런 뜻을 모방한 것이다.

言此黃金地上 常雨天華也 彼無須彌日月 而言六時者 以華鳥爲候也 盧山蓮漏 蓋倣此意

鈔 이 세상의 해와 달이 돌며 수미산을 에워싸 밤낮을 나눈다. 남섬부주는 꼭 수미산의 남쪽에 해당하니 낮은 동주의 반에서 시작하여 남주를 지나 서주의 반에서 마치며, 밤은 서주의 반에서 시작하

· · · · · · · · · ·
계가 진기한 보물로 장엄하였다.” 하였다.

여 북주를 지나 동주의 반에서 마치는 것과 같다.[65]

십이지에 배대하면, 육시(六時: 하루를 12시각으로 정했을 때, 밤과 낮을 구분하여 말할 때 쓰는 말)는 낮이 되고 육시는 밤이 되어 하루가 된다.

저 나라에는 수미산도 없고 한 해와 달도 없지만 항상 밝고 어둡지 않아서 밤낮을 나눌 수가 없다. 오직 꽃이 피고 새가 우는 것으로 낮을 삼고 꽃이 지고 새가 깃들이는 것으로 밤을 삼을 뿐이다.

그러나 해와 달이 있고 없는 것은 여러 본이 같지 않다. 한역(『무량평등청정각경』, 후한 지루가참 역)에는 "해와 달이 공중에 떠 있다." 하고, 오역(『아미타경』, 오 지겸 역)은 한역과 같고, 왕씨(왕일휴)는 "공중에 떠 있지만 오고 가지 않는다." 하고, 조위(曹魏: 『무량수경』, 조위 강승개 역)에서는 있고 없는 것을 말하지 않았고, 원위(元魏: 『무량수여래회』, 원위 보리유지 역)와 송(『불설대아미타경』, 송 왕일휴)은 바로 "없다." 하였다. 이것을 화회하면, 해와 달이 있기는 하지만 부처님과 성중이 광명을 가리니 없는 것이나 마찬가지다.

그런데 이치적으로 살펴보면 없다는 것이 옳다. 왜냐하면 도리천 이상만 해도 오히려 해와 달을 빌려 광명을 삼지 않는데, 더욱이 극락이겠는가? 혹시 한역의 '일월(日月)' 위에 '무유(無有)' 두 자가 빠진 것이 아닌지 모르겠다. 고명한 분들이 다시 살펴봐 주시기 바란다.

· · · · · · · · · ·

65 '낮은 동주(東洲)의 반에서 시작하여…' 한 여섯 구절은 해가 도는 것을 말했으니, 고인이 "남섬부주에 해가 정오에 오면 북구로주에서는 삼고(三鼓)를 치고 동승신주에서는 해가 해질녘이 되고 서우화주는 문을 연다." 한 것이 이것이다.

'연꽃 시계'란, 혜원 조사께서 여산에서 대중을 모아 염불회를 만들었을 적에, 나무를 깎아 연꽃을 만들고 열두 개의 연잎을 달아 샘물을 끌어 못으로 흘러 들어가게 하여, 한 시간이 지날 때마다 물이 이파리 하나를 치게 하여 밤낮 육시를 정하였다. 이 연꽃 시계에 의해 밤낮 육시 동안 염불수행을 그치지 않으니, 그 모임에 참석한 여러 어진이들 가운데 왕생한 이들이 매우 많았다.

요즘 사람들이 육시 동안 정업을 닦는 것은 혜원 조사에게서 비롯되었고, 혜원 조사가 연꽃 시계를 만든 것은 이것을 본뜬 것이다.

疏 '만다라'는 하늘 꽃 이름이니, 우리말로 '마음에 맞다'라고 하고, 또는 '흰 꽃'이라고도 한다.

'하늘에서 꽃비가 내렸다'는 것은 도덕을 찬탄하였으니, 수보리와 제석의 일과 같다.

曼陀羅 天華名也 此云適意 又云白華 天雨者 讚歎道德 如空生帝釋事

鈔 '흰 꽃'이란, 하늘 꽃에는 여러 가지가 있으니 만수사(曼殊沙: 梵語 mañjūṣaka, 巴利語 mañjūsaka)[66]는 '붉은 꽃'이라고 하는 것과 같다. 지금 '흰 꽃'이라고만 한 것은 문장이 생략된 것이다. 또는 서방은 금(金)에 속하므로 깨끗한 업[白業]의 뜻을 취하였다.

. . . .

66 네 가지 하늘 꽃 가운데 하나이다. 유연화(柔軟華)·백원화(白圓華)·여의화(如意華)라고도 한다.

'마음에 맞다'는 것은, 하늘 꽃은 미묘하고 아름다워 사람의 마음을 기쁘게 한다. 『대본』에 "모든 하늘이 천상의 백천 가지 꽃향기를 싸가지고 와서 저 부처님과 여러 보살과 성문 대중에게 공양하였다." 한 것이 이것이다.

'찬탄'이란, 세상 사람이 선행을 하여도 하늘이 기뻐하는 법인데, 더욱이 저 나라에 여래와 보살과 어질고 성스러운 상선인들이 모인 회상을 꽃비를 내려 찬탄하는 일이랴. 이것은 이치에 으레 그럴 수 있는 일이다.

'수보리와 제석과 같다'는 것은, 수보리가 고요히 앉아 있노라니 제석이 꽃을 흩었다. 수보리가 물었다. "공중에서 꽃을 흩는 자는 누구인가?" "저는 천제입니다. 존자께서 반야를 잘 설하시기 때문입니다." 하였다.

이로써 정토에 왕생하는 대중이 일심불란하면 모든 망념이 일어나지 않고 만법이 공적하다는 것을 알 수 있으니, 반야를 잘 설하면 여러 하늘을 감동케 하리라는 것을 어찌 의심하겠는가!

疏 또한 꽃에는 두 종류가 있으니, 첫째는 하늘 꽃이요, 둘째는 수목 꽃이다. 여기서 '하늘 꽃'이라 한 것은 하늘로 수목을 섭수하였다.
又華有二種 一者天華 二者樹華 今是天華 以天攝樹故

鈔 '하늘 꽃'은 하늘에서 내려오기 때문에 붙인 이름이니, 뜻은 앞에서 해석한 것과 같다. '수목 꽃'은, 『대본』에 "사방에서 자연 바람

이 불어오면 오백 가지 음성이 들려오는데, 여러 가지 수목 꽃에 불면 꽃에서 기이한 향기가 풍겨 바람에 따라 사방으로 흩어져 여러 보살과 성문 대중에게 끼치고, 땅에 떨어진 꽃은 네 치만큼이나 두텁게 쌓여 눈이 닿는 데까지 밝고 아름다워 그 향기는 무엇과도 비교할 수 없으며, 작고 마른 것[67]은 자연의 난풍이 불어 가져가 버린다." 하니, 이를 보면 저 국토에는 수목의 꽃도 있다는 것을 알 수 있다. 그러므로 '하늘로 수목을 섭수하였다' 하였다.

疏 이치에 맞게 말한다면, 자성이 개각(開覺)하니 이것이 '꽃'의 뜻이다.

稱理 則自性開覺 是華義

鈔 자성이 미혹에 있는 것은 마치 꽃이 오므라든 것과 같고, 자성을 홀연히 깨달은 것은 꽃이 활짝 핀 것과 같다.

또한 미묘한 색깔이 빛나 그리지 않아도 이루어졌고, 미묘한 향기가 향기로워 가지 않아도 이르며, 꽃비가 허공에서 내려와서 심지 않아도 나고 꺾지 않아도 얻으니, 자성이 신령하고 통달한 것도 이와 같다.

· · · · · · · · · ·

67 어떤 이가 묻기를 "극락에 있는 꽃나무는 모두 칠보로 이루어져 봄이라 하여 피어나는 것이 아니고 가을이라 하여 마르지 않는데, 지금 마른다 한 것은 어떤 의미인가?" 하였다. 여기에는 두 가지 뜻이 있다. 첫째는 이 세상을 따랐기 때문이요, 둘째는 법을 표현했기 때문이다. 꽃은 보살의 인행(因行)을 표현하니, 조금 게으른 것은 마치 꽃이 조금 마르면 반야의 바람이 불어 그 게으름을 제거하는 것과 같고, 더욱 더 정진하는 것은 마치 마른 꽃을 제거하고 다시 새롭고 아름다운 꽃비가 내리는 것과 같다.

⑭ 이것으로 부처님께 공양하다

【經】 그 국토 중생들은 언제나 이른 새벽마다 각기 바구니에 여러 가지 미묘한 꽃을 담아 다른 세계의 십만억[68] 부처님께 공양하고, 밥 때가 되면 본국으로 돌아와

其土衆生 常以淸旦 各以衣裓 盛衆妙華 供養他方十萬億佛 卽以食時 還到本國

疏 여기서는 하늘에서 내린 꽃을 중생들이 가지고 부처님께 공양함을 말하였다.

'중생'이란 부처님을 제외하고 말한 것이다. '이른 새벽'이란 육시(六時) 가운데 하나다. '바구니[衣裓]'란 꽃을 담는 그릇이다. 공양을 마치고 나라로 돌아와도 아직 밥 먹을 때인 것은 신족통이 있기 때문이다.

此言天所雨華 衆生持取供佛也 衆生者 除佛而言也 淸旦者 六時之一也 衣裓者 盛華之器也 供畢還國 猶在食時 以神足故

鈔 '부처님은 제외하였다'는 것은, 오직 부처님 한 분만을 대각이라 부르고, 보살 이하 저 국토에 왕생하는 초심범부까지는 모두 중생

. . . .

68 앞의 경문에 "십만억 불토를 지나…" 하더니, 지금 경문에도 역시 "타방의 십만억 부처님께 공양하고…" 하니, 곧 '십만억'이란 지극히 많은 수를 표현했음을 알 수 있다. 『화엄경』에서 '십(十)'으로써 무진을 표현한 것과 같다 하겠다.

이라 하니, 중생과 부처님이 확실히 다르기 때문이다.

'육시 가운데 하나'란, 새벽은 낮 중에 가장 이른 시간이니, 새벽에 부처님께 공양한 것은 지극한 공경을 표현한 것이다. 또한 새벽은 밤 기운이 청명할 때라, 맑은 새벽에 부처님께 공양한 것은 마음이 깨끗함을 말한 것이다.

저 나라 중생은 비록 밤과 낮이 일심(一心)이라 참으로 맑고 탁함이 없으나, 아직 불지에 오르지 못한지라 무명이 있으므로 어떤 일에 부딪치기만 하면 인연에 휩쓸려 조그만 동요가 없지 않다. 그래서 이른 새벽을 '깨끗하고 맑은 마음'이라 말하기도 하고, 이 세상의 관례에 따라 '맑은 새벽'이라 말하기도 한다.

'언제나[常]'란, 늘 그렇게 하여 피곤해 하거나 싫어하지 않기 때문이다. '각기'란, 사람마다 모두 그렇게 하여 부지런하거나 게으름이 없기 때문이다.

'꽃을 담는 그릇[衣裓]'이란, 진제 삼장은 "외국에서 꽃을 담는 그릇을 '의극(衣裓)'이라 한다." 하였다. 어떤 이는 "의금(衣襟: 저고리 앞자락)이니, '옷에 꽃을 담는다'는 뜻으로 말한 것이다." 하기도 하였다.

'다른 세계[他方]'란, '본국으로부터 다른 세계로 가서…' 한 것이니, 본국을 말하지 않은 것은 문장이 생략된 것이다.

'십만억불'은 한 부처님이 하나의 삼천대천 국토를 교화하니, 넓고 먼 것을 말하였다.

'밥 먹을 때'는 새벽 밥 먹을 때니, 이른 새벽부터 새벽 밥 먹을 때까지는 매우 짧은 시간이다. 이처럼 지극히 짧은 시간에 수많은 부처님께 공양했다는 것은 매우 신속함을 말한 것이다.『대본』에 "여러 대보살들이 부처님의 위신력을 받아 밥 먹을 순간의 짧은 시간에 두루 시방의 한없는 세계에 이르러 수많은 부처님께 공양하되, 꽃과 향과 음악과 옷과 일산과 깃발 등의 무수한 공양구로써 공양하니라. 만약 꽃을 바치고 싶으면 공중에서 꽃 일산으로 변화하니 둘레가 40리부터 6백 리나 8백 리에 이르는 것도 있어서 제각기 크기에 따라 공중에 머물러 모양이 모두 아래로 향하여 공양하니라. 또한 미묘한 음성으로 부처님의 덕을 노래해 찬탄하고, 부처님으로부터 경법을 듣고, 공양하고 나서는 홀연히 가볍게 날아 본국으로 돌아오니, 아직 밥 먹을 때도 되지 않았느니라." 하니, 이것에 의하면 갖가지 공양구가 있고, 또한 꽃이 변하여 일산이 되기도 하고, 또 공양을 마치고는 법을 듣기도 하니, 지금 꽃으로 공양하는 것만을 말한 것은 모두 문장이 생략된 것이다.

'신족통'이란,『대본』에 법장 비구가 "내가 부처가 될 때는 나의 국토 사람들은 모두 신족통을 얻어 한순간에 백천만억 나유타 세계를 지나가기를 원하나이다." 하고, 또 "숙명통을 얻어지이다." "천안통을 얻어지이다." "천이통을 얻어지이다." "타심통을 얻어지이다." 하니, 곧 저 나라에 왕생하는 자는 육신통이 자재하여 비행에만 그치지 않는다는 것을 알 수 있다. 지금 이런 것을 말하지 않은 것은 또한 문장이 생략된 것이다.

疏 이를 보면 신족통은 주위(住位)나 행위(行位) 보살이 가지고 있

는 것이다. 『화엄경』에서 설한 것과 같다.

按此神足 住位行位菩薩所有 如華嚴中說

鈔 『화엄경』에 "팔주보살(八住菩薩)은 한순간에 무수한 세계를 유행(遊行: 두루 교화함. 법을 설하여 교화함)한다." 하고, 또 「십행송(十行頌)」에 "부처님의 세계는 끝이 없고 수가 없는데, 한없는 부처님이 그 가운데 계시네. 보살이 부처님 앞에 모두 나타나, 가깝게 공양하여 존중하는 마음을 내네." 하였으니, 그렇다면 지금의 신족통이 어찌 쉽게 미치겠는가?

문: 이것은 세 가지 의생신(意生身)[69] 중에 어디에 속합니까?

답: 『능가경』의 세 가지 중에 일부분 성문과 보살 대성에 속한다. 곧 저 나라에 왕생하는 자는 그들의 수행에 따라 각기 깨달은 것이 있다. 구품(九品)의 예와 같다.

疏 이치에 맞게 말한다면, 자성이 스스로 장엄하니 이것이 '꽃을 담아 공양' 한 뜻이요, 자성이 스스로 두루하니 이것이 '십만억불'의 뜻이며, 자성이 스스로 공하니 이것이 '밥 먹을 때 돌아온' 뜻이요, 자

· · · · · · · · · ·

69 '세 가지 의생신은 첫째는 삼매의 즐거움에 드는 의생신이니 성문에 속하고, 둘째는 법의 자성성(自性性)을 깨달은 의생신이니 보살에 속하고, 셋째는 종류에 모두 태어나되 행작(行作)이 없는 의생신이니 불에 속한다. '의생'이라 말한 것은 의거(意去: 마음먹은 대로 가다)와 같이 걸림 없이 빠름을 비유하였다.

성이 스스로 주하니 이것이 '본국'의 뜻이다.[70]

稱理 則自性自嚴 是盛華供養義 自性自徧 是十萬億佛義
是食時還義 自性自空 是食時還義 自性自住 是本國義

鈔 '스스로 장엄한다'는 것은, 마음은 본래 만덕을 갖추어서 도리어 만덕으로 마음을 장엄하니, 덕을 덕이라 할 것이 없고 장엄을 장엄이라 할 것이 없는 것이 진정한 공양이다. 『사익경』에 "누가 능히 부처님에게 공양할 수 있는가? 무생을 통달한 자다." 하고, 『보우경』에는 "이치와 같이 사유하는 것이 곧 여래에게 공양하는 것이다." 하였다.[71]

'스스로 두루한다'는 것은 마음이 일체 처소에 두루하는 것을 말하니, 곧 '모든 이를 받들고 섬겨 그냥 지나치는 자가 없다'는 것이다. 그러므로 『유마경』에 "앞도 없고 뒤도 없이 한꺼번에 공양한다." 하였다.

'스스로 공하다'는 것은, 심체가 본래 공하여 오고 감이 공무(空無)하

. . . .

70 부처님의 진법신은 마치 허공과 같으니 누가 공양을 받으리오. 그러므로 자성이 스스로 장엄한 것이 꽃을 담아 공양한 뜻이다. 법신은 무위(無爲)여서 제수(諸數)에 떨어지지 않으니 어찌 십만억을 말하리오. 그러므로 자성이 스스로 두루한 것이 십만억의 뜻이다. 심체(心體)가 부동(不動)하여 본래 오고 감이 끊어졌으니 어찌 때가 되어 돌아옴을 말하겠는가? 그러므로 자성이 스스로 공한 것이 밥 먹을 때 돌아온다는 뜻이다. 심체가 두루하여 본래 상대가 없으니 어찌 본국을 말하겠는가? 그러므로 자성이 스스로 주(住)한 것이 본국의 뜻이다.

71 『유마경』 선덕 장자의 말에, "나의 옛적 일을 생각해 보니, 아버지 집에서부터 큰 보시 모임을 베풀어 모든 이에게 공양하였노라. 기한이 7일이 다 되어 유마힐이 그 모임에 와서 나에게 말하기를 '장자여! 큰 보시 모임이란 그대가 하는 것과 같이 해서는 안 되고, 반드시 법시 모임을 해야 하오. 어찌 재시 모임을 한단 말이오' 하였다. 그때 내가 거사에게 말하기를 '법시 모임이란 어떤 것입니까?' 하니, 유마 거사가 '법시 모임이란 앞도 없고 뒤도 없이 한꺼번에 공양하는 것이오' 하였다." 하였다.

다. 그러므로 밥 먹을 때가 되어 돌아왔다는 것은 애오라지 이 세상에서 산을 넘고 물을 건너 여러 곳을 돌아다니는 것에 상대하여 말한 것일 뿐, 사실은 찰나 사이에 제 나라로 돌아온 것에 지나지 않는다.

'스스로 주한다'는 것은, 심원이 고요하여 항상 주하고 변하지 않으니, 이것이 사람들의 고향이고 몸과 목숨이 편안히 머물 수 있는 곳이다. 『금강경』에 "본처로 돌아왔다." 한 것이 곧 이 경에서 말한 '본국으로 돌아왔다'는 것이니, 이것은 근본에 힘씀을 말한 것이다.[72]

㉔ 공양하고 나서는 유유자적하다

[經] 밥을 먹고는 경행하느니라.
　飯食經行

疏　위의 '밥 먹을 때'를 이었기 때문에 다음에 밥 먹는 일을 말한 것이다.

'경행'이란 순환(한 차례 돌아서 다시 처음 자리로 돌아옴)하여 끊이지 않는다는 뜻이니, 돌아와 밥을 먹고, 밥 먹고 나서는 거닐고 배회하며 유유자적하는 것이다.

· · · · · · · · · ·

72　만법이 진실이 아님을 깨닫고 본원이 하나의 이치임을 통달하여, 생멸의 허망한 생각을 다하고 상주 진심을 알아 근본에 돌아가고 근원에 돌아오는 것이 진정으로 근본에 힘쓰는 것이다.

承上食時 故次言食 經行者 循環不斷義 返已而食 食已而行 彷徉
自適也

鈔 '밥을 먹고는…' 한 것은, 『대본』에 "모든 왕생한 자는 밥 먹을 때, 은 그릇 금 그릇과 갖가지 보배 그릇이 마음에 맞는 대로 앞에 나타나고, 온갖 맛있는 음식이 그 가운데 충만하여 시고 짜고 달고 싱거운 맛이 각기 원하는 대로 되어 남지도 않고 모자라지도 않으며, 맛이 있다고 하여 너무 많이 먹지도 않고, 먹고 나서는 저절로 소화되어 남은 찌꺼기가 없느니라. 혹 색깔을 보거나 향기를 맡으며 마음 속으로 이것을 먹었으면 하고 생각하면 자연히 배가 부르고, 맛에 집착이 없어 몸과 마음이 가벼우며, 음식을 먹고 나면 사라졌다가 때가 되면 다시 나타나느니라." 하였다.

'순환'이란, 마치 날줄이 씨줄을 꿴 것같이 왕래가 끊이지 않는 모양이다.

'밥 먹고 거닌다'는 것은, 하나는 몸을 조절하여 막힘이 없게 하고, 하나는 마음을 조절하여 게으름이 없게 한다.

'배회한다'는 것은, 한가로이 스스로 만족한다는 뜻이다. 세상 사람들은 밥을 먹고 나서 잡무에 분주하지 않으면 잠에 빠지지만, 저 나라에서 밥을 먹고 경행하는 것은 해탈의 풍모니, 조용히 거니는 모습을 상상할 수 있겠다.

疏 오직 밥 먹는 것만을 말하고 옷 등은 언급하지 않았으며, 경

행만을 말하고 앉는 것 등을 언급하지 않은 것도 문장이 생략되었기 때문이다.

唯言飯食 不及衣等 唯言經行 不及坐等 亦文省故

鈔 '옷'이란, 『대본』 법장 비구 원에 "내가 부처가 되었을 때, 내 나라 사람들이 입고 싶은 의복이 생각하는 대로 이르고, 옷을 만들거나 꿰매거나 다듬이질 하거나 빨지 않으며, 또한 한없이 미묘한 의복과 보배 관과 옥팔찌와 영락 귀걸이와 꽃 목걸이와 허리띠 등 보배로 장엄한 백천 가지 미묘한 빛깔이 자연히 몸에 있어지이다." 하며, 또한 "생각대로 되는 한없이 미묘한 바르는 향과 가루 향의 향기가 널리 저 불국세계에 풍겨지이다." 하니, 그러므로 옷을 말하지 않았으나 밥으로 옷과 일체 생활도구를 섭수하였다.

'앉는 것을 언급하지 않았다'는 것은, 경에는 네 가지 삼매를 나열했으니, 첫째는 항상 걸어 다니는 것, 둘째는 항상 앉아 있는 것, 셋째는 반쯤 걷고 반쯤 앉는 것, 넷째는 걷지도 않고 앉지도 않는 것이니,[73] 이 문장에서는 오직 맨 앞에 것만 말하였다. 그러나 두 부 경에

· · · · · · · · · ·

73 '네 가지 삼매에, 첫째 항상 걷는 것'이란 『반주삼매경』에서 나왔으니, 또는 불립삼매(佛立三昧)라고도 한다. 이것을 성취할 때는 시방(十方) 부처님이 공중에 서 있는 것을 보니, 90일로 일기(一期)를 삼는다. 둘째 항상 앉아 있는 것이란 『문수사리소설마하반야바라밀경』에서 나왔으니, 일행삼매라고도 한다. 오직 법계만을 전념하기 때문이다. 이것도 역시 90일로 일기(一期)를 삼는다. 셋째 반쯤 걷고 반쯤 앉는 것이란 『법화경』과 『방등경』 두 경에서 나왔으니, 『법화경』에서는 21일로 일기(一期)를 삼고 『방등경』에서는 시간을 정하지 않았다. 넷째 걷지도 않고 앉지도 않는다 한 것은 또한 '자신의 생각에 따른다[隨自意]'라고도 하니, 마음을 내면 곧 관(觀)하기 때문이다. 이것을 수행하는 방법은 『청관음(請

서 모두 "왕생하는 자는 연꽃 속에 앉아 있다." 하고, 『반주삼매』에서는 서 있는 것을 말하기도 하였다. 걷는 것으로 앉는 것과 네 가지 동작을 모두 섭수했음을 알 수 있다.

疏 이치에 맞게 말한다면, 자성의 상정(常定)이 '밥을 먹었다'는 뜻이요, 자성의 상혜(常慧)[74]가 '경행'의 뜻이다.

稱理 則自性常定 是飯食義 自性常慧 是經行義

鈔 선열(禪悅)로 밥을 삼으므로 정(定)에 밥의 뜻이 있고, 지(智)가 능히 옮기므로 혜(慧)에 경행의 뜻이 있다. 『논송』에 "불법의 맛을 사랑하고 즐거워하여 선삼매(禪三昧)로 밥을 삼네." 하고, 『불지론』에 "정토 가운데 여러 불보살이 대승의 법미를 잘 설하시고 잘 들으시네." 한 것과 같다. 또한 정체지(正體智: 根本智)가 진여의 맛을 받아 능히 몸과 목숨을 부지하여 끊어지거나 흩어지지 않게 하고 만법을 기르기 때문에 '밥'이라 한 것이다.

또한 『아함경』이나 『유식』 등에서 세상을 벗어나는 다섯 가지 음식을 설하니, 첫째는 선열이요, 둘째는 원(願)이요, 셋째는 염(念)이요, 넷째는 해탈이요, 다섯째는 법이다. 이를테면 선정이 정신을 도와 편안

. . . .

觀音』등 여러 경전에서 나왔으니, 네 가지 거동이나 일할 때나 공사 간에 매우 바쁠 때라도 아무 상관없이 수행할 수 있다.

74 심지에 산란이 없는 것이 '자성정'이요, 심지에 어리석음이 없는 것을 '자성혜'라 한다.

하고 기쁘게 하므로 밥의 뜻이 되고, 원의 힘으로 법을 지키고 법신을 키우므로 밥의 뜻이 되며, 염의 힘으로 잘 기억하여 성인의 도가 눈앞에 나타나므로 밥의 뜻이 되고, 해탈이 장애를 없애고 편안히 이익을 주므로 밥의 뜻이 되며, 법희가 마음에 충만하면 큰 기쁨과 즐거움이 되므로 음식의 뜻이 된다. 여기서는 정(定)만을 말했으나 한 가지를 들어 네 가지를 겸했으니, 선정 중에 포함되지 않는 것이 없기 때문이다.

『유마경』에 "대승의 뜻을 내기 전에 이 밥을 먹는 자는 대승의 뜻을 내어야만 소화가 되고, 이미 뜻을 낸 자는 무생법인을 얻어야만 소화가 되며, 법인을 얻은 자는 일생보처에 이르러야만 소화가 된다." 하고, 『화엄경』에 구족우바이가 "일생보처보살로서 나의 밥을 먹는 자는 모두 보리수 아래에서 등정각을 이루리라."[75] 하니, 모두 자성진여의 다함없는 진리로 밥을 삼은 것이다.

'경행'이란, 『지세경』에 "여래가 가시는 곳은 그 장소가 없으니, 가시는 곳이 없는 것이 진정한 지혜이다." 하였다. 그러므로 숟가락을 들고 젓가락을 놓는 입마다 그곳을 여의지 않았고, 발을 들고 몸을 움직이는 걸음마다 그곳을 밟나니, 어찌 머리를 숙이고 밥을 먹으며 헛되이 일생을 보내고, 물을 구경하고 산을 보며 부질없이 만 리를 달리겠는가!

....

75 '아직 대승의 뜻을 발하지 않은 자'는 아직 정정취(正定聚)에 들어가지 않은 중생이니 신심을 수행하는 자요, '이미 뜻을 발한 자'는 신성취발심(信成就發心) 이후의 삼현보살이요, '무생법인을 얻은 자'는 증발심(證發心)의 십신보살이요, '일생보처'는 등각이다. '이 밥을 먹은 자는 모두 진여의 이치를 먹는 것으로 밥을 삼는 것이다.

④ 전체적으로 결론짓다

【經】 사리불이여, 극락국토는 이와 같은 공덕을 성취하여 장엄하였느니라.

舍利弗 極樂國土 成就如是功德莊嚴

疏 위의 하늘 음악과 하늘 꽃 등 갖가지 장엄이 모두 본불의 원과 행의 공덕으로 성취하였음을 결론지었다.

結上天樂天華等 種種莊嚴 皆本佛願行功德所成就也

鈔 '원'이란,『대본』법장 비구 원에 "내가 부처가 될 때 땅 위에는 모두 한없는 잡보와 백천 가지 갖가지 향기가 합하여 이루어지이다." 하고, 또 "내가 부처가 될 때 시방의 한없는 세계의 하늘 사람들이 나의 이름을 듣고 등을 켜고 꽃을 흩어지이다." 했으며, "내가 부처가 될 때는 이 나라 보살이 향과 꽃 등 갖가지 공양구로 다른 세계로 가서 여러 부처님께 공양하고자 하면 밥 먹는 잠깐 사이에 두루 그곳에 이르러지이다." 했으며, "내가 부처가 될 때는 내 나라 사람들이 밥을 먹고자 하면 보배 그릇 속에 온갖 맛있는 음식이 화현하여 앞에 있으며, 밥을 먹고 나면 저절로 물러가지이다." 하고 원한 것과 같으니, 지금은 성불하여 낱낱의 소원을 모두 성취하였다.

'행'은『대본』에 "법장 비구가 이미 원을 발하고 나니 하늘에서 미묘한 꽃이 내려와 그 위를 덮었다." 하고, "어떤 때는 비구가 되고 어떤 때는 천왕이 되며 혹은 전륜성왕이 되고 혹은 대신이 되기도 하여 항상 부처님 처소에 가서 받들고 섬기며 공양하였다." 하며, "손 안에서 항상 의복과 음식과 깃발과 보배 일산과 일체 음악이 나왔다." 한 것과 같으니, 지금은 성불하였으니 위의 하늘 음악과 하늘 꽃 등 갖가지 과보를 자연히 성취하였다.

(라) 변화한 새와 나무에 부는 바람

① 변화한 새가 법을 설하다

㉮ 바로 법음을 보이다

㉠ 음성으로 법을 연설하다

【經】 또한 사리불이여, 저 나라에는 기묘한 여러 가지 색깔을 한 백학·공작·앵무·사리·가릉빈가·공명조 등 갖가지 새가 항상 있어서 밤낮으로 평화롭고 청아한 음성을 내나니, 그 소리는 오근(五根)·오력(五力)·칠보리분(七菩提分)·팔성도분(八聖道分) 등의 법을 연창하고,

復次舍利弗 彼國常有種種奇妙雜色之鳥 白鶴孔雀鸚鵡舍利 迦陵頻伽 共命之鳥 是諸衆鳥 晝夜六時 出和雅音 其音演暢五根 五力 七菩提分 八聖道分 如是等法

疏 위에서는 하늘이 상서를 바침을 말하였고, 여기서는 새와 나무가 소리를 냄을 말하였다. 또한 위에서는 공양함이 수승함을 말하였고, 여기서는 법을 들음이 수승함을 말하였다.

'갖가지'란 한 가지가 아님을 말하였고, '기묘'는 보통과 다름을 말하였다. '잡색'은 보기에 아름다움을 말하였다.

'백학' 등은 여러 종류 중에서 한두 가지를 들었다. 백학·공작·앵무는 보통 볼 수 있으니 잘 알겠고, '사리'의 해석은 앞의 문장에서 보였다. '가릉빈가(梵語 kalaviṅka, 巴利語 karavīka)'는 우리말로 묘음(妙音)이라 하고, '공명'은 명명조(命命鳥)라고도 한다. 이 같은 갖가지 새들이 모두 기묘하여 보통 새에 비할 것이 아니다.

上言諸天獻瑞 此言禽樹成音 又上言供養之勝 今言聞法之勝也 種種言非一 奇妙言異常 雜色言美觀 白鶴等者 多種中擧一二也 白鶴 孔雀 鸚鵡 常見可知 舍利解現前文 迦陵頻伽 此云妙音 共命 一云命命 如是種種 悉皆奇妙 非凡鳥比

鈔 '기묘'란, 모양이 여러 가지 다른 새보다 뛰어난 것을 '기'라고 하고, 소리가 능히 법을 설할 수 있는 것을 '묘'라고 한다.

'백학'이란, 이 세상에는 검고 누렇고 푸르고 흰 네 가지 학이 있는데, 그 중에 흰색이 가장 낫다. 그러나 흰 학이라도 순수하게 희지 않으면 진정한 백학이 아니다. '공작'과 '앵무'는 모두 이 세상에서 귀한 것이므로 이것만을 들었다.

'빈가'는 우리말로 묘음(妙音)이라 하니, 아직 알에서 깨어나지 않앉을 때 이미 다른 새보다 뛰어난 음성이 있기 때문이다. 『정법념처경』에 "이 새의 음성은 사람 같기도 하고 하늘 같기도 하며 긴나라 등과 같아서 아무것도 능히 미치지 못하나 오직 여래만이 제외된다." 하니, 그러므로 '묘음'이라 하였다.

'공명'은 명명(命命)이라고도 하고 생생(生生)이라고도 하는데, 범어로는 기파기파가(jīvaṃ-jīvaka)라고 하였다. 머리는 두 개요, 몸은 하나인데 과보는 같고 식은 다르다. 석가와 조달의 숙세 인[76]을 말하였다. 또한 설산에 머리 두 개 달린 새가 있으니 하나는 가루다라 하고, 하나는 우파가루다라고 한 것이 이것이다. 머리 두 개 달린 뱀이나 머리 아홉 개 달린 새나 머리 천 개 달린 물고기와 비슷하지만, 요즘은 몸뚱이 하나에 머리 두 개 달린 사람을 조각하거나 그림으로 그리는데, 아마도 이건 잘못된 것이 아닌가 싶다.

위 문장의 몇 가지 새 중에 네 가지는 우리나라에도 통하지만 두 가지는 인도에만 국한된다.

이 세상에 있는 것도 진기하고 기이한데, 저 나라에 있는 것이면 모양이나 색깔이나 음성이 더욱더 기묘하다. 여기서 우선 이름이 같은 것을 취하였으나 실제로는 다르다. 예컨대 난간이나 그물이나 줄지어 선 나무 등이 모두 보배로 이루어져서 인간 세상에 있는 것이

. . . .

76 석가불과 조달은 숙세에 공명조(共命鳥)였는데, 하나인 조달은 잠을 자고 있었고 하나인 석가는 깨어 있었다. 깨어 있는 자는 향기로운 과실을 따 먹었으므로 향기가 풍겼고, 잠을 잔 자는 잠에서 깨어서는 저를 원망하며 "어찌 나를 속이고 혼자 과일을 먹었느냐? 내가 반드시 독이 든 과실로 너를 해치리라." 하고는, 마침내 독이 든 과실을 먹고 두 목숨이 모두 죽었다.

아닌 것과 같다.

'한두 가지를 들었다'는 것은 많아서 모두 열거하지 못한다는 것을 말했으니, 『관경』 중에 있는 오리나 기러기나 원앙 등과 같은 것이다. 여기서는 적은 것으로 많은 것을 섭수하기도 하였고, 또한 문장이 생략되기도 하였다.

疏 그러나 이 세상의 여러 가지 새는 오직 앵무새만이 사람 말을 할 줄 알지만 겨우 배운 말만 하고, 저 나라에서는 밤낮으로 평화롭고 청아한 소리를 내어 능히 근·력·각·도의 일체 도품을 연창하니, 단순한 울음소리가 아니다.

然此土諸鳥 唯鸚鵡解作人言 而亦僅稱學語 彼國則晝夜出音 且和且雅 爲能演暢根力覺道一切道品 非漫鳴也

鈔 '겨우 배운 말만 한다'는 것은, 사람 말에만 의지하고 능히 뜻은 모른다는 뜻이다. 『예기』에 "앵무새는 능히 말을 할 줄 알지만 날아가는 새를 여의지 못하고, 원숭이도 능히 말을 할 줄 알지만 짐승을 면하지 못한다." 하니, 그렇다면 인도(人道)도 아직 통하지 못했는데 어찌 불법이랴. 앵무새도 그러하니 나머지는 잘 알 수 있을 것이다.

'평화롭고 청아하다' 한 것에서, 평화로운 것은 난폭한 것에 상대되니 솔개나 까마귀 등은 난폭한 소리라 하고, 청아한 것은 속된 것과 상대되니 꾀꼬리 등은 저속한 소리라 하는 것과 같다. 넉넉하고 부드럽고 평화롭고 올발라서, 거칠거나 엄하지 않아 듣는 자로 하여

금 조급한 마음이 저절로 풀어지게 하니 이것을 '평화로운 소리'라 하고, 정대하고 근엄하여 삿되거나 휩쓸림이 없어서 듣는 자로 하여금 욕심이 저절로 가다듬어지게 하니 이것을 '청아한 음성'이라 한다. 허유의 비파라도 오히려 '평화'에는 모자라고, 정나라 음악은 '청아'에는 크게 위배되며, 두 가지 아름다운 것을 겸한 새라도 황종(黃鐘)과 대려(大呂)[77]에는 미치지 못한다.

'연'은 확장하여 넓히는 것이니 뜻이 무진하기 때문이요, '창'은 부연하여 막힘없이 통하게 하는 것이니 뜻이 막힘이 없기 때문이다. 이와 같이 근·력·각·도의 서른일곱 가지 도품을 연창한다.

'도품'이란, 도에 들어가는 등급과 종류를 말한다.

疏 그러나 이 37품은 소승법에 속하지만 실제로는 대승에도 통하니, 그 심행에 따른다. 여러 경론 중에서 설한 것과 같다.

然此三十七品 屬小乘法 實通大乘 隨其心行 如諸經論中說

鈔 '대승에도 통한다'는 것은, 『유가론』 44에 "대승 보리분에 여러 가지가 있으니, 37품은 그 가운데 특별한 뜻이다. 대승과 소승에 통한다." 하고, 『지도론』에는 "37품에 포함되지 않는 것이 없으니, 수많은 도품이 그 가운데 있다." 하며, 『정명경』에는 "도품이 도량이다."

....

77 '황종'은 양(陽) 육률(六律: 陽聲에 속하는 여섯 음) 가운데 우두머리요, '대려'는 음(陰) 육려(六呂: 陰聲에 속하는 여섯 음) 가운데 우두머리다.

하고, 또한 "도품은 법신의 인이다." 하며, 『섭대승론』에는 "도품은 보살의 보배횃불다라니[78]다." 하고, 『열반경』에는 "만약 어떤 사람이 팔정도를 잘 관찰하면 즉시 불성을 보리니, 이것을 '제호를 얻었다'라고 부른다." 하였으니, 모두 대승을 잡아서 설한 것이다.

'심행을 따른다'는 것은, 『열반경』에 "지혜에 두 가지가 있으니, 첫째는 중지(中智)요, 둘째는 상지(上智)다. 오음(五陰)과 고(苦)를 관찰하는 것을 중지라 하고, 오음에 한없는 형상이 있어서 성문과 연각이 알 바가 아님을 분별하는 것을 상지라고 한다." 하니, 이것을 보면 도품은 하나지만 관찰하는 지혜가 크고 작음이 참으로 일정하지 않다는 것을 알 수 있다.

疏 '오근'이란, 첫째는 믿음[信]이요 둘째는 정진[進]이요 셋째는 생각[念]이요 넷째는 선정[定]이요 다섯째는 지혜[慧]니, 능히 성스런 도를 낼 수 있기 때문에 '근'이라 부른다. 또한 『구사론』에서 말한 세 가지 뜻을 갖춘 것과 같다.

五根者 一信 二進 三念 四定 五慧 能生聖道 故名爲根 又如俱舍具三義故

鈔 '근'에 두 가지 뜻이 있다. 첫째는 잘 지킨다[能持]는 뜻이니, 이

· · · · · · · · · ·

78 보배횃불은 덕의 횃불을 말하니, 능히 일체 무명 흑암을 불태우기 때문에 보배횃불이라 하고, 일체법을 섭수하기 때문에 다라니라 한다.

미 얻은 것을 지키면서 자신을 잃지 않기 때문이다. 둘째는 뒤를 낸다는 뜻이니[生後], 아직 얻지 못한 것을 내면서 더 나아가 위를 구하기 때문이다.[79]

'믿음의 뿌리[信根]'란, 진리에 대해 깊이 인식하고 좋아하며 원하는 것을 말한다. 이 한 가지가 근본이 되어 나머지 네 가지를 위로 잇는다.

'정진의 뿌리[進根]'는, 이미 이 진리를 믿었으면 부지런히 구하여 쉬지 않는 것이다.

'생각의 뿌리[念根]'란, 이미 이 진리를 구했다면 이것을 생각하고 분명히 기억하여 잊어버리지 않는 것이다.

'선정의 뿌리[定根]'란, 이미 이 진리를 생각했다면 하나의 경계에 마음을 모아 응결하여 흩어지지 않게 하는 것이다.

'지혜의 뿌리[慧根]'란, 이미 선정의 마음이 성스런 도에 있다면 다시 바르고 분명히 관찰하여, 옳고 그른 것을 결정하고 선택하는 것이다.

'능히 성스런 도를 낸다'는 것은, 비유하면 음과 양이 조화하여 모든 종자를 눈뜨게 하듯이, 이 다섯 가지 법으로 그 마음을 다스려 능히 성도를 내기 때문이다.

『구사론』의 세 가지 뜻'이란, 『구사론』에서는 가장 훌륭하다[最勝],

. . . .

79 '이미 얻은 것을 지킨다'는 것은, 마치 초목에 뿌리가 있으면 이미 얻은 지엽(枝葉)과 화과(花果)를 지켜 잃지 않는 것과 같이, 수행인이 오근을 구족하면 이미 얻은 공덕을 지켜 잃어버리지 않는다. '아직 얻지 못한 것을 낸다'는 것은, 아직 나지 않은 지엽과 화과를 점점 낼 수 있는 것과 같이, 수행인이 오근을 구족하면 아직 나지 않은 공덕도 점점 낼 수 있다.

자유롭다[自在], 빛난다[光顯]는 세 가지 뜻으로 '근'을 밝혔다. 가장 훌륭하다는 것은 근의 본체가 훌륭하기 때문이요, 자유롭다는 것은 근의 작용이 훌륭하기 때문이며, 빛난다는 것은 본체와 작용을 쌍으로 밝혔다. 그 가운데서 스물두 가지 근[80]을 나누니 '믿음' 등 다섯 가지 근이 있다.

疏 '오력'이란, 앞에서 말한 오근이 더하고 길러지면 큰 힘이 갖추어지니, 그러므로 '힘'이라 한다.
　五力者 卽前五根增長 具有大力 故名爲力

鈔 '힘'에 두 가지 뜻이 있다. 첫째는 다른 것에 굴복 당하지 않는 것이요, 둘째는 능히 다른 것을 굴복시키는 것이다. 『유가론』에 "이 다섯 가지 힘은 뒤에서 증득할 출세간법[81]에 깊고 수승한 이해를 내어 다른 것이 억제하지 못하기 때문이요, 또한 큰 위엄과 기세를 갖추어 모든 마군을 꺾을 수 있기 때문이다." 한 것과 같다.
　'믿음의 힘[信力]'이란, 진리를 깊이 믿어 더욱더 늘리고 기르면 능히 의혹을 차단하여 흔들리지 않고, 사마외도를 막아 미혹하고 혼란

. . . .

80 '스물두 가지 근'이란, 신(信)·진(進)·염(念)·정(定)·혜(慧)와 우(憂)·희(喜)·고(苦)·락(樂)·사(捨)와 안(眼)·이(耳)·비(鼻)·설(舌)·신(身)·의(意)의 16근과, 남근(男根)·여근(女根)과, 알지 못하여 알고자 하는 근[未知欲知根]과, 이미 아는 근[已知根]과 다 아는 근[具知根]과 수명의 근[命根]이다.

81 '뒤에서 증득할 출세간법'이란, 칠각지·팔정도와, 주(住)·행(行)·향(向)·지(地) 등의 법이다.

하지 않으며, 번뇌를 타파하여 침해를 입지 않기 때문이다. 이 한 가지가 근본이 되어 나머지 위에 것을 이어받으니, 위의 '근'에서 예를 든 것과 같다.

'정진의 힘[進力]'이란, 정진의 뿌리가 더욱더 길러지면 능히 몸과 마음의 갖가지 게으름을 타파하여 출세간의 갖가지 큰일을 이루기 때문이다.

'생각의 힘[念力]'이란, 생각의 뿌리가 더욱더 길러지면 능히 삿된 생각을 타파하고 모든 출세간의 올바른 생각을 이루기 때문이다.

'선정의 힘[定力]'이란, 선정의 뿌리가 더욱더 길러지면 능히 모든 잡란한 생각을 파괴하고 사(事)와 이(理)의 여러 가지 선정을 일으키기 때문이다.

'지혜의 힘[慧力]'이란, 지혜의 뿌리가 더욱더 길러지면 능히 모든 사마외도 등의 견해를 타파하고 일체 편소(偏小)한 집착을 끊을 수 있기 때문이다.

疏 '칠보리분'은 곧 칠각지니, 앞의 근과 역으로 말미암아 이 지혜의 작용을 얻는다. 이를테면 첫째는 염(念)이요, 둘째는 택법(擇法)이요, 셋째는 정진(精進)이요, 넷째는 희(喜)요, 다섯째는 의(猗: 輕安覺支라고도 한다. 몸과 마음이 경쾌하고 안온한 것)요, 여섯째는 정(定)이요, 일곱째는 사(捨)다.

또는 첫째는 택법(擇法), 둘째는 정진(精進), 셋째는 희(喜), 넷째는 제(除), 다섯째는 사(捨), 여섯째는 정(定), 일곱째는 염(念)이라고도 한다. 여기서는 나중의 해석을 따랐다.

 七菩提分者 卽七覺支 亦籹前根力 得此慧用 謂一念 二擇法 三精
進 四喜 五猗 六定 七捨 一云 一擇法 二精進 三喜 四除 五捨 六定 七
念 今依後釋

　鈔 '각지'의 '각'은 보리요 '지'는 부분이란 뜻이니, 이를테면 부분
부분이 중생의 적합한 근기에 맞게 작용함을 말한다.[82]

　'앞의 근과 역으로 말미암아' 한 것은,『유가론』에 "이미 정위(正
位)[83]를 깨달은 자는 여실히 지혜를 깨달아 이것으로 갈래[支]를 삼는
다." 하니, 그러므로 근과 역이 견고해지면 나중에 깨달음의 지혜가
중생의 적절한 근기에 맞게 작용하는 줄 알 수 있다.

　'나중의 해석을 따른다'는 것은 천태의 해석이니, 뜻이 분명하기
때문에 따른 것이다. 또한『화엄소』에도 '택법'으로 자체를 삼고 나머
지 분으로 부분을 삼았기 때문에 따른다.

　첫째 택법이란, 제법을 관찰할 때 사성제의 옳은 진리와 외도의
삿된 진리를 훌륭하게 잘 깨달아 구별하는 것이다. 둘째 정진이란,
도법을 닦을 때 훌륭하게 잘 깨달아 무익한 고행을 잘못 행하지 않

. . . .

82　응당 택법을 써야 할 경우에는 택법을 쓰고 정진을 써야 할 경우에는 정진을 써서 중생의 적합한
근기에 맞아 착오나 잘못이 없음을 말한다.

83　'정위'는 곧 정성(正性)이니, 앞의 근(根)과 력(力)으로 말미암아능히 일체 견(見)·집(執)을 타파하여
단(斷)·상(常)에 떨어지지 않고 법의 정성(正性)을 깨닫는 것을 말한다.

411

는 것이다. 셋째 희란, 마음에 법희(法喜)를 얻을 때 훌륭하게 잘 깨달아 전도된 법을 따르지 않고 기쁨을 내는 것이다. 넷째 제란, 갖가지 사견 번뇌를 제거할 때 훌륭하게 잘 깨달아 헛됨과 거짓을 단절하고 옳고 바른 선근을 버리지 않는 것이다. 다섯째 사란, 소견(所見)인 염착(念着) 경계를 버릴 때 취하고 버리는 것이 헛되고 거짓임을 훌륭하게 잘 깨달아 영원히 지난 일을 돌이켜 생각하지 않는 것이다. 여섯째 정이란, 선정을 닦을 때 여러 가지 선(禪)이 헛되고 거짓임을 훌륭하게 잘 깨달아 견애(見愛)를 내지 않는 것이다. 일곱째 염이란, 출세간의 도를 닦을 때 훌륭하게 잘 깨달아 항상 선정과 지혜를 균등하게 하는 것이다.[84]

만약 마음이 침몰하면 자신의 생각[念]에 택법과 정진과 기쁨의 세 가지를 써서 잘 살펴서 이것을 일으키고, 마음이 들뜨면 반드시 생각에 제거하는 것과 버리는 것과 선정의 세 가지를 써서 섭수하고 조복하여 생각마다 조화하여 맞게 해야 하는 것이다.[85]

. . . .

84 이미 선정을 얻었으면 출세의 도를 닦아야 한다. 그러나 거기에 두 가지 병통이 있다. 정(定)이 혜(慧)를 이기면 침몰하고 혜(慧)가 정(定)을 이기면 들뜨니, 반드시 정과 혜가 균평해야만 적(寂)·조(照)가 다르지 않음을 깨닫는다. 그러므로 앞의 육지(六支)를 써서 일으키기도 하고 혹은 조복하기도 하여 모두 조화하고 맞게 해야 한다.

85 출세간의 도를 닦는 데 두 가지 병이 있다. 정(定)이 혜(慧)보다 나으면 침몰하고, 혜(慧)가 정(定)보다 나으면 들뜬다.

疏 '팔성도'는 팔정도[86]라고도 한다. 앞의 택법으로 말미암아 정도에 들어가니, 이를테면 첫째는 정견이요, 둘째는 정사유요, 셋째는 정어요, 넷째는 정업이요, 다섯째는 정명이요, 여섯째는 정정진이요, 일곱째는 정념이요, 여덟째는 정정이다.

八聖道者 亦名八正道 繇前擇法 故入正道 謂一正見 二正思惟 三正語 四正業 五正命 六正精進 七正念 八正定

鈔 『잡집론』에 "첫째 정견은, 칠각지를 닦을 때 얻은 진각으로 지혜를 건립하면 진리가 분명하여 잘못이 없게 되는 것이다. 둘째 정사유는, 이 진리를 볼 때 무루심과 상응하여 사유하고 헤아려서 더욱 더하고 길러 열반에 들어가는 것이다. 셋째 정어란, 마음에 삿된 생각이 없을 뿐만 아니라 무루지로 입의 네 가지 업을 섭수하여 네 가지 선어(善語)[87]에 머물게 된다. 넷째 정업이란, 무루지로 몸의 세 가지 일체 삿된 업[殺·盜·婬]을 제거하여 청정한 신업(身業)에 주하는 것이다. 다섯째 정명이란, 무루지로 삼업 중 다섯 가지 올바르지 않은 생

· · · · · · · · · · ·

86 '팔정도'란, 앞의 칠지(七支)의 택법으로 말미암아 견혹을 끊고 곧 성도(聖道)에 들어가니, 성(聖)이란 증(證)의 뜻이다. 그러므로 정(正)이라고도 한다. 팔성(八聖)의 자체가 곧 정견 등이니, 이것이 작용하여 수도(修道)의 여러 가지 번뇌를 끊는다.

87 '입의 네 가지 업'은 망언(妄言)과 기어(綺語)와 양설(兩舌)과 악구(惡口)요, '네 가지 선어(善語)'는 진실(眞實)과 정직(正直)과 유연(柔軟)과 화합(和合)이다.

413

활[88]을 모두 제거하고 올바른 생활에 주하는 것이다. 여섯째 정정진이란, 무루지로 반드시 부지런히 정진을 행하여 열반도에 나아가는 것이다. 일곱째 정념이란, 무루지로써 바른 도법[正止·正觀]과 보조적 도법[五根·五力·覺支]을 잘 생각하여 마음이 동요하지 않는 것이다. 여덟째 정정이란, 무루지와 상응하여 진리에 바르게 머물러 결정코 변하지 않는 것이다. 모두 '정(正)'이라 말한 것은, 치우치고 삿된 것에 의지하지 않는 것을 '정'이라 하고, 능히 열반에 이르게 하는 것을 '도(道)'라고 한다." 하였다.

『화엄경』「이세간품」인 경우에는,[89] "팔정도가 모두 보살도니, '정견'이란 일체 바르지 않은 견해를 여읜 것이요, '정사유'란 허망한 분별심을 버리고 일체지에 수순하는 것이며, 더 나아가[90] '정정'이란 보

. . . .

88 '다섯 가지 사명(邪命)'이란, 첫째는 이양(利養)을 위하여 거짓으로 기이하고 특이한 모양을 보이니, 신업(身業)에 속한다. 둘째는 이양(利養)을 위하여 자신의 공덕을 설하는 것이요, 셋째는 길흉을 점치거나 상보는 것이요, 넷째는 큰 소리로 위엄을 보여 사람들로 하여금 외경케 하는 것이니, 이것은 구업(口業)에 속한다. 다섯째는 공양 얻은 것을 설하여 사람들의 마음을 움직이는 것이니, 이것은 의업(意業)에 속한다.

89 이 위에서는 권승(權乘)을 잡아 해석하였고, 이 아래는 대승(大乘)을 잡아 해석하였다.

90 '더 나아가'라고 한 것은 껑충 뛰어 생략한 말이니, 구체적으로 인용하면 다음과 같다. '정어'는 항상 바른 말을 하여 말의 네 가지 허물을 여의고 부처님의 말씀에 따르는 것이요, '정업'은 항상 바른 업을 닦아 중생을 교화하여 조복하는 것이요, '정명'은 바른 직업에 안주하여 두타지족(頭陀知足)하며 거동이 바르고 자세하여 보리에 수순하며 사성제를 행하여 일체 허물을 모두 멀리 여의는 것이요, '정정진'은 일체 보살의 고행을 부지런히 닦아 부처님의 십력(十力)에 들어가 걸림이 없는 것이요, '정념'은 항상 올바른 생각을 하여 일체 언음(言音)을 모두 기억하고 지켜서 세상의 산란하고 동요하는 마음을 없애는 것이다.

살의 부사의해탈문에 잘 들어가서 하나의 삼매 중에서 여러 가지 삼매에 출입하는 것이다." 하였다.

이에 대해 나는 "이 문장의 증거에 의하면 어찌 깊고 현묘하지 않은가? 위의 것을 본보기 삼아 추구해 보면, 칠각지와 오근, 오력의 37품이 모두 중생이 인지(因地)에 수행한 근기나 지견의 차이에 따라 크게 증득하든 작게 증득하든 각기 얻은 것이 있다." 하고 해석하노라.

疏 '이와 같은 등 법'이라 한 것은, 사념처(四念處)와 사정근(四正勤)과 사여의족(四如意足)을 등취(等取)하여 삼십칠품이 되고, 그 밖에 일체 법을 등취하였기 때문이다.

言如是等法者 等四念處 四正勤 四如意足 成三十七品 及等餘一切法故

鈔 '삼십칠품'이란, 위에는 오직 스물다섯 가지만 있으므로 등취하여 이를 섭수하였다.

'사념처'란, 이른바 이 몸이 부정한 것임을 관하는 것[觀身不淨][91]과,

· · · · · · · · · ·

91 '관신부정에 다섯 가지가 있다. 첫째는 종자가 부정하니, 이를테면 부모의 붉고 흰 두 가지 물방울이 합하여 이루어졌기 때문이요, 둘째는 주처가 부정하니, 모태 가운데 생장(生藏) 아래와 숙장(熟藏) 위에 있기 때문이요, 셋째는 자체가 부정하니, 사대로 이루어져서 설사 바닷물로 이 몸을 씻더라도 결코 향기롭거나 깨끗하지 않기 때문이요, 넷째는 외상이 부정하니, 아홉 구멍에서 항상 갖가지 더러운 물이 흘러나오기 때문이요, 다섯째는 마지막까지 부정하니, 숨 한번 들이쉬지 못하면 무덤 사이에 버려져 마치 썩은 나무토막과 같이 되기 때문이다.

이 외계의 대상을 받아들이는 것[受]이 고통임을 관하는 것[觀受是苦]⁹²과, 이 마음이 무상한 것임을 관하는 것[觀心無常]⁹³과, 법이 무아임을 관하는 것[觀法無我]⁹⁴이다. 그런데 '염처'라 한 것은, 부정(不淨)은 몸을 관하는 자가 반드시 염해야 할 처소라는 뜻이니, 고와 무상 등도 이와 같다.

'사정근⁹⁵의 해석은 앞의 문장을 보라. 선을 내고 악을 멸하는 일에 게으르지 않기 때문에 '부지런하다[勤]'고 하고, 부지런해야 할 것에 반드시 부지런해야 진리에 합하기 때문에 '올바르게 부지런하다[正勤]'고 하였다.

'사여의⁹⁶는 '사신족(四神足)'이라고도 한다. 소위 욕망이 생각대로

. . . .

92 '관수시고'의 수(受)는 받아들인다[領納]는 뜻이다. 또한 영납(領納)에 세 가지가 있으니, 고수(苦受)·낙수(樂受)·불고불낙수(不苦不樂受)다. 고수(苦受)는 고고(苦苦)임을 관하고, 낙수(樂受)는 괴고(壞苦)임을 관하며, 불고불낙수(不苦不樂受)는 행고(行苦)임을 관하는 것이다.

93 '관심무상'이란, 현재 식심(識心)이 매 순간 천류하고 마음마다 머물지 않고 천변하여 하나가 아님을 관하는 것이다.

94 '관법무아'란, 행음(行陰)과 상음(想陰) 두 가지 법이 공하여 주재(主宰)가 없음을 관하는 것이다.

95 '사정근'이란, 사념의 지혜 불이 부지런함의 바람을 얻으면 불태우지 못할 것이 없기 때문에 다음에 이것을 말하였다. 이 사정근은 정진으로 바탕이 되니, 95종의 서로 어긋난 부지런함과는 구별되기 때문에 '올바르다[正]'고 하였다.

96 '사여의족'이란 욕(欲)·근(勤)·심(心)·관(觀)이니, 이것의 자체는 삼마제다. 이 욕·근·심·관은 모두 서로 도와주고 짝이 되는 관계에 있으니, '욕'은 맹리하게 즐거워하고 바라는 것을 말하고, '근'은 쉴새 없이 정진함을 말하고, '심'은 곧 정(定)이니 한 경계에 오로지 마음을 쏟음을 말하고, '관'은 곧 혜(慧)이다. '또는 사신족이라 한다' 한 것에 신(神)은 신통이요 족(足)은 정(定)이니, 『유가론』에 "마치 다리가 있는 자는 능히 갈 수도 있고 돌아올 수도 있는 것과 같이, 용감하고 힘차게 뛰어오르면 세간의 훌륭한 법

416

만족함[欲如意足]과, 마음이 생각대로 만족함[心如意足]과, 부지런함이 생각대로 만족함[勤如意足]과, 지혜가 생각대로 만족함[慧如意足]이니, 사념처와 사정근 이후에 정진(精進)은 늘어나고 많으나 정심(定心)이 다소 약해질 경우에 이 네 가지 정력을 닦아 마음을 섭수하면, 지혜와 선정이 균등하여 능히 번뇌를 끊고 원하는 바를 모두 이루니, 이것을 '여의족'이라 하고, 이 일곱 가지를 합하여 삼십칠품이 된다.

『파사론』과 『지도론』에는 모두 비유로 이를 밝혔으니, "염처는 씨앗과 같고, 정근은 나무를 심는 것과 같으며, 신족은 싹이 나는 것과 같고, 오근은 뿌리가 나는 것과 같으며, 오력은 줄기나 잎과 같고, 각지는 꽃이 핀 것과 같으며, 성도는 열매를 맺은 것과 같다. 그러므로 '도의 나무'라고 한다." 하였다.

'그 밖에 일체 법'이란, 사무량심, 육바라밀과 그 밖에 수많은 법문 등을 말한다.

疏 문: 어찌하여 먼저 '염' 등을 서술하지 않고 먼저 '근'을 들었습니까?

답: 믿음[信]을 중요하게 여겼기 때문이며, 또한 위의 삼과(三科)에서부터 여기에 이르러 비로소 근과 역이 있기 때문이다.[97]

. . . .

과 출세간의 훌륭한 법도 능히 얻고 능히 증득하니, 이것을 신(神)이라 하고, 저기에서 능히 여기에 이를 수 있기 때문에 족(足)이라 한다." 하였다.

97 '또한 위의 삼과에서부터 여기에 이르러 비로소 근과 역이 있다' 한 것은, 염(念)과 혜(慧) 두 근은 앞

問 何不先敍念等 而首擧根 答 以重信故 又上三科至此 始有根力故

鈔 일곱 가지 종류의 차례에 의하면, 법을 들으면 먼저 반드시 생각하고 지켜야 하고, 다음은 부지런히 수행해야 하고, 부지런하기 때문에 마음을 섭수하여 조화롭고 유순해지며, 유순하기 때문에 근을 이루고, 근이 더해지면 역을 이루니, 이것이 곧 칠각의 차별이요 팔성도의 올바른 행이다.

'지금은 믿음을 중히 여겼다'는 것은, 이 경전은 믿음을 위주로 하니, 근과 역 두 가지는 모두 믿음을 머리로 삼고, 믿음이 나머지 네 가지를 가지니, 믿음이야말로 도의 근원이요 덕의 어머니다. 예컨대 오위(五位)에도 믿음이 처음에 있고, 십신(十信)에도 믿음이 처음에 있으며, 11선법(善法)에도 믿음이 처음에 있다.

'위의 삼과'란, 사념처와 사정근과 사여의를 닦아서 여기에 이르러 비로소 근과 역이 견고해져서 능히 앞에서 얻은 법(앞의 삼과)을 잊어버리지 않게 하기 위해서이기도 하고, 또한 뒤에 반드시 얻을 법[七覺支, 八正道]을 결국 능히 얻을 수 있는 것도 또한 믿음으로 인하여 비롯되기 때문에 먼저 든 것이다.

· · · · · · · · · · ·

의 사념처로 해서 이루어진 것이니 사념처는 염(念)과 혜(慧)로 본체가 되기 때문이요, 진근(進根)은 앞의 사정근으로 해서 이루어진 것이니 사정근은 정진으로 본체를 삼기 때문이며, 정근은 앞의 사여의족으로 해서 이루어진 것이니 여의는 삼마(三摩)로 자체를 삼기 때문이다. 만약 조(助)와 체(體)를 겸한다면 신(信)·진(進)·염(念)·정(定)·혜(慧)로 본체를 삼으니, 사여의족은 욕근심관(欲勤心觀)으로 조반(助伴)을 삼기 때문이다. 그러므로 오근과 오력이 앞의 삼과를 여의고 따로 본체가 있는 것이 아니다.

418

疏 이치에 맞게 말한다면, 자성이 변화하니 이것이 '여러 가지 새'의 뜻이요, 자성이 일체 법문을 출생하니 이것이 '근·력·각·도'의 뜻이다.

稱理 則自性變化 是衆鳥義 自性出生一切法門 是根力覺道義

鈔 아래 문장에 '저 부처님이 변화하여 만든 것이다' 하고, 여기서는 '미묘한 색깔과 우아한 음성'이라 하니, 그것의 본 모습은 자심이 나타난 것이라, 어찌 높이 성인의 경계에 추앙하겠는가?

또한 '마음의 땅에 여러 가지 종자를 간직하였다[98] 하니, 그렇다면 오근 등의 본 모습은 자심이 북돋우고 심은 것이니, 어찌 밖을 향하여 쫓아 구하겠는가?

그러므로 선덕이 '신심이 견고하면 맑기가 허공과 같다' 한 것은 오근과 오력이요, '각심(覺心)이 일어나지 않는다' 한 것은 칠각지며, '심성을 바로 깨달으면 삿된 것과 올바른 것에 관계되지 않는다' 한 것은 곧 팔정도다.

그러므로 "바다가 만물을 내니 어떤 물건이든 바다 아닌 것이 없고, 마음이 만법을 내니 모든 법이 마음 아닌 것이 없네." 하였다.

· · · · · · · · · ·

98 육조 대사 전법게다. 게에 "마음 땅에 여러 가지 종자 간직하니 단비에 모두 싹을 틔우네. 화정(花情)을 돈오하고 나면 보리의 열매 저절로 맺으리." 하였다.

ⓛ 이익을 얻다

【經】그 국토 중생들은 이 소리를 듣고 모두 불을 생각하고 법을
생각하고 승가를 생각하느니라.[99]

其土衆生 聞是音已 皆悉念佛念法念僧

疏 소리를 듣고 아무 이익이 없으면 세상 소리는 다만 즐거움을
취할 뿐인 것과 같지만, 지금은 삼보를 생각하니 바로 이익을 밝힌
것이다.

삼보에는 대략 세 가지가 있으니, 첫째는 주지상이요, 둘째는 별
상이요, 셋째는 동상이다. 존중하고 귀히 여길 만하기 때문에 '보'라
한다.

聞音無益 則同世音 祇取娛樂 今念三寶 正明益也 三寶者 略有三
相 一住持相 二別相 三同相 可尊貴故 名之曰寶

鈔 '주지상'이란, 새기거나 쇠를 부어 만들기도 하고 흙으로 이기

....

99 '생각한다고 한 것은 무엇인가? 간단히 말하면 사(事)와 이(理) 두 가지에서 벗어나지 않는다. 사(事)
는 별상삼보(別相三寶)를 생각하니, 불을 생각하는 것은 부처님을 가까이하여 일체지(一切智) 구할 것
을 생각하는 것이요, 법을 생각하는 것은 모든 바라밀 닦을 것을 생각하는 것이며, 승을 생각하는 것
은 여실행(如實行)을 배운 이들을 가까이할 것을 늘 생각하는 것이다. 이(理)는 동상삼보(同相三寶)를 생
각하는 것이니 각심(覺心)을 일으키지 않고 항상 제일의제(第一義諦)에 머물며 이변(二邊)에 동요하지 않
는 것, 이것이 염불(念佛)·염법(念法)·염승(念僧)이다. 이것은 천태 대사가 '안심부동(安心不動)'을 염(念)
이라 한다'한 것이다.

기도 하고 그림으로 그리기도 한 것을 불보라 하고, 책으로 된 경전을 법보라 하며, 비구 다섯 대중[100]이 화합하여 다툼이 없는 것을 승보라고 하니, 곧 세간 삼보다.

'별상'에 대략 세 가지 뜻이 있다. 첫째는 삼보가 스스로 다르고, 둘째는 삼보의 대소승이 다르며,[101] 셋째는 삼보의 이름과 모양이 다르다.[102] 그 대의를 개괄해 보면, 상신(常身: 常住하는 佛身)이 높고 거룩하며 나타내 보이는 것이 같지 않은 것을 불보라 하고, 교 · 행 · 리 · 과의 문이 같지 않은 것을 법보라 하며, 삼현 · 십성 · 사과 · 사향 · 연각 · 독각의 계위가 같지 않은 것을 승보라고 하니, 곧 출세간 삼보다.

'동상'이란, 만약 오교(五敎)를 잡아 말한다면, 첫째는 사를 세워 의에 나아간 문[立事就義門]이요, 둘째는 사를 모아 이로 돌아간 문[會事歸理門]이요, 셋째는 이와 사가 원융한 문[理事圓融門]이요, 넷째는 상을 끊고 이가 실인 문[絶相理實門]이요, 다섯째는 원융하여 무애한 문[圓融無礙門]이니,[103] 비록 앞에 것은 얕고 뒤는 깊지만 똑같이 하나의 근원

· · · · · · · · · ·

100 '비구 오중(五衆)'이란, 율중(律中)에 다섯 사람 이상이 동일하게 갈마하고 화합 무쟁하여, 마치 물과 우유가 합한 것같이 하는 것을 화합중이라 한다.

101 소승에서는 장육응신(丈六應身)과 사아함경(四阿含經)과 사향(四向) · 사과(四果)로 삼보를 삼았고, 대승에서는 원만보신(圓滿報身)과 대승방등(大乘方等)과 삼현(三賢) · 삼성(三聖)으로 삼보를 삼았다.

102 불(佛)에는 삼신(三身) · 사교(四敎) · 육즉(六卽) · 십의(十義) 등이 있고, 법(法)에는 교(敎) · 행(行) · 리(理) · 과(果) 등이 있으며, 승(僧)에는 범부(凡夫) · 현성(賢聖) 등이 있다.

103 '첫째, 사(事)를 세워 의(義)에 나아간 문'이란, 삼십이상과 장육금신은 사상(事相)의 불(佛)이다.

으로 돌아간다. 그 대의를 개괄하면, 성체가 신령하게 깨달아 제법을

....

이 사상을 세워 각의(覺義)에 나아가니, 석가가 고행하고 성도하며 법을 설하고 중생을 제도하여 자신이 깨닫고 다른 이를 깨닫게 하기 때문에 불보(佛寶)라고 한다. 사아함(四阿含) 등은 실상을 말하지 않고 오직 고(苦)·공(空)만 설하니 이것은 사상의 법이다. 이 사상을 세워 궤(軌)·지(持)의 의(義)에 나아가니 사제(四諦)의 법도 법보(法寶)라 한다. 머리를 깎고 염의를 입으며 여섯 가지가 화합하여 다툼이 없으니 이것은 사상의 승(僧)이다. 이 사상을 세워 화합의 의(義)에 나아가니, 비록 실상과 이화합(理和合)을 통달하지 못했으나 대중에 있으며 다툼이 없으며 서로 사랑하고 존경하여 육화(六和)로 벗을 삼으니 마치 물과 젖이 합한 것과 같기 때문에 승보(僧寶)라고 한다. 이것은 소승교의 삼보다. '둘째, 사(事)를 모아 이(理)로 돌아간 문'이란, 삼십이상의 불(佛)로 불(佛)을 삼지 않으니, 『반야경』에 "만약 색으로 나를 보거나 음성으로 나를 찾으면 이 사람은 사도를 행하는 것이라 능히 여래를 보지 못하리!" 하고, 또 "만약 제상이 상이 아닌 줄 보면 곧 여래를 보리라." 하며, 또 "여래란 제법 진여의 뜻이다." 하니, 그러므로 여리(如理)로 불보(佛寶)를 삼았다. 법은 문자로 법을 삼지 않으니, 경에 "설할 만한 법이 있다면 이것은 법을 비방하는 것이며 설할 만한 법이 없는 것, 이것이 설법이다." 하니, 이른바 '들음도 없고 설함도 없는 것, 이것을 진정으로 반야를 설한 것이다' 한 것이니, 이것은 여리(如理)로 법보(法寶)라 하였다. 승(僧)이란 머리 깎고 염의 입은 것으로 승(僧)이라 하지 않으니, 경에 "수다원은 입류(入流)라고 하지만 들어온 곳이 없다." 하고, 내지 "아라한은 실로 법이 없으니 이를 아라한이라 한다." 하니, 또한 여리(如理)로 승보(僧寶)를 삼은 것이다. 이것은 시교(始敎)의 삼보다. '셋째, 이(理)와 사(事)가 원융한 문'이란, 비록 "색상이 불(佛)이 아니요 음성도 역시 그러하다."고 말하지만, "또한 색과 음성을 여의지도 않고 불(佛)의 신통을 본다." 하니, 소위 '법에 단멸상을 설하지 않는다' 한 것을 불보(佛寶)라 한다. 비록 "문자의 성(性)이 공하여 명자(名字)도 여의었으나, 또한 문자를 여의지 않고 해탈상을 설한다." 하니, 문자의 성(性)이 공한 것이 곧 실상이기 때문에 이것을 법보(法寶)라 한다. 비록 "예류는 예류가 아니요 나한은 나한이 아니나, 또한 스님의 모습을 없애지 않으니, '어서 오너라! 비구여' 하니 머리칼이 저절로 떨어지고 사문이 되었다." 하니, 이것이 승보(僧寶)다. 사(事)가 이(理)에 걸림이 없고 이(理)가 사(事)에 걸림이 없어서 사(事)와 이(理)가 걸림이 없으니, 이것은 종교(終敎)의 삼보다. '넷째, 상(相)을 끊고 이(理)가 실(實)인 문'이란, 일념도 나지 않는 것을 불보(佛寶)라고 부르고, 오법(五法)·삼자성(三自性)이 모두 공하고 팔식(八識)·이무아(二無我)를 모두 버려 소위 '열반한 불(佛)도 없고 불(佛)의 열반도 없다' 한 것이니, 유와 무를 모두 버린 것이 돈교(頓敎) 삼보다. '다섯째, 원융하여 무애한 문'이란, 앞의 네 가지는 앞의 것은 얕고 뒤의 것은 깊어서, 뒤는 앞의 것을 섭수하지 않지만, 지금은 앞을 들어 뒤의 것까지 겸하고 뒤를 들어 앞의 것까지 겸하니, 풀 한 포기를 들면 곧 장육금신이요, 하나의 가는 먼지를 쪼개어 대천(大千)의 경권(經卷)을 끄집어내며, 보현의 몸이 허공과 같아 진(眞)에 의해 비국토(非國土)에 주하고, 일(一)이 곧 다(多)요 다(多)가 곧 일(一)이어서 물건이 서로 섭입(攝入)하고 세계가 서로 원통(圓通)하니, 곧 원교(圓敎)의 삼보다.

422

비추는 것을 불보라 하고, 항하사 모래 수만한 성덕이 모두 법칙으로 삼을 만한 것이 법보며, 성과 상이 다르지 않고 서로 합하여 어긋나지 않는 것을 승보라 하니, 곧 출세간 최상 삼보다.

'존귀'란, 불은 두 발을 갖추신 존귀한 분[兩足尊][104]이시고, 법은 욕을 여의어 존귀한 분[離欲尊]이시며[105] 승은 대중 가운데 존귀한 분[衆中尊]이라, 이것에 의지하여 수행하면 삼계를 벗어나니, 세상의 진기하고 소중한 것 중에 이것과 짝할 만한 것이 없다. 그러므로 '귀'라고 하였다. 『통서(通書: 曆書)』에도 "지극히 높은 것은 도요, 지극히 귀한 것은 덕이다." 하니, 더욱이 삼보는 도덕의 종극이니 어찌 '보'라고 일컫지 않겠는가?

疏 '(이 소리를) 듣고는 삼보를 생각한다'는 것에 네 가지 뜻이 있다. 첫째는 새소리 가운데서 삼보를 찬탄하기 때문이요, 둘째는 법을 설함에 방법이 있어서 사람에게 잘 들어가기 때문이요, 셋째는 밤낮으로 끊어짐이 없어서 귀에 익숙하기 때문이요, 넷째는 새도 오히려 법을 설할 줄 아는구나 하고 수승한 마음을 격동하여 분발하기 때문이다.

· · · · · · · · · ·

104 '양족(兩足)'이란, 첫째는 두 발을 가진 일체중생 가운데 부처님이 가장 존귀하다는 뜻이요, 둘째 양족(兩足)은 권(權)·실(實), 계(戒)·정(定), 복(福)·혜(慧), 해(解)·행(行) 등을 비유했으니 부처님은 이 두 발을 구족하시어 법계에 유행하여 장애가 없으신 분이시다.

105 법을 이욕존(離欲尊)이라 한 것은, 일체 법문은 능히 중생으로 하여금 여러 가지 혹염(惑染)을 여의게 하기 때문이요, 또한 본래부터 염법(染法)과 상응하지 않고 제진(諸塵)과 상대하지 않기 때문이다.

聞念三寶 自有四義 一者鳥音之中 讚三寶故 二者說法有方 善入人
故 三者晝夜無間 熟耳根故 四者鳥尙解說 激勝心故

鈔 '삼보를 찬탄한다'는 것은, 비록 위에서 말한 오근과 오력과
칠각지와 팔정도의 갖가지 제법이 품위는 같지 않으나 간략히 말하
면 모두 삼보에 포함된다. 그러므로 이 법을 연창할 때, 어떤 때는 일
체중생이 모두 본래 각성을 갖추었음을 밝히니 이것을 듣는 중생은
자신의 본심을 얻어 곧 불(佛)이 있음을 알고, 혹은 성(性)에 갖가지 여
러 가지 상(相)을 갖추었음을 밝히니 이것을 듣는 중생은 깊은 뜻을
깨달아 곧 법(法)이 있음을 알며, 혹은 성과 상이 화합하여 둘이 아님
을 밝히니 이것을 듣는 중생은 사(事)와 이(理)가 무애하여 곧 승(僧)이
있음을 아니, 그러므로 삼보를 생각하는 것이다.

'사람에게 잘 들어간다'는 것은, 비록 묘법을 설하더라도 말을 잘
하지 않으면 듣더라도 서로 저촉되기 마련이다. 지금은 오직 평화롭
고 청아한 소리일 뿐이라, 부드럽고 조화로워 이치와 뜻이 마음을 기
쁘게 하므로 듣는 자도 기뻐하니, 그러므로 삼보를 생각하는 것이다.

'귀에 익숙하다'는 것은, 비록 설법을 잘 하더라도 하루는 춥고 열
흘은 따뜻하면 마음이 해태해지기 마련이지만, 지금은 온종일 연이
어 법을 설하므로 정신을 차리고 듣거나 그냥 듣기만 해도 귀에 익숙
하고, 이것이 온몸에 사무치고 마음을 일깨워 생명이 되므로 삼보를
생각하게 되는 것이다.

'수승한 마음을 격동하여 분발한다'는 것은, "새도 능히 법을 설하

는데 사람이 어찌 이만 못하겠는가?" 하고, 자신을 부끄럽게 여겨 스스로 정진하는 마음을 내므로 삼보를 생각하게 되는 것이다.

疏 이치에 맞게 말한다면, 자성은 진심과 한 몸이니 이것이 '불·법·승'의 뜻이다.

稱理 則自性眞心一體 是佛法僧義

鈔 위의 동상(同相)에서 밝힌 것처럼, 오직 하나의 진심일 뿐 다시 다른 몸이 없음을 알 수 있다. 곧, 심체가 본래 스스로 깨닫고 비추는 것을 불보라 하고, 심체가 본래 언설의 모양과 명자의 모양과 심연의 모양을 여의었음을 법보라 하며, 심체가 본래 둘이 아님을 승보라 한다.

그러므로 "스스로 불에 귀의하며, 스스로 법에 귀의하며, 스스로 승에 귀의하나이다." 하니, 단지 자신에게 귀의하게 하였지 다른 이에게 귀의하는 것을 말하지 않았다. 매순간 자신의 마음으로 돌아가는 것이 진정으로 삼보를 생각하는 것이다.

⑭ **악도가 없음을 해석하다**

【經】 사리불이여, 그대는 이 새들이 실로 죄의 과보로 생긴 것이라 말하지 마라. 왜냐하면 저 불국토에는 삼악도가 없기 때문이니라.

사리불이여, 그 불국토에는 악도라는 이름도 없는데 더욱이 실체가 있겠느냐? 이 여러 가지 새들은 모두 아미타불이 법음을 널리 유포하고자 변화하여 만든 것이니라.

舍利弗 汝勿謂此鳥 實是罪報所生 所以者何 彼佛國土 無三惡道 舍利弗 其佛國土 尙無惡道之名 何況有實 是諸衆鳥 皆是阿彌陀佛 欲令法音宣流 變化所作

疏 혹시나 '정토에 무슨 까닭에 축생이 있는가? 법장 비구의 본원에 맞지 않다' 하고 의아해 할까봐, '저 국토에는 실로 악도가 없다. 저 부처님이 불법이 사람의 귀에 두루 들리게 하고자 하여 신통력으로 변화하였으니, 진정한 축생이 아니다' 하고 설명하였다.

또한 하늘 새가 능히 법을 설할 줄 아는 것과는 다르다.

恐疑淨土何因而有畜生 不符法藏本願 故明彼國實無惡道 以彼佛 欲令法徧人耳 神力變化 非眞畜生故 又不同天鳥能說法故

鈔 '무슨 까닭으로⋯' 한 것은, 어리석음이 원인이 되어 축생취에 태어나고, 간탐과 질투가 원인이 되어 아귀취에 태어나고, 십악과 오역이 원인이 되어 지옥취에 태어나니 이것을 삼악도라고 하는데, 육도 중에서 하늘이 가장 낮고, 인도는 다음이요, 아수라는 선과 악의 중간에 속한다. 그러므로 유독 이 세 가지만을 악이라고 하였다.

참으로 마음이 깨끗함으로 말미암아 정토에 태어나는데 어찌 정토에 악도가 있겠는가? 만약 그런 곳이 있다면 이것은 더러운 곳이라 사바세계와 다르지 않으니, 어찌 극락이라 하겠는가? 그러므로 의아해 하는 것이다.

'본원'이란, 『대본』 법장 비구 원에 "내가 부처가 될 때, 이 나라에 아귀·축생부터 벌레에 이르기까지 아무것도 없어지이다." 하고, 또 "나의 나라에는 모두 불선(不善)이라는 이름도 들리지 않는데, 더욱이 실체가 있으랴. 이러한 원을 이루지 않으면 마침내 부처가 되지 않겠나이다." 했는데, 어찌 불도를 이미 이루고 나서 홀연히 숙세의 원과 어긋날 수 있겠는가? 그러므로 "저 나라에는 본래 악도가 없으니, 눈으로 볼 수 없을 뿐만 아니라 또한 귀로 들을 수도 없다. 귀에 들리는 것이 있다면 오직 제불여래의 만덕의 큰 이름과, 보살·성문과 모든 하늘 선인의 갖가지 아름다운 이름일 뿐이고, 일찍이 삼악의 이름이 귀에 스친 적이 없었다."고 말한 것이다.

'변화하여 만든 것이다'는 것은, "이미 축생이 없다면 지금 백학과 공작 등은 어디서 와서 그 나라에 있는가?" 하고 다시 힐난하므로, "이것은 부처님이 만든 것이지 정말로 있는 것이 아니다." 하고 그 까닭을 밝혔으니, 『관경』에 "여의주왕이 금색의 미묘한 광명을 내어 여러 가지 보배 색깔의 새를 변화하였다." 한 것이 이것이다.

'법음을 선류(宣流: 널리 유포함)하였다' 한 것에서 '선'은 선포(宣布: 많은 사람에게 널리 알림)의 뜻이니, 위로부터 아래에까지 두루 미치는 것이 마치 왕의 말과 같고, '류'는 유통(流通: 막힘없이 통함)이니 가까운 곳부터 먼 곳까지 퍼지는 것이 마치 흘러가는 물과 같다. 이처럼 부처님이 자신의 법음이 두루 멀리까지 퍼져 빈틈이 없게 하고자 하여,

유독 사람만으로 법을 설하게 하지 않으시고, 저 새소리로 하여금 모두 묘법을 연설하여 어느 곳 어느 때든 듣지 않음이 없게 하였으니, 이것은 대신통력으로 변화한 것이라, 어찌 어리석음이 원인이 되어 축생의 과보를 받은 진짜 새와 같겠는가?

그러나 이 변화에 두 가지 뜻이 있다. 첫째는 부처님이 중생을 교화하기 위해 화인(化人)을 보내 갖가지 법을 설하게 한 것과 같고, 둘째는 성구(性具)의 제법이 성기(性起)에 의해 수행하여, 과(果)에서 저절로 색과 심이 서로 융화하고 의보와 정보가 두 가지가 아닌 것으로 모두 법을 설하니,[106] 그렇다면 새소리가 연창하는 것은 법에 으레 그런 것이지 부처님이 마음을 내어 특별히 변화한 것은 아니다.

'하늘 새와 같지 않다'는 것은, 『정법념처경』에 "하늘에서 즐겁게 노니는 기러기와 연못의 오리 등이 모두 소리를 내어 게송을 설하여, '오욕은 결국 무상하여 탐하고 사랑할 만한 것이 못되느니라' 하니, 하늘이 이를 듣고 눈물을 흘리는 자가 있다." 하니, 이것은 진짜

· · · · · · · · · ·

106 '성구의 제법이…' 한 다섯 구절은 천태 원교의 뜻이다. 천태는 성구설(性具說)을 주장하고 화엄은 성기설(性起說)을 주장하니, 성기(性起)는 화엄의 극담(極談)이요 성구(性具)는 천태의 원담(圓談)이다. 화엄의 성기설(性起說)은 일리(一理)가 인연을 따라 차별법을 이루고, 인연을 따르지 않을 때는 차별이 없다고 설하고, 천태의 원교(圓敎)는 진여 이성(理性)에 본래 미오(迷悟)의 제법이 구족하니 이것을 이구삼천(理具三千: 理에 三千을 구족함)이라 하고, 이 이구(理具)가 항상 인연을 따라 일어나 제상이 완연하니 이것을 사조삼천(事造三千: 事로 三千을 지음)이라 한다. 이 이구삼천(理具三千)과 사조삼천(事造三千)이 모두 동일하니 그러므로 종일 인연을 따르되 종일 변하지 않는다. 그러므로 성기(性起)에 의해 닦을 때 하나를 닦으면 일체를 닦고 하나를 깨달으면 일체를 깨닫는다. 그러므로 인(因)이 다하고 과(果)를 증득할 때 의(依)·정(正), 색(色)·심(心)이 서로 의지하여 하나를 설함에 일체를 설하는 것이다.

새다. 왜냐하면 세상에 있을 때 입으로 묘법을 설하기만 하고 진실한 수행에 힘쓰지 않았기 때문에 그 과보로 새가 되어 천궁에 살았던 것이다. 그 숙업으로 법을 설할 수 있었으니 정토 부처님이 변화한 것과는 같지 않다. 그러므로 하늘 새와는 같지 않다.

疏 문: 법장 비구 게에 "지옥이나 아귀나 축생이 모두 나의 국토 중에 태어나지이다." 했는데, 어찌 저 국토에 악도가 없다고 말합니까?

답: 게의 뜻이 자명하니 의문에 변명을 기다릴 필요 없다. 여인이 태어나는 뜻도 이와 같다.

問 法藏偈云 地獄鬼畜生 皆生我刹中 何言彼無惡道 答 偈意自明 不俟疑辭 女人生者 義亦如是

鈔 '게의 뜻이 자명하다'고 한 것은, 법장 비구가 원을 발한 후에 게를 설하니, 먼저 "지옥·아귀·축생이 모두 나의 국토 중에 태어나지이다." 하고, 다음에 "일체 태어나는 것은 청정행을 닦아 부처님의 금색신과 같이 아름다운 모습이 모두 원만해지이다." 하였다. 그렇다면 반드시 사바세계에서 이미 청정한 인연을 심었으므로 왕생을 얻었고, 이미 저 국토에 왕생했다면 본래 악도를 버리고 모두 상선(上善)을 이루어 상호가 부처님과 같음을 알 수 있으니, 어찌 지옥·아귀·축생이 예전의 제 형체가 있겠는가?

'여인이 왕생하는 뜻도 이와 같다'는 것은, 논에 "여인과 불구자는 모두 저곳에 왕생하지 못한다." 하였다. 그러므로 위의 예에 따르면, 여인이 숙세에 청정행을 닦아 한번 저 나라에 왕생하면 대장부의 모습을 갖추어 다시 여인의 모습이 없다.

요즘은 구품도에 여인을 그리는데, 이것은 잘못이다. 사바세계에서 염불할 때의 모습이 극락에 왕생한 후의 모습이라 해서는 안 된다. 아니면 수행할 때를 표현하여 일체가 모두 왕생할 수 있음을 밝혔을 뿐이다. 지혜로운 자는 이 점을 살펴보라.

疏 이치에 맞게 말한다면, 자성에 본래 탐·진·치 등이 없으니 이것이 '삼악도가 없다'고 한 뜻이요, 자성에 본래 환과 같은 법문[107]을 갖추었으니 이것이 '변화로 지었다'고 한 뜻이다.

稱理 則自性本無貪瞋痴等 是無三惡道義 自性本具如幻法門 是變化所作義

鈔 불이문(不二門)에 의하면 탐·진·치가 곧 계·정·혜니, 그렇다면 선도와 악도가 모두 환과 같고, 환에 자성이 없어서 오직 일심뿐이다. 일심이 나지 않으면 만법이 아무것도 없다.

· · · · · · · · · · ·
107 '환과 같은 법문'이란, 부처님이 일체 법을 설하신 것은 본래 일체 심을 위한 것인데, 내게는 일체 심이 없으니 어찌 일체 법을 쓰리요. 그러므로 일체 법문이 모두 환과 같다.

② 나무 사이에 부는 바람이 법을 연설하다

【經】 사리불이여, 저 불국토의 여러 가지 줄지어 선 보배 나무와 보배 그물에 미풍이 불면 미묘한 소리가 나는데, 이는 마치 수백 수천의 음악이 한꺼번에 연주되는 것 같고, 이 소리를 듣는 자는 자연히 모두 부처님을 생각하고 법을 생각하고 승가를 생각하는 마음을 내느니라.

舍利弗 彼佛國土 微風吹動諸寶行樹 及寶羅網 出微妙音 譬如百千種樂 同時俱作 聞是音者 自然皆生念佛念法念僧之心

疏 앞에서는 줄지어 선 나무와 그물을 말하였고, 지금은 이 여러 가지 나무와 그물이 바람으로 인해 소리를 냄을 말했으니, 위의 새 울음소리가 중생을 제도하여 이익이 무진한 것과 같다.

바람을 '미(微)'라 한 것은 바람이 아름다운 것이요, 소리를 '미묘(微妙)'라고 한 것은 소리가 아름다운 것이니, 미묘란 평화롭고 우아하다는 뜻이다.

'백천 가지 음악'은 적은 것으로 많을 것을 견주었으니, 지극히 아름답다는 것을 찬탄하였다. 인간이나 천상의 극진한 음악도 이것에는 미치지 못한다.

그 소리는 또한 오근·오력·칠각지·팔정도의 갖가지 도품을 연설하는데, 이것을 말하지 않은 것은 문장이 생략된 것이다.

또한『대본』에 "미풍이 몸에 닿으면…"이라 하였으나, 지금 이것을 말하지 않은 것도 역시 문장이 생략된 것이다.

前言行樹羅網 今言此諸樹網 因風出音 如上鳥鳴 化導衆生 利益無
盡也 風曰微者 風之美也 音曰微妙者 音之美也 微妙咆和雅意 百千種
樂者 以少況多 讚其至美 極人天樂 所不能及 其音亦宣根力覺道 種種
道品 不言者 文省也 又大本云 微風觸身 今不言者 亦文省也

鈔 '미는 바람이 아름다운 것이다' 한 것은, 이 세상에서 폭풍이
불면 강이 뒤집히고 골짜기가 무너져 전율하고 두려운 소리가 나고,
사나운 바람이 불면 집이 날아가고 나무가 뽑혀 혐오스럽고 불길한
소리가 나며, 더 나아가서 비람풍(毘藍風, vairambhaka)[108]이 불면 산이
뽑히고 큰 산이 무너져 온 세상을 파괴하여 피할 수 없는 소리가 난
다. 설령 동풍이나 동남풍 등도 아름답다고는 하지만 수풀에 불면 온
갖 사물을 키울 뿐이다.

그러나 저 나라의 바람은 있는 것 같기도 하고 없는 것 같기도 하
며, 차지도 않고 덥지도 않으며, 가볍고 가늘고 순일하고 화평한 것
은 무엇으로도 비유할 수 없다. 『관경』에서 "여덟 가지 청풍"이라 한
것에서 '청'은 미(微)의 뜻이다.

더욱이 저 줄지어 선 나무와 여러 가지 그물이 모두 칠보인데, 미
풍이 불면 서로서로 부딪혀 자연히 미묘한 소리를 내니, 마치 백천의

. . . .

108 신맹풍(迅猛風)·항기풍(恒起風)·선풍(旋風)이라고 의역한다. 우주가 형성할 시초나 마지막에 부
는 신속하고 사나운 큰 바람이다.

음악이 동시에 연주하여 육률(六律)이 서로 화락하고 팔음(八音)이 서로 조화한 것과 같으니, 조화의 극치이며 우아함의 극치이다. 저 바람 부는 나무는 이미 악기가 아닌데 거기서 어떤 음률이 울려 능히 백천 가지 음악이 연주되는지, 한없이 넓은 바다와 같아 참으로 희유하다 하리라.

'인간이나 하늘에서 미치는 것이 없다'는 것은, 『대본』에 "세상의 제왕에게 백천만 가지 음악이 있더라도 도리천궁의 한 가지 아름다운 음악만 못하고, 도리천궁의 백천 가지 음악도 야마천궁의 한 가지 아름다운 음악보다 못하며, 더 나아가서 여러 하늘 음악이라도 극락국토 가운데 바람이 수풀 사이에 불어 미묘하고 아름다운 소리를 내는 것보다 못하다." 하였다.

'또한 도품을 연설한다'는 것은, 경에서는 단지 묘음이라고만 하였으나 사실은 뜻에 설법도 포함되었다. 만약 법음이 아니면 어찌 사람으로 하여금 삼보를 생각하게 할 수 있겠는가? 그러므로 『대본』에 "미풍이 천천히 불어와 여러 보배 나무에 불면 어떤 때는 음악을 연주하고 어떤 때는 법음을 설하기도 한다." 한 것이 그 증거이다. 앞의 것으로 뒤를[109] 예로 든 것은 모두 문장이 생략되었기 때문이다.

'몸에 닿는다'고 말한 것은, 『대본』에 "저 국토의 일체 유정은 바람

....

109 '앞의 것'이란 변화한 새를 말하고, '뒤'는 바람이 부는 나무를 말한다.

이 몸에 불면 편안하고 기뻐서 마치 비구가 멸진정(滅盡定)[110]을 얻은 것과 같다." 하니, 곧 설법 아닌 설법인 것이다.

疏 또한 이 보배 나무 등은 세 가지 보배 중에서 이것이 가장 훌륭하다. 능히 불사를 짓기 때문이다.
又此寶樹等 三種寶中 今是最勝 能作佛事故

鈔 『대지론』에 "보배에 세 가지가 있으니, 첫째 인보(人寶)는 전륜성왕의 보배니 능히 여러 가지 물건을 비 내리게 하고, 둘째 천보(天寶)는 여러 하늘 보배니 능히 명령을 따르게 하며, 셋째 불보(佛寶)는 능히 시방에 불사를 짓는다." 하였다. 지금은 능히 법을 설할 수 있으니, 이것이 보배 중에 가장 훌륭하다. 사람이나 하늘의 것보다 뛰어나기 때문이다.

疏 또한 부처님 도량 나무가 법을 설하기도 하는데, 지금 말하지 않은 것은 또한 문장이 생략되었기 때문이다. 앞의 연못물이 모두 법을 설한 것에 예하였기 때문이다.

· · · · · · · · · ·

110 '멸진정'이란 구차제정의 마지막 정(定)이다. 이 정(定)은 칠식(七識)이 항상 행하는 심(心)·심소(心所)와 육식(六識)이 항상 행하지 않아 심(心)·심소(心所)가 모두 멸진하고 유독 팔식(八識)만이 있기 때문에 '멸진(滅盡)'이라 하였다. 이 정(定)을 얻은 자는 육근이 비고 고요하여 다시는 내달리지 않고 안팎이 맑아서 들어가되 들어감이 없으니, 참으로 편안하고 즐거움의 극치다. 그러므로 바람이 몸에 부는 것에 비유하였다.

또한『화엄경』과『반야경』등에도 모두 이런 뜻이 있다.

又佛道樹說法 今不言者 亦文省故 例前池水皆說法故 又華嚴般若
等 皆有此義

鈔 '도량 나무'란,『대본』에 "부처님 도량 나무는 여러 가지 보배
로 장엄하였는데, 보배 그물이 그 위를 덮었다. 미풍이 천천히 불어
오면 한없는 묘법 음성을 내어 여러 부처님 세계에 두루하니, 이것을
듣는 중생은 깊은 법인을 얻어 불퇴전위에 머물러 위없는 보리를 성
취하느니라." 하였다.

지금 이것을 말하지 않은 것은, 앞의 소에서 줄지어 선 나무를 포
함하였음을 인용한 가운데 '줄지어 선 나무도 법을 설할 수 있는데 부
처님 도량 나무만이 어찌 그렇지 않으랴' 한 것과 같다. 그러므로 '문
장이 생략되었다' 한 것이다.

또 예를 들어 살펴보면, 앞에서는 단지 보배 연못만을 설했으나,
소에서는 두 부의 경문에서 "곧 보배 물이 흘러 모두 묘법을 설한다."
한 것을 인용하였고, 또『대본』에서는 "그 도량 나무를 보는 중생은
눈병이 없고, 그 향기를 맡는 자는 콧병이 없으며, 그 열매를 먹는 자
는 혀에 병이 없으며, 나무의 광명이 비치는 자는 몸에 병이 없고, 나
무를 관상(觀想)하는 자는 마음에 청정을 얻어 다시는 탐진 번뇌의 병
이 없다." 하며, 또 "이 나무를 보는 자는 삼법인(三法印)[111]을 얻는다."

· · · · · · · · · ·

111 '삼법인'이란, 첫째는 음향인(音響忍)이니 성교(聖敎)를 들음으로 인하여 깨달음에 들기 때문이요,

435

하니, 곧 나무의 색과 향기와 맛도 모두 오근·오력·칠각지·팔정
도를 연설하여 이와 같은 여러 가지 법을 듣는 중생은 모두 삼보를
생각한다는 것을 알 수 있다.

또, 저 나라의 금모래와 저 나라의 계단과 저 나라의 누각과 저 나
라의 연꽃과 하늘 음악과 하늘 꽃과 옷과 식기 등, 모든 물건들이 모
두 오근·오력·칠각지·팔정도를 연설하니, 이러한 법을 듣는 중생
은 모두 삼보를 생각한다.

『화엄경』에서는 향운대(香雲臺) 그물에서 모두 송을 내어 말하고, 또
한 도리천의 하늘 북[112]이 헤아릴 수 없는 진리를 연설하며, 우레 소리
와 보배 숲에서 무생(無生)의 미묘한 게를 설하고, 『대반야경』에서 "정
토의 수림 등 안팎의 물건 가운데서 항상 미풍이 부딪쳐 미묘한 소리
를 내어 일체법이 모두 자성이 없음을 설한다.…" 하니, 이 뜻과 같다.

疏 잘 아는 자는 이 세상의 유정이나 무정도 모두 법을 설하나
니, 예컨대 꾀꼬리 소리를 듣거나 대가 부딪치는 등과 같으니, 더욱
이 정토에서랴!

善會之者 此土有情無情 亦皆說法 如聞鶯擊竹等 況復淨土

··········

둘째는 유순인(柔順忍)이니 번뇌를 절복하여 전혀 일어나지 않기 때문이요, 셋째는 무생법인(無生法忍)
이니 무생(無生)의 이치를 마음에서 인가하기 때문이다.

112 '도리천의 하늘 북'이란, 『화엄경』에 "도리천의 여러 하늘이 오욕락에 집착하여 게으름을 피울
때, 하늘 북 가운데서 자연히 소리를 내서 이들에게 '이 즐거움은 무상하다. 게으르지 마라' 하고 고
하였다." 하였다.

鈔 '잘 안다'는 것은, 이를테면 경계를 경계로 여기지 않고 경계가 곧 마음이라, 어느 것이나 모두 조사의 뜻임을 아는 것이다. 여기서는 우선 두 가지 일을 들었다.

'꾀꼬리 소리를 듣는다'는 것은, 한 스님이 『법화경』에서 "제법이 본래부터 항상 적멸한 모습이다." 한 말씀에 의심을 내어 오랫동안 참구하였으나 깨닫지 못하더니, 홀연히 꾀꼬리 울음소리를 듣고는 마침내 크게 깨닫고는 "제법이 본래부터 항상 적멸한 모습이니, 봄이 오니 온갖 꽃이 향기롭고 꾀꼬리는 버드나무 위에서 우네." 하고 송하였다.

'대나무가 부딪치다'고 한 것은, 향엄 선사가 '부모에게서 태어나기 이전[父母未生前]' 화두를 알지 못하여 분심을 내어 산에 머무르더니, 하루는 땅을 쓸다가 돌이 대에 부딪쳐 쨍그랑 하는 소리를 듣고 홀연히 크게 깨닫고 송을 말하기를 "한번 부딪치고는 소지(所知)를 모두 잊으니 다시 수행[修持]을 빌리지 않네. 동작[動容]에서 옛길을 떨치니 초연기(悄然機)에 떨어지지 않네." 하였다.[113]

. . . .

113 향엄이 백장 선사 회상에 있을 때는 기봉(機鋒)이 민첩하였다. 그 후 위산을 참예하니 위산이 묻기를 "그대가 백장에 있을 때 능히 하나를 물으면 열을 대답하고 열을 물으면 백을 대답하였다 하니, 사실인가?" 하였다. "그렇습니다." "나는 그대가 열을 물으면 백을 대답하는 것이 필요치 않다. 다만 부모에게서 태어나기 이전의 본래 네 모습 한 구절만 가져오라." 하니, 향엄이 대답하지 못하고 위산이 설해주기를 청하였다. 그러자 위산이 "내가 만약 그대를 위해 설파한다면 그대는 나중에 나를 매도할 것이다. 가라! 그대를 위해 설하지 않으리라." 하였다. 향엄이 분발하여 "나는 일생을 버려 항상 죽반승(粥飯僧)을 행하여 결단코 이를 참파하리라." 하더니, 나중에 땅을 쓸다가 돌이 대에 부딪치는 소리를 듣고 홀연히 깨닫고는 위산을 향해 예를 올리고는 "만약 스님께서 나를 위해 설해 주었다면 어찌 오늘의

그렇다면 처마 밑 제비 소리나 소나무 소리, 모기나 파리 한 마리, 풀 한 포기 잎사귀 하나가 묘법을 연창하고 도심을 설하지 않음이 없으니, 더욱이 청정한 불토에서랴!

문: 교에서는 부처님이 법을 설하시기도 하고 묵묵하시기도 하여 이 두 가지 가운데 어느 한 가지를 폐하지 않았는데, 지금은 물이나 새나 숲이 법을 연설하여 끝이 없으니, 이것은 움직이는 것은 있고 고요함은 없는 것입니다.

답: 『대본』에 "듣고 싶은 자는 언제나 듣기만 하고, 듣고 싶지 않는 자는 가만히 듣지 않는다." 하니, 고요함과 작용이 마음을 따르니 움직이는 것이 곧 고요한 것이다.

疏 이치에 맞게 말한다면, 자성은 이(理)와 지(智)가 서로 화합하여 어우러지니, 이것이 바람이 나무 사이에 부는 뜻이다.

稱理 則自性理智交融 是風樹義

. . . .

일이 있을 수 있겠습니까?" 하였다. '한번 부딪쳐 소지를 잊어버렸다' 한 '소지'는 곧 소지장(所知障)이니, 그가 하나를 물어 열 가지를 답한 곳이 여기에 이르러 홀연히 사라졌다. 그러므로 '잊어버렸다' 하였다. '다시 수지를 빌리지 않는다' 한 것은, 소위 '수증(修證)은 없지 않으나 염오(染汚)는 얻을 수 없다' 한 것이요, 또 "망상을 끊는 것, 병만 더하고, 진여에 나아가는 것, 이도 역시 사(邪)네." 하며, 또 "지금부터는 하늘을 의심하지도 않고 땅도 의심치 않노라." 한 것이다. '동용에서 옛길을 떨친다' 한 것의 동용은 곧 동작함을 말하고, '옛길을 떨친다'는 것은 묘성(妙性)을 발휘함을 말한다. 소위 '좌우에서 근원을 만나니 손으로 춤추고 발로 뛰는 줄도 알지 못하였네' 한 것이다. '초연기에 떨어지지 않는다'고 한 '초연기'는 허무적멸(虛無寂滅)한 것을 말했으니, 지금은 열반의 하늘에 태양이 밝으니 시방세계와 몸과 마음이 폐유리와 같이 안과 밖이 명철하다. 그러므로 '떨어지지 않는다' 하였다.

鈔 이(理)가 만법을 포함한 것은 나무와 같고, 지(智)가 법계에 두루하는 것은 바람과 같으니, 지와 이가 서로 합하고 이가 지를 따라 드러난다. 그러나 바람과 나무가 각기 서로 알지 못하고, 이와 지가 원래 두 가지 근본이 없으니, 백천 가지 음악은 바람이 지은 것도 아니고 나무가 지은 것도 아니라, 그대의 마음이 지은 것이다.

③ 두 가지 장엄을 총 결론짓다

[經] 사리불이여, 그 불국토는 이와 같은 공덕을 성취하여 장엄하였느니라.

舍利弗 其佛國土 成就如是功德莊嚴

疏 위의 변화한 새와 나무에 부는 바람, 두 가지 장엄이 모두 저 부처님의 인지(因地)의 원과 행의 공덕으로 성취한 것임을 결론지었다.

또한 변화공덕과 대승공덕 등 네 가지 성취는 『왕생정토론』에서 앞뒤 공덕을 설한 것과 같으니, 번거로워 각기 조항 아래에 연계하지 않는다.[114]

. . . .

114 천친보살이 『왕생론』을 지어 이 경을 해석하였는데, 저 논의 송 중에서 17종 공덕으로 이 경의 공덕 장엄을 해석하며 송으로 경을 대하였다. 그러나 앞뒤에서 모두 분명히 드러난 것은 잘 알 수 있을 것이므로 번거로워 인용하지 않는다는 뜻이다. 다만 이 경의 변화한 새와 나무에 부는 바람 두

結上化禽風樹二種莊嚴 皆彼佛因地願行功德所成就也 又變化功德

大乘功德等 四種成就 如論中說前後功德 繁不各係條下

鈔 '원의 공덕으로 성취하였다'는 것은, 『대본』 법장 비구 원에 "내가 부처가 되었을 때 나의 국토 사람들이 마음속에 듣고자 하는 대로 자연히 들을 수 있어지이다." 했으니, 그러므로 새나 나무가 모두 미묘한 법음을 이루었다.

'행의 공덕으로 성취하였다'는 것은, 『대본』에서는 발원한 후에 수행하였으니, "언제나 온화한 얼굴과 인자한 말로 중생을 이익되게 하였다." 한 것과 같으니, 그러므로 바람이 나무에 불어 모두 묘음을 이룰 수 있었고, "불·법·승을 믿고 존중하고 공경하였다." 한 것과 같으니, 그러므로 이를 듣는 자는 모두 삼보를 생각할 수 있었다.

'변화공덕'이란, 『왕생론』 송에 "갖가지 잡색 새가 각기 우아한 소리를 내니, 이를 듣는 자는 삼보를 생각하고 상을 잊어버리고 일심에 들어가네." 한 것이 이것이다.

'대승공덕'이란, 『왕생론』 송에 "대승 선근 경계여, 평등하여 원망하거나 의심하는 이름이 없으니, 여인과 불구자와 이승종은 태어나지 않네." 한 것이 이것이다.

··········

가지 장엄만은 인용하여 저 송을 대하였다. '변화공덕과 대승공덕 등 네 가지 공덕'이란, 저 송에서는 '부처님이 화작하였다' 한 것과, '악도가 없다'고 한 두 가지 뜻은 빠졌기 때문에 지금 특히 인용하여 이것을 밝혔다.

'등'이란, 허공공덕과 성공덕[115]을 등취하였다.

전후의 '이와 같은 공덕장엄[如是功德莊嚴]' 아래는 논의 송을 각기 연계하지 않았으니, 여기 송에서는 첫째는 '변화하여 만든 것[化作]'이 빠졌고, 둘째는 악도가 빠졌다. 그래서 특별히 이것을 밝혀서 여러 가지 새가 소리를 냄을 말했으니, 만약 부처님이 지은 것이 아니면 어찌 능히 듣는 자가 상을 잊고 일심에 들어갈 수 있으며, 악도를 말하지 않은 것은 인(人) 중에도 오히려 여인이 없고 성인 중에도 오히려 작은 성인이 없는데 더욱이 악도가 있으랴. 앞뒤에서 분명히 드러난 것은 잘 알 수 있을 것이므로 번거롭게 연계하지 않았다.

또한 정보의 두 가지 공덕(상수 공덕과 대중 공덕)은 '이와 같은 장엄' 조항 밖에 있기 때문에 또한 연계하지 않았다.

疏 이치에 맞게 말한다면, 자성 반야가 법계에 두루하니 이것이 새와 나무가 법을 설한 뜻이다.

稱理 則自性般若周徧法界 是鳥樹說法義

鈔 『수능엄경』초(鈔)에 "만약 능히 사물을 변화할 수 있으면 곧 여래와 같다." 하니, 마음 밖에 사물이 없고 사물이 곧 마음이라, 마음에 분별을 여의기만 하면 정지(正智)인 반야가 법계에 두루하여 장

· · · · · · · · · ·

115 '허공공덕'이란, 송에 "한없는 보배가 뒤섞인 허공 속의 그물에서 갖가지 방울이 소리를 내어 미묘한 법음을 선토(宣吐)하네." 하였다. '성공덕'이란, 정도(正道)의 대자비가 선근을 출생하기 때문이다.

애가 없다.[116]

그러므로 서방 정토의 물이나 새나 수풀이 모두 법을 설하거니와, 지금은 새나 나무가 법을 설하는 것을 보지 못하는 것은 망념을 여의지 않았기 때문이다.

『기신론』에 "망념을 여읜 모습은 허공계와 같다."고 했으니, 그러므로 허공계 중에서 널리 모두 법을 설하는 것이다.

나) 정보
(1) 교화의 주인
(가) 명호를 묻다

【經】 사리불이여, 그대 생각은 어떠한가? 저 부처님을 무슨 까닭에 '아미타'라 하는가?

舍利弗 於汝意云何 彼佛何故號阿彌陀

· · · · · · · · · ·

116 '만약 능히 사물을 변화할 수 있으면···' 한 두 구절은 『능엄경』 경문이고, '마음 밖에 사물이 없고···' 한 여섯 구절은 초(鈔)에서 경문을 해석한 글이다. 초(鈔)의 뜻은 경에서 말한 '사물을 변화한다' 한 것은 변화할 만한 사물이 있는 것이 아니라 마음 밖에 결코 사물이 없으니 일체 사물이 모두 이 마음임을 말했으니, 사물이 있음을 보는 것은 마음에서 분별을 내기 때문이다. 그러므로 일념도 내지 않으면 전체가 저절로 드러난다. 이것을 보면 자성 반야가 법계에 두루하여 서방정토의 물이나 새나 수풀이 모두 법을 설함을 볼 수 있다.

442

疏 위에서는 의보의 수승함을 밝혔고, 의보는 정보로부터 나오므로 다음에 정보를 밝혔다.

'그대 생각은 어떠한가?' 한 것은 그가 알고 있는지 여부를 물은 것이다. 저 부처님의 명호가 아미타이신 줄은 이미 알았으나 아직 그 뜻은 알지 못한다. 저 부처님은 한 경의 바른 주인이시므로 반드시 물어야 하는 것이다.

上明依報之勝 而依從正生 故次明正報 於意云何 審其解否也 已知彼佛號阿彌陀 未知其義 以彼佛乃一經正主 故須審問

鈔 '바른 주인[正主]'이란, 과보에 의 · 정이 있는데 부처님이 정(正)에 계시기 때문이요, 정에 주 · 반이 있는데 부처님이 주(主)가 되시기 때문이다.

'뜻을 반드시 물어야 한다'고 한 것은, 미타 만덕의 이름은 그 뜻이 깊고 넓으므로 반드시 이를 상세히 설명하여 사람들로 하여금 깨닫고 사모하는 마음을 내게 해야 하기 때문이다.

疏 이치에 맞게 말한다면, 자성의 정사유(正思惟)가 '그대 생각은 어떠한가?' 하는 뜻이다.

稱理 則自性正思惟 是於意云何義

鈔 생각하고 헤아리는 것을 '의(意)'라고 하니, 세상 사람들이 의식을 일으켜 순간순간 밖을 쫓아 세고 헤아리는 것을 '삿된 사유'라고

한다. 지금은 그러한 의식을 되돌려 묻고 참구하며 생각하고 또 생각하여, 생각이 다해 근원으로 돌아가면 생각하되 생각할 것이 없어서 온몸이 수(壽)이고 광(光)이리니, 어찌 저 부처와 이 부처를 논하리오.

(나) 덕을 밝히다

① 이름에 여러 가지 뜻을 포함하다
㉮ 광명이 무량함

【經】 사리불이여, 저 부처님은 광명이 무량하여 시방 국토를 비추되 아무런 장애가 없으니, 그러므로 '아미타'라 하니라.

舍利弗 彼佛光明無量 照十方國 無所障礙 是故號爲阿彌陀

疏 '무량'은 이미 앞에서 해석한 것과 같다. 그러나 '무량'이라는 이름을 얻게 된 까닭을 아직 모른다. 여기서는 광명과 수명 두 가지가 모두 무량함을 말하였다.

광명에 두 가지가 있으니 첫째는 지혜 광명이요, 둘째는 신체 광명이다. 또한 두 가지 뜻이 있으니 첫째는 상광(常光: 출몰이 없이 항상 빛나는 광명)이요, 둘째는 방광(放光: 광명을 놓음)이다.

또한 빛나는[光] 소인에도 두 가지 뜻이 있으니, 하나는 만덕으로 이루어졌고, 또 하나는 본원으로 이루어졌다.

無量已如前釋 然未知無量得名之故 今謂是光明壽命 二皆無量也
光明者有二 一者智光 二者身光 復有二義 一者常光 二者放光 又光所
因 復有二義 一是萬德所成 一是本願所致

鈔 먼저 '광명'을 해석한다. 지혜 광명과 신체 광명이란, 노사나는 우리말로 '광명이 두루 비치다'라고 하는데, 자수용신이 일진법계를 비추는 것을 지혜 광명이라 하고, 타수용신이 대중을 두루 비추는 것을 신체 광명이라 한다.[117]

또한 『열반경』에서는 이렇게 말하였다.

"유리광보살이 신체 광명을 놓으니, 문수가 말하기를 '광명은 지혜라고 부르니, 곧 사(事)와 이(理)가 원융하여 신체와 지혜 두 가지가 아니다'[118]하였다."

'상광'은, 항상 나타난 광명은 놓거나 놓지 않음이 없으니, '원광이 한 길이나 된다…' 한 것과 같다.

'방광'이란, 어떤 때는 미간에서 놓기도 하고, 정수리, 입, 치아, 배

. . . .

117 '자수용신은 일진법계를 비춘다' 한 것은, 곧 모양이 없는 신체가 공덕과 지혜로 체가 되니 그러므로 일진법계를 비추고, '타수용신이 대중을 두루 비춘다' 한 것은, 곧 모양이 있는 신체가 색과 심으로 체가 되어 십지보살을 위해 나타나니, 그러므로 대중을 두루 비춘다. 이것은 신체와 지혜를 나누어 해석한 것이다.

118 '광명은 지혜라고 한다' 한 것은, 만약 신체 광명이 지혜가 아니면 나무나 돌, 흙덩이와 같이 무정물에 불과하고, 지혜가 신체 광명이 아니면 지혜가 두루하지 못하다. 그러므로 신체 광명의 사(事)와 지혜 광명의 이(理)가 원융하여 두 가지가 아니다. 이것은 신체와 지혜를 합하여 해석한 것이다.

꼽, 발 등에서 놓는다.

여기서 '광명'을 말한 올바른 뜻은 상광에 있으나, 방광과 신광(身 光)과 지광(智光)도 겸하였다. 『대본』에 "그때 아미타불이 얼굴에서 무 량광을 놓았다." 하고, 또한 "나는 지혜광으로 수많은 세계를 널리 비 춘다." 한 것과 같다.

'만덕으로 이루어졌다'는 것은, 『화엄경』「현수품」에서 44문(처음에 善現照耀로부터 마지막에 觸法淸淨까지)의 광명을 나열하면서 각기 그 원인 을 밝히기를, "혹은 삼보에 귀의하기도 하고 사홍서원을 발하기도 하 며, 3학과 6바라밀로 성취하였다." 하고서, 낱낱이 결론짓기를 "그러 므로 이러한 광명을 이루었다." 하였다.

또한 『반야경』에서 부처님이 "나는 일체법에 집착함이 없었으므로 상광이 한 길이나 됨을 얻었다." 하니, 곧 이 부처님의 광명이 한 가 지 덕으로 이루어진 것이 아님을 알 수 있다.

'본원으로 이루어졌다'는 것은, 『대본』 법장 비구 원에 "내가 부처 가 되었을 때 정수리의 광명이 해나 달보다 백천만억 배나 수승해지 이다." 하고, 또 "원컨대 내가 부처가 되었을 때, 광명이 무수한 세계 를 비추어 캄캄한 지옥까지도 모두 밝아 모든 하늘 인민으로부터 벌 레에 이르기까지 나의 광명을 보는 자는 자비스러운 마음으로 선을 행하여 나의 국토에 왕생하지 않는 이가 없어지이다." 하며, 또한 원 앞의 게에 "무량세계에 광명이 모두 비치게 하여지이다." 하였으니, 그러므로 지금 성불하였기 때문에 소원한 바와 같은 것을 얻었다.

疏 '무량'이란, 비추는 범위가 넓은 것을 말하였다. '시방'이란 다른 경에서 일방(一方)만을 비추는 것과는 다르기 때문이다. '장애가 없다'는 것은 일광(日光)도 오히려 장애가 있는 것과는 다르기 때문이다.

無量者 言所照之廣也 十方者 不同他經 照一方故 無障礙者 不同 日光 猶有礙故

鈔 '다른 경과는 다르다' 한 것은, 예컨대 『법화경』에서는 '동쪽'을 비추고 다른 곳은 비추지 않았고, '만팔천'이면 다른 국토는 포함되지 않으니 뜻에 각기 취하는 것이 있기 때문이다.[119] 지금은 네 곳의 간방과 위아래 일체 국토를 비추지 않음이 없기 때문이다.

'일광과는 다르다'고 한 것은, 태양도 비록 광명이 있으나 아수라가 막으면 장애가 있고, 철위산의 양쪽 사이에 있으면 장애가 있으며, 동이를 엎어놓은 아래는 장애가 있다. 또한 남섬부주가 밝으면 북울단월은 장애가 있고, 서구야니가 밝으면 동불바제는 장애가 있거니와,[120] 지금 이 광명은 산을 뚫고 벽을 지나며 캄캄한 지옥에까지 통하고 이르니, 능히 막고 장애하여 광명이 숨게 하지 못하고 가리고 방해하여 광명이 단절하게 하지 못하기 때문이다.

. . . .

119 '뜻이 각기 취하는 것이 있다'는 것은, 동방은 진(震)이요 진(震)은 여러 가지 동(動)의 우두머리니 동(動)이 곧 부동이라, 부동지(不動智)를 표현하였다. '만팔천'이란 십팔계의 무명을 타파함을 표현하였다.

120 남섬부주, 북울단월, 서구야니, 동불바제는 사대주 또는 사주(四洲)라 하니, 고대 인도인의 세계관이다. 수미산의 사방, 칠금산(七金山)과 대철위산(大鐵圍山) 사이의 염해(鹹海) 가운데 있다.

『대본』에 "저 부처님의 광명이 가장 멀리까지 비추니, 제불의 광명이 능히 미치지 못하느니라. 시방 제불의 정수리 광명은 어떤 때는 1리를 비추고 어떤 때는 2리를 비추기도 하여, 이와 같이 점차 멀어져서 어떤 때는 2백만 리를 비추고, 어떤 때는 하나의 세계와 두 개의 세계를 비추기도 하며, 이와 같이 점점 멀어져서 2백만 세계를 비출 때도 있지만, 오직 아미타 부처님 광명만이 천만세계를 비추어 다함이 없다. 그러므로 '무량광불' '무변광불' '무애광불'이라 하며, 그 밖에 '초일월광불(일월의 광명을 초월한 부처님)'이라 하느니라." 하니, 모두 광명이 무량하다는 뜻이다.

『관경』에 "저 부처님의 원광은 마치 백억 삼천대천세계와 같다." 하고, 또 "저 부처님에게는 팔만사천 형상이 있고, 낱낱 형상마다 팔만사천 수형호(隨形好)가 있으며, 낱낱 수형호마다 팔만사천 광명이 있어서 시방 염불중생을 두루 비추어 그들을 모두 거두어 버리지 않느니라." 하였다.

또한 『대본』에 "아난이 머리를 땅에 대고 부처님 명호를 부르니, 예배가 채 끝나기도 전에 부처님이 대광명을 놓아 시방의 상하에 두루하였다." 하니, 모두 광명이 무량하다는 뜻이다.

문: 태양도 오히려 장애가 있다는 것은 누구나 다 아는 사실이지만, 부처님 광명이 장애가 없다는 것은 무슨 근거가 있습니까?

답: 수달이란 늙은 노파가 부처님을 만나고 싶지 않아 깊은 규방으로 피해 들어갔더니, 부처님 광명이 비치는 곳에 담과 벽이 모두 사라져 안팎과 사방이 항상 부처님과 마주 대하였다 하니, 곧 무애하

다는 증거이다.

㉯ 수명이 무량함

【經】또한 사리불이여, 저 부처님과 그곳 인민들의 수명이 무량
무변 아승지겁이니, 그러므로 '아미타'라 하니라.

又舍利弗 彼佛壽命 及其人民 無量無邊阿僧祇劫 故名阿彌陀

疏 광명이 무량한 것은 무량의 한 가지 뜻이니, 여기서는 수명도
또한 무량함을 말하였다.

부처님의 수명에 세 가지가 있으니, 법신수명과 보신수명과 응신
수명이다.『법화경』과『관경소』에서 설한 것과 같다.

그러나 부처님 수명이 무량한 것은 근기가 보는 것에 따르거니와,
지금의 무량은 무량에 의한 무량이라 할 수 있다.

光明無量 是無量之一義 今言壽命亦無量也 佛壽有三 法壽 報壽
應壽 如法華及觀經疏中說 然佛壽無量 隨機所見 今之無量 亦可卽無量
之無量

鈔 '수명'이란 목숨이 경과하는 것이니, 짧기도 하고 길기도 하다.

지금은 감겁(減劫)에 해당되니 목숨은 겨우 백 년뿐이요, 저 증겁
(增劫) 시에도 역시 겨우 팔 만뿐이며, 비록 전륜성왕이나 천제나 제불

이 세상에 머무는 것도 또한 한정이 있거니와, 오직 저 아미타 부처님 수명만이 영원하여 일반적인 숫자에 국한되지 않는 것을 '무량'이라 한 것이다.

'세 가지 수명'이란, 『법화경』「수량품」 소(疏)에 "수(壽)는 수(受)의 뜻이다. 만약 법신이라면 진여가 제법과 떨어져 있지 않으므로 수(受)라고 하고, 보신이면 경계와 지혜가 상응하므로 수라고 하며, 응신인 경우에는 한평생 과보가 백 년 동안 끊어지지 않으므로 수라고 한다. 법신은 진여로 수명을 삼고, 보신은 지혜로 수명을 삼으며, 응신은 인연으로 수명을 삼는다." 하였다.

『관경』 소에 "나고 죽는 것이 같아서 시작이 있고 끝도 있음을 보이는 것은 응신수명이요, 한번 얻음에 영원히 얻어서 시작은 있으나 끝은 없는 것은 보신수명이며, 수명도 아니고 수명 아닌 것도 아니어서 시작도 없고 마침도 없는 것은 법신수명이다." 하였다.

또 "저 부처님의 수명은 실로 기한이 있으나 인간이나 천상이 이를 헤아리는 이가 없으니, 이것은 양이 있는 무량이다." 하니, 월계 스님 해석에 "이 경에서 비록 '무량'이라 하였으나, 이것은 32상의 늘 보는 몸이지 『관경』에서 말한 수승한 응신[勝應]이나 특별한 몸이 아니다." 하니, 또한 위의 뜻과 같다.

지금 여기서 '근기가 보는 것에 따른다'는 것은 이 경의 불신은 한정이 없음을 말했으니, 앞의 '의리의 깊고 넓음' 가운데서 이미 밝혔다.

더욱이 경문에서는 다만 '아미타불이 현재 그의 앞에 있다'고만 하고, 어떤 몸을 나타내는지는 지적한 적이 없는데, 월계 스님이 어떻게 32상이라고 판단하여 '반드시 열등한 응신[劣應]이다' 했을까? 그렇다면 이것은 열등한 근기가 스스로 그렇게 본 것이니, 이 경이 오로지 열등한 응신으로 열등한 근기에게만 이익을 입혔던 것은 아니다.

『대본』법장 비구 원에 "내가 부처가 되었을 때, 설령 시방 중생이 모두 연각이나 성문이 되어 모두 일심으로 좌선하여 나의 나이가 몇 천억만겁이나 되는지 헤아리더라도, 능히 아는 자가 없어지이다." 하니, 어찌 항상 보는 몸의 '무량'이겠는가?

그러므로 부처님이 쌍림에서 입멸하였으나, 어떤 이는 영산회상이 흩어지지 않음을 보기도 하고, 노사나의 천 길 몸을 어떤 이는 장육의 금색신으로 보기도 하는 것은 부처님 몸은 본래 옮기지 않았는데 근기가 스스로 다르게 보았기 때문이다. 그렇다면 저 부처님의 수명이 '무량에 의한 무량'이라 한 것이 옳지 않겠는가?

疏 '그곳 인민들'이라 한 것은 교묘하게 도치어를 사용했기 때문이다.

'인민'이라 한 것은 부처님이 왕과 같기 때문이다.

'아승지'는 우리말로 무수(無數)라 하니, 이것의 배를 '무량무변'이라 한다. 사람의 수명에 두 가지가 있으니, 첫째는 부처님의 본원력을 받은 수명이요, 둘째는 자신의 공덕력에 의한 수명이다.

及其人民者 巧用倒語故 言人民者 佛如王故 阿僧祇 此云無數 倍之名無量無邊 人壽有二 一佛本願力故 二自功德力故

鈔 '도치어'란, 바른말로는 반드시 '부처님과 인민들의 수명이 무량하니[佛及人民 壽命無量]'라고 말해야 한다. 예컨대 '바라밀'은 도피안(到彼岸)이지만 반드시 피안도(彼岸到)라 해야 하는 것과 같다. 뜻으로 이해하면 글이 잘못된 것이 없다.

'부처님이 왕과 같다'는 것은, 저 국토에는 군신이나 부자가 없으나 부처님이 법왕이시므로 군주의 뜻이 있고, 저 나라에 왕생하는 자는 저 부처님에 의해 부처를 배우기 때문에 인민의 뜻이 있으니, 이 세상에서 대대로 서류에 올려 실제로 백성이라고 기록한 것과는 다르다.

'승지'는 열 가지 대수(大數)에 들어가는 첫머리니, 100락차부터 배배로 쌓아서 생긴 것이다.[121] 또한 승지의 승지가 1무량이요 무량의 무량이 1무변이니, 지금 이것을 합하여 말한 데 두 가지 뜻이 있다. 첫째는 실제 그 수를 말했으니 승지로 계산하면 무량무변의 승지가 있고, 둘째는 극단적으로 많다는 것을 찬탄하였으니, 끝이 없고 양이 없으며 한계가 없는 승지인 것이다.

'부처님 본원력'이란, 『대본』 법장 비구 원에 "내가 부처가 되었을

----

121 '승지는 열 가지 대수에 들어가는 첫머리다' 한 것은, 처음에 아승지로부터 마지막에 불가설불가설전(不可說不可說轉)까지다. '100락차부터 배배가 쌓았다' 한 것은, 숫자에 세 등급이 있으니 이를테면 하·중·상이다. 황제산법(黃帝算法)에는 모두 13수가 있으니 십(十)·십(十)이 백(百)이요, 십(十)·백(百)이 천(千)이요, 십(十)·천(千)이 만(萬)이요, 억(億), 조(兆), 경(京), 해(垓), 자(秭), 양(壤), 구(溝), 간(澗), 정(正), 재(載)니 이것은 10배의 하수(下數)다. 중등(中等) 수는 100배로 배하니, 경에 "1백락차는 1구지요…" 한 것이 이것이다. 상등(上等)의 수는 배배로 배하니 "구지의 구지가 1아유다다" 한 것이다.

452

때, 나의 국토에 왕생하는 사람의 수명이 모두 무수겁이어서 그 수를 능히 계산할 자가 없어지이다." 했으니, 부처님의 원력을 받은 수명이다.

'자신의 공덕력'이란, 일심으로 염불하여 마음이 청정하기 때문이다. 연꽃 속에 화생한 청정한 몸은 물질로 이루어지고 장애가 있는 늙고 병들고 죽음이 있는 육신과는 다르다. 자신의 정진력으로 해서 있는 수명이다.

疏 문: '이 무량은 무량에 의한 무량이라 할 수 있다' 하였는데, 증거가 있습니까?

답: 『화엄경』에서 설한 것과 같다.

間云 此無量亦可卽無量之無量者 還有證否 答 例如華嚴中說

鈔 위에서 『관경』 소를 인용하여 '이 무량은 양이 있는 무량이다' 하고, 또한 '무량에 의한 무량이라 할 수 있다' 하고 말한 것은, 지금 이 문장이 『화엄경』과 꼭 같기 때문이다. 저 경 「십회향품」 문장에 '무량아승지'라 한 것을 해석하여, "이것은 숫자 가운데 한 가지가 아니라 수가 없음을 말했을 뿐이다. 만약 숫자를 한정하면 곧 그것에만 국한된다." 하였다. 지금 이 경에서도 또한 "무량무변 아승지겁"이라 하며 두 경의 문세나 뜻이 매우 비슷하다. 그러므로 "저 부처님의 수명도 한정과 양이 없이 무량하시다." 한 것이다.

문: 『화엄경』「수량품」에 "사바세계의 1겁이 극락세계의 하루와 같

고, 극락세계의 1겁이 가사당세계의 하루니, 차츰 겁과 하루를 상대하여 백만아승지세계가 승연화(勝蓮華)세계의 정점에 이르면 극락이 사바보다 겨우 나을 뿐이고 뒤의 것보다는 매우 못합니다. 어떻게 한정과 양이 없는 무량일 수 있습니까?"

답: 초(鈔)에서 "삼신(三身)이 원융하면 삼독도 아무 장애가 되지 않는다. 긴 것에 나아가서 능히 짧을 수 있고, 짧은 것에 나아가서 능히 길 수가 있어서, 긴 것도 없고 짧은 것도 없다. 긴 것과 짧은 것이 존재하지만 낱낱이 원융하여 언어와 생각이 끊어졌다."[122] 하고 해석하며 그 뜻이 자못 분명하니, 수고스럽게 더 따지지 마라.

疏 또한 수명과 광명만을 든 것은 묶어서 말한 것이니, 적은 것으로 많은 것을 섭수하기 때문이다.

두 부의 경 제목에서 단지 '무량수'라고만 말한 것은 묶고 또 묶은 것이니, 체가 용을 섭수하기 때문이다. 구체적으로 말한다면 의보와 정보가 모두 무량하다.

又壽命光明者 約而言之 少攝多故 二部名題 止曰無量壽者 約之又約 體攝用故 若具說者 依報正報 悉皆無量

. . . .

122 '긴 것이 능히 짧다' 한 것은 보신이 곧 응신이요, '짧은 것이 항상 길다' 한 것은 응신이 곧 보신이며, '긴 것도 없고 짧은 것도 없다' 한 것은 보신과 응신이 곧 법신이며, '길고 짧은 것이 존재한다' 한 것은 법신이 곧 보신이요 응신임을 말하였다. '낱낱이 원융하여 언어와 생각이 끊어졌다' 한 것은, 긴 것이 능히 짧을 수 있는지라 가히 보신이라 말할 수 없고, 짧은 것이 항상 긴지라 가히 응신이라 말할 수 없으며, 내지 길고 짧은 것이 존재하는지라 가히 법신이라 말할 수도 없다.

鈔 '묶어서 말한 것이다'는 것은, 부처님은 만덕을 갖추셨는데 지금 단지 '수명'과 '광명'만을 든 것은, 『화엄경』8지에서 "몸이 무량하시고, 지혜가 무량하시며, 방편이 무량하시고, 광명이 무량하시며, 청정한 음성이 무량하시며…" 한 것과 같이, 두 가지 만을 든 것은 적은 것으로 많은 것을 섭수했음을 알 수 있다.

'체가 용을 섭수하였다'는 것은, 어떤 이가 "'광명'과 '수명'을 둘 다 들었다면 어찌하여 『대본』과 『관경』의 제목에서 모두 '무량수'라고만 말하고 광명은 말하지 않았습니까?" 하고 물었다.

참으로 하나의 진여 마음은 옴도 없고 감도 없으며, 예로부터 지금까지 뻗어 있어서 그 수명이 무량하고 그 광명도 역시 그러하다. 금의 본체와 금의 광명이 서로 여의지 않았기 때문이다.

『기신론』에 "심성이 일어나지 않는 것이 곧 큰 지혜 광명이니, 법계에 두루하다." 하였는데, 여기서 '일어나지 않는다'고 한 것은 수명이요, '지혜'는 광명이다. 수명을 말하면 광명도 그 가운데 있으므로 하나만 든 것이다.

'의보와 정보가 무량하다'는 것은, 부처님 한 몸이 소유한 공덕부터 아래 문장의 성문과 보살 등과, 내지 앞의 난간이나 그물이나 줄지어 선 나무 등 갖가지 장엄에 이르기까지 모두 무량하다.

疏 이치에 맞게 말한다면, 자성이 항상 비추니 이것이 '광명'의 뜻이요, 자성이 항상 고요하니 이것이 '수명'의 뜻이며, 자성은 고요하고 비춤이 두 가지가 아니니 이것이 '아미타'의 뜻이다.

稱理 則自性常照 是光明義 自性常寂 是壽命義 自性寂照不二 是
阿彌陀義

鈔 신령하고 밝아 환히 꿰뚫었으니 광명이 갓이 끊어졌고, 맑고
고요해 늘 변화하지 않으니 수명을 어찌 계산하리오. 변하지 않으면
서 또 환하게 꿰뚫었으니 그러므로 수명이 곧 광명이요, 환하게 꿰뚫
었으면서 또 늘 변하지 않으니 그러므로 광명이 곧 수명이다.

그렇다면 아미타불이 십만억찰 밖에 계시지만 실제로는 이 사바
세계 중생의 마음 가운데 가부를 맺고 앉아 엄연히 움직이지 않으시
니, 어찌 장생부를 차고서 부질없이 죽어가고, 솟아오르는 광명을 등
지고 도리어 어둠을 이루리오.

마음이 본래 부처인데 스스로 자심(自心)을 미혹하고, 부처가 본래
마음인데 스스로 자불(自佛)을 미혹하도다!

② 원겁에 도를 이루다

**【經】 사리불이여, 아미타불이 성불한 지 지금까지 10겁이 되었느
니라.**

舍利弗 阿彌陀佛成佛以來 於今十劫

疏 저 부처님이 이러한 이름을 얻은 뜻은 이미 알았으나, 성불한

지 지금까지 얼마나 지났는지 궁금하다.

'겁'이란 구체적으로 겁파(梵語 kalpa, 巴利語 kappa)라고 하니, 우리 말로 시분(時分)이라 한다.

'10겁'이란, 어떤 이는 대겁이라 하고 어떤 이는 소겁이라 한다. 여기서는 오래되었음을 밝히고 있으니 응당 대겁이 맞다. 또한 10대겁이라 하기도 하니, 역시 한때 중생의 근기에 나아가서 말한 것이다.

극단적으로 말한다면 성불한 지도 응당 무량하다. 『법화경』에서 설한 것과 같다.

已知彼佛得名之義 未審彼佛成佛至今 經幾何時 劫者 具云劫波 此云時分 十劫者 一云大劫 一云小劫 今謂明遠 應是大劫 又十大劫 亦是一期赴機之說 究極而言 成佛以來 亦應無量 如法華中說

鈔 '대겁'이란, 성·주·괴·공에 각기 20소겁을 지나 80겁이 끝나야 비로소 대겁이 되니, '10대겁'이라 한 것은 8백 소겁이다.

경의 뜻은 성불한 지 매우 오래되었음을 밝혔으니, 소겁이라 하면 별로 오래되었음을 볼 수 없으므로, 지금은 당역(唐譯: 『칭찬정토불섭수경』, 당 현장 역)에 의해 '10대겁'이라 하였다.

'응당 무량하다'는 것은, 『법화경』에서 대중들이 '세존이 성불하신지 오래되지 않았는데, 어떻게 광겁보살이 교화하실 대상이 될까?' 하고 의심하니, 부처님이 "나는 실로 성불한 지 무량무변 겁이 지났노라." 했으니, 미타가 성불한 때를 헤아릴 수 있겠는가?

疏 만약 아미타불이 성불한 이전의 인지를 살펴보면, 법장 비구의 한 가지 인지뿐만 아니라 여러 가지 인지가 있으니, 여러 경에서 설한 것과 같다.

若考阿彌陀佛 成佛以前因地 不但法藏一因 有多種因 如諸經中說

鈔 '법장 비구의 인지'란, 『대본』에 "정광불 이전 53번째 부처님을 세자재왕불이라 하는데, 법장이 그때 국왕이었으나 왕위를 버리고 출가하여 48원을 세웠으니, 지금의 아미타불은 법장이 이룬 부처님이다." 하였다.

'여러 가지 인지[123]란, 첫째는 『법화경』이니, "대통지승여래 때 16 왕자가 출가하여 청정히 범행을 닦아 무상보리를 구하더니, 부처님이 멸도한 후에 항상 이 『법화경』 설하기를 좋아하였다. 나중에 모두 성불하되 아홉째 왕자는 서방에서 성불하니, 저 왕자는 지금의 아미타불이시다." 하였다.

둘째는 『비화경』에 "무량겁 전에 전륜성왕이 있었으니 이름은 무쟁념이었다. 보장여래에게 공양하고 '성불할 때 국토가 갖가지로 청정 장엄하여지이다' 하고 발원하니, 보장여래가 수기하였다. 항하사겁을 지나 서방세계에서 부처가 되니, 나라 이름은 안락이다. 저 국

....

123 '여러 가지 인지'에서, 첫째는 설하기를 좋아하였고, 둘째는 원(願)을 발하였으며, 셋째는 모든 것을 기억하였고, 넷째는 공양하였으며, 다섯째는 경을 널리 배웠고, 여섯째는 불(佛)을 염(念)하였으며, 일곱째는 선(禪)을 닦았고, 여덟째는 육바라밀을 행하였다.

왕이 지금의 아미타불이시다." 하였다.

셋째는 『대승방등총지경』에 "무구염칭기왕여래 때 정명 비구라는 이가 있었으니, 14억 부의 여러 가지 경전을 모두 외워, 중생이 원하고 좋아하는 데 따라 널리 법을 설하더니, 저 비구가 지금의 아미타불이시다." 하였다.

넷째는 『현겁경』에 "운뢰후여래 때 왕자가 있었으니, 이름은 정복보중음이었다. 저 부처님께 공양하니 저 왕자는 지금의 아미타불이시다." 하였다.

다섯째는 저 경에서 또한 "금용결광불 때 법사가 있었으니, 이름은 무한량보음행이니 힘써 경법을 널리 배웠다. 저 법사가 지금의 아미타불이시다." 하였다.

여섯째는 『관불삼매경』 제9에 "공왕불 때 네 비구가 있었는데, 번뇌가 마음을 덮었다. 공중에서 '부처를 관하라' 하는 소리를 듣고 마침내 염불삼매를 얻었으니, 저 세 번째 비구가 지금의 아미타불이시다." 하였다.

일곱째는 『여환삼마지무량인법문경』에 "사자유희금광여래 때 국왕이 있었으니 이름은 승위였다. 저 부처님을 존중공양하며 선정행을 닦았으니, 저 국왕이 지금의 아미타불이시다." 하였다.

여덟째[124]는 『일향출생보살경』에 "아미타불이 예전에 태자였을 때,

....

124 이 아래의 여러 구절은 육바라밀을 갖추었으니, '7천 세 동안 옆구리를 자리에 붙이지 않았다'는 것은 정진바라밀이요, '애욕을 생각하지 않았다'는 것은 지계바라밀이며, '재보를 생각하지 않았다'

이 미묘한 법문을 듣고 봉행 정진하여 7천 세 동안 옆구리를 자리에 붙이지 않았고, 애욕이나 재산을 생각하지 않았으며, 다른 일을 묻지 않고 항상 혼자 사마타에 처하여 뜻이 흔들리지 않더니, 다시 8천억만 나유타 사람들을 교화하여 불퇴전을 얻게 하니, 저 태자가 지금의 아미타불이시다." 하였다.

이상으로 대략 몇 가지를 들었거니와, 만약 수많은 겁수와 수많은 인지를 거쳤으면 또한 무량한 것이 당연하다.

疏 이치에 맞게 말한다면, 자성이 본래 성불하였으니 이것이 '10겁'의 뜻이다.

稱理 則自性本來成佛 是十劫義

鈔 『화엄경』에서 10을 든 것은 다함이 없음을 표현했거니와, 지금은 자성이 성불한 지 어찌 위음왕불 저쪽에서 다시 저쪽에 그칠 뿐이겠는가? 먼지나 모래 수만큼의 겁에 또 먼지나 모래 수만큼의 겁을 지나서 성불하였다. 만약 꼭 10겁만 고집한다면, 옛사람이 말한 '오히려 왕노사의 아들'일 뿐이다.[125]

· · · · · · · · · ·

는 것은 보시바라밀이요, '다른 일을 묻지 않았다'는 것과 '항상 홀로 사마타에 처하였다' 한 것은 선정바라밀이며, '뜻이 경동치 않았다' 한 것은 인욕바라밀이요, '다시 다른 사람을 교화하였다' 한 것은 지혜바라밀이다.

125 '오히려 왕노사의 아들이다' 한 것은, 남전 선사는 성이 왕(王)이니, 항상 자칭 '왕노사'라 하였다. 황벽이 남전에게 와서 하루는 공양 시간에 발우를 들고 남전의 윗자리에 앉으니, 남전이 보고 "장로

(2) 교화하는 벗

(가) 현재

① 성문

【經】 또한 사리불이여, 저 부처님에게 무량무변의 성문 제자가 있어서 모두 아라한이니, 수를 헤아려 알 수 있는 이들이 아니며

又舍利弗 彼佛有無量無邊聲聞弟子 皆阿羅漢 非是算數之所能知

疏 주인이 있으면 반드시 벗이 있게 마련이다. 처음은 성문이요 다음은 보살이니, 모두 현성의 무리임을 밝혔다.

처음은 성문이다. '성문'이란 사제(四諦) 성교(聲敎)를 듣고 증과를 얻은 이다. '아라한'이란 앞의 세 가지와 구별하였다.

연각을 말하지 않은 것은 성문 중에 포함되기 때문이다.

'수를 헤아리지 못한다'는 것은, 그들이 많다는 것을 극단적으로 말한 것이다.

主必有伴 先聲聞 次菩薩 明皆賢聖之侶也 今初聲聞 聲聞者 聞四諦聲敎而得證果 阿羅漢者 揀非前三也 不言緣覺 攝聲聞中故 非算數者 甚言其多也

· · · · · · · · · · ·

는 얼마 동안이나 도를 닦았소?" 하고 물으니, 황벽이 "위음왕불의 저쪽까지요." 하였다. 그러자 남전이 "오히려 왕노사의 아들이로군!" 하였다. 위음왕불은 과거 장엄겁 최초의 부처님이다.

鈔 '사제를 듣는다'는 것은, 세존이 교진여 등 다섯 사람을 위하여 고·집·멸·도의 법륜을 굴리시되, 처음은 보이시고[示] 다음에는 권하시고[勸] 다음에는 증명하시어[證][126] 모든 번뇌가 다하였으면 아라한이 된다. 말씀으로 하신 가르침[聲敎]을 듣고서 깨달음을 얻으므로 '성문'이라 하니, 성문이란 이름은 앞의 삼과(三果)에 통하니 지금 이것은 사과(四果)이다.

'연각은 성문 중에 속한다'는 것은, 연각은 12인연을 관찰하고 깨달음을 얻으니, 비록 12인연이라도 이를 묶으면 사제에서 벗어나지 않고, 중생을 이롭게 하는 마음이 있지만 넓지는 못하다. 그러므로 성문 중에 속한다.

'수로 헤아린다'는 것은, 세상의 산수는 구장(九章)[127]에서 다했거니와, 부처님이 설하신 산수는 『화엄경』「아승지품」과 같이 세상 사람들의 마음으로 헤아릴 수 있는 것이 아니다. 여기서 '수로 헤아린다'고

----

126 '세 번 법륜을 굴렸다' 한 것은, 처음은 상(相)을 보여 굴리시니[示], "이것이 고(苦)니 핍박(逼迫)하는 성이요, 이것이 집(集)이니 초감(招感)하는 성이며, 이것이 멸(滅)이니 증득할 만한 성이요, 이것이 도(道) 닦을 만한 성이니라." 하였다. 둘째는 닦을 것을 권하여 굴리시니[勸], "이것이 고(苦)니 너는 응당 알아야 한다. 이것이 집(集)이니 너는 응당 끊어야 한다. 이것이 멸(滅)이니 너는 응당 증득해야 한다. 이것이 도(道)니 너는 응당 닦아야 한다." 하였다. 셋째는 증명하여 굴리시니[證], "이것이 고(苦)니 나는 이미 알았으며, 이것이 집(集)이니 나는 이미 끊었으며, 이것이 멸(滅)이니 나는 이미 증득하였으며, 이것이 도(道)니 나는 이미 닦았다." 하였다.

127 '산수의 구장'이란, 황제(黃帝)가 예수(隷首)에게 명하여 만들었다는 산법. 첫째는 방전(方田), 둘째는 속포(粟布), 셋째는 차분(差分), 넷째는 소광(少廣), 다섯째는 상공(商功), 여섯째는 균수(均輸), 일곱째는 방정(方程), 여덟째는 영육(盈朒), 아홉째는 구고(勾股)다.

한 것은 세간과 출세간을 통틀어 말했으니, 그것이 끝없이 많고 많아서 산수 밖을 벗어났으니, 비록 낙굉(洛閎)[128]이나 일행(一行)이라도 그 교묘한 것을 다 알 수가 없다.

위에서 '무량무변'이라 한 것은 열 가지 대수 가운데 두 번째와 세 번째에 해당하니 이것은 산수가 있는 것이요, 여기서 '산수로 알 바가 아니다' 하고 말했으므로, '무량'은 지극히 많다는 것을 찬탄한 말임을 알 수 있다. 일반적인 숫자로 더럽힐 순 없다.

『대본』에 "가령 억나유타 백천 수의 비구들이 모두 목련의 신통과 같은데, 이들이 모두 저 부처님 초회(初會) 성문을 헤아리고자 그들의 신통력을 다하더라도 백분에 하나도 알지 못하고 내지 우파니사타분(upaniṣadam-api)[129]에도 능히 하나를 알지 못한다." 하며, 또 "부처님이 아난에게 말씀하시기를 '가령 어떤 사람이 온몸의 털을 뽑아 이를 부수어 가는 먼지를 만들어 그 먼지로 바닷물을 떠내면 먼지로 떠낸 물이 많겠느냐? 바다 속의 물이 많겠느냐?' 하니, 아난이 '먼지로 물을 떠내어도 반 홉에도 차지 못하거니와, 바닷물은 무량하나이다' 하였

. . . .

128 '낙굉'은 한나라 무제 때 사람이다. 역수에 정통하여 한나라 때 정삭(正朔)을 바꾼 것은 그가 정한 것이다. 주천수(周天數)를 계산하여 말하기를 "수백 년 후에 반드시 잘못된 것이 있을 것이니, 그때 반드시 성인이 나와서 이것을 바로 잡을 것이다." 하더니, 당 현종 때 일행 스님이 과연 세상에 나와 다시 역수를 정하였다.

129 혜원(慧苑)의 『일체경음의』에서 『유가대론(瑜伽大論)』을 인용하여 '미세분(微細分)'이라고 해석하였다. 털 한 올을 쪼개어 백분(百分)하고, 또 저 일분을 쪼개어 백천만분을 하며, 또한 이 일분을 앞에서 쪼갠 것만큼 쪼개어 인허(隣虛)가 되고, 더 쪼갤 수 없는 곳에 이르면 이것을 우파니사타분이라 한다. —역자주

다. 부처님이 '저 부처님 세계 가운데 수를 알 수 있는 성문 제자들은 마치 먼지로 떠낸 물과 같고, 수를 미처 다 알 수 없는 자는 마치 바다 가운데 물과 같으니라' 하시었다." 하였다.

疏 『기신론』에서는 "이승(二乘)은 왕생하지 못한다." 하였는데, 여기서 성문을 말한 것은, 소승에 익숙하나 오래지 않아 대승을 증득하여 결국에는 소승이 없기 때문이다.

『관경』 소에서 말하기를 "만약 변화한 것에 의거한다면 소승일지라도 아무 상관없다." 한 것과 같다.

論言二乘不生 今言聲聞者 以慣習小 不久證大 終無小故 如觀疏說
若據變化 小亦無礙

鈔 '결국에는 소승이 없다'는 것은, 『관경』 소에 "소승을 익힌 사람은 본래 왕생하지 못하나, 저가 임종에 대승에 마음을 냄으로 해서 또한 왕생할 수 있다. 소승을 익힌 사람이 고·공·무상 등의 법을 들으면 예전의 습기에 따라 소승과를 증득했더라도 대승을 향하는 마음이 이미 이루어졌고, 더욱이 부처님을 가까이한지라 자연히 오래지 않아 대승을 증득할 것이니, 어디에 성문이 있겠는가?" 하였다. 그렇다면 경에서 성문을 든 것은 잠깐 있기 때문이요, 논에서 이승은 왕생하지 못함을 밝힌 것은 결국에는 없기 때문이다.

'소승일지라도 아무 상관없다'고 한 것은, 정토에서는 오히려 여러 가지 새도 용납하는데 성문이 어찌 새만 못하겠는가? 새도 변화하여 이루어졌다면 성문만이 어찌 유독 실제로 있겠는가? 설령 저 국토에 오랫동안 성문이 있다 하더라도 무슨 문제가 되겠는가?

② 보살

【經】 여러 보살 대중들도 또한 이와 같나니

諸菩薩衆 亦復如是

疏 위를 이어, 비단 소승뿐만 아니라 여러 대승보살들도 왕생하지 않는 이가 없기 때문이다.

'또한'이라 한 것은, 무량무변하여 수를 헤아릴 수 없으며, 또한 무량무변한 공덕을 갖추기도 했다는 뜻이니, 『대본』에서 설한 것과 같다.

承上不獨小乘 諸大乘菩薩無不生故 亦復者 亦無量無邊不可算數也 又復具無量無邊功德 如大本中說

鈔 '보살'이란, 초심부터 십지까지니 앞에서는 '교를 설하게 된 인연'에서 설한 것과 같고, 뒤에서는 '보처(補處) 문장' 중에서 인용한 것과 같다. 매우 많아 양이 없으니 어찌 수를 헤아릴 수 있겠는가?

'공덕'이란, 『대본』에서 부처님이 저 국토 보살의 갖가지 공덕을 찬탄하면서 스물세 가지 비유를 들었으니, "첫째는 수미산과 같이 견고하여 동요가 없고, 둘째는 밝은 해와 달과 같이 지혜가 명료하고, 셋째는 바다와 같이 광대하니 공덕 보배를 내기 때문이요, 넷째는 불과 같이 치열하니 번뇌의 섶을 태우기 때문이요, 다섯째는 땅과 같이 욕을 참으니 일체에 평등하기 때문이며, 여섯째는 물과 같이 깨끗하니 여러 가지 더러움을 씻어 주기 때문이요, 내지 스물세 번째는 미륵의 관찰과 같으니 법계가 평등하기 때문이다." 하였다.[130]

마지막에서 다시 결론짓기를 "지금 그대들을 위해 중요한 것만을 들어 말했으니, 널리 자세히 설한다면 1겁이라도 다하지 못하리라." 하니, 그렇다면 보살의 수도 무량무변하거니와 보살의 공덕도 역시 무량무변하다는 것을 알 수 있다.

疏 『화엄경』에 "여래의 나라에 모든 청정 대중이 그 가운데 머무네." 한 것이 바로 이 뜻과 같다.

如華嚴云 如來所都 諸淸淨衆 於中止住 正同此義

鈔 『화엄경』25권에 "일체 제불 국토가 장엄하니, 여래의 나라가

....

130 '스물세 가지 비유'에서, 첫째는 선정이 견고하기가 마치 수미산과 같으니, 정력(定力)이 몸을 붙들어서 경계의 바람에 흔들리지 않기 때문이요, 둘째는 실지(實智)가 이(理)를 비추는 것이 마치 밝은 해와 달과 같으니, 직접 진여를 증득하여 일체 장애를 멀리 여의었기 때문이요, 셋째는 원력이 광대하기가 마치 대해와 같으니, 만행의 공덕이 모두 원력으로 말미암아 출생하기 때문이요, 넷째는 권지(權智)가 치성하여 마치 맹렬한 불과 같으니, 여러 가지 번뇌를 끊음이 마치 불이 능히 여러 가지 섶을 태우는 것과 같기 때문이요, 다섯째는 인욕이 땅과 같아서 귀천을 구분하지 않고 누구라도 밟는 데 맡겨두고 일체에 모두 평등하기 때문이요, 내지 스물셋째는 자비가 광대하여 마치 미륵과 같이 유심식관(唯心識觀)으로 두루 법계의 여러 중생을 반연하기 때문이다.

466

불가사의하여 함께 숙연을 행하던 여러 청정 대중이 그 가운데 머무니, 미래세에 반드시 정각을 이루리."[131] 하였다. 여기서 '여래의 나라'라 한 것은 곧 아미타불의 극락국토요, '청정 대중'은 모든 보살이며, '미래에 성불하리' 한 것은 아래 문장의 일생보처다.

疏 이치에 맞게 말한다면, 자성이 공(空)이기도 하고 가(假)이기도 하니 이것이 부처님에게 성문과 보살이 있는 뜻이다.

稱理 則自性卽空卽假 是佛有聲聞菩薩義

鈔 자성의 공(空)은 일진(一眞)의 고요함이요, 자성의 가(假)는 갠지스 강 모래 수와 같은 만용(萬用)이니, 고요함은 아득하여 가가 없고 갠지스 강 모래는 광대하여 한계가 없으니, 어찌 수를 헤아려 양을 말할 수 있으랴? 그렇다면 현성인 삼승은 모두 일불(一佛)을 종조로 삼고, 진·속 이제(二諦)는 똑같이 일심(一心)에서 나왔으니, 일심을 깨달으면 복이 만족하고 지혜가 만족하다.

· · · · · · · · · · ·

131 『화엄경』25권' 아래 아홉 구절에 세 가지 원만이 있으니, '일체 제불 국토 장엄'은 소의(所依)의 공덕을 가리키니 소보(所報)가 원만함이요, '여래의 도읍'은 주인이 원만함이요, '불가사의'로부터 '반드시 정각을 이루리'까지는 보필이 원만함이다.

③ 총결

【經】 사리불이여, 저 부처님의 국토는 이와 같은 공덕을 성취하여 장엄하였느니라.

舍利弗 彼佛國土 成就如是功德莊嚴

疏 위의 성문과 보살 제자들의 장엄이 모두 저 부처님 숙인의 원·행 공덕으로 성취한 것임을 결론지었다.

『왕생론』에 "여래의 청정한 꽃의 대중이 정각의 꽃에서 화생하였네." 한 것이 이것이다.

結上聲聞菩薩弟子莊嚴 皆彼佛宿因願行功德之所成就也 論云 如來淨華衆 正覺華化生 是也

鈔 '원'이란, 『대본』 법장 비구 원에 "내가 부처가 될 때, 그 국토 보살의 신통과 지혜와 변재와 상호와 위신력이 모두 부처와 같아지이다." 하였는데, 지금 성불하였으므로 원하는 바를 이룬 것이다.

'행'이란, 『대본』에 "그때 법장 비구가 중생을 교화하기 위해 육바라밀을 수행하여 널리 교화를 행하여 마침내 무량중생으로 하여금 보리심을 내게 하였다." 하니, 지금 행을 성취하였으므로 이와 같은 장엄이 있다.

'깨끗한 꽃의 대중'이란, 『정명경』의 '일곱 가지 깨끗한 꽃'과 같으니, 첫째는 계가 청정하니 삼업이 청정하기 때문이요, 둘째는 마음이 청정하니 번뇌가 다하였기 때문이요, 셋째는 견(見)이 청정하니 법의 진성을 보아 분별망상을 일으키지 않기 때문이요, 넷째는 의심을 끊어 청정하니 견해가 깊어 의심을 끊었기 때문이요, 다섯째는 도를 분별함이 청정하니 옳은 도는 반드시 행하고 옳지 않은 도는 반드시 버리기 때문이요, 여섯째는 행(行)·단(斷)의 지견이 청정하니, 행해야 할 것과 끊어야 할 것을 통달했기 때문이요, 일곱째는 열반이 청정하니 배울 것이 없기 때문이다.[132]

해동의 원효 스님은 『왕생론』[133]에서는 성문을 송하였다." 하였으나, 나는 "보살에게도 통한다 할 수 있다. 도품도 역시 대소승에 통하는 것과 같기 때문이다." 하노라.

· · · · · · · · · · ·

132 '계정(戒淨)'은 신·구·의가 시종 청정한 것을 말하니, 곧 정어·정업·정명이다. '심정(心淨)'은 삼승이 번뇌를 제어하여 결루(結漏)를 모두 끊음을 말하니, 곧 정정진·정념·정정이다. '견정(見淨)'은 일체법의 진성(眞性)을 보고 망상을 일으키지 않는 것을 말하였으니, 곧 정견·정사유다. '의심을 끊어 청정하다' 한 것은 만약 견해가 깊지 않으면 당시에는 비록 알았으나 나중에는 의심을 내고, 만일 견해가 깊어 의심을 끊었으면 이것을 '의심을 건너 청정하다'고 말한다. '행·단의 지견이 청정하다' 한 것에서 '행'은 고난(苦難: 고가 어렵다), 고이(苦易: 고가 쉽다), 락난(樂難: 즐거움이 어렵다), 락이(樂易: 즐거움이 쉽다)의 네 가지 행을 말하고 '단'은 모든 번뇌를 끊었음을 말하니, 학지(學地) 중의 팔지는 행해야 할 것과 끊어야 할 것을 능히 알지 못하고, 이미 무학을 얻어야만 진지(盡智)와 무생지(無生智)를 모두 지견(知見)하여 행해야 할 것과 끊어야 할 것을 통달, 분별하니, 이것을 '행(行)·단(斷)의 지견이 청정하다'고 부른다.

133 세친보살이 극락국토를 정보(正報) 가운데 불공덕성취 8종, 보살공덕성취 4종과, 의보(依報) 중에 국토공덕성취 17종 등 모두 29종으로 나누고 이것에 대해 낱낱이 게를 했으니, 이것을 『무량수경우바제사원생게(無量壽經優婆提舍願生偈)』라 하고, 이것에 대해 자세한 설명을 붙였으니, 이것을 『왕생론』이라 한다. 그 가운데 '17종 국토장엄성취' 중 13번째 '권속공덕을 성취함'에서 "여래정화중(如來淨華衆)이 정각화(正覺華)에서 화생하였네" 한 것을 말한다. 이 가운데 '정화중(淨華衆)'의 '중(衆)'을 원효 스님은 성문 대중을 말한 것으로 본 것이다. ─역자 주

난간, 그물, 줄지어 선 나무부터 여기에 이르기까지 의보와 정보를 모두 다섯 번 장엄하였으니, 극락의 뜻이 대략 여기에서 다하였다. 아래 문장의 '중생생자(衆生生者)'와 '보처(補處)' 등도 정보 가운데 포함된다.

(나) 왕생

① 대중

【經】 또한 사리불이여, 극락국토에 중생으로 태어난 자는 모두 아비발치니

又舍利弗 極樂國土 衆生生者 皆是阿鞞跋致

疏 위를 이어서, 현재 저 국토에 있는 이는 비단 현성 아닌 이가 없을 뿐만 아니라, 왕생하기만 하면 모두 퇴전치 않는다.

'중생'이란, 모든 이를 통섭하였다.

'아비발치(avinivartanīya)'는 우리말로 '퇴전치 않는 지위'라 하니, 『대본』과 논에서 밝힌 것과 같다.

또한 여러 가지 인연이 있기 때문에 퇴전치 않으니, 『십의론』의 '다섯 가지 종류'와 『통찬』의 '열 가지 수승'과 『군의론』의 '서른 가지 이익' 등과 같다.

承上不獨見在彼國 無非賢聖 但有生者 悉皆不退也 衆生者 通攝一

切 阿鞞跋致者 此云不退轉地 如大本及論所明 復有多種因緣 故得不
退 如十疑五種 通讚十勝 羣疑三十益等

鈔 '왕생하는 자는 모두 퇴전치 않는다'는 것은, 혹시나 '저 국토
에는 참으로 많은 성현이 있으나 그들은 오랫동안 수행한 훌륭한 보
살들이라, 새로 왕생한 자는 꼭 퇴전치 않는 것은 아니리라' 하고 의
심할까봐, "성인이나 범부를 막론하고 왕생하기만 하면 곧 퇴전치 않
는다." 하고, 그 뜻을 결정지었다.

『대본』에서 밝힌 것'이란, "저 국토에 왕생하는 자는 인(仁)에 처하
고 의(義)를 지향하여 함부로 행동하지 않고 마침내 음노(淫怒)의 마음
과 우치(愚癡)의 태도가 없다." 하고, 또 "저 국토에 태어나는 자는 모
두 32상을 구족하여 여러 감각기관이 뚜렷하며, 결국에는 성불하여
악취를 받지 않는다." 하였다.

또한 논에서 "인간이나 천상의 부동(不動)의 대중이 청정한 지혜의
바다에서 태어나네." 하고 송하니, '부동'은 불퇴. 참으로 염불의 힘
으로 인하여 여래의 지혜 강물에 의해 보리의 메마른 싹과 정각의 마
른 종자가 물기를 머금고 자라나니, 진보는 있고 퇴보는 없다.

'다섯 가지 종류'란, 『십의론』에 "다섯 가지 인연이 있으므로 인하
여 퇴전하지 않으니, 첫째는 미타가 대비원력으로 섭수하기 때문에
퇴전치 않는다." 하니, 이를 해석하면, 『대본』의 법장 비구 원에 "내
가 부처가 될 때 나의 이름을 듣고 귀의 정진하면 제일인(第一忍)과 제
이인(第二忍)과 제삼인(第三忍)을 얻어 모든 불법에 영원히 퇴전치 않

아지이다." 한 것과 같으니, 비유컨대 바다를 건널 적에 큰 배를 타면 물에 빠지지 않는 것과 같기 때문이다. "둘째는 불광이 항상 비추기 때문에 보리심이 증장하여 퇴전치 않는다." 하니, 이를 해석하면, 『대본』에 "부처님의 광명을 보고 자비심을 내어지이다." 한 것과 같이, 비유하면 해와 달이 어둠을 비춤으로 해서 구덩이에 떨어지지 않듯이, 염불하는 사람은 부처님이 광명을 놓아 이 사람을 섭수하기 때문이다. "셋째는 물과 새와 수풀의 바람소리와 음악소리가 모두 고·공을 설하여, 이를 듣는 자는 모두 불을 생각하고 법을 생각하며 승을 생각하는 마음을 내기 때문에 퇴전하지 않는다." 하니, 이를 해석하면, 이 경과 두 부 경에서 설한 바와 같이, 마치 죽은 사람이 종소리를 듣고 정념이 증장하는 것과 같기 때문이다. "넷째는 훌륭한 여러 보살을 좋은 벗으로 사귀어 밖으로 마사(魔邪)가 없고 안으로 번뇌가 없기 때문에 퇴전하지 않는다." 하니, 이를 해석하면, 이 경에서 "여러 훌륭한 선인(善人)이 다 같이 한 곳에 모인다." 한 것과 같으니, 비유하면 자식을 장옥(莊獄)[134]에 두고 다시는 초나라 말을 하지 못하게 하는 것과 같기 때문이다. "다섯째는 수명이 영겁이어서 부처님과 같기 때문에 퇴전치 않는다." 하니, 이를 해석하면, 경에서 "부처님과 인민의 수명이 끝이 없다." 한 것과 같으니, 비유하면 시일을 빌려 만리 길을 걸어 결국 보배가 있는 장소에 이르는 것과 같기 때문이다.

· · · · · · · · · ·

134 '장옥'은 제나라의 거리 이름이다.

'열 가지 수승'과 '서른 가지 이익'은 대강 이것과 같으니, 번거로울까 하여 인용치 않는다.

疏 또한 '불퇴'에 세 가지 뜻이 있다. 대승에 퇴보하지 않으며, 이미 얻은 것을 퇴실(잃다)하지 않으며, 아직 얻지 못한 것에 퇴전(멈추다)치 않는 것이다.『미륵문경』의 설과 같다.
又不退三義 大乘不退 已得不退 未得不退 例如彌勒問經說

鈔 '대승에 퇴보하지 않는다'는 것은, 저 국토에 왕생하면 빨리 대승에 들어가서 다시 퇴보하여 이승이 되지 않기 때문이요, '이미 얻은 것을 퇴실치 않는다'는 것은, 저 국토에 왕생하기만 하면 이미 얻은 모든 것을 상실치 않기 때문이요, '아직 얻지 못한 것에 퇴전하지 않는다'는 것은, 저 국토에 태어나기만 하면 아직 얻지 못한 것에 멈추어 그의 전진을 가로막지 못하기 때문이다.

또한『미륵문경』에 "자신이 견고한 것을 '퇴보하지 않는다[不退]'고 하고, 앞으로 나아가 파괴되지 않는 것을 '되돌아가지 않는다[不轉]'고 한다." 하였다. 지금 '대승'과 '이미 얻은 것'과 '아직 얻지 못한 것' 세 가지 뜻으로 살펴보면, 앞에 두 가지는 '자신'과 같고, 뒤에 한 가지는 '앞으로 나아가는 것'과 같다.

疏 또한 이름은 똑같이 '불퇴'지만 얕고 깊은 차이가 있으니,『기신론』과『묘종』과 자조 스님이 설한 등과 같다.

又同名不退 而有淺深 如起信妙宗 及慈照所說等

鈔 『기신론』에 "저 국토에 태어나는 자는 항상 부처님을 뵙기 때문에 마침내 불퇴를 얻는다." 하고, 소에서 이렇게 불퇴에 세 가지 지위가 있음을 밝혔다. 첫째는 믿음과 수행이 미비하여 아직 불퇴를 얻지는 못했으나 퇴보하는 인연이 없는 것을 불퇴라 하고, 둘째는 신위(信位)가 차고 십주(十住)에 들어가서 소분법신(少分法身)을 얻은 것을 불퇴라고 하며, 셋째는 현위(賢位)가 차서 초지(初地)에 들어간 후에 변만법신(偏滿法身)을 증득하는 것을 불퇴라고 한다.[135]

또한『묘종초』에 "불퇴에 세 가지가 있으니, 견혹과 사혹을 타파하면 이것을 '지위가 퇴보하지 않는다[位不退]'라고 하니 범부를 초월하는 지위를 영원히 잃지 않는다. 또한 진사혹(塵沙惑)을 굴복하여 끊으면 이것을 '행이 퇴보하지 않는다[行不退]'라고 하니 보살의 행을 영원히 잃지 않는다. 만약 무명을 타파하면 이것을 '정념을 퇴보하지 않는다[念不退]'라고 하니 중도의 정념을 영원히 잃지 않는다."[136] 하였다.

. . . .

135 '소분법신을 얻는다'는 것은 상사법신(相似法身)을 보고 정정취(正定聚)에 들어간 것이요, '변만법신을 증득한다' 한 것은 부분적으로 무명을 끊고 부분적으로 법신을 증득한 것이다.

136 『묘종』의 세 가지 불퇴는, 『천태교』에서 말하기를 "번뇌에 세 가지가 있으니 견(見)·사(思)와 진사(塵沙)와 무명(無明)이다. 견사는 공적을 저해하고 진사는 화도(化導)를 장애하며 무명은 법성을 가린다. 만약 견사를 파하여 공적의 이치를 증득하면 이를 '위불퇴'라 하니 범부를 초월하는 지위를 영원히 잃지 않는다. 견사번뇌는 육도의 인이라, 인(因)이 없고 과(果)가 상하여 삼계에 오지 않기 때문이다. 만약 진사를 끊어 능히 화도를 행하면 이것을 '행불퇴'라 하니 보살의 지위를 영원히 잃지 않는다. 이승(二乘)은 진사를 끊지 못하여 중생의 갖가지 근기를 알지 못하고 대치하는 갖가지 방법을 알지 못하여 능히 중생

또한 자조종주(慈照宗主)는 네 가지 국토를 그림으로 설명하였다. 아직 번뇌를 끊지 못했으면 동거토에 태어나니 원이 불퇴[願不退]하고, 견사번뇌를 타파하면 방편토에 태어나니 행이 불퇴[行不退]하며, 진사번뇌를 타파하고 일부분 무명을 타파하면 실보토에 태어나니 지혜가 불퇴[智不退]하고, 세 가지 미혹을 모두 타파하면 적광토에 태어나니 지위가 불퇴[位不退]한다 하였다. 그렇다면 불퇴의 명칭은 같으나 얕고 깊음은 각기 다르다. 구품의 뜻과 같다.

疏 또한 사교의 '불퇴'는 이 경의 뜻이 아니다.
　　又四教不退 非今經義

鈔 사교에서 각기 불퇴를 밝혔으니, 이를테면 장교는 별상념(別相念)에서 불퇴하고, 통교는 성지(性地)에서 불퇴하며, 별교는 칠주(七住)에서 불퇴하고, 원교는 칠신(七信)에서 불퇴한다고 하니, 이 이전은 진퇴가 정해지지 않았음을 알 수 있다.[137]

....

을 제도하지 못하거니와, 이것을 만약 끊는다면 방법을 알고 근기를 알아 자유롭게 중생을 제도하기 때문이다. 만약 무명을 파하여 친히 법성을 증득하면 이를 '염불퇴'라 하니, 영원히 중도정념을 잃지 않는다. 소승교와 권승(權乘)은 무명을 아직 끊지 못하여 공(空)·유(有) 이변(二邊)에 떨어지거니와, 무명을 만약 끊는다면 이변에 떨어지지 않고 항상 중도에 거주하기 때문이다." 하였다.

137 사교에서 각기 불퇴를 밝힌 것은, 장교에 칠현성위(七賢聖位)가 있으니 오정심(五停心)으로부터 불시 해탈까지인데, '별상염'이란 칠현(七賢)의 제2위이다. 이 위(位)가 능히 견(見)·사(思)를 항복시키기 때문에 불퇴이다. 또한 '별'이란 각기 신(信)·수(受)·심(心)·법(法)이 같지 않기 때문이요, '상(相)'은 행상(行相)을 말하니 이 사법(四法)을 관하여 부정 등의 행상을 짓기 때문이다. 통교는 삼승에 모두 십지가 있

염불하는 자가 저 국토에 왕생하기만 하면 비록 악인이나 축생이
라도 곧 불퇴를 얻나니, 어찌 다른 교보다 훨씬 뛰어나고 기묘하고
바르지 않겠는가?

疏 이치에 맞게 말한다면, 자성은 늘 머무르니 이것이 '불퇴전'의
뜻이다.

稱理 則自性常住 是不退轉義

鈔 비유하면 허공이 예부터 지금까지 일찍이 퇴전한 적이 없는
것과 같으니, 비록 퇴전하고자 하여도 물러가서 어디에 이르겠는가?

② 상수(上首)

【經】 그 가운데는 일생보처가 많으니, 그 수가 매우 많아 숫자를
헤아려 능히 알 수 없어서 다만 '무량무변 아승지'라 말할 수 있느니라.

其中多有一生補處 其數甚多 非是算數所能知之 但可以無量無邊

· · · · · · · · · ·

으니, 처음 건혜(乾慧)로부터 불지(佛地)에 이르기까지다. '성지'는 제2지니, 성지라고 한 것은 상사(相似)
로써 법성수(法性水)를 얻기 때문이다. 이 위(位)도 또한 견(見)·사(思)를 항복시키기 때문에 불퇴이다.
별교는 십신으로부터 묘각까지 52위가 있으니, '칠주(七住)'에서 불퇴한다' 한 것은, 이 위(位)는 보살이
견혹과·사혹을 모두 끊어 장·통의 극과(極果)와 서로 비슷하기 때문에 불퇴한다. 원교는 5품(五品)으
로부터 묘각에 이르기까지 53위가 있으니, '칠신은 회향심이다. 이 위는 보살의 견해는 별교와 까마득
히 다르지만, 미혹을 끊음이 별교의 칠주와 서로 비슷하기 때문에 불퇴한다.

476

阿僧祇說

疏 위를 이어서, "저 국토에 왕생하는 자는 어찌 오직 불퇴하는 자뿐이랴. 또한 이루 다 기록할 수 없는 보처보살이 있느니라." 하며, 왕생을 구할 것을 간절히 권하였다.

'보처'란, 이 일생에만 그치고 다음은 불위(佛位)를 보충하니, 곧 등각보살이다.

承上言生彼國者 豈惟不退 復有補處菩薩不可勝紀 深勸求生也 補處者 止此一生 次補佛位 卽等覺菩薩也

鈔 '왕생을 구할 것을 간절히 권하였다'는 것은, 이곳에 왕생하는 이는 모두 불퇴하여 이미 다른 국토를 초월했는데, 또한 보처보살도 있으니 초월하고 수승하여 그 지극함을 다했다고 할 만하다.

'이 일생에만 그친다'는 것은, 이 세상에서 수행하여 몸을 버리고 몸을 받아 천만 번 태어나더라도 다하지 못하고, 내지 삼과(三果)를 증득한 자도 오히려 태어남이 있어서 아라한지라야 비로소 다시 태어남이 끊어지며, 비록 다시 태어남이 끊어지더라도 성불을 얻지 못하거니와, 지금 이것은 오직 일생이 남았을 뿐이라 다음은 부처의 자리를 보충하니, 앞에서는 호명보살과 같고[138] 뒤에는 미륵보살과 같다.

. . . .

138 '호명보살과 같다'는 것은, 석가가 왕궁에 태어나기 전에 도솔천에 있을 때 이름을 호명이라 하였다.

보살의 극위이다.

또한 『대본』에 "저 국토에 왕생하는 자는 모두 32상을 갖추어서 구경에 묘법의 깊은 뜻에 깊이 들어가서 반드시 일생에 불처(佛處)를 보충해지이다." 하니, 이것에 의하면, 세자가 잠깐 동궁에 있으나 반드시 임금을 이어 다른 백관들이 차츰 승진하는 것과는 다르니, 지위가 극진한 신하에 비할 수 있으리라.

이러한 보살들이 모두 왕생하니, 서방을 우습게 여기는 자는 깊이 살펴보라!

疏 문: 저곳의 관음이 다음에 부처님을 보충하고 다음에는 대세지라 하였으나, 대세지 후에 보충할 자의 이름을 듣지 못했습니다. 지금 보처할 자가 매우 많다고 했는데 언제 보충할는지. 또한 보처할 자는[139] 보살의 지위가 다하고 등각의 지위에 주한 자라, 마치 뭇별 가운데 달과 같은 분들인데, 어떻게 이렇게 매우 많은 이들이 저 나라에 있을 수 있습니까?

답: 보처란 꼭 미타의 자리를 보충하는 것만이 아니다. 시방세계가 무진하고 제불의 열반이 무진하여 보처보살도 역시 무진하니, 저 국토에 주하면서 불처에 보충하기를 기다리는 것이 옳지 않겠는가.

또한 제불도 오히려 가는 먼지와 같아 다함이 없거든, 더욱이 보

----

139 '언제 보충하리오' 한 것은 시기를 의심한 것이요, '또한 보처할 자는…' 한 아래는 숫자를 의심하였다.

살들은 그 수가 매우 많다는 것은 의심할 만한 것이 못된다. 『대본』 가운데 설한 것과 같다.

問 彼處觀音 次當補佛 次乃勢至 勢至之後 不聞補者 今言補處甚 多 何日當補 又補處者 菩薩地盡 住等覺位 如星中月 何得甚多 而在彼 國 答 補處不必定補彌陀之處 十方世界無盡 諸佛涅槃無盡 補處菩薩亦 無盡 住彼國中 而待補處 奚爲不可 又諸佛尙如微塵 無有窮盡 况復菩 薩 其數甚多 無足疑也 如大本中說

鈔 『대본』에 "부처님이 미륵에게 말씀하시기를 '이 세계 가운데 720억 보살이 저곳에 왕생하여 낱낱이 한없는 부처님께 공양하였으 니, 미륵과 같은 여러 작은 보살은 이루 다 기록할 수 없느니라. 타방 세계의 첫 번째 광원조불(光遠照佛) 처소에 80억 보살이 있어서 모두 반드시 왕생하고, 두 번째 보장불(寶藏佛) 처소에 90억이 있고, 세 번 째 무량광불(無量光佛) 처소에 220억이 있으며, 차츰 열네 번째 부처님 처소에 이르고 무량불찰에 이르러 왕생하는 자는 이루 그 수를 헤아 릴 수 없느니라' 하시었다." 하였다. 이렇게 부처님 이름만 설하는 데 도 겁을 다할 때까지 설하여도 다하지 못하는데, 더욱이 반드시 왕생 할 미륵과 같은 보살들을 말할 수 있으랴. 그렇다면 보처가 매우 많 다는 것이 더욱 증거가 될 것이다.

疏 위와 같이, 의·정 두 과보가 경문 중에는 있으나 본원 중에 는 없기도 하고, 어떤 때는 본원 중에는 있으나 경문 중에는 없기도

하니, 서로 무애함을 볼 수 있다.

如上依正二報 或經文中有 本願中無 或本願中有 經文中無 互見無礙

鈔 부처님을 사모하여 원을 발하고 원을 만족하여 부처를 이루었다는 것에 의하면, 저곳에 있는 갖가지가 모두 저 부처님의 원과 원으로 이루어진 것이라 모두 서로 꼭 들어맞아야 옳은데, 지금 서로 있기도 하고 없기도 한 것은 문장은 비록 조금 차이가 있으나 뜻은 구족하였음을 밝힌 것이다.

또한 법장의 원에 "내가 부처가 될 때, 이 국토의 여러 하늘 백성들과 일체 만물이 모두 장엄하고 화려하며 형상이 특이하고 미묘하여 능히 그 정도를 헤아릴 자가 없으리니, 비록 천안을 얻은 자라도 그 이름과 숫자를 분별할 수 없어지이다." 한 것과 같으니, 이것을 보면 정보와 의보가 섭수하여 다함이 없음을 알 수 있다. 그러니 문장에 구애되어 뜻을 한정하지 마라.

疏 이치에 맞게 말한다면, 자성은 반드시 성불하니 이것이 '일생보처'의 뜻이다.

稱理 則自性決定成佛 是一生補處義

鈔 규봉 스님이 "중생의 마음이 부처의 마음이라, 반드시 이 마음으로 인하여 부처가 된다는 것을 지금에야 알았다." 하였다. 그러나 본래 성불하였지 닦아서 이룬 것이 아니다. 그렇다면 시각(始覺)이 새

로 온 것만을 보았고 본각(本覺)이 본래 있었음을 알지 못하였다. 그러니 보충한다는 것은 본래 보충하였고, 이룬다는 것은 실로 이룸이 없다고 말할 수 있으리라.

2
원과 행을 바로 보여 수증을 알게 하다

가. 원을 발하다

1) 원심(願心)을 발할 것을 권하다

【經】 사리불이여, 이 말을 들은 중생은 응당 발원하여 저 국토에
왕생하기를 원할지니

舍利弗 衆生聞者 應當發願 願生彼國

疏 위에서는 의·정 두 보를 밝혔고, 지금은 이 말을 들은 중생
은 응당 큰 원을 발하여 저 국토에 왕생하기를 발원할 것을 말했으
니, 이것이 첫 번째 권함이요, 뒤에는 반복하여 밝혔다.

上陳依正二報 今言衆生得聞此者 應當發起大願 願生彼國 是爲第
一重勸 後乃反覆申明

鈔 '첫 번째로 권하였다'는 것은, 이 경에서 반복하여 듣기를 권
하고, 믿기를 권하고, 원하기를 권한 것이 대략 네 번 있는데, 지금은
제일 처음에 해당된다. 이것은 의·정 장엄의 수승하고 미묘한 공덕
에 대해 설한 것을 듣고 발원하는 것이다.

두 번째 '이 설을 듣는 자[聞是說者]는…' 하고 말한 것은, 일심으로 부처님의 명호를 부르면 틀림없이 왕생한다고 설한 말씀을 듣고 원을 발하는 것이다.

세 번째 '이 경을 듣는 자[聞是經者]는…' 하고 말한 것은, 부처님의 명호를 부르면 부처님이 보호하여 보리에 불퇴한다고 설한 말씀을 듣고 믿는 것이니, '원'을 말하지 않은 것은 믿으면 곧 원하기 때문이다.

네 번째 '만약 믿음이 있는 자[若有信者]면…' 하고 말한 것은, 듣고 나서 깊이 믿을 것을 총 결론지었으니, 믿고 원하는 자는 한 사람도 왕생하지 않는 자가 없다고 설한 말씀을 듣고 원을 내는 것이다. 이렇게 듣고 들으면 점점 깊어지고, 원하고 원하면 배나 간절해지나니, 말은 반복하였으나 뜻은 크게 다르지 않다. 중생을 불쌍히 여기는 마음이 깊어 사람을 가르치는 것도 게으르지 않은 것이다.

疏 또한 문(聞)에 신(信)의 뜻을 포함하고, 원(願)에 행(行)의 뜻을 포함하니, 세 가지 자량이 모두 여기에 갖추어져 있다.

又聞攝信義 願攝行義 三事資糧 悉備於此

鈔 들은 후에 믿으니 듣지 않으면 믿음이 어디서 일어나며, 원한 후에 행하니 원이 없으면 행이 무엇을 근거하여 일어나랴. 아래 문장의 신과 행은 이것이 근본이 되니 신·행·원 세 가지가 정토의 자량이라, 충족하여 조금도 모자람이 없다.

疏 또한 원의 힘은 참으로 불가사의하다. 저 부처님의 정토도 원으로 말미암아 이루어졌기 때문이며, 임종에 왕생하는 것도 오직 원에만 의지하기 때문이며, 삼계의 인과도 모두 원을 따르기 때문이며, 여러 대보살들도 모두 왕생하기를 원하였기 때문이다.

又願之爲力 不可思議 彼佛淨土 亦繇願故 臨終往生 惟仗願故 三界因果 悉隨願故 諸大菩薩 皆願生故

鈔 '저 부처님의 정토'란, 법장 비구가 인행 중 마흔여덟 가지 원으로 불도를 이루어 널리 중생을 제도했으니, 그렇다면 여래의 무진 공덕이 모두 원으로부터 생겼음을 알 수 있다. 그러므로 '불가사의'라 하였다.

'임종 왕생'이란, 「행원품」에 "이 사람이 수명이 다하려 할 때, 일체 모든 감각기관이 손상되고 친척의 위세나 코끼리나 말이나 진기한 보배 등 모든 것이 없어지지만, 오직 원왕(願王)만이 서로 여의지 않아서 언제나 그의 앞을 인도하여 1찰라 사이에 극락세계로 왕생하게 한다." 하니, 그러므로 '불가사의'라 하였다.

'삼계 인과'란, 하늘의 즐거움을 받기 위해 가난한 여인이 천상에 태어났고,[140] 명왕(冥王)이 되기를 원해 지옥 신이 귀신을 다스린 등 갖

. . . .

140 예전에 한 빈녀가 가난한 마을에 살았는데, 그녀는 마을 사람들이 버린 음식 찌꺼기를 먹고 살았다. 하루는 가섭이 음식을 구걸하니, 그녀는 음식 찌꺼기를 보시하였다. 존자가 그가 원하는 바를 묻자 "천상에 태어나고 싶습니다." 하였다. 수일 후 죽어서 도리천에 태어나니 복이 다른 하늘보다 나

가지 일이 원에 따라 이루어지지 않음이 없으니,[141] 그러므로 '불가사의'라 하였다.

'여러 대보살들도 모두 왕생하기를 원하였다'는 것은, 「보현송」에 "내가 목숨을 마치려 할 때, 일체 모든 장애 없어지고 저 아미타 부처님을 직접 뵙고 금방 안락찰에 왕생하기 원하나이다." 하고, 또 "수기를 받고 널리 중생을 제도하기 원하나이다.…" 하였으며, 문수가 왕생하기를 발원하며 설한 게에도 "내가 목숨이 다할 때, 모든 장애 없어지고 미타불을 직접 뵙고 안락찰에 왕생하기 원하나이다." 하니, 보현보살과는 마치 부절(符節)이 합한 것 같다.[142]

그 밖에 천친보살이나 용수보살 등과도 같으니 너무 많아 모두 기술하기 어렵다. 그러므로 '불가사의'라 하였다.

疏 이치에 맞게 설한다면, 자성이 본체로 돌아가니, 이것이 저 국토에 왕생하기를 원하는 뜻이다.

稱理 則自性還歸本體 是願生彼國義

. . . .

았다.

141 '명왕이 되기를 원하였다'는 것은, 비사국왕이 유타여생왕과 싸워 이기지 못하자 서원을 세우기를 '원컨대 내가 내생에 지옥주가 되어 이 죄인을 치죄해지이다' 하고, 18대신도 또한 이렇게 하기를 원하였다. 지금의 지옥주는 비사왕이며, 십팔옥주는 18대신이다.

142 「맹자」에 말하기를 "순 임금과 문왕이 뜻을 얻어 중국에서 행한 것은 마치 부절을 합한 것 같다." 하니, 주에 "부절은 옥으로 만들었다. 문자를 새기고 가운데를 나누어 피차 각기 그 반을 간직했다가, 좌우를 서로 합해 보고 믿음을 삼았다. 부절을 합한 것과 같다는 것은 서로 같다는 것을 말하였다." 하였다.

鈔 만약 본체가 지금 이곳을 여의지 않았음을 알면, 저 국토에 왕생하거나 이 국토에 태어나지도 않으리니, 비록 십만억 노정이라도 어찌 지척의 걸음을 옮긴 적이 있으랴. 그러므로 "손가락을 튕기는 수고로움을 끼치지 않고도 서방에 이른다." 한 것이다.

만약 진여가 자성을 지키지 않고 오도(五道)에 인연을 따른다면 이것은 가난한 아들이 타향에 정처 없이 떠돌아다니는 것이니, 응당 고향으로 돌아가야 하는 것이다.[143]

2) 그 까닭을 밝히다

【經】 왜냐하면, 이와 같은 여러 상선인들과 함께 한 곳에서 만날 수 있기 때문이니라.

所以者何 得與如是諸上善人 俱會一處

疏 이것은 앞을 이어, "무엇 때문에 사람들에게 저 국토에 왕생하기를 발원하게 하였는가?" 하고 질문한 것이다.

저 국토는 여러 상선인들이 함께 모이는 곳이라, 저 국토에 왕생

· · · · · · · · · ·

143 '만약 진여가 자성을 지키지 않고…' 한 것은, 궁자가 어버이를 버리고 도망하여 타향에 유락하였으니, 응당 이 오탁을 버리고 저 서방을 좋아하여 왕생하기를 발원하여 늦추어서는 안 된다는 것을 말하였다.

하면 이와 같은 훌륭한 모임에 들어갈 수 있으니, 그러므로 반드시 왕생하기를 구해야 하는 것이다.[144]

此躡前徵起 何故敎人發願生彼 以彼國是諸上善人同會之處 得生 彼國 則入如是勝會 故當求生

鈔 질문에 두 가지 뜻이 있다. 첫째는 '사바세계도 부처님 국토인데 어찌 굳이 고국을 멀리 떠날 필요가 있겠는가?' 하는 것이요, 둘째는 '시방에 한없는 부처님 국토가 있는데 왜 유독 서방만을 향해 가야 하는가?' 하고 물은 것이다.

지금은 뭉뚱그려 대답했으니, 여기에 다시 세 가지 뜻이 있다. 첫째는 어떤 국토는 사람이나 축생이나 귀신이나 지옥이 함께 거주하여 꼭 사람뿐인 것은 아니기 때문이요, 둘째는 혹시 어떤 국토에 순전히 사람만이 거주하더라도 꼭 모두 선한 사람들만 있다고 보기 어렵기 때문이요, 셋째는 어떤 국토에 순전히 선한 사람들만 거주하더라도 꼭 모두 상선인(上善人)이라고 볼 수만은 없기 때문이다.

지금 '여러 상선인'이라 한 것을 보면, 비단 사람 가운데 선인일 뿐만 아니라 또한 선인 가운데 선인이니, 위에서 열거한 성문이나 보살이나 그 외 보처들이 '여러 상선인'인 것이다.

· · · · · · · · · ·

144 위에서는 의(依)·정(正)의 갖가지 장엄을 자세히 진술했기 때문에 왕생 구하기를 발원할 것을 권하였고, 여기서는 그 까닭을 밝혔다. 다만 '여러 상선인(上善人)과 한 곳에서 함께 만날 수 있다'고만 말하고, '갖가지 미묘한 즐거움을 누릴 수 있다고는 말하지 않았으며, 정보만을 들고 의보는 언급하지 않은 것은, 즐거운 일은 보배가 아니고 훌륭한 벗이야말로 보배이기 때문이다.

지금 왕생을 얻는다면 이들과 함께 한 곳에 모일 수 있으니, 이른 바 관음·세지와 손을 잡고 함께 가고, 문수·보현과 직접 좋은 벗이 될 것이니, 비유컨대 용문에 오르고 영주(瀛洲)에 참석한 것과 같이[145] 세상에서 매우 귀한 일이기 때문이다. 그러므로 보살도 연록(蓮錄)에 이름을 올려 줄 것을 요구했으니,[146] 더욱이 범부랴!

살 만한 곳을 정하는 데도 어진 사람들이 사는 마을을 선택하기 마련인데,[147] 더욱이 도를 배운다고 하면서 이같이 훌륭한 회상을 원하지 않을 수 있겠는가!

疏 문: 극락에 왕생한 자는 그 종류가 한두 가지가 아닙니다. 어찌 일률적으로 '상선(上善)'이라고 할 수 있겠습니까?

답: 모두 불퇴전을 얻었기 때문이다.

· · · · · · · · · ·

145 동한(東漢)의 이응(李膺)은 기개와 절개가 고고하고 엄준하여 어려서 사람들과 사귈 때 그와 사귀기를 허락 받은 사람을 '용문에 올랐다' 하였다. '영주에 참석하였다'는 것은, 당 태종이 문관(文館)을 크게 열고 두여회(杜如晦) 등 18인을 학사로 삼으니, 사람들이 그들의 영광을 매우 부러워하며 '영주의 선택'이라 하였다.

146 '보살이 연록에 올려줄 것을 요구하였다'는 것은, 장노 색 선사가 염불 모임을 만드니, 하루 저녁은 꿈에 검은 갓에 흰 옷을 입은 풍모가 청아한 어떤 사람이 읍하고 말하기를 "스님의 염불 모임에 들어가기를 원하니, 저의 이름을 서명해 주십시오." 하였다. 선사가 그의 이름을 물었더니 "보혜라고 합니다." 하고, 또 "가형인 보현도 서명해 주십시오." 하였다. 꿈에서 깨어 『화엄경』에 두 보살의 이름이 있는 것을 생각하고, 마침내 연록(蓮錄)의 우두머리로 삼았다.

147 『논어』에 "어진 사람들이 사는 마을이 아름다우니, 어진 곳을 선택하여 머무르지 않으면 어찌 지혜로운 자라 하리오." 하였다.

問 生極樂者 其類不一 何得槩稱上善 答 以皆得不退轉故

鈔 ‘종류가 한두 가지가 아니다’ 한 것은, 이를테면 성인도 있고 범부도 있으며 높은 이도 있고 낮은 이도 있어서, 상·중·하품의 지위가 질서정연하다. 그런데 그 가운데 중과 하를 생략하고 일률적으로 ‘상선’이라고만 말할 수 있는가 하는 질문을 한 것이다.

지금 여기서는 ‘중생으로 왕생한 자는 모두 아비발치여서 구경에 모두 무상정각을 이루리니 이것은 부처님의 경계라, 그러므로 상선인과 다를 것이 없다’ 하는 것을 밝혔다.

疏 이치에 맞게 말한다면, 자성은 온갖 선이 한 곳으로 돌아가니 이것이 한 곳에 같이 모인다는 뜻이다.

稱理 則自性萬善同歸 是同會一處義

鈔 온 강이 하나의 바다에 모이고, 여러 가지 경계가 하나의 허공에 모이듯이, 여러 상선인이 이 한 곳에 모이지 않으면 결국 어디서 모이겠는가?

나. 행을 일으키다

1) 다른 행과 구별하다

[經] 사리불이여, 작은 선근이나 작은 복덕 인연으로는 저 국토에 왕생할 수 없나니,

　舍利弗 不可以小善根福德因緣 得生彼國

疏 위를 이어서, "평범한 무리들에게는 나아가기 쉽지만 훌륭한 모임에는 가까이 하기 어렵나니, 더욱이 최상의 선인의 모임에 어찌 작은 선근이나 작은 복덕으로 왕생할 수 있겠는가?" 하고 말한 것이다.

그 중에 영지 스님은 "선근은 정행(正行)이니 지명에 속하고, 복덕은 조행(助行)이니 정업의 세 가지 복에 속한다." 하고, 해동의 원효 스님은 "전체적으로 많은 선과 많은 복덕이 정행이니 보리심을 발하는 것을 말하였고, 작은 선과 작은 복덕은 조행이니 부처님의 명호를 부르는 것을 말한다." 하였다.

이 두 분 뜻이 서로 어긋나니, 지금 두 가지를 화회하고자 한다. 이를테면 저 국토에 왕생하려면 모름지기 많은 선과 많은 복덕을 닦아야 하니 지금의 지명이다. 이것은 선 가운데 선이요 복덕 가운데 복덕이다. 이야말로 이른바 보리심을 발한 것이요, 저 나라에 왕생하기 위한 큰 인연인 것이다.

承上言凡群易就 善聚難親 何況最上善人之會 豈可以少善少福而

得生也 於中靈芝以善根爲正行 屬之持名 以福德爲助行 屬之淨業三福
海東 則總以多善多福爲正行 云是發菩提心 以少善少福爲助行 云是執
持名號 二義相違 今雙爲和會 謂欲生彼國 須多善多福 今持名 乃善中
之善 福中之福 正所謂發菩提心 而爲生彼國之大因緣也

鈔 '서로 어긋난다'는 것은, 한 분은 지명염불을 바른 수행[正行]에 속한다 하고, 한 분은 지명염불을 보조 수행[助行]에 속한다 하여 두 분의 말씀이 서로 모순된다. 그러나 이 경의 큰 뜻은 참으로 지명염불을 중히 여긴다고 보아야 한다. 만약 지명으로 보조 수행법을 삼는다면 아래 문장에서 "아미타불에 대해 말한 것을 듣고, 부처님 명호를 부르며…" 한 것은 어떻게 설명할 것인가? 부처님 명호를 부르는 염불법을 보조 수행으로 삼다니, 단연코 이런 이치가 있을 수 없다!

또한 영지 스님은 『관경』의 세 가지 복[148]으로 여기서 말한 '복덕'에 배대(짝을 맞춤)하니, 그렇다면 세 번째 복인 보리심을 발하는 것이 곧 보조 행이 되고 마니, 원효 스님이 보리심을 발한 것으로 바른 수행법을 삼은 것과는 서로 모순된다. 그러나 『관경』에서는 세 가지 복으로 정업의 정인(正因)을 삼았으니, 그렇다면 보리심을 발하는 것으로

· · · · · · · · · ·

148 『관경』에 "저 국토에 왕생하고자 하는 자는 반드시 세 가지 복을 닦아야 한다. 첫째는 부모에게 효도하고 스승과 어른을 섬기며, 자비스런 마음으로 죽이지 않고 십선업을 닦는 것이요, 둘째는 삼귀의로써 여러 가지 계율을 구족하며 위의를 범하지 않는 것이요, 셋째는 보리심을 발하여 깊이 인과를 믿고 대승을 독송하며 수행하기를 권하는 것이니, 이 세 가지 업은 삼세제불의 정업의 정인이다." 하였다.

보조 행을 삼는 것도 역시 이치에 맞지 않다.

'지금 두 가지를 화회하려 한다'고 한 것은, 부처님 명호를 부르는 것으로 바른 수행법을 삼고, 다시 부처님 명호를 부르는 것으로 보리심을 발한 것을 삼으면, 쌍으로 두 분 스님들의 뜻을 화회한 것이 된다.

'선근'이란, 『관경』인 경우에는 위와 같이 세 번째 복인 보리심을 발하는 것이요, 『대본』에서는 삼배(三輩)의 왕생에 모두 보리심을 발하는 것을 말했으니, 이것에 의하면 범부의 마음을 내는 것은 '선근이 없다[無善根]' 하고, 성문의 마음을 내고 보리의 마음을 내지 않는 것은 '작은 선근[少善根]'이라 한다.[149]

'복덕'이란, 『관경』인 경우는 부모에게 효도하고 봉양하는 등이요, 『대본』에서는 여러 가지 공덕을 닦는 것 등을 말하였다. 이것에 의하면 보시나 지계 등과, 혹은 절을 짓고 불상을 조성하며, 선정을 닦고 경을 외고 고행하는 일체 복업을 버리고 짓지 않는 것을 '복덕이 없다[無福德]' 하고, 이 복만을 지어 인간이나 천상의 작은 과보를 바래 유루인(有漏因)만을 심는 것을 '작은 복덕[少福德]'이라 한다.

'선 가운데 선'이라[150] 한 것에 다섯 가지 뜻이 있으니, 『대지도론』

· · · · · · · · · ·

149 '범부의 마음을 낸다'는 것은, 오계나 십선을 닦으며 인간이나 천상에 태어나기를 구하는 것이요, '선근이 없다'는 것은 십선 등은 삼계의 유루인과(有漏因果)라 윤회에서 벗어나지 못하기 때문이다. '성문의 마음을 낸다'는 것은, 4생(四生)을 마치 족쇄나 쇠고랑과 같이 싫어하고 삼계를 감옥과 같이 버리고 열반 등에 나아가기를 구하는 것이다. '작은 선근'이란, 다만 공(空)·무상(無常)·무작(無作) 삼매만을 생각하고 불토를 장엄하고 중생 교화하기를 좋아하지 않는 것이다.

150 '선 가운데 선이란' 한 아래는 지명(持名)이 선(善) 가운데 선(善)임을 해석하였다.

의 다섯 가지 보리심을 갖추었기 때문이다. 첫째는 발심보리(發心菩提)다. 한없는 생사 중에서 대보리심을 내는 것을 말하니, 지명염불이 바로 범부의 생사심에서 대각을 일으키기 때문이다. 둘째는 복심보리(伏心菩提)다. 여러 가지 번뇌를 끊고 그 마음을 항복받음을 말하니, 지명염불로 바른 생각을 내면 번뇌가 저절로 없어지기 때문이다. 셋째는 명심보리(明心菩提)다. 제법의 실상을 깨닫는 것을 말하니, 지명염불로 바로 이 일심에 나아가서 일체 제법의 실상을 밝히기 때문이다. 넷째는 출도보리(出到菩提)다. 무생법인을 얻어 삼계를 벗어나 살바야[一切智]에 다다름을 말하니, 지명염불이 일인(一忍)과 이인(二忍)과 삼인(三忍)을 얻어 빨리 생사를 초월하여 일체지에 나아가기 때문이다. 다섯째는 무상보리(無上菩提)다. 도량에 앉아 최정각을 이룸을 말하니, 지명염불이 퇴전치 않는 지위를 얻어 바로 성불에 이르기 때문이다.[151]

. . . .

151 '첫째 발심보리'는 곧 원교(圓教)의 오품위니, 이것을 낸 마음은 곧 환희심이다. 묘심체(妙心體)에 여의주와 같이 심(心)과 불(佛)과 중생(衆生)을 갖추어서 이 세 가지가 차별이 없으니, 이 마음이 곧 공(空)이고 가(假)이고 중(中)이다. 초심이 이것을 알면 자기가 기쁘고 남이 기쁘니, 소위 '생사 중에서 대보리심을 낸다' 한 것이다. '둘째 복심보리'는 곧 원교(圓教)의 초신(初信)으로부터 칠신위(七信位)에 이르기까지니, 초신에서 견혹(見惑)을 끊고 이신(二信)으로부터 칠신(七信)에 이르러 사혹(思惑)을 모두 끊으니, 소위 '모든 번뇌를 끊고 그 마음을 항복한다' 한 것이다. '셋째 명심보리'는 곧 원교(圓教)의 십신만심(十信滿心)에서 초주위(初住位)에 들어가니, 이 위(位)에서 일심삼지(一心三智)를 증득하여 쌍망(雙亡)의 힘으로 적멸상(寂滅相)을 알고, 적조(寂照)의 힘으로 갖가지 상모(相貌)를 아니, 소위 '제법의 실상을 깨닫는다' 한 것이다. '넷째 출도보리'는 곧 원교(圓教)의 초지(初地)에서 팔지위(八地位)까지니, 초지에서 처음으로 법인광명(法忍光明)을 얻고 팔지에 이르러 비로소 '참으로 무생법인을 얻었다' 하고, 이를 심행보살(深行菩薩)이라 부르니, 차별이 없어 일체상(一切相)과 일체상(一切想)과 일체집착(一切執着)을 여의어 일체 성문·벽지불이 능히 미치지 못하는 경계라, 모든 다툼을 여의고 적멸이 현전하니, 소위 '삼계를 벗어나 살

또 『해동소』에서[152] 「보살심지품」을 인용하여 "보살의 초발심이 능히 일체 보리분법(37도품)의 훌륭한 선근을 섭수한다." 하고, 『유가론』 제37에 "보살이 모은 선근인 순일하고 정묘한 신심으로 무상보리에 회향한다." 하며, 『양섭론』 제10에 "지은 선근은 모두 무상보리에 회향한다." 하니, 모두 보리로 선근을 삼는다는 뜻이다.

그런데 지금 이 경에서는 지명염불로 무상보리의 선근에 바로 회향하니, 아미타불이 곧 무상보리이기 때문이다. 그렇다면 '선 가운데 선'은 많은 선을 말한 것이다.

'복 중의 복'이라[153] 한 것에도 두 가지 뜻이 있다. 첫째, 미타는 만덕의 명호라 하나의 이름을 들으면 만덕이 모두 원만하여 복을 기대하지 않아도 복이 이미 갖추어졌기 때문이다. 둘째, 염불하는 힘으로 자연히 여러 가지 악을 짓지 않고 여러 가지 선을 행하게 되니, 이것으로 복을 닦으면 복이 쉽게 모이기 때문이다. 그렇다면 '복 중의 복'은 많은 복을 말한 것이다.

바야에 이른다' 한 것이다. '다섯째 무상보리'는 원교(圓敎)의 묘각위(妙覺位)니, 영원히 무명의 부모와 이별하고 구경에 열반의 산정에 올라 허공으로 자리를 삼고 청정법신을 이루어 상적광토에 거주하여 원교(圓敎)의 불(佛)이 되니, 소위 '도량에 앉아 최정각을 성취한다' 한 것이다.

152 '또 『해동소』에서' 한 아래는 보리가 곧 선근임을 인용하여 증명하였다.

153 '복 중의 복이란' 한 아래는 지명이 곧 복 중의 복임을 해석하였다. '또한 두 가지 뜻이 있다' 한 것은, 첫째는 지명(持名)이 복을 닦는 뜻임을 밝혔고, 둘째는 지명(持名)이 쉽게 복을 모으는 뜻임을 밝혔다.

疏 '인연'이란, 청량 스님이 "직접 능히 발기하는 것이 인(因)이요, 이를 빌려서 보조적으로 발기케 하는 것이 연(緣)이다." 하였다. 여기에 다시 두 가지 뜻이 있으니, 첫째는 선근이 인이요 복이 연이며, 둘째는 선과 복에 각기 인과 연이 있다.

因緣者 淸凉以親能發起爲因 假之助發爲緣 今此復有二義 一者善根爲因 福德爲緣 二者善福各有因緣

鈔 '선은 인이요 복은 연이다' 한 것은, 보리와 선근은 도에 들어가는 정인(正因)이니, 여러 경에서 "정각의 보리심을 내지 않으면 비록 육도만행을 행하여 항사겁을 지나더라도 결코 성불하지 못한다."고 한 것과 같다. 그러므로 온갖 선의 근본이 되는 것을 인(因)이라 하는 줄 알 수 있다.

그러나 모름지기 일체 복덕으로 보리를 보조하여 이루어야 한다. 복으로 지혜를 건너고 사(事)로써 이(理)를 채워서 입도(入道)를 도와주기 때문이다. 이것을 '연'이라 한다.

'각기 인연이 있다'고 한 것은, 선근과 복덕은 그것의 내력이 어디서부터 발심하였든지 모두 인(因)이라 하고, 선근이 발기하는 데는 반드시 갖가지 보조가 되는 선연(善緣)이 있고, 복덕이 발기하는 데는 반드시 보조가 되는 복연(福緣)이 있으니, 이것이 각기 그 연이 있는 것이다.

疏 문: 무엇 때문에 『관경』에서는 보리심을 내는 것이 세 번째 복

에 있다 하였습니까?

답: 복에는 사와 이가 있어서 오로지 사뿐이지 않기 때문이다.

問 何故觀經發菩提心在第三福 答 以福有事理 不專事故

鈔 『관경』의 세 가지 복은, 첫째는 부모에게 효도하고 봉양하며 스승과 어른을 섬기며 자비스런 마음으로 살생하지 않으며 10선업을 닦는 것이요, 둘째는 삼귀의를 마음에 깊이 새겨 잊지 않고 여러 가지 계율을 갖추고 위의를 범하지 않는 것이요, 셋째는 보리심을 내어 인과를 깊이 믿고 대승경전을 독송하며 수행하기를 권하는 것이다.[154]

누가 묻기를 "어찌하여 보리심을 내는 것을 위의 두 가지와 똑같이 '복'이라 합니까?" 하였다.

여기서는 복에 사(事)와 이(理)가 있으니, 이 보리심은 『금강경』의 '허공을 생각으로 헤아릴 수 없는 복'과 같은 것이지, 달마가 배척한 인천의 유루복이 아님을 밝혔다.[155] 그러므로 앞의 두 가지 복은 오히

· · · · · · · · · ·

154 '부모를 효양하고 스승과 어른을 섬긴다'한 것은 위를 공경하는 것이요, '자비스런 마음으로 살생하지 않는다'한 것은 아래와 사귀는 것이다. '십선업을 닦는다'한 것은 몸에 세 가지 삿된 것[殺·盜·淫]을 제거하고 입에 네 가지 허물을 버리며 마음에 세 가지 악[貪·瞋·癡]을 끊는 것이니, 이것은 모두 범부의 행(行)이다. '삼귀의'란 불·법·승이요, '여러 가지 계율을 구족한다'는 것은 도(道)·속(俗)의 것을 모두 갖추고 자세하게 가지는 것이며, '위의를 범하지 않는다'고 한 것은 삼천(三千)의 위의에 모두 결함이 없는 것이니, 이것은 모두 이승(二乘) 행(行)이다. '보리심을 낸다'고 한 것은, 지음이 없는 경계에 의해 반연이 없는 서원을 일으키는 것을 말한다.

155 복에 인천(人天)과 소과(小果)와 유루(有漏)와 유위(有爲)의 사복(事福)이 있고, 성에 맞는 무루(無漏)와 무위(無爲)의 이복(理福)이 있으니, 여기 보리심은 『금강경』에서 말한 부주상(不住相)인 '허공을 가

려 범부나 소승과 같고, 이것만이 대승인 것이다.

그러나 여기 소(疏)에서 복에 배대하지 않고 선근에 속하게 한 것은 무엇 때문인가? 선근과 복덕을 따로 나누면 두 가지이지만 합하면 하나이기 때문이다. 따로 나누어 말하면 보리심은 선근에만 속하고, 합하여 말하면 보리심도 복이라 할 수 있다.[156] 그러므로 『관경』에서 이를 통틀어 들어 복이라 말해도 아무 상관없다.

문: 보적 『대본』(『무량수여래회』, 원위 보리유지 역)에 "무량수불을 보고자 하면 응당 위없는 보리심을 발하고, 또한 저 국토만을 전념하여 선근을 쌓으라." 하였습니다. 그렇다면 보리와 선근은 두 가지 일인 것 같습니다. 그런데 지금은 어찌하여 '선근은 보리심에 속한다'고 단도직입으로 말하였습니까?

답: 저기서는 단지 '선근'이라고만 말하고 여기서는 '많은 선근'이라 하였다. '많다'고 한 글자가 보리심이 아니면 어떻게 여기에 해당되겠는가?

疏 문: 그렇다면 지명염불이 많은 선근과 많은 복덕이 되는 셈인데, 이 경밖에 달리 증명할 만한 것이 있습니까?

답: 분명히 증명할 수 있다. 『대비경』과 『대품반야경』 등에서 설한

....

히 사량할 수 없는 복이지 유위(有爲)의 사상(事相)이 아니기 때문에 아무 상관없다.

156 또 묻기를 "이미 보리심이라면 이것은 허공과 같은 이복(理福)이니, 이 경에서 복덕으로 판단하지 않고 선근에 귀속시킨 것은 무엇 때문인가?" 한 것이다. 그것은 선과 복을 나눌 수도 있고 합할 수도 있으니, 나누면 보리가 치우쳐 선근에만 속하고 합하면 보리도 또한 복이라 할 수 있기 때문이다.

것과 같다.

問 卽持名爲多善根福德 此經之外 別有證據否 答 歷歷可證 如大
悲大品等說

鈔 '지명이 선근임을 증명할 수 있다'고 한 것은, 『대비경』에 "한
번 부처님 명호를 부르면 이 선근으로 열반세계에 들어간다." 하고,
또 "내가 멸도한 후 이 천축국에 기파가란 비구가 있으리니, 한없는
최승 선근을 닦아 죽은 후에 서쪽으로 3백억 세계를 지나 무량수불국
에 태어나, 그 후에 성불하여 무구광여래라 하리라." 하였다.

또한 『대장엄경론』에, 부처님이 세상에 계실 때 한 노인이 와서 출
가할 것을 요구하였으나 사리불 등 여러 대 제자들이 아무도 그를 제
도하지 못했다. 그가 다겁에 아무 선근이 없었음을 보시고 부처님이
스스로 제도하시어 곧 도과를 이루게 하였다. 그리하여 대중에게 고
하시기를 "이 사람은 무량겁 전에 나무꾼이었는데, 호랑이가 달려들
자 매우 놀라 나무 위로 올라가 '나무불' 하고 불렀으니, 이런 선근으
로 나를 만나 깨달음을 얻었느니라." 하였다.

『화엄경』「십회향품」에 "무량무변세계의 과거·미래·현재의 일체
제불을 기억하고 생각하기를 원하나이다." 하고, 다음에 "이 염불 선
근으로…" 하니, 이것들이 모두 지명염불이 많은 선근이 되는 분명한
증거이다.

'복덕임을 증명한다'고 한 것은, 『대품반야경』에 "어떤 사람이 산란
한 마음으로 염불하더라도 또한 고통을 여의고 즐거움을 얻어 그 복

이 한량없다." 하였으니, 더욱이 안정된 마음으로 염불하는 것이랴!

『칭양제불공덕경』에 "만약 무량수여래 이름을 들은 자가 일심으로 믿고 좋아하며 외우고 생각하면, 이 사람은 반드시 무량한 복을 얻어 영원히 삼악도를 여의고 수명이 다한 후에 저 세계에 왕생하리라." 하고, 『대지도론』에 "비유컨대 어떤 사람이 세상에 갓 태어나서부터 능히 하루에 천 리를 가서 1천 년이 되도록 칠보를 부처님께 공양하더라도, 어떤 사람이 미래 악세에 한 번 아미타불을 부르는 것보다 못하나니, 그 복이 저보다 수승하니라." 하고, 『증일아함경』에 "사사(四事: 의복·음식·와구·의약, 혹은 의복·음식·탕약·방사)로 염부제의 일체중생에게 공양하더라도, 어떤 이가 우유를 짜는 짧은 시간에 부처님 명호를 부르더라도 공덕이 저보다 더 나아 불가사의하니라." 하니, 이런 것들이 모두 지명염불이 많은 복덕이 되는 분명한 증거이다.

또한 『보적경』19에 "그때 한 비구가 부처님이 부동여래의 수많은 공덕을 칭양찬탄하시는 말씀을 듣고, 마음에 탐욕과 애착을 내어 저 곳에 태어날 것을 생각하니, 부처님이 말씀하시기를 '애련의 마음으로는 왕생할 수 없고, 오직 여러 가지 선본(善本)을 심고 여러 가지 범행(梵行)을 닦아야만 저 국토에 왕생할 수 있느니라' 하였다." 하니, 선본은 선근이요 범행은 복덕이다. 이것도 지명염불법이 많은 선근과 많은 복덕이 된다는 것을 쌍으로 밝힌 분명한 증거이다.

이렇게 여러 경문에서 서로 찬탄한 것을 믿지 않을 수 있겠는가!

疏 문: 이 세상에서 오직 원돈법만을 닦고 왕생을 원하지 않는 자

¹⁵⁷를 어찌 '작은 선근'이라 하겠습니까?

답: 원돈을 닦는 사람은 비록 일심을 깨달았으나 아직 후세의 과보[後有]가 남아 있으니, 진정으로 저 국토에 왕생하기를 구하여 아미타불을 가까이 하는 것이 옳다.

철(喆) 노인과 청(靑) 스님¹⁵⁸이 분명히 그 전철을 밟았으니, 만약 원돈인을 자부하며 왕생을 원하지 않는 자는 또한 선근이 천박한 줄 반드시 알아야 한다. 『화엄경』에서 설한 것과 같다.

問 此土單修圓頓 不願往生者 寧可謂之少善根耶 答 圓頓行人 雖悟一心 尙餘後有 正宜求生彼國 親近彌陀 喆老靑公 皎然覆轍 若其自負圓人 不願往生 當知亦是善根薄故 如華嚴中說

鈔 '후세의 과보'는 후음(後陰)을 말하니 곧 내생이다. 원돈인의 견지는 비록 부처와 비슷하지만 거칠고[枝末無明] 세밀한[根本無明] 무명을 아직 다 제거하지 못하였고, 갠지스 강 모래 수와 같은 성덕을 아직 갖추지 못했으니, 미혹이 있으면 업을 조장하여 장래의 생을 일으키니 어찌 후세의 과보가 없겠는가? 이미 후세가 있다면 곧 방편유여토에 태어나서 육도를 여의지 못하고, 저것(거칠거나 세밀한 무명)을 제거

· · · · · · · · · ·

157 이른바 선사들이 먼지만큼도 얽매임이 없어서 부처가 와도 죽이고 마군이 와도 죽이며, 염불하는 한 소리를 들으면 삼 일 동안 양치질하는 자를 말한 것이다.

158 '철 노인'은 경사(京師)에 산 지 40년 동안 항상 앉아 눕지 않더니, 죽은 후에 장삼을 태우니 사리가 나왔으나 서방정토를 수행하지 않아 높은 부귀가에 태어났다. '청 스님'은 곧 청초(靑草) 스님이다. 나이 90여 세에 증(曾) 씨 여인의 공양을 받고 그의 아들이 되었더니, 나중에 벼슬이 재상에 이르렀다.

하여 이미 실보토에 올랐더라도 나머지는 간혹 인간이나 천상을 면하지 못하니, 천상에는 애욕이 많고 인간은 고통에 섞여 타락하는 자는 많고 해탈하는 자는 적으니, 정토에 태어나지 않고 어디로 가겠는가?

'철 노인과 청 스님'은 모두 깨달음을 얻었다고 일컫던 이들이었으나, 철 노인의 후신은 부귀를 마음에 두고 연연하였고, 청 스님의 후신은 수많은 고난과 근심을 겪었으니, 모두 왕생을 사모하지 않음으로써 스스로 좋은 이익을 잃고 다생에 막혀서 보리의 길에 헤매게 되었던 것이니, 어찌 선근이 천박하여 그렇게 된 것이 아니겠는가?

『화엄경』에서 설한 것과 같다'는 것은, 「입법계품」에 "비로자나 회상의 여러 대 성문들이 부처님을 뵙지 못한 것은 선근이 같지 않기 때문이며,[159] 본래 부처님을 뵙는 자재선근[160]을 익히지 않았기 때문이다." 하였다. 그러므로 부처님 명호를 부르며 미타 법기를 원하는 것은 참으로 많은 선근이며 큰 선근이며 가장 수승한 선근이며 불가사의한 선근임을 알 수 있다.

疏 이치에 맞게 말한다면, 자성은 일체법을 출생하니 이것이 '선

....

159 '선근이 같지 않다'는 것은 모든 성문이 모두 진제를 깨달았으나 아직 보현행원을 성취하지 않았기 때문이다.

160 '부처님을 뵙는 자재선근'이란, 일체 제불 경계를 기억하고 생각하는 보견법문(普見法門)을 말한다. 이른바 매순간 일체 여래께 공양하는 지혜바라밀과, 매순간 일체 제불의 불가사의한 대신통사를 아는 지혜바라밀 등이다. 지금 여러 대 성문들이 본래 이런 것들을 닦지 않았기 때문에 부처님을 보지 못하는 것이다.

근'의 뜻이요, 자성이 일체법을 충분히 소유하니 이것이 '복덕'의 뜻
이다.

稱理 則自性出生一切法 是善根義 自性富有一切法 是福德義

鈔 어찌 자성이 능히 만법을 냄을 예상했을 것이며, 어찌 자성이
본래 구족했음을 예상했으리요.

2) 올바른 행을 보이다

**【經】 사리불이여, 선남자 선여인이 아미타불에 대해 설한 말씀을
듣고 그 부처님의 명호를 집지(꼭 잡아 놓지 않음)하되, 하루나 이틀이나
사흘이나 나흘이나 닷새나 엿새나 이레 동안 일심불란하면,**

舍利弗 若有善男子善女人 聞說阿彌陀佛 執持名號 若一日 若二日
若三日 若四日 若五日 若六日 若七日 一心不亂

疏 위를 이어서, 많은 선근과 많은 복덕으로만이 저 국토에 왕생
하지만, 선근은 심기 어렵고 복덕은 닦기 어렵거든, 더욱이 '많은…'이
라 했음이랴. 오랜 시간 동안 애써도 능히 갖추는 이가 없으니, 『보적
경』의 열 가지 마음[十心]과 『화엄경』의 열 가지 원[十願] 등과 같다.

여기 한 방법이 있으니, 직접적이고 손쉬워서 '많은 선근'과 '많은
복덕'이 된다. 그러므로 부처님의 명호를 부르는 염불 공덕이 수승함

을 밝히는 것이다.

承上多善多福 乃生彼國 而善根難植 福德難修 況復云多 累劫劬
勞 莫之能辦 如寶積十心 華嚴十願等 今有一法 直捷簡易 即爲多善多
福 故顯持名功德殊勝

鈔 '선근은 심기 어렵다'고 한 것은, 앞에서 말한 수보리가 대승
심을 발하였으나 바라문이 눈을 구걸함으로써 보리심을 잃어버린 것
등과 같다.

'복덕은 닦기 어렵다'고 한 것은, 『열반경』34에 "오품심에서 10선
을 닦으니, 이를테면 하 · 중 · 상과 상중 · 상상에 각기 10선이니 50
이 되고, 처음도 닦고 마지막에도 닦아야만 비로소 100복이 된다."
하였으니, 복은 쉽게 닦지 못하는 것이 분명하다.

『보적경』의 열 가지 마음'이란, 첫째는 중생에게 대자(大慈)를 일으
켜 손해를 끼치지 않는 마음이요, 둘째는 중생에게 대비(大悲)를 일으
켜 핍박하지 않는 마음이요, 셋째는 몸과 목숨을 아끼지 않고 불법
수호하기를 좋아하는 마음이요, 그 밖에 열째는 제불에 대하여 여러
가지 모양을 버리고 이(理)에 수순하는 생각을 일으키는 마음이니,[161]
이 열 가지 마음을 갖추면 정토에 왕생한다.

『화엄경』의 열 가지 원'이란, 첫째는 제불에게 예경하는 원[禮敬諸

....

161 '여러 가지 모양을 버린다'는 것은 제불의 실상신(實相身)을 생각하는 것이다. '이에 수순하는 생각'
이란, 천태가 말한 중도(中道)에 안주(安住)하여 이변(二邊)에 동요하지 않는 것을 말한다.

佛願]이요, 그 밖에 열 번째는 널리 모두 회향하는 원[普皆廻向願]이니, 또한 이 열 가지로도 저 국토에 태어날 수 있으나 이상은 모두 보살의 광대한 지혜와 광대한 수행이라 쉽게 심고 닦을 수 있는 것이 아니다.

지금 부처님 명호를 부르는 염불 공덕은 설사 열 가지 마음이 미비하고 열 가지 원을 갖추지 않아도 정업이 한번 이루어지면 곧 저 국토에 왕생하고, 이미 왕생을 얻었으면 이 마음과 이 원이 자연히 이루어지니, 어찌 많은 선근 많은 복덕이 아니겠는가?

구불구불하지 않은 것을 '직접적'이라 하고, 여러 가지 번쇄함이 없는 것을 '쉽다'고 말하니, 이 부처님 명호를 부르는 지명염불법은 직접적이어서 깊이 나아갈 수 있고, 쉬워서 누구나 널리 얻을 수 있다.

여타 법문이 능히 미치지 못하는 것을 '수승'이라 하였다.

疏 '선남자 선여인'이란, '선'에 두 가지 뜻이 있다. 첫째는 숙생에 선인(善因)을 닦은 자요, 둘째는 금생에 선인(善人)의 무리이다.

'남·여'는 출가한 스님이나 재가 신도나, 근기가 예리한 자나 둔한 자나, 육도의 일체 인연 있는 중생을 통틀어 지적하였다.

善男子善女人者 善有二義 一是宿生善因 一是今生善類 男女者 通指緇素利鈍 及六道一切有緣衆生也

鈔 '숙생에 선인을 닦았다'는 것은, 『대본』에 "세상 사람이 전생에 선행을 행했어야 비로소 아미타 부처님의 명호와 공덕에 대해 말하

504

는 것을 듣나니, 한번 부처님 명호를 듣고 자비스러운 마음으로 기뻐하거나 생각이 깨끗하고 머리털이 솟으며 눈물을 흘리는 자는, 숙세에 일찍이 불도를 행했거나 혹은 타방 부처님 처소의 보살이었으니, 참으로 범부가 아니다." 하였다. 그렇다면 신심으로 염불하는 자는 모두 숙세에 선본을 닦았던 자인 것이다.

'금생에 선의 무리'란, 『화엄경』에 "차라리 악도에 있으면서 항상 부처님 이름을 들을지언정, 선도에 태어나 잠시라도 부처님 이름을 듣지 못하는 것을 원치 않나이다." 한 것과 같으니, 인간이나 천상에 태어나는 것으로 선을 삼지 않고 부처님 이름을 듣는 것으로 선을 삼으니, 곧 신심으로 염불하는 자가 모두 선인의 무리인 것이다.

'출가한 스님이나 재가 신도나, 근기가 예리한 자나 둔한 자'란, 정토법문은 모든 이를 섭수하니, 『대본』에 "상배자는 집을 버리고 세속을 떠나 사문이 된다." 하였으나, 또한 집을 버리지 않고 세속을 떠나지 않은 자도 있다. 곧 출가한 다섯 대중이거나 재가의 두 대중에 관계없이 염불하는 자는 누구를 막론하고 모두 왕생을 얻는다. 이것은 '출가한 스님이나 재가 신도'에 통한다.

또한 연품에는 아홉 가지를 나누니, 상(上)은 덕이 성대한 보살에 해당되고, 하(下)와 아득한 범부와 그 밖에 악인 등도 염불하기만 하면 누구라도 왕생을 얻을 수 있다. 이것은 '근기가 예리한 자나 둔한 자'에 통한다.

또한 아귀나 축생이나 지옥이나 암수의 새나 암수의 짐승도 모두 '남·여'라고 할 수 있으니, 염불만 하면 모두 왕생을 얻을 수 있다.

이것은 '일체중생'에 통한다.

『왕생집』(주굉 스님의 또 다른 저서. 전3권) 가운데는 예전과 현재의 일을 살피고 점검한 여러 가지 염불 왕생 사례들이 자못 여러 권에 실려 있다. 자세히 읽어보기 바란다.

疏 다음 문장에 세 가지가 있으니, '미타의 명호'는 염불할 대상을 표시하였고, '집지'와 '일심불란'은 염불하는 방법을 밝혔으며, '하루나 이레'라고 한 것은 염불할 기한을 정하였다.

次文有三 謂彌陀名號 是標念境 執持一心 是明念法 一日七日 是剋念期

鈔 대상이 없으면 방법을 펼 곳이 없고, 방법이 없으면 대상은 쓸데없이 세운 것이 되며, 기한이 없으면 비록 대상이 수승하고 방법이 훌륭하더라도 게으르고 엄벙덤벙하여 공을 속히 이룰 수가 없다. 이렇게 세 가지 일이 구족하기 때문에 능히 정토 공부를 확실히 성취할 수 있는 것이다.

疏 '염불할 대상을 표시하였다'고 한 것은, 저 부처님이 만덕을 성취하여 정토를 장엄하여 중생을 교화하시니, 그러므로 '아미타불'이란 넉 자의 큰 이름으로 염불할 대상을 삼은 것이다. 이것에 의지하여 수행하면 도달할 곳이 있기 때문이다.

標念境者 彼佛萬德成就淨土攝生 故以阿彌陀佛四字洪名 爲所念

之境 依之修行 有所詣故

鈔 극락의 의보와 정보를 '부처님의 완벽함'이라 하고, 부처님의 공덕 바다를 '이름의 완벽함'[162]이라 한다. 그러므로 이 부처님의 넉 자 명호로 염불할 대상을 삼고, 이 대상에 의지하여 굳게 지켜 바꾸지 않은 후에야 추구하여 나아갈 곳이 있다.

'예(詣)'는 이른다는 뜻이니, 저 국토에 도착한다는 뜻을 말하였다.

어떤 이는[163] "마음 밖에 대상이 없으니 마음을 관하면 그만이지 어찌 대상이 필요하겠습니까?" 한다. 그러나 이것은 마음과 대상이 하나라서 서로 의지하여 일어나는 줄을 알지 못한 것이다.

· · · · · · · · · ·

162 세상 이름은 그 이름에 물건을 얻는 공이 없고, 물건에는 그 이름에 해당하는 실(實)이 없어서 이름과 실(實)이 능히 서로 합치하지 않지만, 지금 부처님 명호는 이름 밖에 실(實)이 없고 실(實) 밖에 이름이 없어서 이름과 실이 두 가지가 아니다. 그러므로 '이름의 완벽함'이라고 말한 것이다.

163 '어떤 이는…' 한 아래는, 누가 묻기를 "삼계가 유심(唯心)이요 만법이 유식(唯識)이라 마음 밖에 대상이 없다. 그렇다면 수행인이 마음을 관하기만 하면 그만이지 어찌 대상을 관하랴." 한다. 이것에 답하기를 "그대는 마음 밖에 대상이 없는 줄만 알고 대상 밖에 마음이 없는 줄은 알지 못하였다. 마음이란 완전히 대상 그대로가 마음이요, 대상이란 완전히 마음 그대로가 대상이니, 이미 마음 밖에 대상이 없다면 대상은 마음의 소조(所照)가 되고, 또한 대상 밖에 마음이 없다면 마음이 대상을 능조(能照) 하여 마음과 경계가 하나이다. 비단 마음과 대상이 하나일 뿐만 아니라 또한 마음과 경계가 서로 의지하여 일어나니, 먼저 서방의 가상(假想)의 대상을 빌려 나의 영명(靈明)한 묘심(妙心)을 내고 나의 영명(靈明)한 묘심(妙心)으로 다시 서방의 진경(眞境)을 내니, 대상으로 마음을 내고 마음으로 대상을 내어 거듭거듭 서로 내고 서로 밝히니, 예컨대 거울을 갈 적에 갈면 갈수록 더욱 깨끗해지고 깨끗해질수록 더욱 가는 것과 같다. 또한 '서로 낸다'는 것은 곧 『묘종』에서 말한 '심성(心性)에 의거하여 저 의(依)·정(正)을 관하면 의(依)·정(正)을 가히 밝힐 수가 있고, 저 의(依)·정(正)에 의탁하여 심성을 관하면 심성이 쉽게 발한다' 한 것이다." 하였다.

선덕이 말하기를 "어떤 삼매는 삼도(三道)를 직관하여 본성불(本性佛)을 밝히고,[164] 어떤 삼매는 지주(持呪: 주문을 욈)를 겸하였고,[165] 어떤 삼매는 송경(誦經: 경전을 독송함)을 겸했으며, 어떤 삼매는 염불을 겸했으며…" 하니, 지금 '염불하는 대상을 표시하였다'고 한 것은 곧 염불 삼매를 겸했다는 말이니, 모두 본성불을 보조적으로 밝힌 것이다.

이렇게 어떤 것은 직접적으로, 혹은 보조적으로 밝혔으나 그 이치는 하나다. 더욱이 처음 배우는 자나 범부는 장애가 심하니 전적으로 훌륭한 경계에 의지하여 나의 묘심을 밝혀야 한다. 이것은 실로 수행의 요긴한 수단이니 소홀히 여겨서는 안 된다.

疏 '염불하는 방법을 밝힌다'는 것은, 이미 부처님 명호를 들었으면 중요한 것은 집지하는 데 있다. '집'이란 이것을 듣고 받아 가지되 용맹스럽고 과단성이 있어 흔들리거나 빼앗기지 않는 것이요, '지'란

. . . .

164 '삼도'는 중생의 혹(惑)·업(業)·고(苦)요, 본성은 곧 삼덕(三德)이니 법신·반야·해탈이다. 중생은 삼덕을 미혹하므로 해서 혹·업·고 삼도가 되고, 제불은 혹·업·고 삼도를 깨달았으므로 삼덕이 되었다. 그러므로 원돈행인(圓頓行人)은 반드시 이 삼도를 버리고 따로 삼덕을 관하지 않으니, 고도(苦道)가 곧 법신임을 관하니 환화(幻化)와 같은 공신(空身)이 곧 법신이기 때문이요, 혹도(惑道)가 곧 반야임을 관하니 탐·진·치가 곧 제불의 부동지이기 때문이며, 업도(業道)가 곧 해탈임을 관하니 몸과 입으로 지은 것이 곧 법신의 대용(大用)이기 때문이다.

165 '어떤 삼매는 지주를 겸하였다' 한 것은, 능히 본성을 직관하지 못하는 자는 다시 다른 방편으로 제일의를 보조적으로 밝혀야 한다. 방등삼매는 지주(持呪)를 겸하였고, 법화삼매는 송경(誦經)을 겸했으며, 십육관의 반주삼매와 이 경은 염불을 겸한 것과 같다. 이것을 '겸하였다'고 한 것은, 이(理)로써 관하는 것을 정(正)이라 하고 사행(事行)은 조(助)라고 하기 때문이다.

이것을 받아 잘 지키되 항상 단단히 하여 잃어버리지 않는 것이다.

　明念法者 謂旣聞聖號 要在執持 執者 聞斯受之 勇猛果決 不搖奪 故 持者 受斯守之 常永貞固 不遺忘故

　　鈔 '집'과 '지'를 나누어 해석한 것은 위와 같다. '지'만을 말한다면 손으로 꼭 쥔다는 뜻이고, '집지'를 전체적으로 말한다면 오로지 한 생각으로 잊어버리지 않는다는 뜻이다.

　또한 '지'에 다시 몇 가지가 있다. 첫째는 분명하게 염불하는 것[明持]이니 소리 내어 부처님의 명호를 부르는 것이요, 둘째는 묵묵히 염불하는 것[默持]이니 소리 없이 가만히 부처님 명호를 부르는 것이며, 셋째는 반은 분명히 하고 반은 가만히 부처님 명호를 부르는 것[半明半默持]이니 입술이나 혀를 미동하는 염불이다. 밀교에서 말하는 금강지(金剛持)가 이것이다.

　또한 기록하거나 숫자를 헤아리며 염불하기도 하고, 혹은 기록하거나 숫자를 헤아리지 않고 염불하기도 한다. 자세한 것은 밀교에서 설한 것과 같이 편리한 대로 하면 된다.

　그러나 각기 사(事)와 이(理)를 나누어, 기억하고 생각하여 빈틈없이 하는 염불을 사지(事持)라 하고, 자세히 고찰하여 빈틈없이 하는 염불을 이지(理持)라 한다. 아래에서 자세히 설명하겠다.

　이것이 인연이 되어 나중에 '일심불란' 하게 되는 데도 역시 사와 이가 있다. 이러한 뜻을 알지 못하는 자는 염불은 근기가 둔한 자가 할 공부법이라, 참선만이 능히 도를 깨닫는다고 생각한다.

그래서 처음 불문에 들어온 자가 이 말을 들으면 이 뜻을 잘 알지 못하여, 체득하고 궁구하여 빈틈없이 하는 염불[體究念佛]은 전대의 존숙들이 사람을 가르칠 때 화두를 들어 의정을 일으키게 한 것과 뜻이 똑같다는 것을 알지 못한다.

그러므로 "선을 참구하여 따로 화두를 들 필요 없이, 다만 한 구절 '아미타불' 위에 이르기만 하면 된다." 하였으니, 이 말씀이 참으로 미묘하다!

疏 또한 '집지'란 귀명의 뜻이기도 하다.

又執持 卽歸命義

鈔 '귀명'이란 범어로 나무(梵語 namas, 巴利語 namo)라 하니, 해석은 앞의 서(序)와 같다. 만약 몸을 맡기고 목숨을 바쳐 돌아가지 않으면 어떻게 능히 일심으로 집지할 수 있겠는가? 그러므로 뜻이 같다.

'귀'에 두 가지 뜻이 있으니, 또한 앞의 서에서 설명한 것과 같다. 첫째는 몸을 의탁한다[歸投]는 뜻이니, 부처님 명호를 집지하며 정성을 다해 앞으로 향하여 가니, 곧 사일심(事一心)이다. 둘째는 본원으로 돌아간다[歸元]는 뜻이니 부처님의 명호를 집지하여 일심에 돌아가니, 곧 이일심(理一心)이다.[166]

. . . .

166 '귀명'에 두 가지 뜻이 있으니 첫째 귀투(歸投)는 부처님의 명호를 집지하는 것이 마치 새가 숲속에 머무는 것과 같고 객이 주인에게 의지하는 것과 같으며 떠돌이 자식이 객지로 떠돌며 오직 일심으

疏 이상의 염불하는 대상과 염불하는 방법, 두 가지 가운데 또한 세 가지 뜻이 있다. 첫째 부처님 명호에 대해 설하는 것을 듣는 것은 문혜(聞慧)요, 둘째 마음속에 단단히 잡아 가지는 것은 사혜(思慧)며, 셋째는 유지하고 지켜 잃어버리지 않는 것은 수혜(修慧)이다.

以上境法二中 復有三義 一者聞說佛名 是爲聞慧 二者執受在懷 是爲思慧 三者持守不忘 是爲修慧

鈔 '문혜'란, 아미타불에게 비록 무량한 공덕이 있으나 이 공덕은 듣지 않으면 알지 못하고 설하지 않으면 듣지 못한다. 그러므로『화엄경』에 "무생의 지혜를 얻으려면 먼저 많이 들어야 한다." 하고, 또 "불법은 설해 주는 이가 없으면 비록 지혜가 있더라도 능히 알지 못한다." 하였으니, 경전이나 논서에서 설하신 말씀을 듣거나, 혹은 선지식이 보인 말씀을 듣고 한번 귀에 스치기만 하여도 영원히 도의 종자가 되니, 이것을 '문'이라 한다. '혜'라 말한 것은 듣는 것이 곧 지혜니, 목석을 대하여 설하면 어리석어 듣지 못할 것이요, 어리석은 사람을 대하여 설하면 듣고도 깊이 음미하지 못하니 마치 듣지 않는 것과 같다. 그러므로 '문혜'라고 한다.

'사혜'란, 이미 귀에 들어갔으면 반드시 마음속에서 이것이 무슨

. . . .
로 돌아갈 것만 생각하는 것과 같으니, 이것은 다만 사상(事相)으로 정근할 뿐이라 아직 이(理)를 밝히지 못하니 곧 사일심(事一心)이다. 둘째 귀원(歸元)의 뜻은 부처님의 명호를 집지하여 일심(一心)에 돌아간 것이니, 곧 번뇌를 등지고 깨달음에 합하여 본원으로 돌아가서 매순간 자심(自心)에 돌아가니 곧 이것이 귀원이다. 이것은 사행(事行)일 뿐만 아니라 겸하여 이관(理觀)도 닦으니 이일심(理一心)이 된다.

법문인가? 이것이 무슨 뜻인가? 하고 자세히 살피고 관찰해야 하니, 이것을 '사'라고 한다. 그런데 '혜'라고 말한 것은 생각하는 것이 곧 지혜니, 새나 짐승은 비록 듣지만 생각할 줄 모르고, 어리석은 사람은 비록 듣지만 귀에 들어가거나 입에서 나오면 기억하거나 생각하지 못한다. 그러므로 '사혜'라고 한다.

'수혜'란, 이미 깊이 생각했으나 힘써 수행해야 하니 이것을 '수'라고 한다. '혜'라고 말한 것은 수행하는 것이 곧 지혜니, 미친 사람은 비록 생각하나 정신이 부실하여 실천하지 못하기 때문이다.

문: 여기서 삼혜를 말했는데, 무슨 증거가 있습니까?

답:『불지론』에 "보살이 세 가지 미묘한 지혜를 실천하면 정토에 왕생한다." 하고, 이것을 해석하기를 "문·사·수로써 정토에 들어갈 수 있다." 하였다. 그러므로 염불에 반드시 세 가지 지혜가 있어야 하는 줄 알 수 있다.

疏 또한 세 가지 뜻이 있다. 부처님 명호 설하시는 말씀을 듣고 마음에 의심하거나 두 가지 마음을 가지지 않는 것을 '믿음[信]'이라 하고, 믿고 나서 이것을 마음속에 붙잡고[執] 좋아하고 바라는 것을 '원(願)'이라 하며, 원하고 나서 이를 지키며 마음속에 부지런히 정진하는 것을 '행(行)'이라 한다.

復有三義 聞說佛名 心不疑貳 是之謂信 信已而執 心起樂欲 是之謂願 願已而持 心勤精進 是之謂行

鈔 신·원·행은 아래 문장에서 설명하겠다.

疏 '명호'란, '아미타불'이라는 넉 자의 큰 이름이니, 색상(色像) 등은 겸하지 않았다. 『문수반야경』과 『비바사론』에서 설한 것과 같이, 색상 등은 이름 가운데 포함되기 때문이다.

名號者 阿彌陀佛四字洪名 不兼色像等 如文殊般若 及毗婆沙論中 說 以色像等 攝名中故

鈔 '색상 등은 겸하지 않았다'고 한 것은, 이 경이 오로지 부처님 명호를 집지하는 것만을 주장한다는 것을 밝힌 것이다.

『문수반야경』에 "부처님이 문수에게 '일행삼매[167]에 들어가고자 하면 반드시 한가한 곳에 처하여 시끄러운 생각을 버리고 모양을 취하지 말고 마음속에 한 부처님만을 생각하여 오로지 그의 이름만을 부르되, 부처님이 계신 방향에 따라 정면을 향하여 몸을 단정히 하고 한 부처님에게 온 생각이 끊어지지 않으면, 이 생각하는 가운데서 능히 과거·미래·현재의 부처님을 뵈올 것이며, 한 부처님의 공덕을 생각하는 것이 무량한 부처님의 공덕을 생각하는 것과 다르지 않느니라. 아난이 들은 불법은 오히려 수량에 속하거니와, 만약 일행삼매

----

167 '일행삼매'란, 경에 "법계가 하나의 모양이니, 법계를 깊이 생각하는 것을 일행삼매라 한다." 하고, 논에는 "일체 제불 법신이 중생의 몸과 평등하여 다르지 않으니 이것을 일행삼매라 한다. 이 삼매에 들어가고자 하는 자는 응당 마음속에 한 부처님만을 생각하여 오로지 이름만을 부르라." 하였다.

를 얻으면 여러 경전의 법문을 낱낱이 분별하여 모두 깨달아 밤낮으로 다른 사람을 위해 법을 연설하여도 지혜와 변재가 마침내 단절하지 않나니, 아난의 다문과 변재는 백천 가지 중에 그 하나에도 미치지 못하니라' 하시니라." 하였다.

용수보살의 『비바사론』에는 "불법에는 무량한 문이 있으니, 마치 세상의 도에 어려운 것이 있고 쉬운 것이 있는 것과 같으니, 행하기 쉬우면 빨리 도착한다. 그러므로 응당 염불하여 그의 명호를 부르라. 아미타불의 본원이 이와 같다." 하였다.

'이름 가운데 포함된다'고 한 것에 두 가지 뜻이 있다.[168] 첫째는 이름에는 반드시 모양이 있기 때문이요, 둘째는 이름과 모양이 모두 일심을 여의지 않기 때문이다. 그렇다면 한번 부처님 이름을 부르면 정보와 의보가 포함되어 다하지 않음이 없다. 그러니 어찌 색상을 의심하겠는가!

疏 요즘 사람들이 부처님 말씀을 듣고도 기꺼이 집지하려 하지 않는 자에게는 대략 네 가지 장애가 있기 때문이니, 네 가지 장애를 없애야만 비로소 능히 집지하여 일심에 이를 수 있다.

今人聞佛 不肯執持者 約有四障 四障破除 方能執持 乃至一心故

. . . .

168 두 가지 뜻 중에, 처음은 이름은 능소(能召)요 모양은 소소(所召)니 이미 능소(能召)의 이름을 불렀다면 반드시 소소(所召)의 본체가 있고, 둘째는 마음은 능현(能現)이요 이름과 모양은 소현(所現)이니 이미 일심으로 이름을 불렀으면 능현(能現)의 본체를 얻어 소현(所現)인 이름과 모양이 섭수되지 않음이 없다.

514

鈔 '장애'의 '장'은 차단의 뜻이니, 이 네 가지로 인하여 염불하는 마음을 차단하고 장애하여 집지하려 하지 않으니, 그러므로 반드시 없애야 하는 것이다.

'네 가지 장애'란, 첫째는, '마음이 곧 부처인데 어찌 굳이 자기를 버리고 저를 염(念)하랴' 하니, 부처가 곧 마음이라 부처를 염하여도 아무 상관없는 줄 알지 못하기 때문이다. 참으로 마음이 부처이면 어찌 부처가 곧 마음이 아니겠는가? 마음을 염하는 데만 집착하여 부처를 염하는 것을 허락하지 않으니, 그렇게 되면 마음과 부처가 두 가지라 마음이 곧 부처라는 뜻이 성립되지 않는다. 그러므로 부처를 염하는 것과 마음을 염하는 두 가지가 서로 장애되지 않는다.

둘째는, '어찌하여 여러 부처님을 두루 염하지 않고 오직 한 부처님만 염하는가?' 하고 말하니, 잡념 없이 한 곳에 생각과 마음을 기울이면 곧 삼매를 이룰 수 있음을 알지 못하였기 때문이다. 참으로 중생의 지혜는 천박하여 번거로우면 이것을 능히 감당하지 못하니, 마음을 쓰는 것이 분산되지 않는 자는 정신이 응집되고, 마음을 부리는 것이 갈래가 많은 자는 공덕이 상한다. 예컨대 보광보살이 부처님께 묻기를 "시방에 모두 불토가 있는데 어찌하여 유독 서방만을 찬탄하십니까?" 하니, 부처님이 "염부제 사람들은 마음이 산란한 자가 많다. 그러므로 그들로 하여금 오로지 하나의 경계에 마음을 기울이게 해야 곧 왕생할 수 있다. 모든 부처님이 똑같이 법성신이라, 한 부처님을 염하면 곧 모든 부처님을 염하는 것이 되기 때문이다." 한 것과 같다.

셋째는, '어느 부처님이나 염할 수 있는 것인데, 어찌 어느 부처님이든지 염하는 데 맡겨두지 않고 꼭 아미타 부처님만을 염하게 하는가?' 하고 말하니, 저 아미타 부처님만이 여러 중생과 인연이 있음을 알지 못하였기 때문이다. 참으로 저 부처님의 명호를 사람들이 부르기 좋아하여 설사 악인이라도 어떤 때는 자신도 모르게 엉겁결에 저 부처님을 염하며, 혹은 좋은 일을 만나면 자신도 모르게 염불하여 환희찬탄하며, 좋지 않은 일이나 고난을 만나도 자신도 모르게 염불하여 마음 아파하고 통탄하니, 누가 시켜서 그렇게 하는 것이 아니라 저절로 그렇게 되는 것이다.

넷째는, '어찌하여 부처님의 공덕이나 지혜나 상호나 광명을 염하지 않고 오직 명호만을 염하게 하는가?' 하니, '지명'이란 한 법이 말세에 가장 근기에 맞으며 부사의하기 때문임을 알지 못하였다. 근기에 맞다는 것은 『문수반야경』에 "중생은 우둔하여 잘 관할 줄을 모른다. 그러므로 염불하는 소리가 끊이지 않고 이어지기만 하면 저절로 왕생한다." 하였다. '부사의'란 앞에서 밝힌 일행삼매니, 우둔한 근기에 맞을 뿐만 아니라 헤아릴 수 없는 신비한 작용이 있기 때문이다. 『유교경』에서 "마음을 한 곳에 두면 무슨 일이든지 이루지 못할 것이 없다." 하니, 지금 마음을 부처님 명호에 두어 일심에 이르면 그 공용을 어찌 생각하고 말할 수 있겠는가?

疏 '염불하는 기한을 정한다'는 것은, 하루부터 7일까지가 번뇌의 적을 쳐서 난리를 평정하는 데 약정한 기한이다. 7일이란 세간이나 출세간에서 어떤 중요한 일은 항상 7을 쓰기 때문이니, 7일 동안 부

처님 명호를 부르면 지옥의 고통을 면한다.

또한 7일이란 기한에 두 가지 뜻이 있으니, 각기 예리하고 둔한 근기를 나눈 것이다.

또한 많을 경우에 『대본』에는 10일, 『성왕경』에도 10일, 『대집경』에는 49일, 『반주삼매경』에는 90일 등이요, 적을 경우에는 『대본』에는 하루, 『관경』에는 10념 등이다.

'하루'를 말한 것은, 천도를 경과하는 낮과 밤이 한 바퀴 돌았기 때문이다.

尅念期者 一日至七日 是所尅定之期要也 七日者 世出世間 重其事者 恒以七故 七日稱佛 免地獄苦 又七日之期 復有二義 各分利鈍 又多則大本十日 聲王十日 大集七七日 般舟九十日等 少則大本一日 觀經十念等 言日者 以經天道晦明之一周故

鈔 '약정한 기한'이란, 여래가 보리를 얻은 데 의하면 실로 날짜에 관계되지 않아서 하루도 아니고 겁도 아니니 어찌 7일이 있겠으며, 보살이 수행하여 걸핏하면 겁수를 지난 것에 따르면 다함이 없고 끝도 없으니 어찌 7일에만 그치랴.

그러나 지금 약정한 기한을 세운 것은, 말세 중생이 여러 가지 공덕을 닦아 정진하기는 어렵고 그만두거나 해이하기는 쉬우므로, 응당 기한을 정해야 훌륭한 마음을 낼 수 있기 때문이다.

'세상에서 7을 중히 여긴다'는 것은, 예참에서는 7일 밤을 말하고 주문을 외는 데는 7편을 말했으며, 이 경에서 난간이나 거물이나 줄

지어 선 나무를 일곱 겹이라 하며, 그 밖에 국가에서 조상에 제사지
내는 것을 칠묘(七廟)[169]라 하고, 백성을 교육하는 기간은 7년이며, 정
성을 다하는 것을 '7일 동안 재계한다'고 한 등이 이것이다.

'지옥을 면한다'는 것은, 『경율이상(經律異相)』에 "아버지를 해한 어
느 왕이 7일 만에 반드시 지옥에 떨어질 것이었으나, 어느 존자가 '나
무불' 하고 부르도록 가르치니, 왕이 일심으로 부처님을 부르며 7일
동안 게을리하지 않았다. 죽어서 지옥문에 이르러 '나무불' 하고 부르
니, 온 지옥 죄인들이 모두 해탈을 얻었다." 하였다.

'예리하고 둔하다'고 한 것은, 어떤 이는 "근기가 예리한 자는 1일
이요, 둔한 자면 7일에 이른다." 하였으나, 여기서는 예리하거나 둔
한 두 근기가 각기 1일부터 7일까지 이르니,[170] 근기가 예리한 자는
성품이 민첩하기 때문에 하루 만에 공이 이루어져 곧 일심을 얻어 산
란함이 없고, 조금 둔한 자는 2일이나 3일이나 혹은 7일 만에 비로소
순일함을 얻는다는 것을 말하였다.

또 근기가 예리한 자는 7일이 경과하도록 일심이 단정하여 조그
만 산란도 없고, 조금 둔한 자는 겨우 6일이나 5일, 혹은 하루 동안
산란한 마음이 편안하기도 한다. 그러므로 각기 날카롭거나 둔한 이

· · · · · · · · · ·

169 『예기(禮記)』에 "천자(天子)는 칠묘(七廟)니, 삼소(三昭)·삼목(三穆)과 태조의 묘(廟)를 합하여 칠
(七)이 된다." 하였다.

170 만약 산란한 마음에서 정(定)에 이르면 이근(利根)은 1일(一日)이요 둔근(鈍根)은 7일에 이르기도
하며, 정(定)으로부터 산란에 돌아가면 둔근은 하루요 이근은 혹은 7일에 이르기도 한다.

가 있으니, 응당 한 곳으로 치중하여 소속시켜서는 안 된다.[171]

'10일'이란, 『대본』에 "청정히 재계하고 일심으로 항상 염불하여 10일 밤낮 끊이지 않는 자는 죽어서 반드시 나의 국토에 태어나리라." 하고, 『고음왕경』에 "만약 저 부처님 명호를 수지하되, 그 마음을 견고히 하여 기억하고 생각하여 잃어버리지 않으며 열흘 밤낮 동안 산란한 마음이 없으면, 반드시 저 아미타불을 뵐 수 있으리라." 하였다.

'49일'이란, 『대집경』에 "만약 어떤 사람이 걸어가거나 앉거나 오로지 한 곳의 부처님만을 생각하여 49일에 이르면, 현재 이 몸으로 부처님을 뵙고 곧 왕생을 얻는다." 하였다.

'90일'이란, 『반주삼매경』에 "만약 어떤 사람이 스스로 서원을 세우고 90일 동안 항상 걷거나 서서 일심으로 생각하면, 삼매 중에서 아미타불을 뵈리라." 하고, 또 『문수반야경』에 "90일 동안 단정히 앉아 서쪽을 향하여 오로지 저 부처님만을 생각하면 곧 삼매를 이룬다." 하였다.

'1일'이란, 『대본』 법장 비구 원에 "일심으로 나를 생각하여 단 하루 밤낮이라도 끊이지 않으면 반드시 나의 국토에 태어나지이다." 하였다.

'10념'이란, 『관경』 하하품(下下品)에 "그 사람이 고통이 심하여 염불할 겨를이 없을 때, 열 번 부처님을 부르라.…" 하였다. 그러고 보면

. . . .

171 이 아래는 바로 정(定)으로부터 산란에 들어간 것을 말했다.

하루부터 7일까지, 날짜의 많고 적음에 상관없이 모두 왕생의 기한이니, 정신을 집중하여 힘써 행하면 어떠할지 알 수 있지 않겠는가!

'밤낮으로 한 바퀴 돈다'는 것은, 자시(子時)부터 오시(午時)까지 밤부터 낮에 이르고, 오시(午時)로부터 자시(子時)까지 낮부터 밤에 이르니, 이것이 천도의 하루 밤낮이다. 마음은 참으로 찰나에 태어났다 죽으니 더욱이 낮과 밤이겠는가? 이 일심을, 이른바 '하루 종일 순간순간 틈이 없고 끊어짐이 없어야 한다'는 것을 말한 것이다.

疏 또한 이 7일은 꼭 임종의 7일을 정한 것은 아니다. 평소에 이와 같은 정력(定力)이 있는 자는 반드시 저 나라에 왕생한다.

又此七日 不必定是臨終七日 以平時有如是定力者 必生彼國

鈔 '평소'란, 혹시 어떤 사람이 '7일'이라는 말에 집착하여 '반드시 하루나 7일 동안 염불하다가 죽어야만 비로소 7일이라 한다' 할까봐, "죽음에 다다라서나 혹은 평소에, 하루나 혹은 7일 동안 정력(定力)이 있는 자는 모두 왕생을 얻는다." 한 것이니, 소위 '한가한 때 미리 판단해 두어 바쁠 때 사용한다' 한 것이니, 나중에 죽을 때 인과가 서로 부합하여 반드시 저 나라에 왕생한다.

疏 '일심불란'은 집지의 극치를 말했으니, 이것은 이 경 전체의 요지다.

一心不亂 言執持之極也 是爲一經要旨

鈔 '심'이란 입으로만 외우면서 마음속으로 염불하지 않는 것을 구별하였고, '일'이란 마음속으로 비록 염불하지만 염불이 한결같지 않은 것을 구별하였으며, '불란'이란 염불할 때는 비록 한결같지만 어떤 때는 한결같지 않음을 구별하였으니, '일심불란'이란 정업의 완벽한 수행이다.

疏 이 넉 자를 해석하면서 먼저 대의를 전체적으로 밝히고, 다음에는 사와 이를 자세히 밝힌다. 먼저 대의를 보면, '일'과 '난'은 정어(正語)와 반어(反語)를 말했으니, 정어는 '일심'이요 반어는 '불란'이다.

釋此四字 先總明大意 次乃詳陳事理 大意謂一亂是正反語 正語一心 反語不亂

鈔 '일'이면 '난'이 아니요 '난'이면 '일'이 아니니, 일심(一心)이 있으면 난심(亂心)이 없기 때문이다. 그러므로 정·반이라 한 것은, 예를 들면 순일(純一: 순수함)이면 잡(雜)이 아니요 정일(精一: 정밀하고 전일함)이면 이(二)가 없음을 말한 것 등이 이것이다.

『화엄경』「십회향품」제4에 "소위 불란회향(不亂廻向)은 일심회향(一心廻向)이다." 하였는데, 이것에 대해 해석하기를 "일심이란 올바른 경계에 오로지 마음을 기울이는 것이요, 불란은 망념을 내지 않는 것이다." 하니, 오로지 마음을 기울이는 것과 망념을 내지 않는 것이 정과 반의 뜻이다.

疏 다음에 '사와 이를 밝힌다'는 것은, 여래의 한 마디 말씀에 사와 이를 둘 다 갖추었으므로 똑같이 '일심'이라 말했으나 사가 있고 이가 있다.[172] 『대본』에 "일심으로 생각하여 잊지 마라[一心繫念]." 한 것과 같으니, 이것이 바로 이른바 '일심불란'이다.

그러나 사와 이가 각기 다르다. 처음에 '사일심'이란, 앞의 기억하고 생각하는 것[憶念]과 같으니, 매순간 서로 연이어 두 가지 생각이 없어서 믿음의 힘을 성취한 것을 사일심이라 한다.[173] 이것은 정문(定門)에 속하니, 아직 혜(慧)가 없기 때문이다.

次明事理者 如來一語 事理雙備 故同名一心 有事有理 如大本云 一心繫念 正所謂一心不亂也 而事理各別 初事一心者 如前憶念 念念相續 無有二念 信力成就 名事一心 屬定門攝 未有慧故

鈔 앞의 '집지' 가운데서 기억하고 생각하는 것[憶念]과 체득하고 궁구[體究]하는 대략 두 가지로 나누었는데, 기억하고 생각하는 것은

· · · · · · · · · ·

172 '사와 이를 둘 다 갖추었다'는 것은, 여래는 권지(權智)와 실지(實智)로 진제(眞諦)와 속제(俗諦)의 이(理)를 증득하시니, 무릇 법을 설하실 때 이제(二諦)를 여의지 않으시어 속제(俗諦)에 의해 법을 설하시기 때문에 사(事)가 있고, 진제(眞諦)에 의해 법을 설하시기 때문에 이(理)가 있으니, 소의(所依)의 제(諦)에는 진(眞)과 속(俗)이 다르지 않다. 그러므로 한 글자나 한 마디 말씀에 사(事)와 이(理)가 둘 다 갖추어져 있다.

173 '믿음의 힘을 성취하였다'는 것은, 사일심인(事一心人)이 이관(理觀)을 닦지 않고 오직 믿음의 힘에만 의지하면 마치 수청주(水淸珠)가 능히 탁한 물을 맑게 하는 것과 같으니, 고인이 "수청주(水淸珠)를 탁한 물에 던지면 탁한 물이 맑아지는 것과 같이, 부처를 생각하는 마음을 산란한 마음에 던지면 산란한 마음이 하나가 된다." 하였다.

부처님 명호를 듣고 항상 기억하고 생각하여 마음에 뚜렷하고 글자마다 분명하여 앞 구절과 뒤 구절이 서로 연속하여 끊어지지 않으며, 행주좌와 모든 행동거지에 오직 이 일념뿐이고 두 번째 생각이 없으며, 탐진 번뇌의 여러 가지 생각에 흩어지고 어지럽히지 않는 것이 마치 『성구광명정의경』에서 말한 "한가하고 적막한 곳에서 오로지 그 마음을 한결같이 하고, 여러 가지 번뇌에서 오로지 그 마음을 한결같이 하며, 내지 칭찬하거나 헐뜯으며 이익을 얻거나 잃으며 선과 악 등, 어떤 경우에도 언제나 그 마음을 한결같이 하라." 한 것이 이것이다.

사(事) 위에서는 얻었으나 이(理) 위에서는 아직 철저하지 못하여, 오직 믿음의 힘만 얻고 아직 도를 보지 못하였기 때문에 이것을 '사일심'이라 한다.

'정(定)'이라고 말한 것은 망념을 복종시켰기 때문이요, '혜가 없다'고 한 것은 아직 망념을 타파하지 못했기 때문이다.

疏 '이일심'이란 앞의 체득하고 궁구[體究]하는 것과 같으니, 자신의 본심을 얻었으므로 일심이라 한다.

그 중에 다시 두 가지다. 첫째는 능념(能念)과 소념(所念)[174]이 결코 두 가지 물건이 아니어서 오직 일심뿐임을 알기 때문이요, 둘째는 유

· · · · · · · · · ·

174 소념은 불(佛)이니 곧 본각인 이(理)요, 능념은 심(心)이니 곧 시각(始覺)인 지(智)다. 만약 시(始)와 본(本)이 합일한다면 비로소 능과 소가 다르지 않음을 안다. 천태가 말하기를 "제(諦)와 관(觀)이 이름은 다르나 그 본체는 다르지 않다. 성(性)의 세 가지가 제(諦)요 수(修)의 세 가지가 관(觀)이니 성(性)과 수(修)가 이미 융합하였다면 능(能)과 소(所)를 얻을 수가 없다." 한 것이 이것이다.

(有)도 아니고 무(無)도 아니며 역유(亦有)도 아니고 역무(亦無)도 아니며 비유(非有)도 아니고 비무(非無)도 아니어서 사구(四句)를 여의어 오직 일심뿐이기 때문이다.[175]

이것은 순수한 이관(理觀)이어서 사상(事相)에 섞이지 않고 관의 힘을 성취하므로 이일심이라 한다. 이것은 혜문(慧門)에 속하니 겸하여 정(定)을 얻었기 때문이다.

理一心者 如前體究 獲自本心 故名一心 於中復二 一者了知能念所念 更非二物 唯一心故 二者非有非無 非亦有亦無 非非有非無 離於四句 唯一心故 此純理觀 不專事相 觀力成就 名理一心 屬慧門攝 兼得定故

鈔 '체득하고 궁구한다[體究]'고 한 것은, 부처님 명호를 듣고 기억하고 생각할 뿐만 아니라, 그 '생각'에 의해 돌이켜 관하여 체득하고 성찰하며[體] 궁구하고 살펴[究] 그 근원을 물어, 체득하고 궁구한 끝에 자신의 본심에 홀연히 계합하는 것이다.

'그 중에 두 가지 뜻'이란, 첫째는 진여와 지혜가 두 가지가 아니어서 능념(能念)인 마음 밖에 나의 소념(所念)인 부처가 없으니,[176] 이것은

· · · · · · · · · ·

175 '사구를 여의어 오직 일심뿐이다' 한 것은, 모든 법의 차별상을 여의어 허망한 심념(心念)이 없기 때문이니, 소위 진여자성(眞如自性)은 유상(有相)이 아니고 무상(無相)이 아니며 비유상(非有相)이 아니고 비무상(非無相)이 아니며 유무구상(有無俱相)이 아니건만, 일체중생이 망심(妄心)에 의지하고 생각 생각 분별하여 모두 상응하지 못하므로 공(空)이라 한다. 만약 망심(妄心)을 여의면 실로 비울만한 것이 없다.

176 '능념 마음 밖에 소념 불이 없다'는 것은, 일념(一念)이 나기 전에는 부처는 어디에 있는가를 말했

524

지혜[心] 밖에 진여[佛]가 없는 것이요, 소념인 부처 밖에 능념인 마음이 없으니,[177] 이것은 진여 밖에 지혜가 없어서 진여도 아니고 지혜도 아니다. 그러므로 오직 '일심'뿐이다.

둘째는 고요함[寂]과 비춤[照]을 사의(思議)하기 어려우니, 만약 유(有)를 말한다면 능념인 마음은 본체가 스스로 공하고 소념인 부처를 마침내 얻을 수가 없으며,[178] 무(無)를 말한다면 능념인 마음이 신령스러워 어둡지 않고 소념인 부처가 역력하고 분명하며,[179] 역유역무(亦有亦無)를 말한다면 유념(有念)과 무념(無念)이 둘 다 없고,[180] 비유비무(非有非無)를 말한다면 유념과 무념이 둘 다 있으니,[181] 비유(非有)이면 항상

· · · · · · · · · · ·

으니, 마음으로 생각을 내기 때문에 부처의 경계가 앞에 나타나나니, 그렇다면 소념인 불은 능념인 마음에 의해 있다. 그러므로 능념인 마음을 여의면 소념인 부처도 없다.

177 부처의 경계가 나타나기 전에는 마음이 어디에 있는가? 소념인 불을 들음으로 인하여 능념인 마음을 끌어내니, 능념인 마음은 소념인 불에 의해 있다. 그러므로 소념인 부처를 여의면 능념인 마음도 없다.

178 능념인 마음은 소념인 불에 의해 있으니 능념인 마음의 본체가 스스로 공(空)하고, 소념인 불은 능념인 마음에 의해 있으니 소념인 불을 마침내 얻을 수가 없다. 그러므로 유(有)는 유(有)가 아니다. 이것은 공관(空觀)이다.

179 소념인 불에 의해 능념인 마음을 끌어내니 능념인 마음이 뚜렷하여 어둡지 않고, 능념인 마음에 의해 소념인 불을 끌어내니 소념인 불이 뚜렷하고 분명하다. 그러므로 무(無)는 무(無)가 아니다. 이것은 가관(假觀)이다.

180 만약 유(有)·무(無) 두 가지에 집착한다면, 본체가 본래 공하여 아무것도 얻을 수 없을 때도 또한 영령불매(靈靈不昧)하고 역력분명(歷歷分明)하여 유로 무를 빼앗고, 영령불매하고 역력분명할 때에도 본체가 본래 공하여 마침내 얻을 수가 없어서 무로써 유를 빼앗아, 서로 빼앗아 두 가지가 없고 유무 두 가지가 없다. 이것은 이변(二邊)을 쌍차(雙遮)한 중도관이다.

181 만약 유·무를 쌍파한다면, 본체가 본래 공함으로 인하여 마침내 아무것도 얻을 수가 없으니, 그러

고요하고 비무(非無)이면 항상 비추어 쌍역(雙亦)이 아니고 쌍비(雙非)도 아니다.[182] 그렇다면 고요하지도 않고 비추지도 않지만 비추면서도 고요하여, 언어와 생각의 길이 끊어지고 이름과 형상이 없으니, 그러므로 오직 '일심'뿐이다.

이것은 능·소의 생각이 소멸하고 유·무의 견해가 다한 청정본연한 본체이니, 다시 어떤 법이 번거롭고 어지럽겠는가? 삼제(三諦)가 원융한 이치를 보았기 때문에 '이일심'이라 하는 것이다.[183]

'혜'라고 말한 것은 능히 망(妄)을 비추기 때문이요, '정을 겸하였다'고 한 것은 망이 본래 공하고 망이 스스로 조복되었음을 비추기 때문이다. 또한 비추는 것이 능히 망을 타파하여 조복뿐만이 아니기 때문이다.

疏 또한 교에서 네 가지 염불로 나누니, 얕은 데서부터 깊은 데 이른다.

이것이 맨 처음에 있으니, 비록 뒤로 갈수록 앞의 것보다 깊으나 실

· · · · · · · · · ·

므로 역력 분명하니 무로 인하여 유를 이루고, 역력분명함으로 인하여 본체가 본래 공하여 아무것도 얻을 수가 없음을 얻으니 유로 인하여 무를 이루어, 서로 이루고 쌍으로 세우니 유무가 모두 존재한다. 이것은 이변(二邊)을 쌍조(雙照)하는 중도관이다.

182 이 아래는 적(寂)·조(照)로 돌아가 사의(思議)하기 어려움을 결론지었다.

183 이 아래는 위에 두 가지를 총 결론지었다. '능소의 생각이 소멸하고' 한 것은 진여와 지혜가 둘이 아님을 말하였고, '유무의 견해가 다하였다' 한 것은 곧 적과 조를 사의(思議)하기 어려움을 말하였다.

제로는 앞에 것이 뒤에 것을 꿰었다. 이일심이 곧 실상이기 때문이다.

又教分四種念佛 從淺至深 此居最始 雖後後深於前前 實前前徹於
後後 以理一心 卽實相故

鈔 '네 가지'는 앞의 서(序)에서 설한 것과 같이, 첫째는 칭명이요,
둘째는 관상(觀像)이요, 셋째는 관상(觀想)이요, 넷째는 실상이다.

칭명염불은 이 경에서 말한 것이다.

관상염불[觀像念]은, 부처님 존상을 설치하여 세우고 눈길을 한곳
에 모아 우러러보는 것이다. 『법화경』[184]에서 "똑바로 서서 합장하고
일심으로 부처님을 관하라." 한 것과 같이, 현재 부처님 상호와 광명
을 관하는 것이다. 우전왕이 전단으로 세존의 형상을 만들었으니,[185]
곧 진흙, 나무, 쇠붙이, 동으로 소조한 부처님을 관하는 것이다. 그러
므로 '형상을 관한다[觀像]'고 한다.

관상염불[觀想念]은, 내 마음의 눈으로 저 여래를 염(念)하는 것을
말하니, 곧 『관불삼매경』과 『십육관경』에서 말한 것이다.

실상염불[實相念]은, 자성 천진불이 생·멸과 유·공과 능·소 등

· · · · · · · · · ·

184 『법화경』 아래는 진불(眞佛)을 관상(觀像)하는 것과 상불(像佛)을 관상(觀像)하는 것을 말했다. 『법
화경』을 인용하여 현재 진불을 관하는 것을 증명하고, 우전국왕을 인용하여 현재 상불을 관하는 것
을 증명하였다.

185 세존이 성도하신 후에 도리천궁에 가서 어머니를 위해 법을 설하시니, 우전왕이 부처님을 뵙고
싶었으나 그러지 못하자 목련 존자를 청하여 32명의 장인을 데리고 저 천궁으로 가서 각기 일상(一相)
씩을 설하고, 인간에 돌아와서 전단향나무를 써서 세존상을 조각하여 바라보고 예배하였다.

의 상이 없고, 또한 언설의 모양을 여의었고 명자의 모양을 여의었으며 심연의 모양을 여의었음을 염(念)하는 것을 말하니, 이른바 '내가 극락세계의 아미타불을 보고자 하면 생각에 따라 곧 뵙는다' 한 것이 이것이다.

이 네 가지를 똑같이 '염불'이라 하지만 앞의 것은 얕고 뒤의 것은 깊고, 지명이 맨 처음에 있으나 사실은 무진한 뜻이 함유되어 있다. 사일심(事一心)은 얕고 이일심(理一心)은 깊으며, 사(事)가 곧 이(理)이며 얕은 것이 바로 깊은 것이니, 그러므로 '앞의 것을 꿰고 뒤의 것을 꿰었다' 하였다. 왜 그런가 하면, 이일심이란 일심이 곧 실상이라 최초가 곧 최후이기 때문이다.

문: 어떻게 칭명염불이 곧 실상염불이 될 수 있습니까?

답: '실상'이란 꼭 여러 가지 형상을 없앤 것이 아니라, 형상에 의하여 곧 형상이 없는 것이다. 경에 "세상을 다스리는 말도 모두 실상과 서로 위배되지 않는데, 어찌 만덕을 갖추신 부처님의 큰 이름이 세상을 다스리는 말보다 못하겠는가? 한번 '나무불' 하고 부르면 모두 이미 불도를 이루었다." 하였는데, 더욱이 지금 이일심이라 말한 것이랴.

또한 『관경』 제9 '부처님의 상호를 생각하는 관'의 소(疏)에서 바로 "부처님의 법신을 관하는 것이다." 하니, 상호가 이미 법신이라면 명호가 어찌 실상이 아니겠는가?[186]

....

186 문답의 요지는, "칭명염불은 생(生)·멸(滅)이 있고 공(空)·유(有)가 있으며 능(能)·소(所)가 있는데 어떻게 실상염불이라 할 수 있는가?" 하고 물은 것이요, "실상이란 여러 가지 상을 없애고 실상을 말한

疏 또한 이일심은 바로『문수반야경』의 일행삼매와『화엄경』의 일행염불과 일시염불이며, 또한『기신론』에서 밝힌 진여법신과 여러 경에서 설한 것과 같다.

又理一心 正文殊一行三昧 及華嚴一行念佛 一時念佛 又如起信明 眞如法身 及諸經中說

鈔『문수반야경』의 일행삼매'는 반야지[187]로 오로지 부처님의 명호를 부르는 것이니, 자세한 것은 앞의 문장을 보라.

『화엄경』의 일행염불'이란, 덕운 비구가 염불법문을 보인 소에 "일행삼매는 그 법신을 관하되 진여로 경계를 삼으니, 어느 경계든지 부처 아닌 것이 없다." 하였다.[188]

또한 염불삼매를 닦는 데는 흔히 점수(漸修)를 들어서 말하니, 이를

··········
것이 아니라, 상(相)이 곧 무상(無相)임을 실상이라 한다." 하고 답하였다.

187 '반야지'는 곧 자재(自在)·결정(決定)하고 승해(勝解)한 힘이니, 믿음의 눈이 청정하고 지혜의 광명이 빛나며, 널리 경계를 관하고 일체 장애를 여의며, 교묘하게 관찰하고 보안(普眼)이 명철한 것이다.

188 '덕운 비구' 아래는 먼저 일행삼매를 해석하고, '또한 염불삼매를 닦는 데는…' 한 아래는 다음에 일시염불을 해석하였다. '덕운 비구가 염불법문을 보였다'는 것은, 처음에 "나는 오직 이 일체 제불경계를 억념하는 지혜 광명보견법문만을 얻었다." 하고, 계속하여 다시 지광보조염불문과 내지 제21, 주허공염불문을 보였다. '진여로써 경계를 삼으니 어느 경계이고 불(佛) 아닌 것이 없다' 한 것은, 위의 '그 법신을 관하는 것이다' 한 것을 해석하였다. 법신은 곧 여여리(如如理)니, 만약 여여리(如如理)로써 소관경(所觀境)을 삼는다면 진여가 일체처에 두루하니, 일체처에 두루한 것이 모두 부처님 경계이다. 이것은 반야지로써 법계의 경계를 비추는 것이니, 그러므로 일행삼매라 한다.

테면 처음은 화신이요, 다음은 보신이요, 다음은 법신이다.[189] 그러나 지금은 한꺼번에 닦고 차례를 거치지 않으니, '일행'이면 두 가지 행이 아니요, '일시'면 두 가지 시기가 아니다. 그러므로 이일심인 것이다.

『기신론』의 진여법신'이란, 논에 "만약 저 부처님의 진여법신을 관하여 항상 부지런히 수행하면 필경 왕생할 수 있으니, 정정위(正定位)에 주하기 때문이다."[190] 하였다.

또한 『마하반야경』에 "보살의 염불은 색을 염하지 않고, 내지 사지(四智)나 18불공법을 염하지 않는다. 왜냐하면 제법의 자성이 공하기 때문이다."[191] 하니, 자성이 공한 것은 곧 염할 것이 없는 것이요, 염할

· · · · · · · · · · ·

189 아직 유심(唯心)을 통달하지 못한 이는 사식(事識)에 의해 불(佛) 화신을 관하고, 이미 유심(唯心)을 통달했으면 업식(業識)에 의해 불(佛) 보신을 관하고, 능히 무명을 끊었으면 다음에 반야에 의해 불(佛) 법신을 관하지만, 지금은 한꺼번에 닦고 차례를 거치지 않는다. 화신은 용(用)이요 보신은 지(智)요 법신은 이(理)라, 지(智) 밖에 진여가 없기 때문에 보신이 곧 법신이요, 진여 밖에 지가 없기 때문에 법신이 곧 보신이며, 체(體) 밖에 용(用)이 없기 때문에 법신과 보신이 곧 응신이며, 용 밖에 체가 없기 때문에 응신이 곧 법신과 보신이니, 하나를 들면 셋이요 세 가지를 말하면 곧 하나이기 때문이다.

190 왕생하는 사람은 대략 삼위(三位)가 있다. 첫째는 연꽃이 아직 피기 전이니 신행이 충만하지 못하여 불퇴(不退)라고 이름하지 못한다. 다만 무퇴연(無退緣)에 처하기 때문에 불퇴라고 부른다. 둘째는 신위(信位)가 만족한 이후니, 꽃이 피어 부처님을 뵙고 십주위(十住位)에 들어가 조그마한 법신을 보고 정정위(正定位)에 주한다. 셋째는 삼현위(三賢位)가 충만하여 초지에 들어간 이후니, 편만법신(遍滿法身)을 증득하여 무변불토(無邊佛土)에 태어나니, 부처님이 용수보살에게 수기한 등과 초지에 주하여 정토에 왕생한 등과 같다. 여기서 '필경'이란 뒤의 이위(二位)를 말하였다.

191 '색을 염하지 않는다'는 것은 부처님의 상호인 색을 염하지 않는 것이요, '사지나 십팔불공법을 염하지 않는다'고 한 것은, 부처님의 공덕인 마음을 염하지 않는다는 것이다. '제법의 자성이 공하였다'고 한 것은, 부처님에게는 특별한 색(色)·심공덕(心功德)이 없고, 오직 여여리(如如理)와 여여지(如如智)만이 있기 때문이다.

것이 없는 것이 곧 염불이다.

또한 『관불삼매해경』에 부처님이 아난에게 보이시기를 "염불에 주하는 자는 심인(心印)이 무너지지 않는다." 하니, 이것을 해석하기를 "자심[法身]을 깨닫는 것을 관불(觀佛)이라 하고, 경계에 마음이 산란하지 않는 것을 삼매라고 하며, 일체(一體)가 변하지 않는 것을 심인이라 하며…." 하였다. 또 『사리불다라니경』에 "오직 일심염불만을 닦으라." 하니, 모두 이일심의 뜻이다.

疏 또 비록 '일심'이라 하였으나 사실은 『관경』의 삼심(三心)과 『기신론』의 삼심과 『왕생론』의 삼심과, 더 나아가서 『화엄경』의 십심(十心)과 『보적경』의 십심이니, 갖추지 않은 것이 없기 때문이다.

또한 『정명경』의 팔법(八法)도 역시 일심이요, 덕운 비구의 스물한 가지 염불문도 또한 이 이일심에서 벗어나지 않았기 때문이다.

又雖云一心 實則觀經三心 起信三心 論三心 乃至華嚴十心 寶積十心 無不具故 又淨名八法 亦一心故 德雲二十一念佛門 亦不出此理一心故

鈔 '『관경』의 삼심'이란, 첫째는 지극하고 성실한 마음[至誠心]이요, 둘째는 깊은 마음[深心]이요, 셋째는 회향하여 중생 제도하기를 발원하는 마음[廻向發願心]이니, 『기신론』의 삼심과 이름은 다르나 이치는 하나다.

'지성심'이 『기신론』의 곧은 마음[直心]이니, 진여를 바르게 생각하는 것이다. 그러나 이 일심불란이 한층 더 허망하지 않고[眞] 변하여 흘러감이 없으니[如] 진여를 수순하기 때문이다.

'깊은 마음'이 곧 『기신론』에서 말한 일체 선근 쌓기를 좋아하는 것이다. 그러나 이 일심불란은 온갖 선행이 한 곳으로 돌아간다.

'회향발원'이 곧 『기신론』에서 말한 일체중생을 모두 제도하는 것이다. 그런데 이 일심불란은 사물과 나를 한꺼번에 화합한다.

『왕생론』에서도 삼심을 밝혔다. 첫째는 청정한 마음[淸淨心]이니 이 일심이 번뇌를 다하지 않음이 없기 때문이요, 둘째는 청정에 안주한 마음[安淸淨心]이니 이 일심이 진리를 갖추지 않음이 없기 때문이며, 셋째는 청정을 즐거워하는 마음[樂淸淨心]이니 이 일심이 자비로 일체중생을 교화하지 않음이 없기 때문에, 위의 두 가지 삼심과 서로 합치된다.[192]

『화엄경』의 십심[193]은, 보살의 열 가지 염불 곳집[十念藏]에서 열 가

....

192 '청정한 마음'이란, 온갖 선(善)이 모두 공하여 조그만한 티끌도 세우지 않기 때문에 바로 진여심(眞如心)에 계합된다. '청정에 안주한 마음'이란, 만약 하나의 행이라도 청정하지 않으면 보살의 마음이 편안하지 않으니, 이것은 온갖 행을 널리 닦는 마음이다. '청정을 즐거워하는 마음'이란, 만약 하나의 중생도 제도하지 않으면 보살의 마음이 즐겁지 않으니, 이것은 중생을 널리 제도하는 마음이다.

193 『화엄경』의 십종염불'이란, 첫째는 적정념(寂靜念)이니, 제불은 본래 고요하거늘 중생의 마음이 시끄럽다면 이를 어찌 염불이라 하겠는가? 만약 능히 마음이 고요하다면 이것이 곧 염불이다. 둘째는 청정념(淸淨念)이니, 제불은 본래 깨끗하거늘 중생의 마음이 더럽다면 이것을 어찌 염불이라 하겠는가? 만약 깨끗하다면 이것이 곧 염불이다. 셋째는 불갈념(不竭念)이요, 넷째는 명철념(明徹念)이며, 다섯째는 이진념(離塵念)이며, 여섯째는 이종종진념(離種種塵念)이며, 일곱째는 이구념(離垢念)이며, 여덟째는 광요념(光耀念)이며, 아홉째는 가애락념(加愛樂念)이며, 열째는 무장애념(無障得念)이니 제불은 본래 티끌마다 섭입하고 국토마다 원통하거늘 중생 심중에 많은 장애가 있다면 이것을 어찌 염불이라 하겠는가? 만약 그 장애를 제거하면 이것이 곧 염불이다.

지 염불을 구체적으로 밝혔다. 첫째는 고요한 염불[寂靜念]이요, 둘째
는 청정한 염불[淸淨念]이며, 내지 열째는 아무런 장애가 없는 염불[無
障碍念]이다. 지금 이 일심은 동요하지 않으니 고요한 염불이요, 일심
은 물들지 않으니 청정한 염불이며, 일심은 법계와 같으니 아무 장애
가 없는 염불이다.

『보적경』 십념'은, 해석은 앞의 문장을 보라. 앞에서는 '십심을 갖
추기 어렵다' 하고, 여기서는 '마음이 이미 하나이니 자·비·희·사
의 백천 가지 마음을 어찌 갖추지 않은 것이 있겠는가?' 하고 말한 것
이다.

『정명경』의 팔법[194]이란, 보살이 이 여덟 가지 법을 성취하면 행위
에 허물이 없어서 정토에 왕생한다. 그런데 여덟째에서 "항상 일심으
로 여러 가지 공덕을 구하라." 하고 결론지었다. 그러나 지금은 이미
일심을 이루었으니 백천 가지 법을 어찌 갖추지 못하겠는가?

'덕운의 염불문'이란, 『화엄경』 「입법계품」에 덕운 비구가 선재동자
에게 "나는 일체 제불 경계를 기억하고 생각하는 지혜 광명의 보견법

....

194 『정명경』의 팔법'이란, 첫째는 중생을 이익되게 하되 보답을 바라지 않는 것이요, 둘째는 일체중
생을 대신하여 여러 가지 고뇌를 받고 자신이 지은 공덕을 모두 다른 사람을 위해 베푸는 것이요, 셋
째는 평등한 마음으로 중생을 대하고 겸손한 것이요, 넷째는 아직 듣지 못한 경전을 듣고 의심이 없
는 것이요, 다섯째는 성문과 서로 위배되지 않는 것이요, 여섯째는 다른 사람의 공양을 시기하지 않
고 자신의 이익을 자랑하지 않으며 그 가운데서 그 마음을 조복하는 것이요, 일곱째는 항상 자신의
잘못을 반성하고 다른 사람의 단점을 시비하지 않는 것이요, 여덟째는 항상 일심으로 여러 가지 공덕
을 구하는 것이다.

문(普見法門)을 얻었다."¹⁹⁵ 하고, 다시 스물한 가지 문을 열어 지혜 광
명이 널리 비춤을 일으키고 마지막에 허공에 머물렀으나,¹⁹⁶ 지금은
'마음 밖에 경계가 없고 마음 밖에 지혜로 비춤이 없으며 마음 밖에
허공이 없다'¹⁹⁷ 하였으니, 그러므로 일심을 벗어나지 않고 모두 구족
하였다.

『나선경』에 "여러 가지 선행 가운데 유독 일심만이 가장 높다. 그

· · · · · · · · · ·

195 '나는 일체 제불 경계를 억념하는 지혜 광명의 보견법문(普見法門)을 얻었다' 한 것에서 '제불 경계'
는 소관경(所觀境)을 가리키고, '일체'라고 말한 것은 시간적으로 두루하고 공간적으로 다하였기 때문
이며, '지혜 광명'은 능관지(能觀智)를 가리키고, '보견법문'은 곧 앞의 두 가지를 거두어 그 이름을 결론
지었으니, 이를테면 지혜로써 제불 경계를 관하는 것을 곧 보견(普見)이라 한 것이다.

196 '스물한 가지 염불문'이란. 첫째는 지광(智光)으로 널리 비추는 염불문이요, 둘째는 일체중생으
로 하여금 부처님의 청정함을 보게 하는 염불문이며, 셋째는 여래의 십력(十力) 중에 안주하게 하는 염
불문이요, 넷째는 법에 안주하게 하는 염불문이요, 다섯째는 제방(諸方)을 비추는 염불문이요, 여섯
째는 볼 수 없는 곳에 들어가게 하는 염불문이요, 일곱째는 제겁(諸劫)에 주하게 하는 염불문이며, 여
덟째는 일체 시(時)에 주하게 하는 염불문이요, 아홉째는 일체 찰(刹)에 주하게 하는 염불문이요, 열
째는 일체 세(世)에 주하게 하는 염불문이며, 열한째는 일체 경계에 주하게 하는 염불문이며, 열두째
는 적멸에 주하게 하는 염불문이요, 열셋째는 원리(遠離)에 주하는 염불문이며, 열넷째는 광대(廣大)
에 주하는 염불문이요, 열다섯째는 미세(微細)에 주하는 염불문이며, 열여섯째는 장엄에 주하는 염불
문이요, 열일곱째는 능사(能事)에 주하는 염불문이며, 열여덟째는 자재심(自在心)에 주하는 염불문이
며, 열아홉째는 자업(自業)에 주하는 염불문이며, 스무째는 신변(神變)에 주하는 염불문이며, 스물한
번째는 허공에 주하는 염불문이다. '지광이 널리 비춘다'는 것은 일체 제불국토의 갖가지 궁전이 모두
엄정함을 항상 보기 때문이요, '허공에 주한다'는 것은 여래가 소유한 신운(身雲)이 법계허공계를 장엄
함을 관찰하기 때문이다.

197 '마음 밖에 경계가 없다'는 것은, 이를테면 일심불란이 곧 제불의 경계임을 말했으니, 마음 밖에
따로 부처님의 경계가 없기 때문이다. '마음 밖에 지조(智照)가 없다'는 것은, 이를테면 일심불란이 곧
지광(智光)이 널리 비추어 모두 엄정(嚴淨)함을 말했으니, 마음 밖에 따로 지혜 광명이 널리 비춤이 없기
때문이다. '마음 밖에 허공이 없다'는 것은, 이를테면 일심불란이 곧 법계와 허공계를 장엄함을 말했으
니, 마음 밖에 따로 허공에 주함이 없기 때문이다.

마음을 한결같이 닦는 자는 여러 가지 선행이 따라 온다." 하였으니,
바로 이 뜻이다.

疏 또한 이 일심은 작(作)과 시(是) 두 가지 뜻이기 때문이며,
又此一心 卽作是二義故

鈔 『관경』에 "마음으로 부처를 생각할 때, 이 마음이 부처를 만들
고[作] 이 마음이 곧[是] 부처이다." 하였다. 여기서는 이 경의 일심지
명(一心持名)을 말하였다. 이 일심으로 말미암아 마침내 부처를 이루
니, 인(因)으로부터 과(果)에 이르는 것을 '만든다' 하고, 이 일심 전체
가 바로 부처라 인(因)도 아니고 과(果)도 아닌 것을 '곧'이라 한다.

疏 또한 이 일심은 정 가운데 정이기 때문이며,
又此一心 卽定中之定故

鈔 '정 가운데 정'이란, 정(定)과 산(散)으로 구분하면 여타의 작은
선과 작은 복을 닦는 것은 산선(散善)이요, 일심불란은 정선(定善)이다.[198]

----

198 '작은 선과 작은 복을 닦는 것은 산선(散善)이요'한 것은, 인천(人天) 소과(小果)인 유루인(有漏因)은
산란한 마음으로 선을 닦는 것이므로 산선(散善)이라 하고, '일심불란은 정선(定善)이다'한 것은, 마음
을 한 경계에 반연하여 이념(異念)이 없기 때문에 정선(定善)이라 한다.

또한 일심으로 정과 산을 나누면, 사일심은 정선 가운데 산선이
요, 이일심은 정선 가운데 정선이다.

疏 또한 이 일심은 보살의 염불삼매이기 때문이며,

又此一心 卽菩薩念佛三昧故

鈔 어떤 이가 『불설보살염불삼매경』을 보면, 그 가운데는 아무
데도 신·원·왕생이란 말이 없고 오직 '제법의 실상을 올바르게 염
하는 것을 염불이라 한다'고만 말했으니, 이 경의 뜻과 서로 어긋나는
것 같습니다." 하고 의심하였다.

저기서는 오로지 이만을 주장하고 여기서는 이와 사를 겸했으니,
이일심이란 염하되 염함이 없으니 곧 실상이다. 저기서는 무념으로
올바르게 들어가고, 여기서는 유념으로 교묘하게 들어가니, 작용은
다소 다르나 구경에는 다르지 않다.[199] 그러므로 똑같이 '염불삼매'라
고 한다.

疏 또한 이 일심이 곧 달마의 직지선이기 때문이며,

又此一心 卽達摩直指之禪故

. . . .

199 저기서는 능히 망념을 여읜 자를 위하여 경을 설했으므로 무념으로 올바르게 들어가고, 이 경은
능히 망념을 여의지 못한 자를 위하여 경을 설했으므로 유념으로 교묘히 들어간 것이니, 비록 원인인
것은 같지 않으나 똑같이 무념으로 돌아가니, 구경은 다르지 않다고 한 뜻이다.

鈔 일반적으로 선사는 정토를 기피한다고 말하나, 지금 나는 달마가 선(禪)을 설하여 영지(靈知) 자성을 바로 보였다고 말하노니, 이 이일심이 바로 영지 자성이기 때문이다. 가풍은 같지 않으나 깨달은 내용은 두 가지 마음이 없다.

훌륭하구나, 중봉 화상의 말씀이여! "선이란 정토의 선이요, 정토는 선의 정토다." 하셨으니, 음미할 만한 말씀이다.

어떤 이는 "직지선은 문자를 세우지 않는데, 지금 부처님 명호를 부르는 염불법은 너무 번거로운 것 같다." 한다. 사구의 게송으로 법을 전하고 네 권의 경으로 심인을 전했음[200]을 알지 못하니, 넉 자 명호[아미타불]와 비교하면 문장이 너무 번거롭지 않은가!

문자를 아주 버리는 것으로 '불립(不立)'이라 한 것이 아니라, 문자에 의지하지 않으면서 문자를 여의지 않는 것을 말하니, 깨달은 자는 이 뜻을 알 것이다.

疏 또한 이 일심은 심왕과 심소가 하나가 아님이 없음을 반드시 알아야 하기 때문이다.

又此一心 當知心王心所 無不一故

. . . .

200 '사구 게송으로 법을 전하였다' 한 것은, 초조(初祖)가 "나는 본래 이곳에 와서 법을 전하여 중생을 제도하려 하였다. 하나의 꽃에 다섯 이파리가 달렸으니 열매가 자연히 맺으리라." 한 것이다. '네 권의 경으로 심인을 전하였다'는 것은, 초조(初祖)가 이조(二祖)에게 부촉하기를 "나에게 『능가경』네 권이 있으니 이것도 너에게 주노라" 하니, 곧 여래의 심요법문(心要法門)으로 여러 중생들로 하여금 개시오입(開示悟入)케 하기 위한 것이다.

鈔 심왕과 심소의 해석은 앞의 문장을 보라. 이 여덟 가지와 쉰한 가지는 어지러워 가지런하지 않고, 번거롭게 다투어 일어난다.[201] 그러나 '하나 아님이 없다'고 말한 것은, 참으로 심왕·심소가 비록 많으나 흐름을 거슬러 근원을 추구해 보면 일심에서 벗어나지 않기 때문이다.

지금 염불하는 사람이, 처음에 이식(耳識)으로 저 부처님의 명호를 듣고, 다음에는 의식(意識)으로 일심으로 기억하고 생각하면, 일심으로 기억하고 생각하기 때문에 안·이·비·설·신·의 육근을 모두 거두어 이 육식이 모두 행하지 않고, 생각하기를 그치지 않으면 생각이 극진하여 잃어버리니, 소위 '항심사량(恒審思量)[202]은 그 사량이 고요하다' 하고, 잃어버리는 것을 그치지 않으면 잃어버림이 극진하여 변화하니, 소위 '진망화합(眞妄和合)[203]은 그 망이 소멸되었다' 한 것이다.

그렇다면 7식과 8식도 모두 행하지 않아 주인이 이미 존재하지

· · · · · · · · · ·

201 '어지럽게 가지런하지 않다'는 것은 선(善)·악(惡)·무기(無記) 삼성(三性)을 잡아 설했으니 삼성(三性) 자체가 까마득히 다르기 때문이요, '번거롭게 다투어 일어난다'는 것은 팔식이 경계를 반연하는 것이 같지 않음을 잡아 설했으니 안식(眼識)은 색을 반연하고 이식(耳識)은 성(聲)을 반연하며 아뢰야식은 근(根)·신(身)·기계(器界)를 반연하기 때문이다.

202 칠식(七識)을 가리키니, 이 식(識)이 항상[恒] 상세히 추론하고[審推], 생각하고 살피며[思察], 헤아리고 측량[量度]하여 제팔 견분(見分)으로 아(我)를 삼기 때문이다.

203 아뢰야식을 가리키니, 『기신론』에 "불생불멸이 생멸과 화합하여 하나도 아니요 다르지도 않은 것을 아뢰야식이라 한다." 하니, 이것을 해석하여 "불생불멸이란 여래장의 자성청정심이니 일어나 생멸하는 것과 서로 떨어져 있지 않기 때문이다." 하니, 그러므로 '화합'이라 하였지 따로 생멸이란 것이 있어서 진여와 합한 것이 아니다.

않은데, 종이 어디에 붙을 것이건대 51가지를 논하겠는가?

그때는 큰 파도나 작은 물결이 모두 흐르지 않는 물로 돌아가고, 깊은 구름이나 얇은 안개가 모두 맑은 하늘이 되어 오직 일심뿐이라 더 이상 다른 법이 없으니, 그러므로 '하나 아닌 것이 없다' 하였다.

疏 그러므로 지극한 마음으로 '아미타불' 한 마디를 염불하여 80억겁의 생사중죄가 없어졌다 한 것은 바로 이일심을 가리켰음을 알 수 있으니, 『법화삼매』 중에서 설한 것과 같고

故知至心念阿彌陀佛一聲 滅八十億劫生死重罪 良繇正指理一心故 如法華三昧中說

鈔 어떤 사람이 의심하기를 "다겁에 죄를 지었으면 업장이 무겁고 깊으니 오랫동안 부지런히 참회하고 점차 공덕을 쌓더라도 거의 소멸하기 어렵다. 그런데 염불 한 마디로 다겁의 죄를 소멸한다 하니, 원인은 미약한데 결과는 크니 참으로 믿을 수가 없다." 하였다.

여기서 '지극한 마음'이라 한 것은 곧 일심이다. 그런데 사일심이면 능히 죄를 멸할 수는 있으나 힘이 미약하여 죄가 다시 나타나니, 수많은 염불로 단지 조그만 허물을 없앨 수 있을 뿐이다.

이 '지극한 마음'은 바로 이일심에 속하니, 일심이 이미 밝았으면 쌓였던 망(妄)이 한꺼번에 없어지니, 천 년 묵은 어두운 방이라도 어찌 하나의 등불로 어둠이 속히 없어지지 않겠는가? 그러므로 한번 '나무불' 하고 부름으로써 모두 이미 불도를 이루었으니, 유독 『묘법

연화경』에서만 이런 일이 있는 것이 아니다.

『법화삼매관경』에 "시방 중생이 한번 '나무불' 하고 부르는 자는 모두 반드시 부처를 이루리니, 오직 하나의 대승뿐이고 두 가지나 세 가지가 없고, 일체 제법이 일상(一相)뿐이고 일문(一門)뿐이기 때문이다.[204] 이른바 '태어남도 없고 죽음도 없어서 결국에는 공한 모양이다' 한 것이다. 이와 같은 관을 닦으면 오욕[五塵]이 저절로 끊어지고, 오개[貪·瞋·痴·睡眠·掉悔]가 저절로 제거되며, 오근[信·念·進·定·慧]이 증장하여 곧 선정[108삼매]을 얻는다." 하니, 이것을 해석하기를 "한번 부처님 명호를 부르고 성불했다는 것은, 일심에 귀의하면 성불하지 못함이 없다는 것을 말했으니, 자심의 일상과 일문을 버리고는 어떤 법에도 귀의할 것이 없어 필경 공적하다. 이와 같이 관하는 자는 오욕이 저절로 끊어지고 더 나아가 육도만행을 모두 성취한다." 하니, 위에서 설한 것이 이일심이 아니고 무엇인가?

또『불명경』에 "한번 부처님 명호를 들으면 무량겁의 생사중죄가 없어진다." 하니, '한번 듣는다'고 한 것은 부처님 명호를 부를 필요도 없이 한번 듣는 것만으로도 무량겁의 생사중죄가 없어진다는 것을 말하였고, '무량'이라면 단지 8십억 겁에 그칠 뿐만이 아님을 말했으니, 이렇게 원인은 미약하나 결과는 광대하니 이일심이 아니면 어떻

. . . .

204 '오직 하나의 대승뿐이고 두 가지나 세 가지가 없다'고 한 것은 염불공덕을 밝혔고, '일체 제법이 일상뿐이고 일문뿐이다' 한 것은 그 까닭을 밝혔으니, 무엇 때문에 한번 부처님 명호를 부를 때 반드시 불(佛)을 이루어 오직 하나의 대승뿐인가 하면, 일체 제법이 오직 일상(一相)뿐이고 이상(二相)이 없으며 일행(一行)뿐이고 이행(二行)이 없기 때문이다.

게 여기에 이를 수 있겠는가?

오직 마음이 한결같지 않음을 염려할 뿐, 어찌 죄가 멸하지 않을까 염려하겠는가?

疏 그러므로 고인의 '지견이 넓지 않다' 한 논과, 그 밖에 정심(定心)과 전심(專心)의 구별은 우선 사일심에 나아가서 한 것임을 알 수 있으니, 이일심이 아니기 때문이요

故知古人知見不普之論 乃至定心專心之辨 良繇且就事之一心 非理一故

鈔 '지견이 넓지 않다' 한 것은, 『화엄론』에 "일승 대도는 정토에 왕생하기를 좋아하는 보살의 경계가 아니다. 왜냐하면 마음속에 깨끗하고 더러움이 있어서 지견이 넓지 않기 때문이다." 하니, 지금 이것은 겨우 사일심을 얻은 자를 가리킨 것이다. 만약 이일심을 얻었으면 일심을 오묘하게 깨달았으니 무슨 깨끗하고 더러운 것이 있겠는가?

그러나 평등법계에는 제도할 중생이 없는 줄은 알지만 항상 정토를 닦고 중생을 제도하니, 이것이 바로 이른바 '일승 대도'다. 지견이 넓은 것 중에서 무엇이 이보다 더 나은 것이 있겠는가?

또한 보현보살이 화엄장자를 위한 것은 일승 경계가 아닌가? 그런데 미타를 보고자 하여 안락국에 왕생하는 것을, 마음속에 깨끗하고 더러운 것이 있다고 한다면 옳은 말이겠는가?

'정심과 전심'이란, 영명 화상이 말하기를 "구품의 상·하가 두 마

음에서 벗어나지 않는다. 첫째는 정심이니 정을 닦고 관을 익혀 상품
상생하는 것과 같고, 둘째는 전심이니 부처님 명호만을 염불하여 말
품(末品)을 이루는 것과 같다." 하였다.

지금 여기서 이미 '다만 부처님의 명호만을 염불하여…' 한, '다만'이
라는 글자가 오직 사만을 얻었을 뿐이고 이는 얻지 못했기 때문이다.

疏 그러므로 고인이 "어리석은 사람은 정업을 구하는 자다." 하
니, 이것은 비단 이일심을 가리키지 않을뿐더러, 또한 사일심도 지적
하지 않았음을 알 수 있기 때문이며

故知古云愚人求淨業者 非唯不指理之一心 亦復不指事一心故

鈔 고덕이 말하기를 "참선에 효험을 얻지 못한 자는 문득 예전에
하던 공부법을 바꾸어 아침저녁으로 염주를 돌리며 정업을 구한다."
하고, 또 "몇 번 부처님 명호를 불러 염라늙은이의 쇠방망이를 면하
려고 하는 것은 어리석은 자나 하는 짓이다." 하니, 이 말에 집착하는
자는 마침내 정업 구하는 것을 의심하고 비방한다.

그러나 이것은 참선하는 뜻이 한결같지 않아서 스스로 길을 바꾼
자에게 한 말임을 알지 못하고 정업을 의심하고 비방하는 것이니, '어
리석은 사람은 아침저녁으로 염주를 돌리며 정업을 구한다'라고 하였
지, '어리석은 사람은 아침저녁으로 일심불란하게 정업을 구한다'라
고는 말하지 않았다.

『관경』에 "부처님과 두 보살의 명호만 들어도 능히 한없는 생사중

죄를 멸할 수 있다." 했는데, 더욱이 기억하고 생각함이랴. 기억하고 생각하는 것은 우선 사일심을 가리킨 것이니, 그렇다면 사일심도 이미 어리석은 사람이 아닌데 더욱이 이일심이랴.

疏 그러므로 정업을 수행하는 사람이 다시 다른 행을 닦는 것은 비단 이일심을 알지 못했을 뿐만 아니라, 오히려 사일심도 가지지 못했음을 알 수 있기 때문이다.

故知修淨業人 復業餘行 非唯不知理一 尙未能持事一心故

鈔 생각생각 염불하여 다시 잡념이 없는 것을 '일심'이라 하고, 일심으로 염불하면서 또한 일심으로 여타의 갖가지 법문을 닦는 것을 '두 가지 마음'이라 한다.

잡념이 없다는 것은 단지 사일심을 얻었을 뿐인데, 지금은 아직 이것에도 능하지 못하니 더욱이 이일심이겠는가?

그러므로 염불하는 사람은 뜻을 지켜 두 마음을 갖지 말고, 삼매를 이루기 어렵다 하여 뜻을 바꾸어 다른 행을 닦지 마라.『맹자』에서 말하기를 "인(仁)을 이루기 어렵다 하여 다른 도 이룬 것을 달갑게 여겨서는 안 된다." 하니, 이것을 말한 것이다.

疏 또한 이 넉 자[아미타불]를 만약 이(離)·합(合)으로 해석한다면, 상즉(相卽: 合)이기 때문에 '일심'이라 하고, 상비(相非: 離)이기 때문에 '불란'이라 한다.

543

又此四字 若離合釋之 則相卽 故名一心 相非 故名不亂

鈔 '상즉'이란, 공(空)이 곧 가(假)이고 중(中)이니 앞에서 밝힌 것과 같다. 이 능념과 소념이 유에 의하여 무이고 무에 의하여 유라서 이 변(二邊)을 얻을 수 없고 중도 존재하지 않으니, 삼덕(三德)이 한 덩어리여서 분별할 수 없으니 이것을 '일심'이라 한다.

'상비'란, 가는 공이 아니고 공은 가가 아니며, 중은 가와 공이 아니니, 곧 능념과 소념이 둘 다 없어서 반야덕이 되고, 능념과 소념이 둘 다 서니 해탈덕을 이루며, 모두 존재하고 모두 없어져서 중도가 나타나서, 삼덕이 분명하여 혼잡하지 않으니 이것을 '불란'이라 한다.

疏 또한 이 '일심불란'을 또 오교(五敎)로 나누지만, 지금 서술하지 않은 것은 돈교와 원교를 바로 가리켰기 때문이다.

又此一心不亂 亦分五敎 今不敍者 以正指頓圓故

鈔 '또한 오교로 나눈다'는 것은, 연품(蓮品)에서는 아홉 가지로 나누니 작고, 크고, 얕고, 깊은 차등이 있거니와, 소승교는[205] 마음이 업

· · · · · · · · · ·

205 '소승교는…' 한 아래는 오교(五敎)의 일심(一心)을 밝혔다. '소승교'는 팔식을 알지 못하여 육식이 선악의 업을 지음으로 말미암아 삼계 육도의 고락 등의 경계를 감득하니, 그러므로 일심(一心)이라 한다. 이것은 가명일심(假名一心)이라 하니 진정한 일심(一心)이 아니다. 유심(唯心)의 이치를 깨닫지 못하여 마음 밖에 실제로 앞의 경계가 있다고 생각하기 때문이다. '시교'는 팔식이 있음은 알지만 팔식 그대로가 진여가 아니니, 진여는 단단하여 불변하고 수연(隨緣)하지 않기 때문이다. 그래서 생멸팔식(生滅八識)이 유루와 무루의 종자를 함섭했다가 변현한 것이니, 이것은 생멸팔식으로 일심을 삼은 것이다. '종교'는 팔식이 곧 진여의 수연(隨緣)임을 아니, 아뢰야식이다. 이 식이 몽환(夢幻)과 같아 오직 진

544

을 지음으로 말미암아 앞의 경계를 감응하는 것으로 일심을 삼고, 시교는 아뢰야식이 변한 것으로 일심을 삼으며, 종교는 식과 경이 꿈과 같고 오직 여래장만을 일심으로 삼으며, 돈교는 더러움과 깨끗함이 모두 없어진 것으로 일심을 삼고, 원교는 모든 존재를 모두 포함하여 있는 그대로를 일심이라 하는 것과 같다.

그러나 부처님이 이 경을 설하신 것은 본래 하범중생을 위했으니, 오직 부처님 명호를 부르기만 하면 바로 불퇴위에 올라 성불에 이른다. 그러므로 이 경이 바로 돈교와 원교에 속한다.

또한 이승은 저 국토에 태어나지 않으므로 앞의 세 가지는 생략하고 다시 오교로 나누지 않았으니, 『천태사교의』에서 이것을 본보기로 삼은 것이다.

疏 또한 이 사와 이 두 가지 염불은 『기신론』에서 이 뜻을 자세히 설명하기도 하였다.

又此事理二持 起信中具有此意

．．．．．．．．．．
여뿐이니, 이것이 여래장으로 일심을 삼는 것이다. 돈교는 더러움과 깨끗함이 모두 없어진 것으로 일심을 삼는다' 한 것에서 더럽다는 것은 육식과 생멸팔식 등이요, 깨끗하다는 것은 여래장이다. 종교는 여래장으로 돌아가서 비록 지극히 깨끗하다고 말하나 여래장이 있음을 보니, 이것은 아직 망념을 여의지 못했기 때문이다. 오법(五法)과 삼자성(三自性)이 모두 공하여 팔식과 이무아(二無我)를 모두 버려 일념도 나지 않아야 비로소 일심이라 한다. '원교는 만유를 모두 포함한 것으로 일심을 삼는다'고 한 것은, 앞의 사교는 앞은 얕고 뒤는 깊기 때문에 서로 상섭(相攝)하지 못하지만, 지금 원교는 두루 용납하고 겹겹으로 끝이 없어서 하나의 티끌을 드는 데 따라 법계가 그대로 드러나니, 만유를 모두 포함한 것으로 일심을 삼는다. 『천태사교의』에서 이것을 본보기로 삼았다' 한 것은, 소승교는 곧 천태교의 장교요, 시교는 통교며, 종교는 별교요, 원교는 곧 원교니, 돈교는 천태의 이언사교(離言四敎)다.

鈔 논에 "오로지 아미타불만을 부르면 곧 왕생을 얻을 수 있다."고 한 것은 곧 사와 이를 둘 다 포함하여 말한 것이요, 다음에 "만약 저 부처님의 진여법신을 염하면…" 하고, 또 "비록 염불하나 능념과 소념이 없다." 하니, 모두 이일심을 가리킨 것이다.

疏 또한 이 사와 이 두 가지 염불은 곧 현교(顯敎)와 밀교(密敎) 두 가지 뜻이며
又此事理二持 卽顯密二意

鈔 넉 자 명호[아미타불]는 완전히 범어니, 오직 염불하기만 하고 잃어버리지 않는 것은 주문을 가지는 것과 같으니 이것을 밀교라 하고, 염불하면서 참구하고 마음을 관하면서 궁구하는 것을 현교라 한다. 그러므로 문은 다소 차이가 있으나 근원에 돌아가면 같으니, 현과 밀이 원통하고 사와 이가 걸림이 없다.

疏 또한 이 사와 이 두 가지 염불에 대해 위에서 낫고 못함을 자세히 구분하였으나, 오로지 사만을 힘쓰는 자나 이만을 힘쓰는 자가 근기에도 서로 통하니 굳이 의심하거나 걱정할 필요가 없다.
又此事理二持 雖上詳分勝劣 有專事者 有專理者 機亦互通 不必疑阻

鈔 이것은 혹시 겨우 사염불(事念佛)만을 하는 자가 '이성(理性)을 밝히지 못하면 내가 하는 일이 전혀 이익이 없을 것이다' 하고 의심할

까봐, '사가 이에 통한다' 하고 말하며 그의 의심을 풀어 주었다.

대세지보살 「원통장」에 "방편을 빌리지 않고도 마음을 깨달을 수 있다." 하고, 공곡 화상이 "'염불하는 자가 누구인가?'를 참구하지 않고도 염불하는 방법이 순일하기만 하면 또한 깨달을 날이 있다." 하니, 바로 이것을 말한 것이다.

또한 혹시나 오직 이염불(理念佛)만을 닦는 자가 '부처님 명호를 부른 지 얼마 되지 않아 혹시 공에 떨어지면 어쩌나' 하고 의심할까봐, '이가 사에 통한다' 하고 말하여 그의 의심을 풀어 주었다.

이일심(理一心)을 생각하고 생각하는 것이 곧 미타를 생각하고 생각하는 것이니, 부처님 명호를 부르는 염불법이 정말 크지 않은가? 그러므로 마음을 섭수[攝心]하거나 마음을 체달[體心]하는 두 가지 염불이 사와 이에 서로 통하니, 본래 두 가지가 아니기 때문이다.

疏 또한 이 사와 이 두 가지 염불에 어떤 이는 점차로 나아가기도 하고 혹은 한꺼번에 들어가는 이도 있으니, 근기에 따라 일정하지 않다.

又此事理二持 或漸進 或頓入 亦隨機不定

鈔 '점차로 나아간다'는 것은, 근기가 조금 둔한 자가 먼저 사염불을 부지런히 하다가 나중에 점차 이(理)를 궁구하는 것이다. 근성이 매우 예리한 자이면 바로 이염불에 나아가니, 그러므로 '한꺼번에 들어간다' 하였다. 작용은 조금 다르지만 공을 이루는 것은 다를 것이 없다.

疏 또한 '일심불란'이라 한 아래에, 어떤 본에는 '오로지 부처님 명호를 부르면[專持名號]…' 하는 등 스물한 자[206]가 있으나, 지금 이를 쓰지 않은 것은 문장과 뜻이 맞지 않기 때문에 고본(古本)에 의해 더하지 않았다. 이것은 '곧 많은 선근복덕이다' 한 뜻을 말 밖에 보충하여 넣은 것이니, 이렇게 하는 것이 마땅하다.

又一心不亂下 有本加專持名號二十一字 今所不用 以文義不安故 仍依古本不加 而以卽是多善福之意 言外補入 斯爲允當

鈔 '문장과 뜻이 맞지 않다'는 것은, 위 문장에 이미 '집지명호(執 持名號)' 넉 자가 있는데 다시 '전지명호(專持名號)'라는 한 구절을 붙였으니, 이렇게 하면 위와 아래가 중복되어 문장과 뜻이 이루어지지 않게 되니, 이래서는 안 된다.

구본의 이 스물한 자는 양양(襄陽)의 석각[207]이니, 이것은 예전 사람이 경을 해석한 문장임을 반드시 알아야 한다. 양본(襄本)이 경문의 본문에 잘못 넣어 글을 혼동하여 구별하지 않았던 것이다. 문장과 뜻을 잘 아는 자는 반드시 잘 살펴보기 바란다.

• • • • • • • • • •

206 '스물한 자'란, '專持名號 以稱名故 衆罪消滅 卽是多善根福德因緣(오로지 부처님 명호를 부르면, 명호를 불렀기 때문에 여러 가지 죄가 소멸하리니, 곧 많은 선근복덕 인연이다)'이라 하였다.

207 호북 양양(襄陽) 흥룡사(龍興寺)의 석각 『미타경』을 말하니, 세칭 '양양석경(襄陽石經)'이라 한다. -역자주

疏 이치에 맞게 말한다면, 자성은 기억하는 것도 아니고 잊는 것
도 아니니 이것이 '집지'의 뜻이요, 자성은 지금도 아니고 지난날도
아니니 이것이 '7일'의 뜻이며, 자성은 하나도 아니고 많은 것도 아니
니 이것이 '일심'의 뜻이며, 자성은 안정된 것도 아니고 어지러운 것
도 아니니 이것이 '불란'의 뜻이다.

稱理 則自性非憶非忘 是執持義 非今非昨 是七日義 非一非多 是
一心義 非定非亂 是不亂義

鈔 본래 생멸이 없으니 어찌 기억함과 잊어버림이 있으며, 본체
에는 오고 감이 끊어졌으니 누가 지금과 지난날을 이루랴. 하나도 또
한 하나가 아니니 많은 것은 어떻게 존재하며, 안정도 일정한 모양이
없으니 어지러운 것이 무엇에 의지하리오. 이렇게 알아야만 종일 부
처를 염하여도 종일 마음을 염하며, 종일 마음을 염하여도 종일 염함
이 없어서, 마음이 곧 부처요 부처도 아니고 마음도 아니니, 이것을
참으로 염불하는 자라 하는 것이다.

다. 과덕을 얻음

1) 부처님이 내 앞에 나타나시다

[經] 그 사람이 수명이 다하려 할 때, 아미타불이 여러 성중들과
함께 그의 앞에 나타나시고,

其人臨命終時 阿彌陀佛 與諸聖衆 現在其前

疏 '그 사람'이란, 부처님 명호를 집지하는 자를 가리킨 것이다.

위를 이어, 능히 일심불란하기만 하면 목숨이 다할 때 부처님이 반드시 앞에 나타나신다. 그것은 자신의 힘과 부처님의 힘으로 중생의 소감(所感)과 부처님의 능응(能應)이 서로 합하여 어우러지기 때문이다.[208] 두 부의 경과 여러 경에서 설한 것과 같다.

其人 指持名者 承上但能 一心不亂 命終之時 佛必現前也 以自力佛力 感應道交故 如二部經 及諸經中說

鈔 '자신의 힘'이란, 무릇 사람이 목숨이 다할 때, 앞에는 장차 사라지려는 것이 있고 뒤에는 아직 나지 않은 것이 있어서, 평생의 선악이 자연히 앞에 나타난다. 예를 들면 10악이나 5역을 저지른 자는 지옥이 앞에 나타나고, 간탐이나 질투가 많은 자는 아귀가 나타나며, 혹은 5계나 10선을 행한 자는 인간이나 천상이 앞에 나타나는 등이다.

지금 한결같이 염불하여 일심불란하면 깨끗한 생각을 성취하니, 깨끗한 마음 가운데 어찌 부처님이 앞에 나타나시지 않겠는가?

『능엄경』에 "부처님을 기억하고 부처님을 생각하면 현재나 미래에

. . . .

208 염불의 공이 이루어지고 중생의 근기가 익는 것이 감(感)이요, 무심히 중생에 반연하여 중생에게 자연히 이익을 나타내는 것이 응(應)이다. '도교(道交)'란, 이른바 '보살의 깨끗한 달이 항상 구경의 허공에 노니나니, 중생의 마음의 때가 다하면 보살의 그림자가 그 가운데 나타난다' 한 것이다.

반드시 부처님을 뵙는다." 한 것이 이것이다.

'부처님의 힘'이란,『대본』법장 비구 원에[209] "내가 부처가 되었을 때, 시방의 한없는 세계의 여러 인민이 보리심을 발하고 여러 가지 공덕을 닦아 나의 국토에 왕생하고자 하는 자는, 목숨이 다할 때 나와 대중이 그 사람 앞에 나타나지이다." 하고, 삼배(三輩)의 왕생에도 "그 사람이 목숨이 다하려 할 때, 나와 여러 성중이 모두 와서 맞이하리라." 하며,『관경』의 구품에, 어떤 데서는 "아미타불이 행자의 앞에 이른다." 하기도 하고, 혹은 "그 사람의 처소에 이른다." 하니, 모두 앞에 나타난다는 뜻이다.

'여러 경'이란,[210]『칭양제불공덕경』에 "만약 무량수여래의 이름을 들은 자가 일심으로 믿고 기뻐하면, 그 사람의 목숨이 다했을 때 아미타불과 여러 비구들이 그 사람 앞에 머물러 마(魔)가 능히 그의 정각심을 파괴하지 못하게 한다." 하며,『고음왕경』에 "만약 사중(四衆) 가운데 올바르게 저 부처님 명호를 부르는 자가 있으면, 목숨을 마칠 때 아미타불이 대중과 함께 그 사람 앞에 머물러 그로 하여금 부처님을 뵙게 한다." 하며,『화엄경』46에 "여래에게 열 가지 불사가 있으니, 첫째는 만약 어떤 중생이 마음을 다해 기억하고 생각하면 그 사

....

209 이 아래는, 두 부(部)를 인용하여 부처님의 힘을 증명하였다.

210 이 아래는 여러 가지 경을 인용하여 두 가지 힘을 증명하였다. '일심으로 믿고 기뻐한다'는 것은 자신의 힘이요, '여러 비구들이 그의 앞에 주하며' 한 것은 부처님의 힘이며, '올바르게 염불한다'는 것은 자신의 힘이요, '아미타불이 그 사람 앞에 나타난다' 한 것은 부처님의 힘이며, '마음을 다해 억념한다'는 것은 자신의 힘이요, '부처님이 그 사람 앞에 나타난다' 한 것은 부처님의 힘이다.

람 앞에 나타나며…" 한 등이니, 소위 '염불중생을 섭수하여 버리지
않는다' 한 것이다.

『반야경』에 의하면, "자신의 힘에 다시 두 가지가 있으니, 첫째는
염불하는 힘이요, 둘째는 본유한 불성의 힘이다." 하니, 부처님이 섭
수해 주시는 힘을 겸하면 세 가지 힘이 된다. 본유의 힘은 배와 같고,
염불하는 힘은 돛과 같으며, 부처님이 섭수해 주시는 힘은 좋은 바람
과 같으니, 세 가지 일이 원만하면 반드시 피안에 오른다.

疏 '부처님과 성중'이란, '부처님'은 보신과 화신을 겸하였고, '성
중'은 보살과 성문 등을 겸하였다.

佛及聖衆者 佛兼報化 聖衆兼菩薩聲聞等

鈔 '보신과 화신을 겸하였다'는 것은, 『관경』에는 부처님을 밝히면
서 먼저 60만억을 말하였고, 나중에는 장육신을 말했으며, 다음에는
하품에 화불이 내영(來迎: 와서 맞이함)함을 말했으니,[211] 그렇다면 구품
에서 보인 부처님이 한 분이 아님을 알 수 있다.

『섭론』에도 "등지(等地)라야 비로소 보신을 보고, 점차 자세하고 미
묘한 부처님을 본다."[212] 하였으나, 지금은 부처님만을 말하고 보신과

. . . .

211 '60만억'은 보신이니, 존특신(尊特身), 또는 승응신(勝應身)이라고도 한다. '장육'은 열응신(劣應身)
이라고도 하고, 상신(常身)이라고도 한다. '화불'은 종류에 따르는 화신이다.

212 십신(十信)과 삼현보살은 무명을 끊지 못하고 진여를 증득하지 못하여 응신만을 보고, 등지(登地)

화신을 나누지 않았다. 이것은 하나가 많은 것을 섭수하기 때문이다.

'보살과 성문을 겸하였다'는 것은, 『관경』 상품상생에 "부처님과 관음세지와 무수한 화불과 백천 비구와 성문 대중과 한없는 여러 하늘들이 그 사람 앞에 나타난다." 하였다. 그런데 어떤 경우에는 부처님이 내영하지 않고 보살이 내영하는 수가 있는데, 지금은 많은 경우를 따랐다.

疏 문: 임종에 부처님이 나타날 때 마(魔)도 있습니까?

답: 고인은 "마가 없으나 간혹 있을 수도 있다." 하였다. 중요한 것은 잘 가려 아는 데 있다.

問 臨終佛現 亦有魔否 答 古謂無魔 脫或有之 貴在辨識

鈔 '마가 없다'는 것은, 선정만을 닦으면 혹시 음마가 일어날 수도 있으니, 『능엄경』이나 『지관』이나 여러 경론에서 매우 자세히 가린 것과 같다.[213]

지금 나는 "염불하는 자에게 부처님의 위신력과 부처님의 본원력

· · · · · · · · · ·

이후는 부분적으로 무명을 끊고 부분적으로 법성을 증득하여 곧 보신을 보고 점차 미세하고 미묘한 부처님을 본다. 만약 무명을 이미 다하여 지위가 묘각에 이르렀으면 보아야 할 부처님이 없으니, 보살의 기(機)가 없고 여래의 응(應)이 쉬어 제불이 피차 상견치 않기 때문이다.

213 『능엄경』에서는 50가지 음마(陰魔)를 열었으니, 수음(受陰)과 상음(想陰)은 귀신마(鬼神魔)이고 천마(天魔)이다. 『지관』에는 10경(境)을 열었으니 삼장(三障)과 사마(四魔)요, 마사경(魔事境)은 업장(業障)과 천마(天魔)이다.

의 대광명 가운데는 반드시 마사(魔事)가 없다." 하고 말하지만, 숙세의 업장이 깊거나 혹은 마음을 잘못 쓸 경우에는 혹시 마가 일어날 수도 있어서 확정적이지는 않다. 반드시 미리 잘 가리고 알아야 한다.

경론에서 말하기를 "수행하는 과정에 부처님을 보면 두 가지 경우라고 볼 수 있다. 첫째는 수다라와 합치되지 않는 것은 마사이고, 둘째는 본래 닦는 것과 합치되지 않는 것은 마사이다."[214] 하였다. 왜 그런가 하면, 단지 선(禪)만 닦는 사람은 본래 닦는 것이 오직 마음뿐이고 경계가 없기 때문에 밖으로 부처님이 나타나더라도 모두 밀어두고 개의하지 않아야 하니, 결과가 원인과 합하지 않기 때문이다. 지금 염불하는 사람은 일생 부처님만을 생각하는지라, 임종에 부처님을 보는 것은 인과가 서로 부합하니, 어찌 뭉뚱그려 마사라고만 하겠는가?

간혹 구별하지 못할 경우가 있으면, 앞에서 구별한 것과 같이 분별하고 살피고 알 뿐이다.

문: 마(魔)가 아니라면 반드시 진불(眞佛)입니다. 그런데 고인은 "부처님은 오고 감이 없다." 했는데, 어떻게 부처님이 지금 그의 앞에 나타날 수 있습니까?

· · · · · · · · · ·

214 '수다라와 합치되지 않는다'는 것은, 수다라에서 말하기를 "응신에는 32상과 80종호가 있고, 보신에 팔만사천 상(相)과 팔만사천 호(好)가 있다. 만약 상호의 수가 많고 적은 것이 일정하지 않으면 모두 마사이다." 하였다. '본래 닦는 것과 합치되지 않는다'한 것은, 본래 관하는 것은 서방의 부처님인데 지금 마는 동쪽에서 왔거나, 오직 좌상(坐相)만을 관하는데 지금 마(魔)는 와상(臥相)을 보이는 등이다.

답: 중생의 감(感)과 부처님의 응(應)이 서로 합하여 어우러지면 오지 않으면서 오시고 나타나지 않으면서 나타나시는데 장애되지 않는다. 그러므로 영명 화상이 "환상과 같아서 진실이 아니라는 입장에서 보면 마음과 부처가 둘 다 없으나, 환상이 없지 않다는 입장에서 보면 마음과 부처가 없지 않다." 하고, 또 "법신 진불은 본래 생멸이 없으나 진신으로부터 화신을 일으켜 미혹한 중생을 접인한다." 하였다. 이것은 여래의 본원 공덕이니,[215] 저 인연 있는 중생으로 하여금 일심으로 생각하고 염불하여 자신의 마음에서 부처님이 내영하시는 것을 보게 하는 것이지, 제불이 실제로 화신을 보내 저들을 영접하는 것이 아니다. 다시 말하면 불신은 항상 맑고 고요하나 중생이 오고 감이 있다고 본다. 마치 거울 속 형상은 안도 아니고 밖도 아니며, 꿈속의 일은 있는 것도 아니고 없는 것도 아닌 것과 같다.

또한 경에 "응당 불신으로 제도해야 할 자에게는 불신을 나타내어 그들을 위해 법을 설하신다." 하니, 또한 이 뜻이다.

그러므로 물이 깨끗하면 달이 저절로 오고 마음이 깨끗하면 부처님이 저절로 나타나시니, 이른바 '중생의 감과 부처님 응이 서로 어우러짐이 참으로 불가사의하네[感應道交難思議]' 한 것이다.

疏 그러므로 반드시 알아야 할 점은, 임종에 부처님 형상을 설치

----

215 이 아래는 연지 대사가 진신으로부터 화신을 일으켰다는 뜻을 밝혔다.

하고 조념하는 것은 그 문장이 경전에 실려 있고 그 법이 서역에 전하니, 응당 의심하지 말아야 한다.

故知臨終設像助念 文載聖經 法傳西域 不應疑阻

鈔 『화엄경』15권 송에[216] "임종이 다가오거든 염불할 것을 권하고, 또한 존상을 보여 이를 첨앙케 하고 부처님 처소에 깊이 귀의하게 할지니, 그러므로 이 광명을 이루었네." 하고, 소에 "서역 법에 의하면, 수명이 다하려는 자는 서쪽을 바라보게 하고, 그 앞에 부처님의 입상을 안치하되 상도 역시 서쪽을 바라보게 한다. 그리고 기[幡]의 머리를 불상 손가락에 묶고 병든 사람으로 하여금 손으로 기의 기둥을 잡게 하고, 부처님을 따라 왕생하는 생각을 하게 하고, 겸하여 향을 피우고 경쇠를 쳐서 염불을 도와주면, 비단 죽은 자가 부처님 앞에 왕생할 뿐만 아니라 또한 부처님 광명을 얻는다. 만약 마음이 큰 도에 노닐어 가고 머무는 것에 걸림이 없다면 이런 분은 언외로 치거니와, 그렇지 않으면 힘써 이 행을 따라야 한다." 하였다.

이 말에 따르면, 특별히 부처님 형상을 설치하여 왕생을 도와야 하는데, 더욱이 일심불란하여 부처님이 앞에 나타나심을 얻는다면, 어찌 마일 것이라고 염려하여 스스로 의심을 내겠는가?

....

216 이 아래는 '문장이 경전에 실려 있다' 한 것을 해석하고, '소에서 말하기를 서역 법에' 한 아래는 '법이 서역에 전하였다'는 것을 해석하였으며, '만약 정신이 대방(大方)에 노닐어' 한 아래는 '응당 의심하지 마라' 한 것을 해석한 것이다.

疏 이치에 맞게 설한다면, 자성은 망이 다하고 진이 드러났으니 이것이 임종에 부처님이 나타나신 뜻이다.

稱理 則自性妄窮眞露 是臨終佛現義

鈔 망심을 다하지 못하여 깊은 어둠이 끊임없이 이어지면 이것이 목숨이 아직 끊어지지 않은 것이요, 미혹이 끊어지고 집착이 공하며 망정이 소멸하고 사견이 물러가서, 사람이 죽고 집이 파괴되며 연기가 꺼지고 재가 날아가면 이것을 '목숨이 다하였다'고 하니, 망정이 모두 다하면 진이 아니기를 어찌 기대하며, 부처님이 앞에 나타나시기를 구하지 않아도 그럴 수가 없다.

그러나 부처님의 자비가 무한하신데 어찌 반드시 임종에만 그렇게 하시랴. 그러므로 "때때로 사람들에게 보이시건만 사람들이 알지 못하네."[217] 한 것이다.

2) 내가 부처님 처소에 가다

【經】 이 사람이 목숨이 다할 때, 마음이 전도되지 않고 금방 아미타불의 극락국토에 왕생하느니라.

. . . .

217　포대 화상 게에 "미륵, 진정한 미륵이여! 천백억으로 몸을 변화하여 때때로 사람들에게 보이건만, 사람들이 스스로 알지 못하네." 하였다.

是人終時 心不顚倒 卽得往生阿彌陀佛極樂國土

疏 위에서 '임(臨)'이라 말한 것은 막 목숨이 다하려 할 때요, 지금 '종시(終時)'라고 말한 것은 바로 따뜻한 기운이 다하고 식이 떠난 때다.[218]

'마음이 전도하지 않았다'는 것은, 일심불란하기 때문에 전도하지 않고, 전도하지 않기 때문에 다른 곳에 태어나지 않는다.

'즉득(卽得)'이란, 신속함을 말하였다.

上言臨者 是將欲命終 今言終時 正煖盡識去 心不顚倒者 以一心不亂 故不顚倒 以不顚倒 故不生他處 卽得者 言其速也

鈔 '전도'란 평소에 망상을 따르고 정념을 닦지 않음으로 말미암아 마음이 많이 산란한 것을 말하니, 앞에서 말한 '이제 막 따뜻한 기운을 버리려 함에 일생 지은 것이 모두 앞에 나타난다' 한 것이니, 마음이 두렵고 행동거지가 경박하여 응당 지옥에 들어가야 할 자는 도산(刀山)이나 검수(劍樹)가 수풀처럼 보이고, 축생에 떨어져야 할 자는 말의 배나 노새의 태중을 제 집처럼 알며, 설령 선행을 지은 자라도 반드시 인간이나 천상에 태어나 부모를 사랑하고 미워함을 면치 못

----

218 중생은 호흡과 따뜻함과 식(識), 이 세 가지 인연이 화합하여 명근(命根)이 가립(假立)하니, 식(識)은 곧 아뢰야의 견분(見分)이요 호흡과 따뜻함은 아뢰야의 상분(相分)이다. 이 팔식은 올 때는 선봉이 되고 갈 때는 맨 뒤가 되니, '따뜻함이 다하고 식(識)이 갈 때'란 바로 팔식이 몸을 떠날 때다.

하고, 혹은 작은 성인이나 초심인이라도 오히려 올바르게 출입할 줄을 모르니,[219] 이것이 모두 소위 '전도'다. 이 전도로 인하여 삼계(三界)와 칠취(七趣)에 업을 따라 태어난다.

지금 이미 일심불란했다면 안으로 정념을 모으고 밖으로 부처님의 내영을 얻어 이 보신을 버리고 바로 저 국토에 왕생하니, 부처님이 "그 마음이 깨끗함에 따라 불토도 깨끗하다." 하시거나, "일체 국토가 오직 생각만으로 지탱하니, 깨끗한 생각을 이루면 반드시 왕생을 이룬다." 하시니, 참으로 아무 의심할 것이 없다.

'다른 곳'이라 한 것에 세 가지가 있으니, 첫째는 사바세계요, 둘째는 다른 불국토요, 셋째는 저 국토의 주변 땅이니,[220] 지금은 모두 이런 것과 구별하였다.

'신속'이란, 중음을 그치지 않고 시일을 경과하지 않음을 말하니, 『관경』에서 말한, "손가락을 튕기는 사이에 극락국에 왕생한다." 한 것이다.

또한 지자 대사가 "임종에 정(定)에 있는 마음이 곧 정토요, 생각을 내면 정토에 왕생할 때다." 하였는데, '정에 있다'고 한 것은 여기서 말한 마음이 전도하지 않은 것이요, '생각을 낸다'고 한 것은 뒤의 저 국토에 왕생하기를 원하는 것이다.

. . . .

219 고인이 "보살은 격음(隔陰)의 어두움이 있고, 나한은 출태(出胎)의 어두움이 있다" 한 것이다.

220 '저 국토의 주변 땅'은 곧 의성(疑城)이니, 구품(九品) 밖에 있는 자가 진실한 믿음이 없기 때문이다. 의성(疑城)이란 아미타불 정토 가운데서 의혹심을 가지고 공덕을 닦는 자가 머무는 곳이다.

疏 『대본』에 "그 몸은 세상 사람 몸이 아니요, 또한 천상 사람 몸도 아니다." 하니, 모두 많은 선행의 덕을 쌓은 자연허무의 몸이 연꽃 가운데 화생하며, 또한 젖 먹여 기른 자도 없다.

大本云 其身體非世人之身體 亦非天上人之身體也 皆積衆善之德 自然虛無之體 蓮華中化生 亦無乳養之者

鈔 '선을 쌓았다'는 것은 곧 선근과 복덕을 성취한 몸이니, 욕망과 애정으로 인(因)이 되고 사대로 체(體)가 된 몸이 아니다. 그러므로 태의 감옥을 거치지 않고 몸을 연지에 의탁하는 것이다.

'젖 먹여 기른 자도 없다'는 것은 자연히 컸다는 것을 밝혔으니, 북구로주가 손가락 끝에서 젖이 나와 기르는 것과는 다르다.[221]

疏 '왕생' 하는 것은, 위의 일심불란으로 말미암아 세 가지나 아홉 가지의 원인이 되지만, 다시 세밀하게 나누면 또한 한량없다.

其往生者 繇上一心不亂 作三九因 更細分之 亦應無量

鈔 '세 가지나 아홉 가지'란, 『대본』의 삼배와 『관경』의 구품이니, 일심에서 사와 이를 나누고 사와 이에서 또한 각기 훌륭하고 못함을 나

· · · · · · · · · ·

221 북주(北洲)의 남녀가 좌우로 나누어 길을 가다가, 남자와 여자가 숙세에 인연이 있으면 길가 나무가 가지를 드리워 덮어 주어 부부의 일을 치르고, 일을 마치고 나무가 일어나면 곧 분산하여 흩어져 가서 서로 알지 못한다. 여자는 임신을 하여 아이를 길 가에서 낳아 돌보지 않고 가버리고, 오가는 이들이 손가락 끝을 아이의 입속에 넣으면 손가락에서 젖이 나와 금방 큰다.

누어 후에 왕생을 얻으니, 본인(本因)과 같이 그대로 품위가 된다.

'삼배'란, 『대본』에 "상배자는 보리심을 내어 오로지 아미타불만을 생각하고 여러 가지 공덕을 닦아 저 국토에 왕생하기를 원하니, 목숨이 다하려 할 때 부처님과 성중이 그 사람 앞에 나타나면 곧 칠보 연못 안의 연꽃에 화생하여 불퇴전에 머물러 지혜가 용맹하고 신통이 자재하며, 거처하는 칠보 궁전이 허공 가운데 있어서 부처님과의 거리가 가까우니, 이것을 상배로 왕생한 자라 한다." 하였다. 앞의 것과 배대하면 사와 이, 두 가지 일심을 얻은 자다.

중배는, 크게 공덕을 닦지는 못했으나 또한 보리심을 내어 목숨이 다하면 오로지 저곳에 왕생하기만을 생각하여 회향한다. 이것의 공덕과 지혜가 상배 다음이니, 이것을 중배로 왕생한 자라 한다. 앞의 것과 배대하면 사일심을 얻음은 여유가 있으나 이일심을 얻음은 부족한 자다.

하배로 왕생한 자는, 능히 여러 가지 공덕을 짓지는 못했으나 또한 보리심을 내어, 십념만이라도 저 궁전에 왕생하여 오직 그곳에 있기만을 생각하니, 중배 다음이다. 이 하배로 왕생한 자를 앞의 것과 배대하면 겨우 사일심만을 얻었고 아직 이일심은 얻지 못한 자다.

'구품'이란, 『관경』에서 말한 위의 삼품은 저곳에 왕생하여 금방 백

....

222 이것은 공으로부터 가(假)를 내니, 별교 십회향의 도종성인(道種性人)과 원교 십신만심인(十信滿心人)이다.

561

천 다라니문을 얻은 자[222]도 있고, 1소겁을 지나 무생인을 얻은 자[223]
도 있으며, 3소겁을 지나 백법명문(百法明門)을 얻어 환희지에 주하는
자[224]도 있다. 앞의 것과 배대하면 사와 이, 두 가지 일심을 얻었으나
깊고 얕은 차이가 있기 때문에 삼품이 된다. 상배와 같다.

가운데 삼품은, 저 나라에 왕생하여 금방 아라한을 얻은 자[225]도
있고, 저곳에 왕생한 지 반 겁 만에 아라한을 얻은 자[226]도 있으며, 저
곳에 왕생한 지 1겁 만에 아라한을 얻은 자[227]도 있다. 앞의 것과 배대
하면 사는 충분하지만 이는 부족하여 역시 깊고 얕은 차이가 있기 때
문에 삼품이 된다. 중배와 같다.

아래 삼품[228]은, 저곳에 왕생하여 10소겁을 지나 초지에 들어간

· · · · · · · · · ·

223 이것은 진사번뇌를 끊고 이미 별교 십행에 들어가 이미 성종보리(性種菩提)와 원교의 팔신(八信)
과 구신(九信)을 얻은 사람이니, 일겁에 이르러 비로소 성종성(聖種性)에 들어가 무생인(無生忍)을 증득
한다. 무생인은 별교와 원교의 초지와 초주를 증득했음을 말한다.

224 이것은 처음으로 견(見)·사(思)번뇌를 파하고 이미 별교 십주(十住)에 들어가 이미 습종보리(習
種菩提)와 원교의 제7신을 얻은 사람이니, 저 삼소겁(三小劫)에 이르러 비로소 성종성(聖種性)에 들어
가 백법명문(百法明門)을 얻는다. 백법명문은 보살이 처음 환희지에서 얻은 지혜법문을 말한다. '백법
(百法)'은 수목(數目)이 많다는 것을 말하고, '명(明)'은 통달의 뜻이며, '문(門)'은 입(入)과 차별의 뜻을 가
지고 있다.

225 이것은 소승이 대심(大心)을 퇴실한 내범인위(內凡忍位)와 세제일인(世第一人)이다.

226 이것은 소승의 난(暖)·정(頂) 이위인(二位人)이다.

227 이것은 소승의 외범(外凡)이다.

228 아래 삼품(三品)은, 만약 계위(階位)를 논한다면 아직 전혀 번뇌를 끊지 못했지만 다만 법을 듣
고 부처님 명호를 부르며 능히 업장을 멸하고 왕생을 얻으니, 곧 공덕의 깊고 얕은 데 따라 삼품을 나

562

자도 있고, 6겁을 지나 연꽃이 피면 위없는 도심을 내는 자도 있으며, 12대겁 만에 보리심을 내는 자도 있다. 앞의 것에 배대하면 사는 있으나 이는 없으며 또한 깊고 얕기 때문에 삼품이 된다. 하배와 같다.

'자세히 나눈다'는 것은, 앞의 계품 중에서 나누고 또 나눈 것이, 백천만억의 한없는 배(配)와 품(品)이 모두 사일심과 이일심을 얻은 깊고 얕은 정도에 따라 차례가 된다.

疏 『관경』에서는 상품상생으로 무생인을 얻은 품위를 삼았고, 천태는 초지라고 판단하였다. 그러나 『화엄경』에서는 무생인에 본래 얕고 깊은 차이가 있음을 밝혔다. 그렇다면 상상품 중에도 참으로 여러 가지 품위가 있으니, 더욱이 여타의 품위이겠는가?

如觀經以上品上生 爲得無生忍 天台判屬初地 而華嚴明無生忍 自有淺深 則上上品中 信有多品 況復餘品

鈔 '얕고 깊다'는 것은, 팔지(八地) 정인분(淨忍分) 소에 "무생인에 대략 두 가지가 있다. 첫째는 법을 잡았고, 둘째는 행을 잡았다. 법을 잡아 말하면 일어나고 멸하는 것이 없는 본각의 이치를 모두 무생이라 하니, 혜심(慧心)이 여기에 안주하기 때문에 인(忍)이라 한다. 행을 잡아 말하면 보행(報行: 功用이 없는 道)이 익고 지혜가 이(理)에 합하여 상(相)이 없고 공(功)이 없어 넓기가 허공과 같고 맑기가 정지한 바다

....
눈 것이다.

와 같아, 심식과 망혹이 고요하여 일어나지 않아야만 비로소 무생이라 한다." 하니, 앞의 것은 여러 지(地)에 통하지만 뒤는 오직 팔지(八地)에만 해당된다는 것을 말하였다. 나머지는 앞의 서(序)에서 밝힌 것과 같다.

그러므로 무생인 지위에 본래 얕고 깊은 것이 있은즉, 상상품 가운데는 1지부터 8지에 이르기까지 이미 많은 품위를 용납하였다는 것을 알 수 있다. 여타의 것은 잘 알 수 있을 것이다. 그러므로 자세히 나누면 역시 무량하다.

疏 또한 삼배와 구품에 대해 두 경은 서로 짝이 되나, 여러 가지 설이 조금 차이가 있다. 이에 대해서는 보정 스님의 해석이 이것을 화해한 것과 같다.

又三輩九品 二經相配 諸說稍異 如輔正所解融之

鈔 『관경』소에 "이 경의 구품은 지위의 고하를 알게 한 것이니, 곧 『대본』의 삼배이다." 하고, 고산 스님이 "『대본』의 삼배는 단지 『관경』의 6품(상 三品과 중 三品)과 가지런하니, 삼배는 순전히 선행만을 밝혀 악인에게는 미치지 않기 때문이다." 하고, 영지 스님은 "삼배는 단지 상품만 상대하였다."고 판단하니, 그러므로 '여러 가지 설이 조금 차이가 있다' 하였다.

이에 대해 초암보정 스님이 해석하기를 "천태가 구품이 삼배와 같다 한 것은 지위의 차서가 서로 같다는 것을 들어 한 말이지, 행인(行

因)을 들어 말한 것은 아니다." 하였으니, 그렇다면 고산 스님과 영지 스님은 모두 천태를 어기지 않았다. 왜냐하면 천태는 지위의 차서만을 들었으므로 배와 품이 서로 같다 하였고, 두 스님은 오직 행인(行因)만을 들어 말했으므로 단지 중·상과만 가지런하다 하였다. 이렇게 각기 주장하는 근거에 의해서 뜻을 취한 것이 같지 않다. 그러므로 서로 어긋나지 않는다.

그러나 사실대로 논한다면, 번뇌가 보리와 다르지 않으니 처음 악이 어찌 마지막 선에 방애되며, 악인이 이미 선을 이루었다면 어찌 현성과 같지 않겠는가?[229] 삼배와 구품이 서로 배합되니, 또 무엇을 의심하겠는가?

疏 또한『화엄경』에서는 염불하는 자는 부처의 수가 마음과 같다는 것을 밝혔으니, 곧 삼배와 구품이 원인에 따라 같지 않다는 뜻이다.

又華嚴明念佛者 數與心等 卽是三輩九品 隨因不同義

鈔 '수가 마음과 같다'는 것은,『화엄경』23권 이구당보살 게에 "부처님으로 경계를 삼아 오로지 한 가지에만 마음을 써서 버리지 않으면, 이 사람은 부처님을 보되 그 수가 마음과 같네[以佛爲境界 專念而

----

229 앞의 세 가지 설은 행(行)에 의거하고 위(位)에 의거하여 뜻을 취한 것이 같지 않으니, 사실에 입각하여 말한 것이 아니다. 만약 사실에 입각하여 논한다면 번뇌와 보리가 모두 실법(實法)이 아니어서 번뇌의 성이 곧 보리의 성이요, 앞생각은 악이요 뒷생각은 선이니 또한 무엇이 장애되겠는가? 악인이 이미 선이라면 어찌 현성(賢聖)과 같지 않겠는가?

不捨 此人得見佛 其數與心等]. …" 하였다.

'그 수가 마음과 같다'는 것은 생각에 따라 부처님이 나타난다는 것을 말하였다.

'생각에 따라 나타난다'는 것은 여기에 두 가지가 있다. 첫째는 생각이 많고 적음에 따라 부처님도 또한 이와 같으니, 염불하는 한 소리에 한 분의 화불이 입속에서 나오는 등과 같다. 둘째는 생각이 얕고 깊은 데 따라 부처님의 응신도 이것에 맞으니, 임종에 부처님을 뵙되 낫고 못한 것이 있는 것과 같다.

'많고 적고 얕고 깊다'는 것은 곧 배와 품을 구별한 것이요, '이 사람이 부처님을 본다'는 것은 곧 아미타불이 현재 그의 앞에 계신다는 것을 말하였다.

'오로지 한 가지에만 마음을 쓴다'는 것은 곧 일심불란이다.

疏 또한 지안 법사의 두 가지 정업도 삼배·구품의 뜻이다.
又志眼二種淨業 亦三輩九品義

鈔 지안 법사가 말하기를 "왕생이라는 한 가지 문에 두 가지 정업이 있다. 첫째는 정관(正觀)이니 묵묵히 본심을 비추는 것이요, 둘째는 조행(助行)이니 온갖 선행을 갖추어 닦는 것이다. 두 가지 일을 모두 얻으면 네 가지 정토를 깨달으니, 예컨대 단지 사선(事善: 正觀을 닦지 않고 한갓 事行만을 닦는 것)만을 얻은 자는 가까이 동거토에 태어나서

멀리 세 가지 국토의 원인이 될 뿐인 것과 같다."[230] 하였다.

그러므로 정토는 보살이 오를 경계를 올바르게 궁구하면서, 겸하여 까마득한 중생도 수용한다는 것을 알 수 있다.[231]

또한 "원돈의 근기가 도를 깨달았으면 이야말로 최상의 정업이지만, 가령 원력을 더하면 그들을 인도하여 곧 우수한 품위에 참예할 것이요, 어리석은 무리가 단지 부처님 명호만을 부르며 저곳에 태어나기를 발원하더라도 또한 왕생한다. 그러므로 정토라는 한 문을 보건대, 성인은 참으로 포기하는 중생이 없으시다." 하였다.

이런 스님의 말씀을 살펴보면, 정관은 상·중에 통하고 조행은 중·하에 통하니, 법사의 이 논의가 매우 오묘하다. 이것을 보는 자는 소홀히 여기지 마라.

疏 어떤 이는 "구품 가운데 여덟 가지가 연꽃에서 태어난다. 왜냐하면 제일품에서 '금강대'라 하였기 때문이다." 하였다. 지금 경론을 종합적으로 관찰하면 여전히 구품이 모두 연꽃에서 왕생한다.

有言九品 八從蓮生 以第一品云金剛臺故 今參合經論 仍以九品 皆

. . . .

230 이와 같이 정(正)과 조(助)를 갖추어 닦으면, 먼저 견(見)·사(思)번뇌를 항복받아 동거(同居) 정토에 태어나고, 점차 견(見)·사(思)번뇌를 끊어 방편(方便) 정토에 태어나며, 점차 먼지나 모래 수만한 무명을 끊어 실보(實報)인 적광정토에 태어난다.

231 평소에는 정토란 한 가지 문으로 오직 둔근범부만을 섭수하고, 선종은 원돈법문이라 곧 보살경계를 구리(究理)한다고 여기지만, 만약 위의 논과 같다면 정토는 보살경계를 바로 구리(究理)하면서 까마득한 중생을 겸하여 용납한다.

屬蓮生

鈔 '여덟 가지가 연꽃에서 태어난다'는 것은, 『관경』 상품상생 문장에 의하면 "그의 몸이 금강대에 오름을 스스로 본다." 하고, 여기서만이 '연꽃'이라는 두 자가 없다. 그래서 아래 팔품이 연꽃에서 태어난다 한 것이다.

그러나 경론에서 밝힌 것은[232] 분명히 모두 '서방에 태어나는 자는 모두 연꽃에서 태어난다' 하였고, 『대본』 법장 비구 원에 "무수한 세계의 여러 하늘 사람들로부터 꾸물거리는 미물에 이르기까지 나의 국토에 태어나는 자는 모두 칠보 연못의 연꽃 가운데서 화생해지이다." 하며 '모두'라고 말했으니, 그렇다면 일률적으로 구품을 든 것이다.

또한 "타방의 여러 대보살이 아미타불을 보고자 하면 바로 저 국토의 칠보 연못의 연꽃에서 화생한다." 하니, '대보살'이라 한 것은 반드시 중(中)이나 하(下)가 아니다.

또한 "상배자가 수명이 다하려 할 때, 부처님이 성중과 함께 모두 와서 맞이하시면 곧 칠보 연못의 연꽃에 화생한다." 하니, '상배'라 했다면 바로 상품을 말한 것이니, 최상의 품위는 연꽃에서 태어나지 않는다는 뜻이 결코 없다.

· · · · · · · · · ·

232 '경론에서 밝힌 것은…' 한 것으로부터, '확실히 분명한 증거가 있다' 한 것까지 세 번 대본(大本)을 인용하고 세 번 여러 가지 경을 인용하였으니, 모두 상품인(上品人)이 연꽃에서 태어남을 증명하였다.

또한 『법화경』에도 "이 경전을 듣고 설한 바와 같이 수행하는 이는, 목숨이 다하면 곧 극락세계에 왕생하여 아미타불과 대보살이 에 워싼 가운데 연꽃 가운데 태어나서 보살의 신통과 무생법인을 얻는다." 하니, 무생법인을 얻었다면 상품상생이 아니겠는가?

또한 『행원품』에 보현보살이 열 가지 큰 원왕으로 극락으로 돌아가기를 원하며 "저 부처님 중회가 모두 청정하거늘, 내가 그때 큰 연화에 태어나지이다." 하니, 보현보살의 왕생은 상품상생이 아닌가?

또한 보적보살이 열 가지 마음을 회향하여 나중에 연꽃에 화생하였음을 밝혔으니, 열 가지 마음은 상품상생이 아닌가?

이렇게 여러 가지 자료를 살펴보면 확실히 분명한 증거가 있다.

문: 정말 그렇다면 상품상생의 문장 가운데서는[233] 어찌하여 '금강대'라 하고 '연화'라고 하지 않았습니까?

답: 문장이 서로 있기도 하고 없기도 하여 구애될 필요가 없기 때문이다. 어떻게 그런 줄 알 수 있는가 하면, 상품중생은 '자금대를 탄다' 하였는데, 이럴 경우에도 '일곱 가지가 연꽃에서 태어난다' 하겠는가? 더욱이 중품 하(下)에서는 다만 '이 사람이 목숨이 다하면 장사가 팔을 구부렸다 펴는 사이에 금방 서방극락세계에 왕생한다'고만 말하고, 문장 속에 아울러 '연화'라는 두 자가 없는데, 이럴 경우에도 여섯 가지가 연꽃에서 태어난다 하겠는가?

· · · · · · · · · ·

233 '정말 그렇다면 상품상생의 문장 가운데는···' 한 것에서부터, '뜻은 반드시 골고루 갖추어져 있음을 알아야 한다' 한 데까지는 '연화' 두 자가 없는 뜻을 반복하여 설명하였다.

연화에서 태어나지 않는 것이 훌륭한 것이라면 중과 하의 낮은 품위는 어찌하여 연화에서 태어나지 않는가? 또한 중품 상에만 유독 '연화대'라 하였는데, 그것이 금강대나 자금대의 종류인가? 아니면 연화의 종류인가?

뒤섞여 차례대로 되지 않았고 들쑥날쑥 근거가 없으니,[234] 문장은 서로 부족한 점이 있으나 뜻은 반드시 골고루 갖추어져 있음을 분명히 알 수 있다.

내[주굉 스님] 생각에는,[235] 품마다 각기 연화가 있고, 꽃마다 대(臺: 꽃받침)가 있어서 대는 각기 다르나 금강이 대 중에서 가장 훌륭하다. 예를 들면 회옥 스님이 돌아가실 때 은대가 먼저 오고 금대가 이어서 이른 것과 같으니, 이것으로 증명할 수 있다.

또한 대의 뜻에 두 가지가 있다. 첫째는 기대(基臺: 밑받침)의 대니 꽃 아래에 대가 있다. 세상에서 불상을 조각할 때, 맨 아래에 보배 대를 만들고 대 위에 꽃을 안치하며 꽃 위에 부처님을 안치하는 것과 같다. 둘째는 방대(房臺: 씨방)의 대니 꽃 안에 대가 있다. 예컨대 『법화

· · · · · · · · · ·

234 '뒤섞여서 차례대로 되지 않았고 진퇴가 근거가 없다'한 것은, 만약 연화의 종류를 말한다면 응당 아래 대(臺) 자가 없어야 하고, 만약 금강대나 자금대의 종류를 말한다면 응당 위에 연화(蓮華) 두 자가 없어야 한다.

235 '내 생각에는'한 것에서부터, '앞뒤에서 서로 드러내었을 뿐이다'한 것까지는, 문장은 부족한 곳이 있으나 뜻은 골고루 갖추었다는 것을 자세히 밝혔다.

현의』에서 연꽃으로 십여(十如)를 표현하면서 '여시보(如是報)'[236] 문장에 "비유하자면 연실이 방대를 에워싸고 있는 것과 같다." 하고, 또한 "연실이 대를 의지하니, 연실이란 연꽃의 씨다. 씨가 대 중에 감추어져 있다." 하였으니, 그렇다면 세상에서 말하는 연방(蓮房: 연밥이 들어있는 송이)이 이것이다.

또한 『화엄경』 십지(十地)의 연화(蓮華) 문장에 "유리로 줄기가 되고 전단으로 대가 되며 마노로 꽃술이 되고 염부단금으로 잎이 된다." 하며, 줄기와 대와 꽃술과 잎을 아울러 말하였다. 그리고 『열반경』에도 "비유하면 줄기와 잎과 꽃술과 대를 합하여 연화가 되는 것과 같다." 하니, 여기서 말한 '대'는 모두 방대(씨방)다. 곧 『법화경』에서 견숙가보(梵語 kiṃśuka, 巴利語 kiṃsuka)로써[237] 그 대를 삼은 뜻이다.

이것을 보면 『관경』의 '연화대 생각하는 관' 가운데서 먼저 연화의 생각을 지을 것을 말씀하시고 다음에 "석가비능가보(梵語 śakrābhi lagna-maṇi-ratna)[238]로 그 대가 되었느니라." 하고 말씀하시니, 곧 꽃

. . . .

236 '십여'는 여시상(如是相), 여시성(如是性), 여시체(如是體), 여시력(如是力), 여시작(如是作), 여시인(如是因), 여시연(如是緣), 여시과(如是果), 여시보(如是報), 여시본말구경(如是本末究竟) 등이니, 일체 제법이 이 열 가지를 여의지 않고 각기 이 열 가지를 갖추었다. '여시(如是)'란 법을 가리킨 말이니, 이를테면 제법이 이와 같은 상(相)과 이와 같은 성(性)과, 내지 이와 같이 다하여 실상이 아닌 것이 없음을 갖추었다는 것을 말하였다. '보(報)'란 답과(答果)를 보라고 한 것이다.

237 의역으로는 적색보(赤色寶)라고 한다. 보석 가운데 하나. 견숙가 나무의 꽃이 적색이고 모양이 비슷하므로 이렇게 이름하였다.

238 석가비능가는 일반적으로 제석지(帝釋持)라고 번역한다. 제석천이 소유한 보배란 뜻이다.

안의 대다.

또한 "낱낱의 금색이 처처에 변화하니, 어떤 때는 금강대가 되고 어떤 때는 진주의 그물 등이 된다." 하니, 곧 꽃 아래의 대다.

그러므로 상품중생에서 먼저 자금대를 말씀하시고, 다음에 "발밑에도 칠보의 연화가 있다." 하였으니, 곧 자금대가 꽃 아래에 있는 것이 분명하다.

꽃에는 반드시 대가 있고 대에는 반드시 꽃이 있는데, 금강대라 말하고 꽃이라고 말하지 않기도 하고, 꽃이라 말하고 대라고 말하지 않기도 하여 문장이 앞뒤에서 서로 드러났을 뿐이다.

오직 상상품만은[239] 한번 연꽃 속에 태어나면 즉시 꽃이 피고 즉시 부처님을 뵈옵고 즉시 도를 깨닫거니와, 그 나머지는 꽃이 피는 것도 점점 늦고[240] 부처님을 뵈옵는 것도 점점 더디며 도를 증득하는 것도 점점 멀다. 이렇게 생각해 보면 상상(上上)만이 유독 수승하여 연꽃 속에서 태어난다는 것을 알 수 있다.

만약 연꽃 속에서 태어나지 않는 것이 수승하다면 연꽃 속에서 태

· · · · · · · · · ·

239 '다만 상상품(上上品)만은…' 한 아래는 상품(上品)이 수승하다는 뜻을 밝혔다.

240 '꽃이 피는 것도 점점 늦고…' 한 2구(句)에, 상품중생(上品中生)은 하룻밤을 지내고 꽃이 피면 곧 부처님을 뵈옵고, 상품하생(上品下生)은 꼬박 하루를 지나 연꽃이 피면 7일 중에 부처님을 뵈오며, 내지 하품상생(下品上生)은 49일이 지나 꽃이 피면 부처님을 뵈옵고, 하품중생(下品中生)은 6겁을 지나 꽃이 피면 부처님을 뵈옵고, 하품하생(下品下生)은 12대겁(大劫)을 지나 꽃이 피면 부처님을 뵙는다. '도를 증득하는 것도 점점 멀다' 한 것은, 상중(上中)은 1소겁(小劫)을 지나고, 상하(上下)는 3소겁(小劫)을 지나서 무생인(無生忍)을 얻고 환희지(歡喜地)에 주하며, 내지 하상(下上)은 10소겁(小劫)을 지나 초지에 들어가고, 하중(下中)은 6겁을 지나 아뇩다라삼먁삼보리심을 발하며, 하하(下下)는 12대겁(大劫)을 지나 보리심을 발한다.

어난다면 열등하고 뒤떨어진 것이니, 이것은 연꽃을 천하게 여기는 것인데 어떻게 연꽃나라를 구하겠는가? '연화자리를 생각하는 관[華座觀]'에서 부처님이 연화에 앉아있음을 밝혔는데, 그렇다면 부처님도 역시 열등한 분이니, 이것을 어떻게 설명하겠는가?

문: 사명(四明) 스님은 어찌하여 극락 구품에서[241] 팔품이 연꽃에서 태어난다는 말을 하였을까요?

답: 사명 스님은 단지 '팔품이 연꽃에서 태어난다'고만 말하였지, 연꽃에서 태어나지 않는 것은 어떤 품인지는 말하지 않았다. 중·하품도 연화에서 태어나지 않을 수 있기 때문이다.

만약 정말 상상품이 연꽃에서 태어나지 않는다면 반드시 꼭 지적하여 그런 말씀을 하였을 것이지만, 한갓 그 단서만 말하고 그 설을 마치지 않은 것은 무엇 때문인가? 혹시 이 '팔(八)'이라는 글자가 잘못 써진 것은 아닐까? '극락의 구품은 반드시 연꽃에서 태어난다[極樂九品必從蓮生]'라고 한 것은 아닐까?

고명한 분이 다시 밝혀 주실 것을 기다리노라.

疏 문: 하품 이하는 태(胎)로 태어나는 경우도 있다고 하는데, 실제로 이런 일이 있습니까?

답: 믿음의 힘이 견고하지 않음을 표현한 것이라, 실제로는 태로

....

241 '문: 사명 스님은 어찌하여 극락의 구품(九品)에서…' 한 아래는 『묘종초』가 혹시 잘못되었을 수도 있다는 것을 밝혔다.

태어나는 법이 없다.

問 下品之外 復有胎生 爲實有否 答 表信力不堅故 實無胎生

鈔 '태로 태어나는 법이 없다'고 한 것은, 『대본』에서 부처님이 미륵에게 고하시기를 "어떤 중생이 여러 가지 공덕을 닦아 저 국토에 태어나기를 원하지만, 부처님 지혜를 깨닫지 못하고 뜻이 확고하지 않아 반신반의하며 망설이더라도, 목숨이 다하려 할 때 비로소 자신의 잘못을 참회하면, 이것으로 인하여 저곳에 왕생하되 변지(邊地)[242]에 들어가서 칠보의 성을 보고 곧 거기에 머무르며, 연꽃에 태어나더라도 역시 자연의 쾌락이 있으니 마치 도리천과 같다. 오직 성 중에서 오백 세를 지나도록 부처님을 뵙지 못하고 부처님의 경법을 듣지 못하는 것이 고통이다. 그러므로 태생이라 하지만 실제로는 낳고 기르는 것이 인간 같지는 않다." 하였다.

또한 "마치 찰제리[243]가 그 자식이 법을 어기면 내궁(內宮)에 감금하여 화려한 집에 거처하게 하되, 다층 누각과 기이한 전각은 진기한 보물로 화려하게 꾸며졌고, 보배 장막과 금 침상과 임금이 쓰는 옷과 거마 등이 모두 풍부하지만, 염부단금의 족쇄로 두 발을 묶어 자유스

· · · · · · · · · ·

242 앞에서 말한 의성(疑城)과 같다.

243 '마치 찰제리가…' 한 아래는 태생(胎生)을 비유하였으니, 법을 어긴 것은 믿음의 힘이 견고하지 못한 것에 비유하였고, 내궁에 감금한 등은 의성(疑城)이 자연히 쾌락한 것에 비유하였으며, 염부단금의 족쇄로 두 발을 묶어 자유스럽지 못하다는 것은 오백 세 동안 부처님을 뵙지 못하고 법을 듣지 못하는 것에 비유하였으니, 태중(胎中)에 처한 것과 같다.

574

럽지 못한 것과 같다." 하니, 곧 태생의 비유이다.

또한 "만약 그의 본죄(本罪: 뜻이 결정되지 않아 망설이는 죄)를 알고 깊이 뉘우치며 본래 거처하던 곳에서 떠나기를 바라면 곧 무량수부처님 처소에 갈 수 있다." 하고, 『보살처태경』에 "서방은 이 염부제에서 12억 나유타나 떨어져 있다. 해만세계(懈慢世界)가 있어서 국토가 칠보로 되어 있으니 그 즐거움은 비할 수 없다. 마음을 내어 미타불국에 태어나고자 하나 여기에 물들어서 능히 나아가지 못한다." 하니, 또한 의성(疑城)이나 변지의 종류다. 이 같은 것은 모두 믿음이 절실하지 못한 까닭이다.

疏 문: 7일이라 했으나 저 임종의 십념은 매우 짧은 시간입니다. 어떻게 왕생할 수 있을까요?

답: 바로 일심불란하기 때문이니, 『지도론』에서 설한 것과 같다. 또한 자신의 힘과 다른 이의 힘으로 인하여 그럴 수 있으니, 『나선비구경』에서 설한 것과 같다.

　問 旣云七日 彼臨終十念 特俄項耳 何得往生 答 正以一心故 如智論中說 又自力他力 如那先中說

鈔 『지도론』에서 "문: 죽음에 다다라 잠깐의 시간과 마음이 어떻게 종신토록 닦고 힘쓰는 것보다 나을 수 있는가? 답: 비록 시간은 잠시지만 마음이 용맹하고 예리하기 때문이니, 이 최후의 마음을 '큰마음'이라 한다." 하였으니, 바로 일심불란임을 알 수 있다.

『나선비구경』에 "왕이 나선 비구에게 묻기를 '사람이 악을 지었으나 임종에 염불하면 불국토에 왕생할 수 있다 하였으나, 나는 이 말을 믿지 못하겠습니다' 하니, 나선이 대답하기를 '큰 돌을 배 위에 놓아두면 그것 때문에 물에 빠지지 않듯이, 사람이 비록 처음에 악을 저질렀으나 염불함으로써 지옥에 떨어지지 않습니다. 왕생하는 것도 이와 같습니다. 자신의 심력(心力)과 부처님의 원력(願力)이 서로 도와 완성하기 때문입니다.'" 하였다.

疏 문: '왕생'이라 하였으나, 옛사람은 또한 "태어나는 것은 틀림없이 태어나지만, 죽는 것은 실제로는 죽지 않는다." 하니, 이것은 태어남[生]은 있으나 감[往]은 없음을 말한 것입니다. 지금 왕생(往生)이라 하니, 두 뜻이 서로 어긋나는 것 같습니다.

답: 자심에서 태어나니, 그러므로 가지 않으면서 가는 것을 왕생이라 한다. 『화엄경』해탈 장자의 말과 같다.

問 旣云往生 昔人又謂生則決定生 去則實不去 是乃有生無往 今日往生 二義相戾 答 以生於自心 故不往而往 名爲往生 如華嚴解脫長者說

鈔 『화엄경』의 중중법계가 일심에서 벗어나지 않고, 『능엄경』의 시방허공이 모두 너의 마음속이다. 이로써 극락에 태어나는 것은 자심에서 태어나는 것임을 알 수 있다. 마음에는 한계가 없어서 서쪽도 없고 동쪽도 없으니 죽은들 어디로 가겠는가? 더러운 것을 바꾸어 깨끗하게 하고, 묵은 것에서 벗어나 새롭게 함을 표현한 것이다.

한 가지를 버리고 한 가지를 얻어서 가는 곳이 있는 것 같은 것을 '간다'고 말한 것이니, 어찌 여기서부터 저곳을 향해 가는 것이 마치 세상 사람들이 성을 지나 읍으로 가는 것과 같은 감(往)을 말하겠는가?

'해탈 장자의 말'이란, 「입법계품」에서 해탈 장자가 말하기를 "저 여래가 오셔서 여기에 이르지 않았고 나는 저기로 가지 않았으니, 만약 안락세계의 아미타불을 뵙기 원하면 마음대로 즉시 본다." 하니, 이미 '마음대로'라고 했다면 곧 한 생각을 지나지 않고 저곳으로 간다.[244]

그러므로 태어나는 것을 표현하여 왕생이라 하였으나 실로 가는 곳이 없고, 가지 않으면서 가는지라 간다고 말해도 아무 상관없다는 것을 알 수 있다.

결론적으로 말하면, 비단 감이 없을 뿐만 아니라 또한 태어남도 없고, 태어나지 않으면서 태어나는지라 태어난다고 말해도 아무 상관없다.

疏 문: 옛사람은 도솔천 내원궁에 왕생하기를 원하기도 하였는데,[245]

. . . .

244 선재동자가 다섯 번째로 주림성(住林城)에서 해탈 장자를 뵈니, 장자는 일체 불찰(佛刹)을 널리 섭수하는 삼매에 들어갔다가, 다음에 삼매에서 일어나 선재에게 고하기를 "나는 이와 같이 본다. …" 하였으니, "시방에 각기 10불찰미진수 여래가 있으나, 저 모든 여래가 오셔서 여기에 이르지 않았고, 나는 저기로 가지 않으며… 마음대로 즉시 본다. …" 하니, 부처님이 오고 가서 마음대로 나타나시기 때문이다.

245 '옛사람은 도솔천 내원궁에 왕생하기를 원하였다' 한 것에서 도솔천은 곧 욕계 제사천이니 내외원(內外院)으로 나누어진다. 외원(外院)은 천인이 살고 내원(內院)은 보살이 사는데 삼재가 손해를 입히지 못한다. 백거이(白香山)가 말하기를 "신선세계(海山)는 내가 돌아갈 곳이 아니요, 돌아간다면 모름지

지금은 어찌 오직 극락만을 보인 것입니까?

답: 인행이 어렵고 쉽기 때문이며, 경계가 낮고 못하기 때문이며, 주인이 스승이고 제자이기 때문이다.

문: 승련화세계는 극락보다 매우 뛰어났는데 어찌하여 가지 않습니까?

답: 극락이 가까운 곳에 있으니 응당 먼 곳을 구해서는 안 되기 때문이다.

問 兜率內院 昔人亦願往生 今何偏示極樂 答 因難易故 境勝劣故 主師資故 又問 勝蓮華世界 甚超極樂 何以不往 答 樂邦在近 不應求遠故

鈔 질문한 뜻은 '미륵보살도 역시 현재 법을 설하고 있고 내원궁도 역시 청정하게 장엄하였는데, 그곳에 왕생하기를 바라지 않는 것은 무슨 까닭인가?' 한 것이다.

답에는 세 가지 뜻이 있다. '첫째, 인행이 어렵고 쉽다'는 것은, 무릇 내원궁에 왕생하려면 반드시 지혜를 깨닫고 번뇌를 끊은 공덕으로 능히 성인의 부류에 참예해야 하지만, 극락은 왕생을 구하는 자가 단지 청정한 생각을 성취하기만 하면 곧 자신의 원을 이루어 번뇌나 업을 논하지 않는 것과는 같지 않다.

예전에 현장 스님이 내원궁에 왕생하기 쉽다고 한 것은, 도솔천은 인간 세상과의 거리가 유순으로 계산할 수 있고, 극락은 사바와의 거

· · · · · · · · · · ·
기 도솔천이어야 하리." 하였다.

리가 수많은 불찰을 지나야 하기 때문이었다. 저는 장소를 논하였지 인행을 논하지 않았고, 지금은 인행을 논하고 장소를 논하지 않으니, 나름대로 각기 취한 뜻이 있다.

그러나 극단적으로 논한다면, 현장 스님은 당시 한 부류의 근기를 위한 것이요, 이 경은 만세에 누구나 행할 도인 것이다.

'둘째, 경계가 낮고 못하다'는 것은, 내원은 삼계를 벗어나지 못하지만 극락은 삼계 밖을 벗어났으니, 극락은 의성(疑城)에도 여인이 없지만, 내원은 외원(外院)에 태어나더라도 오욕이 있다. 그러므로 "하생이라도 오히려 천궁보다는 낫다." 하였다.

'셋째, 주인이 스승이고 제자이다'는 것은, 미타는 만덕의 과보를 원만히 이루어서 이미 여래를 증득하였고, 미륵은 보처존이라 일컬으니 아직 등각위에 있다. 경에 "그 가운데 일생보처가 많이 있다." 하니, 곧 미륵이라야 비로소 관음·세지와 함께 부처님 곁에서 모실 수 있으므로, '스승과 제자'라 하였다. 그러므로 미타를 보면 미륵을 볼 수 있지만, 미륵을 보더라도 꼭 미타를 보지는 못한다.

또한 고덕이 "서방에 먼저 태어나고 용화에는 나중에 태어난다." 하니, 이도 매우 일리 있는 말이다. 그러므로 유독 극락만을 구하는 것이 옳지 않겠는가?

'승련화'는 앞의 '수명' 문장 중에서 자세히 설명하였다.

지금 『화엄경』에서 국토를 비교하여 논한 것을 보면,[246] 사바를 말한 후에 "극락에서 멀고 또 멀어서 백만 아승지세계에 이르러 비로소 승련이라 한다." 하니, 그렇다면 극락은 이웃 나라요, 승련은 먼 곳이다.

이를 비유하면, 월나라는 기근이 들고 오나라는 풍년이 들었는데, 발을 들면 금방 오나라건만 오를 버리고 가지 않고 멀리 연나라나 진나라를 사모하는 것과 같으니, 어리석음이 너무 심하지 않은가!

疏 문: 한평생 염불하였지만 임종에 반드시 왕생하지는 못하는 이들을 보기도 합니다. 그것은 무엇 때문입니까?

답: 한평생 염불하였으나 일심염불은 되지 못하였기 때문이다.

問 見有一生念佛 臨終未必往生 何也 答 良緣一生念佛 未是一心念佛故

鈔 수많은 사람들이 일생 염불하는 것이라야 이른바 '비록 게으르지는 않지만 또한 정진하지도 않아서 능히 일심이 되지 못한다' 하는 정도니, 그러므로 왕생을 얻지 못하는 것이다.

----

246 『화엄경』에서 국토를 비교하여 논한 것을 보면, 심왕보살이 중회(衆會) 중에서 여러 보살에게 고하기를 "불자여, 이 사바세계 중에 석가모니 불찰의 1겁이 극락세계 아미타불찰에는 만 하루가 되고, 극락세계의 1겁이 가사당세계의 금강견불찰에는 만 하루가 되며, 가사당세계의 1겁이 불퇴음성륜세계에는 만 하루가 되느니라. 불자여, 이와 같이 차례로 백만아승지세계를 지나 최후세계의 1겁이 승련화세계의 현승불찰에는 만 하루가 되나니, 보현보살과 여러 함께 수행한 대보살들이 그 가운데 충만하니라." 하였다.

만약 정말 진실하게 용심하였으나 아직 순일하지 못하면, 비록 금생에는 왕생하지 못하나 왕생하는 인을 심었기 때문에 반드시 내생에 삼매를 성취하여 저곳에 왕생할 수 있다.

『범망경』에 "계를 얻지 못하더라도 구경 원만한 수계[增益受戒]를 얻는다."[247] 하였으니, 선문에서 말한 '태어나자마자 한 가지를 들으면 곧 천 가지를 깨닫는다' 한 것이 이것이다.

그러니 "아무개가 염불하는 것은 한갓 노력만 하였지 아무 공이 없었다." 하고 핑계하며, 부처님 가르침을 비방하며 믿을 만한 가치가 없다 하지 마라.

疏 이치에 맞게 말한다면, 자성은 형상이 없으니 이것이 전도하지 않다는 뜻이요, 자성은 더러움이 없으니 이것이 극락에 태어나는 뜻이다.

稱理 則自性無形 是不顚倒義 自性無垢 是生極樂義

鈔 육조 대사가 말하기를 "나에게 한 물건이 있으니, 머리도 없고 꼬리도 없으며, 등도 없고 얼굴도 없다." 하였으니, 그렇다면 올바른 모양을 찾아도 얻을 수 없는데, 어떤 물건을 전도라고 하겠는가?

....

247 『범망경』에 "천리 안에 능히 계를 줄 만한 스승이 없으면 불보살상 앞에서 수계할 것을 서원한다. 중요한 것은 반드시 참회하여 호상(好相)을 보면 곧 계를 얻는다. 호상(好相)을 본다는 것은 부처님께서 오셔서 이마를 만지거나 광명을 보고 꽃을 보는 등이다. 만약 호상을 보지 못하면 비록 참회하더라도 아무 이익이 없다. 그러나 계를 얻지 못하더라도 증익수계(增益受戒)를 얻는다." 하였다.

『반야심경』에 "이 제법의 공한 모습은 더럽지도 않고 깨끗하지도
않다." 하였으니, 그렇다면 깨끗한 모양을 찾아도 얻을 수가 없는데,
어느 곳을 가리켜 사바라고 하겠는가?

전도하지 않는 곳은 온몸이 극락의 연대에 앉아있거니와, 전도된
마음을 내면 생각에 따라 사바국토에 머무르나니, 마음이 국토요 국
토가 곧 마음이라, 서방이 여기와 멀리 떨어져 있지 않다.

라. 결론을 맺고 권하다

[經] 사리불이여, 나는 이러한 이익을 보았기 때문에 이런 말을
하는 것이니, 이 설법을 듣는 중생은 응당 저 국토에 왕생할 원을 세
울지니라.

舍利弗 我見是利 故說此言 若有衆生聞是說者 應當發願 生彼國土

疏 '이러한 이익'이란 위에서 말한 부처님을 뵙고 왕생한 것을 가
리키고, '이런 말'이란 이러한 큰 이익을 보았기 때문에 이 일심으로
부처님 명호를 부르라고 한 말을 설한 것이다.

왕생하기를 원하지 않는 것은 부처님의 설법을 저버리는 것이니,
이것은 두 번째로 거듭 권한 것이다.

是利者 指上見佛往生 此言者 見斯大利 故說此一心持名之言也 不
願往生者 則孤佛說 是爲第二重勸

鈔 이익 없는 말은 부처님이 말씀하시지 않는다. 부처님 명호를 부르면 곧 왕생한다는, 모든 중생에게 큰 이익이 있기 때문에 부처님이 설하신 것이다. 자신이 왕생한 것을 자리(自利)라 하고, 저 나라에 왕생하고 나서는 법을 듣고 도를 얻고서 또한 널리 수많은 중생을 제도하는 것을 이타(利他)라고 한다. 이러한 두 가지 이익을 갖추었기 때문에 '큰 이익'이라 한다.

'두 번째로 권한다'고 한 것은, 처음에 '이 법을 들은 중생은[衆生聞者]' 하고 말한 것은 단지 저 나라의 장엄이 훌륭하고 미묘하다는 것만을 들었으므로 바라고 기뻐하는 마음을 낼뿐, 어떻게 해야 왕생할 수 있는지는 자세하지 않으므로 지금 그 방법을 밝혔으니, 일심으로 부처님 명호를 부르면 부처님이 와서 접인하시어 마침내 저곳에 왕생할 수 있다는 것을 말한 것이다. 그렇다면 발원이 반드시 절실해야 하니, 그러므로 '두 번째로 권하였다'고 말한 것이다.

疏 또 이익을 말씀한 것은, 왕생하기를 원하지 않는 손해를 역설적으로 밝혀서, 기뻐하고 싫어할 것을 보인 것이다.

又言利者 反顯不願往生之害 示欣厭也

鈔 이 세상에서 수행하는 것은 다겁생에 오르락내리락 하여 능히 해탈하지 못하거니와, 지금은 부처님 명호를 부르고 왕생하여 마침내 불퇴지에 오르니, 그 이롭고 해로움을 비교하면 마치 손바닥을 가리키는 것같이 분명하다.

이익은 여러 가지 즐거움이요, 해로움은 여러 가지 고통이니, 그러므로 반드시 기뻐하고 싫어해야 하는 것이다.

疏 또한 '나는 이런 말을 하였다[경문 '我見是利 故說此言'의 我와 說]'한 것은, 묻지 않았으나 스스로 설했음을 바로 밝혔기 때문이다.

又我說者 正明無問自說故

鈔 이런 큰 이익을 보고 급히 사람들에게 가리켜 보인 것은, 혹시나 여러 중생들이 게을리하여 이익을 잃을까 염려했기 때문이니, 그러므로 질문하기를 기다리지 않은 것이다.

疏 이치에 맞게 말한다면, 자성은 모자람이 없이 구족하였으니 이것이 '이익'의 뜻이다.

稱理 則自性具足 是利義

鈔 자성을 보아라! 무엇이 모자라는가? 영지(靈知)[248]의 본체 위에는 미타와 성중이 종일 앞에 나타나시고, 상적광토 가운데 극락정토에는 왕생하지 않는 때가 없거늘, 어찌 부처님은 이러한 이익을 보셨

. . . .

248 자성(自性)의 적(寂)은 무량수요, 자성(自性)의 조(照)는 무량광이며, 자(慈)는 관음이요, 지(智)는 대세지 등이다. 상적광토(常寂光土)의 상(常)은 법신이요, 적(寂)은 해탈이며, 광(光)은 반야니, 삼덕(三德)이 갖추어져서 행주좌와에 서로 떨어져 있지 않기 때문이다.

는데 중생은 눈먼 것과 같고, 부처님은 이러한 이익을 설하셨는데 중생은 귀먹은 것과 같은가? 저 부처님이 입이 쓰도록 말씀하셨건만 한번 직접 뵙지 못하면 한갓 허언공담에 불과하다.

3
여러 부처님 말씀을 교차해 인용하여
의혹을 끊게 하다

가. 부처님이 똑같이 찬탄하시다

1) 본불이 찬탄하시다

[經] 사리불이여, 내가 지금 아미타불의 불가사의 공덕 이익을 찬탄한 것과 같이

舍利弗 如我今者 讚歎阿彌陀佛不可思議功德之利

疏 위를 이어서, '비단 나 혼자 이런 이익을 보고 이런 말을 했을 뿐만 아니라, 또한 시방의 여러 부처님도 똑같이 이러한 이익을 보고 이런 말씀을 하셨다' 한 것이다.

'찬(讚)'이란 칭찬이요, '탄(歎)'은 감탄이다. '불가사의'란, 위에서는 '나는 이러한 이익을 보았다' 하고 말했으나, 지금은 그 이익은 일반적인 평범한 이익이 아님을 극단적으로 말하였다.

문장에 세 번의 전환이 있다. 처음에는 무익한 것이 아니기 때문에 '이익'이라 하였고, 다음에는 비단 사복(事福)의 이익일 뿐만 아니기 때문에 '공덕 이익'이라 하였으며, 세 번째는 비단 공덕 이익일 뿐만 아니기 때문에 '불가사의 공덕 이익'이라 하였다. 그러므로 찬탄은 아무 뜻 없이 한 것이 아니다.

承上不獨我見是利 而說此言 亦十方諸佛 同見是利 而說此言也 讚者 稱讚 歎者 感歎 不可思議者 上言我見是利 今極言其利 非尋常之利也 文有三轉 一非無益 故云利 二非但事福之利 故云功德之利 三非但功德之利 故云不可思議功德之利也 以是讚歎 非偶然故

鈔 '칭찬'이란, 저 부처님의 광대한 공덕을 찬양하고 찬미하여 사람들로 하여금 귀의하고 믿게 하려는 것이다.

'감탄'이란, 이 법이 인간이나 천상에 드물고 수많은 시간을 거치도록 만나기 어렵다는 것을 감격하고 탄식하여 사람들로 하여금 슬퍼하고 기쁘게 하니, 기뻐한다는 것은 이 법 들은 것을 기뻐하는 것이요, 슬퍼한다는 것은 이 법을 들은 지가 늦었음을 슬퍼한 것이다.

'불가사의'는 이 경의 원래 이름이니, 그 뜻은 앞의 서문을 보라. 경 이름이 '불가사의'인 것은 아미타불에게 이러한 불가사의 큰 공덕이 있기 때문이다.

'문장에 세 번의 전환이 있다'고 한 것은, 이 '이익'이라 한 말 가운데 많은 것을 함유하여 갈수록 더욱더 깊고 넓다. 처음에 '사복의 이익'이란, 사상(事相)의 복을 닦아 세간의 근본이 되기 때문에 이것을 '작은 이익'이라 한다. 두 번째 '공덕 이익'이란, 출세간의 근본이 되기 때문에 이것을 '큰 이익'이라 한다. 세 번째 '부사의 공덕'이란, 출세간의 높고 높은 근본이 되기 때문에 이것을 '큰 이익 가운데 큰 이익'이라 한다.

대개 '공덕'은 비록 '사복'보다는 낮지만 그 가운데 다시 낮고 못한 것을 나누니, 사의할 수 있는 것이 있고 사의할 수 없는 것이 있다. 지금은 '불가사의 공덕'이므로 큰 이익 가운데 더욱 큰 이익인 것이다.

疏 '불가사의'란,『성왕경』에서 "저 안락세계는 모든 불법이 불가사의하고 신통과 변화가 불가사의하니, 만약 이 같은 일을 믿으면 이 사람도 불가사의하고 얻은 업보도 불가사의하며, 또한 의보·정보와 인·과 네 가지가 모두 불가사의한 줄 반드시 알지니라." 하고 설한 것과 같다.

不可思議 如聲王中說 彼安樂世界 所有佛法 不可思議 神通現化 不可思議 若能信如是事 當知是人不可思議 所得業報 亦不可思議 又依 正因果 四俱不可思議

鈔 이것은 네 단락으로 나누어진다. 첫째는 법을 베푸는 광대한 공덕이 불가사의하니, 이를테면 무량수와 무량광과 삼보도품(三寶道品: 37도품) 등 갖가지를 말하였다.[249]

둘째는 신통변화가 두루한 공덕이 불가사의하니, 이를테면 물이

· · · · · · · · · ·

249 소(疏)의 '모든 불법이 불가사의하고' 한 것이 첫째 뜻이다. '무량수와 무량광과 삼보도품의 갖가지'란, 베푸는 내용인 법을 가리킨 것이다. 이 법을 어떤 때는 소리를 내어 연설하기도 하고 혹은 모양을 나타내어 가리키기도 하니, 저 국토의 중생은 육근이 청정하고 대총지를 얻었으므로 육진(六塵)으로 모두 설하고 육근(六根)으로 모두 들으니, 낱낱의 법이 묘법 아닌 것이 없다.

나 새나 나무숲이 모두 묘법을 연설하고 의복이나 음식을 먹고 쓰는 수용이 자연스러우며 중생이 모두 상호와 신통변화 등을 갖춘 것을 말한다.[250]

셋째는 법을 믿는 숙세의 선근 공덕이 불가사의하니, 믿기 어려운 법을 능히 믿는 자는 숙세에 한없는 선근 등을 닦았음을 말하였다.[251]

넷째는 과보를 이루 다 헤아리기 어려운 공덕이 불가사의하니, 이를테면 왕생을 얻고, 훌륭한 선인들의 모임에 들어가며, 불퇴전지를 얻어 마침내 성불하는 등은 모두 일반적인 생각을 초월하니, 그러므로 '불가사의'라 한 것이다. 『금강반야경』에 "이 경의 뜻이 불가사의하고 과보도 불가사의하다." 한 것이다.[252]

'의·정, 인·과'의 '의'는 동거토가 곧 적광토임을 말하였고, '정'은 응신이 곧 법신임을 말하였으며, '인'은 이레 만에 공을 이룬 것을 말하고, '과'는 한 생에 퇴전치 않음을 말했으니, 이것들도 또한 일반적인 생각을 초월하였기 때문에 모두 불가사의한 것이다.

· · · · · · · · · ·

250　소(疏)의 '신통과 변화가 불가사의하니' 한 것이 둘째 뜻이다. '물이나 새나 나무숲이 모두 묘법을 연설하고…' 한 아래의 4구(句)는 미타의 신변(神變)이요, '중생이 모두 상호와 신통변화 등을 갖추었다' 한 것은 중생의 신변(神變)이다. 저 국토의 갖가지 묘용은 비록 미타의 신변으로 이루어진 것이기는 하지만, 만약 중생이 신변을 얻지 못하면 능히 수용하지 못한다.

251　소(疏)의 '만약 능히 이 같은 일을 믿으면…' 한 아래가 셋째 뜻이다. '믿기 어려운 법'의 3구(句)는, 경에 "만약 과거에 복과 지혜를 닦지 않았으면 이 정법을 능히 듣지 못하겠지만, 이미 모든 여래를 흠봉(欽奉)하였기 때문에 이 뜻을 들을 인연이 있는 것이다." 하고, 『반야경』에 "만약 잠깐이라도 정신(淨信)을 내는 자는, 이 사람은 한 부처님이나 두 부처님에게서 선근을 심은 것이 아님을 알지니라." 하였다.

252　소(疏)의 '또한 의(依)·정(正), 인(因)·과(果) 네 가지가 모두 불가사의하다' 한 아래의 뜻이다.

예전에 영(英) 법사가 동도에서『화엄경』을 40번 강의하였으나, 도작(道綽) 선사의 정업도량에 들어감으로써 깊이 삼매에 들어갔다. 그리고는 "오랫동안 공연히 문장 가운데서 찾아, 몸과 마음만 괴롭힌 것이 안타깝네." 하고 탄식하였으니, 어찌 염불의 불가사의함을 예상이나 했겠는가?

疏　이치에 맞게 설한다면, 자성은 심상(心相)과 언상(言相)을 여의었으니 이것이 '불가사의 공덕'의 뜻이다.

　稱理 則自性離心言相 是不可思議功德義

鈔　『기신론』에 "이 마음은 본래부터 심연상(心緣相)을 여의고 언설상(言說相)을 여의었다." 하였다. 그러므로 마음을 내면 어긋나고 생각을 하면 어그러지며, 글귀에 골똘하면 미혹하고 말에 따르면 상한다. 그렇다면 어떻게 해야 하는가? 설령 입을 다물고 중생을 구원하는 법을 잊어버려 아무 분별심이 없더라도 여전히 무기(無記)에 떨어지니, 그러므로 '불가사의'라고 한다.

2) 타방불이 찬탄하시다

　가) 동방

　(1) 이름을 열거하고 넓음을 밝히다

【經】 동방에도 아촉비불, 수미상불, 대수미불, 수미광불, 묘음불 등 갠지스 강 모래 수만큼의 수많은 부처님이 계시어

東方亦有阿閦鞞佛 須彌相佛 大須彌佛 須彌光佛 妙音佛 如是等恒河沙數諸佛

疏　제불의 찬탄을 인용한 것은, 이 정토법문은 천불·만불과 무량 제불이 이구동성으로 찬탄한 것이니, 반드시 깊이 믿고 의심하지 말 것을 보인 것이다.

　당역에는 구체적으로 시방(十方)이 있으나 지금 여기서 네 간방이 빠진 것은, 문장이 생략된 것이다.

　동방을 먼저 한 것은 방위의 일반적인 관례를 들었고, 또한 동쪽으로 지혜를 표현하였다.

引諸佛讚者 見此淨土法門 乃千佛萬佛 無量諸佛 異口同音之所讚歎 當諦信勿疑也 唐譯具有十方 今缺四隅者 文省也 先東方者 擧方常法 亦以東表智故

鈔　'시방'이란, 현장 스님 번역에는 네 간방이 있어서 곧 시방(十方)이 된다. 여기서 여섯 가지에만 그친 것은 정방(正方: 동·서·남·북)

591

으로 네 간방(동남·남서·서북·북동)을 흡수한 것이다. 그러므로 문장이 생략되었다 한 것이다.

'방위의 일반적인 관례를 들었다'는 것은, 경에서 무릇 시방을 들적마다 언제나 동쪽을 먼저 들어 첫머리로 삼았다. 또한 동쪽은 시기로 보면 봄에 해당하여 만물이 생장하니 지혜의 뜻이 있다. 지혜란 만법의 선도이므로 동방을 먼저 들었다. 곧 사리불과 문수보살이 대중의 우두머리인 뜻이다.

疏 육방을 든 것은 석가가 가운데 처하기 때문이다.

舉六方者 釋迦處中故

鈔 이미 위와 아래와 사방을 말했으면서 어찌 중앙만 들지 않았는가 하면, 대개 석가가 사바세계에 처하여 본래 거처하던 곳이 중앙이 되기 때문이니, 앞이 있고 뒤가 있으며 왼쪽이 있고 오른쪽이 있으며 위가 있고 아래가 있어서 육방이 된다.

疏 '아촉비(Akṣobhya)'는 우리말로 부동(不動)이라 하니, 법신은 동하지 않기 때문이다. 어떤 이는 이변(二邊)에 동하지 않기 때문이라 하였다.

阿閦鞞者 此云不動 法身不動故 一云不爲二邊之所動故

鈔 '법신'이란, 생김도 없고 멸함도 없으며 옴도 없고 감도 없으

592

니, 묘각지(妙覺地)라 하여 더한 것이 없고 무명지(無明地)라 하여 감한 것이 없어서 고요히 항상 주하여 여여부동하기 때문이다.

'이변'이란 유와 무니, 유가 능히 그것을 상(相)에 집착하지 못하게 하고, 무가 능히 그것을 공(空)에 떨어지지 못하게 하여, 끊어지지도 않고 항상 하지도 않아서 두 가지에 부동하기 때문이다.

문: 동쪽은 봄에 속하니 괘(卦)로는 진(震)입니다.[253] 진은 동(動)인데 어찌 부처님 이름을 부동(不動)이라 하였을까요?

답: 동(動)에 의하여 고요하니, 온갖 변화에 따르되 항상 고요하다. 그러므로 부동이라 하였다. 『화엄경』에서 동방으로 부동지(不動智)를 삼으니, 바로 이러한 뜻이다.

疏 '수미상'이란, 이 부처님의 상호가 다함이 없어서 마치 수미산 과 같기 때문이다.

須彌相者 佛相無盡 如須彌故

鈔 '수미(Sumeru)'는 우리말로 묘고(妙高)라고 한다. 여러 가지 보물 로 이루어졌기 때문에 '묘'라 하고, 여러 산 가운데서 까마득히 빼어났 기 때문에 '고'라 한다. 이 부처님의 상호는 온갖 복으로 이루어져 구족 하지 않음이 없으니 이것을 '묘'라 하고, 인간이나 천상이나 이승이나

....

253 『주역』에 "만물은 진(震)에서 나오니 진(震)은 동방이다." 하고, 또 "진(震)은 우레니 그것은 건장하 다." 하고, 또 "진(震)은 동(動)이다." 하였다.

여러 보살들의 상호가 모두 미치지 못하니 이것을 '고'라고 한다.

疏 '대수미'란, 이 부처님의 덕이 높고 넓어서 마치 큰 수미산과 같기 때문이다. 한편으로는 '이 부처님의 명성이 수미산보다 크기 때문이다' 하니, 『유마경』에서 설한 것과 같다.

大須彌者 佛德高廣 如大須彌故 一云佛名大於須彌 如維摩中說

鈔 수미산이 높고 넓어서 칠금산(七金山)[254]을 초월하니, 칠금산에 상대하여 '대'라고 하였다. 이 부처님의 덕이 높고 넓어서 무엇과도 비교할 수 없으니, 큰 수미산과 같다.

'이 부처님 명성'이란, 『유마경』에 "명성이 높고 멀리까지 나서 수미산보다 더하다." 하니, 수미산보다 훨씬 나음을 말한 것이다.

疏 '수미광'이란, 이 부처님의 광명이 널리 비추어서 마치 수미산과 같이 중생을 덮어 가리기 때문이다.

須彌光者 佛光廣照 猶如須彌 暎蔽衆生故

· · · · · · · · · ·

254 '칠금산(七金山)'은, 첫째는 지쌍산(持雙山)이요, 둘째는 지축산(持軸山)이요, 셋째는 담목산(擔木山)이요, 넷째는 선견산(善見山)이요, 다섯째는 마이산(馬耳山)이요, 여섯째는 상비산(象鼻山)이요, 일곱째는 어취산(魚嘴山)이니, 모두 금색 광명이 있고 일곱 겹으로 수미산 밖을 에워쌌다. 높이나 넓이의 크기는 차례대로 반이 감하니, 수미산의 높이가 팔만사천 유순이니 지쌍산은 4만2천 유순인 것과 같다.

鈔 '광명'에 두 가지 뜻이 있다.[255] 첫째는 수미보(須彌寶)로 이루어져 그 보배가 능히 광명을 내니, 이 부처님은 지극히 깨끗하여 몸 자체가 광명이기 때문이다. 둘째는 수미산 자체가 크듯이 광명도 또한 커서 이 부처님의 광명이 무량하기 때문이다.

疏 '묘음'이란, 법음이 원만하고 미묘하여 법을 설함에 근기에 맞기 때문이다.

妙音者 法音圓妙 說法稱機故

鈔 '원만하고 미묘하다'는 것은, 『유마경』에 "부처님이 하나의 음성으로 법을 연설하면 중생이 종류에 따라 각기 이해한다." 하고, "여러 가지 언어나 소리 가운데 미묘하기 제일이다." 하였다.

疏 '이와 같은 등'이란, 매우 많아서 모두 다 들기 어려우므로 우선 다섯 부처님만을 들어 '등' 자로 다른 많은 부처님을 섭수하였다.
'항하'는 또한 '긍가하(Gaṅgā 河)'라고도 한다. '모래'란 많다는 것을 비유하였다.

如是等者 多難悉擧 且擧五佛 以等攝之 恒河亦云殑伽河 沙者喩
多也

- - - - - - - - - -

255 광명의 두 가지 뜻에, 첫째는 지광(智光)이요, 둘째는 신광(身光)이다.

鈔 '항하'는 서역의 무열지(無熱池: 아나바타프타 梵語 Anavatapta, 巴利語 Anotatta. 염부제 四大河의 발원지라고 전한다. 이 못은 大雪山 北, 香醉山 南에 있다고 한다) 곁에 있다. 향산(香山: 향취산 梵語 Gandhamādana. 현재의 카일라스 산이라고 추정한다) 정상에는 무열뇌지(無熱惱池)가 있고 거기서 네 강(동쪽은 恒河: 梵語 Gaṅgā, 남쪽은 信度河: 梵語 Sindhu, 서쪽은 縛蒭河: 梵語 Vakśa, 북쪽은 徙多河: 梵語 Śītā)이 흘러나온다. 항하는 남쪽에 있는데(처음은 남쪽에서 흘렀으나 나중에는 동쪽을 향해서 뱅골 만으로 흘러 들어간다) 넓이는 40리요, 모래가 물을 따라 흐르는데 지극히 가늘다.

부처님은 저 강 가까이서 법을 설하셨으므로, 많다는 것을 말씀하실 때는 항상 이것을 들어 비유하였다. 동방의 많은 부처님이 항하 가운데 있는 모래 수와 같음을 말한 것이다.

만약 『법화경』의 일진(一塵)이나 일겁(一劫)의 비유에 비하면 항하는 오히려 지극히 적지만, 지금 갠지스 강 모래를 든 것은 그 수가 지극히 많다는 의미이다.

『대본』에 "무량무수하고 불가사의한 무변세계의 제불 여래가 모두 다함께 아미타불이 가진 공덕을 찬탄하였다." 하니, '갠지스 강 모래'로도 모든 것을 충분히 표현하지는 못하였다.

疏 이상 부처님 명호에 대하여, 영지 스님이 "일반적으로는 해석하지 않지만, 해석하는 자는 인(因)을 취하기도 하고 과(果)를 취하기도 하며, 성(性)을 취하고 상(相)을 취하기도 하며, 혹은 자비와 지혜와 행과 원 등을 취하기도 했으나, 또한 문제될 것은 없다." 하였다.

以上佛名 靈芝云 相傳不釋 亦有釋者 或取因或取果 或性或相 或
悲智行願等 亦無礙故

鈔 해석하지 않는 것은, 부처님은 만덕을 갖추신 분이라 하나의
덕으로 일컫지 못하기 때문이요, 해석하기도 하는 것은, 부처님의 덕
은 융통이 끝없어서 한 가지로도 만 가지를 섭수할 수 있으니, 하나
의 덕만을 들어도 여러 가지 덕을 갖추었기 때문이다.

그러므로 인(因)을 들면 과해(果海)를 포함하고 과(果)를 들면 인원
(因源)에 사무치며, 지혜는 자비 아님이 없고 자비는 지혜 아님이 없
으며, 행은 원이 아니면 일어나지 않고 원은 행이 아니면 이루어지지
않으니, 마치 요 임금은 어질고 순 임금은 효순하며 우 임금은 검소
하고 탕 임금은 너그러우나 또한 이것들을 서로 갖춘 것과 같다.

疏 이치에 맞게 말한다면, 자성은 지혜가 끝이 없으니 이것이 동
방의 항하사 부처님의 뜻이다.
稱理 則自性智慧不可盡 是東方恒沙佛義

鈔 '동방'의 뜻은 앞의 해석을 보라.
모양이 있는 물건은 끝이 있지만 지혜는 끝이 없으며, 밖에서 구
하는 지혜는 끝이 있으나 자성의 지혜는 끝이 없다.
'갠지스 강 모래'라 한 것도 조그만 비유일 뿐이다. 그러므로 "온
생각을 다해 헤아려도 부처님 지혜는 헤아리지 못한다." 하였다.

(2) 모습을 나타내고 진실함을 표하다

【經】각기 그 나라에서 넓고 긴 혀를 내어 삼천대천세계를 두루 덮으시고

各於其國 出廣長舌相 偏覆三千大千世界

疏 '그 나라'란, 본래 주하는 나라다. '각기 그 나라에서…'란, 부처님과 부처님이 모두 그렇게 하신다는 것을 보였다. 좌우를 '넓다'고 하고, 전후를 '길다'고 하였다.

'삼천대천'은 자세한 것은 『구사론』에서 설한 것과 같다.

'대천을 덮었다'고 한 것은 혀가 넓고 길다는 것을 극단적으로 말했으니, 다겁에 구업이 청정하기 때문이다. 그 까닭을 자세히 말한다면 『화엄경』에서 설한 것과 같다.

이것을 말하여 부처님 말씀은 반드시 믿을 만하다는 것을 밝혀 의심을 끊게 하였다.

其國者 本所住國 各於其國者 見佛佛皆然也 左右爲廣 前後爲長 三千大千 詳如俱舍中說 覆大千者 極言舌相之廣長也 以多劫口業淸淨 故 若詳其緣 如華嚴中說 言此以明佛語爲必可信 令斷疑也

鈔 『구사론』송에 "사대주(四大洲)와 일월과 수미로와 욕천(欲天)과 범세(梵世)가 각각 1천인 것을 소천계(小千界)라 하고, 이 소천이 천 배인 것을 중천(中千)이라 하며, 이것이 천 배인 것을 대천(大千)이라 하

니, 모두 동일하게 이루어졌다가 없어진다." 하였다. 지금 이것을 해석하면, 사대부주와 일월과 하나의 수미산이 아래로 지옥에서부터 육욕천에 이르며, 욕천부터 범천에 이르러 이 색천(色天)과 가지런한 것을 1세계라 하며, 낱낱이 이것을 헤아려 천에 이르면 소천이라 하고, 또한 소천으로 하나를 삼아 낱낱이 이것을 헤아려 천에 이르면 중천이라 하며, 또한 중천으로 하나를 삼아 낱낱이 이것을 헤아려 천에 이르면 이것을 대천이라 하니, 세 차례 천을 말하여 '삼천대천'이라 하지만 사실은 하나의 대천이다.

하나의 대천세계는 경 가운데 한 부처님 국토니, 저 아촉불부터 내지 항하사 제불까지 각각 이 대천세계의 주인이다. 지금 제불이 각기 본계에서 그 세계를 두루 덮을 만큼 넓고 긴 혀를 내신 것이다.

'구업이 청정하다'고 한 것은, 이를테면 거짓말이나 비단같이 번지레한 말이나 상스런 말이나 이간질하는 말을 하지 않으시고, 항상 진실한 말씀과 정직한 말씀과 유연한 말씀과 화합한 말씀을 하신 것이다.

'다겁'이라고 한 것은, 경에 "범부의 혀가 코끝을 지나가면 삼세에 걸쳐 거짓말을 하지 않았다는 표시이니, 부처님은 무량겁 동안 일찍이 거짓말을 한 적이 없이 오랫동안 공덕을 쌓았다." 하니, 이 훌륭한 모습에 감격하지 않을 수 없다.

'그 까닭을 자세히 말한다면…' 한 것은, 『화엄경』「이세간품」에 "보살은 열 가지 혀가 있으니, 이른바 한없는 중생에게 행을 열어 보여 연설하는 혀와, 한없는 법문을 열어 보여 연설하는 혀와, 제불의 한없는 공덕을 찬탄하는 혀와, 내지 일체 모든 마군과 외도를 항복받고 생사번뇌를 제멸하여 열반에 이르게 하는 혀니, 이것이 열 가지다. 보살이 이 법을 성취하면 여래의 국토를 두루 덮는 위없는 혀를 얻는다." 하니, 단지 한 가지 원인에만 그치지 않으므로 '자세히'라고 하였다.

'반드시 믿을 만하다'고 한 것은, 범부의 혀는 불과 세 치에 불과하다. 그래서 고인이 "세 치 혀를 놀려 남을 비방하고 자신을 자랑하며 남을 억누르고 자신을 드러내는 것은 자기 개인 생각에 따른 것이니, 혹시 믿을 수 없는 말일지도 모른다." 하였다. 부처님은 이와 같은 넓고 긴 혀를 갖추었으니 어찌 거짓이 있겠는가? 그 찬탄한 바를 의심하고 믿지 않아서는 안 된다.

疏 또한 행위(行位) 보살도 여전히 넓고 긴 혀가 있지만 (부처님은) 이를 뛰어넘으시니, 여기서는 오히려 대략 설한 것이다.

又行位菩薩 尙有廣長舌相 更過於此 今猶略說

鈔 '보살의 혀'란, 『화엄경』에 "십행(十行) 보살은 십무진장(十無盡藏)[256]을 성취하여 법을 설할 때 넓고 긴 혀로 미묘한 음성을 내니, 시방 일체 세계에 충만하다." 하니, '시방 일체'라 했다면 하나의 대천뿐

----

256 '십무진장'이란, 신장(信藏)·계장(戒藏)·참장(慙藏)·괴장(愧藏)·문장(聞藏)·시장(施藏)·혜장(慧藏)·염장(念藏)·지장(持藏)·변장(辯藏)이니, '그가 법을 설할 때 넓고 긴 혀가 세계에 충만하였다' 한 것은, 곧 열 번째 변장(辯藏)이다.

만이 아니다. 보살도 그런데 더욱이 여래랴!

지금은 우선 각각 본국에 의해 말하였기 때문에 '대략 설하였다' 하였으니, 사실은 부처님이 정토를 찬탄한 말씀이 시방 일체 세계에 두루하다.

疏 자은 스님이 "부처님 혀는 작은 일을 증명하니, 곧 얼굴부터 머리카락이 난 언저리까지 덮는 것이다. 그런데 지금 대천세계를 덮는 것은 큰일을 증명한 것이다." 하고, 또 "보살은 얼굴을 덮는 혀를 얻은 것은 그 말이 두 가지가 없어서 모두 진실하기 때문이다." 하였다. 그렇다면 얼굴을 덮는 혀도 이미 거짓말이 없었는데, 더욱이 대천세계를 덮는 혀랴.

慈恩云 佛之舌相 證小 則覆面門 以至髮際 今覆大千 證大事也 又 云 菩薩得覆面舌相 故其言無二 悉眞實故 則覆面之舌 已無妄語 況復 大千乎

鈔 '혀가 크고 작다'는 것은, 부처님은 색신삼매(色身三昧)를 얻어서 육근이 자재하여 작은 일을 증명하기도 하고 큰일을 증명하기도 하니, 각기 그 뜻에 따른 것이다.

'큰일'이란, 『법화경』에서 "부처님이 유일한 큰일을 위한 목적[一大事因緣]으로 이 세상에 출현하셨으니, 이를테면 중생으로 하여금 모두 불승에 들어가게 하였기 때문이다." 하니, 지금 정토를 찬탄하면서 이 혀를 나타내었으니, 정토법문은 『법화경』과 같이 큰일이 된다는 것을 알 수 있다. 만약 큰일이 아니라면 이른바 닭을 잡는 데 어찌 소 잡는 칼을 쓰겠는가?

또한 '보살의 혀는 얼굴을 덮는다' 한 것은, 못한 것을 들어 나은 것을 비유하였으니, 강력히 믿기를 권한 말씀이다.

疏 또한 '시방'이란 우선 공간에 의해 말했으니, 만약 시간적으로 설한다면 삼제(三際: 과거·현재·미래)에 통하여 찬탄하지 않는 때가 없다.

又十方者 且就橫說 若竪說者 通乎三際 無不讚歎

鈔 공간적인 방위로 시간적인 때를 예로 들었으니, 앞에서는 가섭불과 내지 과거의 한없는 제불로부터, 뒤에는 미륵불과 내지 미래의 한없는 제불에 이르기까지, 반드시 넓고 긴 혀를 삼제에 걸쳐 두루 덮으니, 제불이 서로 같다면 마음이 같고 지혜가 같고 원이 같으리니, 이미 육방 부처님이 이 경을 찬탄했다면 삼세의 제불도 반드시 이 경을 찬탄하기를 육방과 같이 할 것임을 알 수 있다. 소위 '틈이 없이 설한다' 한 것이 이것이다.

疏 이치에 맞게 설한다면, 자성은 법계에 두루하니 이것이 '넓고 긴 혀'의 뜻이다.

稱理 則自性周法界 是廣長舌義

鈔 고인이 "계곡 물소리, 넓고 긴 혀요…."[257] 하였다. 그렇다면 넓고 긴 혀는 유독 부처님에게만 있는 것이 아니라 중생에게도 있으니, 곧 만상이 모두 가지고 있다. 그러므로 유정과 무정이 화합하여 하나의 혀가 되니, 혀가 법계요 법계가 혀라, '두루 덮는다'고 말할 때 이미 두 동강이가 되고 만다.

(3) 말을 하여 믿을 것을 권하다

【經】 성실한 말씀을 설하시기를 "너희 중생들은 이『칭찬불가사의공덕일체제불소호념경』을 반드시 믿을지니라." 하시니라.

說誠實言 汝等衆生 當信是稱讚不可思議功德 一切諸佛所護念經

疏 '성실'은 반드시 믿을 만하다는 것을 밝혔다. 이 넓고 긴 혀끝에서 진실한 말씀을 하시되, '이 (본사께서) 불가사의 공덕을 칭찬하시고 일체 제불이 호념하시는 경을 너희는 마땅히 깊이 믿고 의심하지 마라' 하였다.

'믿음'의 뜻은 뒤에서 자세히 밝힌다.

誠實 明必可信 以是廣長舌端 出誠實語 謂此稱讚不可思議功德 一

· · · · · · · · · ·

257 소동파 시에 "계곡 물소리는 넓고 긴 혀요, 산빛은 청정신 아닌 것이 없네." 하였다.

切諸佛所護念經 汝當諦信 莫懷狐疑也 信義詳後

鈔 '반드시 믿을 만하다'는 것은, '성'은 진실하고 간절하여 거짓
이 없는 것이요, '실'은 자세하고 깊어 허망하지 않은 것이니, 이른바
'사자의 울음소리, 두려움 없는 말씀이여!' 한 것이다. 수많은 성인이
이 세상에 다시 나와도 능히 바꾸지 못하니, 영원히 중생이 믿고 의
지할 만한 본보기가 된다는 의미다.

'칭찬불가사의공덕'은, 아래와 연이어 16자가 이 경의 원래 이름이
다. 당역(唐譯: 현장 역)에는 단지 "정토를 칭찬하시고 부처님이 섭수하
시는 경[稱讚淨土佛攝受經]"이라고만 했으니, 문장을 생략하여 편리하게
하려 한 것이다. '불가사의공덕'을 '정토' 중에 섭수하였기 때문이다.

이 '불가사의'는, 위 문장에서는 찬불(讚佛)이라 하고 지금은 찬경(讚
經)이라 했으나, 그 뜻은 마찬가지다. 그러므로 거듭 해석하지 않았다.

'호념'이란, 염불하는 사람을 부처님의 힘으로 보호하여 그가 편
안하여 여러 가지 장애와 어려움이 없게 하였기 때문이요, 부처님 마
음으로 기억하고 생각하여 그가 정진하여 물러감이 없게 하였기 때
문이다.

『관경』에는 "염불중생을 섭취하여 버리지 않는다." 하고, 또 경에
"염불하는 사람에게는 아미타불이 항상 그의 머리 위에 계신다." 하
며, 또한 열 가지 이익에 "염불하는 사람은 아미타불이 항상 광명을
놓아 이 사람을 섭수하고 보호하신다." 하니, 본사께서 호념하시고
시방 제불이 이와 똑같이 호념하시니, 부처를 생각하면 부처가 생각

[念佛佛念]하여 감응이 자연스러워 속일 수 없다는 것을 알 수 있다.

疏 또한 팔지(八地)에서야 비로소 부처님의 호념을 입으니, 그러므로 왕생은 지위가 낮지 않다는 것을 알 수 있다.

又八地始蒙佛護 故知往生 地位非淺

鈔 '팔지라야 부처님이 호념하신다'는 것은, 『화엄경』에 "팔지보살이라야 항상 여래의 호념을 입는다." 하니, 지금 이 정토법문은 훌륭한 지위를 한꺼번에 초월하였기 때문에 '낮지 않다' 한 것이다.

疏 제불이 고하여 중생에게 말씀했다는 것에 고래로 두 가지 설이 있다. 하나는 '옮겨와서 인용하였다' 하고, 하나는 '동시'라고 하니, 지금은 이것을 겸하여 썼다.

諸佛告語衆生 古有二說 一謂轉引 一謂同時 今兼用之

鈔 '옮겨와서 인용하였다'는 것은, 자은 법사가 "육방 제불이 본국에서 고한 말을 석가가 옮겨 인용하여 자신의 말을 증명하였다." 하고, 영지 법사는 "석가가 이 경을 설할 때, 육방 제불이 동시에 찬탄하였다." 하였다.

'지금은 이것을 겸하여 썼다'는 것은, 이 광대하고 가장 훌륭한 법문을 제불이 항상 찬탄할 것이니, 바로 석가가 이 경을 설할 때 시방 제불이 동시에 함께 찬탄한들 무엇이 장애될 것이 있겠는가?

더욱이 이 경은 보안법문(普眼法門)[258]이 법계에 두루함을 밝혔으니, 하나를 설함에 일체를 설하는 것이다.

疏 이치에 맞게 설한다면, 자성은 변하지 않으니 이것이 '성실'의 뜻이요, 자성은 여의지 않으니 이것이 '호념'의 뜻이다.

稱理 則自性不變 是誠實義 自性不離 是護念義

鈔 순수하고 진실하여 거짓이 끊어져서 만겁에 변함없는 것을 '성실'이라 하는데, 무엇이 이보다 더한 것이 있겠는가?

지금 한번 보고 한번 듣고 한번 말하고 한번 움직일 때마다 함께 하지 않은 적이 없고, 예부터 지금에까지 뻗어 있어서 행주좌와에 항상 보호하고 생각하여 이것을 여의지 않거늘, 어찌 성실이라는 말을 믿지 않고 나만을 보호하며 치우치고 어긋나겠는가? 참으로 스스로 기만하고 스스로 속이며 스스로 도망하고 스스로 달아난다고 말할 수 있으리라.

. . . .

258 '보안'에 두 가지가 있으니, 첫째는 대지보안(大智普眼)이 법계를 널리 비추고, 둘째는 대비보안(大悲普眼)이 중생을 널리 비춘다. 지금은 비록 두 가지를 겸했으나 의미상으로는 대비(大悲)를 중히 여겼다. 중생이 법계에 두루하면 대비가 법계에 두루하고, 대비가 법계에 두루하면 이 법문도 역시 법계에 두루하니, 하나를 설함에 일체를 설하는 것이다.

나) 남방

(1) 이름을 열거하고 넓음을 밝히다

【經】 사리불이여, 남방세계에 일월등불, 명문광불, 대염견불, 수미등불, 무량정진불 등 갠지스 강 모래 수만큼의 수많은 부처님이 계시어

舍利弗 南方世界 有日月燈佛 名聞光佛 大燄肩佛 須彌燈佛 無量精進佛 如是等恒河沙數諸佛

疏 '일월등'이란, 이 부처님의 큰 지혜가 다함없기 때문이요

日月燈者 大智無盡故

鈔 '큰 지혜가 다함없다'[259]는 것은, 해는 낮을 비추고 달은 밤을 비추며 등불은 해와 달이 미치지 않는 곳을 비추어 공간적으로 두루하고 시간적으로 항상하여 다함이 없다. 이처럼 이 부처님의 큰 지혜가 공간적으로는 시방에 뻗치고 시간적으로는 삼제에 통하여 해와 달과 등불과 같다.

· · · · · · · · · ·

259 '큰 지혜가 다함없다' 한 것에 두 가지 해석이 있다. 처음 뜻은 시간적으로 다함없고 공간적으로 다함이 없음을 해석하였고, '또한 일광은 한 아래는 두 번째로 삼덕(三德)과 삼지(三智)를 들어 다함없음을 해석하였다. 삼덕(三德)이 삼지(三智)를 상대하니, 일체지는 공을 관하는 지(智)니 반야덕이 제법을 소탕하기 때문이요, 도종지(道種智)는 속(俗)을 관하는 지(智)니 해탈덕(解脫德)이 제법을 건립하기 때문이며, 일체종지는 중도를 관하는 지(智)니 법신덕(法身德)이 이변(二邊)을 멀리 벗어나서 여러 가지 상대가 끊어졌기 때문이다.

또한 일광은 어둠을 파하여 반야덕의 뜻이 있으니 '일체지(一切智)'라 하고, 달은 서늘하게 밤을 비추어 해탈덕의 뜻이 있으니 '도종지(道種智)'라 하며, 등불은 해와 달을 이어서 밤과 낮에 통하여 두 가지에 주하지 않으니 이것이 중도제일의제(中道第一義諦)다. 법신덕의 뜻이 있으니 '일체종지(一切種智)'라 한다.

疏 '명문광'이란, 광명이 멀리 비치듯이 이 부처님의 이름이 널리 들리기 때문이다.

名聞光者 名稱普聞 如光遠照

鈔 실체가 크면 소리가 넓다. 그래서 마치 일광이 비치듯이 시방의 한없는 세계에까지 이름이 널리 들려 중생에게 이익을 입히지 않음이 없다.

疏 '대염견(大燄肩)'의 '견'은 이 부처님의 두 가지 지혜를 표현하였고, '염'은 비춤을 비유하였다.

大燄肩者 肩表二智 燄喻照耀

鈔 '두 가지 지혜'란, 권지(權智)는 사(事)를 비추고 실지(實智)는 이(理)를 비추어, 사와 이가 분명하고 쌍으로 비추어 어둡지 않으니, 마치 두 어깨에서 불꽃이 일어나는 것과 같기 때문이다. 또한 이 두 가

지 지혜가 일체 불법을 짊어지므로 어깨의 뜻이 있다.[260]

疏 '수미등'이란, 수미산으로 등불을 삼아 사천하를 비추듯이, 이 부처님의 광명이 널리 비추는 것도 이와 같기 때문이다.

須彌燈者 須彌爲燈 照四天下 佛光廣照 亦如是故

鈔 '수미산으로 등불을 삼는다'는 것은, "수미산으로 붓을 삼고 수미산으로 방망이를 삼아…." 한 것과 같이, 등불의 크기가 광대함을 극단적으로 말한 것이다. 수미산이 가운데 있고 광명이 사천하를 비추듯이, 부처님이 중도의 큰 지혜로 여러 중생에게 비추는 것이 마치 수미산의 등불과 같다.

그러나『유마경』에 "수미등왕불은 신장이 팔만사천 유순이요, 그 국토는 동쪽으로 36항하사 세계를 지나서 있다." 하였는데, 지금 이 부처님이 남쪽에 계신 것은 이름이 같은 부처님이 많기 때문이다.

疏 '무량정진'이란, 정진에 대한 해석은 서분을 보라. 다만 저기서는 언제나 변하지 않음을 말하였으나, 여기서는 무량함을 말하였다.

無量精進者 精進解見序分 但彼言常 此言無量

· · · · · · · · · ·

260 '일체 불법을 짊어진다' 한 것은, 일체 불법이 이제(二諦)에서 벗어나지 않아서 두 가지 지혜로 능히 일체 불법을 짊어지니, 그러므로 '큰 불꽃을 어깨에 짊어진 부처님[大燄肩佛]'이라 한다.

鈔 '무량'에 두 가지 뜻이 있다. 첫째는 시기가 무량하니 언제나 변함이 없다는 뜻이요, 둘째는 사실이 무량하니 자리와 이타다. 지(智)·행(行)이 끝이 없기 때문이다.

疏 이치에 맞게 말한다면, 자성은 광명이 끝이 없으니 이것이 남방 항하사 부처님의 뜻이다.

稱理 則自性光明不可盡 是南方恒沙佛義

鈔 남방은 이(離)니[261] 이(離)는 불이다. 불은 안은 어두우나 밖은 밝으니, 이것은 고요하면서도 항상 비추는 것이다. 진지(眞知)는 어둡지 않으니 신령한 불꽃이 어찌 끝이 있으랴.

『화엄경』「광명각품」에 "여래 광명이 한 세계와 열 세계와 내지 불가설 세계를 지난다." 하니, 모두 자기 마음 광명이 깨닫고 비추는 것이지 일체가 밖으로부터 얻어지는 것이 아니다. 그러므로 "내가 등명불을 보니 본광(本光: 중생이 본래부터 가지고 있는 광명)의 상서로움이 이와 같네." 하였다.

. . . .

261 『주역』에 "이(離)는 빛나는 것이니 만물이 모두 서로 본다. 남방의 괘(卦)다." 하였다.

(2) 모습을 나타내고 진실함을 표하다

【經】각기 그 나라에서 넓고 긴 혀를 내어 삼천대천세계를 두루 덮으시고

各於其國 出廣長舌相 徧覆三千大千世界

(3) 말을 하여 믿을 것을 권하다

【經】성실한 말씀을 하시되 "너희 중생들은 이 『칭찬불가사의공덕일체제불소호념경』을 반드시 믿을지니라." 하시니라.

說誠實言 汝等衆生 當信是稱讚不可思議功德 一切諸佛所護念經

다) 서방

(1) 이름을 열거하고 넓음을 밝히다

【經】사리불이여, 서방세계에 무량수불, 무량상불, 무량당불, 대광불, 대명불, 보상불, 정광불 등 갠지스 강 모래 수만큼의 수많은 부처님이 계시어

舍利弗 西方世界 有無量壽佛 無量相佛 無量幢佛 大光佛 大明佛 寶相佛 淨光佛 如是等恒河沙數諸佛

疏 '무량수'는, 본불과 이름이 같다. 이에 대해 고래로 두 가지 설이 있으니, 이것들이 모두 일리가 있다.

無量壽 因與本佛同名 古有二說 亦俱有理

鈔 '두 가지 설'이란, 영지 법사가 말하기를 "부처님은 이름이 같은 경우가 매우 많으니, 결코 법장 비구가 이룬 부처님이 아니다. 그러므로 본불(아미타불)이 스스로 찬탄한 것이 아니다." 하고, 자은 법사는 "설사 스스로 찬탄했더라도 이치에 아무 상관없다. 중생을 인도하여 훌륭한 뜻을 내게 하였기 때문이다." 하였다.

여기서는 두 가지 설을 모두 취한다. 이를테면 『대본』에 의하면 "한없는 부처님 세계를 지나 같은 이름의 석가모니가 이루 헤아릴 수 없이 많다." 하며, 또한 관음사(觀音師), 관음여래 등 무량수의 이름이 어찌 한 부처님뿐이겠는가?[262] 백천만억 부처님의 이름이 끝이 없다.

그러나 부처님이 자신을 찬탄한 일을 보고 이것을 본보기 삼아 자신을 찬탄하고 다른 이를 비방하여 보살의 십중대계(十重大戒)를 범하는 일이 있어서야 되겠는가! 그러나 '나는 법왕이 되어 법에 자재하여 종횡으로 주기도 하고 뺏기도 하며, 권교와 실교를 둘 다 드러내었다' 하시었으니, 중생을 이롭게 한다면 무슨 일을 베푼들 옳지 않겠으며, '하늘 위나 하늘 아래에 나 혼자 높다' 하였으니, 자신을 찬탄하였다

<hr />

262 『능엄경』에 "나는 과거에 관세음여래를 만났는데, 그 부처님이 나에게 환(幻)과 같은 문훈문수금강삼매(聞熏聞修金剛三昧)를 가르쳐 주었다." 하였다.

할 수 있겠는가?

앞의 한 가지 설은 사람들이 제불의 수가 가는 먼지와 같이 많은 줄 모르고 한 가지에만 집착할까 두려워한 것이요, 뒤에 한 가지 설은 혹시 사람들이 응당 자신을 찬탄해서는 안 된다 한 것에 집착하여 부처님의 신묘한 작용을 잊어버릴까 두려워했기 때문에, 두 가지 설을 겸하여 인정하였으니, 이치에 참으로 장애될 것이 없다.

疏 '무량상'이란, 이 부처님 상호가 다함없기 때문이다.

無量相者 相好無盡故

鈔 '상호'란, 32상이기도 하고 혹은 팔만사천상이기도 하며, 혹은 가는 먼지 수만큼의 상이기도 하니, 복과 덕이 한량없기 때문에 상호도 역시 한량없다.

예전에 지공(誌公) 법사가 열한 가지 얼굴의 관음상을 나타내니 장승유가 붓을 들 줄 몰랐는데,[263] 더욱이 부처님상을 그리겠는가?

疏 '무량당'은, 이 부처님 공덕이 우뚝한 것을 비유하여 '깃발[幢]'과 같다 하였고, 우뚝한 것이 극도에 다다랐으므로 '무량'이라 하였

----

263 양무제가 화공인 장승유(張僧繇)를 불러 지공의 모습을 그리게 하였더니, 지공이 손바닥으로 자신의 얼굴을 어루만지자 십일면관음상이 되어, 어떤 때는 자비상을 나타내기도 하고 혹은 분노상을 나타내기도 하며, 혹은 정상(定相)을 나타내기도 하고 혹은 혜상(慧相)을 나타내기도 하니, 승유가 결국 능히 붓을 들지 못하였다.

다. 또한 '무량'이란 넓고 많다는 뜻이기도 하다.

無量幢者 功德高顯 喩之如幢 極其高顯 名無量也 又無量者 廣多義

鈔 '당'은 번(旛: 긴 기폭이 아래로 드리워진 기) 등속을 말하니, 또는 기(旗: 곰과 범을 그린 붉은 기) 등속을 말하기도 한다. 『간정기』에 "'당'에 일곱 가지 뜻이 있으니 이것을 요약하면 다섯 가지다. 첫째는 우뚝 드러났다는 뜻이니, 부처님의 지위가 지극히 높다는 것을 비유하였다. 둘째는 건립의 뜻이니, 부처님이 자비와 지혜로 중생과 보리를 건립함[264]을 비유하였다. 셋째는 귀향(歸向)의 뜻이니, 부처님이 중생의 존경과 귀의를 받기 때문이다. 넷째는 꺾어서 다 없앤다는 뜻이니, 일체 마군을 항복받기 때문이다. 다섯째는 두려움이 소멸한다는 뜻이니, 제석이 하늘 대중에게 고하기를 '너희들이 아수라와 싸울 때, 설사 두려움이 있더라도 나의 칠보당(七寶幢)을 생각하면 반드시 그 두려움이 소멸하리라.' 하니, 부처님이 두려움 없는 지혜를 얻었으므로, 중생이 부처님을 생각하면 즉시 두려움을 없앨 수 있다."는 것에 비유하였다.

여기서는 오직 '우뚝 드러났다'는 한 가지 뜻만을 취하여 나머지 뜻을 섭수하였다.

'넓고 많다'는 것은 그 깃발이 수없이 많다는 것을 말했으니, 경에서 말한 "깃발과 번과 보배 양산이 허공에 가득하다." 한 것과 같다. 부

. . . .

264 '중생과 보리를 건립한다'는 것은, 위로는 대지(大智)로 보리를 건립하고, 아래로는 대비(大悲)로 중생을 건립하기 때문이다.

처님이 한없이 미묘한 뜻을 세워 중생에게 보이신 것도 이런 뜻이다.

疏 '대광'이란, 이 부처님의 광명이 널리 중생에게 이익을 입히기 때문이다.

　大光者 光輝廣被故

鈔 '광'은 다른 이를 제도하는 작용을 가리킨다. 모든 천상 사람들도 신체 광명이 있어서 해와 달이 필요치 않고, 이승(二乘) 소과(小果)와 인지(因地) 보살도 모두 광명이 있으나 부처님에 비할 바 아니다. 부처님의 광명이 모든 것을 가리기 때문에 '대'라 하였다.[265]

疏 '대명(태양)'이란, 이를테면 이 부처님이 큰 지혜로 여러 가지 미혹을 모두 타파하였기 때문이다.

　大明者 謂佛以大智 破諸惑盡故

鈔 '여러 가지 미혹을 모두 타파하였다'는 것은, 일체지(一切智)는 견·사(見思) 번뇌를 모두 파하고, 도종지(道種智)는 진사(塵沙) 번뇌를 모두 파하며, 일체종지(一切種智)는 무명(無明) 번뇌를 모두 파하여, 태양이 허공에 떠서 비추지 않는 곳이 없는 것과 같으므로 '대명'이라 하였다.

265　천인의 광명은 단지 일월을 가릴 뿐이고, 성문의 광명은 천인마저 가리며, 벽지불의 광명은 성문마저 가리고, 보살의 광명은 벽지불마저 가리며, 오직 부처님의 광명만이 일체를 가리는 큰 광명이다.

비록 앞의 것[大光]은 다른 이를 깨닫게 하고, 이것[大明]은 자신이 깨달은 것 같으나, 각기 한 가지 덕을 들었을 뿐 뜻은 실로 서로 갖추었다. 앞의 총설(總說) 중에서 밝힌 것과 같다.

疏 '보상'이란, 이 부처님의 상호가 훌륭하여 마치 보배와 같이 존귀하기 때문이다.

寶相者 相好殊特 如寶尊貴故

鈔 '상호가 보배와 같이 존귀하다'는 것은, 부처님에게 무량한 상호가 있으나 우선 한두 가지를 들면, 눈 상호는 경에 "팔만사천 청정한 보배 눈"이라 하고, 백호 상호는 "유리 대롱"이라 하였으며, 가슴 상호는 "자마금(紫磨金)"이라 하고, 육계 상호는 경에 "견숙가보"라 한 것과 같으니, 이것들이 이른바 보배 상호다.

疏 '정광'이란, 이 부처님의 덕이 청정하여 광명을 내기 때문이다. 또한 그 광명이 청정하므로 이름을 '정광'이라 하였다.

淨光者 佛德清淨 發光明故 又其光清淨 名淨光故

鈔 '청정하여 광명을 낸다'는 것은, 더러운 지혜는 미묘한 광명을 내지 못하거니와, 이 부처님의 덕이 지극히 청정하여 큰 광명을 낸다. 예컨대 거울 바탕이 깨끗하여야 능히 형상을 비칠 수 있는 것과 같다.

'그 광명이 청정하다'는 것은, 비유컨대 들불도 광명이 있지만 일월에 비하면 청정하다고는 말하지 못하기 때문이다.

疏 이치에 맞게 설한다면, 자성은 한없이 청정하니 이것이 서방의 갠지스 강 모래 수만큼의 부처님의 뜻이다.

稱理 則自性淸淨不可盡 是西方恒沙佛義

鈔 서방의 뜻은 앞의 해석을 보라. 진여 자체는 허공과 같이 깨끗하여 한 점 티끌도 끊어져 순수하고 깨끗하니, 어찌 갓이 있으리오. 먼지가 조금만 일어나면 부처님이 돌아가신 지 수많은 시간이 흘렀고, 마음 때를 전부 제거하면 옛 부처가 나타나신다.

(2) 모습을 나타내고 진실함을 표하다

【經】 각기 그 나라에서 넓고 긴 혀를 내어 삼천대천세계를 두루 덮으시고

各於其國 出廣長舌相 徧覆三千大千世界

(3) 말을 하여 믿을 것을 권하다

【經】 성실한 말씀을 하시되 "너희 중생들은 이 『칭찬불가사의공

덕일체제불소호념경』을 반드시 믿을지니라." 하시니라.

說誠實言 汝等衆生 當信是稱讚不可思議功德 一切諸佛所護念經

라) 북방

　　(1) 이름을 열거하고 넓음을 밝히다

[經] 사리불이여, 북방세계에 염견불, 최승음불, 난저불, 일생불,
망명불 등 갠지스 강 모래 수만큼의 수많은 제불이 계시어

　　舍利弗 北方世界 有餤肩佛 最勝音佛 難沮佛 日生佛 網明佛 如是
等恒河沙數諸佛

疏 '염견'에 대한 해석은 앞의 문장을 보라.

　餤肩者 解見前文

鈔 앞에는 '대(大)' 자가 있었으나 뜻은 우열이 없다.

疏 '최승음'이란, 이 부처님 음성이 매우 아름다워 일체 음성이
아무도 미치지 못하기 때문이다.

　最勝音者 佛音極好 一切音聲 無能及故

鈔 이 부처님에게 여덟 가지 음성[266]이 있으니, 첫째는 지극히 아름다운 음성이요, 둘째는 부드러운 음성이며, 내지 여덟째는 다하지 않는 음성이다. 여기서는 '지극히 아름다운 음성'에 의해 '최승'을 해석하였으며, 또한 여덟 가지 음성을 겸비하였으므로 '최승'이라 하였다. 곧 모든 천상이나 인간이나 성문이나 보살이 능히 미치지 못한다.

疏 '난저'란, 이 부처님의 덕이 견고하고 치밀하여 파괴할 수 없기 때문이다.

難沮者 佛德堅密 不可壞故

鈔 '저(沮)'는 물 이름이다. 부처님이 법신을 증득하여 이미 금강불괴신을 얻어 나머지 미혹이나 번뇌의 흐름이 없어서 아무도 가로막을 이가 없기 때문에 '난저'라고 하였다. 옛사람이 말하기를 "오나라가 소(沼: 늪)가 되지 않겠는가?"[267]하니, '난저'란 '소가 되지 않는다'고 말한 것과 같다. 또한 '저'는 조(阻)와 통한다. 억제한다는 뜻이다.

疏 '일생'이란, 이 부처님의 광명이 출현하는 것은 마치 해가 처

. . . .

266 '여덟 가지 음성'이란, 첫째와 둘째는 초문(鈔文)과 같고, 셋째는 조화를 이루는 소리, 넷째는 존귀하고 지혜로운 소리, 다섯째는 여자의 음성이 아닌 소리, 여섯째는 잘못이 없는 소리, 일곱째는 깊고 중후한 소리, 여덟째는 초문(鈔文)과 같다.

267 '오나라는 소(沼)가 되지 않겠는가?' 한 것은 자서(子胥)가 말하기를 "월나라는 10년 동안 군사를 모으고 10년 동안 훈련시켰으니, 20년 후에 오나라가 소(沼)가 되지 않겠는가?" 하였다.

음 떠오르는 것과 같으니, 이리(二利)를 겸하였음을 말하였다.

日生者 佛光出現 如日初升也 兼二利說

鈔 '이리'란, 첫째는 자리(自利)니 중생의 본각이 무명에 덮여있는 것은 한밤중과 같고, 일광이 출현하여 미혹을 파하고 지혜가 드러나 시각이 밝게 비추는 것은 해가 동쪽에서 떠오르는 것과 같다.

둘째는 이타(利他)니, 『화엄경』에 "비유컨대 일천자(태양)는 눈먼 자가 보지 못한다 하여 숨어서 나타나지 않는 법이 없고, 건달바성은 아수라의 손으로 염부제의 나무와 큰 바위와 깊은 계곡과 먼지와 안개와 연기와 구름 등으로 덮었다 하여 숨어서 나타나지 않는 법이 없으며, 시절이 바뀌었기 때문에 숨어서 나타나지 않는 법이 없는 것과 같다."[268] 하니, 부처님이 처음 정각을 이루시고 법을 설하여 중생을 이롭게 하여 지혜 광명을 널리 비추는 것이 마치 동쪽에서 해가 떠오르는 것과 같다는 것을 비유하였다.

· · · · · · · · · ·

[268] 중생의 악을 만나더라도 이타행을 그만두지 않는 것에 비유하였다. 곧 중생이 악을 숨기는 것은 눈먼 자에 비유하고, 사견은 건달바성에 비유하니 사람이 망(妄)으로 진(眞)이라고 여기기 때문이다. 진탁(瞋濁)은 아수라의 손에 비유하고, 해는 제석의 선봉(先鋒: 무기)이니 저 진(瞋)으로 해서 덮고 장애하기 때문이다. 은혜를 알지 못하는 것은 염부나무와 큰 바위와 깊은 계곡에 비유하며, 범부나 어리석은 자가 함께 한곳에 처하는 것은 먼지나 안개나 연기나 구름에 비유하니 구름이나 안개가 능히 허공에 두루하는 것은 마치 저 범부들이 똑같이 한곳에 주하는 것과 같기 때문이다. 중생이 자주 잘못을 저지르는 것은 시절이 개변(改變)하는 것에 비유하니, 이를테면 자주 잘못을 일으켜 금방 선을 했다가 금방 악을 짓는 것은 마치 저 밤낮이나 음양이 법도를 바꾸는 등과 같다.

疏 '망명'이란, 이 부처님의 지혜가 보배 그물과 같이 중생에게 두루 비치기 때문이다.

網明者 智如寶網 徧照衆生故

鈔 '망(그물)'이란 범천에 있는 그물의 수많은 구슬이니, 이 수많은 구슬들이 서로 비추어 광명이 환히 빛나는 것이 마치 부처님의 지혜가 중생을 두루 덮어 비추지 않음이 없는 것과 같기 때문이다.

또한 갖가지 법문이 서로 화합하여 여러 미혹한 이들을 깨우치기 때문이기도 하다.

疏 이치에 맞게 말한다면, 자성이 모든 것을 함섭하여 다함이 없으니, 이것이 북방의 갠지스 강 모래 수만한 부처님의 뜻이다.

稱理 則自性含攝不可盡 是北方恒沙佛義

鈔 북방은 겨울이다. 겨울은 갈무리[藏]를 주관하니, 만물이 성장하는 것의 마지막이자 성장하는 것의 시작이기도 하다.

여기서는 백천 가지 법문이 모두 마음으로 돌아가고, 무변한 법문이 모두 심원(心源)에 있으니, 찾으면 모양이 없고 형상이 없으며 나가면 무궁무진하여 본래 구족하여 다른 것을 빌려 구하지 않는다는 것을 말하였다. 그러므로 중생심을 여래장(如來藏)이라 한다.

(2) 모습을 나타내고 진실함을 표하다

[經] 각기 그 나라에서 넓고 긴 혀를 내어 삼천대천세계를 두루 덮으시고

各於其國 出廣長舌相 徧覆三千大千世界

(3) 말을 하여 믿을 것을 권하다

[經] 성실한 말씀을 하시되 "너희 중생들은 이 『칭찬불가사의공덕일체제불소호념경』을 반드시 믿을지니라." 하시니라.

說誠實言 汝等衆生 當信是稱讚不可思議功德 一切諸佛所護念經

마) 하방

(1) 이름을 열거하고 넓음을 밝히다

[經] 사리불이여, 하방세계에 사자불, 명문불, 명광불, 달마불, 법당불, 지법불 등 갠지스 강 모래 수만큼의 수많은 제불이 계시사

舍利弗 下方世界 有師子佛 名聞佛 名光佛 達摩佛 法幢佛 持法佛 如是等恒河沙數諸佛

疏 '사자'란, 사자가 여러 짐승을 굴복하는 것과 같기 때문이다.

師子者 如師子伏群獸故

鈔 '사자'에 두 가지 뜻이 있다. 첫째는 사자가 여러 짐승 가운데 왕이라 사방을 다니되 아무 두려움이 없듯이, 부처님은 범부나 성인 가운데 독존하여 삼계에 출입하되 자재무애하기 때문이다. 둘째는 사자가 한번 울부짖으면 온 짐승이 두려워하듯이, 부처님이 법을 설하시면 천마·외도가 모두 신복하기 때문이다.

또한 다섯 가지 두려움이 없고, 네 가지 무외(無畏)²⁶⁹를 갖춘 것이 모두 사자의 뜻이다.

疏 '명문'이란, 뜻을 해석한 것은 앞에서와 같다.

名聞者 釋義同前

鈔 앞에서는 '명문광'이라 하였고 여기서 '광' 자가 없는 것은, '명문'은 덕이요 '광'은 비유다. 그러므로 그런 비유가 없으나 그 덕은 다르지 않다.

· · · · · · · · · ·

269 '다섯 가지 두려움'이란, 첫째는 살지 못할까 하는 두려움, 둘째는 나쁜 이름에 대한 두려움, 셋째는 죽음에 대한 두려움, 넷째는 악도에 대한 두려움, 다섯째는 위덕에 대한 두려움이다. '네 가지 무외(無畏)'란, 첫째는 일체지(一切智)가 무외하고, 둘째는 번뇌가 다하여 무외하며, 셋째는 의문을 해결하여 무외하고, 넷째는 고(苦)가 다한 도를 설함이 무외하다.

疏 '명광'이란, '명'은 일광과 같아서 은혜를 입히지 않는 곳이 없다. 또한 병칭한 것이기도 하니, 이름이 드러나고 광명이 치성하기 때문이다.

名光者 名如日光 無所不被 亦可並稱 以名顯光熾故

鈔 '일광과 같다'고 한 뜻은 위와 같다. '이름이 드러났다'고 한 것은, 아미타불의 이름이 멀리까지 들려 공간적으로 시방에서나 시간적으로 삼세에 걸쳐 바라보고 생각하지 않는 이가 없기 때문이다.

'광명이 치성하다'고 한 것은, 아미타불의 광명이 널리 비치어 시방에서나 삼세에 장애됨이 없기 때문이다.

疏 '달마'란, 우리말로 법이라 한다. 또한 이리(二利)를 겸한 것이기도 하다.

達摩者 此云法 亦兼二利

鈔 '법'이란 궤지(軌持)의²⁷⁰ 뜻이니, 법으로 자기의 덕을 궤지하여

. . . .

270 '법'에는 임지자성(任持自性)과 궤생물해(軌生物解)의 두 가지 뜻이 있다. 여기서 '궤지(軌持)'는 임지자성(任持自性), 궤생물해(軌生物解)의 첫 글자 하나씩을 딴 것이다. 임지자성이란 자체의 자성(각자의 본성)을 보지(保持)하여 개변(改變)치 않는다는 뜻이요, 궤생물해는 인륜의 궤범(軌範)이 되어 사람으로 하여금 사물을 이해하는 근거를 삼게 하는 것이다. 다시 말하면 임지자성의 입장에서 보면 '법'은 자성을 갖춘 일체 존재를 말하고, 궤생물해의 뜻에서 보면 '법'은 인식의 표준, 법칙, 도리, 교리, 교설, 진리 등을 가리킨다. −역자주

자기의 법신을 이루고, 법으로 다른 이를 궤지하여 중생들로 하여금 모두 법신을 증득하게 하기 때문이다.

疏 '법당'이란, 법이 깃발[幢]과 같기 때문이다.

法幢者 法如幢故

鈔 '법이 깃발과 같다'는 것은, 불법이 높이 드러나면 인간이나 천상이 이를 바라보고 근본을 삼고, 사마·외도는 이를 바라보고 복종하기 때문이다. 자세한 것은 앞 문장의 '무량당'의 뜻과 같다.

疏 '지법'이란 두 가지 뜻이 있다. 첫째는 중도를 갖는 것을 '지'라 하고, 둘째는 가지고 지키는 것을 '지'라고 한다.

持法者 二義 一者執中名持 二者執守名持

鈔 '중도를 갖는다'는 것은, 유(有)에 떨어지지 않고 무(無)에 떨어지지 않으며 중도 묘법을 잘 가지기 때문이요, '가지고 지킨다'는 것은, 이 묘법을 가지고 삼세에 유통하여 단절치 않게 하기 때문이다.

疏 이치에 맞게 말한다면, 자성을 헤아리면 더욱 깊어 다할 수가 없으니 이것이 하방의 갠지스 강 모래 수만큼의 부처님의 뜻이다.

稱理 則自性測之 彌深不可盡 是下方恒沙佛義

鈔 '문수보살이 발우를 들고 오른손을 멀리 드리워 하방의 42항
하사 세계를 지난다' 하더니, 여기서는 다시 하방 불가설 항하사 세
계를 지나 자성을 찾았으나, 마치 장대를 가지고 바다를 더듬으며 그
밑바닥을 찾는 것과 같이 마침내 그럴 수 없다는 것을 말하였다.

(2) 모습을 나타내고 진실함을 표하다

【經】 각기 그 나라에서 넓고 긴 혀를 내어 삼천대천세계를 두루
덮으시고

　　各於其國 出廣長舌相 徧覆三千大千世界

(3) 말을 하여 믿을 것을 권하다

【經】 성실한 말씀을 하시되 "너희 중생들은 이 『칭찬불가사의공
덕일체제불소호념경』을 반드시 믿을지니라." 하시니라.

　　說誠實言 汝等衆生 當信是稱讚不可思議功德 一切諸佛所護念經

바) 상방

  (1) 이름을 열거하고 넓음을 밝히다

【經】 사리불이여, 상방세계에 범음불, 수왕불, 향상불, 향광불, 대염견불, 잡색보화엄신불, 사라수왕불, 보화덕불, 견일체의불, 여수미산불 등 갠지스 강 모래 수만한 수많은 제불이 계시사

  舍利弗 上方世界 有梵音佛 宿王佛 香上佛 香光佛 大燄肩佛 雜色寶華嚴身佛 娑羅樹王佛 寶華德佛 見一切義佛 如須彌山佛 如是等恒河沙數諸佛

  疏 '범음'이란, 이 부처님의 음성이 청정하여 더러움이 없기 때문이다.

  梵音者 佛音淸淨 無雜染故

  鈔 '더러움이 없다'는 것은, 여타의 교승이 법을 설하면 더러워 청정치 않지만, 지금 이 부처님은 오직 일승법만으로 여러 중생들을 제도하시니, 소위 순일무잡하여 청정 범행의 모습을 갖추었기 때문에 '범음'이라 한 것이다.[271]

· · · · · · · · · ·

271 전륜성왕은 선(善)을 경계할 것을 설하고 제석은 욕에서 벗어날 것을 설하지만, 사실은 마땅히 행해야 할 선(善)이 있고, 마땅히 그쳐야 할 악(惡)이 있으며, 이승(二乘)은 사제(四諦)와 십이인연법(十二因緣法)을 설하지만 역시 실로 싫어해야 할 생사가 있고 좋아해야 할 열반이 있어서 모두 무명의 더러움

疏 '수왕(별 가운데 왕)'이란, 어떤 이는 달을 수왕이라 하고, 어떤 이는 별 가운데 왕이니 북두와 같기 때문이라 하였다. 이 두 가지 뜻이 모두 가능하다.

宿王者 一云月爲宿王 一云卽宿中王 如北辰故 二義皆得

鈔 '달이 수왕이다' 한 것은, 소위 '만 개의 별빛이 외로운 달만 못하다' 했듯이, 부처님은 크게 깨달으시고 깨달음은 미혹의 종류가 아닌 것이 달은 별의 종류가 아닌 것과 같다. 모든 것보다 뛰어나기 때문이다.

'별 가운데 왕'이란, 『논어』에 "비유컨대 북두가 그곳에 있고 여러 별들이 그것을 향해 도는 것과 같다." 하였으니, 북두는 별 종류지만 그런 종류에서 벗어난 것이, 부처님은 중생이지만 중생을 벗어났음을 비유하였다. 중생이 귀의할 곳이기 때문이다.

'모두 가능하다'고 한 것은, 첫째는 별과 달을 상대적으로 밝혀서 달을 왕이라 하였고, 둘째는 별 가운데 특별히 수승한 것을 들어서 달을 왕이라 하였으니, 지금 부처님은 이류(異類)에 있으나 이류 가운데 왕이시고, 부처님은 동류(同類)에 계시지만 동류 가운데 왕이시니, 그러므로 모두 가능한 것이다.

. . . .

에 섞여서 청정하지 않다. 오직 부처님만이 일승의 법을 설하시어 더러운 것이나 청정한 것이 모두 허공 가운데 꽃에 속하고, 생사와 열반이 모두 몽환 아닌 것이 없어서 오직 이 하나의 사실 뿐이고 여타의 두 가지는 사실이 아니니, 소위 순일무잡하여 청백한 범행을 구족한 모습이다.

疏 '향상'이란, 이 부처님은 성인 가운데 성인이시어 향기 가운데 향기이시니, 가장 뛰어나서 무엇과도 비교할 수 없기 때문이다.

香上者 佛聖中聖 如香中香 最上無比故

鈔 '향기 가운데 향기'란, 예컨대 전단향을 "이 향은 6수(銖: 銖는 무게 단위. 兩의 24분의 1)이지만 그 가치는 삼천대천세계나 된다." 하고, 또 "이 향을 한번 태우면 40리 밖에서도 향기를 맡지 않는 이가 없으니, 이것은 향기 중에 가장 훌륭하기 때문이다. 부처님이 증득하신 오분법신향(五分法身香)²⁷² 은 그 향기가 온 세계에 널리 풍겨 일체 인천과 수라와 외도와 이승의 향기가 능히 미치지 못한다." 한 것과 같으니, 그러므로 '향기 가운데 최상'이라 하였다.

疏 '향광'이란, 그 향이 광채를 내는 것이 마치 단덕(斷德)과 지덕(智德) 두 덕과 같기 때문이다.

香光者 其香發光 如斷智二德故

鈔 '단덕'이란, 향은 능히 악을 물리쳐 더러움을 없애는 뜻이 있으니, 모든 악을 모두 깨끗하게 하는 것을 '향'이라 한다.

----

272 '오분법신'은 대소승에 통하니, 지금 '오분'이라 한 것은 곧 대승이 오음(五陰)의 신심을 돌려 오분(五分)의 법신을 얻는 것이다. '일체 인천·수라·외도·이승의 향'이란, 인천은 계선향(戒善香)이 있고, 아수라는 하품의 십선향(十善香)이 있으며, 외도도 역시 사정(邪定)·사혜(邪慧)의 향이 있고, 이승(二乘)은 계·정·혜·해탈·해탈지견의 향이 있다.

'지덕'이란, 광명은 능히 어둠을 파하여 지혜의 뜻이 있으니, 신령하게 밝아 널리 비추는 것을 '광'이란 한다.

또한 보통 향은 코로만 향기를 맡을 수 있지만, 향기 가운데서 광명을 내는 것은 눈까지 향기를 맡게 하니, 성문은 단지 악을 없앨 뿐이니 본체는 있으나 작용은 없고, 부처님은 여러 가지 악을 없애고 능히 여러 가지 선을 갖추어 단덕과 지덕을 구족하시어 마치 '광채를 내는 향'과 같다는 것을 비유한 것이다.

疏 '대염견'이란, 뜻을 해석한 것은 앞과 같다.
大餤肩者 釋義同前

鈔 '염견'이라는 이름이 자주 나오는 것은, 부처님은 이름이 같은 이들이 수없이 많기 때문이다.

疏 '잡색보화엄신'이란, 만행의 인화(因華)로 법신을 장엄하기 때문이다.
雜色寶華嚴身者 萬行因華 莊嚴法身故

鈔 '만행으로 장엄한다'는 것은, 비록 법신을 증득하였으나 만약 만행이 없으면 '질박한 법신[素法身]'이라 하거니와, 부처님은 일체종지라 부르므로 사등(四等: 자·비·희·사 사무량심)과 6바라밀과 갖가지 수행문을 구하여 두루 모으지 않음이 없고, 공덕을 쌓아 법신을 보조적

으로 밝히는 것이 마치 만 가지 보배 꽃으로 색신을 장엄하는 것과 같다. 법신이 본래 갠지스 강 모래 수만한 성덕을 갖추었기 때문이다.

疏 '사라수왕'이란, '사라(śāla)'는 우리말로 견고(堅固)라고 하고 또는 최승(最勝)이라 한다. 이 부처님의 덕이 변하지 않아서 삼계에 독존하는 것이 나무 가운데 왕과 같기 때문이다.

娑羅樹王者 娑羅 此云堅固 亦云最勝 德不變易 三界獨尊 如樹王故

鈔 '견고'란, 이 나무가 겨울 추위에도 꺾이지 않고 도끼질에도 손괴를 입지 않아서 견고의 뜻이 있다. 부처님이 법신을 증득하시어 미혹이 능히 흔들지 못하고 경계가 능히 흔들지 못하는 것과 같기 때문이다.

'최승'이란, 이 나무가 크고 높아서 모든 나무들이 능히 미치지 못하는 것이 마치 부처님이 삼계를 초월하여 여러 성인들 가운데서 가장 존귀한 것과 같기 때문이다.

이러한 두 가지 덕을 갖추었기 때문에 '나무 가운데 왕'이라 하였다.

疏 '보화덕'이란, 이 부처님의 덕이 보배로 만들어진 꽃과 같기 때문이다.

寶華德者 佛德如寶華故

鈔 앞에서는 '몸을 장엄한다' 하였으니 장엄에 인(因)의 뜻이 있지

만, 지금은 '꽃'이라고 말하여 꽃으로 덕을 비유하였으니, 부처님의 만덕이 귀중하고 아름다운 것이 보배로 된 꽃과 같다.

어떤 이는 "상·락·아·정 부처님의 네 가지 덕을 말했으니, '상'은 보배 꽃과 같이 시들어 떨어짐이 없기 때문이요, '락'은 보배 꽃과 같이 사람의 마음을 기쁘게 하기 때문이며, '아'는 보배 꽃과 같이 밖을 기다리지 않기 때문이며,[273] '정'은 보배 꽃과 같이 본체가 맑고 깨끗하기 때문이다." 하였으니, 만덕이 풍부하고 귀중하고 아름다운 것을 이러한 예로 알 수 있다.

疏 '견일체의'란, 이 부처님이 제법의 뜻을 알지 못함이 없기 때문이다.

見一切義者 諸法之義 無不知故

鈔 '일체'란, 세간이나 출세간에 제법이 무량하니, 곧 뜻이 무량한 것이다. 어떤 이는 가까운 뜻은 알지만 먼 뜻은 알지 못하고, 어떤 이는 치우친 뜻은 알지만 원만한 뜻은 알지 못하며, 어떤 이는 전체적인 뜻은 알지만 차별적인 뜻은 알지 못하며, 어떤 이는 사실의 뜻은 알지만 방편의 뜻은 알지 못하거니와, 부처님은 알고 보지 못하는 것이 없으시어 실달태자를 '모든 뜻이 이루어지다[一切義成]'라고 하는 것과 같다.

. . . .

273 '밖을 기다리지 않는다'는 것은, 마치 보배 꽃이 햇빛이나 비나 이슬을 빌리지 않듯이 오주번뇌에 더럽히지 않기 때문이다.

疏 '여수미산'이란, 수미산이 여러 산 가운데 왕이듯이, 이 부처님의 덕이 다른 이들보다 월등히 뛰어나서 마치 수미산과 같기 때문이다.

如須彌山者 須彌爲衆山之王 佛德超絶 如須彌故

鈔 앞에서는 '수미상'이라 하여 상호를 가리켰으나, 지금 '상' 자가 없는 것은 오로지 덕에 나아가서 말하였기 때문이다.

만덕을 합하여 모두 벌려놓은 것은 마치 수미산이 보배로 이루어졌으므로 '묘(妙)'라 한 것과 같고, 천하 가운데 우뚝 선 것은 마치 수미산이 최상이므로 '고(高)'라 한 것과 같으니, 수미산이 여러 산 가운데 왕이듯이 여래가 삼계에 왕이 되시는 것은 그 뜻이 같다.

疏 이치에 맞게 말한다면, 자성은 우러러볼수록 더욱 높아서 다할 수가 없으니, 이것이 상방의 갠지스 강 모래 수만한 부처님의 뜻이다.

稱理 則自性仰之彌高不可盡 是上方恒沙佛義

鈔 안연이 공자의 도를 찬탄하여 "우러러볼수록 더욱 높다." 하였으니, 여기서는 이것을 빌려 썼다. 신령한 마음이 뛰어나서 본체에 반연이 끊어졌으니, 우러러볼수록 더욱 은근하고 높이 갈수록 더욱 깊음을 말하였다.

예전에 정명이 상방으로 42항하사 세계를 지나 향반(香飯)을 취했다 하거니와,[274] 지금은 다시 상방으로 불가설 갠지스 강 모래 수만 한 세

274 『유마경』에 "그때 유마힐이 곧 삼매에 들어가서 신통력을 써서 여러 대중에게 말하기를 '상방계분

계를 지나 자성을 찾음을 말했으니, 비유하자면 대나무를 교차하여 하늘을 가리키며 그 꼭대기에 이르고자 하나 결국 그럴 수 없는 것과 같다.

(2) 모습을 나타내고 진실함을 표하다

【經】 각기 그 나라에서 넓고 긴 혀를 내어 삼천대천세계를 두루 덮으시고

　　各於其國 出廣長舌相 徧覆三千大千世界

(3) 말을 하여 믿을 것을 권하다

【經】 성실한 말씀을 하시되 "너희 중생들은 이 『칭찬불가사의공덕일체제불소호념경』을 반드시 믿을지니라." 하시니라.

　　說誠實言 汝等衆生 當信是稱讚不可思議功德 一切諸佛所護念經

· · · · · · · · · ·

에서 42 항하사 국토를 지나 한 국토가 있으니 이름이 중향(衆香)이요 부처님 이름은 향적(香積)이다. 지금 현재 그 나라 향기를 시방 제불세계와 인천의 향기에 비교하면 가장 향기롭다. 그 국토에는 성문이나 벽지불의 이름이 없고 오직 청정한 대보살 대중들만 있으니, 부처님이 대중을 위해 법을 설하신다' 하고, 곧 거사가 화보살(化菩薩)을 저곳으로 보내 향반(香飯)을 청하기를 '원컨대 세존이 먹고 남은 밥을 얻어 사바세계에서 불사를 지으리다' 하였다." 하였다.

疏 이상의 육방 불이 찬탄하신 것도 역시 아미타불의 본원력이기 때문이다.

以上六方佛讚 亦是阿彌陀佛本願力故

鈔 '본원'이란, 『대본』 법장 비구 원에 "내가 부처가 되었을 때, 이름이 시방의 무수한 세계에까지 들려 제불이 각각 대중 가운데서 나의 공덕과 국토 등을 찬탄해지이다." 하니, 그러므로 지금 성불하였으므로 그 원한 바와 같이 하신 것이다.

疏 어떤 이는 『능엄경』에 집착하여 "관음보살의 이근(耳根)이 이 세상의 교체(敎體)라, 대세지보살의 염불은 원통에 들지 못하였습니다.[275] 그런데 어떻게 오늘 염불을 널리 가르치십니까?" 하니, 이것을 의심하는 자는 바로 육방 불의 찬탄을 알지 못하기 때문이다.

有執楞嚴 謂觀音耳根 此方敎體 勢至念佛 不與圓通 云何今日普敎念佛 以此爲疑者 正繇不達六方佛讚故

鈔 의심하는 자가 말하기를 "염불 법문은 이미 이 세상의 근기에

. . . .

275 문수가 원통을 선택한 게에 "이 세상의 진정한 교체(敎體)는 청정한 것이 소리를 듣는 데 있으니, 삼마제(三摩提)를 얻고자 하면 실로 문(聞) 중에 들어가라. 그러면 고통을 여의고 해탈을 얻으리니, 훌륭하시구나, 관세음이여!" 하였다. '세지의 염불은 원통에 들지 못한다' 한 것은, 게에 "모든 존재는 무상한 것, 염성(念性)은 원래 생멸하여 인과를 지금 다르게 감득(感得)하니 어떻게 원통을 얻으랴." 하였다.

맞지 않고 또한 원통의 선택에 들어가지 않았다. 그러니 이 세상에 산다면 꼭 염불을 할 필요가 있겠는가?" 한 것이다.

지금 육방 제불이 모두 이 경을 찬탄한 것을 보면, 이근이란 이 세상의 근기 중 한 부분에만 맞고, 염불은 시방세계의 근기에 널리 맞다는 것을 알 수 있다. 『대본』에 "시방 중생이 나의 명호를 부르면 반드시 나의 국토에 왕생하리라." 한 것이 이것이다.

또한 이근은 사람의 근기에만 맞고 염불은 육도중생의 근기에 널리 맞으니, 『대본』에 "지옥·아귀·축생도 나의 나라에 태어나리라." 한 것이 이것이다.

그렇다면 이근은 염불을 섭수하지 못하지만 염불은 능히 이근을 섭수할 수 있다. 그러므로 이근은 이 세상의 석가여래가 칭찬한 것이요, 염불법문은 시방의 갠지스 강 모래 수만한 여래가 찬탄한 것이니, 지금은 많은 찬탄을 따랐기 때문이다.

또한 지금 온 천하 스님들이나 남녀 세속인들이 누구나 자연스럽게 염불을 하는 것은, 앞의 문장에서 밝힌 바와 같이 근기에 널리 맞기 때문이니, 또 무엇을 의심하겠는가?

하나의 비유를 들어보겠다. 이 나라에는 수많은 마을이 있고, 선비들은 누구나 오경(五經)을 나누어 익힌다. 어떤 곳에서는 『시경』을 익히는 선비가 많고, 어떤 곳에서는 『예경』을 익히는 선비가 많은데, 익히는 이가 많다고 말한 것은 어떤 한 곳을 기준하여 말한 것일 뿐, 여러 가지 경전을 모아 온 나라 것을 통틀어 비교한다면, 가장 많이 익히는 것은 『주역』보다 더한 것이 없다. 지금 이근은 『시경』이나 『예경』과 같고, 지금 이 염불은『주역』과 같다고 할 것이다.

疏 문: 육방 제불이 모두 서방을 찬탄했다면, 어찌하여 육조 대사는 부처님의 찬탄을 따르지 않고 도리어 배척하는 것같이 하였습니까? 그 까닭은 어디에 있습니까?

답: 여기에 네 가지 뜻이 있다. 첫째는 교화의 문이 같지 않기 때문이요, 둘째는 비방한 것 같지만 사실은 찬탄하였기 때문이요, 셋째는 처음 배우는 사람을 위하지 않았기 때문이요, 넷째는 기록에 잘못이 있기 때문이다.

問 旣六方諸佛 共讚西方 云何六祖不隨佛讚 反似斥無 其故安在
答 此有四意 一爲門不同故 二似毁實讚故 三不爲初機故 四記錄有訛故

鈔 『육조단경』에 "동방인이 악을 저지르면 염불하여 서방에 태어나기를 구한다지만, 서방인이 악을 저지르면 염불하여 어느 곳에 태어나기를 바라겠는가?" 하고, 또 "어리석은 사람은 동을 원하고 서를 원한다." 하니, 뒷사람이 이 말에 집착하여 '육조 대사가 서방이 없다고 설하였다' 하고 의심하여 이런 의문을 하게 된 것이다.

처음에 '교화의 문이 같지 않다'는 것은 여기에 다시 두 가지 뜻이 있다. 첫째는 우선 이(理)·사(事) 두 문에 의거하였으니, 육조가 말한 것은 이로써 사를 빼앗은 문이라, 만약 사로써 이를 빼앗은 문이면 부처님의 사문(事門) 가운데는 한 법도 버리지 않으니 어찌 정토를 부정하겠는가?

둘째는 진송(晉宋) 이후에 다투어 관법을 주장하여 선종의 뜻이 거의 퇴색되었다. 이때 달마 대사가 처음으로 앞장 서 주장하고 여러 조사들이 이어서 일어나서 오직 이 도만을 크게 밝히고자 하였다. 이 도(선종)는 부처도 없고 중생도 없거니와, 이 정토는 중생이 부처님을 향해 나아갈 것을 보였다. 또, 이 도는 마음을 들면 곧 등지고 마음을 움직이면 어긋나거니와, 이 정토는 마음을 일으켜 염불하기를 가르쳤다. 또, 이 도는 마음과 경계가 모두 고요하지만, 이 정토는 불국토를 경계 삼아 마음을 내어 왕생을 구하였다. 이렇게 이(理)에서 보면 두 가지 이치가 없으나, 각 집안의 가풍이 같지 않고 때를 따르고 근기를 쫓았으니, 법이 으레 그럴 수밖에 없는 것이다.

가령 선종의 직지의 뜻을 넓히고자 하면서 다시 서방을 찬탄한다면 직지의 뜻을 끝내 밝힐 수가 없다. 그러므로 육조 대사와 정토의 여러 스님들이 서로의 입장이 바뀌었다면 모두 그렇게 하였을 것이다.

'둘째는 비방한 것 같지만 사실은 찬탄한 것이다' 한 것은, 육조 대사의 '동서'의 말씀은 다만 사람들에게 반드시 진실한 마음으로 선행을 하고 공허한 원은 아무 이익이 없음을 권한 것이니, 어찌 일찍이 서방이 없다고 말한 적이 있었겠는가?

비유하자면 공자는 동노(東魯)에서 태어났는데, 지금 어떤 사람이 "제나라 사람이 악을 지으면 공자를 사모하여 노나라에 살기를 바라겠지만, 노나라 사람이 악을 지으면 공자를 사모하여 어떤 나라에 살겠는가?" 하는 것과 같다. 대개 선행을 하는 것이 진정으로 중니를 배우는 것이니, 어찌 일찍이 동노가 없다고 말한 적이 있겠는가?

육조의 이 말은 바로 경에서 "반드시 선근이 많아야만 저 나라에 왕생할 수 있다."고 한 뜻을 말했으니, 어찌 비방하였다고 하겠는가?

'셋째는 처음 배우는 자를 위하지 않았다'는 것은, 육조가 스스로 말하기를 "나는 계·정·혜로 최상승인을 제접한다." 하였으니, 지금 털끝만큼의 지혜가 없는 초심인이나 범부에게 서방을 멸시하며 함부로 반야를 말한다면 한갓 아무 이익이 없을 뿐만 아니라 도리어 해가 된다. 그러므로 『단경』을 읽는 자는 처음 배우는 자에게는 보이지 마라. 만약 그릇이 아닌 자에게 보이면 광마(狂魔)에 떨어질 것이니, 참으로 탄식하고 애석한 일이 될 것이다.

'넷째는 기록에 착오가 있다'고 한 것은, 『단경』에서 또 말하기를 "서방은 여기서 10만8천 리나 떨어져 있다." 했으니, 이것은 착오로 오천축(五天竺) 등을 극락이라 한 것이다. 오천축은 중국과 똑같이 사바의 예토인데, 어찌 분별하여 동을 원하고 서를 원할 필요가 있겠는가?

그런데 극락은 이 사바세계와의 거리가 10만억 국토이다. 대체로 『단경』은 모두 학인이 기록한 것이니 어찌 잘못이 없다고 보장하겠는가? 그렇지 않으면 이 서역을 빌려 저 서방을 비유하였을 뿐이다. 『맹자』에 "책을 다 믿는다면 책이 없는 것이 더 낫다." 한 것이 이 뜻이다.

더욱이 서방은 천불이 칭찬하신 곳인데, 지금 천불의 말씀을 의심하고 한 조사의 말을 믿으니, 부처님도 믿지 못한다면 더욱이 조사이겠는가?

지혜로운 자는 반드시 세상 사람들을 위해 의심을 풀어 주고 믿는 마음을 내게 하라! 그리고 가는 곳마다 널리 정토법을 찬탄하고 유통하라! 이것이 제불을 대신하여 넓고 긴 혀를 내는 것이요, 이것이 곧 부처님의 큰 은혜를 갚는 길이다. 만약 부처님 말씀을 어기고 고의로 마설(魔說)이라 한다면, 그 죄는 어찌 다 말할 수 있겠는가?

지금 분명히 밝히거니와, 여기 어떤 사람이 하루에 만 가지 말을 쏟아내어 만 부처님을 비방하여 천 년이 될 때까지 쌓이면 이 사람의 죄업은 무량무변하거니와, 어떤 사람이 한 마디 나쁜 말을 하여 정토를 부정하고 염불하는 사람을 막는다면, 이 사람의 죄업은 앞 사람보다 백천만 배나 더하여 헤아릴 수 없을 정도로 많다. 왜냐하면 수많은 부처님께서 서방을 찬탄하시며 오직 사람들이 모두 성불하기만을 바라셨는데, 그 혼자 비방한 것은 곧 수많은 여래를 모두 비방한 것이며, 그 혼자 염불하는 사람을 막는 것은 중생을 모함하여 고해에 빠뜨려 성불하지 못하게 한 것이 되기 때문이다. 그러므로 죄악이 이와 같으니 더 어떤 말이 필요하겠는가?

疏 이치에 맞게 말한다면, 자성은 두루 비추니 이것이 육방 불이 찬탄한 뜻이다.
　　稱理 則自性徧照 是六方佛讚義

鈔 신령한 빛이 홀로 빛나 가운데나 갓이 멀리 끊어졌고, 진실한 비춤은 사사로움이 없으니 어찌 이것과 저것을 나누리오. 그러므로 하나[一]와 많은 것[多]이 장애가 없고 주인과 손이 엇갈려 이뤄졌으

니, 장애가 없다면 비록 천 겁으로 막혀있으나 다르지 않고, 엇갈려 이뤄졌다면 만법이 기약하지 않아도 저절로 한 곳으로 모인다. 그렇다면 육방이 지척을 여의지 않았고 제불이 모두 털끝에 나타나니, 지금 이 경이 마땅히 어느 곳에 있겠는가? 아! 바로 이 자리를 여의지 않고 항상 고요하니, 찾는다면 그대 보지 못하리라.

나. 경을 찬탄해야 하는 뜻을 해석하다

1) 이름을 묻다

【經】 사리불이여, 그대 생각은 어떠한가? 무엇 때문에 『일체제불소호념경』이라 하였는가?

　　舍利弗 於汝意云何 何故名爲一切諸佛所護念經

疏 이름은 반드시 뜻이 있게 마련이니, 그 뜻을 밝혀야 비로소 능히 봉행하여 의구심이 없기 때문이다.

　　名必有義 彰闡其義 方克奉行 無所疑故

鈔 제목 16자에서 단지 아래 8자만을 물은 것은, '불가사의공덕을 칭찬하다[稱讚不可思議功德]' 한 것은 석가가 찬탄한 것이니 그 뜻은 이미 밝혔고, 타방 부처님이 찬탄한 것은 이 8자에 더한 것이므로, "어찌하여 부처님이 보호[護]해 주시며, 어찌하여 부처님이 생각[念]해

주시기에 앞에서 '반드시 이 경을 믿을지니라' 하고 가르치셨는가?"
하고 그 뜻을 물은 것이다. 여기서는 뜻이 분명한 연후에야 믿음이
견고하다는 것을 말한 것이다.

　2) 뜻을 해석하다
　　가) 듣고 가지다

【經】 사리불이여, 만약 선남자 선여인이 이 경을 듣고 수지(受持)
하는 자나, 제불의 이름을 듣고 수지하는 자인,
　舍利弗 若有善男子善女人 聞是經受持者 及聞諸佛名者

　疏 '이 경을 듣는다'는 것은, 위의 의보와 정보, 믿음과 발원, 부
처님 명호를 부르는 것과 왕생하는 등을 묶었고, 듣는 것[聞]과 받아
가지는 것[受持]은 곧 앞의 삼혜(三慧)와 삼자량(三資糧)이기 때문이다.
　聞是經者 牒上依正信願 持名往生等 聞受持 卽前三慧三資糧故

　鈔 '듣는다[聞]'는 것은 문혜(聞慧)요, '받는다[受]'는 것은 사혜(思慧)
며, '가진다[持]'는 것은 수혜(修慧)다. 들으면 뜻을 믿고, 받으면 뜻을
발원하며, 가지면 뜻을 실천한다. 자세한 것은 앞의 해석을 보라.

　疏 '제불의 이름을 듣는다'고 한 것은, 위의 육방 제불의 이름을

묶었으니, 경을 듣고는 수지(마음속에 받아들여 잊어버리지 않다)하고, 부처님 이름을 들은 자도 역시 응당 수지해야 하기 때문이다.

聞諸佛名 牒上六方諸佛名也 聞經受持 聞佛名者 亦應受持故

鈔 문: 이 경에서는 아미타불의 명호를 듣는 것으로 왕생의 원인을 삼았으면서, 어찌하여 제불을 겸하여 말했습니까?

답: 미타의 공덕은 갠지스 강 모래 수만큼의 제불이 함께 찬탄하신 바니, 그렇다면 제불의 이름을 듣고 제불의 찬탄을 알고 이 경을 받아 지키면 배나 친근할 것이기 때문에 둘 다 든 것이다.

『화엄경』 제6 「회향품」에 "부처님 처소에서 부처님 이름을 듣고 더 많은 제불을 만나지이다." 하니, 곧 이 경을 듣고 또한 제불의 이름을 듣는다는 뜻이다.

疏 『대본』에 "수많은 보살들이 이 경을 듣고자 하였으나 듣지 못하였다." 하고, 또한 경에 "차라리 지옥에서 부처님 이름을 들을지언정…." 하였으니, 곧 이 경을 듣고 제불의 명호를 듣는 것은 매우 쉬운 일이 아님을 알 수 있다.

大本云 多有菩薩 欲聞此經 而不得聞 又經云 寧於地獄得聞佛名
則知聞此經 聞諸佛名 大非易事

鈔 '보살이 듣고자 하였으나 그러지 못했다' 하니, 곧 이승과 범부임을 알 수 있겠다.

『대본』게에 "만약 과거세에 복과 지혜를 닦지 않았으면 이 정법을 능히 듣지 못했으리니, 이미 모든 여래를 공경히 받들었으므로 이 뜻을 듣는 인연이 있었네." 하였다.

'지옥에서 부처님 이름을 듣는다'고 한 것은, 『화엄경』게에 "차라리 지옥의 고통을 받으며 제불의 이름을 들을망정, 천상에 태어나 부처님 이름을 듣지 못하기를 바라지 않노라." 하였다.

그러므로 이 경과 부처님 이름은 쉽게 듣게 되는 것이 아님을 알 수 있겠다. 그러나 지금은 이것을 듣게 되었으니 믿고 받들지 않겠는가!

疏 이치에 맞게 설한다면, 자성은 스스로 법이 되니 이것이 이경을 듣는 뜻이요, 자성은 스스로 깨달으니 이것이 제불의 이름을 들은 뜻이다.

稱理 則自性自軌 是聞此經義 自性自覺 是聞諸佛名義

鈔 스스로 법이 되고 스스로 가진다면 부처님은 설하지 않고 나는 듣지 않으니 이야말로 진정한 반야요, 스스로 깨닫고 스스로 비춘다면 이름도 없고 문자도 없으며 본체도 없고 형상도 없으니, 이것을 여래라고 부른다.

이렇게 되면 세상의 믿기 어려운 묘법을 듣지 않아도 역력히 분명하고, 항하사 제불의 거룩한 명호가 들림이 끊어졌으나 우렛소리같이 귀에 남아 있을 것이니, 참으로 아직 듣지 못한 경도 믿어 의심치 않고 제불을 받들어 섬겨 헛되이 지나치는 자가 없을 것이다.

나) 이익

【經】 이 선남자 선여인은 모두 일체 제불의 호념하심을 얻어, 모
두 아눗다라삼먁삼보리에서 퇴보하지 않기 때문이니라.

是諸善男子善女人 皆爲一切諸佛之所護念 皆得不退轉於阿耨多羅
三藐三菩提

疏 제불이 호념해 주시기 때문에 보리에서 퇴보하지 않는다. '퇴
보하지 않는다'는 뜻은 앞의 해석을 보라.

諸佛護念 故得不退菩提 不退義見前釋

鈔 위에서 "어찌하여 '일체 제불이 호념하시는 경'이라 하였는
가?" 하고 물었으므로 여기서 그 까닭을 밝힌 것이다. 이를테면 이
경과 부처님의 명호를 가지는 자는 제불이 보호하고 생각하여 퇴보
하지 않게 하기 때문이다.

또한 당역에는 "반드시 시방의 열 개 갠지스 강 모래 수만한 제불
의 섭수하심을 얻어[必得十方十殑伽河諸佛之所攝受]…."라고 하였다. 이것
을 보면 육방뿐만 아니고, 또한 하나의 갠지스 강 모래 수뿐만이 아
님을 알 수 있다.

疏 '아(a)'는 우리말로 '없다[無]'라고 하고, '눗다라(nuttara)'는 '위
[上]'라 하며, '삼먁(samyak, sammā)'은 '바르고 평등하다[正等]'라고 하

고, '삼보리(sambodhi, sambodhi)'는 '올바른 깨달음[正覺]'이라 한다. '위없이 올바르고 평등한 바른 깨달음[無上正等正覺]'을 말한 것이다.

阿者 此云無 耨多羅 此云上 三藐 此云正等 三菩提 此云正覺 言無上正等正覺也

鈔 구경의 극과를 '아래[下]'와 상대하여 '위없는[無上]'이라 하고, 진제(眞諦)를 올바르게 관찰하는 것을 '사(邪)'와 상대하여 '올바르다[正]' 하며, 속제(俗諦)를 평등하게 관찰하는 것을 '편벽[偏]'된 것에 상대하여 '평등[等]'이라 하니, 또한 '두루함[徧]'이라 하기도 한다. '각'이란 신령하게 밝은 자신의 마음이니, '정각'이란 위의 정·등 두 뜻을 겸한 것이다. 여기서 '각'이라 한 것은 '위없는[無上] 바르고[正] 평등[等]한 정각'이란 뜻이다.

참으로 준동함령이 모두 불성이 있으니, 그렇다면 '보리'라는 것은 부처와 중생이 본래 둘이 아니다. 그러나 무명에 덮여서 결국 미망을 이루니, 이것은 삿된 깨달음이라 올바르다[正]고 말하지 못한다.

성문과 벽지는 단지 견·사 번뇌를 파했을 뿐, 비록 보리를 얻었으나 그 도가 아직 확정적이지는 못하니, 이것은 편벽된 깨달음이라 평등하다[等]고는 말하지 못한다.

일체 보살은 이미 진사번뇌는 다하였으나 아직 무명은 다하지 못하였으니, 비록 바르고 평등한 보리를 얻기는 했으나 불지(佛智)와는 까마득히 멀어 '위없는[無上]'이라고는 말하지 못한다.

오직 부처님 한 분만이 미혹이 다하고 깨달음이 충만하여 마치 만월과 같으니, 깨달음이 이보다 더한 자가 없다. 이것을 '위없이 바르고 평등한 깨달음[無上正等覺]'이라 한다.

여기서는 단지 부처님 명호를 부르기만 하면, 부처님의 보호해 주심과 염려해 주심을 입어 이와 같은 깨달음에 물러가지 않게 됨을 말했으니, 바로 도량에 이르러 다시는 삼계에 떨어지거나 중간에 화성(化城)에 머무르지 않고 결정코 부처를 이루게 되는 것이다.

『대본』 법장 비구 발원에 "나의 이름을 듣고서 아눗다라삼먁삼보리에 퇴전하는 자가 있으면 정각을 이루지 않으리라." 하고, 또한 "이 법을 듣지 못함으로써 1억 보살이 아눗다라삼먁삼보리에 퇴전하게 되리라." 하였다.

疏 앞에서 '아비발치'라고 한 것이 바로 이 '보리에서 퇴보하지 않는' 뜻이다. 그러나 왕생하기 전에 불퇴하는 것과 왕생한 후에 불퇴하는 뜻이 조금 차이가 있다.

前云 阿鞞跋致 正此不退菩提義也 而生前生後 意稍差別

鈔 '아비발치'를 불퇴전이라 한 것은, 위없는 보리에서 퇴보하지 않는다는 것을 정확하게 말한 것이다.

그러나 앞에서는 "저 국토에 왕생하는 자는 모두 불퇴전을 얻는다." 하였고, 여기서는 "경을 듣거나 부처님의 이름을 듣는 자는 모두 불퇴전을 얻는다." 하였다. 그렇다면 저 국토에 왕생하기를 기다리지 않고 왕생하기 전에 이미 보리 선근을 성취하여 아무도 파괴할 수 없는데, 더욱이 저곳에 왕생하고서 퇴보함이 있겠는가?

이것에 두 가지 뜻이 있다. 첫째는 현생에 퇴보하지 않으니 위에서 설명한 바와 같고, 둘째는 비록 수명이 짧고 장애가 많아서 능히 왕생하지는 못하더라도 자신이 부처님 명호를 부르는 힘과 부처님이 호념해 주시는 힘을 타서 반드시 내생에 보리 선근을 잃지 않고 필경에 저 불국토에 왕생하게 되는 것이다.

고인이 말하기를 "금생에 이미 이러한 반야종자를 뿌려놓았으면 비록 분명하지는 않더라도 다시 태어나자마자 저절로 반야 중에서 바로 지금 수용할 것이다." 한 것이 이것을 말한 것이다.

疏 이치에 맞게 말한다면, 자성은 항상 깨달으니 이것이 보리에서 물러가지 않는 뜻이다.

稱理 則自性常覺 是不退菩提義

鈔 신령하게 홀로 비추고 뚜렷하게 항상 알며, 모자라지도 않고 더하지도 않으며 얻음도 없고 잃음도 없다. 보리가 곧 나요 내가 곧 보리여서 나아감도 없는데 어떻게 퇴보함이 있겠는가?

다) 믿을 것을 권하다

(1) 들음으로 인하여 믿고 잊어버리지 않다

【經】 그러므로 사리불이여, 너희들은 모두 내 말과 여러 부처님
이 설하신 말씀을 반드시 믿고 잊어버리지 말지니라.

是故舍利弗 汝等皆當信受我語 及諸佛所說

疏 '모두 반드시 믿고 잊어버리지 마라' 한 것은 세 번째로 거듭
권한 것이다.

어떤 이는 유통분에 속한다고 과판(科判)하였으나, 지금은 아직 정
종분에 속한다. 왜냐하면 위의 문장을 이어서, 믿고 받아들여 왕생하
기를 바로 권하였기 때문이다.

앞에 문장은 두 가지가 모두 발원할 것을 권하였고, 여기서는 다
시 믿기를 권하였다.

皆當信受 是爲第三重勸 有判此處卽屬流通 今仍屬正宗 以承上文
正勉信受 令往生故 前文二皆勸願 今復勸而信

鈔 '세 번째로 권하였다'는 것은, 위에서는 "이 말을 듣는 자는 단
지 부처님 명호를 부르는 것만으로도 왕생할 수 있다."고 말하고, 퇴
보하는지 퇴보하지 않는지는 자세히 말하지 않았지만, 지금은 "왕생
할 뿐만 아니라 반드시 위없는 보리에 영원히 퇴보하지 않는다." 하
였다. 이와 같이 하면 원(願)이 반드시 더욱더 간절할 것이니, 그러므

로 "세 번 권하였다." 한 것이다.

'유통분에 속하지 않는다'는 것은, 믿음과 발원과 왕생은 경문 전체의 요체이므로 아래 문장에서 거듭 거듭 믿을 것을 권하고 발원할 것을 권했으니, 정종분에 속한다고 판단하는 것이 내용으로 보아 타당하다.

'너희들'이라고 한 것은, 사리불과 현전의 대중과 겸하여 미래의 일체중생들을 지적한 것이다. 정말로 한 부처님이 직접 말씀하셨으니 반드시 잘 믿어야 할 것이요, 여러 부처님이 함께 찬탄하셨으니 다시 무엇을 의심하겠는가?

믿음과 수행과 발원 세 가지는 하나라도 빠져서는 안 된다. 그러므로 앞의 문장에서 발원할 것을 권하였고, 여기서 다시 믿을 것을 권한 것이다.

'다시 권하였다'는 것은, 앞의 육방 중에서 반드시 이 경을 믿을 것을 이미 권하였고, 지금 다시 "반드시 나의 말을 믿어라!" 하고 분명히 말씀하셨는데, 그런데도 발원하지 않는 것은 믿지 않기 때문이요, 믿지 않으면 행을 일으킬 여지가 없으므로 부처님이 이 경에서 거듭 거듭 믿기를 권한 것이다.

『대본』에 "부처님 말씀을 믿지 않는 자는 악도 중에서 왔으니, 수많은 재앙이 끝이 없다. 어리석어 믿지 않으면 반드시 해탈하지 못한다." 하고, 또한 법장 비구 발원에 "지극한 마음으로 믿고 기뻐하며 나의 국토에 왕생하고자 하는 자는 열 번 염불만으로도 반드시 왕생하여지이다. 그러나 오직 오역죄를 저지른 자나 정법을 비방한 자는 제외하리이다." 하였는데, 정법을 비방하는 자란 믿지 않는 자를 말한 것이다.

또한『문수반야경』은 앞에서 인용한 것과 같고, 마지막에 또한 "오직 믿지 않는 자는 제외한다." 하였다. 또『화엄경』에 "믿음은 도의 원천이요 공덕의 어머니다." 하며 누차 입이 닳도록 말씀하셨으니, 어찌 괜한 말씀이겠는가?

청량 국사가 말하기를 "고제대행(高齊大行)²⁷⁶ 화상이 염불을 숭상하여 넉 자로 된 이런 가르침을 폈다.

믿음과 생각 두 자를 [信憶二字]
마음속에서 여의지 말고 [不離於心]
부처님 명호를 부르고 공경하는 두 자를 [稱敬二字]
입에서 떨어지지 않게 하라. [不離於口]

정토에 왕생하는 데는 [往生淨土]
반드시 믿음이 있어야 하니 [要須有信]
믿음이 천이면 왕생도 천이요 [千信卽千生]
믿음이 만이면 왕생도 만이다. [萬信卽萬生]

· · · · · · · · · · ·

276 당나라 스님. 제주(산동 역성) 사람. 태산에 살며 계율을 엄정히 지키면서 정성을 다해 서방을 구하였다. 수십 년 동안 불철주야『미타경』을 외워 부처님이 현신하는 감응을 온 대중이 모두 보았다. 희종(僖宗)이 이런 소문을 듣고 '상정진보살'이라는 이름을 하사하고, 개국공(開國公)에 봉하였다.

부처님 명호를 믿으면 [信佛名字]

여러 부처님이 구원해 주시고 [諸佛卽救]

여러 부처님이 보호해 주시나니 [諸佛卽護]

마음으로 항상 부처님을 생각하고 [心常憶佛]

입으로 항상 부처님을 부르며 [口常稱佛]

몸으로 항상 부처님을 공경하면 [身常敬佛]

이를 '깊은 믿음'이라 한다. [始名深信]

이 말을 마음에 새겨 아침저녁으로 잊지 마라 [任意早晚]

이는 다시는 염부에 머물지 않는 법이다. [終無再住閻浮之法]

이것은 믿음을 다그치는 가장 중요한 법문이다." 하였다.

疏 '신'이란 의심하지 않음을 말하고, '수'란 믿고 나서 받아들여 잊어버리지 않는 것을 말하니, 믿으면서도 받아들이지 않는 것은 믿지 않는 것과 마찬가지다.

信者 不疑之謂 受者 信已而領納不忘之謂 信而不受 猶弗信也

鈔 '믿으면서 받아들이지 않는다'는 것은, 예컨대 어떤 사람이 기이한 보물을 선물받았을 때, 이것이 보물인줄 깊이 믿고 의심하지 않으나 거절하고 받지 않는다면 믿은들 무슨 이익이 있겠는가? 그러므로 '믿지 않는 것과 마찬가지다' 한 것이다.

疏 또 믿음이란 마음이 청정한 것이니,『유식론』에서 설한 것과
같다.

又信卽心淨 如唯識說

鈔『성유식론』에서 말하기를, "믿음이란 부처님의 진실한 덕에
대해 깊이 인식하고[忍] 기뻐하고[樂] 원하는[欲] 것이니, 그것은 청정
한 마음으로 바탕을 삼는다. 어찌하여 청정한 마음을 말하였는가?[277]
마치 물을 맑히는 구슬이 능히 흐린 물을 맑히는 것과 같이, 청정한
마음이 수승하기 때문이다. 또한 여러 가지 더러운 법[278]이 각자 모양
이 있으나,[279] 오직 불신만이 자신이 혼탁하면서 또한 다른 심(心)과
심소(心所)를 혼탁하게 하니, 마치 똥이 자신이 더러우면서 남도 더럽
게 하는 것과 같다. 그러나 믿음은 바로 저것[不信]을 뒤집으니[280] 그러

· · · · · · · · · ·

277 이 아래는 청정한 마음이 바탕이 된다는 것을 정석(正釋)하였고, '또한 여러 가지 더러운 법이…'
한 아래는 청정한 마음이 바탕이 된다는 것을 반명(反明)하였다.

278 '여러 가지 더러운 법'이란, 탐·진·치·만·견·의 등 여섯 가지 근본번뇌와, 무참(無慚) 등 21가지
수번뇌(隨煩惱)다.

279 '각자 모양이 있다' 한 것은, 예컨대 탐(貪)의 심소(心所)는 유(有)에 의하고, 유(有)는 염착(染着)을
갖춘 것으로 성(性)이 되어 능히 무탐(無貪)을 장애하여 고통을 내는 것으로 업을 삼고, 무참(無慚)은 자
법(自法)을 돌아보지 않고 어질고 착한 이를 우습게 보고 거절하는 것으로 성(性)을 삼고, 능히 참(慚)을
장애하고 악행을 생장하는 것으로 업을 삼는 등이다.

280 '믿음은 바로 저것을 뒤집는다'는 것은, 지금 신(信)의 심소(心所)는 저 불신(不信)의 심소(心所)를
바로 뒤집으니, 불신(不信)이 이미 자신이 더럽고 다른 것을 더럽게 했다면 신(信)은 자신이 청정하면서
다른 것을 청정하게 하니, 그러므로 청정한 것으로 상(相)이 된다.

653

므로 청정함이 그 본 모양이다." 하였다.

지금 정토를 닦는 데는 마음이 청정한 것에 주안점을 두고 있으니, 믿음이 급선무인 것은 너무나 분명한 사실이다.

疏 이치에 맞게 말한다면, 자성은 본래 부처이니 이것이 믿고 받아들여 잊어버리지 않는 뜻이다.

稱理 則自性本來是佛 是信受義

鈔 『화엄경』의 십신(十信)은 완전히 과불(果佛)로써 자신의 신심을 삼으니,[281] 이것은 부처가 곧 마음이기 때문이다. 그러므로 중생의 마음속에서 순간순간 항상 부처가 정각을 이룬다. 이렇게 믿는 것이 기원정사의 미묘한 뜻과 천불의 현묘한 말씀을 한꺼번에 모두 받아들이는 것이다.

(2) 발원에 따라 왕생하다

[經] 사리불이여, 만약 어떤 사람이 전에 발원했거나 지금 발원하거나 미래에 발원하여 아미타불 국토에 태어나고자 하는 자가 있

. . . .

281 이것은 '저 과불(果佛)로써 나의 인심(因心)을 삼으니, 만약 각체(覺體)를 버리고 따로 믿음을 말한다면 이것은 사신(邪信)이지 대승원돈(大乘圓頓)의 정신(正信)이 아니다' 하는 뜻이다.

다면, 이런 사람들은 모두 아눗다라삼먁삼보리에 퇴전치 않아서 저 국토에 전에 태어났거나 지금 태어나거나 미래에 태어날 것이니라.

舍利弗 若有人已發願 今發願 當發願 欲生阿彌陀佛國者 是諸人等 皆得不退轉於阿耨多羅三藐三菩提 於彼國土 若已生 若今生 若當生

疏 위에서는 믿고 받아들여 잊어버리지 말 것을 말하였고, 여기서는 믿은 후에 왕생을 발원할 것을 말하였다.

'전에 발원했고 지금 발원하고 미래에도 발원할 것이다'고 한 것은, 과거·현재·미래 세 때를 말하였다. 세 때를 든 것은, 발원하는 자는 한 사람도 왕생하지 않는 이가 없다는 것을 밝힌 것이다.

上言信受 今言信已生願也 已願 今願 當願 過現未三時也 擧三時者 明有願者 無一不生也

鈔 '전에 발원했다면 전에 왕생하였다'고 한 것은, 지금 이 부처님이 경을 설하기 이전에 이미 저 국토에 왕생하기를 구하여 왕생을 얻은 이가 있었기 때문이요, '지금 발원하면 지금 왕생한다'는 것은, 부처님이 바로 세상에 머무실 때요, '미래에 발원하면 미래에 왕생할 것이다'는 것은, 경을 들은 이후, 오늘부터 먼 미래와 그 후 먼 미래를 두고 말한 것이다.

처음에는 보리도에 퇴보하지 않는다는 것을 말하였고, 뒤에 왕생을 말한 것은 발원한 자는 현세 중에 이미 깨달음의 길로 향하였다는 것을 밝혔으니, 더욱이 이미 왕생을 얻었음이랴.

'한 사람도 왕생하지 않는 이가 없다'는 것은, 왕생하는 자가 헤아릴 수 없을 정도로 매우 많다는 것을 보인 것이다.

문: 왕생하는 자가 수없이 많다면 지금은 어찌하여 겨우 한두 사람 볼 수 있을 정도입니까?

답: 시방세계는 그 수가 가는 먼지와 같이 많은데, 그 가운데서 왕생하는 자를 어찌 숫자로 헤아릴 수 있겠는가? 그대는 사바세계를 볼 뿐, 먼지와 같이 많은 세계는 보지 못하기 때문이다.

문: 왕생한 자가 한량없이 많다면 저 국토에서 어떻게 수용할까요?

답: 큰 바다는 수많은 강물을 받아들이지만 넘치는 법이 없고, 밝은 거울은 만상을 함유하지만 남음이 있다. 그런데 더욱이 정토겠는가? 마음이 곧 국토요 국토가 마음이라, 마음으로 마음에 돌아가니 어찌 수용하지 못하겠는가?

疏 이치에 맞게 설한다면, 자성은 과거·현재·미래가 없으니 이것이 전에 왕생했고 지금 왕생하고 미래에 왕생한다는 뜻이다.

　稱理 則自性非去來今 是已生今生當生義

鈔 만 년이 한순간[一念]이니 어찌 옛날이 현재가 아닐 것이며, 한순간이 만 년이니 어찌 현재가 옛날이 아니겠는가?

그렇다면 생각마다 극락국에 노닐고 어느 때나 부처님을 뵙고 예배하니, 누군들 왕생한 자가 아니겠는가? 과거의 마음도 얻을 수 없고 현재의 마음도 얻을 수 없고 미래의 마음도 얻을 수 없어서 이미 그 마음이 없다면 누가 왕생하는 자인가?

태어남이 없이 태어나는 것, 이것을 '이미 태어났고 지금 태어나며 미래에 태어난다'고 말하는 것이다.

(3) 믿음과 발원을 총 결론짓다

【經】 그러므로 사리불이여, 만약 믿음이 있는 선남자 선여인이면 응당 저 국토에 왕생하기를 발원할지니라.

是故 舍利弗 諸善男子善女人 若有信者 應當發願 生彼國土

疏 위에서는 발원하면 반드시 왕생한다는 것을 말했으니, 곧 인과가 분명하다. 다만 믿지 않거나 믿더라도 발원하지 않을까 염려하여, 믿고 발원할 것을 총 결론지은 것이다.

말하자면 믿지 않으면 어쩔 수 없지만, 만약 믿음이 있는 자라면 응당 왕생하기를 발원해야 한다는 것을 말한 것이다.

이것은 네 번째로 거듭 권한 것이다.

上言有願必生 則因果歷然 祇恐不信 與信而不願耳 故總結信願 言不信則已 若有信者 應當願往 是爲第四重勸

鈔 '네 번째로 권하였다'고 한 것은, 처음과 두 번째는 모두 발원

하여 왕생을 구할 것을 밝혔고, 세 번째는 다시 발원이 믿음으로부터 일어난다는 것을 밝혔다. 이상 세 번은 단지 응당 발원할 것을 권하기만 하고 아직 발원한 공덕에 대해서는 말하지 않았지만, 여기서는 과거·미래·현재에 발원한 자는 누구라도 왕생하지 못할 이가 없다는 것을 말하였다.

이것을 보면 원력이란 이렇게 광대한 것임을 알 수 있으니, 어찌 믿지 않으며 어찌 발원하지 않겠는가? 그러므로 '네 번의 권함'이라 하고, 또한 '총 결론'이라 한 것이다.

지자 대사가 말하기를 "지옥이 나타나더라도 오히려 왕생할 수 있으니, 계율과 선정으로 훈습하고 수행하면 공덕이 헛되지 않다." 하였으니, 이것은 믿음이 지극한 경우를 말한 것이요, 영명 화상은 "겁[282]의 바위는 갈아 다할 수 있을망정 나의 발원은 변함이 없다." 하였으니, 이것은 발원이 지극한 경우를 말한 것이다.

疏 이치에 맞게 말한다면, 자성은 진여와 지혜가 계합하니 이것이 믿음과 발원이 두 가지 다 이루어진 뜻이다.

稱理 則自性如智冥契 是信願雙成義

鈔 순수하고 진실하여 허망하지 않은 것은 자성진여니 이것을

....

282 둥글고 모나 그 크기가 1유순이나 되는 돌이 있었으니, 여러 하늘 사람들이 6수(銖)의 옷으로 5백 년마다 한 번씩 이 돌을 스쳐 이 돌이 다 닳아 없어질 때까지를 1겁이라 한다.

'믿음'이라 하고, 뜨겁게 불타올라 다함이 없는 것은 자성지혜니 이것을 '발원'이라 한다. 진여가 지혜와 계합하고 지혜가 진여와 계합하여 지혜 밖에 진여가 없고 진여 밖에 지혜가 없다.

문수는 믿음의 우두머리니 일심을 구족하였고, 보현은 발원의 왕이니 현재 일념을 여의지 않았다.

4
어려운 일임을 서로 밝혀
마음이 감동하게 하다

가. 석가불이 제불을 찬탄하다

【經】 사리불이여, 내가 지금 제불의 불가사의 공덕을 칭찬한 것
과 같이

舍利弗 如我今者 稱讚諸佛不可思議功德

疏 당역에는 다만 "내가 지금 무량수불을 칭양·찬탄한 것과 같
이…." 하였으나, 여기서는 "제불을 칭찬한 것과 같이…." 하였다. 이
에 대해 고애(古崖) 화상이 "미타와 제불이 똑같이 법신이기 때문이
다." 하였다.

唐譯但云 如我今者 稱揚讚歎無量壽佛 此言稱讚者佛 古崖云 以彌
陀諸佛 同一法身故

鈔 '똑같이 법신이다' 한 것은, 『화엄경』 송에 "시방의 모든 여래
가 똑같이 하나의 법신이니, 하나의 몸이며 하나의 지혜며 십력과 사

무외도 또한 그러하네."²⁸³ 하였으니, 미타가 곧 제불이요 제불이 곧 미타다. 그러므로 '미타'라고 말하지 않고 '제불'이라 한 것은 아마도 미타가 제불 가운데 포함되기 때문일 것이다.

아래에서 '제불'이라 한 것도 역시 미타와 제불이 함께 석가를 찬탄한 것이다.

疏 당역에서는 '미타'로써 '제불'을 포함하였고 이 경에서는 '제불'로써 '미타'를 포함하였으니, 두 설을 갖춘다면 문장도 순조롭겠고 뜻도 만족할 것이다.

唐譯以彌陀該諸佛 今經以諸佛該彌陀 若二說兼具 於文更順 而義亦足

鈔 '두 설을 갖추었다'는 것은, 응당 "내가 지금 아미타불과 제불의 불가사의 공덕을 칭찬하는 것과 같이…." 하여야 한다. 그렇게 하면 경문이 순조롭고, 똑같이 법신이라는 뜻도 그 가운데 있어서 문장과 뜻이 둘 다 아름다울 것이다.

구마라집 스님에게도 본래 이런 뜻이 있었으나, 그렇게 하지 않은 것은 문장을 생략하였기 때문이요, 현장 스님이 나중에 번역할 적에 특히 한쪽만을 든 것은, 사람들이 두 경에서 그 뜻을 잘 알고 문장에

· · · · · · · · · ·

283 '하나의 몸'은 법신이요, '하나의 지혜'는 반야며, '역(力)·무외(無畏)'는 해탈이다.

집착하지 말게 한 것임을 반드시 알아야 한다.

또한 제불과 미타가 상즉(相卽)하니,[284] 이것도 또한 불가사의이다.

나. 제불이 석가불을 찬탄하다

1) 도 얻기 어려움을 찬탄하다

【經】 저 제불들도 또한 나의 불가사의 공덕을 칭찬하여 이런 말씀을 하시나니, "석가모니불은 매우 어렵고 희유한 일을 잘 하시니, 겁이 흐리고 견해가 흐리고 번뇌가 흐리고 중생이 흐리고 수명이 흐린 사바국토의 오탁악세 중에서 능히 아눗다라삼먁삼보리를 얻으시고,

彼諸佛等 亦稱讚我不可思議功德 而作是言 釋迦牟尼佛 能爲甚難希有之事 能於娑婆國土 五濁惡世 劫濁 見濁 煩惱濁 衆生濁 命濁中 得阿耨多羅三藐三菩提

疏 부처님과 부처님이 서로 찬탄하신 것은, 이 정토법문을 반드시 믿고 받아들여 잊지 말아야 한다는 것을 표현하였기 때문이다.

佛佛互讚 表此淨土法門 決應信受故

---

284 '상즉'이란 우주만상이 서로 융통하여 무애한 작용을 말한다. 위에서 '미타가 제불을 포함하고 제불이 미타를 포함하였다' 한 것은 '상입(相入)'의 뜻이고, 지금은 미타와 제불이 원융무애함을 말한다. -역자 주

鈔 '부처님과 부처님이 서로 찬탄하였다'고 한 것은, 염불하여 정토에 왕생하기를 구하는 이 법문은 설사 한 부처님만이 홀로 찬탄했을지라도 반드시 믿고 받아들여 의심치 말아야 하는데, 지금은 기원정사에서 석가가 찬탄하였을 뿐만 아니라 제불이 육방에서 찬탄하였으며, 또한 이 부처님과 저 부처님이 서로서로 찬탄했으니, 어찌 생사를 초월하는 가장 중요한 법문이 아니겠는가?

그러므로 재삼 입이 닳도록 여러 가지 방법으로 가르치고 이끌었으니, 은혜는 부모보다 더하고 인자함은 하늘을 능가하니, 뼈가 가루가 되고 몸이 으스러지더라도 은혜 갚을 길이 없다.

疏 '저 제불들'의 '제불'은 곧 미타와 육방 제불이다. '석가(梵語 Śākya, 巴利語 Sakya)'는 우리말로 능인(能仁)이라 하고, '모니(muni)'는 적묵(寂黙)이라 한다.

彼諸佛等 即彌陀與六方諸佛也 釋迦此云能仁 牟尼此云寂黙

鈔 '능인 적묵'에 두 가지 뜻이 있다. 첫째 따로따로 설명한다면, '능'은 훌륭한 방편으로 근기에 잘 맞추는 것이요, '인'은 큰 덕과 넓은 은혜로 널리 모든 이에게 베푸는 것이니, 이것은 큰 자비로 중생을 이롭게 하는 것이다. '적'은 고요히 동요하지 아니하여 일체 반연을 모두 쉰 것이요, '묵'은 아득히 말을 잊고 영원히 희론을 여읜 것이니, 이것은 큰 지혜가 진리와 맞는 것이다.

둘째 혼합하여 설명한다면, 자비가 곧 지혜이기 때문에 종일 중생을 제도하지만 제도할 중생이 없으니 움직이는 것이 곧 고요한 것이요, 지혜가 곧 자비이기 때문에 한 생각을 일으키지 않고 늘 중생을 제도하니 고요한 것이 곧 움직이는 것이다. 그러므로 두 자만을 들거나 한 자만이라도 부처님 전체 덕을 모두 포함하지 않음이 없다.

疏 '매우 어렵고 희유하다'고 한 것은 아래 두 가지 어려움을 종합하였으니, 이 두 가지 어려움을 갖추었기 때문에 "공덕이 부사의하다." 하고 말한 것이다.

甚難希有 總下二難 具此二難 故言功德不思議也

鈔 '두 가지 어려움'이라 말한 것은, 오탁악세에서 보리를 얻은 것이 첫째 어려움이요, 또 오탁악세에서 이 정토법문을 설한 것이 둘째 어려움이다. 이 두 가지가 가장 행하기 어려운 일인데 오직 부처님만이 이것을 행하시고, 희유하여 보기 드문 일인데 오직 부처님만이 이것을 보신 것이다.

또한 행하기 어려운 일을 능히 행하는 것은 오히려 희유하다고 말하지 못하고, 매우 행하기 어려운 일을 능히 행하는 자야말로 참으로 고금에 비견할 이가 없고, 성현을 초월하여 천상천하에 우뚝하여 아무와도 짝할 자가 없으니, 그러므로 '희유'라고 한 것이다.

疏 '사바(sahā)'는 우리말로 '참고 견디다'라고 하고, 혹은 '인계(忍

界)'²⁸⁵라고도 하니, 곧 석가세존이 관장하는 대천세계다.

'오탁'이란, 다섯 가지 일로 서로 어지럽혀 진성을 혼탁하게 하기 때문에 악세라고 하니, 오탁이 없으면 선세(善世)라고 부른다.

娑婆此云堪忍 一云忍界 卽釋迦世尊所主大千世界也 五濁者 以五事交擾 渾濁眞性 故名惡世 無五濁者 名善世也

鈔 '참고 견디다'고 한 것은, 이곳 중생은 삼독 번뇌를 견디고 참으며 생사를 윤회하여 능히 벗어나지 못하기 때문이다.

'인계'란, 여래가 여기에서 홀로 자서삼매(自誓三昧)를 증득하였기 때문이며, 또한 겁초에 범왕의 이름이 '인'이었기 때문이기도 하다.²⁸⁶

'오탁으로 서로 어지럽힌다'고 한 것은, 성품은 본래 맑고 깨끗하건만 겁 등 다섯 가지로 말미암아 여러 가지 번뇌의 먼지를 일으키니, 『능엄경』에서 말하기를 "비유하자면 맑은 물에 진흙을 넣으면 진흙은 단단한 성질을 잃고 물은 청정함을 잃고서 결국 혼탁해지고 마

· · · · · · · · · ·

285 '인계(忍界)'의 인(忍)은 깨달음[證]의 뜻이다. '석가모니가 큰 깨달음을 얻은 곳'이라는 뜻이다. ─역자주

286 '홀로 자서삼매를 증득하였다' 한 것에서 '증득'은 인(忍)이며, '자서삼매'는 곧 여래가 인지(因地)에 세운 큰 서원이니, '원컨대 불도를 이루리라, 원컨대 중생을 제도하리라, 원컨대 번뇌를 끊으리라, 원컨대 법문을 닦으리라' 한 것이다. 지금 이미 부처를 이루어, 무명을 끊고 불도를 이루고, 법륜을 굴러 중생을 제도하였기 때문에 '홀로 증득하였다' 하였다. 이것은 여래로부터 이름을 얻었고, 출세의 주인공에 의해 이름을 얻었다. '겁초에 범왕의 이름이 인이다' 한 것은, 공겁 이전 세계에는 아직 인간이 없었고 범왕이 세상에 난 이후로 비로소 인류가 있었으니, 겁초의 범왕은 이름이 인이어서 마침내 '인계'라고 하였다. 이것은 범왕으로부터 이름을 얻었고, 세간의 주인공에 의해 이름을 얻었다.

는 것과 같다." 한 것과 같다.

'세'란 변천하고 흘러가서 그치지 않는 것을 말한다. 곧 이 세상 이전이나 이 세상 이후에 반드시 오탁이 없는 선세가 있을 것이지만, 여기서 악세라고 한 것은 석가의 현세에 의해 말한 것이다.

疏 '겁'은 범어니 구체적으로는 '겁파(梵語 kalpa, 巴利語 kappa)'라고 하니, 우리말로는 시분(時分)이다.

'겁탁'은 별다른 체가 따로 없고 네 가지 혼탁이 있기 때문에 그런 이름을 얻었다. 여러 가지 혼탁이 서로 모인 것이 곧 그 모양이다.

　　劫者 梵語 具云劫波 此云時分 劫濁者 無別體 以有四濁得名 衆濁
交溱 卽其相也

鈔 '겁탁'이란, 1대겁 중에 성 · 주 · 괴 · 공 20소겁이 점차로 더하고 감하여 인간 수명이 더하여 8만 세가 되면 증겁의 극치가 되고, 백 년마다 한 살씩 감하여 감한 것이 2만 세가 되면 곧 겁탁에 들어간다.

'별다른 체가 따로 없다'고 한 것은, 아래 네 가지 탁이 이 겁[劫濁] 중에 해당되기 때문에 이로 인하여 이름을 얻은 것이다. 이 겁분은 여러 가지 혼탁이 서로 모여서 혼란하고 난잡하기 때문에 '탁'이라고 한 것이다.

이와는 반대로 극락국토에는 아미타불께서 지금 현재 법을 설하고 계시므로 때가 청정함을 밝혔으니, 겁탁이 아니기 때문이다. 그러니 지금 우리들은 어찌 겁탁 세상에 안주하면서 저 국토에 왕생하기를 구하지 않겠는가? 아래 네 가지도 이와 같다.

그러므로 지자 대사가 말하기를 "타방 정토에는 삼독 등이 없기 때문에 곧 다섯 가지가 청정한 세상이라 한다." 한 것이 바로 이 뜻이다.

疏 '견탁'은 오리사(五利使)로 본체를 삼으니, 이를 나누면 62가지 등이 된다. 여러 가지 견해가 치성한 것이 곧 그 모양이다.

見濁者 五利使爲體 開之則六十二等 諸見熾盛 卽其相也

鈔 '오리사'란, 첫째는 신견(身見)이니 아와 아소에 집착하여 아견의 견해를 일으키는 것을 말한다.[287] 둘째는 변견(邊見)이니 단견과 상견에 집착하여 중도를 잃고 변방(邊傍)의 견해를 일으키는 것이다.[288] 셋째는 계취(戒取)니 원인이 아닌 것을 원인이라 생각하며 여러 가지 고행을 닦아 내가 능히 계를 지킨다는 견해를 일으키는 것이다.[289] 넷째는 견취(見取)니 보잘것없는 것에 집착하여 수승하다고 여기며 삼

· · · · · · · · · ·

287 안으로는 아(我)에 집착하고 밖으로는 아소(我所)에 집착하는 것이다. 혹은 오음(五陰) 중에 하나의 음(陰)이 아(我)요 여타의 음(陰)은 아소(我所)라고 집착하는 것이다.

288 제법이 무(無)임을 집착하고 단멸의 견(見)을 일으키거나, 혹은 제법이 유(有)임을 집착하여 상주의 견(見)을 일으키는 것이다. '중도'는 곧 제팔식이니, 두 식(識)이 항전(恒轉)하여 폭류(瀑流)와 같기 때문이니 항(恒)은 부단(不斷)이요 전(轉)은 불상(不常)이니 지금은 단(斷)·상(常)에 집착하여 중도를 잃는다.

289 열반의 원인이 아닌 것을 원인이라 생각하는 것이니, 어떤 이는 머리카락을 뽑고 가시에 눕고 불구덩이에 뛰어들며, 혹은 구계(狗戒)나 우계(牛戒)를 지키는 등 갖가지 무익한 고행을 하는 것을 말한다.

667

을 취하고 금을 버려 자신의 소견을 자부하는 견해를 일으키는 것이다.[290] 다섯째는 사견(邪見)이니 인과를 부정하고 활달공에 떨어져서 사도나 외도의 옳지 않은 견해를 일으키는 것이다.[291]

이 다섯 가지는 능히 중생을 생사에 빠지게 하기 때문에 '사(使)'라고 하고, 기미가 빠르고 피해가 작지 않으므로 오둔(五鈍)에 상대하여 '이사(利使)'라고 한 것이다.

'이것을 나누면 62가지가 된다'고 한 것은, 단(斷)·상(常) 이견(二見)을 근본으로 하여 색 등 오음에 각기 사구(四句)를 갖추니 20이요, 삼세가 번갈아 들어가니 60이 되며, 근본 단·상을 더하여 62가지가 된다.

이 여러 가지 견해는 마치 칡넝쿨과 같고 빽빽한 수풀과 같아서 얽히고설켜 도저히 벗어날 길이 없이 진성을 혼란하게 하기 때문에 '탁'이라고 한다.

이와는 반대로 극락국토에는 사람들이 정견을 갖추어 견해가 탁하지 아니하다는 것을 밝혔다.

· · · · · · · · · · ·

290 자기의 소견만이 옳고 다른 것은 모두 그르다고 고집하며, 설사 부처님이 오시는 것을 보더라도 또한 믿지 않으니, 마치 삼을 짊어지고 가며 보배라고 여기고 금은 버리고 돌아보지 않는 것과 같다.

291 선행을 짓는 것이 즐거움이요 악행을 짓는 것이 고통이라는 것을 믿지 않고 선악과 고락이 모두 공(空)이라고 말하며, 아(我)도 없고 짓는 자도 없고 받는 자도 없으나 선악의 업은 없지 않다는 것을 알지 못하고, 활달공(豁達空)에 떨어져 단멸견(斷滅見)을 일으키기 때문이다.

疏 '번뇌탁'은 오둔사(五鈍使)로 본체가 되니, 이를 확충하면 10이 되고 108이 되고 팔만사천이 되며, 더 나아가 항하사 등이 된다. 삼재(三災)를 받는 것이 곧 그 모양이다.

煩惱濁者 五鈍使爲體 廣之乃至爲十 爲百八 爲八萬四千 及恒河沙等 三災感召 卽其相也

鈔 '오둔사'란, 첫째는 탐(貪)이니 마음에 맞는 경계를 만나 애착을 일으켜 능히 버리지 못하기 때문이다. 둘째는 진(瞋)이니 마음에 어긋나는 경계를 만나 화내고 원망하며 능히 용납하지 못하기 때문이다. 셋째는 치(痴)니 역경계도 아니요 순경계도 아닌 곳에서 어리석고 어두운 마음을 내어 능히 깨닫고 살피지 못하기 때문이다. 넷째는 만(慢)이니 일체중생에게 교만하고 오만한 마음을 내어 위를 능멸하고 아래를 얕보아 능히 공경하고 겸손하지 못하기 때문이다. 다섯째는 의(疑)니 일체 선법에 시기하고 의심하는 마음을 내어 나아가기도 하고 물러가기도 하여 능히 결정하지 못하기 때문이다.

이 다섯 가지가 또한 사람들로 하여금 생사에 빠지게 하기 때문에 '사'라 하고, 앞의 것[五利使]과 비교하여 다소 무겁기 때문에 '둔사'라고 부른다.[292]

'이것을 확충하면…' 한 것은, 오리와 합하여 10번뇌가 되고, 또한

· · · · · · · · · ·
292 이 둔사(鈍使)가 경계와 상대하여야 비로소 일어나는 반면, 이사(利使)가 접촉하자마자 곧 일어나는 것과는 같지 않기 때문이다.

이것을 나누면 98이 되며, 십전(十纏: 열 가지 중생을 纏縛하는 번뇌)을 더하면 108번뇌가 된다. 또한 이것을 자세히 추구하면 팔만사천이 되고, 더 나아가 항하사가 되어 이루 헤아릴 수 없이 많고 많아, 우리들 마음을 번뇌롭게 하고 편안하지 못하게 하며, 우리들 마음을 뜨겁게 하고 시원하지 못하게 한다. 또한 시끄럽고 번거로운 법이 우리들 마음을 어지럽게 하여 진리를 밝지 못하게 하므로 '번뇌'라고 한다.

'삼재를 받는다'[293]고 한 것은, 탐심은 기근을 받고 진심은 병란을 받고 치심은 질병을 받으며, 내지 물과 불과 바람의 큰 재난이 모두 비슷하기 때문에 '탁'이라고 부른다.

이에 반하여 극락국토에는 사람이 모두 지혜로워 번뇌의 혼탁이 없다는 것을 밝혔다.

· · · · · · · · · ·

293 소삼재(小三災)에 처음은 기근이니, 사람의 나이가 감하여 30세가 되면 하늘에서 비가 오지 않아 큰 한발로 인하여 초목이 말라죽어 물을 보고자 하지만 그럴 수가 없는데 더욱이 음식을 먹을 수 있겠는가? 이런 인연으로 세상 사람들이 굶어죽는 자가 무수하다. 둘째는 질병이니 사람의 나이가 감하여 20세가 될 때 큰 역질이 돌아 갖가지 병이 일어난다. 이런 인연으로 세상 사람들이 역질로 죽는 자가 무수하다. 셋째는 병란이다. 사람의 나이가 감하여 10살이 될 때 여러 사람들이 각기 투쟁을 벌려 손에 초목을 잡으면 곧 칼과 창이 되어 서로 상해한다. 이런 인연으로 세상 사람들이 병란으로 죽는 자가 무수하다. 대삼재(大三災)에 첫째는 화재(火災)니, 겁이 무너질 때 일곱 개의 해가 나타나면 대지와 수미산이 점점 붕괴되고 네 개의 큰 바닷물이 점점 소멸하고 대천세계와 초선천(初禪天)이 모두 뻥 뚫려 남은 것이 없다. 이것을 화재라고 한다. 둘째 수재(水災)는 초선(初禪) 이후가 일곱 번 불이나 세계가 파괴된 후 세계가 다시 이루어지고, 또한 괴겁 때 점점 비가 내려 물방울이 수레만하고 겸하여 땅속의 수륜이 땅 위로 솟아올라 대천세계와 내지 이선천(二禪天)에 물이 모두 가득차서 일체가 모두 파괴되어 물이 빠진 소금과 같으니 이것을 수재라 한다. 풍재(風災)는 이선천(二禪天) 이하에 일곱 번 수재가 든 후에 세계가 다시 이루어지면 또 괴겁 때 아래 풍륜(風輪)으로부터 맹렬한 바람이 일어나고 겸하여 중생의 업력이 다하였기 때문에 곳곳에서 바람이 불어 대천세계와 내지 삼선천(三禪天)이 모두 부딪혀 탕진하여 남은 것이 없다. 이것을 풍재라 한다.

疏 '중생탁'이란, 어떤 이는 "『아함경』의 세 가지 뜻이 체가 된다." 하고, 또는 "오음과 견과 만과 과보를 잡아 본체를 삼는다." 하였다. 나쁜 이름과 더러운 호칭이 곧 그 모양이다.

衆生濁者 一云阿含三義爲體 又云攬五陰見慢果報爲體 惡名穢稱
卽其相也

鈔 '세 가지 뜻'이란, 『아함경』에서 말하기를 "첫째는 겁초에 광음천에서 태어났기 때문이요, 둘째는 중음(衆陰)을 가지고 태어났기 때문이요, 셋째는 처처에 태어나기 때문에 중생이라 한다." 하였다.

'오음'은 색·수 등이요, '견'은 끊임없이 주재하다는 생각을 내어 아(我)를 보는 것이요, '만'은 태어날 때부터 주재하다고 생각하여 아라는 교만을 가지는 것이요, '과보'는 앞에서 지은 인으로 지금 과보를 받는 것이다. 또는 위의 수생(受生)의 뜻이다.

'나쁜 이름과 더러운 호칭'이란, 중생과 부처님을 서로 비교해 보면, 중생이란 이름은 열등하고 추하며 육도에 윤회하여 여러 가지 고통을 받기 때문에 '탁'이라고 하는 것이다.

이에 반하여 극락국토에는 여러 거룩한 선인들이 똑같이 한 곳에 모여 중생의 혼탁함이 없음을 밝혔다.

疏 '명탁'이란, 색과 심이 서로 연이어 지속하는 것으로 체를 삼고, 나이를 재촉하고 수명을 감소하는 것이 그 모양이다.

命濁者 以色心連持爲體 催年減壽 卽其相也

鈔 '연이어 지속한다'는 것은, 숙세에 업의 소인(所引)인 제8식 종자에 의지하여 밖으로 색과 안으로 심이 서로 쫓으니, 곧 호흡과 따뜻함과 의식의 세 가지가 서로 의지하여 흩어지지 않는 것이 '목숨'인데, 이 중에 하나라도 연이어 지속하지 않으면 목숨이 끊어지고 말므로 '체'라고 하였다.

'나이를 재촉하고 수명을 감소한다'는 것은, 이 감겁에 당하여 백년도 다 채우지 못하는데다 또한 물거품 같고 바람 앞에 등불 같아 찰나에도 머물지 못하니, 더욱 짧고 재촉하므로 '탁'이라고 하는 것이다.

이에 반하여 극락국토에는 사람들의 수명이 부처님과 같이 무량하여 목숨이 혼탁하지 않다는 것을 밝혔다.

疏 이 오탁은 우선 과(果)에 의해 말한 것이니, 만약 『능엄경』에서 말한 것과 같다면 혹은 삼세(三細)·육추(六麤)에 배대하기도 하고 혹은 오음(五陰)에 배대하기도 하니, 뜻도 다르지 않다.[294]

此之五濁 且據果言 若楞嚴所云 或配三細六麤 或配五陰 義亦不異

鈔 '삼세 등에 배대하였다'는 것은, 겁탁은 업상(業相)에 배대하니 무명이 처음 일어나자 성이 마침내 혼탁해졌기 때문이다.

다음에 견탁은 전상(轉相)과 현상(現相)에 배대하고, 다음에 번뇌탁

· · · · · · · · · ·

294 위에서 말한 오탁에 대한 해석은 우선 한결같이 과(果)에 나아가서 설한 것이니, 『능엄경』에서 말한 것과 같이 인(因)과 과(果)에 통하는 것은 아니다.

은 지상(智相)·상속상(相續相)·집취상(執取相)·계명자상(繫名字相)에 배대하고, 다음에 중생탁은 기업상(起業相)에 배대하고, 다음에 명탁은 업계고상(業繫苦相)에 배대된다.

'오음에 배대된다'고 한 것은, 겁탁은 색음(色陰)에 배대되니 말하자면 공(空)과 견(見)이 나누어지지 아니하였는데 터무니없이 공을 보나 두 가지가 실체가 없어서 성(性)이 혼탁하기 때문이요, 다음에 견탁은 수음(受陰)에 배대되고, 다음에 번뇌탁은 상음(想陰)에 배대되고, 다음에 중생탁은 행음(行陰)에 배대되고, 다음에 명탁은 식음(識陰)에 배대된다.

'다르지 않다'고 말한 것은, 앞의 한 설은 마음에 초상(初相)이 없는 것이 곧 겁탁을 초월하였고, 내지 업계고가 없는 것이 곧 명탁을 초월한 것이니, 이 무명 등을 끊은 것을 오탁에서 보리를 얻는다고 하는 것이다.

뒤의 한 설은 색음을 파하면 겁탁을 초월하고, 내지 식음을 파하면 명탁을 초월하니, 이 오음 등을 파하는 것을 오탁에서 보리를 얻는다고 하는 것이다. 이렇게 설명은 다소 다르나 뜻은 대체로 같다.

疏 『관경』에서 말하기를 "탁악하고 불선하여 오고(五苦)가 닥친다."[295] 하였으나, 여기서 다섯 가지 고통을 말하지 않은 것은 문장이

----

295 '탁악하고 불선하다'는 것은, '탁'은 오탁이요 '불선'은 열 가지 불선(不善)이며, '오고'는 오도(五道)의 고통을 말한다.

생략된 것이다.

觀經云 濁惡不善 五苦所逼 今不言五苦者 文省也

鈔 '다섯 가지 고통[五苦]'이란, 소에는 "오도(五道)의 고다." 하였으나, 또는 오통(五痛)·오소(五燒)·오악(五惡) 등을 말하기도 한다.[296] 자세한 것은 『대본』에 구체적으로 말하였으므로 여기서는 번거롭게 적지 않는다.

혼탁하면 반드시 고통이 있으므로 혼탁을 들면 고통이 그 속에 포함된다. 그러므로 '문장이 생략되었다' 하였다.

疏 이 오탁 처에서 능히 자립할 수 있는 자도 이미 드물거든, 정각을 이루는 일이야 어찌 어렵지 않겠는가? 이것이 첫째 어려운 일이니, 자리 공덕의 불가사의함을 밝힌 것이다.

此五濁處 能自立者 亦已鮮矣 得成正覺 寧不難乎 是爲第一重難事
明自利功德不可思議

鈔 '자립'이란, 오탁악세 가운데에서 인간으로 태어나, 밖으로는 시국의 형세에 핍박당하고 안으로는 미혹의 장애에 얽매임을 당하는

---

296 '오도의 고'란, 지옥의 불에 타는 고통, 아귀의 배고픈 고통, 축생의 도살되는 고통, 인간의 여덟 가지 고통, 천상의 다섯 가지 쇠약하는 고통이다. '오악'은 살생, 투도, 사음, 망어, 음주요, '오통'은 오악의 현재 과보요, '오소'는 오악의 삼도(三途) 과보다.

674

데, 더욱이 몸은 사생(四生: 생물이 태어나는 네 가지 형식. 태에서 태어나는 것, 알에서 태어나는 것, 습기에서 태어나는 것, 변화하여 태어나는 것)에 속하고 목숨은 호흡하는 가운데 있으면서 인간이 얼마만큼 자유로울 수 있겠는가?

그러므로 깨끗하고자 하지만 오히려 더러워지고 오르고자 하지만 도리어 떨어져서, 능히 이곳에서 선과 악을 구별하고 계율을 지키고 복을 닦아 스스로 인간과 천상의 위치에서 자립하는 자도 드문데, 이곳에서 깊이 무상을 두려워하여 사제와 십이인연을 닦아 성문과 연각의 지위에서 자립하기는 더욱 더 어렵다.

그러므로 이곳에서 영원히 무명을 끊고 높이 삼계에 초월하여 위 없는 정등보리를 얻는다면, 이야말로 똑같이 불난 집에서 살면서 그만이 유독 보배수레를 모는 것이요, 똑같이 애욕의 강물에 빠졌으면서 그만이 우뚝 저쪽 언덕에 오른 것이니, 어찌 다른 사람이 깨닫지 못한 것을 깨달은 것이 아니며, 다른 사람이 행하지 못하는 것을 행하는 것이 아니겠는가?

이것을 '어렵다'라고 하고, 이것을 '자리 공덕이 불가사의하다'라고 말한 것이다.

疏 이치에 맞게 말한다면, 자성은 시각이 본각과 합하니 이것이 내가 제불을 찬탄한다는 뜻이요, 본각이 시각과 합하니 이것이 제불이 나를 찬탄한다는 뜻이다.[297]

. . . .
297 제불이 오래전에 이룬 것이 본각(本覺)의 뜻이요, 석가가 지금 이룬 것은 시각(始覺)의 뜻이니, 시

자성은 고요하면서 늘 비추고 비추면서 늘 고요하니 이것이 석가
모니의 뜻이요, 자성은 더러우면서 더럽지 않고 더럽지 않으면서 더
러우니 이것이 오탁과 보리의 뜻이다.[298]

稱理 則自性始覺冥乎本覺 是我讚諸佛義 本覺冥乎始覺 是諸佛讚
我義 則自性寂而常照 照而常寂 是釋迦牟尼義 自性染而不染 不染而染
是五濁菩提義

鈔 인(因)이 과(果)의 바다를 포함하고 과가 인의 근원에 사무쳐서
시각과 본각이 다르지 않고, 작용이 본체를 여의지 않고 본체가 작용
을 여의지 않아서 고요함과 비춤이 동시다.[299]

더럽지 않으면서 더러운 것은 참으로 알기 어려우니 이것이 보리
가 오탁에 침몰한 것이요, 더러우면서도 더럽지 않은 것도 참으로 알
기 어려우니 이것이 오탁이 보리에서 홀로 드러난 것이다.

그러므로 이 부처님과 저 부처님이 똑같이 적(寂)·조(照)의 자심으

<hr />

각(始覺)이 번뇌에 있는 것을 본(本)이라 하고, 본각(本覺)이 번뇌에서 벗어난 것을 시(始)라고 하니, 시각
과 본각이 둘이 아닌 것이 부처와 부처가 서로 찬탄한 뜻이다.

298 석가는 대비로 중생을 이롭게 하니 이것이 조(照)의 뜻이요, 모니는 대지로 이(理)에 합하니 이것
이 적(寂)의 뜻이니, 적(寂)과 조(照)가 동시인 것이 능인적묵(能仁寂黙)의 뜻이다. 오탁은 염(染)의 뜻이
요 보리(菩提)는 불염(不染)의 뜻이니, 인연에 따르되 더럽지 않고 더럽지 않으나 인연에 따르는 것이 오
탁보리(五濁菩提)의 뜻이다.

299 '인이 과의 바다를 포함한다' 한 것은 시각이 곧 본각이요, '과가 인의 근원에 사무친다' 한 것은
본각이 곧 시각이다. '작용이 본체를 여의지 않는다' 한 것은 능인(能仁)이 곧 적묵(寂黙)이요, '본체가 곧
작용을 여의지 않는다' 한 것은 적묵(寂黙)이 곧 능인(能仁)이다.

로 돌아가고, 번뇌와 보리가 깨달음과 미혹의 일념에서 벗어나지 않으며, 본사(本師)가 곧 나요 내가 곧 보리라, 보리를 얻는 것은 실로 얻을 것이 없음을 알 수 있다.

2) 법 설하기 어려움을 찬탄하다

【經】 여러 중생들을 위하여 일체 세간이 믿기 어려운 법을 설하시느니라."하니라.

> 爲諸衆生 說是一切世間難信之法

疏 앞의 것은 인간 가운데 어려운 일이요, 지금은 어려운 일 가운데 어려운 일이다. 그것은 정토법문은 일체 세간이 믿기 어려운 법인데, 부처님이 악세에서 도를 얻으시고서 다시 악세에서 이 법을 설하시어 중생을 제도하셨기 때문이니, 또한 어려운 가운데 더욱 어려운 일이다.

이것이 두 번째 어려운 일로서, 이타 공덕의 불가사의함을 밝힌 것이다.

> 前是人中難事 今是難事中之難事也 良繇淨土法門 一切世間之所難信 佛於惡世得道 復於惡世說此法 以度衆生 又難中難也 是爲第二重難事 明利他功德不可思議

鈔 '믿기 어렵다'는 것을 대략 열거하면 열 가지가 된다.[300] 지금 예토에 살고 있으면서 익힌 지가 오래되고 마음이 거기에 안주하여, 저 국토는 청정하게 장엄하였다는 말을 얼른 들으면 이런 일이 없을 것이라고 의심하게 마련이니, 이것이 믿기 어려운 첫째다.

비록 저 국토를 믿지만 시방 불찰도 모두 왕생할 만한데 하필 꼭 극락에만 태어나야 할 필요가 있을까 하고 의심하니, 이것이 믿기 어려운 둘째다.

반드시 극락에 태어나야 한다는 것은 믿지만 사바에서 극락까지의 거리가 10만억 불찰이나 되는데 저렇게 멀고 먼 곳을 어떻게 갈 수 있을까 하고 의심하니, 이것이 믿기 어려운 셋째다.

멀지 않다는 것은 믿지만 박지범부는 업장이 깊고 무거운데 어떻게 단박 저 국토에 왕생할 수 있을까 하고 의심하니, 이것이 믿기 어려운 넷째다.

왕생할 수 있다는 것은 믿지만 이 정토에 왕생하는 데는 반드시 깊은 법문과 여러 가지 공덕이 있어야 하는데 어떻게 단지 부처님 명호를 부르는 것만으로 능히 왕생할 수 있을까 하고 의심하니, 이것이 믿기 어려운 다섯째다.

부처님 명호를 부르는 것만으로도 왕생할 수 있다는 것은 믿지만

. . . .

300 열 가지 믿기 어려운 것은 대략 사리분별을 못하거나[狂] 어리석은[愚] 두 가지 병을 벗어나지 않았다. 앞에 여덟 가지는 어리석은 자가 성인의 경계에 높이 미루기 때문에 믿지 않고, 아홉째는 미친 자가 서방을 멸시하기 때문에 믿지 않으며, 열째는 쌍으로 두 가지를 겸하였다.

부처님 명호를 부르며 반드시 수많은 시간을 지내야만 비로소 성취할 수 있을 것인데 어떻게 하루나 7일 만으로 곧바로 저 국토에 태어날까 하고 의심하니, 이것이 믿기 어려운 여섯째다.

7일 만에 왕생할 수 있다는 것은 믿지만 칠취(七趣)에 태어나는 데는 태·란·습·화 사생을 여의지 못하는데 어떻게 저 국토에 태어나는 이는 모두 연꽃에 화생할까 하고 의심하니, 이것이 믿기 어려운 일곱째다.

연꽃에 화생한다는 것은 믿지만 처음으로 도에 들어가서 퇴보하는 인연을 수없이 겪어야 하는데 어떻게 한번 저 국토에 태어나면 곧 불퇴전을 얻을까 하고 의심하니, 이것이 믿기 어려운 여덟째다.

퇴전하지 않는다는 것은 믿지만 이것은 근기가 둔한 중생을 접인하기 위한 것이라, 지혜가 높은 영리한 근기는 꼭 저곳에 태어날 필요가 없을 것이라고 의심하니, 이것이 믿기 어려운 아홉째다.

영리한 근기도 또한 왕생해야 한다는 것은 믿지만 다른 경에서 어떤 데서는 부처님이 있다고 하기도 하고 혹은 없다고 하며, 혹은 정토가 있다고 하기도 하고 없다고 하신 말씀을 의심하여 이런가 저런가하고 결정을 내리지 못하니, 이것이 믿기 어려운 열째다.

그러므로 '믿기 어렵다'고 한 것이다. 그런데 '일체 세간'이라 한 걸 보면, 비단 악도가 믿기 어려울 뿐만 아니라 인간이나 천상도 이를 의심하며, 비단 어리석은 자가 믿기 어려울 뿐만 아니라 어질고 지혜로운 이도 의심하며, 비단 처음 배우는 자가 믿기 어려울 뿐만 아니라 오래 닦은 이도 의심하며, 비단 범부가 믿기 어려울 뿐만 아니라 이승도 의심하니, 그러므로 '일체 세간이 믿기 어려운 법이다' 한 것이다.

　지금 이 세상에서 이 법을 설하는 것은 마치 나체 나라에 들어가서 예의를 가르치는 것과 같고, 태어날 때부터 눈먼 사람에게 흑백을 일러 주는 것과 같으니, 이것을 '어렵다'라고 하며, 이것을 '이타 공덕의 불가사의'라고 말한 것이다.

　疏　또한 『법화경』이나 『금강경』에서 모두 "믿기 어렵다." 하였으니, 이것과 같은 뜻이다.
　　又法華金剛皆云難信 與此同義

　鈔　『법화경』에서 "중생으로 하여금 일체 세간이 믿기 어려운 법을 모두 들어 알게 하고자 하여…."라고 하기도 하고, 또한 "이 경은 듣기 어렵고 믿고 받아들이기도 어렵다." 하였다.

　『금강반야경』에 "이 경 설하는 것을 들으면 마음이 광란하여 의심하여 믿지 않을 것이다." 하고, "놀라지 않고 공포하지 않고 두려워하지 않는 자는 희유한 일이다." 하였으니, '놀라지 않는다'고 한 등은 능히 믿는다는 말이다.

　지금 이 경에서 '믿기 어렵다'고 한 것이 두 경과 같으니, 어찌 경시할 수 있겠는가?

　疏　문: 이미 '믿기 어렵다' 했으니, 설한들 억지로 하는 일이고 잘 알지도 못하는 일인데 무엇하러 설합니까?

답: 결국에는 부처님 말씀을 믿는 자가 있기 때문이다.

問 旣云難信 則說爲强聒 何以爲說 答 終以佛說 有信者故

鈔 설함으로써 믿는 자가 있으니, 이것이 묘법이다. 만약 여래가 일찍이 널리 설하여 전파하지 않았으면, 아주 오랜 세월 동안 영원히 기나긴 밤과 같아 끝끝내 아무도 염불하여 왕생을 구할 사람이 없었을 것이다.

그러므로 믿기 어려운 법이라고 한탄한 것은, 믿지 않는 자는 스스로 포기하지만 능히 믿는 자는 인연이 있음을 보여서, 일체중생으로 하여금 인연이 끊어진 것을 마음 아프게 여기고 이 법 들은 것을 다행스럽게 여기게 하였기 때문이다.

지금 정토를 믿는 자는 모두 부처님의 설법으로 인하여 뜻을 내었으니, 비록 지금은 믿지 않더라도 한번 귀에 스치면 영원히 도의 종자가 될 것이기 때문이다.

疏 이치에 맞게 말한다면, 자성은 한곳에 모이지 않나니 이것이 '믿기 어려운 법'의 뜻이다.

稱理 則自性不可湊泊 是難信法義

鈔 반드시 알라! 자성은 유심(有心)으로 구할 수 없고 무심(無心)으로 얻을 수 없으며 언어로 나아가지 못하고 적묵으로도 통하지 못하여, 사구(四句)가 끊어지고 백비(百非)가 끊어져서, 허공 속에 꽃을 심

고 파도 가운데서 달을 밟고 노닐듯이, 도저히 그대가 손발을 쓸 곳이 없다.

그러므로 영산회상의 보살들도 마침내 패배하는 허물이 있었고,[301] 선종의 덕산 화상도 처음에는 남방에 가서 남종을 없애려는 생각이 있었다.[302] 그러니 이 법을 믿는다는 것이 어찌 어려운 일이 아니겠는가?

다. 어려운 일임을 총 결론짓다

【經】 사리불이여, 내가 오탁악세에서 이 어려운 일을 수행하여 아눗다라삼먁삼보리를 얻고서, 모든 세상을 위하여 이 믿기 어려운 일을 설하는 것이 참으로 어려운 일이라는 것을 반드시 알지니라.

舍利弗 當知我於五濁惡世 行此難事 得阿耨多羅三藐三菩提 爲一切世間 說此難信之法 是爲甚難

· · · · · · · · · ·

301 영산의 법화회상에서 5천 비구가 자리에서 물러간 일을 말한다.

302 덕산의 호는 주금강(周金剛)인데 남종의 단전직지(單傳直指)의 설을 믿지 않고 『청룡초(靑龍鈔)』를 지어 바로 남방으로 가서 남종을 없애려고 하였다. 길에서 노파를 만나 점심을 사먹으려고 하는데, 노파가 "스님께서 지금 짊어지고 있는 것이 무엇입니까?" 하고 물었다. "금강경 청룡초요." 하고 대답하니, "금강경에 '세 가지 마음을 얻을 수가 없다' 하였는데, 존자가 지금 점 찍으려 하는 것은 무슨 마음입니까?" 하고 물었다. 덕산이 대답하지 못하고 용담 화상 처소에 이르러 두어 차례 공격을 당하고서 홀연히 크게 깨닫고는 "무수한 현변(玄辯)을 다하여도 마치 털 한 올을 허공 속에 둔 것과 같고, 세상을 다한 추기(樞機)라도 한 방울 물을 큰 바다 속에 던진 것과 같다." 하고, 이에 청룡초를 불태웠다.

疏 제불의 말씀을 밝히며 거듭 되풀이하여 설명하였다.

이 두 가지 어려움을 보건대, 예전의 부처님은 괜히 찬탄하는 말씀을 한 것이 아니요, 지금 부처님은 좋은 평판을 지나치게 받은 것이 아니라, 진실한 말씀과 진실한 행동이 둘 다 서로 부합하였던 것이다.

만대 중생은 반드시 진실하게 믿어 의심치 말고 은혜에 감사하며 그만두는 자가 없어야 하나니, 이야말로 몇 번이고 되풀이하여 신신당부하는 노파의 마음과 같이 간절하다 할 수 있으리라.

述諸佛語 重爲申明 見此二難 古佛不虛爲讚辭 今佛非濫膺美譽 實語實行 兩相符合 萬代衆生 當諦信而勿疑 感恩而無已者也 可謂反覆叮嚀 婆心大切矣

鈔 도를 얻기 어려운 데는 두 가지가 있다.

첫째는, 좋은 세상에서 도를 얻는 것이야 어렵다 할 것이 없지만, 지금 같은 악세에 도를 얻는 것이 어렵다. 둘째는, 악세에 도를 얻되 조그만 증과를 얻는 것이야 어렵다 할 것이 없지만, 지금 위없는 보리도를 얻는 것이 어렵다.

설법의 어려움에도 두 가지가 있다.

첫째는, 좋은 세상에서 법을 설하는 것이야 어렵다 할 것이 없지만, 지금 같은 악세에 법을 설하는 것이 어려운 일이다. 둘째는, 악세에 법을 설하되 믿기 쉬운 것을 설하는 것이야 오히려 어렵지 않지만, 지금 믿기 어려운 법을 설하는 것이 어려움이다.

이 비유를 대략 네 가지로 들어보면, 첫 번째 비유는, 어떤 사람이 바다에 들어갔다가 다시 부서진 배를 타고 다시 역풍을 만나고 다시 사나운 물결에 부딪히고 다시 나찰이나 고래나 독룡을 만나 위험이 경각간에 달렸으나, 그 가운데서 큰 어려움 없이 능히 바다를 건넜다면 이것을 어려움이라 하고, 자신이 바다를 건넜을 뿐만 아니라 다른 사람들도 건너 저쪽 언덕에 이르게 했다면 이것이 어려운 가운데 어려운 일인 것이다. 큰 바다, 부서진 배, 역풍, 사나운 물결, 그리고 나찰 등은 오탁에 비유하였고, 자신이 건넌 것은 도를 얻은 것에 비유하였고, 남을 건네주는 것은 법을 설하는 것에 비유하였다.

두 번째 비유는, 어떤 사람이 중병을 앓고 있는데다 또한 거처할 집도 없고 다시 먹을 음식도 없는데, 게다가 발을 헛디뎌 구덩이에 처박혔고 다시 돌팔이 의사를 만나 약을 잘못 써서 위태함이 경각간에 달렸으나, 능히 그 가운데서 잘 조리하여 병이 나았다면 이것을 어려움이라 하고, 자신이 나았을 뿐만 아니라 다른 병자들도 모두 낫게 하였다면 이것이 어려운 가운데 어려운 일인 것이다.

세 번째 비유는, 어떤 사람이 몸이 감옥에 갇힌 신세가 된데다 또한 심한 고문을 당하고 다시 손발을 묶였는데, 또 병이 들고 다시 감방에 갇혀 장차 죽임을 당할 처지에 놓여 위태함이 경각간에 달렸으나, 그 가운데서 능히 홀연히 벗어났다면 이것을 어려움이라 하고, 자신이 벗어났을 뿐만 아니라 다른 죄인들도 모두 풀려나게 했다면 이것이 어려운 가운데 어려운 일인 것이다.

네 번째 비유는, 어떤 사람이 우물 속에 빠진데다 또한 독사를 만나고 다시 가시에 찔리고 또 물속에 빠졌다가 다시 나쁜 사람을 만나 돌무더기에 던져져서 위험이 경각간에 달렸으나, 그 가운데서 몸이 능히 빠져나왔으면 이것을 어렵다 말하고, 자신이 빠져나왔을 뿐만 아니라 다른 함께 떨어진 자들도 한꺼번에 올라왔다면 이것을 어려운 가운데 어려운 일이라고 하는 것이다.

오탁 등의 비유는 그 뜻이 위와 같고, 이 네 가지 비유는 석가의 두 가지 어려움을 대략적으로 비유하여 여래께서 어렵고 힘든 일을 마다하지 않고 갖은 고통을 두루 겪으시며 우리들을 위해 어려운 가운데 어려운 일을 행하여 이렇게까지 하셨음을 알게 한 것이니, 이렇게 어려운 법을 들은 자는 모두 반드시 기뻐하고 슬퍼하며 감동에 겨워 슬피 울어 그 소리가 삼천대천세계에 진동해야 하며, 용맹정진하여 부처님 은혜를 갚을 생각을 해야 하는 것이다.

부처님 은혜를 갚고자 하면 두 가지 일에서 벗어나지 않으니, 첫째는 자리요 둘째는 이타다. 자리란 이 악세에서 힘써 이 도를 수행하여 왕생을 얻는 것이니 이것을 어렵다 하고, 이타는 이 악세에서 다시 다른 사람들에게도 권하여 함께 이 도를 수행하여 똑같이 왕생을 얻는 것이니, 이것을 어려운 가운데 어려운 일이라고 하는 것이다.

疏 또한 『법화경』에서 경 설하기 어려움을 극찬한 것도 이 뜻과 같다.

又法華極讚說經之難 亦同此意

鈔 『법화경』에서 극찬하였다'는 것은, 다른 경전을 모두 설한 것은 손으로 수미산을 집어 던지고 발로 대천세계를 차서 멀리 버리더라도 모두 다 어려움이라 할 것이 없고, 능히 악세에 『법화경』을 설한 것이야말로 어려운 일이다.[303] 지금 이 경(『아미타경』)을 설하기 어려운 것도 이와 같다 할 것이다.

疏 또한 두 가지 뜻이 있으니, 앞의 어려움은 극락에서 도를 얻는 것은 쉬운 일임을 반대로 밝힌 것이요, 뒤의 어려움은 극락에서 법을 설하는 것이 쉬운 일임을 반대로 밝힌 것이다.

復有二義 前難反顯極樂得道爲易 後難反顯極樂說法爲易

鈔 '도를 얻기 쉽다'고 한 것은, 『파사론』에서 "염불하여 왕생하면 부처님의 원력을 힘입었기 때문에 도를 행하기 쉽고, 오탁악세는 수행하기 어려운 곳이므로 도를 행하기 어렵다." 하였다.

'법을 설함이 쉽다'고 한 것은, 저 국토의 여러 거룩한 이들은 모

----

303 「다보품(多寶品)」에서 여래가 대중에게 널리 고하시기를, "다른 경을 모두 설한 것은 마치 항하의 모래와 같으니 참으로 어려운 일이기는 하지만 모두 근기에 맞춘 말씀이라 사람들이 또한 믿기 쉬우니 족히 어려운 일이라 할 것이 없다. 만약 손바닥으로 수미산을 잡아 세상 밖으로 던져버리고 또한 발로 대천세계를 차서 다른 나라로 버리더라도 비록 모두 어려운 일이기는 하지만 신통과 도력이 있는 자는 이런 일을 능히 할 수 있으니 오히려 어려운 일이 아니다. 오직 악세에 이 경을 설하는 것이야 말로 가장 어려운 일이니, 사람들이 믿지 않기 때문이며, 원망하고 질투하는 마음을 내기 때문이며, 꾸짖고 매도함을 초래하기 때문이며, 몽둥이질을 당하기 때문이니, 만약 대원(大願)이 없으면 퇴굴심(退屈心)을 내기 때문이다." 하였다.

686

두 지혜가 깊고 업장이 얕고 뜻이 고결한데다, 나뭇가지에 스치는 바람, 새들의 울음소리가 모두 깨달음을 일깨워주니, 이 세상이 단단하고 굳어 조복하기 어려운 것에 비할 바 아니다. 그러므로 어려운 일을 들고 쉬운 일임을 밝혀 극락에 반드시 왕생하기를 구할 것을 보인 것이다.

疏 이치에 맞게 말한다면, 자성은 마음과 경계가 서로 화합하니 이것이 이 두 가지 어려움을 행하는 뜻이다.

稱理 則自性心境雙融 是行此二難義

鈔 마음은 경계에 따라 일어나는지라 마음의 본체가 본래 고요하니, 얻을 바 없는 것을 보리를 얻었다 말하고, 경계는 마음에 따라 나타나는지라 경계의 본체는 본래 공하니, 설할 법이 없는 것을 법을 설한다고 한다.

마음 밖에 경계가 없고 경계 밖에 마음이 없으면 자각과 각타와 각행이 원만하다.

1

법을 들은 대중을 거듭 들다

【經】 부처님이 이 경을 설하시고 나니, 사리불과 여러 비구들과 일체 세간의 천상이나 인간이나 아수라 등이

佛說此經已 舍利弗 及諸比丘 一切世間天人阿修羅等

疏 법은 반드시 유통해야 하니, 부처님이 법을 설하시는 것은 중생을 널리 제도하기 위해서이기 때문이다.

다시 대중을 나열한 것은, 경 첫머리에 대중이 법을 들음을 밝혔으니 경의 마지막에 대중이 법을 받았음을 밝힌 것이다.

유독 사리불만을 든 것은 이 경을 듣기에 알맞은 근기이기 때문이요, 보살을 말하지 않은 것은 '비구' 가운데 포함되었기 때문이다.

'아수라'는 우리말로 비천(非天)이라 한다. '등'은 팔부(八部)와 육도(六道)를 등취하였다.

法必流通 以佛說法 爲普度衆生故 復列衆者 經初明衆聽法 經終明衆受法也 獨擧身子者 以當機故 不言菩薩者 攝此比丘中故 阿修羅者此云非天等者 等八部六道也

鈔 '유통'이란, 『광명경』 소에 "'유'란 흐른다는 뜻이요 '통'은 막히

지 않는다는 뜻이다." 하고, 규봉 스님이 "아무도 전하는 사람이 없으면 흐르지 않을 것이니 흐른다는 것은 머무르지 않는 것이요, 이를 전하되 장애를 만나면 통하지 않으니 통한다는 것은 막히지 않는 것이다." 하였다.

'널리 제도한다'는 것은, 시방과 삼세에 유통하여 한 곳이나 한 시대에만 치우쳐 중생을 위하지 않는 것이다.

'듣기에 알맞은 근기'란, 믿기 어려운 법은 오직 지혜로운 이만이 능히 믿는다. 그러므로 시종 첫머리에 사리불을 든 것이다.

'비구 가운데 포함되었다'는 것은, 보살은 비록 여래를 항상 따르지는 않지만 여러 비구들과 같이 현성의 무리가 되기 때문이다. 또한 보살은 진(眞)과 속(俗)을 둘 다 화합하여 종류에 따르고 근기에 응하니, 역시 세간 가운데 포함될 수 있기 때문이기도 하다.

'일체 세간'에 포함되는 자는 매우 많은데 유독 천상이나 인간이나 아수라만을 든 것은, 이 법문을 닦는 것은 선도(善道) 중생이니 여타 도에 비해 도를 닦기 유리하기 때문이다.

'비천'이란, 아수라는 부유하고 즐거운 것이 하늘과 같지만 하늘의 행이 없기 때문이다. 자세히는 4종이 있으니[1] 여기서는 번거롭게 열거하지 않는다. 앞에 대중을 나열한 가운데서 그 이름이 없는 것은

. . . .
1 '수라는 자세히는 4종이 있다'는 것은, 첫째는 알로부터 나니 귀취(鬼趣)에 속하고, 둘째는 태로부터 나니 인취(人趣)에 속하며, 셋째는 변화함으로 인하여 있으니 천취(天趣)에 속하고, 넷째는 습기로 인하여 있으니 축생취(畜生趣)에 속한다.

천상과 인간과 대중에 속하기 때문이다.

문: 아수라는 지극히 흉폭하고 완악하다고 하는데, 어찌 부처님 명호를 부를 수 있습니까?

답: 아귀나 축생도 오히려 귀의할 줄 아는데, 수라가 어찌 믿지 않겠는가? 『화엄경』「세주묘엄품」에서 여러 아수라들이 각기 해탈문을 얻었다는 말을 듣지 못했는가? 지금 인간에 있으면서도 까마득히 믿지 않는 자가 진정 기이할 뿐이다.

疏 이치에 맞게 말한다면, 자성은 필경 원만하니 이것이 '부처님이 경을 설하시고 나니…' 한 뜻이요, 자성은 두루 함용하니 이것이 '일체 세간'의 뜻이다.

稱理 則自性究竟圓滿 是佛說經已義 自性周徧含容 是一切世間義

鈔 '필경'이라 한 것은 머리와 꼬리가 원만하게 갖추어 모자람도 없고 남음도 없는 것이요, '두루하다'는 것은 범부와 성인을 망라하여 어느 것이든 만족치 않는 것이 없으니, 이와 같은 경전은 수보리를 부르기 전에 이미 전체 문장을 다하였으니, 어찌 문수가 망치를 치고 쌍림 대사(雙林大士)가 책상을 어루만지기를 기다린 후에 설법을 마쳤다고 하겠는가?[2]

. . . .

2 '문수가 추(椎)를 친다'는 것은, 세존이 하루는 자리에 오르시니 문수가 추(椎)를 치며 대중에게 고하기를 "법왕의 법을 자세히 관하라. 법왕의 법이 이와 같으니라." 하니, 세존이 곧 자리에서 내려왔다.

그러므로 자리에 오르고 승당에 들어가더라도 대중이 더함이 없고, 북소리가 고요하고 종소리가 다하였더라도 인간이나 천상이 감함이 없다.

. . . .

천동(天童)의 송에 "이 한 가닥 진풍(眞風)을 보았느냐? 끊임없는 조화의 신이 베틀을 놀려 옛 비단에 봄경치를 짰으나 봄이 비밀을 누설하였으니, 이를 어쩐다!" 하였다. '쌍림이 책상을 어루만진다'는 것은, 양무제가 부 대사에게 『금강경』을 강의해 주기를 청하니, 대사가 자리에 올라 책상을 한번 어루만지고는 자리에 내려오니, 무제가 놀랐다. 지공이 "폐하는 아시겠습니까?" 하고 물으니, 무제가 "모르겠습니다." 하였다. 그러자 지공이 "대사가 경을 설하여 마쳤습니다." 하였다.

2

모두 받들어 행하였음을 밝히다

【經】 부처님이 설하신 말씀을 듣고는, 기뻐하고 믿어 잊어버리지 않으며 예를 드리고 물러갔습니다.

聞佛所說 歡喜信受 作禮而去

疏 '기뻐하였다'는 것은 들은 말씀을 경하하기 때문이요, '믿고 잊어버리지 않았다'고 한 것은 들은 말씀을 받아들였기 때문이며, '예를 드렸다'고 한 것은 들은 말씀을 소중히 여겼기 때문이다.

'물러갔다'는 것은, 듣고 나서 물러가 수행하고 도를 지키는 것이다.

또한 앞의 세 가지는, 세 가지 자량이며 세 가지 지혜이다.

歡喜者 慶所聞故 信受者 領所聞故 作禮者 重所聞故 去者 聞已則退而修持也 亦前三資糧 及三慧也

鈔 '들은 말씀을 경하하였다'는 것은, 다겁에 유랑하여 이 법을 듣지 못하였다가 지금 부처님 명호를 부르며 왕생을 알았으니, 오랫동안 병석에 누워 있다가 홀연히 신기한 약방문을 만났고, 오랫동안 타향에서 떠돌아다니다가 잠깐 집안 소식을 듣고 기쁨을 이기지 못

하는 것과 같으니, 그러므로 경하한 것이다.

'들은 말씀을 받아들였다'는 것은, 믿고는 의심하지 않고 받고는 잊지 않으니, 마치 왕의 칙령을 받드는 것과 같고 아버지의 명령을 준수하는 것과 같다. 그러므로 '받았다'고 한 것이다.

'들은 말씀을 중히 여긴다'고 한 것은, 마음이 감격하여 온몸을 높이 뛰고 부지런히 애쓰는 것이니, 마치 지극한 은혜를 입고는 한없이 고마워하는 것과 같다. 그러므로 '중히 여긴다'고 하였다.

'수행하고 도를 지킨다'는 것은, 옛사람은 스승에게 나아가서 도를 듣고는 물러가서는 깊이 도를 닦으니, 요즘 사람들이 귀에 들어갔다가 금방 입으로 나오는 것과는 다르다.

'세 가지 자량'이란, 위의 듣고 믿는 것은 신자(信資)요, 믿고는 받는 것은 원자(願資)며, 받고 물러가는 것은 행자(行資)다.

'세 가지 지혜'는, 들은 것은 문혜(聞慧)요, 기뻐하며 믿고 잊지 않는 것은 사혜(思慧)며, 물러가서 수행하고 염불하는 것은 곧 수혜(修慧)이다.

疏 또한 이 '환희'에도 청정의 세 가지 뜻을 갖추었으니, 『관경』 소에서 설한 것과 같다.

又此歡喜 亦具淸淨三義 如觀疏中說

鈔 '세 가지 뜻'이란, 『관경』 소에서 말하기를 "첫째는 능설인(能說人)이 청정하고, 둘째는 소설법(所說法)이 청정하며, 셋째는 법에 의하

여 증과를 얻음이 청정하니, 이 세 가지 뜻을 갖추었기 때문에 환희하였다." 하였다.

지금 부처님 명호를 부르고 왕생하는 법은 곧 부처님이 설하신 것인데, 부처님은 일체지를 얻은 분이라 네 부류 사람(범부·성문·연각·보살)이 아니다. 이것은 사람이 청정한 것이다[人淸淨]. 이러한 사람을 만났으니 어찌 환희하지 않겠는가?

부처님의 명호를 부르고 왕생하면 곧 삼매를 증득하니, 이것은 원돈교(圓頓敎)이지 방편교가 아니다. 이것은 법이 청정한 것이니[法淸淨], 이와 같은 법을 듣고 어찌 환희하지 않겠는가?

부처님의 명호를 부르고 왕생하면 퇴전치 않고 바로 성불에 이르니, 이것은 조그만 증과가 아니다. 이것은 증과가 청정한 것이니[果淸淨], 이러한 증과를 증득하였으니 어찌 환희하지 않겠는가?

疏 또한 이 '환희'는 깊고 얕은 것에도 통하니, 각기 얻은 것에 따른다.

又此歡喜 亦通深淺 各隨所得

鈔 '깊고 얕다'는 것은, 『화엄경』의 초지를 환희지라고 하는데, 경문에 서른 가지 환희를 말하였다. 첫째는 미래에 십구(十句)를 얻으니, 이른바 제불을 생각하기 때문에 환희를 얻고 제법을 생각하기 때문에 환희를 얻는 등과 같다. 지금 이 경을 듣는 자는 나도 미래에 아미타불과 같이 될 수 있고, 나도 미래에 아미타불의 이와 같은 묘법을

들을 것이므로 기뻐하는 것이다. 둘째는 현재에 십구를 얻으니 이른바 일체 세간 경계를 전리(轉離)하였기 때문에[3] 환희하고, 모든 부처님을 가까이 하기 때문에[4] 환희하는 등이다. 지금 이 경을 들은 자는 현재 사바의 오탁 경계를 전리하고 현재 정토에 왕생함을 얻어서 미타와 제불을 가까이 하므로 기뻐하는 것이다.

이 환희는 지(地) 가운데 속하나, 초행(初行)도 환희라고 하고[5] 초주(初住) 문장에서도 "한없는 환희를 얻는다."라고 말하였다.[6] 그러므로 '깊고 얕다' 하였다.

만약 얕고 또 얕은 것이라면 그 심천에 따라 또한 법희의 즐거움을 얻을 수가 있다.

疏 또한 믿고 잊어버리지 않는 것[信受]으로 귀결지은 것은, 처음부터 마지막까지 믿음이 근본이 되기 때문이다.

. . . .

3 초지보살은 삼무성(三無性)을 증득하여 영원히 인집(人執)을 여의고 외경(外境)에 집착하지 않으며, 또한 법집분별(法執分別)도 현행하지 않기 때문에 '일체 세간 경계를 전리(轉離)한다' 한 것이다.

4 초지는 무분별심을 얻어 제불의 지용(智用)과 상응하여 오직 법력에만 의해 자연히 수행하여 진여(眞如)를 훈습하여 무명을 멸하기 때문에 '모든 부처님을 가까이한다' 한 것이다. 또한 이 지위(地位)보살은 일념 동안에 능히 시방의 남김이 없는 세계에 이르러 제불에게 공양하고 법륜을 굴려주실 것을 청하니, 그러므로 '모든 부처님에게 가까이한다' 한 것이다.

5 초행보살은 수많은 보시행을 행하여 안팎의 모든 것을 보시하여 구걸하는 자를 보면 마음이 환희하여 나도 선리(善利)를 얻고 저 보시를 받는 자도 역시 환희하기 때문이다.

6 초주보살은 일체법이 본래부터 열반하였음을 믿고 알기 때문이다. 또한 이 지위도 능히 팔상성도(八相成道)하여 자신이 깨닫고 남을 깨닫게 하기 때문에 '무변환희를 얻는다' 하였다.

又結歸信受者 從始至終 信爲根本故

鈔 '처음부터 마지막까지'란, 첫머리에 '여시'라고 표한 것은 믿고 순종하는 말인데, 지금 다시 마지막에 '신수'라고 말했으니, 곧 믿음으로 인하여 원을 내고 원으로 인하여 행을 일으키니, 처음 발심부터 다음에 왕생을 얻고 구경에 성불하는 것이 모두 믿음의 힘이 원천이 됨을 알 수 있다. 그러므로 '처음부터 마지막까지 믿음이 근본이 된다' 한 것이다.

疏 『대본』에서는 경을 결론지으면서, 중생이 이익을 얻고 용천이 상서를 내린 내용을 자세히 말했는데, 지금 여기서는 말하지 않은 것은 문장이 생략된 것이다

大本結經 備陳衆生獲益 龍天降祥 今不言者 文省也

鈔 『대본』에 "부처님이 이 경을 설하시고 나니, 한없는 중생이 위없는 정각심을 내고, 만2천 나유타 사람들이 청정한 법안을 얻었으

----

7 '위없는 정각심'은 원교의 초신(初信)이요, '법안정을 얻었다' 한 것은 원교의 초주(初住)며, '아나함'은 장교의 제삼과(第三果)니 원교에서 말하면 제육신(第六信)이며, '누진의해'는 장교의 제사과(第四果)니 원교에서 말하면 제칠신(第七信)이다. '누진의해'란 일체 번뇌를 단진(斷盡)하고 마음에 해탈을 얻은 소승아라한의 증과이다. 불퇴전에 세 가지가 있으니 견(見)·사(思)를 파한 것을 위불퇴(位不退)라 하고, 진사(塵沙)를 파한 것을 행불퇴(行不退)라 하며, 무명을 파한 것을 염불퇴(念不退)라 한다. 지금 40억 보살이 얻은 것은 또한 각기 그 분량에 따른 것이다.

며, 22억 하늘 사람들은 아나함과를 얻고, 80만 비구는 누진의해(漏盡意解: 일체 번뇌를 끊고 마음에 해탈을 얻음)를 얻었으며, 40억 보살은 불퇴전을 얻고,[7] 삼천대천세계가 6종으로 진동하며,[8] 큰 광명이 시방국토를 널리 비추며, 백천 가지 음악이 자연히 연주되고, 한없이 기묘한 꽃이 펄펄 흩날리며 아가니타천(梵語 Akaniṣṭha-deva, 巴利語 Akaniṭṭha-deva)[9]이 모두 갖가지 미묘한 공양을 올렸다." 하였다.

또 "25억 중생은 불퇴인(不退忍)[10]을 얻고, 4만억 나유타 중생은 위없는 보리에 일찍이 뜻을 낸 적이 없었으나 지금 비로소 처음으로 뜻을

----

8 '6종 진동'이란 동(動)·기(起)·용(涌)·진(震)·후(吼)·격(擊)이니, 세 가지는 모양이고 세 가지는 소리니 모양과 소리 중에 각기 그 한 가지를 들었다. 그러므로 '진동'이라 하였다. 흔들려 불안한 것을 동(動)이라 하고, 아래부터 높이 올라가는 것을 기(起)라 하며, 갑자기 치솟는 것을 용(涌)이라 하고, 은은한 소리를 내는 것을 진(震)이라 하고, 웅장하고 맹렬한 것을 후(吼)라 하며, 돌 구르는 소리를 내는 것을 격(擊)이라 한다. 모두 18상(相)이니 일방(一方)에서 동하는 것을 동이라 하고, 사방(四方)에서 함께 동하는 것을 변동(徧動)이라 하며, 팔방(八方)에서 함께 동하는 것을 보변동(普徧動)이라 하니, 나머지 다섯 가지도 또한 그러하다. 또한 직동(直動)을 동(動)이라 하고, 사천하가 동하는 것을 변동(徧動)이라 하며, 대천계가 동하는 것을 등변동(等徧動)이라 하니, 아래 다섯 가지도 역시 그러하다.

9 '아가니타천'은 색계 십팔천의 하나, 오정거천(五淨居天)의 하나. 의역으로는 일구경천(一究竟天), 일선천(一善天), 유정천(有頂天)이라 한다. 제사선천(第四禪天)의 최정상에 위치하며 또한 색계 십팔천의 가장 높은 하늘이다.

10 '불퇴인'은 곧 유순인(柔順忍)이니 위(位)는 원교의 십신(十信)에 있다. 이것은 정토의 삼법인(三法忍)을 잡아 설한 것이다. 만약 교도(敎道)를 잡아 설하면, 통교의 삼법인(三法忍)이 이 불퇴인이니 또한 곧 유순인(柔順忍)이다. 이 인(忍)은 성지(性地)에 속하니, 성지(性地)라야 비로소 불퇴를 얻기 때문이다. 별교의 오인(五忍)이 곧 이 불퇴인이니 곧 신인(信忍)이다. 신인(信忍)은 십주에 속하니 십주가 이미 불퇴를 얻었기 때문이다. 원교의 사인(四忍)이 이 불퇴인이니 또한 순인(順忍)이기도 하다. 원교 칠신(七信)이 바로 불퇴에 속하기 때문이다.

내어[11] 여러 가지 선근을 심어 극락세계에 왕생하기를 발원하고, 모두 왕생하여 각기 다른 세상에서 차례대로 성불하여 똑같이 묘음이라 부르며, 8만억 나유타 중생은 수기법인(授記法忍)[12]을 얻었다." 하였다.

疏 또한『대본』에서 경을 가지는 공덕을 촉루(囑累)[13]하니, 지금 이 경(『불설아미타경』)을 가지는 것도 이와 같다.

又大本囑累持經功德 今持此經 亦當如是

鈔 『대본』에서, 부처님이 미륵에게 고하시기를 "지금 이 법문을 너에게 부촉하노니, 대중 가운데서 저들을 위해 분명히 일러주어[開示] 마땅히 쓰고 베끼고[書寫] 단단히 붙잡게[執持] 하여[14] 이 경에 대해

· · · · · · · · · ·

11 '일찍이 뜻을 낸 적이 없으나 지금 비로소 뜻은 내었다' 한 것은, 또한 원교의 초신(初信)이다. 혹은 원교의 초주(初住)이기도 하니, 아래 문장에 '차례대로 성불하여 똑같이 묘음(妙音)이라 한다' 하였기 때문이다.

12 '수기법인'은 원교의 초주(初住)니, 무생법인의 광명을 얻었기 때문이다. 혹은 팔지(八地)이기도 하니, 이것을 '진정으로 무생법인을 얻었다'라고 부르기 때문이다.

13 '촉루란, "이 법문을 너희에게 부촉하니 너희가 선전을 거듭[累]하라." 하고 말한 것이다. 또한 '촉'이란 여래가 금언(金言)으로 부촉하여 저것을 유통케 한 것이요, '루'는 지금 보살이 마음에 기억하여 영원히 잊어버리지 않는 것이다.

14 『법화경』에서 다섯 가지 법사를 나누었으니, 첫째는 수지(受持)니 믿음의 힘으로 하는 것을 수(受)라 하고 생각의 힘으로 하는 것을 지(持)라 하니 곧 지금의 집지(執持)다. 둘째는 독(讀)이요, 셋째는 송(誦)이니, 문장에 대한 것을 독(讀)이라 하고 잊어버리지 않는 것을 송(誦)이라 하니 이 두 가지는 지금의 집지(執持) 중에 포함된다. 넷째는 해설(解說)이니 선전을 해설(解說)이라 한다. 지금 다른 사람을 위해 개시(開示)하는 것이다. 다섯째는 서사(書寫)니 곧 지금의 쓰고 베끼는 것이다.

700

전도자라는 생각을 내어라." 하고, 또 "무량 억 여러 보살들이 모두 이 미묘 법문을 구할 적에, 부처님의 가르침을 어기고 버려 너희들로 하여금 깊은 잠에 빠져 여러 가지 위험과 고통을 당하지 않게 하였으니, 그러므로 내가 지금 간절히 촉루(囑累)하노라." 하였다. 지금 이 경에서 말하지 않은 것은 모두 문장이 생략된 것이다.

疏 또한 『대본』과 『법멸경』에서 모두 "법이 없어지는 날, 유독 이 경만이 남는다." 하니, 그러므로 이 경이 말법을 총지(總持: 불법을 總攝 憶持하여 잊어버리지 않게 함)한다는 것을 알 수 있다. 『화엄론』에서 설한 것과 같다.

又大本及法滅經 皆言法滅之日 獨留此經 故知此經 總持末法 如華嚴論中說

鈔 『대본』에 "미래 세상에 불법이 다 없어지면 내가 자비로 특별히 이 경을 백 년 동안 머무르게 하리니, 이 경을 만난 중생은 누구든지 제도를 얻지 않음이 없으리라. 만약 어떤 중생이 이 경전을 쓰고 베껴 공양하며 받고 지니고 읽고 외우며 다른 사람을 위해 설해 주면, 목숨이 다하려 할 때 부처님이 여러 성중과 함께 그 사람 앞에 나타나 잠깐 사이에 저 국토에 왕생하리라." 하고, 『법멸경』에 "그때 『수능엄경』이 먼저 없어지고, 다음에는 여러 가지 경이 모두 없어지고 유독 『무량수경』만 머물러 여러 중생들을 제도하니라." 하고, 『화엄론』에 "정법이 없어질 때 이 총지법(總持法)이 나머지 높은 법을 지켜,

교리가 유통하고 전하는 근거가 된다." 하니, 이 말은 '여러 가지 경이 모두 없어지고 이 경만이 홀로 남아, 염불한 문이 널리 여러 중생을 제도한다'는 것을 말했으니, 곧 여러 경이 이미 없어졌으나 이 경만이 없어지지 않고 남아 하나로 나머지를 보존하여 불법을 끝없이 유통케 하니, 바로 이 총지법을 말한 것이다.

그러므로 일체중생은 응당 존중 공경하고, 신수 봉행하라. 경이 있는 곳은 부처님이 계시는 것과 같다.

문: '유독 이 경만이 남는다'는 것의 '이 경'은 『대본』을 가리킵니까?

답: 앞에서 말하지 않았는가? 문장에는 번거롭고 간단한 것이 있으나 뜻에는 낮고 못한 것이 없다. 자세히 말한 것은 『대본』이요, 간단히 말한 것은 지금 이 경이다.

疏 이치에 맞게 말한다면, 자성에는 번뇌가 없으니 이것이 기뻐하고 믿어 잊어버리지 않았다는 뜻이요, 자성은 머무름이 없으니 이것이 예를 드리고 물러갔다는 뜻이다.

稱理 則自性無惱 是歡喜信受義 自性無住 是作禮而去義

鈔 번뇌는 본래 고요하고 환희도 역시 공하니, 그렇다면 고통스런 세상이 어떤 곳인들 즐거운 세상이 아닐 것이며, 왔으나 실은 옴이 없으니 갔다고 하지만 또한 어찌 갔으랴. 그렇다면 왕생도 필경 태어남이 없다.

이 태어남이 없는 것으로 저 국토에 태어나니, 저 국토에 태어나는 것이 아니라 실은 자심에 왕생하는 것이다.

그런 후에 법을 묻지 않았으나 스스로 설하시니 세존이 '공연한 말씀'이라는 허물을 면하였고, 그런 후에 그만이 '법을 듣기에 적절한 근기'라는 이름을 맡았으니 사리불이 중요한 부탁을 저버리지 않았다. 이것이 진정한 환희요 진정한 신수니, 이것을 '참다운 법으로 여래께 예배드린다'고 하는 것이다.

만약 극락의 아홉 가지 연화 국토를 버리고 따로 유심을 말한다면, 미타의 만덕의 이름을 버리고 따로 자성을 구하는 것이니, 뱃전에 당도하여 나루를 묻고 등불을 마주 대하고서 불을 찾는 격이라 할 것이다.

III

주(呪)의 뜻을 결론지어 해석하다

【經】 일체 업장의 근본을 없애고 정토에 왕생하는 다라니

拔一切業障根本得生淨土陁羅尼

疏 주(呪)의 뜻을 해석한다는 것은, 주를 경에 붙인 것은 경이 주를 얻어 더욱 드러나고, 경이 주보다 먼저 있는 것은 주가 경을 얻어 더욱 신령하기 때문이다. 이렇게 서로 필요하므로 응당 결론지어 해석하여야 하는 것이다.

이 주(呪)의 자세한 것은 『부사의신력전』에 보이는데, 이 주를 가지는 자는 죄를 멸하고 왕생한다. 그러므로 '업장을 없애고 정토에 왕생한다'고 하는 이름을 붙이게 되었다.

'다라니'는 우리말로 '모든 것을 가진다[總持]'라고 한다.

釋呪意者 以呪附經 經得呪而彌顯 以經先呪 呪得經而愈靈 交相爲用 應結釋也 此呪詳見不思議神力傳 持此呪者 滅罪往生 故以拔業障生淨土爲名 陁羅尼者 此云總持也

鈔 '업장'이란, 무릇 '장'에 세 가지가 있으니, 첫째는 번뇌장(煩惱障)이요, 둘째는 업장(業障)이며, 셋째는 보장(報障)이다. 지금 '업장'이라 말한 것은 가운데 것이 앞의 것과 뒤의 것을 섭수하니, 번뇌장은 업장의 원인이고 보장은 업장의 결과라, 업장에는 반드시 원인이 있고 업장은 반드시 결과를 초래한다. 그러므로 두 가지를 섭수한다.

장(障)을 제거하는 데는 그 근본을 제거하는 것이 중요하다. 예컨대 뿌리를 자르면 싹이 나지 않고 싹이 나지 않으면 가지나 잎이나 꽃이나 열매가 모두 나지 않는 것과 같기 때문이다. 지금 이 주(呪)를 가지면 번뇌가 일어나지 않으니, 이것이 업장의 근본을 없애는 것이다.

『신력전(神力傳)』에 "해가 지면 각기 21번의 주를 외우라. 그리하면 오역과 불법을 비방하는 등의 죄를 멸할 것이다." 한 것이 이것이다.

'정토에 왕생한다'는 것은, 사바세계에 윤회하는 것은 모두 업장으로 비롯되니, 업장이 이미 공하였으면 예토의 종자가 없어지고 원에 따라 왕생하니, 그러므로 아미타불의 극락정토에 왕생하는 것이다.

'총지'란, 총괄하여 통솔하고 섭수하고 가진다는, 즉 총통섭지(總統攝持)하여 전혀 유실함이 없다는 뜻이니, 주(呪)의 별명이다.

전(傳)의 이름을 '부사의신력'이라 한 것은, 경 이름이 '부사의공덕'이기 때문이다. 주를 가지거나 부처님 명호를 가지면 즉시 왕생하므로 똑같이 '부사의'라고 이름을 붙인 것이다.

【經】 송나라 원가 천축 삼장 구나발타라 역
宋元嘉天竺三藏求那跋陀羅譯

疏 '송'은 남북조 때 나라 이름이요, '원가'는 연호다. '천축'이란 서역의 나라 이름이요, '구나발타라'는 우리말로 공덕현(功德賢)이라 한다.

宋者 南北朝國名 元嘉者 年號 天竺者 西域國名 求那跋陀羅 此云 功德賢

鈔 '송'을 남북이라 한 것은, 그때 남북으로 나누어 왕이 있었는데, 송은 강남에 도읍하였다. 이것을 유송(劉宋)이라 한다.

'원가'는 문제(文帝) 원가 말년[文帝 28년 辛卯, 451년]이다.

'천축'은 신독(身毒: '천축'이라는 단어는 『후한서』에 처음으로 보이는데 본래는 '신독'이라 하다가 '천독'으로 변하고, 후한시대에 와서 천축으로 고쳐 부르게 되었다.)이라고도 한다. 다섯 천축이 있었으니 모두 서역이다.

'발타'는 삼장에 박통하였으나 더욱 대승에 전문가였으므로 이름을 '마하연'이라 하였다. 신기하고 기이한 일이 한두 가지가 아닌데, 자세한 것은 전기에 실려 있다. 번거로울까하여 서술치 않는다.

어떤 본에는 '타' 자 아래에 '라' 자가 없으니 구나발마가 아닌지 의심된다. 두 스님이 동시대 사람이기 때문이다. 어떤 분이 번역하였는지 확실하지 않다.

【經】 나무아미다파야₁ 다타가다야₂ 다지야타₃ 아미리도파비₄ 아미리다₅ 실탐파비₆ 아미리다₇ 비가란제₈ 아미리다₉ 비가란다₁₀ 가미니₁₁ 가가나₁₂ 지다가리₁₃ 사바하₁₄

만약 이 주를 외우는 선남자 선여인에게는 아미타불이 항상 그들의 머리 위에 머무시며 밤낮으로 옹호하여 원가(怨家)가 그 틈을 얻지 못하게 하여, 현세에는 항상 편안함을 얻고 목숨이 다할 때는 자유롭게 왕생하느니라.

南無阿彌多婆夜₋ 哆他伽多夜₋ 哆地夜他₋ 阿彌利都婆毗₍四₎ 阿彌唎

哆五 悉耽婆毗六 阿彌唎哆七 毗迦蘭帝八 阿彌唎哆九 毗迦蘭多十 伽彌膩十一 伽伽那十二 枳多迦利十三 娑婆訶十四

若有善男子善女人 能誦此呪者 阿彌陀佛 常住其頂 日夜擁護 無令怨家而得其便 現世常得安穩 臨命終時 任運往生

疏 여러 본에 구두가 다소 다르니, 지금은 고본에 의거하였다. 신주(神呪)는 번역하지 않는다. 군이 억지로 해석할 필요가 없다.

諸本句讀稍異 今依古本 神呪不翻 不必强釋

鈔 '여러 본이 같지 않다'는 것은, 예컨대 '나무아미다파야'를 어떤 본에는 '나무아미다파야다'라고 하며 다음 구의 '다' 자가 위 구절에 이어진 것과 같다. 그러므로 '조금 다르다' 하였다.

지금은 군이 억지로 옳고 그름을 따질 필요 없이 오직 한 본에만 의지하여 지극한 마음으로 지송하면 저절로 이익을 얻는다.

또 어떤 이는 "'나무아미다파야'는 우리말로 귀명무량수(歸命無量壽: 무량수에게 귀명하다)라 하고, '다타가다야'는 곧 다타아가도니 우리말로 여래라고 하며, '다지야타'는 신역에는 타적야달(他的也撻)이라 하고 구역에는 달질타(怛絰他)라 하니, 질(絰)은 음이 '질'이다. 곧 '지야' 두 자를 합한 것이다. 우리말로는 '곧 주를 설하면[卽說呪曰]'이라 한다. 이후부터 비로소 밀어(密語)가 된다." 하였다.

그러나 신주는 예로부터 번역하지 않았다. 그렇게 하는 데 대략 다섯 가지 뜻이 있다. 첫째는 왕의 밀지(密旨)와 같이 함부로 선전하지 말고 오직 받들기만 해야 하기 때문이다. 둘째는 한 마디 말에 여러 가지 뜻이 포함되어 있으니 '선타바[1]'와 같기 때문이다. 셋째는 이곳에는 없는 것이니 '염부제'와 같기 때문이다. 넷째는 고문(古文)을 따르니 '아눗보리'와 같기 때문이다. 다섯째는 존귀하여 중국어로 상대할 만한 것이 없으니 '반야'와 같기 때문이다.

어떤 이는 "억지로 번역하여도 된다." 하였으나, 이미 '억지로'라고 했다면 어찌 그만두는 것만 하겠는가?

疏 경과 주가 서로 연관되니, 바로 현교와 밀교가 원통한 뜻이다.
經呪相聯 正顯密圓通義

鈔 저 국토의 의보와 정보 장엄과, 신·행·원문을 경에서 밝힌 것과 같이 자세히 진술하니 이것을 '현교'라 하고, 부처님의 비밀한 가르침을 준수하여 오직 이 주만을 지녀도 곧 왕생할 수 있으니 이것을 '밀교'라 한다. 그러므로 현교란 이 밀교를 밖으로 드러낸 것이요, 밀교란 이 현교를 안으로 비밀히 감추어둔 것이다.

이것을 겸하여 가지면 두 가지 아름다운 것을 모두 갖추겠지만, 하나만 들어도 서로 섭수하여 유실하지 않는다. 그러므로 '원통'이라

....

1 '선타바'는 범어니 소금·물·말·그릇의 네 가지 이름이 있으니 오직 지혜로운 신하여야만 능히 이것을 구별해 알 수 있다. 예를 들면 왕이 밥 먹을 때 '선타바' 하고 부르면 소금이 필요한 줄 알고, 왕이 세수를 할 때 '선타바' 하고 부르면 물이 필요한 줄 알며, 왕이 중무(衆務)를 할 때 '선타바' 하고 부르면 그릇이 필요한 줄 알며, 왕이 외출할 때 '선타바'를 찾으면 말이 필요한 줄 아는 등이다.

하였다.

疏 비록 '서로 섭수한다'고 말했으나, 오로지 부처님 명호만을 부르는 것이 오히려 주를 외는 것보다 낫고, 또한 여타의 주를 외는 것보다 나으며, 또한 일체 여러 가지 여타 공덕보다 낫다.

雖云交攝 而專持名號 猶勝持呪 亦勝餘呪 亦勝一切諸餘功德

鈔 여기서는 부처님 명호 부르는 것만을 찬탄하였다. 첫째 '본주(本呪)보다 낫다'는 것은, 주에 "30만 번을 부르면 곧 아미타불을 뵐 수 있다." 하였으나, 부처님 명호를 부르는 것은 "하루 동안 일심으로 부처님 명호를 부르면 곧 부처님이 앞에 나타나신다." 하였기 때문이요, 또한 주에 "밤낮으로 종일 각기 21번을 부르면 능히 오역 등의 죄를 멸할 수 있다." 하였으나, 부처님 명호를 부르는 것은 "지극한 마음으로 부르는 염불 한 마디로 80억겁의 생사중죄를 없앨 수 있다." 하였기 때문이다.

둘째 '여타 주보다 낫다'는 것은, 오로지 부처님 명호만을 부르는 것은 매우 신비한 주며 매우 밝은 주며 위없는 주며 같은 것이 없는 주라 열 번의 염불만으로도 왕생할 수 있거니와, 한평생 부처님 명호를 부르며 퇴전하지 않으면 그 위엄과 영험은 이루 헤아릴 수 없나니, 이것을 대신(大神)이라 한다. 나머지는 예에 의해 잘 알 수 있을 것이다.

문: 준제보살의 공덕은 지극히 넓고 지극히 큰데, 단지 이 부처님

명호만을 부른다고 어찌 저보다 낫겠습니까?

답: 준제보살은 인지(因地)보살이요 미타는 과위(果位)여래니, 준제주를 가지더라도 이미 공덕이 있는데 미타를 염하면 어찌 미묘한 감응이 없겠는가? 그러므로 경에 "62억 항하사 보살의 명호를 부르더라도 한 번 관세음보살을 부르는 것보다 못하니, 그 복이 바르고 평등하기 때문이다." 하고, 또 "수없는 관세음보살의 명호를 부르더라도 한 번 지장보살을 부르는 것보다 못하니, 그 복이 바르고 평등하기 때문이다." 했는데, 더욱이 여래랴.

셋째 '여타 공덕보다 낫다'고 한 것은, 육도만행은 법문이 한량없으나 오로지 이 부처님 명호만을 부르는 것은 갖가지 공덕을 섭수하여 다하지 않음이 없으니, 일심에서 벗어나지 않기 때문이다.

앞에서 자세히 설한 것과 같이, 원컨대 정업 제자는 오로지 이 법만을 믿고 이 마음을 변하지 마라.

경에 "설령 어떤 한 법이 열반을 지나가는 것이 있더라도 또한 돌아보지 마라." 하고, 선종의 선지식은 사람들에게 "오직 화두만을 들고 다른 일은 하지 마라." 하고 가르친다.

그러므로 반드시 알지니, 원래 다른 법을 닦았던 자도 오히려 염불로 수행법을 바꾸는데, 더욱이 원래 염불했던 자가 지켜야 할 것을 바꾸어 다른 것을 숭상하겠는가?

마음속에 두 가지 길을 가지고 있고 뜻이 하나로 돌아가지 않으면서 어떻게 삼매를 성취하겠는가? 바로 죽음에 다다라 부질없이 아무 얻은 것이 없으면 자신의 허물은 생각지 않고 도리어 정업을 비방하니, 아, 참으로 잘못되었구나!

疏 이치에 맞게 말한다면, 자성은 공(空)이니 이것이 업장을 없애는 뜻이요, 자성은 유(有)니 이것이 다라니의 뜻이며, 자성은 유도 아니고 공도 아니니 이것이 정토에 왕생하는 뜻이다.

稱理 則自性空 是拔業障義 自性有 是陀羅尼義 自性不有不空 是生淨土義

鈔 마음을 찾아도 마침내 찾을 수가 없으니 일체 업장에 어떤 것이 근본이며, 마음에 의해 갖추지 않은 것이 없으니 일체 공덕이 어찌 총지가 아니겠는가?

총지에 의하면 가는 털끝도 세우지 않으니 유(有)는 공(空)에 의한 유(有)요, 근본이 없으나 만법을 출생하니 공은 유에 의한 공이다. 유에 의한다면 공이 아니요, 공에 의한다면 유가 아니다. 공도 아니고 유도 아니어서 오직 일심뿐이라 일심을 초월하지 않으니, 이것을 정토라 한다.

불설아미타경 소초

2015년 4월 22일 초판 1쇄 발행

지음 운서주굉 • 옮김 연관
펴낸이 박상근(至弘) • 주간 류지호 • 편집 김선경, 양동민, 이기선, 양민호
디자인 koodamm • 제작 김명환 • 홍보마케팅 허성국, 김대현, 박종욱, 한동우 • 관리 윤애경
펴낸 곳 불광출판사 110-140 서울시 종로구 우정국로 45-13, 3층
　　　　대표전화 02) 420-3200 편집부 02) 420-3300 팩시밀리 02) 420-3400
　　　　출판등록 제1-183호(1979. 10. 10.)

ISBN 978-89-7479-128-5 (03220)

이 도서의 국립중앙도서관 출판예정도서목록(CIP)은
서지정보유통지원시스템 홈페이지(http://seoji.nl.go.kr)와
국가자료공동목록시스템(http://www.nl.go.kr/kolisnet)에서 이용하실 수 있습니다.
(CIP제어번호: CIP2015010477)